辽宁检察好故事

辽检情怀

LIAOJIANQINGHUAI

辽宁省人民检察院 编

辽宁大学出版社

## 图书在版编目（CIP）数据

辽检情怀：辽宁检察好故事/辽宁省人民检察院编. —沈阳：辽宁大学出版社，2018.11（2018.11重印）

纪念改革开放40周年和检察机关恢复重建40周年

ISBN 978-7-5610-9520-1

Ⅰ.①辽⋯ Ⅱ.①辽⋯ Ⅲ.①检察机关－工作概况－辽宁－文集 Ⅳ.①D926.32-53

中国版本图书馆CIP数据核字（2018）第258026号

**辽检情怀**

LIAO JIAN QINGHUAI

出 版 者：辽宁大学出版社有限责任公司
　　　　　（地址：沈阳市皇姑区崇山中路66号　　邮政编码：110036）
印 刷 者：大连金华光彩色印刷有限公司
发 行 者：辽宁大学出版社有限责任公司
幅面尺寸：185mm×260mm
印　　张：40.75
字　　数：800千字
出版时间：2018年11月第1版
印刷时间：2018年11月第2次印刷
责任编辑：董晋骞
封面设计：张　鑫　于　佳
版式设计：张　鑫　于　佳
责任校对：合　力

书　　号：ISBN 978-7-5610-9520-1
定　　价：49.70元

联系电话：024-86864613
邮购热线：024-86830665
网　　址：http://press.lnu.edu.cn
电子邮件：lnupress@vip.163.com

辽宁检察好故事

# 辽检情怀

**谨以此书献给：**

**40年来关心关注检察事业发展努力工作在检察战线上的同志们！**

## 编辑委员会
Theboardofeditors

编辑委员会主任：于天敏

副主任：宋兴伟　于　昆

主　编：郑　辉　杨新立　吴忠伟
　　　　柳忠清　吕景文　许世赢

副主编：于　凯　董文杰　齐智文
　　　　陈铁钢　孙　策

编　辑：邵　华　刘向光　冯丽君
　　　　陶东峰　周　旭　王舒语
　　　　杨文凯

# 前言
Preface

## 忠诚铸检魂　担当写春秋

习近平总书记多次讲到，"要讲好中国故事，传播好中国声音"。伟大时代孕育伟大故事，精彩的检察事业需要精彩的讲述。检察故事是中国故事的有机组成部分，讲好检察故事、展现辽宁检察人的精神风貌，是落实习近平总书记讲话精神的具体体现，是传承辽宁检察精神、弘扬新时代辽宁精神的重要举措。伴随着改革开放40周年和检察机关恢复重建40周年的脚步，辽宁检察机关走过了40年的风雨征程，创造了40年的辉煌，辽宁检察人用忠诚、执着、担当谱写了检察事业一段又一段荡气回肠的壮丽乐章，涌现出了无数感人肺腑的动人故事。这些故事镌刻出辽宁检察砥砺前行的足迹，是辽宁检察事业耕耘者们履行检察监督职能的真实写照，是推动新时代辽宁检察事业创新发展的宝贵财富。

足迹需要赓续，故事需要讲述。2018年，是我国改革开放40周年和检察机关恢复重建40周年，辽宁省人民检察院党组为全方位展示辽宁检察40年来的不平凡发展历程和取得的显著成就，展现辽宁检察人的风采、树立辽宁检察形象，确定开展以"五个一"为主要内容的纪念活动，即制作一本以"光辉岁月"为主题的纪念画册，开展一次以"辉煌40载——辽宁检察风采"为主题的展览，制作一部以"传承辽检精神抒写时代华章"为主题的专题片，开展一次以"讲述辽宁检察好故事"为主题的征文活动，召开一次以纪念"两个40周年"为主题的纪念会。其中，开展辽宁检察好故事征文活动是"五个一"活动的重要组成部分。全省各级检察机关对征文活动高度重视，积极响应，认真组织，广大检察干警以饱满的热情踊跃参与，精心打磨，创作了257篇好故事作品，我们将其中112篇优秀征文汇编成《辽检情怀》一书。该书记录着广大检察人员伴随检察事业发展的心路历程和难忘的回忆，饱含着广大检察人员对检察事业的挚爱之情，凝聚着广大检察人员为检察事业付出的心血和汗水，是品读几代辽检人情怀的一本好书。

一个个故事承载着历史，一幅幅图片浓缩着记忆。对征集上来的这些故事特别是被评为优秀奖的作品，我都认真进行了阅读，故事主人公有血有肉的形象、生动感人的故事情节、朴实细腻的语言描述，深深地感染和打动了我。这些故事从不同侧面反映了检察机关恢复重建40年来辽宁检察人豪迈的斗志、热爱检察工作的情怀和奋发向上的风采，诠释了辽宁检察人的尊严和平凡的奉献，折射出了辽宁检察人的职业追求和职业品格；这些故事贴近生活、贴近工作、贴近群众，故事有高度、有深度、有力度、有温度，都是我们身边的人、身边的事，读起来有吸引力、感召力和亲和力；这些故事融思想性、文学性于一体，多形式、多层次、多视角再现了辽宁检察人的精神风貌。

辽宁检察好故事抒发了40年来辽宁检察人坚持党对检察工作的绝对领导，一心跟党走的赤胆忠心。检察机关是党领导下的司法机关，检察队伍是以党员为主体的政法队伍。从故事中我们看到：辽宁检察人把初心融入血脉，铸造了对党忠诚的政治品格，始终牢记第一身份是党员，在得与失、苦与乐的选择面前，他们首先选择的是党的事业的需要、组织的需要。特别是中国特色社会主义进入新时代，辽宁检察人更是坚持用习近平新时代中国特色社会主义思想武装头脑，旗帜鲜明讲政治，以忠诚铸检魂。

辽宁检察好故事彰显了辽宁检察人40年来捍卫公平正义、维护法律威严的职业操守。执法办案是检察机关的中心工作，是检察机关的主责主业。这些故事中大多数反映的是辽宁检察人对法治信仰的执着和对检察事业的忠诚热爱，无论是在唇枪舌剑的公诉席上、纠正冤假错案的艰难审理上，还是在不苟言笑的讯问室内、堆积如山的卷宗堆里以及"扫黑除恶"斗争的最前沿，都演绎着精彩的司法办案故事。

辽宁检察好故事反映了辽宁检察人40年来坚持以人民为中心、始终把人民放在心中最高位置的为民情怀。从众多的故事中，我们深刻感受到检察干警对人民的那份责任，对人民群众的那股亲劲，让检察工作更有温度，对办理的每一起案件，对群众的每一个合理诉求，都认真负责，严谨细致；在抗洪抢险、扶贫助困、关爱未成年人等工作上，做了很多服务群众的好事、实事、善事，真正向社会唱响了昂扬向上的人性之歌、关怀之歌、正气之歌。

征程万里风正劲，重任千钧再奋蹄。新的时代呼唤辽宁检察人要有新气象、新担当、新作为。一个故事胜过一打道理。希望通过这些精彩感人的故事，把检察机关、检察人员的意志力量，凝聚到全面贯彻落实习近平新时代中国特色社会主义思想和党的十九大精神上来，凝聚到贯彻落实"讲政治、顾大局、谋发展、重自强"的检察工作总体要求上来，凝聚到服务保障辽宁新一轮振兴发展上来，以更高的境界，更强的本领，更优的作风，更好的状态，忠诚履行党和人民赋予的职责使命，在新时代中国特色社会主义伟大实践中续写辽宁检察事业新篇章。

辽宁省人民检察院党组书记、检察长

于天敏

2018年11月15日

# 目　　录

## 辽宁省人民检察院机关篇

**开篇语**……………………………………………………………（001）
回眸往昔寄深思……………………………………许德洪（006）
奋斗终身为初心　无私奉献在检情…………………许德洪（011）
待不思量　怎不思量………………………………彭和群（017）
用坚守铸就不变的承诺………………………齐　鹏　代　薇（021）
陈铁钢和他的法警们………………………………韩家祺（027）
这一切　才刚刚开始………………………………卢瑛瑾（032）
刑事申诉检察处二三事……………………………关荣华（037）
优秀检察官是怎样炼成的…………………………翟　碧（041）
策马扬鞭行万里　回首不忘来时路………………邵　华（046）
从"天空蓝"到"检察蓝"　浓浓军旅情　不解检察缘
　……………………………………………………高鸣雁（053）
送法下乡……………………………………………马　野（059）
雪域藏大爱　真情铸检魂…………………………王丽娜（065）
执检处的年轻人……………………………………刘激杨（071）

## 沈阳市人民检察院篇

**开篇语**……………………………………………………………（077）
八十年代的沈阳检察故事……………………李文哲　金姗姗（080）
反贪局的青春协奏曲…………………………李文哲　王　岭（085）
检徽下的选择………………………………………赵　薪（090）
戳破黄金局长的"黑金"迷局…………………李文哲　银　鑫（095）

检察岁月　足迹翩跹 …………………………………………陈建安（100）
师父的初心 ……………………………………………………纪枭楠（106）
"兰有才"的新检察故事 ………………………………………王媛媛（111）
汇爱成海　朝阳团体与青春共同成长 ………………………刘　俏（116）
我检察事业的生命坐标 ………………………………………汤英伟（121）
检察之火永不熄灭 ……………………………………………郭晓形（126）

## 大连市人民检察院篇

### 开篇语 ……………………………………………………………………（131）
四十年辉煌　新时代畅想 ……………………………………朱震龙（134）
一支钢笔的故事 ………………………………………………王晓丹（141）
贪官的"克星"郭有利 ………………………………于文明　刘志慧（147）
坚守公诉"生命线"的女检察官 ………………大连市人民检察院宣传处（152）
挚爱公诉　一生无悔 …………………………大连市人民检察院宣传处（157）
大连开检的"半边天" …………………………………………徐　爽（162）
我心中的"磊神" ………………………………………………张玉洁（168）

## 鞍山市人民检察院篇

### 开篇语 ……………………………………………………………………（172）
人生最美的遇见 ………………………………………………田　力（175）
检察精神的传承 ………………………………………………洪　伟（181）
一名检察老兵的诗和远方 ……………………………………马　军（185）
不忘公诉初心　牢记检察使命 ………………………………田　琦（190）
不变初心　我的检察情 ………………………………………张　禹（195）
绽放在检察系统的铿锵玫瑰 …………………………………陈　妍（200）

## 抚顺市人民检察院篇

### 开篇语 ……………………………………………………………………（205）
东检芳华 ………………………………………………………杨　琨（208）

# 目 录

与黑恶的较量……………………………………潘　娜（214）
雷锋式的检察官——肖斌………………………李文胤（219）
梦圆检察　今生无悔……………………………敖秀英（224）
职务犯罪预防　一个老检察官的末班岗………张晓昀（230）
在默默奉献中抒写人生…………………………孙　浩（236）

## 本溪市人民检察院篇

开篇语 …………………………………………………（240）
穿越尘封的记忆…………………………………赵　莹（243）
"老二处"那解不开的情结 ……………………包仁坤（249）
反贪局里的故事…………………………………周　鑫（254）
一场特殊的战斗…………………………………顾庆凯（259）
蓓华大姐…………………………………………庄　妍（264）
公正司法勤职守　热心道义为人民……………徐凯宁（269）
用勤奋和汗水书写忠诚…………………………齐　楠（274）
无悔也是生命的一种歌唱………………………赵　莹（278）

## 丹东市人民检察院篇

开篇语 …………………………………………………（283）
崇高的境界 壮丽的人生 ………………王　平　胡卫卫（286）
不忘初心守正义　公正司法二十载……王　平　胡卫卫（292）
苏凤琴：蛮拼，蛮巧，蛮有人情味儿！ ………胡卫卫（299）
从冬装到夏装　一个温暖的春天………………康振兴（304）
英姿飒爽的女公诉人 ……………………王　平　姜　雪（309）
"未"爱不"减" ………………………………乔馨莹（314）

## 锦州市人民检察院篇

开篇语 …………………………………………………（320）
为了春回大雁归…………………………………常运库（323）

| | | |
|---|---|---|
| 小城故事 | 李欣宇 | （329） |
| 写给妻子的一封信 | 毕　晶 | （334） |
| 检察院里的"安全卫士" | 迟长余　袁　素 | （339） |
| 让每个角色都绽放精彩 | 范铁升 | （344） |

## 营口市人民检察院篇

| | | |
|---|---|---|
| 开篇语 | | （349） |
| 终身献给检察事业 | 张世佳 | （353） |
| 一名未检检察官的"爱、恨、情、愁" | 刘　萍 | （358） |
| 用青春写下奉献的诗行 | 董绍龄 | （363） |
| 风雨彩虹　铿锵玫瑰 | 王　巍 | （368） |
| 初心不改　梦想长青 | 董育含 | （373） |

## 阜新市人民检察院篇

| | | |
|---|---|---|
| 开篇语 | | （378） |
| 听政治处主任讲检察故事 | 甄　妮 | （381） |
| "村里还有谁这样欺负过你？" | 刘　越 | （386） |
| 说说检察官刘军的故事 | 陆　瑶 | （391） |
| 公平正义的守望者 | 马国旭　赵玉梅 | （396） |
| 讲检察故事　传法律温暖 | 李木子 | （402） |

## 辽阳市人民检察院篇

| | | |
|---|---|---|
| 开篇语 | | （408） |
| 用忠诚、担当守护正义 | 卢金友 | （411） |
| 那些事一个初心　只为守望正义 | 卢金友 | （417） |
| 丹心铸就检察风采 | 卢金友 | （422） |
| 扶贫村里的那些事 | 卢金友 | （428） |
| 铁血检歌 | 钟绍生　卢金友 | （433） |
| 听检察长讲办案故事 | 卢金友 | （438） |

## 铁岭市人民检察院篇

开篇语 …………………………………………………………（443）
踏着父亲的脚步前行 ………………………………… 曲　迪（447）
一个检察官的"兰台令史"生涯 ……………………… 李　宇（452）
转　身 ………………………………………………… 王坤鹏（457）
检徽在党旗下闪光　爱心在助学中传递 …………… 左小杉（462）
无悔的选择 …………………………………………… 周　雪（466）

## 朝阳市人民检察院篇

开篇语 …………………………………………………………（471）
"会过日子"的检察官们 ……………………………… 周维民（475）
干豆腐的故事 ………………………………………… 尹晓东（480）
纪实："摸金校尉"起诉始末 ………………………… 杨　琪（484）
以柔"克"刚　化解千千心结 ………………………… 范嘉伟（489）
一个驻监检察人的工作纪实 ………………… 齐晓东　樊　森（494）
巾帼展风采　青春铸检魂 …………………………… 李　鑫（499）

## 盘锦市人民检察院篇

开篇语 …………………………………………………………（504）
难说再见 ……………………………………………… 党思宁（507）
检察生涯 ……………………………………………… 王　琦（512）
女检察官的青春岁月 ………………………………… 张　晶（517）
以满腔热情抒写无悔人生 …………………………… 张俊岭（522）
赤子情怀 ……………………………………………… 王洪杰（527）

## 葫芦岛市人民检察院篇

开篇语 …………………………………………………………（532）
她是龙检的见证 ……………………………………… 肖忠民（535）
有这样一支队伍 ……………………………………… 李一杰（540）

| 厉害丫头 | 王晓慢（546） |
| 为了我们的检察事业 | 李颜兵（551） |
| 母爱的申诉 | 程　爽（556） |
| 以温情浇灌法治　使公正洒满人间 | 康　琪（561） |

## 辽宁省人民检察院沈阳铁路运输分院篇

| 开篇语 | （566） |
| 在法律的星空下 | 管　振　赖跃华（570） |
| 谢尽芳华气凌云 | 张　虎　张　军（576） |
| 公诉：以国徽的名义 | 王　镭　赵军影（581） |
| 国门线上捉大贪 | 张　军　孔凡军（587） |
| 铁检人生　岁月如歌 | 谭亚明（593） |
| 我们的好大姐 | 王新政（597） |

## 辽宁省人民检察院辽河分院篇

| 开篇语 | （602） |
| 半世纪栉风沐雨　九十载春华秋实 | 李云赫（605） |
| 品质·传承·初心 | 陈　涛（611） |
| 爸爸　你在忙什么 | 陈　涛（616） |
| 深渊守望者的内心感悟 | 杨江涛（621） |
| 不忘初心　满怀激情　书写检察芳华 | 杨　杰（625） |
| 点点滴滴尽显检察为民情怀 | 马　越（631） |

40

1978-2018

改革开放
&
检察机关恢复重建

| 辽检情怀 |

# 辽宁省人民检察院机关篇

## 开篇语

"三千化宇风云会，十二重楼烟雨中。"从红山文化的制陶渔猎、祭舞雕鹏到辽金继起、沈州中兴；从汗王建都、一朝发祥到共和国长子、东方鲁尔，辽沈大地延续了五千年的文明，抒写了四百年的繁华……今天，辽宁检察人在这片黑土地上秉承着"新时代辽宁精神"，讲述着不朽的传奇，演绎着别样的芳华。

1954年8月1日，辽宁省人民检察署成立于沈阳，12月8日正式更名为辽宁省人民检察院。文革伊始，辽宁省人民检察院被撤销。1978年6月19日，在经历十年浩劫后，辽宁省人民检察院终于在废墟上重建。风雨兼程四十载，从星星之火到薪火相传，从筚路蓝缕到方兴未艾，辽宁省人民检察院踏上了恢复重建、巩固发展、开拓创新的历史征程。

1978年检察机关恢复重建以后的省检察院办公楼

2012年11月落成的省检察院综合业务楼

四十载栉风沐雨。同样是公诉指控犯罪，不断进步的是诉讼制度的日趋优化，不变的是维护公平正义的初心；同样是提审讯问犯罪嫌疑人，不断进步的是证据制度的日趋完善，不变的是追求案件真相的恒心；同样是法治宣传教育，不断进步的是普法方式的日趋多样，不变的是弘扬法治精神的本心；同样是履行法律监督职责，不断进步的是监督领域的日趋全面，不变的是维护法律权威的公心。

四十载春华秋实。脱下"正义绿"，穿上"检察蓝"，辽检人亲历了检察机关法律监督职能、职权配置、检察权运行方式和保障机制的深刻变革，也见证了中国法治建设从"有没有"到"好不好"的跨越发展。伴随中国法治建设的长足进步，辽检人正以全新的姿态迎接崭新的征程。近年来，辽宁省人民检察院以队伍建设"1+4+5"工作思路为依托，打造一支具有铁一般信仰、铁一般信念、铁一般纪律、铁一般担当的新时代检察队伍，涌现出一大批实绩突出的先进集体和先进个人。

值此纪念改革开放40周年、检察机关恢复重建40周年之际，将省院机关的发展历程以及本院先进集体、个体的精彩事迹汇于一章，作为辽宁检察事业发展最真实的记录，作为辽宁检察文化的一个有机组成部分呈现出来，具有深远的历史意义和重大的时代意义。

讲好一个故事，铭记一种信仰。翻开省院机关篇，慢慢品读，字里行间渗透着辽宁检察人对于信仰的执着追求。对党的信仰是辽检人最温

| 辽检情怀 |

2017年4月5日省检察院党组书记、检察长于天敏
带领全省首批入额的4001名员额检察官向宪法宣誓

暖的初心，我们把初心融入血脉，铸造了对党忠诚的政治品格。也许我们这一代，并没有第一代共产党人告别父母妻儿，义无反顾地奔向战场，拯救百姓于水火，匡扶国运于危殆的壮举，但是我们依然可以自豪地填上浓墨重彩的一笔：几十年如一日默默耕耘着自己的"一亩三分地"，在没有硝烟的战场上诠释着公平正义，在秉公执法的道路上书写着共产党员的铿锵誓言。习近平总书记多次谈到，信仰是有味道的，甚至比红糖更甜。正是这种无以言喻的精神之甘、信仰之甜，推动新时代的辽检人共同传承着共产党人的红色基因，坚定这份忠诚，坚定这份信仰。

讲好一个故事，承担一份责任。讲好检察故事，既是政治觉悟，更是责任担当。我们这一代辽宁检察人决不能让革命先辈的故事消逝在历史中，也不能让身边人身边事沉睡在记忆里。一方面重视对"老"故事的重新挖掘与讲述。我们通过采访年逾古稀的老干部、阅遍发黄的卷宗，让斑驳的记忆、陈旧的档案在他者视域中还原成最初的模样。另一方面加强对"新"故事的重新收集与整理。一位检察人的诗作《后来的我们》，正能恰如其分地呈现辽宁检察"新"故事的风貌，"那些关于过去的拼图拼凑出完整的自己，那个在公诉席上唇枪舌战的、指控犯罪的自己，那个审讯室里与犯罪分子斗智斗勇的自己，那个在调查取证时细致执着不放弃的自己，那个面对无助迷失少年立志要还孩子一片蓝天的自己……后来的我们，一直都是我们最想要的样子。"辽检人正在以亲身经历诉说着属于自己的精彩。

讲好一个故事，诉说一种情怀。仔细品味这些故事，你会发现每一个辽检人都是燃灯者，"蜡炬成灰泪始干"，故事印证着风雨砥砺的为民情怀。从司法体制改革到监察体制改革，他们是敢啃硬骨头的拓荒者；在扶贫战役和援藏援疆工作中，他们是敢于涉险滩的先锋者；温情办案、亲情引导，为迷路的羔羊点燃一盏心灯，他们是折翼天使的守望者；用秉公执法唤起法治信仰，他们更是公平正义的守护者……他们树立公仆意识，厚植为民理念，让燃灯信条在民心热度中得以渲染、在民众口碑中得以提升、在释放民利中大放异彩。

"灯火常在，行者不孤"，辽检人依旧风雨兼程，不忘初心；任重道远，砥砺前行。

# 回眸往昔寄深思

**许德洪**

许德洪个人照片

作为第一代辽检老兵，数十载的检察岁月给我留下了最珍贵的记忆，鲐背之年，回首往事，常常感慨万千。

建国伊始，百废待兴。1952年，全国建立起各级检察机关，名为人民检察署。国家最高人民检察署首任检察长是开国元帅罗荣桓，继任是张鼎丞。1953年3月，我从新金县（今为大连市普兰店区）皮口区区长一职，调到辽东省人民检察署任助理检察员。当时检察长由省委委员、公安厅厅长孙己泰兼任，检察署仅设两个业务处，共有干部15人。那时，我们的办公处是安东市（今丹东市）镇江山（今称锦江山）脚下的一栋日寇侵占时留下的二层小楼房，于子明副检察长和刘浩主任带其家属子女也都住在这里，既是宿舍也是办公室。剩下的十几个人在两个房间办公，甚至两个人使用一张桌子，实实在在是在"合署"办公，一切都是白手起家，一切都是在边学边干中摸索。

时值抗美援朝战争时期，生活条件很差，机关仅有几辆陈旧的自行车，没有其他交通工具，我们外出工作，除远途乘坐火车外，一般都是步行。艰苦的条件，挡不住我们的脚步，没有人退缩，也没人埋怨。机关干部有福同享，有苦同吃，团结一致，一个劲儿往前走，那时，让我们忠于职守、做好工作的力量源泉是为共产主义奋斗终生的信念。

1954年秋季，东北局撤销，辽东省和辽西省合并，成立了辽宁省人民检察院，组建四五个业务处室，干部增加到120人左右。当时的检察长是阮途，副检察长蔡恩光、王烈，处长以上人员，都是早期参加革命工作的级别高、资历深的领导干部，如：负责审查批捕、起诉工作的刑事检察处处长是老红军金良夫，副处长郭春来是抗日时期参加工作的老干部，他们经过战火的洗礼，有坚定的革命信念和过硬的工作作风，为辽检事业奠定了坚实的基础。1955年前后，为了全面开展检察业务，充分发挥检察机关的法律监督职能，除了集中提拔省院原有的助检员之外，还从外单位调入了一批县团级以上干部并任命为检察员，充实壮大了检察干部队伍。

那时，省院机关在省政府大院内，与省民政厅、统计局三家共用一个楼房，后迁至大院外，又与省粮食厅、省法院三家共用一个楼房。除了检察长有单独办公室外，副检察长几个人一个办公室，普通工作人员则是四五个人甚至七八个人挤在一起。机关仅有一辆轿车和一辆吉普车，供干部外出工作使用。虽然当时的工作环境与现在的乡镇都无法相较，但较初建时已经有了很大的改善和提高。

1957年到文革之前，机关机构精简，干部下放锻炼，省院从120人减少到64人。这个时期，省院检察长是李言，继任是蔡恩光，副检察长是两名老红军曾化东、曹志学和抗战时期的区长刘浩同志。在日常工作中，通过与这些领导的长期接触，我们从他们身上学到了不少党的优良传统和作风。李言检察长工作认真细致，对每个干部撰写的文书，都要亲自过目，逐句逐条进行修改。李检作风简朴，一次，我跟随他去本溪市调研检察工作，下午我在宾馆撰写调查报告时，他向我借脚上的鞋穿，说他的皮鞋破了，要去外边修补

欢送李言检察长

一下。一位高级干部,一双皮鞋穿了许多年,破了还要修修补补,继续再穿,今天看来简直不可思议。20世纪60年代,我们几个人随同蔡恩光检察长去大连检查工作,按照国家规定,高级别干部出差生活补助高于一般干部,蔡恩光检察长不搞任何特殊,从县城宾馆到群众家里,一直坚持与我们同吃同住。

1966年,文化大革命开始,检察工作被迫停摆。1968年,在"砸烂公检法"的恶风中,辽宁省人民检察院解体了。我们60多名干部先是集中到营口,后来又到盘锦五七干校,边劳动,边搞"斗批改",接受工农兵贫下中农再教育。在这段艰难岁月中,我们检察人始终没有泯灭对辽检事业坚定的信念和希望。

1978年,省检察院恢复重建,一些分散到各地的检察干部陆续回到了省院。我们原有的检察员、助理检察员或其他职务的干部一律通称为"工作人员"。1980年5月,省院原有的检察员和从部队转业以及从其他部门调入的县团级以上干部,经辽宁省人大常委会重新任命为辽宁省人民检察院检察员。对我来说,我一生有幸获得了两个检察员的"委任状":一张是1957年4月6日全国统一下发的经第一届全国人大常委会第五十三次会议批准任命,由最高检检察长张鼎丞署名下发的《任命通知书》;另一张是1980年5月15日经辽宁省第五届人民代表大会常务委员会第三次会议通过任命,由主任黄欧东署名下发的《任命书》。如今这两张"委任状"早已微微泛黄,却永远记载了这两段珍贵的历史。

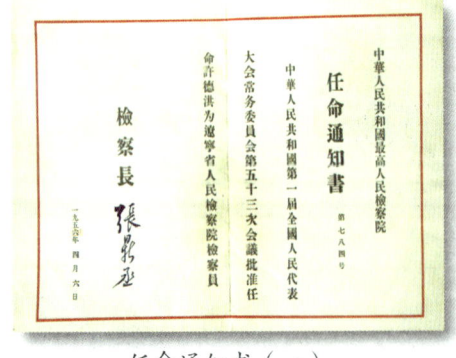

任命通知书(一)　　　　任命通知书(二)

1978年党的十一届三中全会之后,我国进入了改革开放新时期。省检察院的检察长先后由闫定楚、李言、蔡恩光、徐生、胡启成、杨业勤、王振华、肖声、于天敏等相继担任，他们带领全院干部，奋发图强，开拓创新，努力工作，积极全面开展检察业务，充分发挥了检察机关法律监督的职能作用。改革开放40年来，省院机关在结构规模和人员增长等诸多方面都有了很大的发展，如：省院先后建起属于自己的两座大楼，彻底改变了往日简陋的办公环境；随着工作需要，工作人员由过去十几个人、几十个人，增加到近400人，还有离退休干部190人。有了高素质队伍和良好硬件设施的保障，辽宁检察业务全面开花。

半个多世纪的沧桑变迁，辽检事业进入了新时代，对于辽宁检察干警的素质要求，也发生了巨大的变化。时代要求辽检人与时俱进，如果说我们这些老同志在政治上、思想上、工作上都有一定的长处，那是因为我们当中大部分人来自基层，生长在工农兵之中，受过战争的洗礼，受到党多年的培养教育，在实际工作中艰苦磨炼，逐渐积累了一些工作经验，适应当时的工作需要，做出了一些成绩。但与"新一代"检察干警相比，在文化素质方面，尤其是在信息化技术运用方面，我们这些老一辈远远不如。这些"新一代"干警，都是学士、硕士、博士，精通法学理论，接受新鲜事物能力强，能够迅速掌握专业技能，在工作中取得成绩，这对于我们那一代人来说，常常是可望而不可即的。看到省院人才辈出，后继有人，我们感到十分高兴，同时希望后辈们在新时代里，能继续传承发扬党的艰苦奋斗的工作作风，将辽检的优良传统一代代传下去。

记得当年最高检的首任检察长、共和国元帅罗荣桓同志，曾对那些高高在上、脱离群众、搞特殊化的领导和机关干部说："不要以为你很高，这种高是因为你骑了马；下了马，该多高还是多高"。"上马为官，下马为民"。回想在省检察院半个多世纪的工作经历，我亲身体验到，省检察院在最高检和省委直接领导下，十分注重党的建设和对党员干部的培养教育，省院广大干警始终保持清正廉洁、执法为民的优良作风。特别是在党的十八大以来，省检察院工作飞速

荣誉证书

发展，成绩突出，多年来一直被评为省直机关先进单位。我们这些老干部也没有因离开岗位而放松自己，作为省院组成部分的老干部处及其处领导干部，同样走在时代的先进行列，被评为全省离退休干部先进党支部、全省老干部工作先进单位及先进个人。

2017年1月，于天敏同志从重庆调来辽宁，担任省检察院党组书记、检察长。他十分关心省院老干部工作，几次亲自来老干部处同大家见面，传达党的十九大和中央政法工作会议精神。2018年新年前夕，他以党组书记的名义，给离退休的老领导、老干部发送《新春贺词》，传达2018年省院工作任务及其发展方向，从政治上、思想上、经济上全面关心老干部的生活待遇，说到做到，使老干部们倍感亲切。我们这些老同志虽然已经退下来了，但作为党的干部，离岗不等于离位，我们要永远保持人民公仆的本色，永远保持亲民爱民的情怀，为党和人民的事业增添正能量，为实现中华民族的伟大复兴做出自己的贡献。

风雨变迁，六十余载情怀不灭；岁月如歌，薪火相传共铸辉煌。自新中国成立以来，我们几代检察人把青春、热血献给了崇高而神圣的检察事业，我有幸成为检察事业发展的参与者和见证者。回顾过去，展望未来，我们坚信，辽宁省人民检察院必将在习近平新时代中国特色社会主义思想指引下，坚持"以人民为中心"，时刻关注人民利益，大力开展检察工作业务，维护法律，打击犯罪，保护国家和人民利益，做到"心中有党，心中有民，心中有责，心中有戒"，切实做到自己内心满意，党组织满意，人民群众满意，在继承与创新中，抒写更为辉煌的明天！

许德洪为辽宁省人民检察院正处级离休干部
辽宁省人民检察院老干部处主任科员王海龙帮助整理

# 奋斗终身为初心　无私奉献在检情

**许德洪**

　　2017年10月，我最敬重的老领导曾化东同志与我们永别了。曾化东同志是湖北红安人，1915年10月出生，1931年10月在家乡加入共产主义青年团并参加革命工作，1932年3月参加红军，1935年5月入党，先后在红军队伍中历任宣传队队长，政治干事，通讯排长等职。抗日战争时期，在八路军队伍中先后担任政治指导员、组织干事、教导员、抗大分校政委、学校组织科副科长、民运科科长等职。1945年9月赴东北工作后，先后任东北干部团二大队副大队长，大连公安局警察训练班教务主任、科长，大连地方法院院长，关东高等法院刑事庭庭长。1955年8月任旅大地区中级人民法院院长、中共旅大市委委员。1960年10月调入辽宁省人民检察院任副检察长。1982年11月离职休养。2017年10月11日10时20分因病医治无效在沈阳逝世，享年102岁。

　　我出席了曾化东同志的遗体告别仪式，在庄严肃穆的告别厅，我最后一次瞻仰他的仪容，心里充满了悲痛，从此我们再也无从相见。但是，他的故事却留在我的心间，我将永远缅怀这位为人民解放事业奋斗一生的老红军、老领导、老同志，学习他一生始终忠于党、忠于人民、不畏牺牲、不懈奋斗、忘我工作、无私奉献的革命精神。

　　于是拿起我的拙笔，记下一些关于他的小故事。

　　曾化东1915年10月出生于湖北省红安县。红安县旧称黄安县，在革命战争年代，为中国革命的胜利献出了十余万英雄儿女的生命，被称为革命摇篮，出了上百位将军，也是董必武、李先念的故乡。解放后，黄安县正式更名为红安县，据说是全国唯一以"红"命名褒奖的县。

　　曾化东7岁起读过近2年私塾，12岁时给人放牛。1927年，黄安、

旅大人民检察署成立时合影留念。前排左二为曾化东、左四为周光、左五为郭钦、左六为裴华夏，右二为林树青。

麻城3万余农民自卫军攻打黄安县。曾化东只有12岁，但也跟着村里的大人们热血沸腾参与其中。1931年，就在黄安县，红四方面军正式成立，徐向前任总指挥。16岁的曾化东加入共产主义青年团和赤卫队。次年，曾化东17岁，正式参加红军，走上战场。

1932年10月，由徐先前任总指挥的红四方面军主力撤出鄂豫皖根据地向西发展。1933年1月25日，曾老所在的红31军73师在四川省南江县东北方向的鹿角垭和甑子垭，与敌军作战。忽然前方传来加急消息：总指挥受伤了！时任卫生部宣传队队长的曾化东也加入了搜救队。途中，他和战友遇到一名伤员，便匍匐着将其拉进战壕，冒着猛烈的炮火抬着他向山坡下跑去，就在这时，一枚炮弹在他们身边爆炸，猛烈的气浪使曾老和那位伤员滚下了山坡……当他醒来时发现同他一起来搜救的战友牺牲了，而那个伤员在昏迷中喊道：讨厌！讨厌！曾化东激动地哭了，这不是徐向前总指挥在打仗时的口头禅吗，于是他即刻将徐向前背到了安全地带，使其得到了及时救治。2001年11月，为纪念徐向前元帅百年诞辰，一部反映徐向前传奇人生的电视剧《向前，向前！》在中央电视台一套播出，将这位开国元帅一生的光辉业绩展现在全国观众面前。在这部电视剧创作过程中，创作组成员专程来到沈阳采访曾化东，询问他当年是怎样冒生命危险将负伤的徐向前救下火线。采访中，曾老对自己的多年沉默作了解释。他说，之所以很少跟人讲起这些，是因为他不想让人们认为是他自己一个人的功劳，那些在抢救过程中牺牲了的战友们是真正的英雄，他希望后人记住的是他们。

我们红军的战斗形式不仅有炮火轰击，枪弹攒射，刺刀见红，它还有另外一种形式——宣传。作为宣传队的队员，曾化东有一副好嗓子。他不光唱歌为战友鼓士气，还要唱歌给敌人听——他高声唱起的是"劝降歌"。"我们都是自家人,兄弟们赶快投降红军……"曾老直到晚年仍然清楚记得这首"劝降歌",名字叫《欢迎白军投诚歌》。在战斗间歇时,他们得携带胡琴、鼓、锣之类的轻便乐器,一组五六个人,在战壕里唱歌给对面的敌人听。敌人听到歌声,有时甚至会叫好"再来一个!"而有时,则会传来枪声。曾化东渐渐摸出了规律:敌人喊好时,一定是"长官"不在。曾老说:他们是真的愿意听我们来唱歌,同时也说明,我们的歌声真正起到了瓦解敌军的作用。

1935年,曾化东所在部队进入懋功。在这里,他成为光荣的共产党员。曾老常常讲起一位牺牲在雪山上的战友,那是在红四方面军长征过雪山的时候。党岭山海拔5000多米,气候变化无常,积雪终年不化。当地藏民都说:党岭山离天只有三尺三,没有人能活着下来。过雪山之前,在老百姓的帮助下,曾化东和战友们吃上了一顿香喷喷的"青稞野菜饭",然后就出发了。到了半山腰时,战士们已经冻得手脚失去了知觉。暴风雪刮得天昏地暗,大家不住地跌跤,连滚带爬。曾化东看到一名50余岁身体瘦弱的战友,腰间带着一个二胡,跟跟跄跄地艰难行进,便赶上几步,同他相互搀扶着走。老战友身体不好,走不动,曾化东就让他拽着马尾巴走,他自己则在后面推着战友,怕他昏睡过去。到山顶时,那名战友累得倒地就睡。仅仅三五步之遥,曾化东似乎意识到了什么,赶紧跑过去一看,他已经死了。曾化东难过极了,他后悔自己没狠心再推他一把,也许那样,他还能活着下山。最后,曾化东用雪把战友埋葬在党岭山的山顶。在以后的岁月里,他会常常想起这位自己亲手埋葬的战友。曾化东不知道他叫什么名字,只知道他是拉胡琴的,大家都叫他"王琴师"。历时两年的长征,在人生长河中是短暂的,但不怕牺牲、前赴后继、勇往直前、坚韧不拔、众志成城、团结互助,百折不挠的长征精神已融入了他的骨髓,伴随了他一生。

曾化东自17岁加入红军之后,很长时间与家乡亲人断了联系,直到5年后的1937年,他与家通信,得知父亲已不在世。家中只有母亲和两个弟弟、两个妹妹、一个弟媳,共6人。此后到1950年的13年间,曾化东再未能与家人取得联系。据曾化东的女儿介绍,战争期间,曾化东曾想方设法打探母亲及家人的下落,几次得到的消息都是"红军离开黄安向西转移后,母亲和妹妹沿街乞讨去了"。解放后,曾化东终于与家人联系上,但他未能再见到母亲。在他的印象里,父母永远是他参加红军之前的样子。曾老把自己工作积攒的钱按月寄回老家,他的孩子们把父亲的往事讲给我们:"他一生都很朴素,节俭惯了,不会享福,总是觉得亲人吃了太多的苦","我们小时候,几乎都寄宿,但在他离休后,便接送孙子上下学,我们打趣他'我们小时候,爸你咋不管?'他笑了笑说,'那时候我哪有工夫管你们……'直到这时,我们才了解父亲是多么热爱生活,多么爱家。"

许德洪与曾化东合影

我和曾老相识,是在检察院工作中。1962年前后,由中央纪律检查委员会主持统一领导承办一起涉及全国13个省市,以山西李某、辽宁王某为首的内部团伙经济犯罪大案,辽宁省由省纪检委第二书记杨子谦、副书记黎明和省检察院检察长李言、副检察长曾化东为领导小组成员,下设从省纪检委、公安厅、法院、检察院各抽调一名干部成立办公室,曾化东同志具体负责办公室工作。由曾化东亲自带队,我们一起在省内各地走南闯北,不辞辛苦地调查取证,分析研究案情,及时向省委和党中央汇报工作。他在这领导层里资历最老,德高望重,但谦虚谨慎,认真负责,对下属充分信任,调动大家的积极性,大胆放手让我们努力工作。我们这些工作人员,在他以身作则的带动下,都夜以继日工作,按时圆满完成了这项任务。

曾老一生艰苦朴素,清正廉洁,始终能和群众在一起,从来不搞个人特殊化。他经常到城乡各地办案搞调查研究,在工作中与大家同吃同住,不怕艰辛;在国家三年困难时期,每天午餐他都和大家一样在机关食堂排队,领取一个窝窝头和一碗白菜汤,没有任何特殊待遇。在"文革"时期,他在"五七"干校分担负责养猪,整天和几十头猪打交道,不怕脏,不怕累,苦中取乐,毫无怨言。

在"文革"中,我们省检察院64名干部几乎全部集中到营口劳改犯人居住的监狱编入连队进行"斗、批、改"。一位年轻干部因受造反有理、砸烂公检法、打倒一切、怀疑一切的思想影响，凭借打击报复诬告不实之词，对曾化东同志进行无情批斗。曾老据理答辩，当着全连队人的面被狠狠抽打耳光，然后独自关到一处空闲房间"反省"。当时我担心曾老想不开，会出事（不堪迫害而自杀这样的事在当时是屡见不鲜的），便私下去看望他。这个在长征路上几度逃过死神的钢铁汉子对我说："诬陷迫害干部，乱批乱斗，这只能搞乱国家。"接着，他回忆起参加革命工作的经历和过程，谈到与他同时参加革命的同志大部分已经死去，活着的实在是为数不多了，说到沉痛处禁不住潸然泪下。最后他对我说："德洪同志，放心吧，我不会为这件事想不开。我们党是伟大光荣正确的党，我相信这次被错误批斗的人，迟早会得到公正对待的。""四人帮"被粉碎以后，拨乱反正，山河重光，人民欢欣。事实证明，曾化东同志对那些错误批斗问题的认识是完全正确的。

曾化东同志心胸宽阔，站得高看得远，遇事能放得下、想得开，不计较个人得失，在历次政治风浪中都经受住了考验。在"文革"期间受到迫害，被停职下放，但他没有屈服。省检察院恢复建院时，他依然不计个人恩怨得失，继续忘我工作，始终保持着一个共产党员的高尚品质，得到了省院领导和同志们的普遍赞扬与尊重。有一天，我随他从省院北陵住处步行到省公安厅办事，我们边走边说，一路话语一路情。他说了很多，大意就是：革命路上总是要遇到艰难困苦、坎坷不平的，但只要坚持党的领导，坚持走群众路线，坚持马列主义毛泽东思想不动摇，苦干实干，勇往直前，就一定能取得胜利。我想这就是他之所以能历经苦难的考验卓然而立的原因。

离休后，曾老担任省院第一任离退休干部党支部书记，他对工作一如既往，兢兢业业，认真负责，继续发挥着余热。他关心检察事业的发展，多次给省院党组建言献策。2011年，曾老左眼眼球因病摘除，不久，右眼也失明。在这种情况下，每日的《检察日报》、每期的省院老干部处主办的《学习交流》，他都让儿女读给他听，并不时发表自己的见解。因长年有病，经常要入院治疗，曾老在经济上并不宽裕，但在2008年汶川地震时，他第一个为灾区捐款2000元。几十年来他省吃俭用，为革命老区贫困孩子捐资助学数万元。凡此种种，不胜枚举。他的一言一行无不彰显着对检察事业的钟爱，无不散发着满满的正能量。

曾化东同志的一生是为人民解放事业奋斗奉献的一生，是全心全意为人民服务的一生。我衷心希望我们为革命事业而工作的人们，乃至我们的子孙后代，永远铭记革命前辈所做的贡献和牺牲。我们要承先启后，继往开来，在以习近平同志为核心的党中央领导下，不忘初心，牢记使命，为把我国建设成富强民主文明和谐美丽的社会主义现代化强国而努力奋斗！

省院老干部处处长曹金灵看望曾老

　　许德洪为辽宁省人民检察院正处级离休干部
　　辽宁省人民检察院老干部处处长曹金灵帮助整理

# 待不思量　怎不思量

**彭和群**

　　自1978年检察机关恢复以来，已经四十年过去了。在这四十年中，我有幸工作了十五年，直到2008年退休。回首在检察机关昔日的工作，对照如今检察机关的建设发展，真是令人感慨系之，颇有隔世之感。

　　1993年，我在部队工作了四分之一世纪之后，转业到了辽宁省人民检察院。那时，我们省院没有自己独立的办公场所，是与省粮食局在一个楼内办公的，地点在五一商店附近。机关大门朝北，与常言所说的"衙门口朝南开"正好相反，还没有门禁。入门向左，是粮食局的领地；向右，便是检察机关了。那是一个三层楼房，上上下下，一共有十几个房间。堂堂的省级检察机关，不过如此而已。

　　进入检察院机关，人事处处长张念茂就安排我到他的处里帮助工作，在辛桂华同志的直接领导下整理机关干部档案，具体工作是修补剔除，制作目录，装订成册。在这一过程中，我看到，像我这样在部队大学校毕业来检察机关工作的，占了干部总数的一半，来自原公检法机关的干部比例不大，还有其他部门如工商行政等部门改行来检察机关的，其中有大学、大专学历的比例很小，而从政法学校毕业或法律系毕业的大学生就更少。为了提高干部的素质，机关组织大家学习最高检下发的法律教材，请有资质的同志给大家上课。郭绍忠同志是"文革"前中国政法大学的毕业生，曾给大家讲刑法。年青同志徐平是吉林大学法律系的毕

作者彭和群

业生，也给大家上课。他们是能者为师，慨然担当"传道受业解惑"之责。我们是"吾师道也，夫庸知其年之先后生于吾乎"，亦足可以无愧韩文公的。学习告一段落，便参加最高检组织的考试，及格者，视为取得大学专科的学历，具有从事检察工作的学历资质。如此边工作边学习，或者也可以称作"特色"吧。

机关设有食堂，解决同志们的中午就餐问题，伙食丰俭与时代保持一致。另外，还有不少同志习惯于自己带饭，早上一上班，便把饭盒放在热水房的蒸汽柜里，到中午便可以吃到热乎的饭菜了。当然也免不了意外，有位同志给我讲了一个故事：因为饭盒样式相近，分不大清楚，以至于揭开饭盒后发现拿错了，于是，他捧着饭盒赶紧送回去。他终于找到了自己的饭盒——结果嘛，还不错，倒也免得烫着了。

在人事处整理干部档案完毕，我被分配到政治部组宣处工作。全处五位同志都挤在一个办公室里办公，满亲热的。室内外卫生，谁来得早谁干，打水扫地抹桌子，倏忽便了。处里开会，不用召集，见人都在，处长说一声开会，大家便正襟危坐，各进其言；说一声散会，大家便各尽其职。

我们每人都有一个办公桌，但规格并不统一，长短、宽窄、大小、高低、颜色、形制，可谓五花八门，或许是"化缘"得来的。处长的办公桌是"两头沉"，这已经是很奢侈的了，同时凭此也表现了干部级别的差异。我的办公桌抽屉不大灵便，装得满，抽拉必须格外小心，这是得了教训的。因为有一次，拉了几下没拉开，一用力，抽屉底板罢工，哗啦的一声，抽屉里的所有东西都飘然而下，和地面亲密接吻去了。

我们处里的装备差劲，人却上进。举个例子来说吧。一天，李元告诉我，佟敏参加法院组织的笔录竞赛，取得了上佳成绩，并表由衷钦佩，说："佟副处长真的很要强！"后来我知道，佟敏是本溪人，在来检察院工作之前，曾是全省闻名的"铁姑娘队"的成员。近朱者赤，在这样的环境中，你想不上进，——难！

组宣处的工作方式基本上是制作文件。手写起草，誊清，报处长审查，再征得政治部主任同意，送打字室排号打字，然后校对，付印。工作繁忙效率低，自不待言，但这也是无可奈何之事。这种情况在当时恐怕是普遍存在的，因为我在1993年年底到1994年年初抽调到最高检宣传部帮助工作，那里的情况也是如此。后来，我随最高检察院宣传部部长郝银飞到广州、深圳考察，发现那里已经普遍使用微机，工作效率大为提高，于是，我写了一个情况报告，并提出几点关于普遍使用微机的建议，呈送给杨业勤检察长。

后来还不错，我们在旧品堆里找到一台打字机，其字屏只有一行，大概十几个字吧。每次制作文件，先列好提纲，再边思索边输入。文章写完，因为在屏幕上阅读太困难，就把它打印出来，加以修改。于是我们报送领导审批的文件脱离了手写的这一个程序。在这个简陋的打字机上，佟敏、李元和我都熟悉了五笔字形输入法，崔凤仁处长和郭绍忠同志可能是在等待更好的机器，没有染指这个尝试。说到李元，她是我们处里的年轻人，常带给我们一些新鲜的东西。有一次，她给我们看一个大家都感到莫名其妙的印刷品，我们看了半天，只见纸上许多黑点，漫无头绪，颇似《红楼梦》对晴雯的册页描述所云："水墨渲染的满纸乌云浊雾而已"。她告诉我们说，这是立体画。经她指点，我们看出来了，那是一条大鱼！在一张纸上的诸多黑点，竟然可以表现出远近深浅，这确实是我从来没有想到的。

说得远了一点儿，让我继续说装备吧。处里有电脑使用是在赵伟光同志当处长的时候了，时间好像是在1997年，不过不是每人都得到配备，处里仅有一台，型号是386，还是586，现在已经记不清了，它是我们的宝贝。至于复印机，那时可能全院只有一台，由办公室掌握。这已经是很大进步了。尼克松在《领袖们》一书中写道，在他打破中美坚冰之旅时，曾把一份文件交到周恩来总理手上，但周恩来迟迟未能还给他，于是他判断：中国大陆没有复印机，哪怕是一台！那是70年代的事，到了90年代，复印机在我院虽然只有一台，可是在中国大陆已经是不计其数了。仅此一点，我们也要说：改革开放，势在必行，功不可没！

在组宣处工作期间，接触的多是检察机关的先进模范，用现在的话说是接受"正能量"，宣传他们，表彰他们，就是为我们的检察机关树立旗帜。有一次，我到朝阳市的龙城区人民检察院，与一位模范干部交谈，她谈到检察机关刚刚恢复之时的艰难：那时候办案没有汽车，只能骑自行车，或驾摩托车，夏天还好说，冬天本来就冷，驾摩托车风势加大，那滋味，一言难尽！顶风冒雪，骑到地方了，却已下不来车，手僵直，腿麻木，嘴冻得说不出话，只有心口是热乎的……听了她的讲述，使我感到，如果不把这些模范宣传出去，我就对不起他们！于是我想模仿《十日谈》的写法，写一本"辽宁检察官十日谈"，不写风流韵事，只叙英雄事迹。我把这个想法与梁汝亭同志讲了讲，向他征询可否。他说，一步步来，先写单篇，然后结集。我说，这个办法好，脚踏实地。于是收集材料，动手写作，有的在《检察纵横》上刊登，有的在《检察风云》上发表。可是这件事没有坚持下去——因为身体的原因，我离开了组宣处。我们检察机关年年都表彰一些先进，他们的故事是不是有人搜集整理呢？他们做出的贡献是应当多给一些尊重的呀。得知省院要出一部属于我们检察人自己的书，倒是弥补了我曾经的遗憾，也还了我多年来的愿望。

《左传》曰："筚路蓝缕，以启山林。"坡仙曰："不思量，自难忘。"良有以哉，良有以哉！

作者为辽宁省人民检察院正处级退休干部

# 用坚守铸就不变的承诺

齐鹏　代薇

三十年，1万多个日出日落，在冷清的档案室中独自坚守；

三十年，装订档案8万卷，足足可以装满5辆大卡车，重量超过二十吨；

三十年，没办错一个档案，没丢失一份文件，归档准确率100%；

……

一个人，一间屋，满眼档案；一颗心，一条路，铿锵承诺。

他——就是辽宁省人民检察院档案科科长邓春友。

## 承诺如铁

"五星红旗迎风飘扬，胜利歌声多么嘹亮"，54岁的邓春友生在新中国，长在红旗下。凭着勤奋好学，怀揣着梦想的他走出辽西的大山，来到辽宁大学历史系档案专业学习。那一年是1984年。

大学毕业后，他被分配到辽宁省人民检察院，那一年是1988年。

邓春友工作照片

报到那一天，他怀着忐忑的心情走进了领导办公室。领导热情地请他坐下，唠起了家常，使他一下子没有了拘束感。他跟领导汇报起自己的生活学习情况，也谈到了自己的理想。"我不是不喜欢档案工作，但是跟检察官比起来，我更想成为一名检察官。"

"你是学档案的，知道档案工作的重要性。目前，院里档案工作亟须加强,特意从高校毕业生中要一名学档案专业的。你可要发挥骨干作用啊!"领导并没有说什么大道理。

"好吧。我试试看吧。"

"试试不行,干一定就要干好。你肯定能干好!"

"行!"

这一个"行"字,支撑着他走过了三十年的风雨;这一个"行"字,支撑着他送走了1万多个日日夜夜;这一个"行"字,让他始终坚守初心,痛并快乐着!

"一不能贪,二不能丢,三不能脏,四不能慢。"领导把档案室的钥匙交到了邓春友的手上。

他认真点点头。谁能料想,自从接了档案室这把钥匙,一干就是30年。

## 责任如山

邓春友深知,档案的事儿是大事,错不得,丢不得,少不得。

"老王啊,你这个卷皮处理结果填得不对啊,得写检察院的处理结果。""小李,你这个归档材料排列顺序不对,应该是正文在前,底稿在后,拿回去重新调整一下吧。""张姐啊,你们处的卷怎么还没交呢?抓紧啊!""小夏啊,你们今年召开的研讨会,会议通知怎么没有呢,你找找赶快补一下。""小徐……""老赵……"

这就是老邓,别看官不大,档案科科长,但他总是得个机会就说"归档",看见内勤就让"抓紧",时间久了,同事们都说老邓这个人"太较真",干脆就"邓大人,邓大人"地叫了起来,老邓听了,也就笑着答应了。他总说,档案工作是良心债,要对得起自己的良心。

每年过完春节一上班,老邓就组织各处室内勤开会,回回都是强调归档的要求和时间,为了不影响归档进度,老邓总是一遍遍打电话催,催了几次还交不上来的,他就干脆追到人家办公室要。有时候追得人家实在烦了,说话都没什么好气。可老邓还是老样子,笑眯眯、慢声细语地和你讲,和你聊,就是不挪步,一直到材料全了才喜滋滋地抱着材料离开。档案科的年轻同志有时为老邓抱不平:"邓哥,都催好几次了,也不交,太为难人了。该归档时不归档,以后想查档案找不到,是他们自己的事。"老邓总笑笑说："没办法，这就是咱的工作。咱得负责啊！"

辽宁省有130多家基层检察院，由于多种原因，各地区档案工作发展极不平衡。对那些有困难、档案基础薄弱的单位，老邓更是经常下基层指导。20年的时间里，他走遍了全省130多家基层检察院。对那些刚接收档案工作的年轻人更是手把手地教，直到弄懂弄通为止。和基层院的同志相互熟悉了，也跟着叫他"邓大人"。在他的指导下，全省检察系统已有80多家单位成功晋升为目前国家档案工作最高标准——省特级先进单位，档案定升级工作在全省档案系统名列前茅，在全国检察系统中也处于领先地位。

## 生活如歌

"青春的岁月像条河，岁月的河啊汇成歌。"邓春友把平凡的岁月谱成了一首首动人的歌。

档案科每年接收各类档案约3000余卷件，需要录入、扫描的文件万余页，要想全部按照档案数字化进程的要求完成归档入库，是一项艰苦细致的工作，需要付出常人难以想象的辛苦。有帮手的话，还能分担些工作，可只有老邓一个人的时候，他只能不停地加班加点，甚至节假日都难得休息。

2000年，省档案工作面临晋升省特级，虽然档案工作基础还不错，但对照晋级标准，还有许多工作需要进一步完善。离晋级还有8个月的时间，可是如果拿时间来计算工作任务的话，至少需要档案科两位同事不歇气地干14个月，多了6个月的工作如何完成，身为科长的老邓一拍桌子："加班。"当时档案科只有老邓一位男同志，与其说是他带领档案科加班，还不如说他"带领"自己加班。

他把整理文件、制作卷皮这样比较轻松的工作安排给别人，而他则是起早贪黑地录入、扫描、准备晋级材料。他早上五六点钟就到单位了，除了吃饭时间，他多数情况下连口水都顾不上喝，一直干到晚上九、十点钟。赶上妻子值夜班，他不得不把年仅八岁的儿子带到单位，孩子刚到办公室赶着新鲜劲还能玩上一会，可不一会就腻歪了想回家，老邓只好连哄带骗地安抚孩子，又一头扎在工作中。等准备回家的时候，儿子早已蜷在办公桌旁睡熟了，粗心的爸爸都没能给孩子盖上一件衣裳！再到后来，老邓再说带儿子去加班，孩子总是躲得远远的，说什么也不和爸爸去了。

夏天，家里新下来的房子要装修。妻子和他商量："老邓，这么多年了，一直没休过干部假。赶上今年咱家有事，能不能请几天干部假？"老邓一听就急了，"请什么假，我那一大堆事儿还干不完呢！"妻子也不愿意了，"这个家要你有什么用？"老邓一听不是话，马上安慰妻子："这一段我的事儿多，等忙完这段，我再请假装修。你别生气，我一定把房子装好。"

妻子知道，他说的一段时间可能是一个月，也可能是半年。没办法，还是自己来吧。大热的天，妻子又要去市场买材料、找工人，又要做饭、带孩子。一个月，本就纤瘦的妻子整整瘦了10斤！

这些年里，老邓对妻子说的最多的就是：我对不起你们娘俩。

## 坚守如磐

一天、两天、三天，整整30个春秋。邓春友坚守着自己的岗位，坚守着那份不变的承诺。

2006年初春，老邓像往常一样，抱着厚厚的一摞案卷正准备送到库房，突然右腿一滑，结结实实地摔到了地上，案卷散了一地，老邓想爬起来，可是右腿怎么也使不上力。从那天起，他好多天都感觉右腿不舒服，有时酸，有时麻，有时还隐隐作痛，刚开始他也没当回事，以为是那天摔重了，养养就会好。可是半个月过去了，腿不但没有好转，反而是越来越重。身为医生的爱人感觉不对劲，在她的一再催促下，老邓到医院检查，医生告诉他患上了重度静脉曲张，已经严重到影响血液回流，建议马上进行手术治疗，否则极有可能导致血栓。老邓当场就拒绝了马上做手术的建议并忙着把爱人拉到一旁不住地商量："年初归档可不能耽误，我这病没事，有时间再说吧。"他爱人实在是拗不过他，只好按老邓的意思办。

转眼到了四月份，眼瞅着天是一天一天暖和了，可老邓的腿一天比一天难受，连正常走路都有些吃力了，爱人实在看不下去了，和老邓大吵："老邓我告诉你，手术你要是再不做，我就找你们领导去，没有你地球还不转了？为了工作你身体都不要了，你说你这是图啥呀？"

看妻子是真的生气了，老邓连忙哄妻子说"我做手术就是了，五一，就五一做吧，赶到放假，不耽误工作。"就这样，五一黄金周的七天，老邓一家三口是在医院度过的。眼看着上班的日子越来越近了，可老邓术后恢复的情况还是不太好，医生建议他继续留院治疗，可老邓为了不耽误上班，硬是让妻子办了出院，拖着没拆线的伤腿，在妻子和儿子的搀扶下回了家。

从88年上班到现在，老邓从来没有休过一次干部假，也极少请事假。到孩子寒暑假出去玩，都是妈妈一个人陪着。懂事儿的孩子总说，爸爸太忙，爸爸太忙！

## 情深如海

邓春友不是不懂感情，更不是没有人情。他把自己的全部感情都投入到工作中，把自己的全部热情都给了身边有需要的人。

接待查阅是档案管理工作中最琐碎的事了。每年都要几百人次，千余件。工作时间还好，遇到急用材料的时候，哪怕是公休日，只要一个电话，老邓也马上赶到单位。无论是本单位还是外单位的同志，他都热情服务。认识老邓的人都知道，别人有事找他帮忙，但凡他力所能及的，他从来都是有求必应。老邓说："别人找你，张个嘴容易吗？咱哪能不帮啊。"次数多了，人熟了，大家都亲切地叫他"邓大人"。

老邓的爱人说过这样的话："老邓他兢兢业业的这么多年，付出真的挺多的！以前单位自愿扫雪，我不让他去，拦都拦不住。别人值班有事来不了，总是找他替班。这些事，我要是不说，谁知道啊，他就这样默默无闻的，他还很知足呢！"而邓春友总说："多干点，不吃亏。"

在生活中，邓春友同样是一个热心肠的人。1989年12月的一天深夜，熟睡中的老邓被一阵急促的敲门声惊醒，开门一看，是邻居王大姐，只见她急得团团转，说孩子病了，需要马上去医院，老邓二话没说，抓起一件衣服就跑出了门，严冬的深夜冷得格外刺骨，老邓推着自行车，后面坐着裹着棉花球似的孩子，在雪地里，一步一滑地向医院赶去，到了医院，老邓背起孩子就往楼上跑，又忙着挂号、开药、扎吊瓶，直到凌晨4点多，孩子的烧退了，他才离开医院。

日出日落，又是一天，雁去雁回，又是一年。转眼间老邓在档案科

| 辽检情怀 |

工作已经30个年头了，小邓变成了老邓，旧大楼变成了新大楼，唯一不变的是他依然像刚参加工作那样埋头于办公桌前，一丝不苟，充满热情地记载和守护着辽宁检察事业的历史。在这个岗位上，有人退了，有人来了，有人来了又走了，只有他，始终深爱着，并不懈怠地从事着检察档案工作，并将这份平凡的工作，做得有声有色。

由于邓春友的不懈努力，省检察院档案工作连续多年荣获优秀单位、优秀集体等称号。他本人也被记二等功、三等功各一次。他还先后被院里评为"机关优秀党员"；被省档案局评为"档案先进工作者"和"辽宁省十佳档案工作者"；被省委政法委评为"人民满意的政法干警"、被省总工会授予"辽宁五一奖章"；2013年8月，邓春友同志代表省检察院参加了全国第十二届运动会火炬传递。被最高人民检察院评为"全国检察系统优秀档案员"；被国家档案局评为"全国优秀档案工作者"。

邓春友同志获得的荣誉

今天，年过五旬的他仍然挥洒着汗水，奋战在记载和守护着检察事业历史的第一线。他桌子上紧挨着检徽的台历上端端正正地写着"认认真真做人，踏踏实实做事"。

齐鹏为辽宁省人民检察院办公室主任科员
代薇为辽宁省人民检察院民事行政检察一处三级检察官助理

# 陈铁钢和他的法警们

**韩家祺**

2010年，第一次全省司法警察工作会议上，高检院警务部副部长雷凤鸣在评价辽宁省法警工作时说道："辽宁省法警工作所取得的成绩和进步，是辽宁省检察机关各级党组正确领导和大力支持的结果，也凝聚着法警总队和各支队、大队的辛勤汗水。但我特别想说的是，陈铁钢总队长为此倾注着大量心血，做了许多艰苦细致的工作，展示了出色的组织才干，我们对他这一年多的工作是非常满意的！"说到此处，会场上下掌声响起。

在两年时间内，辽宁的法警工作竟然取得如此大的变化，不经意间，全国法警部门的目光都关注到了辽宁省法警队伍和陈铁钢总队长的身上。

司法警察培训班——整装待发

## 那小子，将来一定会很有出息

陈铁钢，熟悉他的人都叫他铁钢。他一米七六左右的个头，浓眉大眼，鼻直口阔，腰板挺直，目光如炬，身着警服倍显威严。这种威严，有来自警服的庄重，更多的是源自他与生俱来和经过多年锤炼的军人气质。

铁钢出生于军人家庭，在省军区大院长大。他的小学、中学都是效仿部队编制，所以，他在小学就开始担任班长、排长。他从小就为人爽快，办事认真，是个优秀军人的好苗子。居住在军区大院的人只要一提铁钢，都说"那小子,将来一定会很有出息。"果不其然,他先后在青年点担任点长、团支部书记;在省军区担任教导大队教学示范排排长;在沈阳军区大比武中获得投弹项目第二名,荣立三等功,被授予"优秀教练员"称号。最让他难忘的是1985年参加的沈阳军区大比武,已经是省军区教导大队军事教官的铁钢,率领全能队队员参加武装越野、对抗射击等项目,天天摸爬滚打,最终他率领的队伍获得单项比赛第一、二、四名,集体项目第一名,为军旅生涯又添上浓墨重彩的一笔。

1987年,铁钢带着多项殊荣转业回到地方。11年的"革命大熔炉"生活锻就了他军人的品质:敢拼敢打、坚忍不拔、一往无前。

来到省检察院,他在人事处、基层处、组宣处都干过,通过竞聘又担任干部教育培训处副处长、处长。在从事教育培训工作的14年里,铁钢把在部队炼就的军人品质全部倾注到培训工作上。针对全省检察干警学历普遍偏低的问题,他与北大、清华、首都经贸、吉大、辽大等高校举办了各种学历教育培训班。辽宁的硕士生比例,远超于高检院的要求,他的做法得到了高检院的首肯,《检察日报》刊文称"辽宁有个黄埔军校"。

## 如果不难,还要我们来干什么

2008年,省院党组决定组建法警总队。我省的法警队伍很不规范,有很多历史遗留问题,是一块难啃的硬骨头。另外,法警工作事关安全,责任重大,想干好,不容易。所以党组急需一名有能力、有魄力的总队长来改变全省法警工作不规范的状态。此时,党组想到了铁钢。检察长在听铁钢对法警工作的想法和计划时,不时满意地点头,说道:"放心吧,党组支持你!"

刘诗奎,身高一米八二,消瘦的身材,一脸清秀,带个眼镜,典型的书生形象。诗奎性格细腻,担任法警总队副总队长之前为计财装备处副处长。他和陈总队的组合可谓刚柔相济,珠联璧合。

当时我省有近三分之二的基层院没有经编委批准设立的法警机构,大部分司法警察散落在其他部门,用拓荒来形容我省法警工作毫不为过。"难吧?难!难,怕什么?如果不难,还要我们来干什么!一张白纸没有负担,一起从头开始吧",他们暗下决心。

培训是重建法警队伍战斗力的第一要务。司法警察的职责事关安全，没有扎实的基本功和严谨的作风，很难承担起配合办案的重任。每次在全省法警培训班上，陈总队都坚持和学员同吃、同住、同训，珍惜与学员接触的机会，了解大家的想法，给大家鼓劲。"向我看齐！"是他在培训班上常说的一句话。清晨6点钟，他同学员一起出操，"队列教官"也成为他的另一个身份。他凭借在部队练就的扎实本领，无论是队列理论，还是动作演练，都手到擒来。队列教学不是他的主要目的，他更想用自身行动来展现司法警察应有的精气神，灌输给全体法警"警队因我而不同"的理念。在一次培训班总结讲话中，陈总队由于过度操劳，嗓子发炎肿痛，讲话十分困难，大家不忍心听他讲完，多次让他歇一歇，但他仍然坚持。结束后，大家全部起立，报以热烈掌声，很多人还流下了热泪。他们的眼泪中饱含着激情、感动，但更多的是从事多年法警工作而从来没有过的自信和希望。

正是因为陈总队这股认真、坚毅和不服输的劲，他从一个"半路出家"的总队长，很快成为在全国司法警察工作会议上作经验汇报的典型；在全国总队长培训班上讲授队列和射击课程的教官；在全国司法警察骨干培训班上授课的教员。很难想象，这是一个五十岁入行，才干了几年法警工作的"新人"。

### 挺起胸，昂起头，树形象

面对6名孩子般大的新警员，陈总队给他们讲的第一席话就是如何做人。"我希望你们首先要自信、自尊、自爱、自强，要热爱检察工作，热爱自己的岗位。你们的岗位就是你们的舞台，在一点一滴上修炼和提高自己，培养良好的品行，体现自己的价值和才华"。陈总队告诫他们："你们不应是一般的警员，你们代表着辽宁省人民检察院司法警察的崭新形象"。

总队组建初期，在配合自侦

法警总队执警——保护公诉人

部门办案时警力严重不足。2010年，省院办案任务繁重，多个大案要案交叉用警。在8个月的时间内，全队人员配合多个部门在营口、大连等地连续办案，五·一、十·一都是在办案点度过的。就连回家取换季的衣服，都要快去快回，不能停歇。连续的24小时三班倒，除去吃饭、洗漱、路上的时间，正经睡觉就没几个小时了，其间还要不停地倒时差，因此很多警员都练就了"沾枕头就着"的本领。由于超负荷、不规律的工作，很多人都落下了两大职业病，胃病和痔疮。但就是这样，也没有一人掉队，保证了所参与的搜查、拘传、看管、提押等任务安全、高效地完成。在2014年，总队在配合反贪部门办理一件大案中，先后调用全省司法警察参与省院办案保障约2500人天，调用的警力都能在规定时限内报到、履职，受到办案部门高度好评。总队用实战来证明了我省法警队伍这几年来的丰硕成果。自侦部门转隶后，很多监察委里的"老反贪"还怀念道："还是原来的法警队伍用着顺手啊！"

"要肯于吃苦，乐于吃苦，在艰苦和压力中经受磨砺。大家要在困难面前，挺起胸，昂起头，振奋精神，树立形象，体现价值。干，就干好；干，就要干出个样来。只有干，才能受到尊重，才能体现出自身价值。所以，就是再苦，也值！"正如陈总队所说，全省的法警队伍成为检察办案不可或缺的武装力量。虽说法警工作的任务比以前多了、重了，但大家都有了更强的自信感和荣誉感，腰杆子也挺得倍儿直，深深体会到"有为才有位"的含义。

## 捍卫法警工作的生命线

为了保证各地区法警履职过程中的安全和规范，他和刘诗奎始终坚持开展办案工作区检查、队伍规范化检查和各地区的交叉互检等工作。一方面为了安全检查，另一方面是要借这些机会不断地深入基层调研，督促各地区将法警工作做细、做实。

为了充分利用好检查和调研的机会，陈总队总是身先士卒，尽可能多地同基层院的党组或检察长进行座谈，提要求，听建议。有时，他一天走访4、5个基层院也是常有的事。如果去外市，经常是赶早走，夜晚回。很多基层院领导都劝他："歇一歇，住一宿吧，工作永远也干不完，身体才是革命的本钱！"他总是说："没事，不习惯在外面住，回家睡得香。"其实，陈总队身边的人都知道，节省一天，他就可以回去多做一些工作，多调研几个单位，多改善几支法警队伍。大家总说，时间就是金钱；在他眼里，时间就是安全。因此，时间在他那里总是不够用的，因为办案安全这把"达摩克利斯之剑"始终悬在他的头顶，不敢有丝毫懈怠。

法警总队对办案区进行规范化检查

正是因为这股"拼命三郎"般的精神，辽宁的司法警察工作才能取得突飞猛进的发展。在全国司法警察工作会议中，警务部部长曾破例让陈总队代表辽宁，排在北京、上海前面，坐在部长身边。这是警务部在全国法警队伍面前，给予辽宁取得进步的最高评价。

## 辽宁省检察机关一道亮丽的风景线

虽然辽宁的法警工作还有很多不足的地方，但这支队伍的进步速度是有目共睹的。2012年，高检院政治部将辽宁省法警总队确定为"全国检察机关司法警察工作示范单位"，这也是获此殊荣的唯一省级单位。在第一期全省法警领导干部培训班结业时陈总队曾承诺"一年打基础、两年上层次、三年争一流"的工作目标。可以说，陈总队完成了党组交与的重任，也实现了他当初的庄严承诺。

这些年中，法警总队先后获得"集体三等功""省直机关文明处室""省院机关先进处室"等荣誉；陈铁钢总队长荣获个人二等功，刘诗奎副总队长荣获个人三等功。陈总队和他的法警们的辛勤汗水没有白流。我省的法警队伍经过多年的锤炼，已经形成召之即来、来之能战、战之必胜的良好作风，成为配合检察工作的得力助手。他们所展现的工作素养和精神风貌，也被检察长称赞为"辽宁省检察机关一道亮丽的风景线"。

**作者为辽宁人民检察院法警总队主任科员、一级警司**

# 这一切 才刚刚开始

卢瑛瑾

2015年年初。李宏走出会议室，是晚上6点35分，杨凤杰在她前面走，回头看了她一眼说，这就是个开始。

天还冷着，下了雪，李宏一个人走在回家的路上，脸上发热。天降大任于斯人，原来是这种感觉，脚步沉重却铿锵，内心有点澎湃但充满克制。这倒是她一贯的作风，工作越重要，行事越谨慎。

杨凤杰说得对，这确实是个开始。2015年起，司法体制改革在辽宁检察系统的探索工作陆续开展，2月基层处原处长提拔，副处长李宏开始主持工作。说话的那天下午，司改小组会和处内会加在一块儿开了4个多小时，李宏清楚地记得领导对这项工作的描述，工作量的庞大前所未有，工作的难度前所未有，但她心里也有数，前有冰山，排除万难，少走弯路，把好事做好。在全省检察人员都对改革一无所知的时候，李宏带着基层处，悄然开始了"小动作"。

一晚没合眼，"探路者模式"有了雏形，第二天一早，她就拿去和杨凤杰、陶东峰碰头。先是政策学习，逐字逐句拆分，既要搞清楚其言所指，又要放在大语境里契合原则，再是在全国范围内求教先进经验和做法，既要对下因地制宜，又要对上有迹可循，同时开展的还有全省范围内检察院特殊规格统计和检察官配置情况摸底。杨凤杰是副处长，对两级院综合情况有深入了解，熟读大政方针，政策把握透彻，陶东峰是军转出身的干将，对方案前瞻性和操作性有准确的预判，工作干脆利落，行事谨慎可靠，有这两个得力助手，李宏有信心打好这场硬仗。

调研方案层报审批下来的第二周，全处分组，集体下基层。

李宏和杨凤杰着手开始搜集全国各省改革办法。2015年下半年的中国，第一批司法改革试点中可重点参考的有广东、上海和吉林，第二批尽管14个省，但区域发展不同，也不能拿来主义，都在摸着石头过，过的却不是同一条河，一旦需要

基层处研究司改工作

"辽宁化"，如何科学借鉴，如何创新自立，都是前无古人。难度一上来，加班是必要的，李宏开始加班。

调研结束，全处开始加班。

前期大数据做得很全面，花了不少功夫，搜集、整理、统计、分类、测算，全省三级138个检察院，从人员编制到机构设置，从学历结构到年龄分布，从地区差异到共性问题。改革前的两级院整体评价是一座冰山，提炼成报告，也许只是一串百分比，少有人看见海面下的巨大工作量，然而这些工作，总是要有人去做的。

天黑的并不早，但没人在落日前回家，李宏和杨、陶二人尤甚。有几次加班到凌晨，李宏觉得手指尖发麻，她到走廊开窗，看见杨凤杰也站在那透气，冬天的冷风让人头脑清醒，咖啡不灵的晚上，低温吊着人的精神。李宏说，干完活儿早点回家吧。杨凤杰说回家也睡不着，脑子里就是这点事，道上都是冰啊，在办公室倒一会儿天就亮了。

这样的高强度作业持续了相当一段时间，基层处出活儿了——2个报告2个方案，全处都暂时松了一口气，大家竟有了点儿过年的欢喜。李宏觉得感动，主持工作伊始接了这么大的活，全处都没掉链子，可见都是心往一处使的。她因此不敢歇着，怕辜负这份集体的成果，想着打铁得趁热。

别管前一个晚上加班熬成什么样儿，第二天上班总是要笔挺体面的，踩着高跟鞋，李宏跟主任带着报告去省委组织部和高法、政法委开第一个碰头会了。一路上，她坐在车里望向窗外，想的是为了将司法改革的

红利在辽宁检察释放到最大,代表集体利益的时刻到了,以后检察人员要在何种改变中获得幸福,也许就在这一次,下一次的"谈判"中。于是就来了精神,坐着的车都像变成了"破冰船",逢山开路,遇水架桥。

到了2015年年末,陶东峰没日没夜写的那个全省检察系统最早的改革方案成功上报省委组织部,接着辽宁作为第三批司法体制改革试点地区向中央提交试点方案,杨凤杰拟稿的全省检察官职务套改方案也随之敲定。黑纸白字上没有任何一个功臣的名字,包括李宏,只有她自己知道往来奔走了多少次,废了多少唇舌,下了多少苦工,才把"像雾像雨又像风"细化成了"一二三四五六七"。处里人觉得,最艰难的时刻已经过去,李宏说,这只是刚刚开始,良好开端,路且长着。

2016年,李宏正式担任省院政治部基层处处长。

年初,全省检察官职务套改工作正式启动,基层处深入全省14个地区进行实地培训和政策解读,3000余公里日夜兼程,对6370名套改人员的10余万条信息逐人逐项核查,面对面纠错。如果改革是一个动词,那么这场奔波,就是真正意义上的全省范围内的掀天动地,至今很多人提起司改,首先想到的就是套改。

但套改的最先参与者却缺席了。2月,杨凤杰在家中突发心肌梗塞,被送入医院抢救。心脏搭完桥,杨凤杰醒了,李宏去看他,说了没两句就听他问到套改进度,向来爽朗的李宏鼻子一酸,说您安心养身体吧,这事儿有我呢。

可不止"这事儿",基层处还有诸多"那事儿"。司改以来基层处并没有因此分减原有职责,杨凤杰倒下没多久,另外一个处内工作人员也住院了,李宏要大事小情一把抓,一个女人的强大被发挥到了极致。午休,双休,都不休,说她拼命三郎,可你何时看见她,都精神抖擞毫无倦容,全处都跟着打了鸡血一样干"大事"。就这样,爽心豁目,她把各项工作开展得稳中有进,套改工作顺利通过了省委组织部的审查备案。

只是攻下一城还有一池,员额检察官遴选工作接踵而来。辽宁试点晚但推进快,差不多在用倒计时的节奏挑战"不可能",特别是第一批遴选,全省5000人报名,审查信息15万条,佐证材料超2万,起草文字过3万。天文数字下,基层处保持高强度作业,为了减少市县两级院的工作量，李宏和陶东峰申请运用软件大数据呈报。这个软件，后来成为检察系统得以高质高效完成遴选工作的关键利器。

软件试行初期，差不多是一边发现bug一边完善补丁，在审查报表和调试软件的过程中，面对全省政工遴选工作群里的铺天盖地的各路问题，陶东峰24小时连轴转，累得腰都直不起来了，眼睛看什么都自带表格，杨凤杰在群里看不下去了，康复没多久就"出山"答疑解惑。对市县两级操作人员而言，他们也许无从得知基层处在省一级解决了多少难题，但他们一定在紧急关头的不眠不休中，感受到了省市县三级政工人员为了遴选工作最终顺利完成而紧紧抱成团的那股"齐心"。

遴选结束后，陶东峰有外号了，叫"大表哥"，因为所有报表都找他看，他就是行走的excel。杨凤杰也有，基层院来人，不管多大岁数，见没见过，都叫他"杨老师"——但也因此成了负担，他从此再也没闲下来过，任何人有任何问题，都会先问老师。

工作干得多了，就出了故事，有意思起来。走过了套改、遴选，单独职务序列的后续建立不再艰难，像后来每一个检察官案头必备的《辽宁省法官检察官单独职务序列改革试点方案》《辽宁省法官检察官等级晋升办法》等等，都在按部就班中顺利诞生。这个过程，也依然在广泛收集资料、反复论证沟通中度过，只是历尽千帆，吃过辛苦，李宏习惯了，杨老师和"大表哥"也习惯了。整个基层处，甚至说基层处带动的全省政工人员，都在这场司法改革的"摔打"中得到了技能升级。没人说得清这种感受，套改、遴选、转换检察官等级，没有一样是为自己，但又好像就约等于是为了自己，大我小我，都是检察，自己人要把自己人的事情做好啊。

时至今日，基层处刚完成了转隶这一庞杂工作，又开始了全省内设机构改革的新一轮战役，

杨凤杰、陶东峰进行全省培训指导

李宏依然带队四处奔走，去省里碰方案，下基层搞调研，她的汇报整理，要确保省院党组及时把握市县两级检察院的整体建设，也要在上传下达中准确解读每一新词生句，以在新时代日新月异的发展节奏中扎稳改革的基盘。偶有基层院的领导来探班，说李处长别只管埋头苦干，成绩斐然，可以喘口气了。每每此时李宏就会爽朗地笑，她会想起第一次接到司改任务的那个傍晚杨老师对她说的，然后对来人说，只要前面还有任务，这一切，就才刚刚开始。

**作者为辽宁省人民检察院政治部基层工作处科员**

# 刑事申诉检察处二三事

**关荣华**

不经历风雨,怎能见彩虹?自2016年2月刑事申诉检察处分设以来,刑事申诉检察处经历的风雨太多太多了。当年,牛刀小试崭露头角的他们,被评为省院先进集体,业务工作在全国刑事申诉检察工作会议上做经验介绍,6篇经验材料被高检院刑事申诉检察工作专刊转发……荣誉非虚,都是真刀真枪干出来的。

2017年是党的十九大胜利召开之年。为落实辽宁省检察机关社会矛盾纠纷排查化解专项行动要求,面对省院刑事申诉案件受案量呈几何倍的增长数,年初,赵冰处长召开全处紧急会议,统一思想,让人民群众在每一个司法案件中,都能感受到公平、正义。"'清积为零'——这是我们为这次攻坚战制定的工作目标,攻克它,就是向党的十九大胜利召开献上的一份厚礼!"

大家深知,刑事申诉检察工作是群众诉求表达、利益协调、权益保障的重要渠道,是运用法治方式化解矛盾、修复社会关系、维护稳定的重要形式,是最能体现以人民为中心的最具特色的检察工作之一,踏踏实实为人民办实事,就从办好每一个申诉案件开始,向积案开刀。

"开弓没有回头箭"!左右就是一个字——干。"撸起袖子加油干""确保党始终同人民想在一起、干在一起""干部干部,

赵冰处长部署清理积案专项工作

干是当头的"。党的十八大以来，习近平总书记的这些叮嘱不绝于耳。

而毛丰美讲得更为通俗具体："我们就是要干，只想不干就是扯蛋。不干，连总结教训的机会都没有，干要苦干，弯大腰流大汗；干要实干，重规律，求实效；干要巧干，讲科学，闯市场。"

没错，干要苦干！面对人均近50件的强大压力，刑申处10名干警把"清理积案"专项工作作为首要政治任务，个个勇于担当，甘于奉献。

"没有金刚钻别揽瓷器活"，经过梳理，他们发现案件虽然多，但依法规范办理案件是前提。"首先，我们制定了不服检察机关处理决定等4类案件的办理流程……"袁群对经验进行着总结，"利用几天时间，进一步明确办案要求标准，强化对受理、立案、两见面、反向审视、公开审查、信访风险预警、结案审批、文书公开、上报备案、送达等关键节点的质效监控。同时，严控延长审查权限，要求承办人书面详细说明延长审查期限必要性，下一步工作对策及预期办结期限。"毫无疑问，他们的方式方法是得当的。

火车跑得快，全靠车头带。"赵处长，周末也不休息啊？"值班人员见赵冰处长走进办公楼，便上前打招呼，"哦，加个班……"她说着，直奔办公室，开始了一天的忙碌。因为她日常综合事务性工作多，想完成"清积为零"的工作目标，她只有利用周六、周日个人休息时间来院加班加点，共办理结案26件！

"喂，老婆，是我，孩子中考期间全靠你了，这些天真是太辛苦了！处里工作量太大，等忙完这阵子，我带你吃大餐！"副书记塔宁一边许着不知哪天能兑现的承诺，一边全身心投入积案清理工作中，孩子中考，他愣是没请一天假，办理结案37件。

"那是谁呀？这么早就开始忙碌了……""张凯呗，他天天都这样……"从观光梯往北望去，早来或晚走的人们，总能看到他忙碌的身影，早七晚八，没有礼拜六礼拜天。

"瘸子来啦，早啊……"有人见因痛风病发作一瘸一拐来上班的袁群，就打趣地跟他打招呼，"轻伤不下火线"！袁群深知，多一个人多一份力！

"早啊，杨姐，你这是卖一个搭一个啊……"甭问，肯定又是杨倩茹领着不到3岁的儿子来加班了，刚休完二宝产假，还处于哺乳期，"老二嗷嗷待哺，老大无人看护！面对积压多年的申诉材料，必须与办案人逐一核对，不可有丝毫出入"！

"小关，你这也太早了，家那么远，你飞来的？"家在浑南的关荣华，每天早早就来，一度有人怀疑她会飞，"鲁迅先生在书桌上刻个'早'，我也觉得凡事要抓个'早'字，越早越好。"她是这么说的，更是这么做的，每天早来晚走。

就这样，他们忘我工作着，积压案件被一件一件地办结……

在办案过程中，全处干警一致认为案件办结不是目的，必须认真做好案件释法说理工作，才能确保案结事了，有效化解社会矛盾。"我们采用了以下几个方法……"赵冰处长谈及结案过程很有心得，"一是实时追踪积案清理进度。按照承办人进度计划与全处阶段目标统筹相结合的工作安排，分4批将全部积案以轮案方式分配给各办案组，确立了分阶段个人结案目标，逐案建立台账，实行全面监控；二是定期召开推进例会。在每周工作例会中听取未结案进展汇报，全面掌握在办数量，对进展缓慢、办结难度大的疑难积案进行'会诊'，群策群力，集中研究化解个案对策；三是认真做好矛盾化解工作。在十九大召开之前，我们逐案会见案件申诉人，实时了解掌握其诉求和动态，做好释法说明和安抚工作，使申诉人了解检察机关正在认真办理他们的案件。对于有闹访和进京可能的，按照属地原则，指导各地制定防控维稳预案，并逐案逐人落实防控责任部门和责任人。对于重大疑难案件，省院赴各地督导，研究化解措施，共同做好矛盾化解工作，同时，采取风险评估预警，公开审查、司法救助、引入律师等第三方参与化解等措施，把矛盾化解工作贯穿始终，省院适时运用公开审查方式办理案件，实现以公开促公正。"

看来，刑事申

检察官联席会议讨论案情

诉检察处的干警，不仅有实干的作风，还有巧干的技能！真是各个身怀绝技啊！

说到这，不得不提郭乙不服法院生效判决申诉案了。

"原审法院认定被告人孟某某的行为已明显超过必要限度，造成重大损害，构成故意杀人罪，但具有防卫过当情节，应对其减轻或免除处罚，判处孟某某有期徒刑三年缓刑四年。郭乙认为其哥哥郭甲被孟某某残忍杀害，法院却只判处缓刑，对此判决不服，长年申诉上访……"啃下这块硬骨头的刘艳华介绍说，"郭家与孟家本是姻亲，但因此案两家形成积怨，在当地影响很大，媒体十分关注。"为审慎办理此案，刘艳华同志认真审阅该案全部卷宗，制定周密的调查提纲，4次到案发地走访当年参与办案的公安侦查员及批捕、公诉、审判环节办案人等10余人次，调取了郭甲的伤残鉴定、残疾证及物证枪支，并请中国刑警学院的专家进行论证。通过查微析疑，认为孟某某的行为系事后加害行为，原审判决认定事实错误，适用法律不当，导致量刑畸轻、适用缓刑不当，该案经省检察院检察委员会研究决定依照审判监督程序向省法院提出抗诉，省法院指令锦州中院再审，最终孟某某由缓刑改判为有期徒刑五年。刘艳华深出了口气，"原审被告人孟某某也心服口服，息诉服刑。"可谓功到自然成！

全处干警精诚团结、凝心聚力、加班加点、多项并举，完成了此次"清积为零"的工作目标，有效解决了困扰省院多年的信访案件积压问题，且无一新案引发新的信访矛盾。专项工作总结经于天敏检察长批示，在院领导中传阅，得到了肯定和表扬！经验做法被高检院刑事申诉检察厅作为经验向全国转发，多省检察机关刑事申诉部门来电问询取经。

"路漫漫其修远兮！"等待刑事申诉检察处的还有更艰巨的任务，相信坚守着忠诚、担当、奉献的他们将继续耕耘不辍，凭着对检察事业的无限挚爱，以踏踏实实为人民办实事的态度，努力践行以人民为中心的发展思想，为全省刑事申诉检察工作的发展做出新贡献！

正是：吾辈刑事申诉检察处，爱岗不惧千百度，荣誉只言二三事，华彩绽放大旗树！

**作者为辽宁省人民检察院刑事申诉检察处四级高级检察官**

# 优秀检察官是怎样炼成的

翟 碧

1995年春天，共和国第一部《检察官法》诞生了。因缘际会，那一年辽宁省人民检察院公诉二处检察官王志勇也选择了检察事业。回想当年，从质量监督局转岗到丹东振兴区检察院工作，王志勇只是淡淡地说："子承父业吧，因为我父亲是一名警察。"

*孙兆学案件庭审现场，第一排右二为王志勇*

现任公诉二处副处长的王志勇曾经是一名响当当的理工男。在"学好数理化，走遍全天下"的上世纪九十年代，弃理从文，放弃所学专长、投入陌生的领域，从零开始学习法律是需要莫大勇气的。然而，光有勇气还不够，检察院不是法学院，没有导师系统讲授理论，更没有机会锻炼办案技能，直面而来的便是"迅速适应岗位"和"立即转换角色"，领导说："我们需要马上能开展工作的法律专业人。"王志勇的回答是：

"虽然不是法律专业，但我保证能马上开展工作。"人与人的不同，绝少在于智商的差距，而是面对问题与压力的态度，优秀检察人的词典里绝没有"退缩"二字。一句简单的"保证能马上开展工作"的背后，却要付出常人数倍的努力与艰辛。一本法条，破损的封面是千百次翻阅的结果；一盏孤灯，长明到天亮是数不清的彻夜不眠。今天，战斗在辽宁检察事业第一线的优秀干警，有很多如王志勇一样，他们并非法本出身，然而对于法律的理解与运用却同样独到精深，他们有的通过了司法考试，入选员额检察官，有的拿到了法律硕士学位，甚至在各次考试中都独占鳌头，这是辽宁检察人的拼搏精神，也是检察系统赋予他们的职业气质。

在优异的成绩面前，他们却是谦逊的、谨慎的，面对不断更新的法律体系与日新月异的社会问题，王志勇说"要始终坚持学习""当代检察官的大脑应该保持开源模式，随时接受更新和完善。"他具有新一代检察官特有的危机意识，当人工智能大数据云计算不断冲击各个行业从业者的时候，他也开始思考检察官未来的发展方向，他笑着说，"没有一时不需学习，没有一地不能学习，所以我年三十的时候也会看看书；周末往返丹东和沈阳的动车上，也随身带着《刑事审判参考》。"

从步入检察工作的第一天，以追赶的姿态抓紧一切机会学习，到成为检察业务专家后仍旧不间断更新知识，思考办案技巧，王志勇用二十多年的坚持不懈生动诠释了辽宁检察官对公平、正义司法理念的践行。公平从来不是口号，它需要扎实的法律功底，正义也不是虚无，它体现在每一个案件的质量中。二十年，七千天，一个人的青春，检察机关恢复重建以来的半程岁月，当这些时间概念串连起来的时候，一切平凡都彰显了伟大，正如于天敏检察长在讲话中提到的，"徒法不足以自行，推进法治中国建设归根到底需要一支高素质政法队伍来实现。"而这样一支高素质的队伍来自于检察官个人日复一日的自我锤炼。在检察人的故事里，我没有看到一时的惊天动地，却感受到无穷的力量在岁月里沉淀。慢慢浇灌，悄悄发芽，这是专业化队伍的特征，这是工匠精神的彰显。

卓越的工匠十年磨一剑，当微小的积累逐渐发生质变的时候，那些耀眼的成绩都如此顺理成章。王志勇检察官先后荣获辽宁省十佳优秀公诉人，全国优秀公诉人，并获优秀论辩奖。二十多年来，他荣记个人二等功五次，三等功五次。2016年被授予"省直机关五一劳动奖章"。2018年被辽宁省人民检察院确定为专家型人才库成员。

作为刚刚步入公诉工作的检察官助理，我们也在思考如何成为一名优秀的检察官。在办案组里，检察官既是我们的领导，也是我们的师父。然而师父领进门，修行在个人，即便检察官们对青年人大力提携和栽培，很多事情也是只可意会不可言传的，我试图从他们的故事里剖析出优秀检察官的特有素质，这大概是我们分享王志勇检察官二十余年检察历程的价值所在。

王志勇获得的各种奖章

一名优秀的检察官首先具有清醒的政治意识和大局观念，他始终把检察工作摆在经济社会发展大背景下。在跟随王志勇检察官办理经济类案件过程中，我发现，他考虑问题并不局限于案件本身，用他的话说："当你跳出法律框架，站在更广阔的层面思考案件，往往会把握住案件的定性方向。"并告诫到，"不能机械办案，就案办案，政治和社会效果好坏甚至决定案件是否成功。"他注重维护被告人的合法权益，尤其在经济类案件中，刑罚的触角过长往往会伤及经济发展，对企业更是致命打击，他常说："我们不枉法，法律人要严格遵从法律，但是我们也不滥用刑法，刑罚始终应当保持谦抑性。"

清晨和夜晚，王志勇检察官习惯打开网络新闻，浏览近期国家大事和社会热点，他喜欢研究文件精神，他告诉我们，这些看似和法律不相干，实则是公诉工作必备的看家本事，只有保持清醒的政治头脑，在办案中才不会偏离方向。对于贪污受贿，黑恶势力，恶性犯罪，王志勇从不手软，在案件事实缺乏证据证明时，只要确信犯罪事实存在，他总是千方百计寻求途径补充证据。在其承办的中国足协副主席谢亚龙、南勇、杨一民等人系列赌球专案中，某些受贿案件的事实在谋取利益方面不明显，有的证据不够充分，为了解决这一法律适用难题，王志勇检察官经过充分论证，提出按照承诺谋利认定犯罪的法律适用意见并补充了证据，此意见得到了高检院和院领导的支持。

一名优秀的检察官总是敢于担当，以强烈的责任感不畏艰难困苦，具有一种职业精神。做好任何工作，没有一点奉献精神是不行的。检察工作大部分是在无穷无尽的案卷中度过的，很多时候需要无条件的付出与意志的坚守。近年来，王志勇检察官先后主办了原天津市委常委、天津滨海新区管委会主任皮黔生（副部级）受贿、滥用职权案；中国足协副主席谢亚龙、南勇、杨一民等人系列赌球案；原辽宁省住房和城乡建设厅厅长，曾任辽宁省大连市城乡规划土地局局长王正刚贪污案（与薄熙来是贪污共犯）；原中国铝业公司总经理、曾任中国黄金集团公司

王志勇获得全国优秀公诉人

总经理孙兆学（副部级）受贿、巨额财产来源不明案。每一次专案都像是一场战役，从走进专案组那天起，王志勇就把工作摆在第一位，加班加点已经习以为常，在办理皮黔生案件时，最初的十几天每天只睡三、四个小时，不分昼夜，连续作战，在办案基地一住就是半年。自古忠孝不能两全，在办理孙兆学受贿案过程中，83岁的老母亲因心脏病、糖尿病住院近一个月，王志勇没有为此请过一天假。灾难接踵而至，在此期间其岳父又因心血管疾病突然去世，岳母受到巨大打击也住进了医院，此时此刻王志勇却不能站在妻子身后给予她支持，当时正是审查起诉的最关健阶段，强烈的责任心促使他没有向组织告知上诉情况，咬牙坚持下来。若干年后提起此事，王志勇对家人满怀愧疚。他说，并不是他多么高尚，也不是他不顾儿女情长，只是当时当日的情境，让他张不开口。困难谁都有，但是组织上交办的重大案件却不能有半点闪失。在他心中，国为重，家为轻，法律最重，个人最轻。

一名优秀的检察官应当立足于本职工作，始终聚焦主业，谋划自强，以专业化、正规化锤炼自身的法律素养，在实战中提升办案技能。从事公诉工作22年来，王志勇检察官共办理各类刑事案件两千余件，其中大要案数百件，无一冤假错案。案件质量就是检察事业的生命线，王志勇真正把"让人民群众在每一个司法案件中感受公平正义"作为职业准

则。但是这一目标并不轻松,从1978年检察机关恢复重建到今天,刑事检察法律已经形成庞大的体系,自1997年《刑法》颁布以来,全国人大常委会出台了十个修正案,《刑事诉讼法》也经过了两次大的修改,保护人权与惩罚犯罪开始并重,程序正义也逐渐规范着检察工作的各个环节。经济快速发展,各类新型犯罪层出不穷,社会不断前进,各种不稳定因素也在蠢蠢欲动,今天检察官面对的不仅是两部刑事基本法,还有成百上千的司法解释与司法政策,一个案件背后可能隐藏着各种风险,检察官的轻微疏忽有可能牵动社会系统的神经。

"检察官是一部活的法律百科全书。"王志勇开玩笑说,之所以说他是活的,"因为我们在办案中,要将字面上的法律转化成案件中的公平正义,至今还没有一项人工智能做得比检察官好。""普通人读得懂法律,甚至倒背如流,但是我们检察人要将法律穿连起来,灵活运用,这就是我们的专业性。"这是让检察人引以为傲的一段阐述,王志勇检察官这么说,也是这么做的。在办理皮黔生受贿、滥用职权案中,滥用职权罪与受贿罪是否具有牵连关系等问题,当时并没有相关司法解释,他通过指导侦查补充完善证据,结合证据与法律的相关规定,进行论证,在法律现有范围内很好地解决了问题。在总结办案经验时,王志勇说"检察官不是机械地对照法条办案,有时候他需要在法律限定的范围内,有所创新。司法实践有时会走到立法的前面"。

有时候,我觉得一名优秀的检察官就像一本书,当你合上最后一页的时候,仿佛看到了四十年检察事业一路走来。好的故事不需要惊天地泣鬼神,它记载了一段段历程,让我们明白从何而来,又将往何处去。四十年来,我们在这样的故事中,看到千百个如王志勇一样的辽宁检察人重自强、谋发展,看到他们的脚踏实地和力争上游,看到他们伴随着检察事业的脉动,在司法改革的大潮中奋勇拼搏、不甘人后……看到了未来,看到了希望!

作者为辽宁省人民检察院公诉二处三级检察官助理

# 策马扬鞭行万里　回首不忘来时路

邵 华

悠悠岁月，漫漫人生路，历尽千帆，蓦然回首，点滴在心头。转眼之间，走过了55年的人生历程，参加工作已36年。36年，在历史的长河中只是短短的一瞬间，但对我而言，却是人生最难忘的一段岁月，成长中最宝贵的一段时光，经历中最难割舍的一段情怀。习近平总书记说："不忘初心、方得始终"。我感到作为个人，不忘初心，就是不要忘了我们人生起步许下的诺言，不要忘了我们走过的人生每一段路程，不要忘了对我们人生产生重大影响的人和事。今年，恰逢改革开放40周年和检察机关恢复重建40周年，在时代大潮面前我们每个人只是一片随波逐流的树叶，微不足道，但每个人又都不免会打上时代的烙印。为此，我也提起笔来，记录人生经历中让我难以忘怀的几个片断，用以提醒和鞭策自己不忘初心、守住初心、践行初心。

## 铭刻在记忆里的"0.313"

有多少融入就有多少深情。"0.313"，对一般人来说，是个普通的数字，但对我来讲，却有着特殊的意义。我的人生有7年时光与"0.313"朝夕相伴。

那是1982年的冬天，18岁的我，穿上了绿色的军装，怀揣梦想，从"北大荒精神"发源地黑龙江省密山市坐了两天两夜的火车到了大连，紧

作者在小王家岛守备连任战士时留影，右为本文作者

接着又连夜乘坐登陆艇航行7个多小时,来到了位于黄海深处、外长山列岛东北部一个面积仅有0.313平方公里的小岛,它的名字叫小王家岛。

"0.313"究竟有多大,岛上流传着这样几句话:小王家岛是"三座山包三个滩、抽根烟卷转一圈";"从南头到北角,一喊全听到,跑个百米赛,还得来回绕"。这里没有居民,"白天兵看兵,晚上数星星"。岛上气候潮湿,交通不便,淡水贵如油,吃得差,住得难,用得缺。

我们上岛首先接受的是"以岛为家、以苦为荣"守岛爱岛教育,参观连史馆、荣誉室。从中得知,小王家岛的战略地位十分重要,是抵御外敌从海上入侵的咽喉要道;一茬又一茬的守岛官兵,已经守护着小岛30多年;小岛虽然在地图上找不到,但它却与九百六十万平方公里国土具有同样的份量。

要说岛上的苦,没有经历过的人很难想象得到。每到夏季多雾时节,岛上连续十几天云遮雾罩见不到太阳,被子潮湿得可以拧出水来。当时,正值全军海防建设,连队全年施工营建,打坑道修码头,整天跟水泥石头打交道,所有物资都是肩抬人扛,手上磨出厚厚的老茧。1987年,全军大部分连队都配发了电视,因为小岛远离大陆没有电视信号,成了全军为数不多看不上电视的几个连队之一。连队在艰苦环境中守岛建岛,曾被沈阳军区授予"以岛为家守备连"荣誉称号,先后两次派代表光荣地参加北京国庆观礼,受到毛主席等党和国家领导人的亲切接见。

我人生起步就是在这样条件艰苦、崇尚荣誉、追求进步的环境当中,在军队这所大学校里潜移默化地培育和浸润着初心,深知在最该吃苦的年龄一定不能选择安逸。在这里,知道了什么叫苦与甜、什么叫得与失、什么叫磨砺与成长;从这里考入了军校,毕业后又回到小岛,一干就是7年;从这里走

作者在小王家岛守备连任排长时与
连队干部留影,右二为本文作者

进了团机关、师机关、军机关，先后5次荣立三等功。

铁打的营盘流水的兵。2010年年底，我的人生又面临一次重大转折，在正团职主官岗位上工作7年后，从最年轻的军分区系统武装部主官一晃接近了退役年龄，29年的军旅生涯画上了句号，又开始了第二次就业。

## 216本文稿的背后

雄关漫道真如铁，而今迈步从头越。转业后，我有幸被分配到了辽宁省人民检察院，在临近知天命之年，成为检察战线上的一名新兵，这是新的岗位、新的起点、新的挑战。我时常在思考，人生不是赛跑，而是旅行，无论是在部队还是到地方，每一步都有值得驻足欣赏的风光，要不念过往、不畏将来，重整行装再出发。

当我确定下来要写一篇检察故事又不知从何写起的时候，就把到省检察院7年来起草的文稿和汇编的资料翻看了一遍，细数了一下整整216本，有的已发黄褪色，有的已落满灰尘，真的感慨满怀。每一本文稿背后都记录着自己岗位转换的心路历程，每一本文稿背后都凝聚着自己的心血和汗水，每一本文稿背后都印记着所经历的领导信任、同志们的关心和鼓励。

记得当我正式到省检察院上班的时候，省院田洪举副检察长当着我面说："邵华，没见到你的时候，就看到你写的材料了，厚厚三大本，还要继续发挥好在部队的优长啊"。原来，在省院没有正式确定接收我时，要求我把以往撰写的文字材料送上去，院领导要看一看。这样，我就从在部队多年汇编整理的文字材料中挑选了三大本，有给首长写的讲话材料、有工作总结、有经验体会文章，院领导在研究接收我时，都进行了传看。由此我深刻地感悟到：做一项工作养成积累的习惯多么重要，要是现准备，无论如何是准备不出来的。

一个岗位就是一所学校，一份经历就是一位老师。我的检察新兵生活是从到检察院检察长办公室做文字综合工作"关起门来当领导"开始的。我面临的最大的困难和挑战是对检察工作不了解，而且又得马上进入工作状态。在正式工作不到一周的时间，就参与了全省检察长座谈会的材料起草工作，任务是为领导起草会议总结讲话。对待到新单位的第一份材料，自己看得还是很重的，加班加点，反复修改完善，自认为还算可以，结果报到领导那里，被彻底推翻，基本上就是"同志们"三个字可以用，要求重新起草，这真是当头一棒。之后，经过五易其稿，才算完成任务。这份文稿被我收编在216本文稿中的第一篇，每当翻看的时候，五味杂陈，新兵不好当。

多年从事文字综合工作，我深知没有离开业务的文字、也没有离开文字的业务。为尽快熟悉了解检察工作，在短短一个月的时间，我就把检察长办公室积累多年一卷柜的检察资料翻看了一

法律政策研究室全体同志合影，后排右三为本文作者

遍，白天没时间，就晚上拿回家看，边看边记，边看边学；对上级下发的每一份文件都认真学习，对领导改的每一份文稿都反复揣摩思考，对不懂不明白的问题就虚心向同事请教。天道酬勤，文道酬苦，我很快就适应了工作岗位的需要。2012年年底，省院机关处（室）职能进行调整，将检察长办公室的文字综合职能转到法律政策研究室，这样我也随之转到了研究室。

在法律政策研究室，我整整工作了6年时间，在这里我得到了锻炼和提高，先后参与了"党的群众路线教育实践活动"、"三严三实"、"两学一做"、"讲诚信、懂规矩、守纪律"专题学习教育文字综合工作，起草的活动工作经验总结得到了省委和高检院的肯定，多篇文章在《检察日报》、高检院的《检察简报》上刊发。

2018年4月，我的工作又发生了新的变化，省院机关成立主题教育活动办公室，组织上让我负责主题办的工作。主题办成立后，按照省院党组的安排部署，围绕纪念改革开放40周年和检察机关恢复重建40周年，精心策划、组织协调了以"五个一"为主要内容的系列纪念活动，承担了《辽检情怀》一书——"辽宁检察好故事"征文的审阅评选编书任务，同时，又在全省检察机关组织开展了党的知识竞赛活动。每一项工作背后，都需要大量文字工作做支撑。手无寸铁兵百万、力举千钧纸一张，看着书柜里在不断增加厚度的文稿，为有生之年能为检察工作发挥自己的一点特长、做出自己的一点贡献而感到充实和欣慰。

## 海拔4500米的感悟

2018年7月17日，我有幸随同省院党组书记、检察长于天敏赴西藏对口援助单位那曲市检察院进行工作调研并慰问在那里挂职锻炼的辽宁检察机关的干部。

于天敏检察长与那曲市检察院全体干警合影，
左六为于天敏检察长，右四为本文作者

我们是从拉萨乘坐火车去的那曲，全程300多公里，火车运行了4个多小时。一下火车，第一个见面礼就是一阵阵寒风吹来，浑身上下冷嗖嗖的，在盛夏七月我们全都披上了棉大衣。

在那曲市院，我们参加了援受工作座谈会，举行了捐赠仪式，听取了那曲市院领导的工作介绍，从中我们了解到：那曲平均海拔4500多米，被称为"高原上的高原""世界屋脊的屋脊"，是绝对的生命禁区。艰苦恶劣的自然环境，给那曲干部的生命和健康带来了严重的侵害，每年

都有一定数量的干部因高原病牺牲在工作岗位上。面对高寒缺氧低气压，他们始终弘扬"特别能吃苦、特别能战斗、特别能忍耐、特别能团结、特别能奉献"的"老西藏精神"和"艰苦不怕吃苦、缺氧不缺精神，与其苦熬消耗生命，不如苦干为人民服务"的"那曲精神"，在异常复杂的维稳和艰苦恶劣的自然环境中，为维护民族团结、国家安全和社会稳定做了大量卓有成效的工作。

本文作者参加那曲市检察院援受工作座谈会
右二为本文作者

于天敏检察长在最后讲话中动情地说："那曲海拔高，检察干警的境界更高。你们以付出健康和生命的代价，捍卫着雪域高原的公平正义，让我们为之感动、值得我们学习、向你们表达最崇高的敬意！那曲检察干警的这种精神，是在政治上、精神上、意志品格上对辽宁检察干部的激励和鞭策，我们要把'老西藏精神'和'那曲精神'带回去，同'新时代辽宁精神'融合到一起，实现双赢多赢共赢，成为推动辽宁检察工作创新发展的强劲动力，成为激励广大干警勇于责任担当的精神支柱。"

随着时间的推移，我们在那曲停留有三个多小时了，这时，高原反应便向每个人袭来，开始不同程度地出现头疼恶心、全身不适的症状，于检在讲话的时候，实在承受不住也不得不吸几口氧气缓解一下，大家都是在身体极为不舒服状态下度过的每一分钟每一秒。

返程乘坐火车时，在车站要走过一段长长的地下通道，大家每上下一个台阶，高原反应都异常强烈，迈步稍快一点、颠簸一点就头痛欲裂、两腿发飘，每个人走路都像双脚踩在棉花地上一样，穿着厚厚的棉大衣，轻轻慢慢地抬腿迈步，如走太空步一般。

从那曲回来，我的内心受到深深震撼，心灵受到净化和洗礼，久久不能平静，思绪万千。我们在那曲只是短暂的停留，身体不适挺挺就过去了。但对那些常年坚守在这里的检察干警和援藏干部来讲，是多么不易，连维持人生存最基本的氧气都不足，文化娱乐生活极为匮乏，远离亲人，相比我们生活在平原，是多么幸福，自然环境和生活条件要比他们好上百倍，同他们相比，还有什么想不开、看不透、忘不了的呢，更应勤奋工作、幸福生活。

作者为辽宁省人民检察院机关主题教育活动办公室主任

## 从"天空蓝"到"检察蓝" 浓浓军旅情 不解检察缘

高鸣雁

无意间翻看手机，2011年6月29日的一张照片唤起了我深深的回忆。当时的我，作为辽宁省人大代表、解放军代表团成员，受邀参加省检察院庆祝建党90周年纪念活动。没想到的是，七年后的同一天，我已作为省检察院联络办的一员，组织省院相关部门与各界人大代表对接，步履匆匆地为代表们提供着服务。走出军营步入检察天地，从"天空蓝"到"检察蓝"，这独特的情缘似乎是冥冥之中的安排，而检察机关代表委员联络工作恰似一条美丽的纽带，在不知不觉中连结起我生命中最重要的两段旅程。

2011年6月29日作为省人大代表参加检察院建党70周年纪念活动

### "难忘省人大代表履职经历里每一次感动" 我在绿色军营中感受检察温度

2007年年底，我所在的原沈阳军区空军将选举产生一名基层代表作为省人大代表候选人。当时已当选为空军党代表的我，在部队曾先后担任过排长、副连长、连长、副营长、营长、团副政治委员等职务，三次荣立个人三等功，有幸通过组织推荐考核及沈空各级代表逐级投票，光荣当选为辽宁省第十一届人民代表大会代表。

在五年省人大代表履职经历里，我先后参加过省检察院的 30 多次会议、20 多次活动和 10 多次视察。通过这 60 余次的近距离接触，我对检察工作由陌生到了解，随着一点一滴感知的慢慢汇聚，神圣高大的检察职业形象也在我心底不断树立和升起。五年中，发生了一个个感人至深甚至足以改变我后半生命运的故事……

2009 年一个夏日的深夜，我被急促的电话铃声吵醒，原来是我们单位发生了一起干部家属开车肇事造成对方家属到沈空上访事件，时任团副政委的我奉命处理此事。人命关天，军地舆情，可谓十万火急。考虑到军人与地方人员沟通不便，省人大代表的身份让我想到了求助于省检察院，通过法律解决此事。我匆忙拨通了检察院的联络员、时任宣传处处长柳建伟的电话，把事情的原委跟他说了一遍。柳处长了解情况后对我说："你别急，虽然这事不是我们检察院负责，但是我们一定尽量协调，让部队得到最好的法律援助。"随后，在省检察院的协调下，我向法院的同志咨询了相关法律程序，劝说督促当事人积极进行经济赔偿，同时取得对方家属谅解，最终圆满解决了此事。

清晰地记得那是 2012 年 6 月 21 日，省检察院组织 20 多名省人大代表到大连市甘井子检察院就核心价值观主题教育实践活动的开展情况进行调研，我也在受邀之列。在调研现场，由于天气过于炎热和连日来的奔波，其中一位人大代表心脏病发作，突然倒地昏迷不醒。当时联络办的工作人员徐恩强立即双膝跪地对其实施人工呼吸，其他人员迅速拨打 120 急救电话。救护人员赶到后对在场的人员说："多亏及时正确的救助为我们赢得了时间，否则后果不堪设想！"这一幕至今深深刻在我的脑海里，联络办同志服务代表、心系代表，关键时刻能够把代表像亲人一样对待，这是怎样的一种热情，又是怎样的一种为民情怀！他们的行为让我和在场的所有代表为之动容并深受感动。

## "和昔日的检察官朋友成为同事"，我在人生的十字路口作出选择

2012年初，22年的军旅生涯即将划上句号，我站在了人生面临选择的十字路口——转业或是自主择业。家人更多倾向于让我选择自主择业，这样生活节奏不会太快，也能更多地照顾家里。然而，五年的人大代表经历跃然眼前，2007年到2012年，我见证了检察院工作报告的支持率从90%一路攀升到95%以上，这其中就有我投出的庄严一票，我为此而感到自豪。透过一年年、一串串数字，我看到的是检察院依法履行法律监督职责、维护公平正义的有力举措，看到的是检察人敬业担当、无私奉献的高尚情怀。不知从何时起，我的视线已被检察工作所吸引，对这个国徽下神圣的职业由初怀崇敬到心生向往。

每年省两会期间投上神圣的一票

回想起省检察院联络办同志们热情真诚为代表服务的一幕幕，一个大胆的想法在我脑中涌现：脱下军装、穿上检服，去检察院和昔日的检察官朋友们成为同事。听从内心的呼唤，我以在部队养成的坚韧果敢作风说服了家人，申请转业安置到省检察院，并主动提出到联络办工作。就这样，实现了从部队到地方、从一名人大代表到为代表服务的检察人的无缝链接。

很多人曾问我：你能实现角色的转变吗？我毫不犹豫地回答说：可以，而且这恰恰是我的长处所在。常言道，知己知彼、百战不怠。正因为曾经是一名代表，我更懂得代表的心声，更了解怎样做才能让他们放心满意；正因为曾经是一名代表，曾经亲身感受过检察干警对代表的理解与尊重，我更懂得如何与代表沟通，将这份理解与尊重切实转化为对检察工作的支持。

二十多年的军旅生涯铸就了我坚定执著的性格，使我勇于面对任何

挑战，对转变角色、胜任本职充满了信心。在转业到省检察院工作的六年时间里，我深知从事检察工作没有法律知识不行，就在工作中向身边有经验的同志学习，利用工作之余的时间争分夺秒向书本学习，结合遇到的问题做了万余字的笔记，并先后撰写各类文章十余篇，发表在《辽宁大学学报》等期刊上。这一切不仅让我的视野变得更加开阔、能力和素养得到极大的提升，也为我日后工作打下了坚实的基础，使我做起代表委员服务工作来更加得心应手。

### "把代表联络工作当成事业"，我在检察阵地上许下军人的誓言

付出一颗真心。代表们来自全省各行各业，工作性质和层次也各不相同，但无论对谁，我都以耐心热情的工作态度、严实高效的工作作风，让大家在与检察机关的交流中找到"代表之家"的感觉。连续多年走访慰问人大代表和政协委员，我的足迹踏遍了全省十六个市（分）院，行程达几千公里。有一次到朝阳市走访一位省人大代表，我早早来到他的单位，到了约定的时间却正好遇上突发情况，代表需要召开紧急会议。我怕打扰到他没有提醒和催促，就在旁边的办公室里一直等他两个多小时，直到他处理完所有事务，走出会议室才想起我们的约定，连声道歉。代表被我的诚意打动，在随后的交流中谈了很多他对检察工作的想法和建议，使我深受启发。去北京服务"两会"期间，为方便联络，我精心设计了"代表委员联络卡"，受到了代表委员的一致好评，被亲切地称为"爱心卡"。因工作认真负责、服务热情周到，我们的工作多次受到最高人民检察院的通报表扬。

建好一座桥梁。联络办的工作重点在于联络，要想开展好工作就要畅通与代表委员间交流的多样化渠道，提高沟通效率。为此，我结合代表们的工作性质和特点，在原有工作制度的基础上起草、编辑并出台了多个制度规范及汇编，内容涵盖了人大代表联系工作的意见，办理人大代表转交案件的规定等，有力促进省检察院代表委员联络工作的规范化和制度化。定期组织代表委员对其关心的问题、建议提案的解决情况、检察工作的重要进展等进行调研视察。还通过主持编辑《辽宁检察工作汇报》专刊、开通辽宁检察工作《代表委员手机报》等，以图文并茂的形式向全省代表委员通报检察工作的进展情况。记得有一次，我刚发完

一期《代表委员手机报》，就接到了一位教师代表的电话，她很兴奋地对我说，"鸣雁啊，你刚才发的这期手机报太好了，你知道吗？上面关于《丹东市检察院起诉丹东市市场管理局怠于履行职责案》也正是我一直关注的校园及周边食品安全问题，就是苦于找不到反映的渠道，现在有了这个典型案例也就找到了依据，你们的信息真的是太直观太及时了！"听了这番话，得知代表委员能如此认真关注手机报的内容，我深感欣慰，这正是我的职责所在，它为代表与检察院之间架起一座高效畅通的"连心桥"。

拓宽一个平台。为延伸检察职能、深化检察工作，我协调组织私营企业人大代表召开座谈会，就检察机关如何为非公有制企业发展提供服务进行座谈，坚持把检察工作放到经济社会发展全局中来谋划和

2018年6月29日组织省院部分人员走进代表所在企业

推进，使检察工作全面发挥各项检察职能；为切实提高案件办理质量，我协调律师与人大代表、政协委员召开座谈会，研讨如何保障律师在诉讼过程中的执业权利，搭建起了检察官与律师沟通交流平台，建立了检察官与律师良性互动机制；为打击涉农犯罪，促进农村改革发展，我协调组织省人大代表到农村视察基层政权建设情况，与农民代表座谈，就打击涉农犯罪、促进农村改革发展进行研讨。在一次次座谈和研讨中，强化法律监督的平台得到不断拓宽，检察干警接受监督的意识不断增强，代表们也因互动频繁而更加关注和支持检察工作。还记得那是2017年2月21日，我们组织了一个题为"依法服务保障优化营商环境座谈会"，可是天公不作美，从半夜开始下起了大雪，清晨，望着漫天飞舞的雪花，我心想：今天参会的代表肯定会迟到了。可是还没有到开会时间，代表们都陆续来到了会场，尤其是有两个来自铁岭的代表，据说他们从零晨4点就起床赶往这里。虽然那天室外寒气袭人，室内却温暖如春，代表

们热烈讨论着，会议一直持续到中午12点多，他们没来得及吃上一口饭就匆匆地赶回各自单位。望着代表们消失在茫茫雪海中的背影，想着他们认真履职的热情和持续关注、支持检察院工作的真情，心中涌起一股暖流……来到检察机关后，我先后协调院领导和联络员走访人大代表1000余人次，走访中办理人大代表转交案件60多件，这些数字是对我辛勤工作的最好注解。2010年以来，省检察院工作报告的通过率连续达到90%以上，特别是2016年和2017年，分别是99.31%和99.16%，达到用表决器表决以来的最高水平，这样的比率是对我们检察联络工作者最好的回报。

六年前脱下"天空蓝"，命运以检察联络工作为纽带，引我找到新的人生阵地；六年后身披"检察蓝"，我传承着省检察院代表委员联络工作的优良传统，确信自己适合并热爱这一岗位。不悔选择、无畏平凡，我将始终珍惜与检察事业的不解情缘，秉持真诚服务的初心，努力去追寻突破自我、实现人生价值的不变梦想。

**作者为辽宁省人民检察院代表联络办办公室副调研员**

# 送法下乡

马 野

今年的春天如期而至，万物生机勃勃……

对我来说，这又是个特殊的春天。

2018年的4月，最高人民检察院审查并支持了辽宁省人民检察院的提抗意见，惦记在心头的事情终于落了地，也是它促动我主动请缨，成为了一名"检察官村支书"。

省城沈阳，在皇姑区崇山东路46号甲——省检察院大楼405办公室里，即将

作者在二道河村任第一书记期间为村民上法治课

到清原县南山城镇二道河村任第一书记的我整理着桌上的卷宗，在看到"吉祥村"三个字时，我停了停，画面闪回到十九年前……

世纪末的盛夏8月，在辽西名城锦州市吉祥村村部，时任村委会主任的李某奎代表村集体与当地吉乐大酒店的老板郭女士签订了一份土地及房屋转让招商引资协议书，其中包括土地0.6亩，瓦房5间。这本是一件普通的协议书，却在十五年后变成了一张判决书。

2014年6月11日锦州市中级人民法院经审判委员会讨论决定作出（2012）锦民一初字第78号民事判决书。判决：一、吉祥村委会于判决生效后十日内赔偿郭女士599平方米厂房损失1497500元及利息；二、吉祥村民委员会于判决生效后十日内赔偿郭女士599平方米厂房停产停

业损失215640元及利息；三、驳回郭女士其他诉讼请求。

郭女士、吉祥村均不服锦州市中级人民法院作出的（2012）锦民一初字第00078号民事判决，向辽宁省高级人民法院提出上诉。

2014年12月24日辽宁省高级人民法院作出（2014）辽民一终字第259号民事判决。该院二审对原审判决认定的基本事实予以确认。判决：一、维持锦州市中级人民法院（2012）锦民一初字第00078号民事判决的第一、三项；二、撤销锦州市中级人民法院（2012）锦民一初字第00078号民事判决的第二项。本判决为终审判决。

双方当事人均不服辽宁省高级人民法院作出的（2014）辽民一终字第259号民事判决，向中华人民共和国最高人民法院申请再审，2016年2月24日郭女士撤回再审申请。最高人民法院于2016年3月16日作出（2015）民申字第1311号民事裁定，裁定：一、准许郭女士撤回再审申请；二、驳回吉祥村的再审申请。

吉祥村委会，不服；吉祥村百姓，又怎能服。

懂得法律知识的都知道，这个案子中院一审、高院二审，最高院驳回吉祥村再审申请，没有遇到吉祥村委会的实质性对抗，吉祥村输定了。

可固执的吉祥村人就是不服，几经辗转来到省城，向检察机关再次申请监督。

辽宁省人民检察院接受了吉祥村的监督申请，案子的材料放到了我的办公桌上。

一审原告郭女士提供了从村里购买土地并办理土地使用权的相关证明、1999年临时建房许可证、施工单位的施工证明、房屋照片、房屋经营万福汽车美容公司的营业执照、证人证明受村委会委托拆房子的证言、吉祥村委会出具房屋真实存在的情况说明、执法局没有拆房子的证明等。

"按照证据原则，原告提供的证据基本证明了侵权主体、侵权行为、损害后果、因果关系、过错责任，几审判决没问题"，看过初审申请监督材料后，我心里嘀咕着。

可接下来的事情有些出乎我的意料。吉祥村村委会委托的代理人村民小组组长老党员老李，说什么都要来见见办案检察官，这位憨厚固执的辽西汉子情绪激动，对我直言本案判决的不公正，用激动得有些发抖的辽西口音力陈吉祥村的申诉理据。说话间老李显得有些激愤无助，布满红血丝的眼睛里闪着坚毅不屈的泪光。这般情景对于从事检察工作的人来说并不陌生，但老李的申诉令我和搭档王达多少有些诧异。

我俩的目光不约而同地停在了"申请监督理由"中的"法院判决及裁定认定事实不清，证据不足，偏听偏信，帮助一方当事人以非法似合法名义，侵占村民集体合法权益，应当依法提起抗诉。"此刻这样标准化的文字表述让我们内心显得有些沉重。

"检察监督是检察机关以国家的名义，为维护国家法律的统一实施，保护国家、社会和公民的合法权益，依法行使检察监督权，对其它国家机关在诉讼程序中行使法律权力、被监督对象遵守法律和执行法律的情况进行察看、督促，以产生一定法律效果的法律制衡制度。"铭刻在心的这些原则与宗旨让我们又一次强烈意识到自己所肩负的责任：一定要忠于法律，恪尽职守，不辱使命；一定要坚持以人民为中心，维护司法公正，捍卫社会正义。更何况这一次我们面对的是只能靠党、靠政府的朴实农民。

我和同事们清楚，本案的关键就在于双方的控辩证据上，更在于法院审查认定的事实上。

吉祥村村委会提出的申请理由虽洋洋洒洒几千字，但简而言之就是一个概念：那个地方根本没有599平米的房子，郭女士涉嫌伪造证据。反观另一方当事人郭女士所提供的证据材料，倒是事实清楚，证据"确凿"，几近完整的证据链条也构成了本案一审、二审乃至最高院驳回吉祥村再审请求的重要依据。

既然双方都不依不饶、各执己见，既然双方都申明各自提出的控辩证据是真实的，那就只能说明一点：有一方在说谎、作假。证据上一定存在"瑕疵""漏洞"或伪证。检察机关履行法律监督职责，是在党的绝对领导下，以人民为中心，为了人民群众和国家经济社会发展的根本利益，为了维护宪法法律权威和维护公平正义而履行法定职责。因此，检察监督既要"中立谦抑"，更要对"虚假的诉讼行为"发挥能动监督的属性，实现朴素正义。"法院不审查，检察院审查"。因此，我决定先调取案件卷宗，再询问双方当事人，如有证据虚假的可能，则集中精力核实事实，将在证据上找出突破口。当时的办案思路是要"先分析，再试探，最后办铁案"，目的是要让诉争双方在多年的矛盾中心悦诚服，也要实现办案的政治效果、社会效果和法律效果的统一。

其后几个月中，我们调取了相关案件的卷宗，耐心细致地审阅卷宗、严谨分析厘清证据线索。历经抽丝剥茧般的甄别辨析，终于发现郭女士提供的证据链条看似完整，实际上存在重大瑕疵：599平厂房所占土地、建设时间、客观存在均缺乏直接有效证据，599平厂房的临时建筑批准20年期限显然违反法律规定，而郭女士在拆房7年后提起起诉更是违背客观规律……在数百次的征询，反反复复的推敲中，真相渐渐浮出水面，案件中郭姓女子涉嫌虚假证据和当事人虚假陈述。

办案组研讨案情

想到郭女士一审诉讼中请求吉祥村赔偿1450万（房屋损失1138万，设备、停业等损失312万）这等公然侵害村集体利益的"狮子大开口"的"霸道"行为，我和同事们就暗下决心，必须查清真伪，必须还民说法，必须将清检风吹向辽西大地，必须要把此案办成如山铁案。

憋着一股子打破砂锅问到底的劲儿，2016年秋冬时节，从省城发出的西行动车上，靠在座椅上，我盘算着此行取证的计划：到锦州市某区市场监督管理局调取万福汽车美容城的工商档案材料。目的是查证郭女士所述关于注册的万福汽车美容城个体工商户注册时是否包括599平厂房问题。思虑间，不自觉地将视线移向列车窗外的茫茫原野，看到金色的麦田已到收获的季节……

这已是我和王达第四次前往锦州查证本案。收回目光，我心中念叨着感谢锦州市检察院的同仁们。

车厢里来往的辽西口音让我感到那么熟悉并且亲切。这几个月来，往返沈阳、锦州等多地调查核实案件相关人12人次，形成搜集调查核实笔录近万字，调取4件其他相关的案件卷宗，调查核实定案相关证据4份，就单单接待村委会代表、接受代理人老李的电话询问就有30来次。

当 2017 年春回大地时，吉祥村石子路旁的野花在有些倒春寒的天气里，倔强地开着，而沉浮多年的吉祥村一案也有了答案。

这期间，我和同事们感受到了调查核实线索千头万绪无处下手的困惑，抵制了当事人金钱贿赂的诱惑，克服了被调查核实人不予配合的阻碍，解除了老百姓害怕报复不敢说实话的担忧并将一股清风吹进百姓心里。

在报请院里批准后，我端坐在电脑前，郑重地在键盘上敲下：辽宁省高级人民法院（2014）辽民一终字第 259 号民事判决认定事实不清，适用法律错误，根据《中华人民共和国民事诉讼法》第二百条第一款第（二）、（六）项、第二百零八条第二款之规定，提请最高人民检察院向最高人民法院提出抗诉。

当我敲完这一万五千余字的提抗报告时，身子有些软，沉思了片刻。从不吸烟的我伸手去拿水杯，里面是昨天的茶根，重新沏上茶后，茶气袅袅，竟闻到了茶香的味道……

2017 年 5 月 22 日，当吉祥村村民小组组长老李接到提抗通知书后，电话那头的他哽咽了，这位刚毅朴实辽西农民留下了激动的泪水，并说："检察官们给咱们老百姓办了大实事，办了大好事，你们是咱吉祥村的大救星，你们给咱吉祥村送来了希望。"特意邮来感谢信称"辽宁出个千里马，省检出个马青天"。读信的时候，我的心情很复杂，这里面有宽慰、感动，有思索，更有沉甸甸的责任……

"守一而制万物者，法也"，但农村法治理念差，农民法律意识薄。乡村振兴必须法治先行，中国法治的"最后一公里"仍是"路漫漫其修远"。再次翻开苏力的《送法下乡》，我已下定决心"上下求索"。那年日月为伴，十年苦读建设家国仍愿；如今书信为证，千言

吉祥村村委会送锦旗

万语法治初心未变。

我回了回神,在 2018 年如期而至的春天里,背上行囊,带着法治农村的信念、重任、使命,带着我的青春与活力,走向辽沈大地的乡间,而这一次,检察官后面又多了三个字"村支书",我不知道未来三年能不能当好这个"检察官村支书",但在共和国法治的朗朗青天下,将一片家国深情扎根在辽沈沃土上的信念初心,始终不变……

**作者为辽宁省人民检察院民事行政检察二处三级检察官助理**

# 雪域藏大爱　真情铸检魂

王丽娜

援藏工作是辽宁检察机关多年来深入贯彻党中央决策部署，落实辽宁省委、高检院部署要求的一项重大政治任务。那曲市人民检察院是辽宁省人民检察院的对口援建单位。多年来，省检察院先后派出7名同志远赴那曲工作，将辽检人的关爱和温暖带到了藏北高原，带到了当地检察干部与各族百姓的心里。本文作者近日对部分省院援藏检察干部进行了采访，力图带您走近这些与当地人民一同守护高原的卫士，还原他们真实的工作和生活状态。

## 在那遥远的地方

现任援藏检察干部名叫刘金龙，点开他的朋友圈，映入眼帘的是一条拍摄于今年5月28日的视频。已是春末夏初时节，那曲的天空依然飘起了雪花。配文"欢迎来那曲避暑"虽是打趣的话语，却真实反映了那曲地区恶劣的自然气候。

那曲是西藏自治区下辖的地级市，位于西藏北部，唐古拉山南坡和念青唐古拉山南麓，羌塘高原的东端，是世界上海拔最高的地区。神秘柔美的"圣湖"纳木错、辽阔壮美的羌塘草原、有着世界"第三极"之称的双湖冰川……当地瑰丽的自然景色从这首诗中就能窥见一斑："冰川绝壁也高歌，雾涌云翻飞瀑多。异草奇花铺锦绣，神来之笔挽天河。"但与这气势磅礴之美相对的，却是生存环境的极端恶劣。这里平均海拔4500米以上，是高原上的高原。这里高寒缺氧，气候干燥，全年大风日100天左右，年平均气温只有-2.1℃。"风刮石头跑，满山不长草，一步三喘气，四季穿皮袄"可算作对当地气候的经典写照。这里，就是援藏干部们常年驻守的地方。

## 想说爱你不容易

第一批援藏检察干部史永生

来这里工作生活，首先面临的是生存问题。由于地理环境、气候、海拔等原因，这里的生活条件与内地存在巨大落差。史永生同志是九十年代中后期的首批援藏检察干部，虽然没有援藏经验的他也曾心怀忐忑，但一想到自己能被组织选中首批进藏，思想上的顾虑就被抛到九霄云外。那时的那曲行署（当时尚未建市）人口也不过2万人。没有柏油路、自来水、室内卫生间，蔬菜稀少且价格昂贵，营养补充依靠每月一次去拉萨的采买。没有宿舍，就住在单位提供的四面漏风的房间里；没有食堂，就只能自己做饭或者"打游击"蹭饭。这样的日子一待就是三年，他却无怨无悔。"给他们后来的打个样儿！"想到组织的信任与重托、领导同事的关切与照顾、家人的守望与支持，老史的心中始终有一股暖流在涌动。艰苦的条件没有压垮这些血性的辽宁汉子，这些年来，他们先后组织参与了辽宁公寓援建、那曲市院机关食堂援建等项目，坚持不懈地为改善那曲地区检察机关的办公办案和生活条件竭尽所能、用尽全力。

除了物质条件的艰苦，无时无刻不在的高原反应给每个人的身心都带来巨大的考验。在这里，人的血氧饱和度只有70%左右，头痛、胸闷、失眠等高原反应症状对每一位援藏干部来说都是家常便饭。即使是军人出身、身体素质过硬的第二批援藏检察干部潘东，也曾因为高原反应晕倒在公寓里，被送到地区医院急救才捡回一条命。那一次的生死经历对老潘来说印象深刻，因为了解到有援藏干部牺牲的先例，他甚至在抽屉里悄悄备好了遗书，交代好了身后事，即使牺牲在岗位上，在他看来也死得其所，"我做好了为祖国献身的准备！"而被省委追授为优秀共产党员的第三批援藏检察干部王家胥，更是将生命永远留在了那曲。为了缓解剧烈的高原反应给人体带来的伤害，第六批援藏检察干部王旭光想到了办法，提出了缓步进藏的方案，

援藏检察干部王旭光外出工作期间经历车辆遇险

即先由内地抵达海拔相对较低的拉萨，在逐渐适应高原环境后，再由拉萨进入那曲，这条建议得到了省委组织部的认可，并逐渐成为援藏干部的一条纪律被固定下来。

藏北地区山地众多、路途险峻，出行难是他们面临的又一大考验。行驶在海拔4500米以上的无人区，车辆遇险事件时有发生，几乎每一位援藏检察干警都经历过这样的险情。王旭光在他的文章里记录了这样一次"历险"："由于正值雨季，地面泥泞、疏松，超强马力的越野车竟然陷入溪中，我与同行尽管奋力拼搏，但车始终纹丝不动，且人险些陷入其中。要知道这里是没有人烟的地方，一旦熬到晚间，极低的气温、急剧下降的空气含氧量加之没有补给、无法通讯，处境极其危险。好在之前遇到了施工的人，3小时后终于请来了铲土机，硬是把车牵了出来。"尽管刚刚摆脱险境，他极目藏北高原的美丽、壮观，心里激荡起一股难以言喻的自豪感，为自己能够守护这片美丽的土地而感到无比骄傲。

## "最高"人民检察院

坐落在藏北高原上的那曲市人民检察院，是全国海拔最高的市（分）检察院，被大家形象地称为"最高"人民检察院。每一名同志从踏上高原、来到这个"最高"人民检察院之时起，便沉下心来，全力以赴投入到援藏工作中，马不停蹄地开展办案、业务培训、维稳等各项工作。拿刘金龙来说，进藏两年来，他相继分管公诉、民行、控申、反贪、反渎等检察业务，办理多起案件。在带队办理那曲烟草公司职务犯罪窝案时，他克服异地办理、人力不足、语言不通、地方保护、人身威胁等重重困

难，连续高强度工作60多天，终于使案件取得突破性进展。通宵达旦的工作加上夜晚的寒冷，人的高原反应会愈加严重，慢慢地，一边吸氧一边带队办案成了每一位援藏干警的工作常态。在挑战身体极限的同时，他们充分发挥辽宁检察人任劳任怨的干

援藏检察干部刘金龙工作照

劲和不辱使命的责任感，高标准高质量地完成一件件案件的办理。这些年来他们累计办理了那曲检察多个"第一件"案件，有高检院批示舆论影响很大的第一例渎职犯罪案件，有第一例因渎职犯罪被判刑的职务犯罪案件，有数额最大的职务犯罪窝案……有力地提升了那曲地区检察机关的业务水平、司法公信力和社会影响力。

治国先治边，治边必稳藏。西藏的稳定关系着国家的长治久安。除了日常工作，维稳也是他们身负的又一大重任。国家的统一、民族的团结、人民的福祉，与个人变得如此息息相关，这让他们感受到了前所未有的责任感和使命感。来西藏之前，除了对自然条件的担忧，他们更多的是对当地治安状况特别是极端分裂势力影响的担心。但身处那曲，感受着当地藏族群众的朴实善良，对国家援藏政策的拥护以及对援藏干部从心底散发出的友善，他们做好援藏工作的信心日益增强。"我们的存在，本身就是党和中央对西藏地区高度关怀的体现，以及对分裂势力的强大震慑！"史永生如是说。这样的思想认识让每一位援藏检察干部枕戈待旦，他们一次次圆满完成了敏感时期的维稳工作，确保了全地区检察机关重大敏感节日、活动期间各项工作的稳定。"家是国的家，国是家的国。"这种家国情怀早已慢慢渗透到了他们的灵魂深处，锻造成钢。"人要坚守最基本的东西，爱党，爱国，用正能量去影响其他人。"潘东如是说。朴实的话语传达出一种大爱，一种对党和国家无比忠诚的情感。

## 我们那曲

三年的"戍边"工作中，当地淳朴善良的民风时时感染着他们的心

灵，民族团结不再是一句简单的标语，而是演化成了他们内心深处一种具体而温暖的情感。这里的藏族同胞有着朴素的生活观、生命观，甚或是人生观。在这里生活久了，每位援藏检察干部的价值观也都于无形中得到升华。他们对生命、荣誉、人生价值有了更多思索，逐渐褪去沾染的城市浮华喧嚣之气，回归最原始的本真，思想变得更简单、纯粹，人生态度变得更豁达、平和。

"在办理案件时，我开始对人性有了更多的体悟。在日常工作生活中，也开始自觉要求自己吃苦在前、享乐在后，这是援藏带给我的思想变化。"第五批援藏检察干部阎海明如是说。2009年国庆节北京大阅兵时，那曲地区检察院组织全院干警观看阅兵盛况。阎海明无意中发现值班室的藏族干警无法收看，便忍不住把他"轰走"去看节目，自己留下替他值班。他说不清这样做是为了什么，那一瞬间也没有在心底迸发出什么伟大的感召，不是为了那名同志感激的目光，只是觉得自己心里更舒服。可能潜意识里，他已经将当地藏族群众那种朴素的善良融入了心底，把自己当作是一个那曲人了。回到辽宁工作后，除了一如既往地发扬拼搏精神认真工作，不计个人得失荣辱，他对那曲这个"第二故乡"的眷恋与日俱增，说话时"我们那曲"也会不经意间从口里溜出来。"如果有机会，我还要上去看看，看看那曲如今建设成什么样了。"这句话几乎出自每一位援藏检察干部之口，代表了他们共同的心愿，也饱含了他们对那曲的一腔深情。

本文作者对援藏检察干部阎海明进行采访

## 后记

"长相思、在地巅，男儿慷慨赴边关。大风振衣精神爽，流云荡胸起波澜。雪域检察齐心力，高原百姓同胞欢。漫道边塞多辛苦，妻儿鼎助更艰难。三载倏忽昨日事，半生勤勉忆旧年。犹记当时青稞酒，哈达如雪舞胸前。"这首诗源自高检院的一位援藏干部,它承载了援藏检察干部不可磨灭的集体记忆,同时也诠释了援藏检察干部初心不改的真挚情怀。

自1995年第一位援藏检察干部进藏,辽宁检察援藏工作已历时23年。这23年间,史永生、潘东、王家胥、李志鹏、阎海明、王旭光、刘金龙,七名辽宁检察干部,切身经历了西藏地区翻天覆地的巨大变化,用行动坚守着信念与使命,用青春解读着辽宁检察人的精神——忠诚、担当、公正、廉洁、坚韧、奉献……他们用最朴实的方式诠释着何谓大爱,用最真诚的情感铸就着无悔检魂。而援藏工作,也必将是辽宁检察机关重建40周年历程中浓墨重彩的一笔,激励着全体辽宁检察人对标先进,敢于担当,奋发有为,砥砺前行。

作者为辽宁省人民检察院法律政策研究室科员

# 执检处的年轻人

**刘潋杨**

2018年7月9日至12日，全省检察机关第二届刑事执行检察业务竞赛在鞍山举行。经过紧张激烈的角逐，由5名选手组成的省院机关代表队取得了优异的成绩。张飞、于海明、王超3人被评为全省刑事执行检察业务标兵，付熙、李铎月2人被评为刑事执行检察业务能手。成绩揭晓后，各市（分）院的领队纷纷向省院表示祝贺。这些年轻人为何会取得优异的成绩？让我们一同走进他们的故事里寻找原因。

省院领导与获奖选手合影

## 于海明：敢啃硬骨头的"小老虎"

于海明，一个阳光帅气的小伙子。2008年大学毕业后曾从事律师工作，为了实现自己的检察梦，2011年1月通过考录进入省检察院工作，在刑事执行检察这个岗位上一干就是7年。七年间，他见证并参与了刑事执行检察职能不断深化、队伍逐步强大、功能更加凸显的全过程。七年来，于海明共办理减刑、假释、暂予监外执行案件、查办职务犯罪案件和服刑人员控告申诉等案件1000余件，无一错案或瑕疵案件。他审查并提出纠正不当减刑、假释、暂予监外执行案件20余件，撤销减刑

辽检情怀

于海明、王超、付熙在研讨案情

刑期总计超过30年，收监执行罪犯8人；他参与和组织查办了丹东监狱监狱长刘某某受贿案件、抚顺南花园监狱副监狱长张某某徇私舞弊减刑案件、营口监狱副监狱长李某和营口市中级人民法院法官徇私舞弊假释系列案件、铁岭监狱罪犯张某癌症造假涉及8人徇私舞弊暂予监外执行等案件。特别是查办的铁岭监狱罪犯张某系列案件，此案涉案人员广、取证难度大、犯罪嫌疑人反侦查能力强，于海明迎难而上，敢于担当，研究侦查策略，秘密调取证据，参与审讯突破。在审讯中，针对审讯初期嫌疑人抗拒心理，经常出现隐瞒事实、狡辩抵赖的情况，于海明晓之以理，动之以情，不仅阐明了检察机关办案的决心和信心，而且为犯罪嫌疑人指明出路，告诫嫌疑人只有积极悔改才能得到从宽处理。这次审讯彻底突破了犯罪嫌疑人的心理防线，最终此案立案8人，取得了良好的政治效果、法律效果和社会效果。因在办案工作中表现突出，于海明被荣记个人二等功1次，个人三等功3次。

勤于思考，勇于探索，善于总结，是于海明工作的一个特点。在办好案件的同时，他认真研究解决刑事执行各个环节存在的问题，起草了《关于加强和规范全省"三类罪犯"分监调监及其法律监督工作的意见》《关于基层人民检察院对暂予监外执行罪犯社区矫正法律监督的暂行规定》《检察机关刑事执行检察部门办理减刑假释暂予监外执行案件诉讼卷宗规范》等规范性文件20余件。他撰写的《查办张某等人徇私舞弊暂予监外执行案的做法》《暂予监外执行案件中医疗和鉴定机构法律监督问题研究》等文章多次被《检察日报》《检察工作实践与理论》《刑事执行检察工作指导》等采用。

于海明不仅工作干得有声有色，同时，作为省院青工委委员、团支部书记，他以共青团工作作为舞台，围绕"创建青年学习展示平台、凝聚青年向上力量、活跃机关良好氛围"的工作目标，组织开展了"学习贯彻习近平新时代中国特色社会主义思想和党的十九大精神"主题演讲比赛、"寻找家文化、传递好家风"主题读书论坛等各类青年活动30余次,为增强机关青年干警凝聚力、展现辽宁检察青年风采发挥了积极作用,他本人也被评为省直机关优秀团干部。

## 王超:追求卓越的"超人"

王超大学学的是电子信息工程专业。大学毕业后,曾在一家软件公司工作。2010年通过公务员考试,成为了一名监狱警察。在监狱工作期间,出于对法律的热爱,他利用业余时间自学了法律知识,并顺利通过了司法考试。2014年来到省检察院以后,他迅速成为行家里手,

*王超聚精会神答题*

并且于2018年完成了辽宁大学法律硕士研究生的学业,大家称赞王超是个小"超人"。

追求卓越是王超的信念。作为既懂执检业务,又了解计算机知识的人才,王超负责全省执检部门统一业务应用系统执检子系统的运行管理和减刑假释网上协同办案平台建设工作。他先后八次为全省执检人员讲解执检子系统的操作与应用,通过电话、微信等方式解答全省执检人员在执检子系统使用中遇到的问题,并多次赴基层检察院解决实际问题,为执检子系统在全省高效运行打下了坚实的基础。2015年高检院将辽宁省作为减刑假释网上协同办案平台建设的试点单位。作为该项工作的具体执行人,王超多次到基层院实地调研,认真听取意见,与软件开发人员反复沟通完善减刑假释平台功能,参与省法院、省检察院、省监狱管理局的减刑假释网上协同办平台建设推进会,从基础调研、软件设计到数据对接等各个环节均积极参与,解决了平台建设过程中的一系列难题。凭借精湛的专业知识、严谨的工作作风、热情的服务态度,王超得到了大家的一致好评。

不仅计算机知识运用得好,执检业务工作也不甘人后。在日常工作中,王超负责办理减刑、假释和暂予监外执行案件和全省刑事执行检察部门查办职务犯罪案件的备案审查工作。2014年以来共办理减刑、假释

和暂予监外执行案件300余件，无一错案或瑕疵案件。2015年8月29日，国家主席习近平签署主席特赦令，对参加过抗日战争、解放战争等四类服刑罪犯实行特赦。王超作为辽宁省检察机关特赦检察工作成员之一，负责特赦检察工作的组织、协调和统计等工作。特赦工作中，王超共审查省监狱管理局报送的特赦罪犯4人，并对全省检察机关报送的953名特赦罪犯的备案材料逐一进行审查，确保了特赦工作顺利开展，做到了不错放一人，不漏赦一人，圆满地完成了工作任务。

## 张飞：从"菜鸟"到"大咖"

初到监所的张飞，是个实打实的"菜鸟"。虽然是法律科班毕业，但从来没听说过监所，更不知道监所是干什么的。往后，随着结婚、生子，家庭负担日益加重，张飞一边照顾家庭，一边苦学业务本领。

2014年高检院在全国部署开展减刑、假释、暂予监外执行专项检察活动，张飞作为成员之一，汇总统计下级院数据上万条，审查发现"三类罪犯"漏报、错报数十件，全部要求予以更正，确保了专项活动数据的准确性；起草各类通知、信息、报表等材料20余件，审查暂予监外执行案件500余件，审查发现违法问题4件，依法予以纠正。

2015年在省院争创科技强检示范院活动中，刑罚执行检察处负责保外就医案件的技术性证据审查项，张飞具体承担此项工作。面对全年1000余件保外就医案件的技术性证据审查送审工作，张飞克服重重困难，牺牲个人时间，迅速打开工作局面。活动期间，共送审了198件保外就医案件，全部录入系统，无一差错。协调指导了下级院送审了800余案件，确保了送审工作能够在规定时间内完成，为我省获得科技强检示范院的荣誉做出了贡献。

2016年在交付执行专项活动中，张飞通过与省高法、公安厅、司法厅核对数据，汇总统计下级院报送数据1000余条，审查发现错报、漏报数据100余条，全部要求予以更正。共对800余件

张飞提审罪犯

未执行刑罚案件摸清了底数,为清理纠正工作打下了坚实的基础。张飞代表检察机关赴省监狱管理局总医院,组织对118名未执行刑罚的罪犯集中进行司法鉴定。经过工作,我省的清理比例达到将近80%,取得了良好的法律效果和社会效果。

2017年,凌源一监报送了罪犯吴某某刑期折抵案件的申诉材料。该案时间跨度长、案发地在外省,难度很大。在办理过程中,张飞仔细审查卷宗材料,厘清诉讼阶段和时间节点,与相关阶段案件承办人联系,讯问申诉人,最终形成"应折抵刑期8年"的处理意见,并经高检院采纳。在近期的第二届全省刑事执行检察业务竞赛中,张飞获得了总成绩第一名的佳绩,应该说,这是对这几年工作的一个很好的归纳和注脚。

## 付熙:从法官到检察官

付熙是执检处一名"80后"年轻检察官助理。参加工作7年,他从法院到检察院,从助理审判员到检察官助理,从基层到省院,角色的变化虽然是一种挑战,但是通过学习提升自己,适应不同的职责,这对他而言又是一种难得的人生历练。

在来省检察院之前,付熙在沈阳市沈河区法院担任了四年助理审判员,从执行到民事,年均审理案件200余件,无一错案或瑕疵案,被沈阳市中级人民法院评选为"办案能手"。在基层大量的审判工作中,付熙形成了法律人严谨的思维。面对上访缠诉,他循循善诱,耐心说理析法,一些多年上访纠纷的矛盾得以化解。面对被执行人无理抗拒执行,他坚持正义,凛然不惧,果断采取强制措施执行,维护法律尊严。

2015年经过公务员考录,付熙以第一名的优异成绩进入省院刑罚执行检察处。刑事执行检察部门被称为"小检察院",部门虽小,业务齐全,从案件侦查到对犯罪嫌疑人的批捕、审查起

付熙参加面试答辩环节的比赛

诉，到刑罚执行的监督，之前从未接触过刑事执行检察业务的付熙从零开始，面对繁忙的工作，他一有时间就啃书本，研究刑事执行检察理论，同时在办案中虚心请教，很快在业务上有了极大的提高。他在办案中不放过一丝一毫的疑点，在办理一起暂予监外执行案件中，因对罪犯病情鉴定是否符合《保外就医严重疾病范围》存有疑点，委托技术部门进行证据审查，要求省监狱局重新对罪犯病情进行鉴定，后又亲赴辽阳委托鉴定机构对罪犯病情再次鉴定。这种发现疑点咬住不放，对每一个案件认真负责的态度使得付熙在三年中办理的减刑、假释、暂予监外执行等案件百余件，无一差错。

付熙负责的财产刑罚执行检察工作是刑事诉讼法修改之后赋予刑事执行检察的新业务。他像一个拓荒者一样，研究构建如何开展财产刑罚执行检察监督工作，从部署活动方案、深入各地督导，到撰写调研报告、完成工作总结，使得我省的财产刑罚执行检察工作开展得有声势、有成果。在派驻监狱检察室开展规范化等级考察评定工作中，他用三周时间深入我省18个监狱进行实地检察，从检察信箱的设置到监狱超市的物品价格，从检察室的书面材料到与驻所干警谈话，出色地完成了检察室等级评定工作。

这些执检处的年轻人，脚踏实地，扎实肯干。他们把对检察事业的忠诚，对执检业务的热爱融入到工作之中，在平凡的岗位上做出了不平凡的成绩。在他们的身后，留下的是一串串坚实而闪光的足迹。

*朝气蓬勃的年轻人*

作者为刑罚执行检察处三级高级检察官

# 沈阳市人民检察院篇

## 开篇语

　　沈阳市人民检察院成立于 1950 年，共下辖 16 家基层院，其中含派出院 3 家。作为新中国首个成立的省会城市检察院，沈阳市人民检察院在长达 67 年的发展历程中，励精图治、锐意进取，让沈城 800 多万人民感受到了检察温度，为东北全面振兴发展贡献了检察力量，在中国检察史上挥写出浓墨重彩的印记。

沈阳市人民检察院办公大楼

　　近年来，沈阳市检察机关以习近平新时代中国特色社会主义思想和党的十八大、十九大精神为指引，强化法律监督，维护公平正义，为全市振兴发展与和谐稳定提供了有力法治保障。特别是以赵东岩检察长为核心的新一届领导班子，确立了"稳中有进"的工作导向和"建一流队伍、创一流业绩"的工作目标，

辽检情怀

带领全市检察人员振奋精神、拼搏进取，各项工作均取得了长足发展。依法办理了中纪委和高检院交办的黑龙江省人大常委会原副主任隋凤

检察官进行宪法宣誓

富、"红通"二号人物丹东凤城市委原书记王国强贪污贿赂案件等一批在全国有影响的大案要案。先后制定出台了《沈阳检察机关服务老工业基地全面振兴若干意见》《保障和服务沈阳"十三五"规划实施的九条措施》和《沈阳市人民检察院关于服务国际化营商环境建设的意见》，搭建并运行"两法衔接"工作信息平台，强力打击危害市场经济秩序犯罪，开展"检察官看振兴""检察官访民生""检察官进企业"等系列主题实践活动，相关工作多次受到省市领导的批示肯定。

与此同时，沈阳市检察机关高度重视队伍建设，以"忠诚、干净、担当"为导向，聚焦主责主业，先后开展了"规范司法行为年"、"能力建设年"、"服务质量年"和"深化改革年"等主题活动，取得显著成效。2013年以来，有2人被评为全国模范检察官、2人被评为全国检察业务专家、2人获"全国优秀公诉人"称号、28人被最高检列入人才库，7人被评为"全省检察业务专家"；五年间，全市两级院共涌现出市级以上先进集体564个、先进个人1731人次。市检察院先后获"全国检察机关基层院建设组织奖"，被评为"全国维护妇女儿童权益先进集体""全国检察宣传先进单位"等，连续四年被评为全省"先进市级检察院"。《检察日报》《法治日报》《辽宁法治报》《沈阳日报》均在头版或版眼位置对沈阳市检察队伍建设成果进行了大篇幅报道。

在热烈庆祝检察机关恢复建院40周年之际，以"辽宁检察好故事"主题征文活动为契机，沈阳市院得以将全市检察系统内部优秀检察集体和杰出检察官的事迹汇于一册，作为检察文化的一项重要内容呈现出来，具有重要的历史意义和时代意义。

在征集到的"好故事"中，有的从检察历史的长河中采撷点滴回忆，有的于时代变革的华章中留存片断，有的以集体视角切入精心刻画群雕，有的以个人事迹

沈阳代表队在第二届东北四城市检察机关
公诉辩论赛中取得优异成绩

谋篇用心讲述事迹。将一个个"好故事"相联，形成了一部沈阳检察人的风采实录，"主人公"们的身上有着共同的特点：

来自不同的检察领域。他们为还原事实真相而奔波，为保护群众利益和公共资源而奋战；他们为引导高墙内迷失的灵魂，擦亮犯错孩子黯淡的人生而殚精竭虑；他们为服务经济建设，保障发展大局而沉于琐碎、甘当"绿叶"；他们为平息民怨、化解纠纷，多年如一日，无私无畏地直面违法犯罪活动，无怨无悔地坚守着人民检察阵地。

凝聚着共同的检察精神。他们敬业，坚定理想信念，牢记责任使命，始终保持对检察事业的热爱；他们专业，努力学习业务本领、提高能力水平，在本职工作领域勇挑重担；他们勤业，不计个人得失，将工作脚踏实地干到实处、一丝不苟负责到底；他们乐业，融个人价值追求于检察事业的发展中，不改初衷，始终保持乐观进取的心态。

传导着振奋的检察力量。他们是沈阳市无数恪尽职守、秉公司法的检察干警的代表，体现着整个检察队伍的精神风貌。有许许多多像他们一样的沈阳检察人，用无声的行动、无悔的追求、无限的情怀、无私的奉献、无我的境界，在各自的岗位上发挥着先锋模范作用，用青春和汗水谱写出人生瑰丽的篇章，赢得了人民的信赖和拥戴。

习近平总书记指出，"时代是出卷人，我们是答卷人，人民是阅卷人"。当历史的车轮伴随着改革的乐章轰然滚动，沈阳检察人因不辱使命而坦然于心，因肩负重任而无比荣耀，因旗帜鲜明而更加坚定。放眼未来，定当携手前行、不负芳华，向人民交上一份满意的答卷。

辽检情怀

# 八十年代的沈阳检察故事

李文哲　　金姗姗

　　历史之所以成为历史，而不是岁月长河里虚无缥缈的碎片，靠的是一个个鲜活生命的奋斗、一代代前赴后继的传承，赋予了时间意义。有什么样的检察人，就有什么样的检察史。四十年来，一代代检察人栉风沐雨、砥砺前行，尤其是八十年代老一辈检察人无私奉献的一幕幕，经过漫长时光的折射与积淀，增添了一种厚重之美，勾勒出沈阳检察人的忠诚。

　　四十年前，沈阳市人民检察院刚刚重建，办公室里只有简单的几张木桌椅，几只笔和一本本卷宗。在那个年代里，通讯基本靠吼，交通基本靠走，检察院里没有电脑，没有复印机，没有照相机、手机、汽车……现在我们所拥有的一切检务保障措施和技术支撑都没有，老一辈检察人是如何在这样简陋的环境里办理案件？翻阅着卷宗里的一张张照片，一页页档案，答案渐渐揭晓……

## 翻山越岭的检察官

　　一次去吉林办案，那是一个异常炎热的三伏天，火辣辣的太阳把人晒得五脊六兽，都直迷糊。两名检察干警下了火车先走了二三十里路，中途在老乡指引下翻过一座山岭，下山后，又走了三里多路才到达取证的乡镇。早上八点出发，到达的时候已经是下午两三点钟了，步行了六七个小时，两个人累得筋疲力尽，又饥又渴，没有休息便马不停蹄地开始取证工作。指针已走过四点，但烈日却依然毒辣，望着同样距离的返程路，两位同志索性翻出洗漱包里的毛巾，在山脚下的溪水里浸湿，系在头上，降温解暑，然后继续赶路。这一天，他们走了整整十二个小时。

## 检察单车

干警骑车办案

八十年代中期,检察干警出门办案终于不再只靠徒步前行,而是增添了新的交通工具——自行车。骑自行车办案成为主流,有时去郊区提审,经常是天还没亮就出发,天黑了才回来。有时去外地办案,交通更成为最费时费力的难题,一旦碰上雨雪天气,花在路上的时间就更多了。一位老检察回忆,有一次去鞍山取证,正值寒冬腊月,他和另一个同事骑着从住宿宾馆借来的自行车,只戴了单层布的军帽和腈纶围脖就出发了。一路上,漫天大雪越下越大,冷风透骨,手脚冻得像猫咬似的疼痛。脚下的车蹬子也越来越重。两名干警手冻麻木了,就一只手扶把,另一只手揣兜里捂着,刚暖和一点马上换手。耳朵冻木了,用手搓两下。脸上、额头、睫毛上都是霜,回来时手脚都冻得没知觉了。就是在这样的天气里,两个人咬着牙,硬是坚持骑了三十多里地,最终顺利调取了案件的全部证据。

## 手绘高手

在那个复印机还很少见的年代,外出特别是到银行调取证据时,因为无法取走原始凭证入卷,常常需要检察干警照着原件一笔一笔地描绘复制。没有画笔和画纸,干警们就在询问笔录纸上还原着一份份原始的凭证。取证数量大、范围广,为了加强绘制水平,提高取证效率,干警们经常回家自学,和孩子一起练习画图制表。一些平时大大咧咧的男干警,一到复制证据时,便像工艺美术师似的,弯腰半伏在柜员办公桌上,用他们宽大的手掌握着细小的笔一点点地精心勾描,不论是一个印字还是一条边线,都一丝不苟地连描带画毫不放过。今天,翻开当年的诉讼卷宗,一张张手绘图表

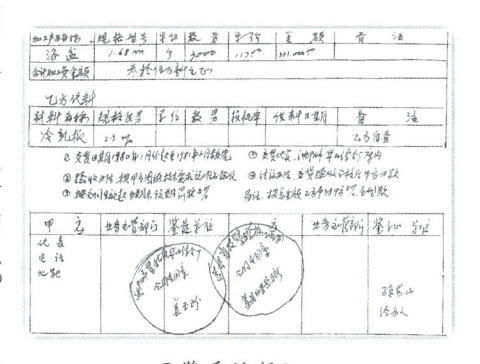

干警手绘凭证

还在为我们讲述当年的故事。

### 十二碗豆花

两名检察干警到上海出差，因为出差补助有限，往返的火车票和住宿费用加起来就占了全部补助的五分之三，剩下的五分之二还要留作在当地办案的交通费。为了省着钱花，只能从餐食上下功夫。当发现路边的豆腐花不仅吃得饱，价格还便宜时，两人便上顿下顿地吃，一连吃了4天12碗。回到单位后，同事们问："去上海吃豆花了吗？"两名干警哭笑不得地说："吃了吃了！吃得再也不想吃了。"其实，这只是检察干警外出办案节省经费的一个缩影，当年像这样能吃苦肯奉献的小故事还有很多很多。

### 排队晒太阳

1986年，市检察院旧址动迁，新址尚未建成竣工，大部分处室暂时迁至和平区南京北街117号的装甲兵司令部招待所。此时，法纪检察处、经济检察处和刚刚组建的经济侦查大队则搬到和平区民主路126号的悦宾旅社（根据抗战时期防空洞改造）地下室办公。这里潮湿阴暗，办公室常年见不到太阳。当时一位年轻的女干警刚怀孕，为了身体健康，只好每隔一个小时就得出去一次晒晒太阳，活动活动。其他干警，

1986年市检察院临时办公原址

只能在工作之余轮流出去晒太阳。当时，干警们互相开玩笑说："咱们这是打地道战啊。"虽然办案环境艰苦，但并没有影响工作的进行。经过一年半左右的时间，至1987年年底，全院陆续迁至皇姑区黄河大街八段1-1号。

### "失踪"的丈夫

那时，个人通讯工具几乎为零，这也使本就极富保密性的检察工作更加神秘。据一位老干警介绍："记得有一个案子，我们去新民办了一

个星期。走得急而且通讯不方便，没来得及和家人讲清，家属纷纷去单位询问，才知道是去外地办案了。但具体去哪了，什么时候回来，却不能告诉她们，我爱人常说，我家那位又'失踪'了。"四十年前，像这种情况比比皆是。因此，老一辈检察干警都自豪地说，他们的军功章上有家人的一半。

八十年代后期市检察院车辆

## 二百个鸡蛋，也休想堵住检察员的嘴

端午节前夕，沈阳检察机关依法逮捕了崔某。一天，崔某家属通过熟人，拿着二百个鸡蛋，八、九斤猪肉和一捆新鲜头刀韭菜找到了检察院干警的家，正赶上干警没在家，崔某家属苦苦哀求干警爱人说，请检察官对其丈夫的案子说说情、帮帮忙，顺便带点家乡的土产品，说着就把携带的礼物硬给王家扔下。干警回家知道此事后，非常气愤地说，"二百个鸡蛋也堵不住检察干部的嘴！"随后将崔某家属送来的东西如数退回。崔某家属又找到另一名办案干警，同样也遭到了拒绝。检察机关依法将崔某交付法庭审判。八十年代初期，人均月工资不过三四十元，别说是成捆的人民币，鸡蛋、猪肉都是稀缺好物，米面粮油都得用粮票兑换，并且还有限额，有钱都买不到。然而条件再艰苦，生活再困难，无论面对多么大的诱惑，老一辈检察干警从未辜负党和人民的信任。

## 谁也别想走法律的后门

1982年8月，任某因贪污、受贿被检察机关依法逮捕。任某老婆王某，得知检察院一位干警正在为儿子修建结婚用房，王某找到干警儿子小李说："你父亲在检察院正管我丈夫的案子，请你父亲给说说话，有人说说话，大事能化小，小事能化了……"小李当即表示这事不能办，也跟其父亲说了此事，干警说："谁走法律后门都不行！"事隔三天，王某提着一小筐苹果和四只活鸡又找上门来，纠缠小李说："你结婚买木料、打家具的事我包了。"小李把事情经过告诉了父亲。干警说："她再来，你好好地教育教育她，别让她到处行贿。"

又过了两天，王某又厚着脸皮找到小李，说话间从兜里掏出一沓人民币扔给小李说："我不能让你们白办。"小李严肃地说："政法人员秉公执法，不是你金钱物资所能买动的。"就在任某被逮捕的第十天，王某因贪污、受贿被检察机关依法逮捕，执行逮捕的正是她几次行贿求情的检察干警。

### 送礼不收，私了不行！

二月，王某涉案潜逃，沈阳市检察机关办案组深入其工作所在地吉林桦甸调查追踪。在一家旅店里，干警刚刚点燃香烟，正思索着明天该如何开展工作。这时，王某的弟弟和妻子来了。叔嫂二人软磨硬泡："我哥的赃款已经全部退还了！不能私了吗？"干警坚定答复："这不是你我之间的私事，是关系法律上的大事，怎么能私了！"说话间，王某的妻子拿出一条石林烟说："检察官，这个烟你拿着抽吧。""对不起，不要。"干警斩钉截铁地回绝了，心想：这哪里是一条石林烟啊，从包装盒的缝隙一眼就能看见里边装满了钞票。无奈，这叔嫂二人悻悻而去。三月，王某的弟弟又借故约请办案干警，又要送"土特产"，检察干警均严词拒绝，并抓住这个机会正言相告："唯一出路就是投案自首。"处于困境下的王某终于在四月初自动投案了。

80年代市检察院办案车辆

有限的篇幅不能记载下四十年来的全部，这样的故事还有很多很多，说不完，写不尽。岁月不老，薪火相传，老一辈检察干警的优良传统正在传承与发扬，检察人的故事未完待续……

李文哲为沈阳市人民检察院办公室主任
金姗姗为沈阳市康平县人民检察院五级书记员

# 反贪局的青春协奏曲

李文哲　　王　岭

什么是青春？每个人都有自己的答案。

有人说，青春是一段宣言，它昭示着自古英雄出少年的激情；有人说，青春是一股干劲，有一往无前的奋斗姿态。而自侦干警说，青春是一个时代，挥洒奋斗的汗水，播种梦想的花蕾；青春是一种选择，选择吃苦，也就选择了收获，选择奉献，也就选择了责任。

1996年至1998年，一大批青年干警充实到市检察院反贪队伍中。反贪局由恢复建院时主要由40岁以上干警组成，逐渐转变为青年干警为主要工作力量——有的处室负责人刚过而立之年，有的处室干警平均年龄不到30岁，很多青年人承担起主要办案任务。他们朝气蓬勃，思维敏捷，思路开拓，勇于创新，敢于探索，经过老同志传帮带，很快成为反腐战线的中坚力量。

1984年市检察院经济检察处合影

## 第一支歌：《明方向》

用党的先进思想武装检察队伍，是检察事业发展的根本保证。这一点，九十年代几名青年干警初入市检察院反贪局时，就颇有感触。

1997年，一个案件在初查询问时遇到了难题——几名青年办案人连续询问几个小时，始终未有突破。经过深入了解，发现被调查人是一名党龄30年的老党员，对党组织很有感情，对老一辈革命家也很崇敬。于是，决定换个思路询问。办案人走进询问室后，与被调查人进行了语重心长的交谈。当时邓小平同志刚刚去世，办案人首先念了一段邓小平同志的悼词。接着，跟他讲党性，讲奉献，回顾从新中国成立初期到改革开放，一代代革命英雄奉献自己的毕生甚至用生命换来今天的幸福生活。又让他反思作为一名老党员，怎能像蛀虫一样毁掉这来之不易的幸福生活？被调查人听后，羞愧不已，渐渐地低下了头。少顷，懊悔地说："检察官，您别说了。我有罪，愧对党，愧对人民，我坦白……"

1993年市检察院反贪局挂牌仪式

这次成功的询问看似很轻松，实际上却是办案人多年以来积累的政治经验。正因为如此，自侦干警不仅需要坚持贯彻国家方针，还要具备较高的政治素质，用党的思想武装自己。只有如此，工作起来才会事半功倍。

几十年来，运用政治智慧有的放矢地工作已经成为市检察院自侦部门的突出特色。

## 第二支歌：《创新曲》

1996年一次办案中，一名犯罪嫌疑人口供反复不定，每次做完笔录到签字确认环节，他总以办案人记录的与他所说的不一致而要求更改笔录。就这样，改了一次又一次。当时办案人都是手写笔录，每次更改一小段都要将整篇几十页笔录重新写一遍，而且犯罪嫌疑人的供述反复不定，也让案件办理一次次陷入僵局。

如何能把犯罪嫌疑人的话固定下来，成为解决问题的关键所在。两名年轻办案人充分发挥思维活跃优势，灵机一动——用录音机和磁带，将犯罪嫌疑人每次所作的供述如实录制下来，进行了讯问"同步录音"的初次尝试。此后，每次犯罪嫌疑人狡辩称笔录不符时，办案人就会及时放录音。犯罪嫌疑人听了之后，便再也无力辩驳。

当时全国还没有同步录音录像的实践经验，更没有相关的技术设备。市检察院自侦干警的创新探索，无意间开创了全国检察系统对犯罪嫌疑人供述时进行同步录音录像的先河。

### 第三支歌：《三句半》

在与犯罪嫌疑人讯问交锋中，年轻干警反应快，思维敏捷，常常让对方放弃无谓的狡辩。

1998年侦查时，两名办案人发现犯罪嫌疑人妻子的银行账户总有一名行贿人定期向其转款。犯罪嫌疑人辩称这是其妻子代理该公司法务事项的律师工作费用。看似合理的

*自侦干警搜查扣押涉案赃款赃物*

辩解，似乎让两名办案人无计可施。但讯问的老办案人已经找到辩解漏洞所在。为了锻炼年轻办案人，老办案人特意让他独立思考，并半开玩笑地打赌道："你要是一个小时之内拿下口供，明天中午请你吃顿好的！"年轻办案人不负所望，整合笔录后迅速找到讯问落脚点，连续发问3个问题后，终于揭露了事实真相。

问："您妻子从事律师工作多久了？"

答："不到1年。"

问："她平时代理何种法务事项？"

答："代写起诉书。"

问："一个工作经验仅1年，工作任务仅是代写文书的律师，年薪竟然达到几十万，这合理吗？"

答："……"

犯罪嫌疑人哑口无言，只好立刻停止狡辩，如实供述了自己和妻子涉嫌贿赂犯罪的全部经过。

### 第四支歌：《勇拼搏》

1996年，市检察院反贪局侦查处着手查办经济技术开发区系列案件。为防止案件"跑风"，当某个犯罪嫌疑人提供新信息时，办案人迅

速出动。就这样，随着一个一个证人和犯罪嫌疑人被陆续传唤，全处干警连续加班作战17天。这17天里，每名干警吃住都在单位，每人每天平均睡眠不足3个小时。

二十多年后，再回忆起那段日子，当年参与办案的干警们打趣道："当时我们都很渴望自由……"开完玩笑，大家感慨道："回想起来，那段日子苦是真苦，但是也很锻炼人。反贪局几十年来始终传承的过硬作风就是这样'炼'出来的，'熬'出来的。"

### 第五支歌：《忙中错》

市检察院年轻的自侦干警珍惜青春年华，始终在追求真理和公平的道路上坚定地奋进着，搏击着。但有的时候，青年干警加班加点连续作战后，也难免身心疲惫，出现"小插曲"。

1996年，当时电脑和打印机尚未普及，制作讯问笔录都靠手写。有一次，一名干警在为一名被调查人制作笔录时，这名被调查人开始不配合调查，一直东拉西扯，谎话连篇。年轻干警边记笔录，边揭穿他的狡辩谎言。最后，当年轻干警记完这30页笔录后，被调查人态度开始转变，想要坦白，年轻干警只好重新制作第二份笔录。二十多年前，没有碎纸机，保密销毁全靠手撕。当时，已经是半夜，年轻干警虽然体力足，此时也累得大脑运转缓慢了。没想到，正确的新笔录刚写完，为防止弄混又撕掉了。没办法，再写30页吧。就这样，年轻干警一个晚上手写了90页笔录。

### 第六支歌：《协奏曲》

2014年夏天，深夜11点。这天晚上，暴风雨前的闷热让人感觉浑身格外难受。市检察院一间办公室的门敞开着，屋内的灯光照射在昏暗的走廊里。就在此时，同样加班工作的处长走近一看，一位老同志在灯光下，带着老花镜，翻着厚厚的账目，时不时用铅笔做个标记，时不时用毛巾擦汗。

处长在门口静静地站了几分钟，看着临近退休的老同志仍如此刻苦认真地工作，心中顿时发出深深的敬意。此时此刻，处长的思绪瞬间被拉回到九十年代。那时，他刚考入检察院，是个初出茅庐做事莽撞的毛头小伙子。当时，这位老同志不仅自己办案勤恳钻研，而且每天都提醒他："书里的法条都记熟了吗？""固定的证据有没有疏漏？"朝夕相处，久而久之，这些耳提面命和言传身教始终激励着他。

处长回过神后，立刻把几个也在加班的年轻干警叫到这位老同志的办公室，动情地说："你们青年人不要叫苦叫累，看看人家老同志，都快要退休了还能如此钻研。咱们得学呐，做事一定要踏实，谨慎，有韧劲儿。"

老同事抬起头，放下老花镜，看着处长叮咛几个年轻干警，仿佛也看到几十年前，自己的老领导叮嘱自己的场景，那时他也是站在门口的小伙子。

自侦工作四十载，在前行的路上，每一代自侦人都一丝不苟地工作，从没有松懈过。上个世纪七十年代、八十年代、九十年代，直到进入新世纪，每一代年轻干警都镌刻着时代的烙印，珍藏着当年特有的青春记忆。回首过去，当年的年轻干警，如今许多已是霜染鬓发，可他们无论在什么岗位从事什么工作，严谨的办案风格，不懈的进取精神，始终未变。今天，回望当年，一代代年轻自侦人始终能够如一地奉献着、付出着、拼搏着、进取着。四十年来，市检察院的一代代自侦干警一如既往地牢记使命，不忘初心，为崇高而神圣的检察事业砥砺前行！

李文哲为沈阳市人民检察院办公室主任
王岭为沈阳市沈河区人民检察院四级检察官助理

# 检徽下的选择

赵 薪

作为检察人，从事检察工作前或许有着完全不同的人生轨迹，然而却都在命运的十字路口选择了检察职业，用一抹"检察蓝"和一点"国徽红"装点出靓丽的身姿。作为检察人，在工作中总会遇到形形色色的人、林林总总的难题、许许多多的考验，此时他们选择不忘初心，坚定信念，用无私无畏的担当精神托起了职业的荣耀。

## 面对骨感的现实 他选择追求梦想

丛程现为大东区检察院公诉科科长。曾是一个"木讷理工男"的他，从小到大最常被人夸赞的就是忠厚老实。毕业后，他顺利获得了证券公司的工作，领着较高的薪水，又娶到了美丽贤惠的妻子，日子过得安稳舒适。但突然发生的一件事让他的人生轨迹发生了改变。2003 年，公司总经理因挪用公款被检察院查处，开庭时，丛程和同事们一起去旁听，公诉席上检察官犀利的发言掷地有声又严谨有理，让不善言辞的他很是羡慕。从那以后，他就开始不自觉地关注起与检察官有关的新闻，憧憬着有一天自己也可以举起那把代表公平正义的达摩克利斯之剑，扶正劈邪。带着对检察官职业的无限向往，他秉烛夜读，全力以赴通过了国家公务员考试和司法考试，自豪地成为了一名检察官。

大东区检察院公诉科科长丛程

然而，理想很丰满、现实很骨感。到检察院后，丛程如愿被分配到公诉科工作，面对办公桌上一摞摞厚厚的卷宗，刚开始还有新鲜感，可时间一长就觉得有些枯燥，尤其不是法律科班出身的他，办起案件来更是吃力，常常要启动"白加黑"模式，白天提审、出庭，晚上阅卷打字，一个月下来疲惫不堪，领到工资一看，只有原来在证券公司的四分之一，他不禁有些后悔，这不是自讨苦吃吗？科室领导注意到了丛程思想的起伏，问他："小丛，你是因为工资待遇才选择了检察官的职业吗？"丛程回答说："当然不是，我知道检察官清贫，但检察官能够匡扶正义，让我有荣誉感"。科长语重心长地说："所以当你再感觉苦累的时候，就想想自己的初衷，想想自己实现理想了吗，这些案件，对你来说可能只是要完成的工作，可对当事人来说却都是性命攸关的大事，出现一点儿差错，他的人生就会彻底扭转，我们绝不能掉以轻心。还要学会在工作中找到乐趣，无论什么工作，只有擅长了，才能乐在其中。"科长的话如醍醐灌顶，让丛程对检察官的职责有了重新认识。

为了成为一名优秀的公诉人，丛程开始勤学苦练。上班时间，他向同事、法官、律师偷师学艺，提高应辩能力和办案经验；业余时间，他努力学习心理学、会计学等专业知识，做到触类旁通；口才不好，他就练演讲、勤发言，找到机会跟别人讲个没完，妻子常笑他说：原来那么木讷的人，咋就变成话唠了呢？功夫不负有心人，丛程的业务能力迅猛提升，两年后便成为科里的办案骨干，一些大案、要案、疑难案件都交到了他手上。由于他精通业务、办案沉稳，公安系统的同志称他为"丛老师"，法律上遇到什么难题，白天夜里随时@他；法院的同志称他为"丛探长"，因为从庭审体制改革到法律监督，丛程都有着探究到底的劲头，使他们不得不时刻"警惕"着。回顾自己当初的职业选择，丛程说："追逐着英雄的梦想，求索在检察事业的大路上，我坚持着、努力着，也幸福着！"

## 面对脆弱的生命　他选择无畏坚守

李刚转隶前是和平区检察院反贪局侦查二科科长，他检察生涯中曾经面临的决择是在脆弱的生命面前俯首称臣，还是为了心中的那份理想奋力一搏。2010年的一次例行体检中，李刚的肝脏处被查出长有一个2

和平区检察院反贪局侦查二科科长
（转隶前）李刚

厘米左右的恶性肿瘤。拿到体检报告后他心烦意乱，人到四十正是上有老下有小的阶段，年迈的父母、还在上学的孩子、每天忙碌的妻子，作为顶梁柱的他如果倒下，这个家的天也就塌了。可是他更知道，这次病来得有多不是时候，正在办理的案件已经到了关键阶段，将病情告诉家人，无疑自己必须住院接受治疗，案件势必受到影响，而隐瞒病情则可以处理好手头的工作。作为一名老侦查员，李刚深知攻破案件的机会稍纵即逝，于是他选择默默将诊断书锁在抽屉里，向家人撒谎，向领导隐瞒实情。回到岗位上，他排除杂念专心投入办案，加班加点一干就是两个月，直到无奈的大夫将电话打到单位，要求立刻住院接受治疗，他才想起自己的病。面对哭泣的妻子和逼自己立刻停止工作的领导，李刚像犯人一样被"押解"入院，然而术后没几天还没拆线，他就又悄悄跑回单位继续办案。可能是连续工作太久，也可能是绷带缠得太紧，导致伤口出血渗透了衬衫，他再次被送回医院并被严密"监控"起来，直到彻底符合出院标准才获准离开。

在全科的通力协作下，案件得以顺利侦破，一举立案6人。有人曾问李刚：如果当时病情恶化，甚至危及生命，是否后悔？李刚说，其实这个问题自己也想过很多次。既然选择了检察官这个职业，就意味着付出和奉献，当初的做法现在想起来虽然确实有些后怕，但从不后悔。

## 面对理性的法律  她选择传导温度

王某某是沈阳某商务学校幼师专业的一名学生，因偷窃同寝室同学的学费而被提请检察机关批准逮捕。这是一个事实非常清楚的案件，薄薄的卷宗显示案情没有任何复杂曲折之处。于洪区院侦查监督科科长朴云晶拿到案卷后，看到照片中的嫌疑人稚嫩乖巧，不禁为她轻率的行为深感惋惜。通过进一步审查，朴云晶了解到王某某父母离异，自幼寄养在姑姑家，父爱和母爱的缺失让她变得敏感多疑，为了报复同学的口不择言而偷走了同学的学费，目的仅仅是想让同学因无法交上学费而出丑。看守所里，审讯室铁窗内的王某某认罪态度非常好，由于无法面对疼爱她的姑姑而一直不敢抬起头来，铁窗外消瘦苍白的姑姑也是泪如泉涌……作为办案人，朴云晶为如此悲情的画面感到心酸，面对这样一个简单轻率的女孩，她思考更多的是如何挽救，如何将案件带来的阴影降到最低。她向领导汇报了案情，迅速确立了帮教方向，先是安排王某某的姑姑与被害人沟通，反复做被害人的工作，征得被害人的谅解，之后又与校方取得联系，争取到校方的全力支持，还同监护人制定了详细的帮教计划，以确保王某某能够顺利回归社会。在她的积极努力之下，王某某被依法适用了轻缓政策，不批准逮捕。一个多月之后又适逢辽宁省调整盗窃犯罪数额标准，因为其盗窃数额未达到新的标准、不构成犯罪而撤案。在办理完撤案手续后，王某某和姑姑一起来到检察院，感谢朴云晶在她们最低迷无助的时候无私相助。看到又能洋溢出灿烂笑容的青春面庞，一种发自心底的幸福感油然而生，朴云晶深感：再多的付出也是值得的！

于洪区院侦查监督科科长朴云晶

面对群众的误解 他选择耐心隐忍

2009年，市检察院公诉处的张啸天办理了一起黑社会性质组织案，在电话告知被害人何某诉讼权利时，何某对他破口大骂，污言秽语不堪入耳。第二天，何某又带领十几名被害人来到院里，点名找到张啸天，无端斥责了他近三个小时。陪同接待的同事为他鸣不平，说凭什么无缘无故受这样的气，但张啸天知道这里面一定有隐情，始终心平气和、避免冲突。果然，何某在即将离开时忽然泪如雨下，连声说对不起，请求检察官的原谅。原来他是在长达八年的上访过程中，承受了太多的无奈和辛酸，这才把怨气发泄到张啸天的身上。从那以后，何某再没去过检察院。

辽检情怀

沈阳市检察院公诉一处副处长张啸天

在办理一起故意杀人案时，被害人家属因多次提出无理要求被张啸天拒绝后，扬言要上告。该案审理期间，法院对死因重新鉴定，认定被害人的死亡系意外事件。张啸天在充分审查每一案情细节的基础上，专程到刑警学院鉴定中心了解相关鉴定知识，在庭上对鉴定人进行了有针对性的发问，透彻分析了鉴定的违法性和主观性，使法院最终没有采信该鉴定。被害人家属被张啸天的敬业和专业精神所感动，当庭向他道歉，第二天又送来了锦旗表示感谢。在办案中，张啸天还曾自掏腰包请过犯罪嫌疑人年迈的母亲吃饭，出钱资助过因被诈骗生活艰难的被害人，接待过因参与非法集资导致血本无归自杀未遂的受害人，他经常告诫自己要换位思考，再多一些耐心、多一份理解，争取换来当事人的信任，做到案结事了。

身边还有很多检察人，他们有的在大学毕业、部队转业、重新规划人生时选择了检察职业，有的在检察工作中面临金钱诱惑时选择了坚守信念、在遭受恐吓威胁时选择了坚持原则，还有的为了履职尽责宁愿背负对家庭的负疚、为了更好践行检察官的承诺不辞奔波劳累……他们用亲身经历诠释了检徽下誓言的份量和使命的含义。不畏选择、不忘选择、不辱选择，检察人将永远以习近平总书记的话为指引："前进途中，有平川也有高山，有缓流也有险滩，有丽日也有风雨，有喜悦也有哀伤。心中有阳光，脚下有力量，为了理想能坚持、不懈怠，才能创造无愧于时代的人生。"

作者为沈阳市人民检察院政治部主任科员

# 戳破黄金局长的"黑金"迷局

李文哲　银　鑫

2014年9月17日傍晚,当市检察院办案人出现在65岁的李某某面前时,这位在黄金系统"深耕"20余年的风云人物瞬间面色苍白。此刻,他万万没有想到,自己将会以这种特殊的方式告别原本平静的晚年生活。

李某某,男,1949年出生。1989年以来,一直在黄金系统工作,曾任某黄金有限责任公司执行董事、总经理(副厅级)。

2014年9月,沈阳市人民检察院受理了李某某受贿线索。院领导高度重视,责成反贪局组织精干力量,成立专案组展开侦查。在沈阳自侦干警的工作下,光环一一剥落,李某某贪腐的面目展现在世人面前。

## 关键人物

根据举报线索反映:李某某在职期间,为他人向某黄金有限责任公司出售股权时提供帮助,并收受财物。李某某到案后,只承认部分犯罪事实,对其他提问一概拒绝回答。办案人反复对其进行政策教育,他仍然无动于衷,沉默不语,并且辩解:"你们口口声声有证据,那就按证据该怎么定就怎么定吧。"案件一度陷入僵局,办案人意识到,面对这样一位老谋深算的对手,要想迅速取得进展,是大家面临的首要问题。

对此,办案人对现已掌握的线索进行了冷静分析和实事求是的研判。结合现有证据,办案人认为案件需要另辟蹊径,从零开始主动发掘新的犯罪线索。于是,办案人开始多方摸排与李某某有联系的事项。在摸排该公司情况时,办案人发现某工程项目存在诸多不正常现象。这无疑是一个重大的发现,在这千丝万缕的线索中,存在着一个交叉点——冯某某。经过分析,要想彻底揭开李某某这名黄金局长背后的"黑金"迷局,秘密找到重要嫌疑人冯某某成为下一步侦查工作的关键。

## 千里追踪

冯某某现在何处？他在整个案件中到底扮演着什么样的角色？这些疑问成为了办案组迫切需要解决的问题。办案组调取了冯某某的户籍、车辆、手机通话记录等信息，利用这些信息材料给冯某某做了一张"数据画像"。办案人通过分析通话记录发现：冯某某近三个月大部分时间都在外地，其中大量通话地点集中在内蒙古赤峰巴林左旗。

2014年11月6日，专案组驱车近千公里赶赴内蒙古搜寻冯某某。经过连续行驶8个多小时，专案组于当天下午到达巴林左旗。随后，专案组不顾疲劳连续作战，通过定位手机、分析数据，傍晚就大致锁定了冯某某位置。接下来，一场追踪战随即打响。

## 扑克牌里找线索

第二天凌晨五点，办案组就驱车出发，瞄着初步定位的范围，在陌生的街道上缓慢地驾车搜寻。内蒙古高原的寒风已然刺骨，透过车窗吹散了车内刚刚升起的暖意。虽然找到了冯某某手机信号的基站定位，但是要想在基站周围找到一个人依然困难重重。

两个多小时过去了，仍然没有发现冯某某。突然，一辆辽A牌照的车辆出现在了办案人的眼前，搜寻了这么久，除了专案组的车，就没看见这大街上有挂着沈阳牌照的。办案人惊喜地眼前一亮，立即在附近重点排查。很快找到一处正在施工的楼盘，门前停放着几辆辽A牌照车辆。经核查，这辆车正是登记在冯某某名下，这让疲惫的干警们无比振奋。

据售楼员介绍，这个楼盘的开发商是从沈阳来的，姓冯，但不知道具体名字，公司在沈阳的准确名称也不知道。听完售楼员介绍，办案人暗想，这个开发商到底是不是冯某某？正在大家一筹莫展时，楼盘宣传袋里的一副扑克牌引起了办案人的注意。原来，上面印有开发公司的完整名称。办案人立即上网搜索，惊喜地发现，网上信息登记的非常全面，其董事长正是冯某某的二儿子冯某。通过手机定位，确定冯某当时正在售楼处，但仍没有检测到冯某某本人使用的手机，办案人刚松了一口气，又紧张起来。

## 生死时速

虽然从扑克牌上找到了线索，但接下来的地毯式搜寻工作似乎进入了瓶颈。专案组驱车已经在目标范围内行驶了一圈又一圈，冯某某依然杳无踪迹。街上的行人和车辆渐渐多了起来。看着眼前车水马龙的喧闹街区，办案人顿时焦虑起来，原本坚定的信心也有些动摇。

山重水复疑无路，柳暗花明又一村。办案人实时获悉，冯某某当日10：25在阜新彰武县有通话记录，而在一个多小时前在沈阳有通话记录。真是奇怪，彰武距离沈阳130多公里，一个多小时位置变化了100多公里，按此计算得时速100多公里啊！什么情况下车辆才能以这么高的速度行驶？一个念头在办案人的脑海中闪过——难道他此时正行驶在高速公路上？办案人看着地图，像福尔摩斯推理案件一样，脑海中不断模拟沈阳到彰武的路线，各种可能的画面不断的浮现，最终认定冯某某很可能正在驱车从沈阳经彰武、通辽返回巴林左旗的路上。

按行车速度估算，冯某某应当大致下午3：30左右能够到达，于是办案组果断决定：去内蒙古大通道的巴林左旗收费站实施拦截。这是一次出其不意的作战，也是一场缜密分析后的突击。

下午3时许，距离收费口10公里的位置，一组办案人员发现了冯某某名下的黑色奔驰轿车，立即通知收费口内外的另两组人员准备拦截。说时迟那时快，黑色奔驰进入了在收费口蹲守的办案人的视线。但只见车后座和副驾驶位置上各坐着一位女乘客，唯独不见冯某某。眼看黑色奔驰开始减速驶入收费口，办案人猛然发现驾驶员正是冯某某！收费站的收费杆已经抬起，黑色奔驰轿车冲出收费口后加速飞驰而去。办案组成员立即驱车全力追赶。办案人不由自主地踩着油门，几乎把油门踏到底。追捕冯某某的警车时速已超过170公里。影视作品中常见的飞车追逐，在现实抓捕中真真切切地发生

市检察院反贪干警查阅账本

了，内蒙古大通道上上演了一幕生死时速。在这紧要关头，三组反贪干警紧紧在后面追赶，其中一辆警车"刷"地冲到最前面并持续加速，紧紧咬住冯某某的车辆。突然，一辆农用车出现在奔驰车前方，冯某某不得不稍做减速。办案人抓住这个稍纵即逝的机会，猛踩一脚油门从侧面超车，一个急刹车停在了黑色奔驰轿车前面，冯某某终于落入法网。

## 欲擒故纵

刚刚的一场生死追击给冯某某惊出一身冷汗，狡诈的冯某某仍怀有侥幸心理。他错误地认为，只要什么也不说就能逃脱法律制裁。因此，在谈话初期，冯某某只是不停地表白自己干工程挣的钱都是应该得的，没有行贿问题。在办案人给他讲法律、讲政策后，冯某某说话的口气才开始松动。不过他只是提及曾经帮李某某卖过两处房产，幻想以此蒙混过关。办案人采取欲擒故纵的策略，偏偏不让他继续讲房子的事，将前期大数据分析发现的诸多疑点，一一展示在他面前。

市检察院反贪干警在看守所提审犯罪嫌疑人

冯某某的辩解开始漏洞频出，再也抵挡不住办案人的凌厉攻势，承认了向李某某行贿的事实。同时，还交代了向涉案公司基建办其他相关人员分别行贿数万元的行为。查一案，牵出黄金系统的窝案串案，市检察院反贪局与基层院反贪局高效协作、迅速行动，形成强大侦查合力，另行立案4件4人，其中3人为处级要案。

至此，不仅获得了李某某的犯罪证据，黄金系统其他人员涉嫌犯罪的线索也跟着浮出水面，迷雾散去，黄金局长的"黑金"迷局渐渐解开。

## 水落石出

大战前的夜晚往往是平静的，坐在检察官面前的李某某面部没有太多表情，依然保持沉默，看上去还是一样平稳。这个来自喀左农村的矿工是个"苦出身"，多个岗位的长期历练使其城府很深，要让他供述自己的犯罪行为是一项艰巨的任务。

为铲除他的侥幸心理，办案人提出，必须让他感受到检察机关查办案件的决心，认识到收受他人款物等事实已被检察机关掌握。摆证据，讲利害，攻坚战的持续，让他再也无法继续隐瞒自己的行为，期望得到宽大处理的强烈愿望，使其供述了收受他人财物的事实。但即将面临的法律制裁又使其动摇，试探性地交代一部分又保留了一部分。办案人针对李某某的心理状态，因人施策，通过耐心细致的思想工作，使他认识到，在大量证据面前，避无可避，要想摆脱困境，除了彻底交代无路可走。

市检察院宣布逮捕犯罪嫌疑人李奇端

在几次交锋后，李某某败下阵来，最初向办案人"要求"的证据，都摆在面前，他的额角慢慢渗出汗珠，嘴角抖动了几下，终于供述了收受贿赂的全部事实。案件获得全线突破，"黑金"迷局水落石出。

2016年，李某某案件被评为辽宁省检察机关反贪部门十大精品案件第一位。


李文哲为沈阳市人民检察院办公室主任
银鑫为沈阳市苏家屯区人民检察院五级检察官助理

辽检情怀

# 检察岁月　足迹翩跹

**陈建安**

追寻岁月的足迹，四十载检察史宛如一幅珍贵的画卷慢慢展开。翻开尘封的记忆，那一段段激情燃烧的岁月又仿佛一位深情款款的少年向我们健步走来。四十年悠悠岁月，一代又一代检察人用忠诚和汗水书写了检察事业的光辉历程，四十载翩跹足迹，见证了他们用青春和热血谱写的华美乐章。有幸作为亲历者，我要讲述的这个案件故事，是这样一群检察人职业生涯中最浓墨重彩的一笔……

当年专案组成员、攻克犯罪嫌疑人梁某某的办案人宋欣
和陈建安再聚首谈起当年的破案经过仍兴高采烈

## 案件来源

1989年3月8日晚，坐落在沈阳市皇姑区三台子地区某大型国有企业公安处民警在厂区内抓获盗窃犯罪嫌疑人赵某，在当晚讯问赵某过程中赵用头撞墙身亡。事情发生后，赵某家属到省市区三级检察机关告状，称赵某不是自己撞墙死的，是被公安民警刑讯逼供打死的，并提供了有人看见赵某身上有伤的重要情况，希望检察机关查明真相。5月10日，省检察院作出部署，由沈阳市院和皇姑区院法纪部门组成联合专案组对该案进行重新调查，并请省市检察院法医会同公安、法院等有关部

门法医对尸体进行复验。

## 毁尸灭迹

受领导指派，5月11日刚上班的我就接到通知立即进组工作。而恰在此时，该厂公安处处长梁某某、副处长齐某某突然来到院里，说"嫌疑人赵某尸体在医院停放两个多月了，医院已下了最后通牒，必须立即火化。"法纪科科长刘振富听后严肃回答道："此案我们要重新调查，不经检察机关同意不得火化赵某尸体。"梁、齐听后沉默片刻匆匆离去。二人离开后，专案组立即兵分两路展开工作。我与我的师傅、当时的法纪科检察员宋欣负责传讯该厂办案民警，科长刘振富与市院法纪处检察员郭素琴联系省市检察院、法院、公安局法医准备赶往医院对赵某尸体进行复验。还未等技术人员赶到医院，梁某某和齐某某又慌慌张张来到我院，进门就说："不好了，我俩回去晚了，尸体已经拉到火葬厂火化了。"大家听后十分震惊，事发突然，都不约而同地警觉起来，当即决定调整侦查计划，一方面让梁留下来讲清事情经过，另一方面副检察长张殿梁带领刘振富科长亲自赶往医院和火葬场调查尸体被取走火化的情况。据调查，赵某尸体是在当天上午十点多梁、齐带人拉走火化的。梁、齐这么处心积虑，急于火化尸体，难道赵某死亡背后确有重大隐情？事关公安人员违法犯罪，专案组将案情再次向省院汇报。省院答复，秉公办理、查明真相。省院的意见给专案组吃了一颗定心丸，为了把握战机，专案组决定连夜传唤全部涉案民警。

## 侦查实验

当晚，市区院专案组同志全部到位，分工负责，将该厂公安处处长梁某某、副处长齐某某、治安科长罗某某和民警刘某某、赵某等人连夜传唤到区检察院，目的就是要以尸体火化为突破口查清赵某死亡真相。经过三个多小时讯问，五人一口咬定火化是经过市局批准，他

当年皇姑区检察院法纪科科长刘振富（右一）带领专案组同志研究案情

们只是做具体工作。对赵某死因则强调是趁民警不备用头撞墙自杀，讯问陷入僵局。出现这种状况，专案组更加意识到问题严重，初审犯罪嫌疑人一般会遭遇抵抗，但这样一些有着同样侦查和反侦查经验的公安人员同时做出近乎一致的供述，说明他们事前极有可能已经订立了严密的攻守同盟，破案难度可想而知。专案组决定从重新勘验现场入手寻找新的破案线索。12日一早，我随同刘振富科长以及省市院技术专家共同赶赴该厂对案发现场进行重新勘验。经过模拟实验，发现所谓撞墙自杀造成的破损位置过高，五名犯罪嫌疑人供述存在严重不合理性。掌握这一情况后，专案组制定了新的讯问方案，这次我们打算利用心理战打开案件突破口。

## 攻心战术

再次讯问，专案组把重点放到了四人供述与侦查实验结果的矛盾上来，并认真分析了几名犯罪嫌疑人的职务、性格特征以及在案中的地位，把讯问突破口集中在公安处长梁某某身上。并指派了办案经验丰富的检察员宋欣带领我承担审讯任务。针对梁做了多年领导城府很深但也思虑较多的特点，我们采取了虚实结合的讯问策略。"你是公安处的一把手，急于到检察院报案的是你，急于把尸体火化的是你，是不是打死赵某的也是你啊？！"一提到赵某是被打死的，梁猛然抬起了头，一直态度强硬的梁眼神里还是露出了惊恐。"你以为你们说赵是撞墙死的，火化了尸体没了证据就可以瞒天过海吗？经过现场勘验，赵某个头不到170，而你们指认的撞墙痕迹至少有175，他难道能跳起来撞墙自杀吗？"我们步步紧逼，一连串质问让梁坐立不安。"你是老公安了，心里应当清楚，纸是包不住火的，你不说实话，证据会说，其他人也会说，谁先交代谁就能获得从轻处理，对抗到底只有死路一条。"此时的梁更加心慌意乱，张了张嘴欲言又止。根据犯罪心理学，我们知道梁的内心已经从最初的对抗、僵持进入到了摇摆阶段，既想交代争取从宽处理，又怕自己先说功亏一篑。如果自己拒不交代，又担心其他人先说自己失去了争取从宽处理的机会，内心矛盾煎熬。掐住了火候我们继续给梁施加压力。"这个案件是省市院交办的重点案件，省院领导亲自做了批示，谁也别想侥幸逃脱，你还是趁早交代问题争取从宽处理，如果等到明天上班各级领导都来了，你再想说恐怕主动权就不在你手里了。"我们精心设计的一套组合拳打出以后，梁额头上渗出了豆大的汗珠，沉思了一会后长叹了一口气说："好吧，我交代……"

## 攻守同盟

梁的心理防线被彻底击垮，他主动交代了3月8日晚该厂公安处民警抓获盗窃犯罪嫌疑人赵某并在讯问时殴打赵某致死的事情经过。

3月8日下午五时许，该厂调度室副主任赵某勾结司机魏某某盗窃红旗导弹原部件，价值一万余元。赵某被抓获后，治安科民警刘某某和赵某在当晚讯问过程中边打边审两个多小时，后在二人将赵带往其母亲家搜查的路上发现赵奄奄一息，便将赵拉到七三九医院抢救，赵某经抢救无效死亡。梁得知后认为这个事必须捂住，否则谁都过不了关。随即召集了公安处副处长齐某某、治安科长罗某某、办案民警刘某某、赵某研究对策。经过商量，共同编造了赵在受审时撞墙自杀的谎言。第二天梁到市公安局汇报案件回来后，认为头天晚上订的攻守同盟太简单，便又将几人找在一起再次研究，他亲自编写了赵逃跑、扯坏门帘、撞墙自杀等虚假事实，命令几个人背写下来并由他修改完善，统一口径，确保万无一失。之后，梁又带人制造了假的逃跑和自杀现场，并拍照作为证据。他还指挥民警刘某某和赵某补充了一份未完成的讯问笔录，同假现场照片一同立了卷。

## 刑讯逼供

经过了一夜奋战，梁某某交代了赵某死亡的经过和订立攻守同盟的事实，专案组乘胜追击，又拿下了齐的口供。在梁、齐的口供和对质面前，民警刘某某、赵某也不得不供述了当晚拷打犯罪嫌疑人赵某的整个经过。原来当晚在讯问赵的过程中，二人认为犯罪嫌疑人赵某拒不供述赃物去向，态度很不老实，于是将赵某外衣、裤子全部扒掉，用摩托车内胎和警棍轮流抽打赵的头部、胸部，又用绳子将赵吊到暖气管子上用木棒、内

民警刑讯逼供所使用的作案工具

胎抽打赵的臀部、腿部，连续拷打两个多小时，最后赵被打得没了声才把他放下来。凌晨一时许，二人将赵架到车上欲去其母亲家搜查，半路发现赵不省人事，便急忙送往医院，赵经抢救无效死亡。四名主要犯罪嫌疑人供述后，专案组又迅速调取了相关证人证言、物证书证，该厂公安处民警刑讯逼供致人死亡案水落石出。

### 法医伪证

赵某死亡基本事实查清后，专案组又把目光集中到了刑讯逼供案的另一重大疑点——法医鉴定上来。本案法医鉴定只有死者头部和上身的鉴定结论，而没有全身检验鉴定，这在法医鉴定中是违背常理的。为了进一步查出真相，5月13日下午，领导指派检察员宋欣师傅和我再次提审梁某某。"抢先火化尸体到底要掩盖什么，赵某的死因究竟是什么？"再次与梁交锋，我们开门见山。"你难道既想承担策划指挥包庇罪犯的所有责任，又想承担毁尸灭迹的全部罪过吗？"师傅一席犀利的问话直扎梁的痛处，梁瞬时脸色发青、两眼发直，愣了能有二、三分钟，突然声泪俱下，声音颤抖地说："我确实还有问题没有交代，事到如今，我全说了吧。"

原来赵某被打死后，梁和齐都意识到只是订立赵某自杀的攻守同盟还远远不能掩盖事实真相，只有搞定法医鉴定，坐实赵某撞墙自杀的死因，此事才能真正隐瞒下去。于是他们托熟人找到市公安局刑警大队法医张某某，请求帮助在法医鉴定时给"维持维持"。张某某在对赵尸体解剖鉴定后，告之梁、齐，死者颅脑损伤可以致人死亡，但腿部大片瘀血造成体内施放组织胺引起中毒才是真正的致死原因。梁和齐听后再三恳求张在尸检报告上给予关照。在梁、齐的一再央求下，张法医在尸检报告中只论述了赵某头部、上体的伤情，作出了蛛网膜下腔广泛性出血、颅脑损伤、脑功能障碍死亡的假鉴定结论，偷偷隐匿了赵某下肢照片和伤情鉴定。5月11日梁齐得知检察机关要复验尸体的消息后，害怕暴露法医伪证的事实，便抢先火化了尸体。他们原以为，尸体化成了灰，法医就保住了。

### 真相大白

5月13日傍晚，专案人员将张某某从家中带回市局刑警大队，从张的办公室内搜出了反映死者赵某腿部皮下肌肉出血程度的关键性底片、内脏标本以及尸检原始材料。经过讯问，张交代了自己在尸检报告中伪证的整个经过。根据原始资料，省市院法医会同市法院、市公安局多个部门法医对赵某死因进行了联合鉴定，认定赵头部不存在"蛛网膜下腔广泛性出血"，脑部损伤并不是致死原因，并做出了赵某死因系"下肢大面积瘀血造成创伤性休克死亡"的鉴定结论。

至此，经过三昼夜的连续奋战，专案人员讯问犯罪嫌疑人、询问证人二十余人，调查获取证据三十余份，一举侦破查实了该厂公安处民警刘某某、赵某刑讯逼供致人死亡案、公安处处长梁某某包庇案，深挖出了市公安局法医张某某伪证案，全案真相大白。

由于专案人员的突出表现，专案组被省检察院荣记集体二等功。高检院在国家外交学会一九八九年主办的国际法研讨会关于人权讨论中将此案作为经典案例采用。办案经验被高检院一九九〇年全国法纪检察工作会议用作大会发言。

专案组被省检察院荣记集体二等功的表彰决定

### 后记

这起国有企业公安民警刑讯逼供案、包庇案和市公安局法医伪证案的侦破凝结了父辈老检察人的心血和汗水，展现了他们的勇敢和智慧。也是上个世纪八十年代检察事业如火如荼、蒸蒸日上的缩影。时隔近三十年再次回首，仍然感受得到那一代检察人火一样的青春与激情，感受得到他们对检察事业的执着与热爱。正是有了像他们一样的前辈检察人的引领与鼓舞，才有了今天检察事业的传承与发展，才有了我们一代代检察人不忘初心、牢记使命、砥砺奋进。值此国家改革开放和检察机关恢复重建四十周年之际，谨以此案的回述献给所有为检察事业奉献青春与热血的前辈检察人，愿有岁月可回首，且以深情携手行，祝愿我们的检察事业明天更美好！

作者为沈阳市皇姑区人民检察院检察委员会专职委员

# 师父的初心

纪枭楠

2018年5月,盛夏还没有完全到来,但是侦查监督科的每一个人心中都很焦热,这个月一共受理公安报捕案159件239人,12个办案人已经连续加班6天了。科长刘文晶起身活动了一下腰,又继续坐下去看起卷来。"师父,我这本卷打完了,再给我一本,以前没有电脑的时候你们可怎么办案呀!"徒弟小李的话一下子把刘文晶的思绪拉回到20年前……

1999年铁西区检察院批捕科检察官加班办案

## 回望初心,铭记师父的谆谆教诲

1998年9月,刚刚走出大学校园的刘文晶来到铁西区检察院,被分配到批捕科。当年电脑还没有普及,讯问犯罪嫌疑人、询问证人、制作法律文书全部用笔手写。刘文晶跟着他的师父,从最基本的法律文书的填写开始学起,因为不小心写错了而全部重新抄写一遍的情形时常发生。在刘文晶的办公桌上随时都摊开着《法理学》《刑法》《刑事诉讼法》等法律书籍,他把所有业余时间都投入到业务学习中。作为一名检察战线的"新兵",他鼓励自己,只要把法条都背熟,一定能成为一名优秀的检察官。

他的师父平日里性格随和,刘文晶甚至觉得师父是个很好说话的人。但是他错了,只要是涉及案子的问题,他的师父就变得异常固执,不讲情面。在审理一起贩卖毒品案时，犯罪嫌疑人的亲友多次找到他，许诺资助他三万元用于买车，希望他能够网开一面。在1998年，这不是一个小数目，而且在私家车没有普及的年代，这无疑是一种极大的"诱惑"。然而师父回绝的一番话让刘文晶在钻研业务的同时，心里多了一份源于信仰力量的笃定。"批捕权不是我的私权，国家公权也决不可能变成一种买卖，我收了你的钱，怎么守护公平正义！"

这一番话，让刚刚成为检察人的刘文晶在心中铸上了"立检为公、执法为民"的烙印，师父教给他的，不仅仅是过硬的业务知识和精湛的办案技能，更重要的是检察人对党和人民深深的热爱，对检察事业无限的忠诚，是二十年如一日，用钢铁般的意志捍卫法律尊严、履行法律监督职责的初心。

回望初心，是前进时最初的信仰。

## 坚守初心，履行监督的神圣职责

师父退休了，刘文晶也从最初的只能办理简单刑事案件的"新兵"，成长成能胜任办理疑难、有影响的大要案，经验丰富的"能手"。办理的案件类型越来越多，遇到的事实情况越来越复杂，应用的法律条款不断更新，但唯有那份初心，始终如一，依然炙热。

民生大于天。针对老百姓深恶痛绝的食品安全犯罪案件，一条专案办理的"绿色通道"通到老百姓的身边。2012年7月，刘文晶受理了一起特大制售有毒有害食品案件。犯罪嫌疑人王某将国家明确界定为工业原料的"毛猪油"（地沟油的一种）作为食用油原料制售给云南丰瑞油脂有限公司，总数量逾2300吨，涉案金额达1032万余元。本案是公安部挂牌督办的云南曲靖制售"地沟油"案的上游案件，社会危害性极大。案情重大，时间紧迫，刘文晶一方面固定

2006年，铁西区检察院侦查监督科检察官讨论案件

证据，没日没夜地走访、调查嫌疑人所经营的沈阳昌瑞油脂加工厂的生产资质、往来账目，饿了抓起面包吃一口，困了在沙发上躺一会，一定要确保证据确实、充分；另一方面积极与云南曲靖司法机关取得联系，密切关注云南曲靖司法机关审理"地沟油"案件的最新进展，最终铁西区检察院依法迅速地对这起损害民生特大制售有毒有害食品案件批准逮捕。本案在沈阳铁西的依法处理，与云南曲靖司法机关遥相呼应，成为党中央关于建立打击制售有毒有害食品犯罪全国工作格局精神指导下的典型案例。

执法有温度。侦查监督并不是简单的捕与不捕，而是通过审查案件证据，从而对案件的事实进行全面审查，是保障当事人权利的第一道防线，关系一个人、一个家庭的未来。对法律敬畏，对当事人负责，真正实现法律监督职能，是刘文晶不变的初心。张某是沈阳某高校在校本科生，因家庭贫困又存在虚荣心，一时糊涂偷了同学的一部手机，构成了盗窃罪。在办理犯罪嫌疑人张某盗窃案时，刘文晶了解到案发后张某将所盗手机返还给被害人并取得了被害人谅解，双方进行了刑事和解。在审查逮捕期间，正好赶上张某要进行硕士研究生的考试。一个决定，可能会影响张某的一生。为此，刘文晶主动提出压缩办案时间，快速办理，最终在其考试的前一天及时作出了不批准逮捕的决定，张某及时参加了硕士研究生的考试。让人欣慰的是，张某顺利地考上了硕士研究生。一个决定，让一切又充满了希望。

从检 20 年，遇到疑难复杂案件时他夜不能眠，但坚守法律的尊严让他始终斗志昂扬；工作中生活中诱惑不是没有，但坚守公平正义的决心让他心无旁骛；审查案件时他铁面无私刚正不阿，但坚守执法为民的情怀让他不断传递法律的温情。

坚守初心，是一路上坚定的方向。

## 传承初心，续写未来的崭新篇章

至今刘文晶还记得徒弟小李第一次来科里报到的场景，恍惚间觉得自己来到检察院也不过是昨天的事。他像当年师父教自己一样，带着徒弟阅卷、提审、办案，只不过笔录再也不用手写，看守所也不再热得像桑拿房。他把自己的办案技巧和经验倾囊相授，除此之外，他还有最重要的东西要传承。

2015年年末，沈阳市相继发生了数十起非法吸收公众存款以及集资诈骗案件，铁西区成为"重灾区"，不仅涉案数量多、金额大，而且被害人多达四百余人。短时间内，公安机关将20余件案件先后移送铁西区检察院审查批准批捕。如何在短期内了解这一批案件全貌和证据情况，从而准确适用法律，不枉不纵，保护被害人的合法权益，这样的难题刘文晶不是第一次遇到，然而徒弟小李却毫无头绪。

"努力让人民群众在每一个案件中感受到公平正义不是一句口号，是需要我们细致的工作和执着的坚守的。"刘文晶这样和徒弟说，也带着徒弟这样做。他加班加点忘我地投入，对案件严审细查，对公安机关报送的百余册卷宗逐字阅读，对千余份投资担保合同逐项核对。他多次召开案件讨论分析会，统一证据规格和认定标准，逐案逐人进行分析研究。最终，依靠极其完整严密的证据链条，河南伊川20余名犯罪嫌疑人利用所谓投资担保公司外壳为掩饰，以高额回报为诱饵，假借为第三方投资担保的名义，非法吸收社会公众大量资金后撤店逃遁的犯罪事实被完整地呈现出来，最终确认了上述犯罪嫌疑人涉嫌非法吸收公众存款犯罪，依法作出批准逮捕决定。

在办理案件过程中，不断有被害人群体访事件发生，徒弟小李有些抱怨地说道，"我们已经在拼命地办案了，有些人为什么还不理解？""被骗的钱财是很多人一辈子的血汗钱，我们要理解他们的心情，多做换位思考。"刘文晶和徒弟说。此类案件如果处理不好就会给社会埋下不稳定的因素，必须力求达到办案的法律效果和社会效果的最佳统一。因此，在办理此案的过程中，刘文晶多次接待上访群众，耐心释法说理，倾听群众诉求，对部分情绪激动的被害人进行有效安抚劝导，获得了群众的一致信任，有效地避免了矛盾激化。

案件办理结束后的一天，刘文晶无意中看见徒弟把"立检为公、执法为民"几个字重重地写在了工作笔记的首页上，那一刻他知道，这几个字也已经重重地写在了这个年轻人的心里。

传承初心，是下一程梦想的交递。

每一代检察人都有着属于自己的检察故事。"只有回看走过的路、比较别人的路、远眺前行的路，弄清我们从哪来、往哪去，很多问题才

| 辽检情怀 |

2017年铁西区检察院侦查监督科全体干警

能看得深、把得准",习近平总书记如是说。检察事业发展的四十年,几代检察人共同见证、亲历、推动着,回看他们走过的路,无论风雨、无论荆棘、无论成就、无论变革,一颗初心从未改变。

不忘初心、牢记使命,从检察事业刚刚开始的那一天起,一件件关乎民生的刑事案件成功办理,一个个专业化检察部门不断设立,一次次司法改革向前推进,一代代检察人砥砺前行。立检为公、执法为民,那些师父们留给我们的初心将永驻心间,并不断传承,带着这份对检察事业的初心回首望去,几代检察人那些看似平凡的故事就会愈发闪亮。

作者为沈阳市铁西区院四级检察官助理

# "兰有才"的新检察故事

王媛媛

检察辅助，不如检察官的名号响亮，却是检察官最信任的左膀右臂，正因为有了他们，检察官才能在日常繁杂琐碎的文书材料中剥离出一份清醒，在公诉席上的斗智斗勇才更显从容，在传递正义的间隙更添一丝司法温度。

在沈阳经济技术开发区人民检察院的"检察蓝"中，就有这么一群年轻人，他们分散在各个科室，你很难从忙碌的身影中分辨出来他们，穿着同样的检察服，胸前同样熠熠闪光的检徽，在一线岗位上同样地冲锋陷阵。

"兰有才"，开发区检察院的一枚纯东北硬汉。原名兰滨，"猴儿精"，点子多，两只眼睛骨碌碌一转，妙招就来了；动手能力强，会修各种坏了的物件，同事们坏了的电子产品都送到他这修；越野爱好者，拿过沙漠越野赛奖杯，什么车到他手里都能开，世界上就没有他觉得难的事儿，所以被同事们尊称为"兰有才"。他是检察辅助人员，是开发区检察院这群年轻人中间普普通通的一个人，下面这些文字，是关于他的故事。

"猴精儿"性格的"兰有才"

## 关键时刻，他站了出来

那是2016年的夏天，酷暑难耐，开发区检察院反贪污贿赂局一片忙碌景象。查办某贪污案已经到了决战时刻，随着撒下的网慢慢收紧，各组都在紧锣密鼓地收集、固定证据材料，恨不得一天四十八小时。此时，有一个迫在眉睫的问题,让办案组很棘手。由于要查办的犯罪嫌疑人长期身居要职,对检察院的行动有所警觉,反侦查能力极强,不停变换落脚处,可谓狡兔三窟。眼看就要收网,但办案组还没完全掌握该名犯罪嫌疑人的行踪,需要进行进一步秘密跟踪侦查。为了不走漏风声,行动不能告诉任何人,不能寻求任何人的协助,任务难度极大,危险系数也很高。派谁去担此重任,大家心里都很忐忑。

这时候,兰滨站了出来。

他主动向检察长请战,拍着胸脯保证:"兰有才"一定完成任务。考虑到他头脑灵活,侦查经验丰富,且之前没在犯罪嫌疑人面前暴露过身份,就这样,兰滨临危受命,承担起蹲守犯罪嫌疑人的任务。为了找到犯罪嫌疑人的藏身之地,兰滨用了很多方法:往门缝里塞纸条,第二天再来看门被开过没有;往犯罪嫌疑人的车轮下塞砖头,第二天来看车是否移动;最后,兰滨发挥巧匠精神,自制 GPS 粘在嫌疑人的车上,终于从车辆的运行轨迹发现了犯罪嫌疑人的落脚处。为了固定证据,兰滨奉命在落脚处蹲守了十五天,身上被蚊子咬得面目全非,吃了十五天的盒饭、方便面,为了少上厕所,喝水仅限于润润嗓子眼儿,睡觉都竖着一只耳朵。正是因为他的坚守,该名犯罪嫌疑人终被顺利地抓捕归案,为收网行动画上了圆满的句号。也正是在抓捕过程中,大家才见到了另外一个兰滨,胡子拉碴,两只眼睛放着光,猴儿似的忙进忙出,竟然看不出一丝的疲惫。

天网恢恢疏而不漏,该名腐败分子也最终被法院定罪量刑。该案因数额巨大、证据完备,达到办理一案、整顿一行、震慑一片的效果,受到了上级院的嘉奖。兰滨因此一战成名,得到大家的一致赞扬。

## 转了岗位,他干得咋样

2018年伊始,公益诉讼工作如火如荼地开展起来。而苦于没有案件线索,民行科倍感压力。恰在此时,兰滨调入到民行科,见他成天晃晃悠悠,科里的检察官直摇头:"干反贪行,干公益可能指不上喽"。一天下班,兰滨神神秘秘找到检察官,"昨天下午我钓鱼去了。"检察官一听急了,你昨天不是出去找线索吗,工作时间去钓鱼……谁料,兰滨下一句话更气人:"今天晚上你要不要和我一起去?给你个惊喜!"

说罢，连推带架，将检察官带上了车，开到了沈阳某河边。

沈阳经济技术开发区管内的某河段，不似上游已经修建的带状公园，仅仅只有护河大堤，夕阳西下，倒也不失一派原始的河滩风光。"开钓吧！"兰滨麻利地拿出了钓具，马上进入状态。检察官一脸狐疑，凭着直觉，这事儿有蹊跷，便也不着急，静观其变，看看他葫芦里到底卖的什么药。看着鱼漂浮浮沉沉，河岸景色也尽收眼底。附近的河滩上，有大大小小的砂坑，时值初春，沈阳风大，坑里的砂子被卷起，像一阵沙尘暴，迷得人睁不开眼睛。星星点点的砂坑，在坝内蜿蜒向西，直到看不见的下游，像河流的伤口，正露出狰狞的原色。以前这河不是这样啊！正当检察官感慨时，兰滨低声提醒，"有一辆翻斗子过来了，别往那边看，他们警惕性很高"。检察官立马明白了，原来这就是惊喜了，和兰滨钓鱼，收获不小哇。

开发区检察院召开紧急会议，兰滨将近段时间的"钓鱼成果"做了汇报——某河生态正在遭到严重破坏，作为检察机关，保护公益责无旁贷。由此，保护该河生态专项行动正式拉开了帷幕。经过三个月调查取证，开发区检察院掌握了大量证据——开发区管内该河段早已是禁采河砂区域，盗砂者通常都是利用夜幕作掩护，猖獗地在河道盗挖河砂。由于相关主管行政机关怠于履职，非法无序地开采致使河滩遗留下近百处的砂坑，导致河岸崩塌、水土流失严重，乃至影响行洪安全。截止目前，该院对相关主管行政机关立案32件，发出检察建议书15份，督促其立即整改、修复生态。虽然取得一定成果，但保护生态环境是一个长期的战斗，大家丝毫不敢懈怠，为了不引人注目，兰滨将自己的私家车"充了公"，晚上的巡查已经成为固定科目，与不法分子的斗智斗勇仍在继续……

## 单枪匹马，他以一抵七

在保护某河生态专项行动中，本着发现问题、解决问题的思路，开发区检察院一方面明查主管行政机关，另一方面暗访案发现场，希望能找到生态破坏的源头，将不法分子绳之于法。盗挖河砂一般都在晚上，对河道的巡查自然也是晚上。

经过数日巡查，不法分子似乎知道危险逼近，近日来该河一片宁静。

辽检情怀

　　五月初的一天晚上10点，兰滨开车，和民行科干警巡查到下游，忽然看到前面有晃动的灯光。他们立即驱车赶往灯光地点，越走近灯光越多，散落在河滩上，有轰隆隆的翻斗车声音！他们来不及多想，一边打电话报警，一边朝河滩开过去。通过微弱的灯光，他们看到盗砂者在河滩直接采砂，有铲车、翻斗车，正有序地装砂运砂。河滩已经被挖出一个巨大的砂坑，并从中垫出来一条通道，运砂车辆利用这条通道进出。经仔细观察，砂坑左边是河面，右边是农民已经翻种的土地，堵住通道就能将车都堵住！眼看着运砂车辆一辆辆往外出，警察还未赶到，怎么办？来不及反应，兰滨大喊，大家坐稳啦，咱们不能让他们给跑咯！一个急转弯，兰滨开车直奔通道口，堵在了正准备驶出通道口的一辆翻斗车前，将翻斗车逼停。

　　两辆车相距不过几十厘米！

　　陌生车辆的出现立即引起了对方的警觉，一辆铲车向河对岸辽阳市方向逃窜，翻斗车都熄了火，车灯关闭。刚才还喧闹的作案现场顿时一片漆黑，继而陷入可怕的寂静，双方进入僵持阶段。

　　此时，车里一片静默。大家的心都提到了嗓子眼儿，全神贯注紧盯着前方的不法车辆。大家知道，此刻不能退缩，即便不法分子逃走，只要车在，就能顺藤摸瓜找出车主。

　　僵持了10分钟，对方所有车辆忽然全部启动，一辆铲车未走砂坑的通道，直接从砂坑底部缓慢爬出，向农田方向逃去，追不追呢？不能追，这是调虎离山之计啊，要是去追铲车，翻斗车就会从通道全部逃走。干警立即打电话给赶来的民警，让民警去追捕，而他们继续在通道堵截。不法分子眼看计谋被拆穿，只能弃车而逃。此次行动，民行科干警单枪匹马堵截不法车辆7台，兰滨再一次展现超强动手能力，在没有车钥匙的情况下，将7台不法车辆全部启动，交由相关执法部门处理。

　　兰滨在危急时刻果断出击，以一抵七，极大地震慑了不法分

兰滨每天在忙碌中度过

子，传递了检察机关保护生态环境的坚定决心。虽然事后，领导肯定了行动成果，却对兰滨的"勇敢"行为提出了严厉批评。但兰滨仍然高兴，他不是不害怕，但他不得不勇敢，保护公益需要撸起袖子加油干。另外，"兰有才"不是白叫的。

这就是兰滨的新检察故事，与所有检察官一样，既有惊心动魄，也有平凡琐事，既有同舟共济，也有英雄孤胆。

在司法改革的大背景下，两"反"转隶，检察机关面临新的任务和挑战。在这样一个"新检察时代"，加入了像兰滨这样一群可爱的年轻人，坚守在各个检察岗位，他们更多的是默默无闻的付出，同立国徽下，同为检察人，同一个法治梦，英雄不问出处，功德自在人心，只要将人民放在心中，他就是最值得尊敬的人！


作者为沈阳经济技术开发区人民检察院一级检察官

# 汇爱成海
# 朝阳团体与青春共同成长

刘 俏

## 应运而生、应爱而行

"我没觉得这是犯罪，我觉得也没那么严重。"

"不上学了，每天在网吧玩，没想过承担什么后果，就一时高兴了。"

2013年，几个少年在网吧，轮奸了一个同为未成年的女孩，这起案件在平静的小城——辽中引起了很大的社会舆论。作为一位女儿的父亲，时任辽中县人民检察院副检察长的黄有卓心情沉重，无法想象被害女孩所承受的种种痛苦，同时以父亲的立场，看着犯罪嫌疑人一张张稚气未脱的脸，既震惊于他们对法律的无知、对规矩的无畏，又对他们的未来感觉到深深的担忧。案情并不复杂，最终几个孩子被判处了一到两年不等的有期徒刑。

结案后很长时间内，承办案件的检察官们都沉浸在一种低落的情绪里，出现这样的事件，到底是谁的责任？误入歧途的几个孩子，有的是家长外出打工无暇照顾管教，有的是家庭情况特殊无人提供更好的教育，学校老师时间有限、精力有限。受到法律惩罚的孩子，出狱后如果没有一技之长，是不是会很难生活下去？会不会一次又一次犯错？难以言状的焦虑和担心成了一个挥之不去的心事。

不久以后，沈阳市人民检察院成立了未成年人刑事检察科，看到文件的那一刻，黄有卓立即想到了那起震惊小城的恶性案件，终于到了可以做点什么的时候了。

从检察院到县机构编制办公室，直行左转直行，十四个红绿灯，为

了给未检科室争取编制，院领导数不清跑了多少次。一个空办公室，搬来几张桌子，一个"80初"的孩儿妈，两个"80末"的"大儿童"，辽中未检就这样成立了。

轻罚不轻纵

轻罚不轻纵

2014年年末，一本聚众斗殴卷被送到了时任公诉科干警苏兰兰的办公桌上，十几个十六七岁的少年，因为一点琐事"约架"，开着家里大人的车，带着砍刀、扎枪，抢着皮带、板砖，"声势浩大"地"大打出手"，第二天就相继在公安"报到"了。十七岁的李义（化名）就是那个抢着砖头上去打人的。未检成立后，这本卷跟随着苏兰兰检察官，来到了这个全新的部门。

看守所里，苏兰兰检察官见到了李义的母亲，李义的母亲说，孩子在他眼中老实内向，平时在家还能为父母做些力所能及的家务活儿，自己和孩子的父亲平时务农，还要照顾李义的弟弟，"不太会说漂亮话教育孩子，但是肯定是要求他老实做人的"，说到打架，李义的母亲红了眼眶，"孩子做得确实不对，该打该罚，可是以后可怎么办呢"。天下的母爱都是相通的，同样为人母，苏兰兰检察官深深知道，现在的每一个决定，都事关着一个孩子今后几十年的人生轨迹，虽然这起"约架"事件声势浩大，但其实并没有造成十分严重的人身伤害后果，李义认罪态度很好，父母也愿意更加严格地管教，什么样的处理结果，既能保证法律的公平正义，又能让他认识到自己的错误，促进他选择正确的人生方向呢？

"（家庭）经济比较困难，家里两个男孩压力太大了，父母肯定顾不过来。"

"平时挺老实的，这个假期没回来，听说是要在县内打工，找个工作挣点钱呢。"

"在学校比较内向，朋友不多，跟一起犯事那个孩子从小就认识，关系好。"

为了能更准确、全面地了解李义的成长环境，那段时间未检的三个人不辞辛劳地走访了李义的农村老家、外地学校,询问了邻居、老师、同学,大家都觉得这个孩子"还不错",在李义写给检察官的信中,李义也连续写了很多个"我错了"。

2015年4月,辽中县人民检察院对李义做出了附条件不起诉的决定。虽然已经有了心理准备,但是正式宣布的一瞬间,李义含着眼泪喊了一句"妈妈",让在场的人都很动容。

从轻处理,并不等于纵容错误,如果没有后续的矫治和教育,则谈不上未检拯救迷途少年、预防未成年人犯罪的社会职责和担当。在未检的联系和要求下,李义在一年的时间内,多次来到敬老院从事义务劳动,并要定期汇报思想动态,一页页的思想汇报,一次比一次更加工整。2015年12月,李义写道"我要做一个真正的有良心的人,要对得起母亲和父亲的养育,要对得起国家,要让自己不能白活一生……"

2016年4月,李义在辽中县人民检察院的一个新屋子里,递交了最后一次思想汇报。近一年的相处,李义已经和未检的几位"大哥哥、大姐姐"十分熟识,分别时刻,谈起当时的行为,李义十分难为情,未检的干警们为了缓和气氛,故作语重心长地说:"以后再也不会见面了是不是?"

### 未检新"装备"

李义见到的新屋子,是未检的又一个成长"节点",浅蓝色的墙壁,翠绿的盆栽,舒缓的音乐,舒适的座椅,弱化了司法机关严肃的氛围,取而代之的是类似家庭的温馨亲切感。原来,在办案过程中,未检干警们觉得很多未成年犯罪嫌疑人对询问比较抵触,而受到侵害的未成年被害人则表现得更为紧张,那么能不能提供一个更加舒适的环境,让这些问题孩子或者"遇到问题"的孩子能更

能"读心"的沙盘

加容易地敞开心扉呢？经过几个月的筹备，2016年4月，辽中区人民检察院未检科就已经建设了专门的讯问场所——未成年人谈话室，2017年1月3日，又对谈话室的功能进行了扩展，正式启用集办案、保护、预防、帮教、宣传于一体的辽中区检察院未检多功能厅。"这个心理沙盘，可以让当事人放松心态，通过对沙盘的解读，让办案检察官更好地了解当事人的心理状态，为此我们几个都去学了心理学，也算是个心理咨询师了。"

"这个地方叫法律的红线，迈过红线，就进到了这个窗户特别窄小，还安上铁栏杆的区域，站在这里就象征着犯罪之后失去自由的生活，以此来警示未成年人守法遵纪。"未检干警曹双明介绍起这个多功能室，脸上充满了自豪与骄傲。这里的一字一画、一桌一椅都是未检干警自己设计、挑选的。

走进多功能厅，首先映入眼帘的就是一字排开的十几块展板，有真实案例的解析，有相关法律的讲解，沿着墙壁走过去，是影音播放器，循环播放着法治微电影、动漫，再向前走则是"牢狱"体验区，三个板块用不同年龄段

会"更新"的法治教育基地

的视角和表达方式，力求通过有针对性的法治教育方式，取得最大化的教育成果。调解听证区，是由特制的可移动桌椅形成的，在开放日，可以调整成一张张独立的书桌给孩子们听课；在听证会时，可以合成一圈大家围坐，涉案的各方面对面交流，办案的检察官平等听取各方意见，很多误会和疑惑，就在这种近距离交流下自然而然地解开了。调解听证区旨在消除距离，主打亲切牌，心理疏导区则显得现代感十足，十分专业。在心理测试区，未检干警们通过引进国内主流心理评估测试软件，配合心理沙盘、谈话，力图对未成年人的心理因素水平有准确的了解，为办

案检察官们掌握案件、制定个性化的帮教方案提供科学参考。

通过对未检案件的梳理，干警们发现相较于全区两所全日制高中，职业教育高中的学生犯罪率明显较高。一起多人抢劫案中，犯罪嫌疑人全部是职高的学生，"一天抓走了好几个"，职高老师也对这些"青春勃发"的学生们很头疼。如果能更好地发挥未检的预防犯罪功能，将犯罪消灭在未发生的状态里呢？为了使法治宣传和法治实践完美结合，未检同区教育局达成合作，在辽中区职业教育高中北校区建立起辽中地区第一个青少年法治教育基地，开始了"轰轰烈烈""连绵不绝""全面覆盖"的法治宣传。什么是犯罪？犯罪了要受到什么惩罚？这是许多误入歧途的孩子最欠缺了解的两个知识点。建立法治教育基地后，配合定期开展法律讲座，通过一节节生动活泼的法治课降低了该学校的学生犯罪率。令未检干警特别欣慰的是自基地建立以来没有再发生一起该校学生犯罪的事件。

随着网络的飞速发展，法治教育基地的内容也悄悄发生了变化。"网络诈骗""发布虚假信息"利用网络涉毒、贩毒……近年来网络犯罪呈现出数量多、种类多、年轻化的特点，预防犯罪这一块，我们也要讲究与时俱进，跟得上潮流，好在我们跟他们代沟不大。"

"守护明天，我们应运而生。方兴未艾，我们大有可为。未检盾牌，我们捍卫青春。使命光荣，我们锐不可当。"辽中未检，一个充满活力的朝阳团体，在探索中发展，汇爱成海，与青春一路同行。2018年3月，在一次未检经验介绍会上，主管未检工作的副检察长黄有卓深情地说："我是辽中的孩子，我要守护辽中的孩子，多年前办理的那个案子一直深深地烙在我心中。未检成立以后，在未成年人犯罪预防上确实取得了很大成效，但是还远远不够，捍卫司法与护航花朵，永远都还在路上。"

作者为沈阳市辽中区人民检察院五级书记员

# 我检察事业的生命坐标

汤英伟

"我叫汤英伟，今年 48 岁，在于洪区人民检察院工作。"在最近一次自我介绍中我如是说。很显然，检察工作在不知不觉中，已和姓名、年纪同等重要。逆向回溯我生命的坐标轴，突然想起 15 岁时，我是这样介绍自己的："我叫汤英伟，今年 15 岁，我希望成为一名人民检察官。"

## 第一次与检察工作结缘

那年我 15 岁，初中毕业，放弃念高中、考大学，毅然决定考入当时的沈阳政法学校。也许因为那个学校的校服好看，是绿色的军装。在一个小女孩的眼里，成为一名女军人、女警察是至高的荣耀。所以，毕业实习时，我选择了检察院。那时的检察服和军装很像，绿色衣裤、大檐帽、红肩章，穿在身上英姿飒爽，在那个年代绝对是最靓丽的风景。

1990 年毕业，本以为可以留在检察院，但当时出台了新政策，只有大专以上学历才可以分配，顿时一盆冷水浇在头上。有后悔也有失落，后悔当时没有安心考大学，失落不能成为女检察官。含泪告别我的老师，在学校分配下去的法律事务所工作。本以为就此无缘检察工作的我，在 1994 年迎来了一个春天。那时国家改革取消大学生分配，检察院和法院全面面向社会招录，虽机遇难求，但可想而知，竞争激烈程度不亚于高考。我们要与大学毕业生一起面对考试，而且当时政策并不完善，男女录取比例为 10∶1，基本上一个单位招一名女生。在报名的时候，我的同学们都选择了法院，只有我选择了检察院，同学问我为什么，我任性地告诉他们："就喜欢检察服，真好看。"心中坚信，努力和选择相比，选择要更难，既然难关已经渡过，那么努力即可。于是，经过刻苦的备考，我终于成为一名人民检察官。

1995年考入检察院，一晃到现在已经23年，检察机关1978年恢复建院，1994年开始增加人员，可以说，我们这个年纪的人，是伴随着检察机关的壮大而成长起来的。说到成长，首先想到的不是取得的可人成绩，而是怎样一步步"撞墙"、磨炼自己的经历，如何从一名喜欢检察服的小女孩成长为一名合格检察干警的点点滴滴。

## 第一次走进看守所

20多年前我第一次去看守所，虽说时间久远，但现在想起来仍记忆犹新。那时穿着最喜欢的检察服，坐在办案人开的挎斗摩托车斗里，抱着一堆案卷，满脸抑制不住兴奋。可是到了地方，眼前的场景与所想的大相径庭。看守所位于郊区，途经一大片露天垃圾堆放场，风吹起垃圾四处乱飞，酸臭肮脏的味道十分刺鼻。进入看守所以后，养猪场的味道更是臭不可闻。此外，提审室也很简陋，一上午，办案人提审了四名被告人。作为书记员的我，快速地进行记录。中午结束时，感觉头晕眼花恶心，导致那天中午和晚上都没有吃饭。第一次认识到检察官的工作并不像检察服那么亮丽光鲜，原来每一个风光的背后都有着不为人知的辛酸，我收起了小女孩的"矫情"，很快地适应了这里，并融入了这里。

## 第一次提审时铩羽而归

作为一名检察新人，大部分时间用于从事内勤工作。即使任命为助检员以后也很少办案，一般也只办理一些简单的盗窃案件，故而觉得办案很容易。有一次，一名办案检察官要开庭，让我替他去提审一名强奸案件犯罪嫌疑人，我十分"轻敌"，没有做任何准备就拎着案卷前往。当我核实了犯罪嫌疑人身份，告知完诉讼权利，让其交代犯罪事实的时候，那名犯罪嫌疑人大大咧咧地坐在那里毫无规矩，嘻皮笑脸地说："检察官我是冤枉的，我喝完酒往家走，走到村头柴垛那里，那女的冲出来把我推倒了，我喝多了不知道，不是我强奸她，是她强奸我。"听着他油腔滑调的狡辩，我当时气得真想把案卷拍到他脸上，我强压怒火，继续讯问，可是他始终不认罪，最后我只好抱着案卷垂头丧气地回到单位。当主办检察官看到我记了一半的讯问记录时，眉头紧皱，神情严肃。我

汤英伟参加法治宣传

内心忐忑不安，就像一名学生交了一份不合格的考卷，第一次强烈感觉到要想成为一名合格的检察官我还差得很多。从此以后，无论办什么样的案件，我都会做充足的功课，从不打无准备之战。

## 第一次体会热泪盈眶

随着时间的磨练与洗礼，在领导与同事的帮助下，我逐渐成长、成熟。从当初对检察服的执着已改变为对检察工作的执着，政治觉悟、业务能力都有了质的飞跃。提审不会被"卡"住，出庭支持公诉也不会紧张到不敢抬头。作为一名公诉人，每天用法律维护着公平正义，内心充满着自豪与使命感，锻炼得坚强又自信，然而，不管多么坚强的心也会被触动。

没有想过一件很普通的案件，竟导致办案多年的我在庭审中热泪盈眶。那是一起交通肇事逃逸案件，犯罪嫌疑人及其辩护人对肇事逃逸的行为拒不承认，百般狡辩，并再三强调已对被害人亲属进行了经济补偿，如果觉得赔偿不够还可追加补偿，要求从轻处理，态度很是嚣张。作为一名公诉人，我想到的只是从事实和法律上进行答辩，但是在被害人的女儿征得法庭同意发言的时候，彻底触动了我的内心。有一句话我铭记至今："你的逃逸所为，致使我的父亲失去了抢救的机会，你再多的补偿也不能补偿我孝顺老父亲的机会。不论法律如何判处，我的老父亲都不能再回到我们身边。"她的发言结束，坐在公诉席上的我不可抑制地热泪盈眶，犯罪嫌疑人低下了后悔的头。

检察官心中不仅要有法律，更要有人民，不忘初心，牢记使命，这不仅仅是行为准则，更是有感而发。

## 第一次体会眼前一黑

检察机关工作性质与公安机关接近,半军事化管理的工作强度很高,我一直认为自己挺"扛造"的。虽然我是一名女同志,但晕倒、弱不禁风这类词语与我毫无关系,我属于身强体壮那一类别。

2003年严打,大量案件堆砌在我们每名办案人面前,连续一个多月的时间都要加班工作。那时候,我刚刚任职公诉科副科长,工作十分积极热情,即使周末也到单位加班。那天和往常一样,和同志一起去看守所提审,除了中午吃饭歇了一会,一直在提审室提审,一天提审了八名犯罪嫌疑人。到五点钟从提审室出来,走到地下通道下楼梯时,忽然眼前一黑,晃了几晃向楼梯下径直栽倒,幸好被前面同志挡住。

连轴转的工作确实让我吃不消了,经过及时调整后,我很快又投入到工作中。

严打结束,我被评为市严打先进个人,这是我参加检察工作以来第一次获得市级的荣誉,内心无比激动的同时,也深刻感到自己还需继续努力。

## 第一次当检察官妈妈

我是一个妈妈,有个乖巧可爱的女儿,甜蜜幸福。一直觉得每对母子的关系都会如此,可是在办理一起未成年人抢劫案件时,我体会到了另一种情感关系的存在。

犯罪嫌疑人是一名未成年的朝鲜族学生,单亲家庭,和妈妈一起生活。为了维持生计,母亲要忙于工作,母子二人每天见面的时间少之又少,所以对于儿子伙同其他同学抢劫学生钱物的事情一无所知。

在我对这个母亲询问时,她首先慌乱地恳求我们不要处分她的儿子,然后哭诉孩子的父亲如何冷酷地抛弃他们,他们母子如何艰难地生活。这时,一直站在旁边没说话的儿子用生硬的朝鲜话制止她说下去。我们虽听不懂,但从语气中能听出心中的怨恨与愤怒,看着小少年冷冷的表情与紧抿的双唇,霎时感受到他内心被迫的坚硬与对生活的无助彷徨。此时,我决定放下检察官的身份,以一名母亲的身份与他谈话。谈话进行了一上午,其实所谓的谈话,大部分都是我在说,教他如何与母亲相处,如何与老师同学相处，如何遵纪守法。孩子始终一言不发，但从他眼中慢慢蓄积的泪水，我知道，他听进去了。后来当着小少年的面，我和他的母亲说："你的儿子很优秀，虽然他年纪还小，但已经学会了坚强、自立、担当。你作为母亲要多关爱他，与他沟通，毕竟他还没有成年，虽然他今天因为不懂法违反法律了，但不影响日后他成长为一名优秀的人。"在他们母子二人离开的时候，我拍拍小少年的肩膀，开玩笑说："别嫌我唠叨，你们这些半大孩子就得每天被唠叨才有出息"，小少年第一次露出了笑容，充溢着羞愧与感激。

成为检察官妈妈的汤英伟

2006年，因工作调动，我到了政治处工作，告别公诉席那一刻，内心五味杂陈，虽然相比较工作压力减轻了，但内心有一丝丝的失落，不舍为之奋斗过的青春，不舍一同战斗的战友。离开公诉岗位已有十余年，我对公诉工作的情怀至今未改，虽不能重新回公诉席，但阻止不了我对公诉人的钦佩。从检二十余年，我对检察工作的热爱始终如一，我见证了检察的成长，检察也伴随了我全部的青春。

作者为沈阳市于洪区人民检察院政治处副主任

# 检察之火永不熄灭

郭晓彤

梵高曾说:"每个人的心中都有一团火,但路过的人只看得到烟。"我们身边就有这样一群人,他们如同火一样,默默地燃烧着自己,炽热地烧尽世间的污浊和罪恶,却又如阳春般以法律之名暖入人心。

他们是刑事案件高精度的扫描仪器;

他们是防范冤假错案的一线"把关人";

他们是渡尽沉沦在罪恶孽海中犯罪者的摆渡人;

他们,就是奋斗在司法工作前沿坚守正义的检察人。

## 不忘为民初心,牢记正义使命

习近平总书记说过,"我们要依法公正对待人民群众的诉求,努力让人民群众在每一个司法案件中都能感受到公平正义"。作为一名侦查监督科的人民检察官,提高办案能力水平的最终目的是服务于人民。

在我院办理的一起以虚假营销手段诈骗老年人钱财的案件中,公安机关以经济纠纷为由,不予立案,老人们对此十分不满,聚集至检察院要求为他们讨回公道。几名被害人年龄均在60岁以上,最大为85岁,经济上、心理上承受能力较弱,矛盾一旦处理不当,极易引发舆论焦点和群体事件。老人控告王某用几家公司的名义,以出售保健品为手段诈骗钱财,事实上王某确实多次向他们提供保健品,案情呈现似刑似民的特点。

侦查初期证据稀缺,是本案的难点。被控告人是否有资质、公司是否注册、销售行为是否存在欺诈、产品是否虚构,在侦查阶段均存在疑点,但这也成为办案人办理案件的突破点。

为了获取第一手证据，办案检察官亲自逐一走访被害老人，每个被害人损失的钱不一样，大量书证中还存在之前的收条作废、之后的收条重新再写的情况。检察官在紧迫的办案期限内认真核对每一张收条，查证每一笔收取费用的去向。为了确定犯罪嫌疑人是否存在故意诈骗，又多次和公安机关研究沟通，督促其尽快调查涉案公司的情况，查证犯罪嫌疑人是否具有销售保健品的代理权。在"零口供"的情况下，用一个个确实的书证成功地反驳了王某的谎言。最终王某因犯诈骗罪被判处了刑罚，被害人的合法权益得到保障。

侦监科办案人对众多流水单据等证据逐一核对

"哪怕钱不回来，只要坏人抓进去了，我们就感受到了公平和正义。"被害老人纷纷表示感谢。无论从法律效果上，还是社会效果上，这件案子都画上了圆满的句号。

这一刻展现出来的不仅仅是检察官敏锐的法律智慧、知难而进的担当，更多的是坚持那份人民检察为人民的初心。于细微之处见"初心"。没有日复一日的认真努力，就没有突破疑难案件的能力；没有精益求精的要求，就不能突破自己一次次把案子办好。因为心中有百姓，我们关心每一个案件的结果，而老百姓也正是从一个个案件中深切感受检察工作维护公平正义的重要性。

### 回应社会关切，为未成年人保驾护航

未成年人，梦一般的岁月，诗一般的年华。他们是社会的希望，是国家的未来。在这个敏感的年纪，当喧嚣与浮躁侵袭时，当拜金之风吹来时，当对理想与现实的矛盾困顿不解时，当冲动和愤懑不得排解时，一些未成年人很容易因为一时冲动，触碰到了法律的红线，造成追悔莫及的后果。正是因为这样，他们更需要我们的关爱与帮助，我院未成年

## 辽检情怀

人检察工作室的检察官们用不怕艰难险阻的韧劲和对祖国未来的关爱之心,力求为未成年人的成长带来更多的帮助和保障。

新民市高中一年级学生张某与该校二年级学生李某为泄私愤,纠集十多人在校园内,约定时间地点,使用匕首、板凳条、铁管等物品进行斗殴,造成一人死亡、一人重伤的严重后果。该案件移送到新民市检察院后,未检室的检察官对此高度重视,由于犯罪人员均系未成年人,如何既能让犯罪的未成年人感受到法律的严肃,又能通过司法温情让其认识到自己的犯罪根源所在,依法妥善处理案件是办案人所考虑的重点。在紧迫的办案期限和社会舆论等多重压力下,为使正值学校期末考试之际的众多未成年犯适用变更羁押期限的条件,新民市检察院未检室的办案人在冬日天微亮之时便早早奔波于相距很远的多个村落之间。涉案的被害人人数众多且一些居住地相距较远,甚至一部分居住在交通不便的村落里。办案人仍不顾艰苦严寒的条件,为被害人与犯罪嫌疑人及其家属达成调解协议而努力着。在处理该起案件中,办案人不仅仅考虑到受害群体的利益,也考虑了未成年犯的权利,将二者同时纳入办案思路中。

在办案人亲自深入群众的调解和努力下,最后该案的涉案人员1人被定为故意伤害罪并被判处有期徒刑七年,其余涉案16人被定为聚众斗殴罪被判处有期徒刑,但均被判为缓期执行。在这起案件中,办案人尽自己最大的努力教育、感化和挽救了失足少年,并主动告知未成年犯适用的法律犯罪记录消除及封存制度,消除未成年犯自身对曾犯罪的恐惧和自卑心理。同时对其回归社会的风险进行评估,包括受害人的和解情况、自身的生活环境、家庭监护情况、教育工作状态、社会接受度等,从而全面促进未成年犯改过自新,健康成长,走向新生。

对于未成年人犯罪,司法实践已经证明,仅靠

巡讲小组走进校园普法

刑事制裁和行政处罚的措施远远不够，因此综合社会各界力量多层面地采取措施是做好未成年犯罪预防工作的关键。对此，2017年新民市检察院成立了巡讲小组，并与电视台合作开展《关爱未成年人成长》的普法栏目。巡讲小组汇集了新民市检察院的精英，旨在消除校园暴力、校园欺凌等，专门负责新民地区"法治进校园"普法工作，我院未检室及侦查监督科等干警以案说法进行巡讲，用身边的案例教育孩子们知法、懂法、守法，并向群众宣传法律。现巡讲小组已巡讲十四所学校及社区，受教育学生及群众一万余人，力求向社会各界汇报未成年人刑事检察在"防治校园欺凌，护航未成年人成长"中的作用，做好未成年人的司法保护工作。

## 爱心没有距离，法律也温情

法律，不只是冰冷地界定罪与非罪，更承载着立法的情感和人性的温暖。"在押人员更需要关心，多给他们一些温暖，让他们感受到法律的温情，避免再次坠入犯罪的深渊。"我院刑事执行检察部门的驻所检察官将这种信念切实深入到工作中去，怎样把羁押必要性审查工作真正落到实处？怎样将在押人员的合法权益落到实处？为此，驻所检察官时常与在押人员"谈心"，时刻掌握在押人员心理变化情况，有针对性地进行疏导和解决他们关押期间的系列问题，促使被监管人员悔过自新。

在押人员张某因非法拘禁罪被羁押于看守所，而他的女友已怀孕八个月，孩子即将出生，但由于他们没有办理婚姻登记，所以孩子办不了准生证。得知这个情况后，我院驻所检察官多方联络沟通，最终在我院驻所检察官、看守所和新民市妇联的协同下，张某得以在看守所办理结婚

驻所检察官为在押人员协商监区办结婚登记

登记，解决了孩子无法办理准生证的难题。在押人员张某对此十分感激，积极接受改造，一个新生命的降临和法律的温情让他悔过自新。

在保障法治实行的过程中，一味冷峻、一味严苛有时并不能达到想

要的效果。德国刑法学家冯·李斯特曾说："刑法是善良人的大宪章，也是犯罪人的大宪章。"法律的正确适用，就是要保障每个人应有的权利。即便是罪犯，也有罪犯的权利。在法律适用的过程中，检察人，不是冰冷的法律机器，他们有温度，法律就有温度；他们有深情，法律就有深情；他们有正义之心，法律就有正义灵魂。在维护公平正义的同时，做有温度的司法者，也是每一名检察人应有的追求。

一个案件就是一个故事，凝结了每名检察人的智慧、辛勤与汗水。每一名检察人在他看似平凡的工作岗位上，真正地践行着"严着此心以清罪恶，须如一团烈火，遇物即烧；宽着此心以渡迷者，须如一片阳春，无人不暖"的信念。我们检察人始终将此信仰之火种于心中，也正因如此，检察之火永不熄灭，代代燃烧。

作者为沈阳新民市人民检察院五级书记员

# 大连市人民检察院篇

## 开篇语

如果说司法历程是一幅长画,检察机关就是画卷中浓墨重彩的一笔;如果说法治社会是一篇乐章,检察人就是奏响法律监督的最强音;如果说打击罪恶是没有硝烟的战场,检察事业就是指向违法犯罪的利剑。

几十年栉风沐雨,大连的检察事业从重获和平的土地上一步步走来。1946年1月,伴随着抗日战争的伟大胜利,大连地方法院检察庭作为东北地区第一个人民检察机构在大连诞生。合抱之木,生于毫末;九层之台,起于垒土;千里之行,始于足下。70多年来,伴随着中国社会和中国法治的发展,大连检察事业走

大连市人民检察院办公楼全景

过了艰难曲折却又辉煌的历程。

1978年,检察机关恢复重建。40年来,大连检察机关历经风雨、艰难探索、薪火相传,与大连同呼吸,与共和国共成长,走过了不平凡的岁月,检察队伍不断壮大、检察职能不断完善、检务保障不断提升。目前,大连市人民检察院下辖14个基层检察院、23个内设机构、2个事业单位,共有检察干警905人,其中员额检察官363人,本科学历682人,硕士研究生学历219人,博士研究生学历4人。

党的十八大以来,大连市检察机关在大连市委和上级检察院的正确领导下,认真贯彻党的各项方针政策,深入学习党的十九大精神,坚持以习近平新时代中国特色社会主义思想为指引,依法全面履行法律监督职责,扎实稳妥推进司法体制改革,持续系统强化过硬队伍建设,组织开展了丰富多彩的主题实践活动,弘扬"忠诚履职、秉持正义、敢于担当、恪守清廉"的大连检察精神,为大连加快"两先区"建设、率先实现振兴发展作出了积极贡献。

在本次"辽宁检察好故事"的征集中,我们全面发动两级院检察干警讲故事,积极动员文学爱好者搞创作,通过作品的征集和采写,进一步强化检察干警职业精神的培育,持续推进人员素质能力建设,引导全市检察干警铸就良好品格、汲取榜样力量。

《辽宁检察好故事——大连篇》收集汇总了大连市检察机关恢复重建以来,涌现出的全国模范检察官郭有利、全国优秀公诉人周一凡、全国优秀公诉人钟晓宇、全国先进基层检察院城郊院和庄河院等一批先进典型。经过数度筛选,以院为单位,精选其一汇编成册,集中展示了大连检察机关队伍建设和检察文化建设成果。

他们中既有恪尽职守,不顾身体带病工作的老检察人,也有打击金融犯罪,查办金额过亿案件的新时代员额检察官。他们来自不同业务部门,有让青少年迷途知返保护未成年人权益的未检检察官,也有让贪官闻风丧胆的反贪干警;有法庭上力辩群雄的公诉人,也有维护百姓绿水青山的正义使者;有服务百姓社会架起沟通桥梁的案管干警,也有默默奉献贡献检察理论支撑的研究人员。

他们的事迹,从不同侧面展示了检察机关恢复重建40年来大连检察人豪迈的斗志、热爱检察工作的情怀和奋发向上的风采,彰显了新时期检察机关"不忘初心，继续前进"的工作主题、全力服务大连经济社会发展的良好精神风貌。

新时代，新使命，新担当。在实现"两个一百年"奋斗目标和中华民族伟大复兴中国梦、全面依法治国的进程中，大连检察机关以更高的境界、更强的本领、更优的作风、更好的状态，开拓进取，锐意创新，忠诚履行党和人民赋予的职责使命，在新时代中国特色社会主义伟大实践中谱写人民检察事业新篇章。

# 四十年辉煌　新时代畅想

**朱震龙**

朋友，今天请让我为您讲述一个海岛检察官的故事。

如果您乘坐飞机，翱翔于祖国黄海北部的上空时，您会发现在大海之上，有星星点点的岛屿，犹如一串珍珠，洒落在万顷碧波之中。这些岛屿共同拥有一个好听的名字——长山群岛。

当您漫步在长山群岛，您会感受到，这里既有山海交融的壮丽画卷，也有渔舟唱晚的柔美诗篇。这里有热情好客的海岛百姓，他们用纯真的笑容，欢迎着每一位来到海岛的客人。您会感受到这里是如此的祥和安宁，远离着尘世的喧嚣，犹如一个悬浮于海洋之中的世外桃源。

但您可能不知道，这里还有一个团结奋进、昂扬向上的集体，他们几十年来一直在为守护这片祥和安宁而默默奉献。这个集体，叫长海县人民检察院。而老百姓们则为在这个集体中辛勤耕耘的检察官们起了一个响亮的名字——海岛检察官！

他们已经守卫了长山群岛几十年，今天我首先要讲的，就是海岛检察官这几十年的光荣历史。

长海县人民检察院最早成立于1955年11月25日，当时仅有一间办公室

长山群岛照片

和三名干警。然而即便如此，当时的海岛检察官们为了解放初期长海县的稳定和发展，依然做出了不可磨灭的贡献。

由于史料的缺失和当事人逐渐离我们远去，老一辈海岛检察官光辉的足迹已渐渐湮没于历史的长河之中，飘散于宇宙之中，化作点点繁星，注视着神州山河，守望着长山群岛——这幅曾经令他们为之奋斗和眷恋的美丽画卷。

1978年4月，长海县人民检察院根据新修订的《中华人民共和国宪法》重新组建，同年8月份，正式开始对外办公。我们的故事到此也正式拉开了大幕。

重新建院时，长海县人民检察院仅有5名干警。当时刚刚重建，机构设置、各项法律法规都尚未完善，长海检察一直在探索中踽踽独行。即便在摸索未来、即便在寻找道路，海岛检察官们从未有退缩和疑虑，而是挺起胸膛，大步前进。

1978年12月，党的十一届三中全会召开，为检察机关注入了新的活力，海岛检察官们也有了新的前进方向和充足动力。

到了1980年2月，长海县人民检察院有了自己的正式机构设置，分别是：一科（刑事检察科）、二科（经济、法纪检察科）和办公室。"一科"和"二科"的称谓充满了浓浓的历史痕迹与年代印记。

那个时候的海岛检察官们，也在改革开放初期长山群岛的法治历程上刻下了深深的时代烙印：

1983年"严打"期间，长海县发生"孙友宝杀人案"，破案后，海岛检察官经审查向法院提起公诉。经公判大会，被告人被判处死刑。海岛检察官在枪决现场临场监督。

1984年1月3日晚，长海县发生重大沉船事故，26人死亡。海岛检察官立刻行动起来，参与调查这起重大事故……

翻阅一本本三十多年前的卷宗，手写的连笔字记录下那个年代的一桩桩具有鲜明的时代特征的案件，文字间满是我们老一辈海岛检察官辛勤的汗水和沥尽的心血。

"那个时候没有现在这么多先进的办公设备，做笔录都是我们一个字一个字地手写。"退休老检察官刘振宝回忆道，"那个时候我在经侦大队，也就是后来的反贪局工作，当时的检察官是可以配枪的。有一次抓捕，我们事前子弹都上了膛，把枪藏在裤兜里，看见犯罪嫌疑人出现就悄悄地摸了上去。他发现我们后还没来得及跑就被我们按住了。"刘振宝说道："后来我才发现，我藏在裤兜里的手枪居然忘了关保险！想想都后怕，这要是走了火一枪打到自己大腿主动脉上后果不堪设想。但只要是能抓住犯罪分子也值了！"刘振宝发出了爽朗的笑声。

三十年前的卷宗照片

1985年6月，辽宁省人民检察院检察长蔡恩光视察长海县人民检察院。这是所能找到的最早的一张全院合影，如今33年过去了，这张照片上的所有人都已离开了检察战线……

时光走入了20世纪90年代，此时重建十二年的长海检察已经由当初重建时的5名干警扩大至22名，内设机构也从两科一室发展到五科一室：批捕检察科、起诉检察科、法纪检察科、经济检察科（侦查队）、控告申诉检察科和办公室。

从1978年到1990年这十二年，是中国改革开放的头十二年，也是神州风貌日新月异、人民生活发生巨变的十二年。长海县人民检察院在这十二年间从无到有、从小到大！长海检察队伍逐步发展壮大的历程，恰是中国法治日益进步、走向完善的缩影。动乱后重生的长海检察经历了十二年的发展，已走向成熟。历经十二年锤炼、站在改革潮头的海岛检察官们，在进入20世纪90年代之后，依然勇往直前，用

辽宁省人民检察院检察长蔡恩光（前排右四）视察长海县人民检察院

自己办成的一件件铁案见证着中国法治的春天：

1992年4月，海洋岛发生17.8万巨大现金盗窃案，审查批捕科的检察官提前介入侦查监督工作。

1996年11月，在检察长亲自指挥下，全院干警齐心奋战，仅用10天时间就破获了一起特大贪污案。

1997年1月，长海县人民检察院侦办了一起犯罪数额达350万元的特大挪用公款案……

"当时从大长山岛去趟海洋岛需要坐五六个小时的慢船。"1992年海洋岛现金盗窃案的主办检察官、现任长海县人民检察院党组副书记、副检察长邹丕军回忆道："那时我还不到三十岁，接到任务后立刻乘船赶赴海洋岛，风大浪急，当时同行的很多同志都经不住在海中连续颠簸几个小时，开始晕船，呕吐不止。"邹丕军回忆起26年前的往事依旧历历在目："虽然条件非常艰苦，但我们都想办法克服了。当时就一心想着赶紧把案子办好。那时候十七、八万块钱不是个小数目，我们就希望赶紧把犯罪分子绳之以法，给党和人民交上一份满意的答卷。"邹丕军目光坚毅："后来犯罪分子得到了应有的惩罚，看着百姓高兴的样子，我就知道我们的辛苦付出收到了最好的回报！"回忆到这里，邹丕军露出了开心的笑容。

十年光阴弹指一瞬。回顾20世纪90年代，海岛经济迅速发展，海岛百姓的生活质量显著提高。而这一切，都离不开他们的默默奉献和辛勤付出。是他们，始终守护在海岛的最前沿，保卫着海岛百姓的幸福安康；是他们，勇挑重担，成为长海法治的开路先锋！

他们的名字，叫海岛检察官！

走过20世纪90年代年代，21世纪悄然来临。在新的世纪，海岛检察官们踏上了新的历史征程。

2001年2月，全国检察机关制服换装，海岛检察官也脱掉了一身"戎装式"的检察服，而换上新款的西服式制服。我们的海岛检察官依依不舍地向"大盖帽"告别。

旧制服照片

辽检情怀

  21世纪的头十年，海岛经济实现了平稳发展，百姓也安居乐业、生活富足。这一切，都离不开海岛检察官的保驾护航！

  这张照片正是海岛检察官和渔民心连心的真实写照，只要老百姓有需要，海岛检察官都会尽心尽力，为老百姓解决法律上的问题。

  2012年，党的十八大召开，海岛检察官又迎来了一个新的时代！

  2012年11月，习近平总书记在参观"复兴之路"展览时，第一次阐释了中国梦的概念。他说："大家都在讨论中国梦，我认为，实现中华民族的伟大复兴，就是中华民族近代以来最伟大的梦想！"习总书记这一深情的阐述给13亿人民指明了方向，我们的海岛检察官也铆足了干劲，为了实现中国梦而贡献自己的力量！

  "十八大以后，反腐败斗争持续深入。"时任反贪局侦查科科长、现任民事行政和控告申诉检察部部长的杨政辉回忆道："我至今还记得我们长海院侦办的第一起正处级领导干部案件。当时正好是夏天，我们的侦查人员冒着38度的高温往返于长海、普兰店和大连市区之间调查取证。取到关键证据后，我们没有休息，立即对犯罪嫌疑人展开突审，经过近24小时的鏖战，最终彻底击溃了犯罪嫌疑人心理防线。等把他送进了看守所，大家才发现自己已经40多个小时没合眼了。"杨政辉说道："当时回来的路上，望着在车里打着盹儿的年轻干警们，我为他们感到骄傲。"说到这里，杨政辉满是感慨："反腐斗争中，我们虽然辛苦，但从未言败！"

  2017年10月18日，中国共产党第十九次全国代表大会在北京拉开帷幕。会议上，习近平总书记首次提出了新时代中国特色社会主义思想。这是一个划时代的宣言，它成为了全党全国人民为实现中华民族伟大复兴而奋斗的行动指南，更是吹响了中华民族扬帆起航、走向复兴的激昂号角！

海岛检察官走访渔家百姓

  秋风猎猎战歌起，号

角声声撼人心!

同样是复兴的号角声,它飞跃山川、跨过河流、漂洋过海,来到了长山群岛。这里的海岛检察官们也听见了号角声。他们也对新时代充满了畅想!

想想我们的海岛检察官,四十年来如一日,始终捍卫着长山群岛,无论条件有多么艰辛,无论情形有多么困苦:有时,由于天气条件恶劣,营运船舶停航,但为了办案的需要,他们依然冒着生命危险搭乘渔民的小舢板赶往案发现场;有时,他们要坐着快艇,顶着七八级的大风,迎着扑面而来的巨浪,前往关键证人的渔船上去调取证言!被海风吹裂的手指,很疼;被海水打湿的棉袄,很冷;但握着那份刚调取的证据,他们的心里,很暖……

由于工作繁忙加上交通不便,他们中的许多人不能常陪在年迈的父母身边,无法护理病危的家人,不能关心马上就要考试的孩子,也不能陪在新婚妻子的身旁。但即使这样,面对艰苦,他们没有丝毫退缩;面对困难,他们并无半点怨言!无数个周末,他们放弃休息,在各海岛间往来穿梭,面对着炽热的阳光和凛冽的海风!无数次提审与出庭,他们沉着冷静,用睿智与狡诈对垒,用正义与邪恶搏杀!只为将那犯罪分子绳之以法,守护海岛那片蔚蓝的天空!

这就是海岛检察官,他们始终秉承着公平正义的信念,在这里戍守了几十年,无怨无悔,从未改变!

如今,复兴的号角响彻黄海之滨,习近平新时代中国特色社会主义政法思想为我们的海岛检察官指明了新的前进方向。

"司法改革后,我成为一名员额检察官。"长海县人民检察院副检察长徐月华说道:"我觉得员额检察官对我来说并不是

检察官们坐快艇调取证言

一份荣誉，而是一份责任、一份担当。无时无刻不在提醒我要把每一个案件办成铁案。"徐月华继续说道，"我来长海院工作26年了，从当初的二科、六科到后来的公诉、控申，既戴过大盖帽也穿过新西装，经历了许许多多的改革与变化，但这次的改革意义和影响都非比寻常，特别是十九大以后检察机关的职能发生了重大调整，这对我们提出了新挑战，同时也是新机遇。如今站在了新起点上，我将继续努力，让海岛百姓在每一个司法案件中都能感受到公平正义。"讲到这里，徐月华眼里满是期待和憧憬。

公诉人在法庭上慷慨陈词

新时代，新起点，新机遇，新挑战！继续砥砺前行吧，我们的海岛检察官！

如今的海岛检察官们，在新时代的指引下，在阵阵的号角声中，他们有了一个畅想，一个新时代的畅想：

他们有一个畅想，他们畅想着长海那八万多老百姓能够共同搭载上中华民族伟大复兴的巨轮踏浪远航！

他们有一个畅想，他们畅想着有一天，能够让长海的老百姓过上夜不闭户、路不拾遗的安定生活！

他们有一个畅想，他们畅想着有一天，能够让公平正义的雨露普降海岛，让复兴的号角声伴随着徐徐清风永远响彻在黄海之滨！

为了他们的畅想，身为海岛检察官，他们愿意奉献一切，身为检察干警，他们愿意付出所有！

这，就是他们的畅想——海岛检察官们新时代的畅想！

作者为辽宁省长海县人民检察院政工科科长

# 一支钢笔的故事

王晓丹

多少次我穿行于旅顺街头
从四十年的奋斗和辉煌中
走过泥泞曲折的道路
走过风雨飘摇的黄昏
走过雾霭沉重的黎明
此刻
我,一支1978年的钢笔
站在新时代的浪潮中
继续书写着自己的故事
与共和国人民检察官们
共成长!

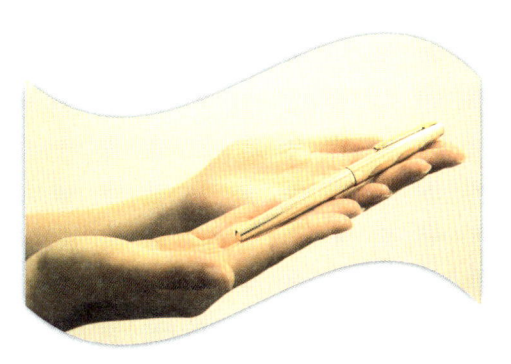

三代检察人共同使用的钢笔

(一)

翻开历史的画卷,1978年是旅顺检察院恢复重建之年,斗转星移,

| 辽检情怀 |

何志敏在审阅案卷材料

四十年过去了，从最初建院的几个人，不断发展壮大为一支铁骨铮铮的检察队伍。在此期间，一代代检察人前赴后继，亲历见证检察事业的发展，成就一段永不褪色的流金岁月。

何志敏同志称得上是一名"老检察"了，他十九岁时参军，临行前，父亲送了他一支恰巧是1978年出厂的英雄牌钢笔，他视若珍宝，别在上衣口袋里，走到哪里都带着。经历军队多年的历练后，为了响应国家号召，支援检察建设，他脱下军装换上检服，来到旅顺检察院。从检二十几年，他一直坚守在办案的第一线，经手案件千余起，笔耕勤学、手不释卷，无一错案发生。我有幸成为他的"关门弟子"，常听他讲述跨越三个年代的检察故事。

旅顺检察院在恢复重建过程中人员陆续增加，何老师说，他刚进检察院的时候，单位里科班出身的还不到百分之二十，检察工作对干警专业化要求越来越高，许多人开始通过自学考试进行专业学习，省里也专门组织一些在职培训、成人函授，他和同事们就是这样一点点从最基础的法律知识开始学习，基本解决了原先在职人员非法学科班出身法律专业理论知识不足的问题。

何老师回忆，当时检察人员的服装还带有军事化色彩，比如标志性的大盖帽，办案条件也比现在落后许多。以前没有电脑没有智能设备，所有案卷、证据等资料的搜集整理记录，基本依靠人工手写完成，耗时费力。重建之初，干警下乡、提审都是骑自行车出行。20世纪80年代中后期，单位先后添置了三轮摩托、吉普、小轿车，改善了交通条件。40年来，旅顺检察院几次迁址，办公环境日臻完善，检察工作也迈上了新台阶。

作为检察人，何老师在本职岗位上孜孜不倦，努力追寻办案的法律效果、社会效果的统一。何老师在任侦查监督科科长后，办理了一起交通肇事案件。犯罪嫌疑人刘某在骑摩托车走山路过弯道时太急将一名男子撞倒，该男子因伤势太重抢救无效死亡，案发时天太黑，夜里又下了一场雪，将案发现场的痕迹全部掩埋，当时的侦查技术手段又有限，公安机关在侦破案件中遇到了难题。何老师经过细致考虑启动了提前介入程序，建议公安机关锁定离案发现场不远的几个村庄，接下来走访了当地群众，重点排查有摩托车的年轻男子。在与老百姓的闲谈中发现该村刘姓男子近日将新入手的摩托车突然卖掉了，该线索引起了何老师与警方的重视，在详细了解嫌疑人基本信息等情况后将其堵在家中。刘某对犯罪事实供认不讳，他知道撞了人是要负责的，但是一想到家里的孩子没人照顾就犹豫了，逃离了案发现场。两个孩子躲在门帘后面带惊恐地看着警察带走自己的父亲。何老师看到这一幕心生担忧，在了解到两个孩子的母亲早年离家，身边无其他亲人的情况后，何老师拜托了当地的村委会一定要悉心照顾。刘某被成功抓捕到案，但是却牵出何老师的一块心病，他时刻都在担心着刘某两个孩子是否穿得暖、吃得饱。转眼农历除夕到了，正是万家团圆之际，何老师嘱咐了爱人多做了些饺子，带上提前买好的孩子新衣，赶到刘某家中。家中的门轻掩着，一进入房间就看到了两个孩子缩在炕的一角抱团取暖，家里冷锅冷灶。何老师见到此情此景心酸不已，轻轻地说了句，"孩子们别怕，今天过年，叔叔来给你们送吃的送衣服来了，你们一定饿坏了吧，快过来，趁热把饺子吃了"，说着打开了包裹得里三层外三层的饺子盒，饺子的香气扑鼻而来，两个孩子真的太饿了，狼吞虎咽吃得很饱。看着没有父母照顾的孩子，何老师心疼得眼睛都湿润了。法理、情理，自古难两全，也许只因我们是检察人，才努力去平衡其中的最佳点，世间才会多一些美好与温暖。在此后的几年间，但凡何老师有空都会去看望孩子们，两个孩子对执法人员的恨意和恐惧也随着何老师真心的关怀消失不见，也盼到了父亲出狱、家人团聚的那一天。

何老师告诉我的这样的故事不只两三件，他用自己的方式去践行检察人的使命！尽管已经退休了，但何老师在回忆起自己办理过的案件时，眼里光彩熠熠，充满了欣慰之情。从中，我们也看到了前辈身上恪尽职守、察微析疑、大爱无私、守护公正的检察精神。从何老师的话语中，我们进一步了解了检察岁月的变迁，明白了老一辈检察人数十年的坚守，也读懂了不忘初心的意义和检察工作的价值。

## （二）

　　回望历史，四十年风雨薪火相传。检察事业不断发展变化走向繁荣，始终不变的是检察人对法律的信仰、对人民的赤诚。那一年，年轻的王朝晖接任了侦查监督科科长之职，这支钢笔作为老科长的信物，交到了新一代检察人手中，他1990年到院工作，至今已有28年，反贪、侦监、公诉业务样样精。在担任侦查监督科科长期间，但凡提前介入的案子，不分白天黑夜，他必然会立马赶到案发现场。尤其是半夜的电话铃声，就能够惊出他一身冷汗。那个年代的办案条件，其艰苦程度都是无法想象的，穿过水鞋、徒过步、骑过自行车，在办案的路上一走就走到今天。在员额制改革之后，身为副检察长的他仍旧坚守在办案第一线，充分发挥院领导、员额检察官身先示范的作用，亲自办案，阅卷、提审、开庭一样不落，甚至加班加点，于无声处话不平凡，他用这支钢笔继续演绎出新的故事。

　　新时期新类型案件层出不穷，对于有着丰富办案经验的王朝晖来说也稍显陌生，但即使是硬骨头也必须得啃下去。去年，一起未经银监会批准私自发放传单非法吸收公众存款的公诉案件放在了他的案头。涉案的被害人就有五六十人，稍有不慎就会

王朝晖副检察长工作照

引发更大规模群体性事件，这个案件不好办，却得抓紧办！若就案办案，直接起诉最简单快速，但老百姓的损失仍在，上访的可能仍在；若花费时间做通嫌疑人工作，赔偿被害人损失，可能案结事了皆大欢喜，但工作量大，工作成效得不到保证。首先，他组建纠纷化解小组，多次走进被害人家安抚情绪，宣传法律，先稳住局势；然后，他反复看卷宗，看证据，确保案件质量过关；最后，制定详细方案，多次和嫌疑人及其家属商谈退赃赔偿事宜，若能赔偿则争取在量刑上做最大的考量。该案在

审查起诉阶段全部退赃赔偿，从根本上息诉罢访。这个案件，办得漂亮！

办案如此，带团队也是如此。司法改革开始后，随着旅顺检察院"捕诉合一"试点工作的开展，刑事检察部的案件数量井喷，全部门进入了长达半年的晚上加班、周末加班的魔鬼式办案节奏。分管刑事检察部的王朝晖在科务会上这么说道："苦，那是肯定的。但越是艰苦的处境，越能检验公诉人的素养。优秀的公诉人，效率和效果，必须兼顾。"在他的带领下，这支充满活力平均年龄只有三十出头的年轻队伍毫无怨言，攻坚克难，打了一个漂亮的团体战，度过了最困难的转折期。

铁骨铮铮，彰显检察本色，无论是在查办案件的不眠之夜，还是在突发事件的危急现场，他们都是以检察人的职业本能挺身而出，闪烁的警灯、厚厚的案卷、庄严的公诉席，都在无声地诉说着他们是人民的检察官！我们的上一代检察人就是这样，他们辛勤工作如杜鹃啼血，无怨无悔。

## （三）

也许是受到这个优秀团队的吸引，刚进院的我特喜欢缠着老检察人听故事。有一次，王朝晖副检察长意味深长地和我说："这支1978年的钢笔送给你，去创造属于你们新生代的故事。"自此，这支老旧的钢笔辗转到了我的手里，它的故事，还在继续。

在办理一起未成年人聚众斗殴案时，发现涉案的22名犯罪嫌疑人均系中专在读的未成年人，讯问时他们并不是我想象中飞扬跋扈的样子，反倒有着孩子们该有的善良和天真，他们年轻的脸庞懊悔凝重，稚嫩的身躯战栗不安。经调查核实原来该案只是孩子们一时冲动造成的，这是典型的青春期叛逆引起的，这些孩子们本可以有光明的未来，不能就这么毁了！他们需要回归校园，需要一个改过自新的机会。

王晓丹在庭审中

几经斟酌，在院领导的支持下，我们决定启动烦琐的相对不起诉程序。在宣布不起诉决定的那一天，他们的父母、老师挤满了整个房间，令人动容的是在宣布完不起诉决定书的那一瞬间，22名未成年嫌疑人不约而同集体向我们鞠了一躬，深深地表达了他们的谢意、悔恨以及改过自新的决心。此后，我们还对他们进行了长达一年的跟踪帮教，有一个孩子说："谢谢检察官没放弃我们，让我有机会重新站起来。以前不懂法又太冲动，以后，我一定做个守法公民！"看着这些孩子重获新生、顺利毕业，我第一次感到检察官肩负的神圣使命——对待案件铁面无私，对待人性却常怀悲悯之心，侠骨不失柔情。

从侦监到公诉再到未检，这支钢笔凝结了三位检察人日日夜夜的奋斗；从青涩到成熟再到言传身教，这支钢笔伴随着三代检察人薪火相传的坚守；从新生到载满荣誉的辉煌，这支钢笔见证了旅顺检察院永不磨灭的初心和精神：只争朝夕，奋勇拼搏，不溯过往，此生无悔。

如今，这支钢笔仍旧在书写着旅检的故事，未完待续……

**作者为大连市旅顺口区人民检察院侦查监督科四级检察官助理**

# 贪官的"克星"郭有利

于文明　刘志慧

四方脸,深邃眼,一双"卧蚕"眉形似两把剑,查案件,斗贪官,斩钉截铁。惩治腐败,正本清源,他就是原庄河市人民检察院反贪局侦查员、全国模范检察官、全国人民满意的公务员郭有利。他从事反贪污贿赂工作十余年,办理各类职务犯罪案件40余件,累计为国家和集体挽回经济损失1000多万元。

## "当兵人出身,自己的一切应当服从使命"

郭有利同志出生在大连市内一个普普通通的工人家庭。"文革"期间,举家迁往庄河市高阳村。他从这里应征入伍,后来在海军某部逐渐成长为一名正营职军事指挥官,或许是庄河农村这片热土充满了它独有的魅力,或许是根植于内心情感的使然,即便全家人落实政策后搬回大连,郭有利同志面临着军转择业的关键时刻,依然将其目标及其位置定在了庄河。他在庄河市检察院公诉科一干就是十个年头。

他常说:"当兵人出身,自己的一切应当服从使命。"1997年,郭有利同志进入反贪局工作。次年7月,当地部分企业由于经营出现问题,濒临破产倒闭,工厂停产,工人放假,大批工人集体上访。庄河市检察院检察长亲自点将,派出了3个调查组分别进驻其中两家企业,展开调查,郭有利同志就是其中的主要成员。他和同志们一块调查取证,梳理案件线索,夜以继日,一丝不苟。有时候,还要耐心细致地接待一帮又一帮的上访工人。"你们痛恨贪官,我们会想办法治理,咱们的目标是一致的。"他能推心置腹,直截了当,呼喊出广大工人心底的声音。当年8月23日下午两点,郭有利同志正在回答上访人提问的时候,突然间，眼前一黑，重重地摔倒在地上，人们急忙打电话叫救护车，把他送到了医院进行抢救。经检查，原来他是因为劳累过度导致心肌供血不足，引起休克。医生们命令他必须住院治疗，但他第二天又照常出现在查办案件的一线上。

人非草木，孰能无情。很多上访群众，亲眼目睹了铮铮铁汉被累垮的一幕，谁能不为之所动？可是又有谁能够了解，他的爱人不仅下岗，而且还患腰间盘突出症多年，常年卧病在床，他对个人家庭中的困难守口如瓶。有一次，组织上让他临时外出调查一个案件的证据，工作上向来不打折扣的郭有利同志，还没能来得及给爱人准备一些必要的食物，就匆匆忙忙出了远门，整整使他的爱人断了两顿饭。他爱人饿急了，好不容易抓到电话，挂通丈夫的手机，方才知道他在外地，根本没办法立马返回。最后郭有利拜托到检察院的同事临时买了一些面包、火腿之类的食品给她送去，对付着爱人的伙食。

2004年农历一月十四日，郭有利在大连居住的父亲因患脑血栓病突然去世。噩耗传来，郭有利悲痛欲绝。弟兄3人，还有姊妹，他比谁都哭得都伤心，因为获知父亲病危消息的时候，他因查办案件时间紧张，曾经3次路过大连市内，均未能忙里偷闲，赶往医院，去看父亲一眼，尽些孝道。所以，留下了终生的遗憾、内疚和自责。

### "若给犯罪分子情面，我就对不住百姓"

庄河市徐岭镇杨树房村村民白某，1997年自掏腰包10多万元买下了一处村级果园，并连续经营6年，收益较好。2003年，国家投资修筑丹大线公路，需要征用事实上已经属于白某的这片果园的土地，决定给予地面上的附属物一次性补偿金150万元，村干部看着眼红，想方设法从中捞取好处。

国家的款项通过财政逐级拨给村里，村干部又要从中扣除所谓管理费15万元，之后更加得寸进尺，又让白某为他们表面上打了收条，说明剩下的钱已经全部领走，而在背地里另外扣下41.5万元钱，害得老百姓打掉了自己的牙，还悄悄地咽到了肚子里。

俗话说得好，"若要人不知，除非己莫为"。这件事情过去1年多，传到了检察官郭有利的耳朵里。作为反贪污贿赂案件的一个重要线索，庄河市检察院反贪局的领导听到了情况汇报以后，责令郭有利同志进行具体调查。还没用上两个月，五个村干部美梦尚未醒来，就换回一副锃亮的手铐，落入了法网。有人说郭有利查办经济犯罪案件，就像一个出了名的外科医生，手到病除。稳、准、狠，"精彩！真精彩！"

庄河市工商局运输车辆管理所所长陈某，在当地社会上可谓是一个比较有头面的人物，"公路上跺跺脚，开车的怕得直哆嗦"。整日里醉生梦死，几乎每顿饭都在酒店里度过，群众举报他有严重的经济犯罪嫌疑。检察院反贪局派郭有利带人进行外围调查，结果初查陈某便露出了马脚。个体大客车需要每年上交管理费5万多元，他有时收了款，连张收据都不开，有的车主担心以后出现麻烦，事情说不清楚。陈某一边打着手势，一边承诺"去，去，有什么事情，找我摆平"。收入不进账，名曰搞伙食。

郭有利抓到了狐狸尾巴，经过检察院领导班子研究，开始立案侦查。2003年7月2日，犯罪嫌疑人陈某被检察机关依法采取强制措施并采取异地关押手段，换了3个场所，他才将犯罪事实一笔一笔交代清楚。历时两个多月，年底由庄河市检察院正式向法院提起公诉，认定其犯罪金额多达150多万元，被判有期徒刑12年。

郭有利和同事在一起提审犯罪嫌疑人

郭有利办案过程中，有人找他求过情，也有人通过他的亲属和朋友，给他送过礼，少则几千，多则上万元。每当遇到这种情况，他都坚持动之以情，晓之以理，婉言谢绝。"情若容了他，法将不容我。钱是好花，正道取之，问心无愧；邪门歪道，得必失之，若给犯罪分子情面，我就对不住百姓，难道你们忍心我犯错误不成？"送礼的听了他的这番肺腑之言，大都深感理解。他是这样劝人，更是这样严格地规范着自己。

### "职位高低都一样，图只图社会稳定百姓安生"

他是一个地地道道老工人的儿子，同时，他也是庄河市人民检察院一个普普通通的检察官。翻开他的笔记，上面写有这样一段话："近年来，从我侦破的案件来看，犯罪人贪污的数额一个比一个多，有的多达数百万元，真让人痛心啊!(身)为反贪人员，如果不查出个水落石出，怎么(能够)对得起组织、对得起百姓呢？"这就是检察官郭有利内心的真实写照。

2003年5月，有群众举报庄河市兰店机械厂厂长高某某涉嫌私设小金库、贪污巨额公款案，引起中共庄河市委、市政府领导高度重视。检察院领导令郭有利办案组重拳出击。但是，初查的情况并不乐观，当时老会计已经辞职，所谓的"小金库"账本和凭证一切全无，工厂里又没一个人敢于公开站出来进行指证。倒是犯罪嫌疑人公开叫号："查我贪污，你们检察院拿出证据啊！"愣是逼着郭有利一帮人只好暂时收兵回营。一连三天三夜，身为重案组组长的检察官郭有利同志寝食难安。他和同志们一起推敲研究一个又一个侦察方案，展开了一次又一次的外围调查，终于使得这起职务犯罪的案件侦破工作出现了可喜的转机。

他从犯罪嫌疑人用"小金库"的钱先是以工厂的名义买了套房子入手，然后又把犯罪嫌疑人在工厂改制评估时故意隐瞒财产并占为己有的事实，作为案件全面侦破的一个突破口，采取了一整套"欲擒故纵"的侦查策略。先报领导批准，以其涉嫌侵吞国有财产为由，先将这位原厂长高某某和辞职的原会计，同时实施抓捕行动，并且故意放出风来，抓捕的理由是为工厂私自设有"小金库"一事，故意打草惊蛇。此计果然奏效，第二天下午，出纳员便主动来到检察院反贪局投案自首，并且一五一十把这工厂多年来的"小金库"的情况交代得一清二楚。同时，还把自己从中分到的20万元赃款，一并交到了反贪局。

郭有利在加班查阅账目

随后，郭有利同志亲自率领他的办案组，不分昼夜，马不停蹄，先后花费了两个多月的时间，几乎是跑遍了大半个中国，奇迹般将这工厂已经焚烧了的账本一一复原了。人证、书证都与犯罪嫌疑人的供述相互吻合。总计确定该厂3名犯罪嫌疑人，利用职务之便，一共侵占、贪污公款多达606万元。

采访已接近尾声，我们很想直击他的灵魂深处，寻问他拼命工作的动力来源是什么。面对这个问题，郭有利的表情十分淡然，说出了这样一段话，"当兵的时候，为的是保家卫国。当检察官的时候，我只想一门心思干好本职工作，不图当官，不图名利。"这就是郭有利，一个普通的检察官，以自己的满腔热血书写着一名检察官对检察事业的无限忠诚。

于文明为大连庄河市人民检察院退休干部
刘志慧为大连庄河市人民检察院办公室科员

# 坚守公诉"生命线"的女检察官

**大连市人民检察院宣传处**

利落的短发,亲切的笑容,如果不说,很难想象这个看起来有些文静、腼腆的女孩竟然是一名国家级优秀公诉人。"不冤枉一个好人,更不放过任何漏罪和漏犯,只有这样,才能体现法律的威严和公正。"这就是辽宁省大连市检察院公诉一处检察员周一凡。近十年来,她先后办理了各类刑事案件450余件,其中大要案90余件。她办理的案件无一错案,不但有力指控了犯罪,还取得了良好的社会效果,彰显了法律的公正与尊严。她曾先后获得全国、省、市优秀公诉人,辽宁省"人民满意政法干警",辽宁省"十佳女检察官"等荣誉称号。

## 被告当庭翻供也没让她慌乱 案件还被搬上《今日说法》

"真正的优秀公诉人,不在于口才有多么好,而是在于法庭上的表现是否淡定自若,泰然处之。周一凡就是这样的人。"一位曾与周一凡同庭对抗的大连资深律师向记者这样评价她。法庭上的淡定,离不开平日的苦练。很多大案要案往往包含着复杂的案情、错综的关系,每一次面对,周一凡都告诫自己要稳定状态、沉下心思,坚持做到"三要",即事实要细、证据要实、适用法律要准,细、实、准也成为周一凡在办案中坚持的"三字经"。

2007年,由周一凡承办的乔某、宋某贪污案件,是一起国家工作人员与非国家工作人员相勾结侵吞公款的特大案件。涉案的乔某系我市一国有公司的出纳,宋某以给乔某算命帮助其怀孕生子为由,指使乔某侵占公款290余万元"还愿",实则供其个人使用。案发后乔某全揽罪责,不言真相。宋某伪造证据、混淆视听,巨额公款去向不明。

承办案件后,针对乔某封建思想严重,数次改变供述,对同案犯宋某拒不指证的情况，周一凡多次对其进行耐心细致地劝说，最终打消其畏罪情绪，充分固定了相关证据。通过审阅卷宗，周一凡将宋某3年来200余页的个人账户信息逐一梳理，形成了清晰的赃款流向图。

可就在周一凡认为可以迅速将二人定罪时，形势又发生了变化，乔某在庭审时再次翻供，将罪责独自承担下来。

"本来我们已经做通了乔某的思想工作，让她如实供述宋某如何唆使她侵吞公款，可是出庭时，乔某看了一眼被告席上的宋某就再也不敢抬头了，我当时就知道情况有变。"周一凡告诉记者，因为乔某在让宋某帮她算命、"送子"的过程中，一度对宋某的"神通"深信不疑，即使经过办案人员的说法释理，乔某内心还是对宋某有些敬畏。

而此案主使者宋某，一个没有多少文化的农村老太，靠着并不高明的骗术获得了290余万元赃款，却一直不肯承认自己的罪行，见乔某在庭上翻供，宋某又扮起了"无辜"。

面对逆转的局势，周一凡并没有慌张，而是及时调整出庭策略，有针对性地进行交叉讯问，使得二人的犯罪动机以及各自在本案中的作用昭然若揭，形成了完整的证明体系。尽管宋某在庭审中仍旧抵赖、狡辩，但是气焰不再嚣张，面对公诉人的驳斥、审判长的告诫，宋某的头越来越低。最终使法院采纳了全部指控意见，判处宋某无期徒刑、乔某有期徒刑15年。

"在庭审时被告人翻供的现象时有发生，没有什么可值得大惊小怪的。"周一凡告诉记者，翻供并不能决定被告罪名是否成立，罪名成立与否主要取决于案件的犯罪事实和证据。即使翻供，被告人也逃脱不了法律的制裁。记者了解到，此案作为典型案件多次在检察系统刊物进行报道。同时，由于案件适用法律的典型性、侦查、审查起诉的复杂性，该案也引起了中央媒体的关注，中央电视台《今日说法》为此制作了专题节目。节目播出后，群众对于

周一凡在庭审中

检察机关对案件的评析说理给予了很高评价。

### 跨度十年的大案也没证据畏难 从万页资料中找出有力证据

近10年的磨炼，不仅使周一凡办案严谨，思维敏捷，练就了做好公诉工作的看家本领，更铸就了对法律对人民的无限忠诚。在三尺公诉席上，她与狡猾的犯罪分子斗智斗勇，与能言善辩的辩护人唇枪舌剑，捍卫法律的尊严。

2009年，周一凡承办了原沈阳市副市长、沈阳市公安局局长刘某受贿、挪用公款一案。此案是大连地区自慕绥新案件后办理的又一起大要案。

据了解，整个案件跨度近10年、涉及书证1200余份，证人70余名。面对复杂的案件情况，周一凡做到了事实细、证据实、适用法律准。在10册万余页的侦查卷中将刘某10年间49次单独或伙同妻子受贿390万余元、挪用公款250万元的多种证据逐一梳理对照，使证据之间互相印证，形成了8万余字的审查报告及多媒体质证预案。而这背后，周一凡历经了无数个休息日和不眠夜的辛勤工作。在庭审过程中，周一凡通过严密的证据和有力的指控，彻底揭露了刘某受贿、挪用公款的犯罪事实。让庭审之初还避重就轻、存在侥幸心理的刘某在最后陈述阶段对公诉人指控的罪行供认不讳，彰显了检察机关惩治腐败的信心。最终法院采纳了全部指控意见，判处刘某有期徒刑20年。

对每一件案子，周一凡都风风火火，绝不含糊，越是案情复杂，越是乐于挑战。2009年，周一凡受命办理王某某、罗某某合同诈骗一案。在此案中，被告人大连某公司法定代表人王某某、总经理罗某某，自2005年6月至2007年，在明知某大厦已经被辽宁省高法查封并已进入执行阶段、且该大厦尚无土地证、销售许可证的情况下，却向购房人及其债权人隐瞒该事实，与购房人、债权人签订了购房协议书，以意向金、首付款等形式骗取200余名购房人交付的房款。

同样是一个跨度10年的案件，不同的是，案件的受害人变成了数以百计的购房者，涉案金额9000多万元。很多被害人多年的积蓄被骗一空，由于受害人数多，社会反响极大，此案被市政法委定为2008年信访办挂牌督办的一号案件。周一凡没有就办案而办案，她一方面细致查阅卷宗,要求侦查机关补充完善证据,另一方面不断向被害群众告知诉讼进展情况,保证被害群众的知情权。在四天的庭审过程中,周一凡作为公诉检察官,有力指控犯罪,分类出示证据,发表完公诉意见后,参加庭审的被害群众起立鼓掌,对检察机关严厉打击犯罪、维护群众利益、促进社会和谐的积极作用予以了极高的评价。

回忆这起4年前的案件,周一凡依旧印象颇深。在庭审现场,两名被告始终不承认自己是合同诈骗,表示自己只是在房子没盖好的情况下就将房子出售了。周一凡当庭反驳了被告的说法,指出被告在大厦已经被法院查封的情况下出售,且没有告知购房者,收取的房款没有用于建房而被挥霍一空。证据表明,这就是一起合同诈骗案件。"这是一起'零口供'案件。"周一凡告诉记者。所谓的"零口供",不是没有口供,而是没有犯罪嫌疑人或被告人供述其实施或参与实施犯罪行为的口供。不少犯罪嫌疑人特别是流窜犯罪嫌疑人出于趋利避害、自我保护的考虑,往往不如实交代自己的身份并拒绝承认自己所犯罪行,近年来"零口供"案件在不断出现并日渐增多。"对于我们公诉人来说,需要做的就是在办案中依法拓宽证据收集范围,'由人到案、由物到案、由案到案',培养让一切证据开口说话的'习惯思维'。证据意识的增强、证据获取能力的提高,才能成功办理'零口供'案。毕竟法律是重证据,不重口供的。"周一凡说。

## 工作再忙也没让她停止"修炼" 22年后"国优"重归大连检察

"还记不记得自己承办过的第一件案子。"面对记者的提问,周一凡有些不好意思地笑了:"当然记得,当时可把我紧张坏了。"周一凡告诉记者,因为没有相关经验,院里安排她接手的第一起案子是事实较为清晰的刑事案件。"我记得当时只知道照本宣科,在法庭上既欠缺犀利的言词,又缺乏辩论的技巧。不过还好,被告对犯罪事实供认不讳,不然可真不知道怎么办才好。"周一凡说,自己很幸运,周围有很多良师益友,当遇到困境时,他们把经验毫无保留地传授给自己。"当时我十分佩服身边众多的公诉精英,也希望自己能早日成为一名优秀的公诉人。"正是在这一梦想的激励下,周一凡对每件案件都抱着战战兢兢、小心谨慎的态度,锱铢必较,精益求精,关注每一个细微的环节,确保每一件案件都能事实经得起推敲、证据经得起审查、结论经得起检验。正是这样日复一日的磨炼和积累,使得她在面对大案、需要承担重任时,一切都变得水到渠成。

人生的价值,不是用时间,而是用深度去衡量的。在承办了众多的大案、要案之后,周一凡仍然不断地追求进步、超越过去,她认为只有不断地进步才能与所处的环境相融合。她所在的公诉一处是全市检察系统屡获殊荣的先进集体,也是一个孕育人才的摇篮。这里产生过全国优秀公诉人、全省优秀公诉人、省市检察业务专家、办案能手等大量公诉精英,还有一批充满活力的公诉新人。周一凡说,在这个集体中的人都懒散不起来,自己也不得不警醒起来,不敢有一丝松懈。

近10年来,周一凡先后在大连市、辽宁省、全国检察系统优秀公诉人的比赛中脱颖而出,并于2010年参加了最高人民检察院举办的第四届全国十佳公诉人暨全国优秀公诉人业务竞赛。该比赛在前期报送庭审录像、办案卷宗后,要在10天内进行4个环节的大比拼——3个小

周一凡获得的荣誉证书

时的现场论文写作、11个小时的公诉业务笔试、只有20分钟准备时间的公诉实务答辩和一对一辩论赛。比赛中,周一凡展示了扎实的法学理论功底,以丰富的实践工作经验、娴熟敏捷的辩论技巧以及良好的个人气质、风采,赢得了全国优秀公诉人称号,使这一荣誉22年后再度回归大连检察机关。

"对于公诉人来说,前有公安机关,后有法院,左有被害人,右有被告人,我们仿佛站在一个十字路口,唯有不偏不倚,才能彰显司法的公正。"近10年的磨炼,让周一凡从一个青涩的助理检察员成长为一名优秀的公诉人,承办的450余起案件中没有一起错案,这些数字承载着一名公诉检察干警对检察事业的热爱和勤奋,更凸显出一名新时期优秀青年检察官的努力和作为。

# 挚爱公诉 一生无悔

**大连市人民检察院宣传处**

一头短发，身材瘦削，眼神坚定，语速快而清晰有力。她就是大连市人民检察院公诉二处检察员钟晓宇。从事检察工作以来，钟晓宇怀着对党的无限忠诚、对检察事业的无比热爱、对公平正义的永恒追求，刻苦钻研业务、工作积极向上，在平凡岗位上奏响激情乐章，在逐梦前行中书写无悔青春。

## 筑梦检察，打击犯罪立新功

学生时代，钟晓宇就有一个关于公平正义的梦想。上大学时未能被第一志愿录取，就读于汉语言文学专业的她，毫不犹豫地选修法学双学位，并且在本科阶段一次性通过司法考试。毕业后，她原本有一份外人看来既体面又很有前途的工作，但为了梦想，她毅然辞职，报名参加公务员考试，最终在激烈竞争中脱颖而出，成为一名光荣的检察官。

刚入职时，组织考虑其专业背景和特长，将其安排在研究室从事调研和综合文字工作。虽然这样的安排与她想到一线办案的工作志向有一定差距，但她没有丝毫懈怠，在这个岗位上踏实工作、迅速成长。从简单的发送传真、复印资料到与各基层院联络汇总调研成果，她学会了沟通协调、统筹兼顾的本领；从草拟会议材料、承担会务工作到校对文稿、沟通排版印刷，她养成了一事一记录、一日一总结的职业习惯。在研究室工作的两年多时间里，她在省级刊物上发表了多篇理论文章，并被授予"2010年度大连市检察系统优秀共产党员"称号。

2011年7月，她被调到公诉二处，正式成为大连公诉团队中的一员。从此，梦想起航。从事公诉工作的七年多时间里，她办理案件100余件，无一错案，全部获得有罪判决，荣立个人二等功一次、三等功两次。

2013年5月，在审查瓦房店公安局移送起诉的一起两名犯罪嫌疑人涉嫌运输毒品286.6克的案件中，钟晓宇通过仔细阅卷，发现涉案二人另有贩卖2000克冰毒的重大犯罪嫌疑。面对二人全面翻供，毒品已灭失、未能查获下家，现有证据严重不足的情况，她没有气馁。经过反复阅卷，结合证人证言，比对二人供述，确定继续查找下家和中间人、补强客观性证据两大侦查方向，并通过几十条退查事项，积极引导侦查机关补充侦查。在通话清单、交通凭证、汇款明细、监控录像等客观证据均已无法调取的情况下，她不断与侦查机关沟通，并多次到市、县两级公安机关协调，督促抓捕在逃人员。经过多方努力，初步锁定下家为另案在押的王某。但现有侦查内容无法进行证据转化，为解决这一难题，她对在案的间接证据进行缜密分析论证，结合两人供述，比对两人毒资转移的时间点与数额等信息，使涉及毒品交易的全部关键要素均有间接证据对口供进行印证和补强，全案形成完整严密的证据链条。最终，被告人因犯运输、贩卖毒品罪，分别被判处死刑，缓刑二年执行和无期徒刑，二人均认罪服判。这件原本只能判处有期徒刑的案件升格为死刑案件，有力打击了犯罪，收到了较好的法律监督效果。

## 勇担重任，竞赛场上显身手

钟晓宇自进入公诉团队以来，在严谨办案的同时，积极参加业务竞赛，通过竞赛促进理论和业务学习，沉淀办案经验。2013年10月，公诉工作刚满两年且正值哺乳期的她，克服诸多困难，每天往返4个小时，到大连金石滩参加市优秀公诉人竞赛。为准备比赛，她白天上班，晚上回家照顾幼子，只能凌晨三四点起来看书学习。这段灯下苦读的时光，承载着她的梦想与希望。

2016年7月，钟

公诉团队在讨论案情

晓宇被省院确定为第六届全国优秀公诉人业务竞赛选手。在第一次实务模拟时，她的成绩并不理想。为了迎头赶上，别人休息了，她继续分析试卷，研究答题技巧。别人还在睡梦中，她早已起来准备万能语言，背诵定义概念。集训的时间有限，她便额外再做实务模拟，

钟晓宇在全国优秀公诉人竞赛场上

请教练指点。在两个月独自备赛期间，她克服困难、顶住压力，每个清晨，在操场上背概念、练辩论，为了能在众人面前侃侃而谈，她逼着自己练到旁若无人；每个傍晚，为强健体魄，更为激发斗志，她一圈圈地跑步，前进的脚步从未停歇。在北京比赛期间，她充分发扬了大连公诉团队顽强拼搏的精神，在实务比赛表现不理想的情况下，及时调整心态，稳扎稳打，一路挺进决赛。在央视的舞台上，她绽放光彩，最终荣获国家公诉标兵提名奖、全国优秀公诉人称号，突破性地取得了辽宁省公诉业务竞赛史上最好成绩，展现出大连公诉人激情阳光的辩论风格和深厚扎实的理论功底。

## 不忘初心，释理说法显公正

2015年，钟晓宇办理了张某某、杨某抢劫、绑架案。本案在大连地区影响较大，两名被告人夜晚尾随被害人母子进入其家中后，捆绑母子，抢走财物，绑走六岁孩童，引发当地居民极大关注，大连多家媒体报道了此案。

在审查起诉过程中，钟晓宇非常关心被害人母子的情况，主动去做心理辅导，并且多次耐心倾听其对案件的意见，帮助他们放下包袱、走出阴影，积极乐观地生活。

在提审犯罪嫌疑人时，二人虽承认基本事实，但均避重就轻，百般狡辩，还相互推诿责任，影响此罪彼罪、重要量刑情节的认定。钟晓宇一方面通过引导补充侦查，完善案件预谋、准备、实施等各阶段的证据；另一方面，多次去看守所提审，积极争取二人的内心转化，为进一步区

分责任、巩固证据打牢基础。

庭审过程中，钟晓宇不仅详细论证了各罪的定罪与量刑情节，还充分开展了有针对性的法庭教育，使法庭不仅成为查明案件事实、彰显公平正义的地方，更成为唤醒良知、萌生善念、修复社会关系的地方。最终，两名被告人均当庭认罪，第一被告人深刻悔罪，痛哭流涕，希望自己能够捐献器官以赎罪。因本案有较大的社会影响力和教育意义，2015年9月21日，中央电视台12频道《一线》栏目以该案的侦办、庭审为题材，播出了《二次追捕》纪实节目。在节目中，直接引用公诉意见原文，不仅扩大了案件的影响力，还延伸了办案效果。

在办理旅顺崔某某涉黑案时，钟晓宇随专案组来到案发地水师营街道沈家村，现场了解崔某某"占山为王"，强索村民财物、阻碍他方施工等具体情况，并依法及时向涉案的近百名被害人发放权利义务告知书。

由于案件影响大、涉及面广、关注的人很多。钟晓宇坚决顶住压力、坚守原则，以恰当的方式引导各方通过正当合法的途径表达诉求。由于本案在侦查期间冻结了涉案资金1200余万元，很多被害人或债权人通过各种途径，联系到办案人，希望能够尽快获得经济赔偿。钟晓宇耐心解释涉案财物的处置原则，明确在法院生效判决前，任何人或单位都不能私自处置涉案财物，而且罚金在刑事附民事赔偿和返赃之后进行，会依比例最大限度地减少被害人的损失，每一个被害人都得到了公正的对待，她的坚持原则和释法说理得到了被害人的信任和理解。

几年来，为什么她能顶住压力，无所畏惧？为什么她能抵住诱惑，毫不动摇？那是因为职业的荣誉感容不得金钱的亵渎，心中的使命感经得起世俗的诱惑，正是处理好方方面面的案外因素，她才能心无旁骛地办理案件，始终坚持以事实为依据、以法律为准绳，清清白白做人，干干净净做事。

## 热爱生活，多才多艺展风采

钟晓宇又是一个充满阳光、热爱生活的人。她兴趣广泛、特长突出，从小学舞蹈、弹钢琴，喜好多种体育运动，是跆拳道黑带、国家二级运动员。在音乐中感悟生活，在运动中磨炼意志，看似不搭界的各类兴趣爱好，她却可以自由转换。在工作期间，多次参加演讲、征文、辩论赛等；

多次作为主要演员参加市检察院的新春文艺演出；积极参加各类志愿者服务和献爱心活动。动静相宜，这位活泼的中文系才女，也有安静的一面，喜读书、善思考、爱写作，工作中积极撰写调研文章，曾在《中国检察官》等期刊、《正义网》等网络媒体上发表业务文章，生活中偏爱古文、喜好唐宋词，用笔记录春花秋月、流淌的岁月和奋斗的青春。

作为军嫂，她努力保持着工作与家庭的平衡，尽最大的努力支持丈夫的事业，八小时勤勉工作，严格按照计划，用心解决难题，她有条不紊；八小时外，她陪伴孩子、照顾家庭，无论是丈夫带着学员航行在祖国的万里海疆，还是为了军事海洋的科研奔赴各地汇报项目，她都引以为傲，毫无怨言，默默做好坚强的后盾。

面对赞美与荣誉，她总会很羞涩，但内心的信念却坚定而执着，"要在我办理的每一个案件中让人民群众感受到公平正义"，铿锵的话语中，是一名检察人对党和人民的庄严承诺，挚爱公诉、一生无悔，投身检察、不辱使命。

# 大连开检的"半边天"

徐 爽

提起笔,她胸有沟壑、腹藏锦绣;张开嘴,她心慧舌妙、辩才无碍;办案时,她丁丁卯卯、法理兼顾;舞台上,她荣光焕发、风采照人……就是这些不同岗位却同样优秀的很多个"她",组成了令我们骄傲的一支娘子军,撑起了大连开发区检察的"半边天"。

### 能文能武,她是检察院的"一支笔"

在大连检察系统,我院法律政策研究室主任徐光岩是有名的"才女"。8年办案工作,她办理的案件无一错漏;16年检察调研,她笔耕不辍,研究领域涵盖了各项检察业务。她撰写的理论文章里,有70余篇获省级以上奖项或在报刊发表或做会议交流,始终在省、市检察系统名列前茅。先后获评优秀公务员12次,5次入选全国检察机关调研骨干人才、全省检察理论研究人才,被评为辽宁省检察业务专家、大连市"三八红旗手""金普好人"等多项荣誉称号,荣立个人二等功1次、三等功8次、嘉奖5次。同事们开玩笑地说她:"荣誉比履历都长啊!"

一花独放不是春,百花齐放春满园。只有自己搞调研、出成果是不够的,把调研工作打造为本院"品牌",一直是徐光岩追求的目标。她认为,应该充分发挥院里年轻人多、高学历人才多的优势,把他们办案经验丰富、理论功底扎实的特长充分调动起

研讨案情,中间为徐光岩

来。在她的带领下，我院已形成了400余篇优秀检察调研成果，培养了一批调研骨干，在省、市院优秀调研成果和检察理论研究人才评选中，本院都是获奖数量最多的基层院。

"百花齐放"，不仅仅在于她培养了一批优秀调研人才，也体现在她自身素质的不断提升。在调研领域收获累累硕果的同时，她还勇担重任，毅然担负起了案管工作，并同样干得有声有色。从最初单一的案件质量管理，到现在一体化的"案件集中管理"，案管工作范围不断调整和充实，质量管理、案件督察、检委会、制度建设、执法办案风险评估等近十项案管工作经验在全省会议交流或文件转发。

文字工作很枯燥，有着与业务工作不一样的辛苦。白天要处理部门里的各种事务性工作，很难安安静静写点东西，只能晚上开夜车。很多调研材料要得急，为了保质保量完成任务，别人双休她单休，别人放假她写稿，几乎成了她生活常态。文字工作很辛苦，常常电脑前一坐就是一整天。眼睛近视加重了，手指僵硬得回不过弯，肩周炎的毛病也在不知不觉中找上门来，但她从不喊苦喊累。为了缓解肩颈负担和放松紧张大脑，她爱上了打乒乓球。爱好是业余的，球技可不是，在市、区举办的比赛上，她也获过不少奖项。大家都说，"这小才女真是文武全才啊"！

### 将心比心，她是未成年的"检察官妈妈"

2016年12月17日早7：30，大连经济技术开发区某大厦物业保洁人员在清运垃圾时发现桶边有个黑色塑料袋，打开一看大吃一惊，居然是个刚刚出生的婴儿！她立即拨打110报了警……

弃婴母亲——犯罪嫌疑人李某某，是跟丈夫来大连打工期间怀孕的，可害怕丢掉工作的她怀了孕却连丈夫都不敢告诉。孩子在她打工单位的卫生间生下来时，全身是血且一直没有哭声，她便疑心是自己在怀孕期间吃药影响了孩子的健康，神情恍惚中在没有确认孩子是否还有呼吸的情况下，就把孩子装进垃圾袋扔到了外面……幸好，女婴因为被及时发现得到了救治。案件移送检察院后，在检察官马琳娜温和细致地开导下，一直战战兢兢、精神状态很差的李某某终于动容地说出了这些细节。

马琳娜了解到由于抚养孩子及租房等生活费用较高，经沟通，公安机关同意夫妻俩先将孩子带回老家抚养并等待诉讼。期间，马琳娜一直与两人保持电话联系，了解到他们已经认识到了自己的错误，正在尽心尽力地抚养孩子。考虑到路途遥远且孩子尚小，为减轻夫妻俩负担，马琳娜提前告知二人审判流程，并嘱咐其前往当地村委会和医院开具证明，证明夫妻俩有能力照顾孩子且孩子身体健康。

本着更利于孩子的角度着想，对该起遗弃案件，马琳娜和分管检察长商议后，认为法律固然要彰显正义惩罚犯罪，但也应有温情，离不开人性。考虑到案发时李某某特殊的身体和精神状况以及案发后的表现，应对李某某予以从轻处罚。

开庭前，为减少开支，一家三口租住在一个廉价旅社，夫妻俩又是少数民族，饮食上还有禁忌。为了缩短其等待时间，特别是考虑到旅社环境不利于小孩子的健康，马琳娜在将案件快速起诉至法院后，又及时联系办理该案法官，希望尽快开庭审判。最终，法院采纳了检察官建议，判处李某某有期徒刑二年，缓刑三年。

开庭后，马琳娜抱了抱这个可爱的、幸运活下来的孩子。"太谢谢检察官了！我们一定把孩子好好抚养长大。"李某某和丈夫不断向检察官说着感谢的话。

现今，马琳娜仍然与孩子的父母保持定期联系，一直关注着孩子。"我是一个母亲，更是一名未检检察官。案子虽然完结，但是对孩子的关心不该结束。让犯错的孩子改过自新，确保这个案件中被遗弃的孩子能够得到好的成长和教育，我想这就是未检工作的意义所在。"

*马琳娜和接受法治教育的孩子们*

## 不枉不纵，她是秉公办案的"一杆秤"

"我知道错了，感谢检察官准确认定了我的犯罪数额。"被告人柴某收到起诉书后，找到办案检察官，不停道谢。这是我院办理的大连市首例生产销售注水牛肉案，检察官宋琳琳在办案过程中，适应修改后刑事诉讼法强化人权保障的新要求，重新、准确认定了注水牛肉的销售金额，维护了被告人的合法权益。

犯罪嫌疑人柴某从普兰店收购活牛，运输至大连开发区某肉类加工厂雇佣他人进行屠宰，为增加牛肉重量牟取不法利益，指使他人向牛体内注水，之后将注水牛肉运到大连某市场以每公斤37元的价格进行销售。公安机关据此认定销售金额32万余元。

提审时，柴某一直说公安机关认定的犯罪数额过高，自己不服，还通过辩护律师多次表达了同样意见。宋琳琳认真听取了被告人的辩解，认为简单地将整头牛的重量乘以牛肉的单价得出销售金额的做法是不可取的。因为一头牛除了牛肉，还有大量的牛下货等部位，而这些部位与纯牛肉有较大的价格差异，如果笼统相乘，必然导致销售金额虚高，无形中提升了被告人的法定刑幅度。

为还原事实真相，宋琳琳凭着女性的细心，提出了一个新的证据认定思路——由公安机关会同行业协会组织专人开展侦查实验，在屠宰场现场宰杀三头牛，计算牛肉、牛下货占整头牛的比重，并由市服务业委员会出具屠宰牛出肉率证明，然后综合各部分单价计算销售总额。此外，由于柴某没有销售明细账，也导致销售金额认定困难。为准确计算违法收入，宋琳琳又与公安机关反复商讨解决方案，与屠宰场检疫员、区动物

宋琳琳分析案情

卫生监督所检疫员多次沟通交流，最终确定了将动物检疫合格证上记载的重量作为注水牛毛重的办案思路，为计算注水牛肉的重量提供了合理的数据支持。通过这种方式，最终认定被告人生产销售注水牛肉的金额为13万余元，与公安机关认定的数额相差近20万元，不仅使被告人得到了罚当其罪的惩处，也保障了其合法权益。

另外，认定嫌疑人构成生产销售伪劣产品罪要以明知为前提。本案

中另一嫌疑人只负责牛肉销售，对牛肉是否注水不知情，公安机关提供的证据中也没有其明知的记载。宋琳琳提审时，柴某也供述没有告知其牛肉被注水。为尊重和保障嫌疑人人权，防止有罪推定，宋琳琳建议公安机关撤回了对该嫌疑人的移送审查起诉，也维护了嫌疑人的合法权益。

### 宜动宜静，她是年轻干警的"知心姐姐"

王瑛玲，我院唯一一名女法警，承担了看管女嫌疑人、女证人及随同办案人执行外出抓捕等主要任务，从未发生过任何纰漏。不过这里要说的，不是她执法出警时毫无怨言的随叫随到、认真负责，也不是她整理卷宗时的严谨细致、一丝不苟，而是她开朗乐观的性格和对各类文体活动的积极参与。

乒乓球赛、排球赛、体操比赛、摄影展、运动会、文艺汇演……你都能见到她的身影。因为组织协调力强，又喜欢跟年轻人玩在一处，院领导也放心地把每次文体活动都交给她去组织策划。对这些算是本职工作以外的任务，她同样怀抱满腔热情地全情投入，从不敷衍应付。竞技活动就跟教练一起讨论阵型设置、战术安排，文娱活动就认认真真地想创意、出点子。她先后获得过最高检女检协和市检察院主办的摄影比赛三等奖，连续多年被评为区"巾帼建功"标兵、妇联系统先进工作者，在其他文体活动比赛中也都屡有斩获。经她提出创意排练的京剧说唱和伴舞诗朗诵节目，在市检察系统迎新春文艺演出的舞台上，受到领导和干警的一致好评。

每年"三八"，妇委会主任"上线"，王瑛玲积极联系区妇联，为女同胞们"拉赞助"、谋福利，领着大家去学烘焙、学茶道、学刺绣、学插花，放松身心。待到"七一"，

王瑛玲率队参加区体操比赛

她又切换到党总支文体委员"角色",带头走上讲台,搞一场充满浓郁书香气息的朗读会,给大家一个与同事分享美文的机会。

生活中,她更是年轻人的知心姐姐。从工作技巧到为人处世,从初入社会的茫然到家长里短的牢骚,从穿衣打扮到美食宠物,从不端前辈的架子,从不拿资历压人,跟你聊最贴心的体己话,告诉你最实在的人生经验。一直开朗,一直乐观,这就是我们始终朝气蓬勃的王姐。

"妇女能顶半边天。"经统计,在全院干警个人获得奖项中,43%的荣誉是由仅占据检察队伍29%的她们创造的。工作上,她们张口能辩、下笔成文;生活中,她们爱好广泛、兴趣多样。她们有不一样的性格,或温柔体贴,或泼辣果敢,她们也有同样的坚强热情和那个共同的名字——检察人。

**作者为大连市经济技术开发区人民检察院政治处科员**

# 我心中的"磊神"

张玉洁

隔壁办公室的他不苟言笑，却是一个名副其实的办案高手，由于办案快、质量高，江湖人称"小快手"，我喜欢叫他"磊神"。他就是我们院最年轻的员额检察官，名叫宋晓磊。

这不，最近又来了一个由于邻里纠纷引发的小案子。夙有积怨的山上山下两户邻里因为桃树枝占道问题引发了一桩血案，打破了小山村的昔日宁静。犯罪嫌疑人于某某，女，年近七十，心脏病，高血压，耳聋眼花；被害人孙某某，女，年近八十，被镰刀伤害，入院时头顶部血肉模糊，几近昏迷、神志不清，经鉴定构成轻伤一级，头皮裂伤，左侧颞顶部颅骨粉碎性骨折、脑震荡。犯罪嫌疑人丈夫与被害人丈夫系叔伯兄弟，案件系邻里纠纷引发。

案发后，犯罪嫌疑人于某某始终拒不认罪，并且一口咬定被害人头部的伤是双方争执中自己误撞在镰刀上形成的。即便"磊神"反复晓之以理、动之以情地耐心劝说，加上犯罪嫌疑人的丈夫作为证人证实其亲眼目睹到犯罪嫌疑人手持镰刀刨向被害人头部，且鉴定中心测谎仪证实犯罪嫌疑人的辩解系处于谎言的情况之下，犯罪嫌疑人始终不肯承认伤害了被害人，并且在看守所内多次"委屈地"嚎啕大哭。

在被害人入院治疗期间，其丈夫在女儿的陪同下手拄拐杖多次步履蹒跚来到宋晓磊的办公室，每每见到办案人就紧紧地攥住他的手，颤颤巍巍地说："领导，您一定要给我们家老孙一个公道啊！"只见宋晓磊一边赶紧搀扶着老人坐下，一边坚定而有力地说："老人家，您放心！我一定会尽快查明真相，既不会冤枉好人，也不会放纵犯罪！"老人家看着宋晓磊坚定的目光，露出了久违的笑容。

提请逮捕阶段，临近过年，左右摇摆的犯罪嫌疑人家属在办案人的劝说下与病房中呻吟的被害人以及圆睁怒目的被害人家属达成了谅解协议，办案人考虑到化解邻里矛盾纠纷，且犯罪嫌疑人并无社会危险性，遂提出了不捕的意见，经院检委会研究，最终作出了不捕的决定。犯罪嫌疑人女儿满怀感激地从看守所接老母亲回老家过了个幸福团圆年，也在她心底树立起了检察机关"立检为公，执法为民"的良好形象。老人家拒不承认伤人的心理在家人的劝说下有了一丝丝松动。

出庭支持公诉时，考虑到办案安全，宋晓磊为犯罪嫌疑人准备了降压药和速效救心丸。一个多小时的庭审，在公诉人义正辞严捍卫法律的尊严和温情的感化交织下，终于，被告人当庭流下了悔恨的泪水，说出了自己日日夜夜做梦都想对公诉人说出的实话。此时，公诉席上的"磊神"也终于松了口气。

庭审回来的路上，宋晓磊语重心长地对我说："在我们眼中的'小案子'对事件双方家庭来说都是大事。依法办案并不难，难的是让人民群众在每一个司法案件中感受到公平正义，你仔细想想，法律的真正意义是什么？"我若有所思地看着宋晓磊，他露出小白牙笑了笑说："这个道理你以后会慢慢体会到的。"

我思索良久，是啊，法律从来都不是一把冷冰冰的剑，而是温情的、用来定纷止争的，要让邻里关系从夙有积怨到握手言和，让法律为营造文明乡风、维护社会和谐稳定保驾护航，这才是我们检察人为老百姓带来的真真正正的实惠啊！

2017年3月，长兴岛居民刘某某等九人到大连市中级人民法院拿到被强迁后的补偿判决书，认为判决的补偿费太少，研究决定集体去北京上访，并在天安门广场附近服安眠药自杀，制造事端向长兴岛管委会施加压力。情况十万火急，宋晓磊临危受命。

案发后，我院立即通过管委会了解案件情况，

宋晓磊前往派出所开展重大案件提前介入

并成立了包括"磊神"在内的三名员额检察官组成的办案组，依法提前介入案件，他根据多年的办案经验，引导公安机关搜集固定证据。在提前了解案情的基础上，依法快速对九名犯罪嫌疑人做出批准逮捕的决定，迅速稳定了事态的发展。案子办得多了，"磊神"也总结出了自己的一套提审经验，在提审此案犯罪嫌疑人时，他将重点打在"法理情"的有机结合上，在释法说理的基础上，使犯罪嫌疑人认识到自己在公共场所制造事端、造成公共场所秩序严重混乱的行为，已经涉嫌寻衅滋事罪。

本案有别于其他刑事案件，是因不满法院的判决，聚集多人非法进京上访，采取过激手段扰乱社会秩序而作出的犯罪行为。为了维护社会稳定，依法打击非法上访，"磊神"本着打击、维稳、化解矛盾并重的原则，在办理的过程中，一方面依据大连市人民检察院和大连市公安局联合制定的《重大疑难案件侦查机关听取检察机关意见和建议的实施办法》，主动依法提前介入案件、了解案情、提出意见、引导侦查取证，在长兴岛分局报捕时，快速作出决定。另一方面"上访"案件本身就敏感，办案人迅速制定应急预案及风险评估，"磊神"和另两名员额检察官分工负责、互相配合，理清思路。由于人数多，案件卷宗证据材料也不少，即使是小快手"磊神"也得加班加点，有的时候利用休息时间会同办案组其他成员对案件的定性、法律的适用、证据的采信等方面充分研讨，从而对案件做出准确的判断，生怕造成任何一点疏漏。宋晓磊爱打篮球，有时候下班了会和院里的同事去过过瘾，那天本来几人约好了下班一起打篮球，结果大家运动服都换好了，抱着篮球却不见"磊神"，回院里一看，"磊神"正聚精会神地看卷呢，完全把打球的事情抛诸脑后了。同事叫他，"磊神"露出小白牙，"嘿嘿，正看得起劲儿呢，你们去吧，我就不去了"。

刘某某等九人被依法批准逮捕后，"磊神"并没有就此停手，而是继续跟踪案件进展，协助刑事执行部门开展羁押必要性审查工作。

这只是"磊神"办理众多案件中的冰山一角。2011年度办理的大连地区影响恶劣的肉牛喂养瘦肉精案件（郑某某生产、销售有毒、有害食品案），此案案发直接导致大连某公司出口日本的上万吨牛肉被扣押。"磊神"从严从快批捕，不仅追出了沈阳地区生产盐酸克仑特罗的多名犯罪嫌疑人，还揪出了隐藏在公司的蛀虫；2012年度办理大连市第一例拖欠上百名农民工工资案件（周某某拒不支付劳动报酬案件），案发后上百名农民工在瓦房店市政府门前聚众扯横幅维权，致使正常办公、交通一度瘫痪，此案件系刑法修正案八新增加罪名，在案件办理中，"磊神"面不改色从卷中提取出22名被害人的证据，依法将大连某有限公司的法人代表周某某批准逮捕；2014年度办理的立案监督案件（许某某故意伤害案）被辽宁省人民检察院评为优秀案例；在2015年度提前介入办理长兴岛某文化培训班失火烧死三名小学生案件中（洛某信、洛某怀失火案），案发后通过命案提前介入程序，依法指导公安机关调查取证，迅速收集固定证据，并依法从快作出批准逮捕决定，学生家长哭着前来感谢"磊神"。"磊神"只说了一句"感谢你们对检察机关的信任"；2016年度办理的常某某、李某某贩卖毒品案，依法追捕了向其贩卖十余次毒品的上家孙某某，并依法向大连市公安局长兴岛公安分局发出《应当逮捕犯罪嫌疑人意见书》……工作时间虽短，却留下满满的收获。

八年多的时间里，如今三十出头的他早已从一名检察新兵蜕变成一名业务娴熟的老办案人，从事刑事检察工作以来共办理各类刑事案件500余件，无错案及瑕疵案件。

"磊神"只是众多检察干警的缩影，从新变老，以老带新，凝聚着几代检察人"立检为公，执法为民"的检察情怀。由于长兴岛特殊的工作环境，冬季海岛

宋晓磊在瓦房店市看守所提审

寒风凛冽，大风像刀子一样割在脸上，办案时常顶风冒雪；夏季烈日当头，酷暑难耐，三十多度的持续高温，加上湿度大，岛内宛若蒸笼。岛内交通不便，"磊神"和我们每天奔波于瓦房店市看守所、大连市看守所、长兴岛法庭、大连市中级人民法院之间，像螺丝钉一样坚守着自己的岗位，不忘初心跟党走，牢记使命铸检魂，这就是"磊神"教会我的——检察人世代传承的使命担当！

作者为大连市长兴岛经济技术开发区人民检察院刑事检察部科员

# 鞍山市人民检察院篇

## 开篇语

鞍山，是东北地区最大的钢铁工业城市、新中国钢铁工业的摇篮、中国第一钢铁工业城市，有着"共和国钢都"的美誉，因盛产岫玉，故而又有"中国玉都"之称。这里不仅以盛产钢铁和岫玉而驰名中外，而且也以奏响检察主旋律而名噪省内外。鞍山市检察机关在省院的领导下，全面贯彻党的十八大、十九大精神，用习近平新时代中国特色社会主义思想指导检察工作，忠实履行宪法和法律赋予的职责，求真务实、开拓进取，检察工作取得了新成绩，实现了新发展，开创了新局面。市院连续三年被评为全省先进检察院，连续三年在鞍山市委、市政府实绩考核中获评最佳等次。被省委组织部评为"辽宁省人民满意公务员示范单位"，被省

鞍山市人民检察院办公楼

总工会评为"辽宁省五一劳动奖状先进集体",被省委、省政府评为"辽宁省文明单位标兵"。

鞍山市检察机关始终坚持围绕中心履职尽责,着力服务全面振兴钢都大局。自觉把检察工作融入全市工作大局,找准服务的切入点和着力点,为两级党委政府确定的经济发展重点项目制定百余条服务保障实施意见。

鞍山市检察机关始终坚持打击与防控并重,着力推进"平安鞍山"建设。坚决维护社会公共安全,依法完成法律监督职能,认真贯彻宽严相济刑事政策,最大限度地维护社会和谐稳定。

鞍山市检察机关始终坚持强化诉讼监督,着力促进社会公平正义。不断强化刑事执行检察监督,对减刑、假释、脱漏管和暂予监外执行不当情形开展监督,对财产刑执行情况开展专项检察。全面开展公益诉讼工作,切实维护国家利益和社会公共利益不受侵犯。

鞍山市检察机关始终坚持从严治检,着力推动坚强领导班子和过硬检察队伍建设。坚持党组中心组学习制度,打造学习型领导班子;认真履行管党治党责任,筑牢思想防线;严肃党内政治生活,认真查找理想信念、从严治党方面的问题和产生的原因,不断净化和修复政治生态。坚持把纪律挺在前面,狠抓正风肃纪,促使干警守纪律、懂规矩。深入推进司法体制改革,进行检察人员分类管理改革,不断推进检察官队伍建设正规化、专业化、职业化。

近年来,鞍山市检察机关高度重视检察文化建设,紧紧围绕讲好"鞍山检察好故事"主题开展形式多样的征文活动,通过全市检察机关和全体检察干警的共同"演奏",不断将"鞍山检察好故事"推向高潮,全市新老检察干警共同演绎的"鞍山检察好故事"大合唱,不但有力地促进了检察工作的开展,也讴歌了鞍山可歌可泣的检察人物,弘扬了检察正能量,本次征文活动收录的6篇优秀征文从不同角度、不同侧面、不同时期多维度反映了鞍山检察机关40年的发展历程,既有对重大案件亲身经历的回顾,也有对检察发展变化的畅想,还有抒写检察情怀的感悟思考……从多侧面、多维角度将鞍山检察好故事呈现给全省检察机关近万名检察干警,是鞍山检察文化的一笔珍贵的精神财富,也是鞍山检察事业发展的一个缩影。

在《辽宁检察好故事——鞍山篇》中，我们收录了《人生最美的遇见》《不忘公诉初心　牢记检察使命》和《检察精神的传承》等多篇文章，读来耳目一新，令人鼓舞。我们把这些伴随检察事业共同成长的鞍山检察好故事呈现给全省检察干警，与大家共同细细品读，一道为鞍山检察事业鼓劲加油。

# 人生最美的遇见

田 力

"爸,你们单位的名字写起来好难呀。"爸拿来了字典和书籍,我看到在《苍颉篇》中说:检,法度也。在这里,检有法式、法度之意。《三国志》中说:初,朗少时虽涉猎文学,然不治素检,以吏能见称。在这里,检有品行、节操之意。再看察,在《说文》中说:察,复审也。贾谊《道术》中说:纤微皆审谓之察。在上述文字中,察有观察、仔细看之意。《左传·庄公十年》中说:小大之狱,虽不能察,必以情。《吕氏春秋·察今》中说:故察己则可以人。在上述文字中,察有明察、知晓之意。那一刻,我知道原来检察二字涵盖了太多精妙,那一刻,我对父亲所从事的工作充满好奇又心生敬畏,直到现在我依然觉得检察工作值得我们父女两代人穷其一生为之去磨炼才智。那一年,我八岁,是一名小学二年级的学生。因为父亲工作的调转,我需要将父亲的联系方式重新交给老师。那一年,父亲已是中年,刚从鞍山市公安局预审部门调到鞍山市人民检察院批捕处工作。那一年,中国开始改革开放。那一年,人民检察院恢复重建。

当父亲被永远定格

1978年辽宁省鞍山市人民检察院恢复重建。
（后排右三为笔者父亲）

为书面语时，我知道爸是真的离开了我，成为我记忆中最美最不忍触动的珍藏。我再也无法拉住他离去的手，无法忘记他看我最后一眼时的那份不舍，我拼尽全身连风雨都可招来的力气去呼唤他，他却成了天边永恒的一望。父亲曾给了我这世上最无私的，不求回报的爱。他为我订了十二年的文学期刊，会在周末的闲暇时光，牵着我的手，去新华书店为我买一本书，这份属于父亲的陪伴，他坚持了十年。父亲对我的要求，我记得也坚持着，因为他要求得太少，这是对父亲的敬重，也是我该记得的父爱。

父亲是严肃的，父亲又是慈祥的，他是一位行谊谨厚，品行端方，敦品励行的谦谦君子。作为20世纪50年代的大学生，他参加过早期的鞍钢建设工作，又先后在公安、检察系统工作。当年，父亲办案时没有配备公务车辆，他要骑着一辆28自行车去提审，出案发现场。经常是早上笔挺着出门，晚上膝盖处鼓包，裤腿泥泞地回来。母亲会一面埋怨着一面心疼着。那画面至今想来，都是温馨的。

办案归来

父亲退休时依然是鞍山市人民检察院批捕处的一名正科级检察官，在这里，父亲奉献了他最睿智成熟的年华，但他却不曾计较过十八载尽职尽责地工作在这个未曾晋升的岗位上。1994年，我参加全省检察系统增编补员考试。父亲说，这个考试是比高考更严肃的一次考试，这是在为国家和人民选择法律监督人才。我问父亲，法律监督的目的是什么？父亲说，天下无冤！在备考期间，父亲和母亲如家有考生的家长们一样，为我提供最安静的学习环境，最丰富的营养需求。父亲还让我把法律学习中遇到的困惑梳理出来，请单位里法律功底深厚的小姐姐帮我解答。那一刻，我明白父亲作为一名检察人负责的学习态度、工作态度和生活态度。他一生没有豪言壮语，也没写过座右铭，他的办案经历也从不在家中说起。现在想来，"天下无冤"就是父亲作为检察官最朴素的理想和追求，应当是司法的最高境界。犹记得，父亲退休时，只拿回家一摞厚厚的获奖证书，证明他曾经的优秀。那一年，我刚从事检察工作不久。

为此，我给他写过一幅小字："小榻琴心展，长缨剑胆舒。"我希望辛劳一生的父亲，能轻松愉悦地开始他的晚年生活，谁料爸有一天会真的休息了。

　　父亲对子女的教育是身教多于言传，他性格耿直，作风清廉。记忆中，他不曾真正批评过我，甚至不曾大声地跟我说过话，不曾用高深的哲理去教育我，只是偶尔会拿来某个哥哥、姐姐的字给我看，我就明白，他在提醒我该练字了。这让我在成长的道路上，会自觉地发现别人的优点和亮点，及时地补正自己。我虽然没有亲耳听过他对我的表扬，但我知道我是他的骄傲。他会在我消极时，翻看我曾经公开发表的文章，找我谈谈。在我得意时，提醒我作为一名法律人仅仅掌握现有的法学常识是远远不够的，还需要了解大量的自然科学和社会科学。他会在高兴时叫我一声"老丫头"，会在我出现问题时，叫我的全名。他为我起的名字的解释是努力的力，他不曾说过是力量的力，或许他更希望我能做到尽力而为，更看重的是我努力的过程。父亲一直用心地培养教育我，鼓励我。

　　父亲去世后，我依然保留着读书的习惯。品读先贤留下的经典，恰如与他们进行一次次心灵的直接对话，进而扣击内心。多闻而体要，博见而善择，见贤思齐，激浊扬清。那些美得让人齿颊生香的文字，深邃了思想，荡涤了心灵。父亲同样是我受益终生的书，无论翻启或合上，他让我时刻都在审视人生，检视言行，对父亲的孺慕之情，牵引我追随着匆匆的步履。为了父亲让自己变得美好起来也是一种纪念父亲的方式。在没有他的时光里，依然活成他想要我成为的样子……

父亲读书

　　一直相信，人生是一场漫长的寻梦之旅，我和所有人一样怀着梦想，前行在追求幸福的路上。不同的是，我同时也携着父亲未了的梦想一起开始这次旅程。

　　这梦想就是"壮心未与年俱老，死去犹能作鬼雄"的洒脱，就是"俱怀逸兴壮思飞,欲上青天揽明月"的豪放,就是"星汉灿烂,若出其里"的美感,就是"勿以恶小而为之,勿以善小而不为"的旷达,就是"忧劳可以兴国,逸豫可以亡身"的感应,就是"夜阑卧听风吹雨,铁马冰河入梦来"的转机,就是"穷则独善其身,达则兼济天下"的坦荡。这梦想曾让心底嫣然,那点点润了阶前青石的雨滴,同样也润了心事。

实现对梦想的期许,任多少思念瘦上了斑竹,化一缕淡淡的惆怅。岁月就如同放

父女之间

在相册中的老照片,留下美好回忆,也脆弱了人心,但曾经的一段幸福时光里,有父亲的陪伴和殷殷教诲,足以令我终生感到富足,可以作为心灵的依托,慰藉我此后的人生。

我的中国梦,梦很长,从孩童到不惑,我的中国梦,梦也短,一个决定引领一生。

我的中国梦,就是成为一名优秀的检察官,在自己热爱的平凡岗位上,如我的父辈一样,潜心工作直至慢慢地老去,因为检察工作于我不是谋生的手段,它是我的理想,是我的事业,我敬之爱之。父亲对职位的平常之心,对荣誉的珍惜之心,对职责的敬畏之心,都让我深切领悟:位卑未敢忘忧国。

2015年,我来到侦查监督处工作。那一年,父亲去世十年,那一刻,我离父亲好近。有时候,面对十几册的卷宗,近10名犯罪嫌疑人,多起犯罪事实,要在7天的时间内完成全部的法律文书制作和提审工作,这7天会被我分解成168小时。要做阅卷笔录,提审犯罪嫌疑人,排除非法证据,根据现有证据,查明犯罪嫌疑人是否涉嫌犯罪,是否累犯,构成何罪,可能判处的刑罚、社会危险性分析,进一步做羁押必要性审查等。办案同时,对侦查机关的侦查活动进行监督,通过引导侦查取证工作,保证侦查活动的依法进行。从刑事立案到侦查终结的全过程,对适用法律、定性等实体审查,对收集证据、执行逮捕等程序审查。对于重大疑难复杂的案件还需要留出汇报案情、检察官联席会议的时间。每

一小时，每一分钟，都是珍贵的，来不及心疼自己，因为没有时间。下一个案件分来时，又会精神抖擞地去面对。太辛苦时，我会去想若是父亲会怎样面对这份工作。唯愿不辜负、不蹉跎，只将岁月温柔相待，留一份从容，多一些明澈，做一个有温度、有情怀的检察官。

参加全市检察机关"业务大练兵"知识竞赛（左一为笔者）

我想，一个检察官的梦想不会是斜阳巷里的浅吟低唱，无论是告别还是继续。父亲和我一起见证中国改革开放的四十年，人民检察院恢复重建的四十年。可以在惊艳的时光中求索，在成长的岁月里沉思，那份既有的美好和对未知的希冀，让人生更加积极。这梦想曾摇落了多少竹间风雨，又一任风雨圣洁了两代的寻觅。

法律监督工作任重道远，因为人类对公平与正义的永恒追求而充满魅力与希望。我从走进检察官队伍的那一天起，就深知自己的责任。选择检察官这一职业本身就要求我们去承担惩恶扬善的社会责任。宋·刘敞曾赞大理寺丞焦千之说："遭事不惑则知其节，临财不私则知其廉。"这是对执法者最高的赞美，也是当代检察官必须具备的职业操守。

虽然已是镜里流年两鬓残，但寸心自许尚如丹，依然谨记不愧苍天不负民的坦荡志向。面对未来，我们一起正道直行。二十三年的从检经历，让我在曾经激情与锐气的年纪，能够耐得住寂寞，守护对法律的认真和长情。或许，我也该感谢，我对检察工作的这份不舍。因为，多年的法律工作培养了我平和严谨的内心世界和不卑不亢的处世理念。

我坚信空谈误国，实干兴邦的道理。在对法律监督工作的认知中，发现曾经枯燥刻板的法律条文，其实盛载着一代又一代的检察人披肝沥胆的拳拳之心，肩负着维护社会稳定、提高执法公信力、保障人民安居乐业的职责使命。

在朝花夕拾，俯仰之间，常有一些情节，令人怦然心动或潸然泪下，行走在时光的流逝中，且记且思且悟。在对检察事业的追求里，我常有一种放不下的牵挂，一种如履薄冰的谨慎，更有一种日求精进的警醒。

人生有无数次的遇见，遇见美丽，遇见理想，遇见亲情，遇见幸福。人生最美的遇见不是擦肩而过的相遇，而是初见时就决定让梦想成为现实的渴望。曾经给梦想的一个承诺，变成了现在的坚守。对法律的敬畏和珍视，让我不曾停下脚步，执着地用最大的真诚和热情贡献自己的力量。我很幸运，遇见我们两代人为之奋斗的检察事业，并在努力前行的路上，能够遇见最好的自己。从青涩走到华发，初心不染，为了我们两代人的检察情！

作者为鞍山市人民检察院侦查监督处四级高级检察官

# 检察精神的传承

**洪 伟**

鞍山市人民检察院刑事执行检察处有个"传家宝"——一本巴掌大小的红色塑料皮工作手册,上面记载了1979年以来鞍山刑事执行检察处(监所检察处)的大事记及相关人员变动情况,堪称鞍山市院刑事执行检察工作的一部"史记"。

我是在搜集整理鞍山检察机关恢复重建40年来刑事执行检察工作情况的时候,从老同志那里找到这个工作手册的。手册上一页页、一篇篇,点点滴滴记录着过往的鞍山监所检察工作,大到获得高检院的表奖,小到某一篇材料在市院简报中发表,亦或是某项业务工作的统计数据,事无巨细,都认真地被记载着,让我们真真切切回到了当年,

鞍山市院执检处的"传家宝"
——一个红色工作手册

了解到了那个远去的时代的监所检察工作情况,同时也深深感受到老一代检察官们爱岗敬业、认真负责、无私奉献的精神。这个笔记本就是一个将优秀检察传统和检察精神代代传承的纽带,它承载了老一辈检察官对我们青年检察官的谆谆教诲和殷切期待。

笔记本的第一个记录人是王国峰,根据记载他从1979年开始在监所检察处工作,1993年因任政治部副主任调离。第二个记录人是姜欣,1997年3月调入监所检察处,2015年11月退休,先后在处里做过文字综合工作,任过驻监管支队检察室主任、驻鞍山市第一看守所检察室主任、监所检察处副处长。直到退休,姜处长一直在坚持记录着监所检察

处的"大事小情",在工作手册上留下最多笔墨的就是他。

我刚到鞍山市人民检察院工作时就认识了这位姜处长,因为他在新进人员培训班上给我们上了一堂精彩的关于监所检察工作的课。对于刚刚离开校门,走进检察院的我们,耳熟能详的是可以在法庭上慷慨陈词的公诉业务,或者是手持正义之剑惩治贪官污吏的反贪业务,监所检察业务距离我们很遥远,也很陌生。姜处长用了一个上午的时间,不仅为我们进行了专业的"科普",而且还将我们带进了一个真实的监所检察业务世界。他让我们知道了,原来在各个监管场所,也有检察人员工作的身影,而且还在发挥着不可或缺的重要作用,他们尽职尽责,用自己认真细致的工作,维护了刑事强制措施和刑罚执行的公平与规范。最后,姜处长用一句"欢迎你们将来成为监所检察处的一员"结束了他的那次授课,令我们这些检察院的"新兵"对从事监所检察工作产生了无限的向往和憧憬。

岁月如流,转眼十年过去了,我这个检察院里的"老人"终于调入已经改名叫作刑事执行检察处的监所检察处,有幸也成为"监所检察处的一员"。这时姜处长已经退休了,但是在日常工作中,我还会常常见到他的"影子",比如驻所检察电子系统是在他的带领下建立的,现在用的日志模板上还系统默认留着他的名字;在全国检察机关等级检察室评比中,他积极迎检,认真准备,驻鞍山市第一看守所检察室已连续5次被高检院评为一级检察室,一面面奖牌记录着他的不懈努力与无私付出;查阅巡视、约见谈话、"一志一账六表"的制作,他留下了规范详细的范本,为我们后辈提供了详尽而实用的学习教材,让我们少走了很多弯路;与看守所的老管教警察聊天,他的名字出现的频率最高,话语中满满的都是对他认真负责工作精神的肯定和认可……

曾经与姜处长一起工作过的同事,评价他虽然身材瘦小,但是骨子里却蕴藏了无穷的力量,不管什么时候都工作干劲儿十足。他每天都要将看守所三层楼所有的监室巡视一遍,坚持同在押人员谈心谈话,宣传法规政策,了解在押人员情况,受理各种举报控告材料,接待在押人员家属及律师反映情况;定期同看守所召开狱情分析会,为管教警察上警示教育课,查找看守所在监管过程中存在的问题和不足,及时提出纠正建议,避免事故发生;在重要节假日来临之前还要组织看守所及驻防的武警部队开展安全防范检查和应对突发事件情况演练，无论是监区内，还是锅炉、食堂、围墙附近都能看见他忙碌的身影。

姜处长还有一个优点，就是事必躬亲，只要自己能做的工作一定会坚持亲力亲为。他对电脑操作学习比较慢，为了弥补不足，就一遍

姜处长同在押人员谈话，进行权利义务告知，了解在押人员情况

遍向年轻同志请教，一遍遍认真地进行打字练习，平时写文字材料也不用别人帮忙打字，坚持自己慢慢敲键盘，最后居然把"二指禅"打字功夫练得极为熟练。通过学习电脑知识，他对派驻检察室信息化建设的重要性也有了更加深刻的认识。作为市人民检察院驻鞍山市第一看守所检察室主任，姜处长积极探索，带领相关技术人员研制建立了驻所检察电子系统，实现了驻所检察工作电子化规范管理，这套系统时至今日仍被鞍山的各个驻所检察室使用。同时，不断加强检察室信息网络系统建设，经过多次汇报沟通协调，实现了检察室与公安内网和检察内网连接，通过充分发挥信息网络化的优势，由静态监督变动态监督，进一步提高了监督效率。2004年5月鞍山市院监所检察处被高检院评为"全国检察机关监所检察网络化建设先进单位"。

最令同事们佩服的是姜处长在解决和清理超期羁押工作方面的执着态度。为了防止超期羁押，切实维护在押人员合法权益，每天巡视回来，他都要从微机中调出即将到期的在押人员名单，逐个给办案单位打电话，或者发出《催办通知书》，对于一次催办没有结果的，甚至还要第二次、第三次、第四次催办，他的办公电话经常是一天都处于占线状态中，同事们都开玩笑说比市长的热线电话还要忙。在实践工作中，很多微机中显示的超期羁押并非实质上的超期羁押，而是由于办案单位在程序上没有及时来看守所送达换押证或者延期通知书，个别办案人员错误地认为晚几天不算什么大事，下次提审的时候带过去就行了，所以对于姜处长一次次的催告，经常会表现出敷衍不耐烦，甚至有时候在言语中还很不

客气。面对这些困难，姜处长一不抱怨，二不气馁，始终保持一往无前的精神，不厌其烦地催办督促，直到将超期羁押案件解决。由于鞍山市院在解决和清理超期羁押工作方面取得的成绩较为突出，2003年7月31日，辽宁省委政法委在鞍山召开了由全省各市政法委书记和公、检、法三长参加的"全省超期羁押专项治理现场会"，会上推广了鞍山市院"依法履行法律监督职责，采取有效措施解决超期羁押问题"的经验做法。同年8月，高检院以文件形式转发了鞍山市院"转变执法观念，强化法律监督，建立长效机制，探索从根本上解决超期羁押的有效途径"的经验材料，8月下旬，在全省监所检察处长工作会议上，鞍山市院"采取有力措施，从根本上解决"假性"超期羁押"的经验在会上进行了介绍，鞍山市检察院被省院荣记"清理纠正超期羁押集体一等功"。

"不懂得历史，就不可能把握现在，更看不清楚未来！"我们不会忘记那些为新中国检察事业呕心沥血、奋勇前行的检察前辈们，不会忘记在漫长的中国检察史中涌现出来的那些事迹感人、成绩突出的先进典型人物，同时我们也不应该忘记那些在平凡的检察岗位上认真工作、默默奉献的普通检察官，正是这些普通人，通过他们的不懈努力为后辈总结出了更多成功的经验，这些经验对于我们坚持好、发展好、完善好中国特色社会主义检察制度是一笔宝贵的精神财富，也正是一代又一代检察人用理想和信念筑起了人民检察事业的大厦，用智慧和汗水创造了并正在创造着人民检察事业辉煌的今天。

面对新形势、新任务，我们重任在肩，每一位检察人都要传承发扬优良检察传统和检察精神，接过前辈们亲手递过来的接力棒，按照最高人民检察院党组书记、检察长张军的要求，以习近平新时代中国特色社会主义思想为指导，以等不起的紧迫感、慢不得的危机感、坐不住的责任感，讲政治、顾大局、谋发展、重自强，扎实推进各项检察工作，向党和人民交上一份满意的答卷。

*作者为鞍山市人民检察院刑事执行检察处一级检察官助理*

# 一名检察老兵的诗和远方

马 军

如今很流行这样一句话：生活不只有眼前的苟且，还有诗与远方。那么对一名检察官而言，诗和远方指的又是什么呢？对蒋景义来说，检察人的"诗"，就是扬眉剑出鞘，就是铁肩担道义。检察人的远方，则意味着一次又一次义无反顾的出发，意味着侦办案件时不舍昼夜的八千里路云和月。

鞍山市铁东区人民检察院副检察长蒋景义，是一名在检察战线奋战了24年的老兵。在从事检察工作之前，蒋景义同志从军14年。熔炉一般的军旅生活，锤炼出他钢铁一般的意志品质。对党忠诚，能打硬仗，敢于担当，乐于奉献——是刻在他心间的信念，是融化进他血液中的誓言。

蒋景义工作照

在部队，他三次荣立个人三等功，1992年被总政授予全军基层先进党支部书记称号。

1994年，蒋景义从部队来到检察院工作，岗位和角色的转换，并未磨损掉这份军人的底色。他觉得检察官和军人一样，都是人民利益的守护者，"人民检察为人民"这句话被他牢牢刻在心头。为了尽快适应检察工作需要，他保持部队的光荣传统，发扬"钉子"精神刻苦钻研业务，努力去学习法律知识和检察业务。经验丰富的老检察官、高学历的新检察官，都成了他的老师。为了战胜退化的记忆力，他把知识要点记在随身携带的小本子上，短短半年，就记满了整整 6 本。在这份刻苦努力下，他很快成为铁东院的一名业务尖兵。24 年来，面对公诉、批捕、控申、反渎等岗位上层出不穷的新情况、新问题，他啃下了一块又一块的硬骨头，靠的是深厚的业务功底，靠的是无数实战磨炼出的检察官独有的敏锐嗅觉。

2007 年 9 月，鞍山市一个涉黑案件的犯罪嫌疑人孟某被公安机关抓获，经审查发现，孟某曾因盗窃罪被判处无期徒刑。孟某提供的在新疆第一监狱服刑时的减刑、假释及释放证明，均系伪造。得到这一线索后，蒋景义第一感觉就是这一案件可能会有相关人员的渎职行为。为此他及时请示上级，获得最高人民检察院指定管辖权。在院领导的支持下，他积极与上级院、公安机关沟通，组成联合办案小组赶赴新疆，制定多套办案应急预案。到达新疆后，他更是精细严谨，有条不紊地展开取证、抓捕工作，在获得预期证据后，对方某等三人实施抓捕，并按预定方案安全将三名犯罪嫌疑人带回。回到鞍山后，他克服长途奔波的疲劳，全面展开突审攻艰，适时地改变讯问场所、羁押场所，进行政策攻心、心理疏导，经过多次交锋，成功地拿下了三名犯罪嫌疑人的供述。

此案是鞍山市铁东区检察院渎检工作第一个由最高检察院指定管辖的案件、第一个远赴异地少数民族地区实施抓捕的案件、第一个采取逮捕强制措施走全案侦、捕、诉、判全程的案件。这些个"第一"对蒋景义来说并不重要，重要的是：从辽宁鞍山到新疆乌鲁木齐，检察官守护的公平与正义，并未因为地理距离上的遥远而缺席、缺位。

在铁东院乃至鞍山检察系统，蒋景义有多种"称谓"。"老蒋"是最常见的，夜以继日的工作，早早就让他的两

辗转千里带回犯罪嫌疑人

鬓凭添了白发，叫他"老蒋"实在贴切。还有人叫他"蒋超人"，那是因为他一旦查办起案件来就陷入忘我工作之中，仿佛浑身有使不完的力量和精力，任何困难在他面前都显得那么微不足道。2008年，在反贪局办案人员紧张的情况下，蒋景义同志受命带领科内同志，协调公安机关远赴牡丹江对犯罪嫌疑人进行抓捕，经过48小时2200公里的追踪，终于将犯罪嫌疑人缉拿归案。这种办案效率与工作激情，实在令人叹为观止。

而他最广为人知的称谓，还是"蒋克星"——职务犯罪的克星。自2008年从事反渎工作起，蒋景义先后主办和指挥侦查职务犯罪案件72件79人，件件办成精品铁案，为国家挽回经济损失2000多万元。

坚韧、果敢、敏锐，胆大心细，不畏艰险，使他屡破渎职大案。特别是2009年，蒋景义和他的反渎团队足迹遍布8省21市，抓捕嫌犯48人，取证千余件，成功告破高检院交的非法认定驰名商标渎职大要案，其中重大案件9件，特大案件16件。这一案件在辽宁省检察系统创下了四个第一，即第一个涉案法官最多的渎检案件，第一次有如此之多律师涉案，第一次由基层检察院侦办如此规模的大案要案，第一次由基层检察院协调多方兵力，以大规模兵团的形式侦办案件。全省检察系统查办职务犯罪四个之最，他个人也被省院荣记个人一等功。

作为检察官，成功侦办非法认驰案，是蒋景义办案经历里最浓墨重彩的一笔，也是他从事反渎工作以来最铿锵的一次亮剑。这是一起律师与法官相互勾结，通过司法诉讼骗取驰名商标认定的新型渎职犯罪。涉案背景极为隐蔽，涉案情况极为复杂。我国认定驰名商标的方式分为工商行政认定和司法认定两种。工商行政认定由国家工商总局商标局和商标评审委员会负责。司法认定则是人民法院在审理商标纠纷案件中，根据当事人的请求和案件的具体情况，可以对涉及的注册商标是否驰名依法作出认定。企业通过工商部门认定驰名商标，往往需要一到两年。相比之下，司法认定成了获得"驰名商标"称号的一条"捷径"。2009年到2011年期间，我省的抚顺、朝阳等多地爆发了一系列司法腐败案，根源就在于这一条"非法认驰"黑色利益链——律师找案源、制作假侵权网站和假的企业实力资料，法官造假案、造假判决书。律师与法官，每一个案子少则获利数万元，多则获利四五十万元。

2009年3月16日，铁东区院接受最高检和省院交办，正式开始查办这一非法认驰案，在专案开始以后，蒋景义和专案组的同志，数次南下浙江、江苏，北上黑龙江等地，横跨6个省区驾车行程数十万公里，在办理专案的数月中几乎没有回过家，有时都不知道白天和黑夜。他儿子从云南昆明放假回鞍山，他没有陪儿子吃过一顿饭，突审阶段，经常一个星期睡不上一宿好觉。长期劳累使他查案过程曾三次冠心病复发入院，医生要求他马上进行介入手术，可他却揣着急救药，一次次"逃"回了办案的征程。"宁可少活十年，也不能让工作留遗憾"——蒋景义用这句话，激励自己在身体到达极限的情况下，仍然坚持坚持再坚持，拼搏拼搏再拼搏。于是，在案件侦办工作圆满完成的时候，他的心脏上增添了2个"支架"。这是成功查办非法认驰案的代价，也是铭刻在他心头的"特殊徽章"。

办理2009年非驰名商标案件时集体讨论案件的场景

2011年，非法认驰案尘埃落定。所有涉案法官均认罪服法，庭审过程中无一人翻供，所有律师和中介人员全部移送审查起诉，诉至法院的律师也均获得有罪判决。整个办案过程无一办案事故发生。在案件的查办过程中，还有更多的细节和故事。有的涉案律师、中介人员提出要用价值千万跑车来和蒋景义换人，也有法官家属提出只要放人什么条件都可以谈，更有许多人找各种关系来说情。当这些人千方百计企图用人情和金钱来换取这份公正的倾斜之时，蒋景义断然毅然地予以回绝——他用公正廉洁恪守住了职业操守，维护了检察官的职业荣光。他经常说，"我必须用双手捍卫天平的公平和正义，我必须用双脚走出一条公正廉明之路。"

这是朴实无华的话语，更是掷地有声的誓言。这就是蒋景义——一名检察战线上老兵，一名从检24年，历任书记员、助理检察员、检察员、检察委员会委员的老兵，一名先后在公诉、侦查监督科、控告申诉检察科、办公室、反渎局、副检察长等岗位上工作过的老兵。无论在哪，他都勤勤恳恳，任劳任怨，在本职岗位上做出了突出的业绩。先后荣获省检察系统先进个人，省诉讼监督年先进个人；最高人民检察院授予"全国检察机关反渎系统侦查办案、业务标兵"称号；分别于 2011 年和 2016 年被最高人民检察院评为全国反渎职侵权系统一级侦查人才库成员和全国反贪污贿赂总局二局一级侦查人才库成员等殊荣，并相继荣立个人一等功 1 次、三等功 8 次。

他把人生最好的年华奉献给了检察事业，从检 24 年，他奔走在查办案件的道路上，以忠诚、干净、担当为检徽增添光彩；从检 24 年，他克服艰难险阻，始终奋力作为，被誉为鞍山检察战线上的"铁人"；从检 24 年，他不忘初心，牢记使命，以无悔忠诚谱写出属于检察人的最美诗篇。

**作者为鞍山市铁东区人民检察院法律政策研究室五级检察官助理**

# 不忘公诉初心　牢记检察使命

田　琦

在鞍山市人民检察院每当提到"老万"时，人们都不约而同地流露出钦佩的神情。"老万"名叫万威力，是鞍山市人民检察院公诉二处员额检察官。"老万"其实不老，但绝对担得起"资深"两个字，从检三十多年，办案上千件，无一错漏，他以深厚扎实的法律功底、严谨朴实的工作作风、善良忠厚的为人之道，诠释着对检察事业的忠诚、干净、担当，展现了他对检察事业的忠诚、清正廉洁的作风、忠厚热情的为人。

## "老万"也爷好

法条、司法解释信手拈来，有时大家称呼他"万百度"，他开心地笑笑，俯下身继续工作。众所周知，审查起诉是检察机关的"重头戏"，是检察业务精英扎堆的部门，在这里，他不是最光彩夺目的，却是大家最信任的，也是最让领导放心的。多年的审查起诉工作中，他凭着对事业的无比热爱，对公平正义的不懈追求，客观公正地审理了上千件案件，无一错漏，准确率百分之百，经他办理的百余件在社会上有

团结一心的鞍山市院公诉二处

重大影响的重、特大、疑难案件，取得了良好的法律效果和社会效果，受到了社会各界的广泛好评。只要交到他手上的案件，无论简单还是疑难复杂，他都会一头扎进去，孜孜不倦，越是急难险重，他越是迎难而上，直到把千头万绪厘得清清楚楚，把案子查得明明白白。他承办的贾某某诈骗、行贿一案，对处理通过诉讼手段骗取国有资产的新型犯罪进行了有益的探索，该案被评为检察机关运用检察职能为经济发展大局服务的典型案例。他承办的金某某、孙某、孙某某三人合同诈骗、受贿、玩忽职守案，被鞍山市政法委选定为报送"维护社会稳定重大工作成果"之一。

2017年，他在办理刘某某等四人虚开增值税专用发票3.5亿元的特大虚开增值税专用发票案过程中，面对浩繁的证据材料，他对每起虚开增值税发票事实逐笔核实，敏锐地在细微处发现相关犯罪线索，对侦查机关提出详尽的补侦意见，不辞辛苦会同侦查人员往返多地落实相关证据，终于使案中犯罪嫌疑人的大量犯罪事实得以追加，为国家挽回巨额税款损失。他曾先后荣立个人二等功一次、三等功四次，多次受到省市嘉奖，被评为2011-2013年度鞍山市直机关工委优秀共产党员。他用行动证明自己，忠诚履职，初心不改。

## "老万"守规矩

在他心里有一份坚守，那是对法律的敬畏，是对检察官职业的忠诚，也是他不可逾越的底线。案子来了，打听消息的、说情的也会来，都觉得他是"红脸汉子"，好说话，可是，在案子的问题上，他是没商量的"铁面"，因为在他心里，法律比天大，公正重如山。去年夏天，他办理了一起故意伤害案件，由于是多名嫌疑人共同犯罪，认定谁是主犯至关重要。办案过程中，各种关系的说情人轮番上场，物质诱惑、情感沟通等戏码一并上演，他反复地解答着相关法律规定，说到自己精疲力尽。可对方仍然不理解，就是觉得他死心眼、不办事，渐渐地恼羞成怒，说情升级为谩骂甚至威胁。面对如此种种，他自岿然不动，阅卷、讯问、取证，一切按部就班依法进行，在繁杂的证据中火眼金睛般发现了最关键的证据，在公安机关的配合下，补齐证据链条，准确锁定主犯。被害人家属找到他，感激涕零，他淡淡一笑，"不用谢，一切本该如此"。他用行动证明自己，两袖清风，此心坦然。

2016年，鞍山市发生了一起五人集资诈骗1.9亿元的特大集资诈骗案，面对堆积得像小山一样的卷宗和1900多名群情激愤的被害人，许多人怕接手这样的案子惹麻烦、担责任，都采取着回避的态度。在此情况下，万威力同志主动接受了此案，他除认真审查每起集资诈骗事实外，面对众多被害人的多次上访，认真听取来访的被害人的诉求，耐心解释被害人提出的误解，通过宣传法律和讲明道理达到息诉息访的目的，为维护社会稳定做出巨大贡献。此外，万威力同志协同侦查人员往返奔波，为被害人挽回近千万元的经济损失。

## "老万"懂配合

作为从事审查起诉工作多年的检察官，他深知干好每一项工作离不开团队的配合，一个团队中每一名成员都积极地发挥出自己的光和热，这个团队就会无往不胜，而个人的得失和团队工作目标相比，永远是微不足道的。2015年10月，万威力同志受指派参加了高检院指定鞍山市院管辖的"梁滨受贿案"专案组，他与组内同志团结协作、克难奋进、恪尽职守，主动放弃节假日休息，加班加点，忘我工作，无私奉献。圆满完成了承担的各项工作任务。万威力同志按分工负责审查侦查机关讯问犯罪嫌疑人梁滨同步录音录像的工作，他秉着严细认真、一丝不苟的态度，对侦查过程中讯问梁滨案的涉案人员28人40余盘光盘细致审查，形成《专题审查报告》报高检院。在审查中对前期工作中的疏漏之外提出补救意见，积极完善证据，确保了相关证据形式要件的完备。在审查起诉过程中，他勇挑重担，多次不辞辛劳，长途奔波，与侦查部门赴山西、河北、北京等地对涉案的多名证人进行调查取证，有时对一个关键问题数次往返查证，期间寻找、询问证人20余人次，确保了该案的案件质量。他还配合侦查机关依照法律规定及时办理赃款赃

老万开庭

物的续冻手续，为在起诉书中准确表达相关事实起到了重要的作用。他负责送达、告知、退补等换押手续及被告人的押解工作，并多次克服困难，往返鞍山至北京秦城监狱之间，及时、准确、安全地完成任务。他认真负责地工作，为梁滨受贿案的顺利提起公诉起到了有力保障作用。在该案的审查起诉过程中和庭审准备阶段，他和专案组的同志一道审阅大量卷宗及证据材料，提出补充侦查意见，积极认真参与讨论，客观地发表对案件事实的看法，依据法律和事实提出自己的认定意见，对案件保质保量地提起公诉和圆满庭审起到了积极作用。

## "老万"重情义

有困难的地方就有他的身影，光环闪耀的时刻他会默默走进人群中，"赠人玫瑰，手留余香"是他内心对幸福的定义。在公诉二处，人们似乎有一个习惯，需要帮忙找谁？答案是一致的，"老万"。案子太多了，他会说，"多给我分两个"；提审人不够了，他会放下手里的活，"我和你去"；

老万在作报告

这个案子复杂，有一定风险，他会毫不犹豫，"交给我吧"，这就是"老万"，一个可爱又可敬的公诉人。随着司法责任制改革的深入推进，鞍山市基层检察院办案力量不足的问题凸显，市检察院党组根据《关于新形势下加强全省检察队伍建设的实施意见》，结合我市工作实际，2018年4月，鞍山市人民检察院决定从市检察院选派员额检察官到基层院开展帮扶工作，"老万"主动站出来，响应院党组号召，克服自身工作、生活困难，主动请缨支援台安县院检察工作，"老万"成为司法改革后鞍山市检察机关第一名帮扶基层院工作的员额检察官。截至目前，"老万"已参与办案40余件，占台安县院公诉案件数量的20%左右。他深知，在一个团队中，顾全大局是老同志的基本素养，"舍"与"得"是内心的一种境界。他用行动证明自己，勇于担当，无怨无悔。

他是平凡的，许许多多他这样的平凡，成就了检察事业的神圣；他是可敬的，点点滴滴的可敬之处成就了法律人的尊严；他是光荣的，千千万万的光荣成就了共产党员的高尚。

这就是"老万"，不要人夸颜色好，他就在那里，默默地付出，静静地绽放。

作者为鞍山市人民检察院政治部宣传教育处副主任科员

# 不变初心 我的检察情

张 禹

从初入检察系统那天开始，我就深知，国徽的背后是党、国家和人民的重托，光环是国家与人民给予的，我应该将这道光环化成刺向黑暗的利剑，除暴抑强；化成温暖的阳光，扶弱安良。

作为一名检察官，在维护公平与正义的道路上，我奉行法律至上的准则，但更倾注着自己作为一名女检察官的一份情——对岗位的热情，对被害人的温情，对当事人的真情，对执法的深情。

记得在2012年7月，正值公安机关严厉打击经济犯罪活动和清网行动期间，科室受理的案件是往年同期的两倍，科里人手却异常紧张，常常是只有我一人全职、全天候坚守工作的局面。

张禹工作照

为了能将工作完成好，我每天早到、晚走，白天把科内的工作都抓了起来，提审、讯问嫌疑人，走访、询问被害人，撰写、修改审查报告……晚上，抓紧时间阅读卷宗，对案件证据一一审核。两个多月的坚持，没有请过一天假，也没有休过一个完整的周末，那段时间里，我记忆最深刻的，是炎热夏日里天色从明到暗的场景，不知道是多少次，最后一个走出办公大楼。

当然，检察工作仅仅靠一份热情是不够的，办理案件时，需要的是内心对这份事业的一份深情，这份深情让我永不言败，勇往直前。

## 法律是利刃　除恶勇亮剑

2012年，科室受理了一起涉黑案件，是鞍山近年来少数涉黑大案之一，影响范围广，情节恶劣，涉案人数众多，起诉罪名繁复，只卷宗就有二十四册。

重担落在了我的肩上。

犯罪嫌疑人时供时翻，反反复复，极不稳定，早已在意料之中，可我没想到的是，对被害人的复核竟也异常艰难。被害人大多拒绝沟通。

"对于这件事，没啥好谈的，也不想再谈了！你不要再找我了。"

接下来是一长串电话的盲音。

一通努力下来，结果吃了闭门羹，我的心里感到很委屈。

面对办公室窗外的茫茫夜色，有些浮躁的内心迅速平静了下来，我对自己说：无论有什么委屈，无论有什么困难，都不能忘了，你是一名检察官！

整理心情，我继续与被害人沟通。十几通甚至几十通的电话，被害人终于开口了。原来嫌疑人的余威仍在，被害人担心遭到报复，敢怒不敢言。了解到问题所在，我开始做被害人的工作。

一次次的被拒绝，换来的是一次次的迎难而上；一次次的被冷漠，迎来的是一份深情地坚守，不断和被害人沟通，动之以情，晓之以理。我与被害人彼此间的距离在一次一次长谈中被拉近，我用真挚的情感化解了被害人内心的坚冰，完成了案件的破冰之旅。

本着对案件负责，对当事人负责的态度，我用最快的速度、经过多次斟酌和完善，写出了三百多页、15万字的审查报告和出庭预案，圆满完成了审查起诉的任务。

这个案子，只是我办理的公诉案件中的一起。工作以来，在办理的近千件类型繁杂的案件中，我没有丝毫的懈怠，始终怀着一份对政法工作的深情，保证了这近千起案件中没有一起错案和瑕疵案件。

同事曾问我，是什么支撑着你扛起那么多工作？我想到了诗人艾青，他的诗里曾说："为什么我的眼里常含着泪水？因为我对这片土地爱得深沉……"而对于我这样一位女检察官来说，能够让我坚持不懈的同样是一个情字，是深藏在内心的那一份对检察工作的热情。

任凭犯罪嫌疑人如何强硬，如何狡辩，不会让我退缩，反而让我更加努力地投入到案件办理中，都不放过任何一条蛛丝马迹，保证案件的严谨严密，将案件办好办实，以法律的利刃斩断罪恶之手。

## 法律是阳光 公诉有温情

在我心中，司法的任务从来都不只是惩治和预防犯罪，不是一味打击，而是要严宽相济。多年的司法实践使我领悟到，公平正义不仅体现在判决上，更体现在调解上，一份设身处地为当事人着想的真情，更可以为检察工作增添一抹温暖的亮色。

多年的公诉工作，我见过成百上千名被害人。

有人气势汹汹，拍桌子："你们检察院是干什么吃的？"

有人掩面流泪，很无奈："什么办法都没有了，只有求您了！"

有人嘶哑地哭，是绝望："检察官，帮帮我吧！"

我的内心一次又一次被震动，而每次遇到这样的情况，我都会以温情化解他们的冲动、无奈和绝望。

面对被害人，让一个座，送一杯水，递一张纸巾，给一个微笑。

此时，我不会把自己当成一名检察官，而是以一个普通人的身份安静地倾听他们诉说心中的苦恼，让他们的情绪得到释放，之后以一名检察官的职责还被害人以公平与正义。

我曾经受理过这样一个案件：一位女儿对自己癌症晚期、卧病在床的父亲照顾不周，大伯看不过眼，于是与自己的侄女起了口角争执，进而动手相向，造成侄女轻伤的后果。

百善孝当先，在父母病床前尽孝本应是每位儿女应尽的责任和义务；儿女疏于照顾老人，作为长辈加以教育本无可厚非。但由于双方法律意识的淡薄，在发生口角后不但没有解决问题，反而变本加厉发展到了肢体冲突。

面对这个案件，我首先感到的是诧异：血脉亲情，根本不至于到这个地步。另一点也很重要，作为嫌疑人的大伯是一名退休老人，全家指着这一份退休工资度日，如果这个案子判下来，大伯的退休工资等方面都会受到影响，这样一来，即使有了法律上的判决，表面上问题解决了，但双方潜在的纠纷还是不能彻底解决，甚至可能还会引发不必要的纠纷。

从双方当事人的角度出发,我认为只有促成和解才能更好解决这个案子,而和解关键就在于一个情字,靠的是双方当事人割舍不断的亲情。

但调解这条路却并不好走。

"我对我父亲不好,他凭什么打我?"

"我是大伯,看到晚辈不对动手有啥错?"

双方都认为自己在理,态度强硬,拒绝调解。

即便如此,从几次沟通中,我能感觉到,双方其实都有和解的意愿,只是为了一个面子而已。

之后又进行了多次约谈,向他们陈述利害,或许是感受到了我的真诚与真情,终于双方的态度缓和了下来。

大伯说:"我这么大岁数了,怎么能放下架子给小辈儿认错?"

侄女说:"我被大伯打了,还是因为不孝顺,这事让我以后怎么抬得起头?"

这个时候,考虑到双方当事人的心情,我建议他们找了一名中间人从中带话、缓和关系、进行调解,成功使双方放下了芥蒂,促使双方达成民事和解协议,并就患病老人的照料问题协商后达成一致,重归于好。

讯问嫌疑人

最终,我们作出了不起诉决定,面对嫌疑人的激动和感谢,一种只属于检察官的骄傲油然而生。如果说法律是阳光,那么一名检察官的真情则是雨露,阳光雨露共同维护着公平与正义。

我知道,我的工作中没有荡气回肠的豪言壮语,也没有惊天动地的壮举伟绩,但我的心中深藏一份越来越浓厚的情,热情、深情、温情、真情……

十年的公诉岗位的历练,有过苦、有过累,有过与犯罪嫌疑人的苦苦周旋,有过对被害人遭遇的感同身受,我始终保持积极的心态,并领悟到了作为一名公诉人的骄傲和自豪。在今后的工作中，我将继续在这个捍卫法律尊严、维护公平正义的岗位上，以一颗多情的心，去维护法律的神圣、践行公诉职责，将无悔的年华投入政法维护公平与正义中去！

作者为鞍山市铁西区人民检察院刑事检察二部二级检察官

# 绽放在检察系统的铿锵玫瑰

陈 妍

远远的,一个目测一米七的女孩笑盈盈地走进立山区人民检察院,笔挺的检服衬着她苗条的身材,白皙的脸庞上五官端正,最惹人注意的是那对酒窝,让人立刻有种亲切、友善的感觉,她就是鞍山市立山区人民检察院公诉科副科长陈妍。提起陈妍,同事们都不自觉地竖起大拇指。这个从检 15 年的漂亮女检察官,曾获得鞍山市检察系统个人三等功、公诉业务竞赛个人风采奖,并多次荣获鞍山市政法系统"人民满意政法干警"、鞍山市检察机关先进个人等称号,是鞍山市检察系统名副其实的铿锵玫瑰。

## 严审细查 镌刻公诉情结

从 2004 年进入立山检察院公诉科工作以来,陈妍同志热爱检察事业,从一名书记员做起,无论是从事公诉科的内勤工作,还是承办各类刑事案件,她始终保持着一颗为党、为人民、为检察事业矢志奋斗的赤子之心。研究生毕业的她法学理论功底扎实,虚

陈妍同志同检察长、主管副检察长、反贪局局长、公诉科科长共同研究挪用公款案件

心向老一辈检察官学习，长时间的公诉岗位磨炼，让她对公诉业务了如指掌，审查、庭审业务更加精湛。

在审理一起多人涉嫌非法拘禁的案件时，通过询问被害人、讯问犯罪嫌疑人，她发现案件的起因是被害人到犯罪嫌疑人所在的工地盗窃未遂，导致多名犯罪嫌疑人限制被害人人身自由，最后犯罪嫌疑人中的三人殴打了被害人，并造成其轻伤的结果。被害人的陈述和犯罪嫌疑人的供述，陈妍发现案件的定性存在明显的错误，多名犯罪嫌疑人的先期行为是公民发现违法犯罪分子后控制其人身自由，并依法向公安机关报警的合法行为，而被害人轻伤的结果是三名犯罪嫌疑人的后期行为造成，那就意味着只有三名嫌疑人的伤害行为涉嫌刑事犯罪，此案定性为非法拘禁显然于法无据。经过陈妍同志的严审细查，公安机关将非法拘禁案件撤销，以三名犯罪嫌疑人涉嫌故意伤害罪重新移送审查起诉。陈妍同志曾经说，她办理的案件中很多犯罪嫌疑人不懂法，他们往往不明白自己怎么就成为犯罪嫌疑人，所以即便办案人为他们争取了权益，他们也不明所以。但是每当经过自己的审查，还原了案件真相，使当事人享受到法律给予的权利，她的心中总会有一种莫名的骄傲，那大概就是身为法律人的正义感，所以在公诉工作中无论她遇到多大的困难，总是对自己和同事们说，至少我们可以用法律保护一部分人，至少我们审查的案件经得起时间和法律的检验。

### 精益求精　展现公诉风采

作为一名公诉人，陈妍同志始终坚持严审细查是前提，公正起诉是关键，而出庭公诉是对审查、起诉的最终检验，当公诉人在庭审过程中，向法庭一一呈现起诉书所认定的事实和证据时，公诉人才会给自己承办的案件画上一个完美的句号。因此，她认真对待每一个案件的庭审，经常与同事们探讨庭审中遇到的各类问题，及时总结经验。

在办理王某某故意伤害一案中，她注意到被告人在与两名被害人的争执过程中，利用语言故意刺激被害人追打自己，然后凭借自己学习过散打的经验，用卡簧刀将两名被害人扎成重伤，在庭审过程中被告人果然利用上述事实辩解自己的行为是正当防卫，面对狡猾的被告人，陈妍同志不急不躁，当庭出示现场监控视频，详细分析被告人的行为轨迹、身体姿态，并利用被害人身体的伤口数量、损伤程度向法庭举证被告人系故意挑唆被害人追逐自己，再利用身体优势重伤两名被害人的事实。在公诉人充足的客观证据面前被告人不得不当庭供认了自己的犯罪行为。

陈妍同志曾经在日志上这样写道："法庭很小，人生很大。公诉人的人生，注定是在方寸舞台上绽放的人生，一名公诉人，每一次走上公诉席，都应当充满斗志、渴望胜利！"一次成功的出庭，对于公诉人而言，就如同一名战士在战场上凯旋。正是凭借着对公诉工作孜孜不倦的钻研精神，她连续三年代表立山检察院参加鞍山市检察系统的公开庭评审活动，获得了市检察院评审团的好评，成为鞍山市检察系统公诉工作的业务骨干。

## 女性柔情　诠释公诉情怀

作为一名女检察官，陈妍同志以女性特有的善良和细腻，对每一个案件的当事人循循善诱、释理说法，将案件的法律效果和社会效果相结合，赢得了当事人及其家属的尊重。

在办理丁某故意伤害案件中，犯罪嫌疑人供述已经与被害人达成和解，但是和解协议竟然是"零赔付"，这让办了10多年案子的她很是吃惊。她找来被害人家属了解情况，被害人的父亲认为嫌疑人和自己的儿子同龄，希望检察机关给嫌疑人一个机会，他认为教育一个人，刑事处罚不是最好的方式。被害人家长的话给了陈妍

侦查监督科和公诉科全体干警业务学习，陈妍同志结合自身工作谈审查案件心得

同志很大的启示，检察机关的真正职能是什么？经过深思熟虑，她向检委会提出相对不起诉意见。根据法律规定，在故意伤害案件中，如果嫌疑人确实有悔罪表现，并赔偿被害人损失，可以适用轻缓刑事政策，但是"零赔付"后作出不起诉的案件在立山院乃至鞍山市检察系统仍属首例。陈妍同志办理案件公正公平，又不乏人文关怀的工作作风得到了市、县两级检察机关的认可，《辽宁法治报》以《陈妍：让经办案件经得起考验》为题目报道了她的先进事迹。

### 任劳任怨 攻克公诉坚冰

陈妍同志对工作具有高度的责任心，办理案件任劳任怨、一丝不苟。2016年上半年，鞍山市公安局立山分局发现鞍山市区多个以传销模式组织的诈骗窝点，鞍山市公安局统一部署成立4·12专案组，组织鞍山四城区30多个派出所、200余名公安干警侦查查处了倪天国等114名传销人员利用网络实施诈骗、传销的犯罪事实。2016年7月至9月，鞍山市公安局立山分局、千山分局、铁西分局、铁东分局分别将案件移送我院审查起诉。在立山院公诉部门办案人员少、案件起诉期限集中的情况下，院领导指派陈妍同志带领王蕊、许美娜成立专案小组。因该案涉案人员均为外来人口，分别羁押在鞍山市、海城市多个看守所内，陈妍带领专案组成员不分节假日，审阅卷宗材料上百册，制作讯问笔录100余份、形成上千页的审查报告和起诉书，最终于2017年2月将案件全部起诉至鞍山市立山区人民法院。2017年2月至2017年8月间，经立山法院开庭审理，陈妍等同志出庭30次，完成了对113名被告人涉嫌组织、领导传销活动罪、诈骗罪、传授犯罪方法罪的法庭指控，截止到2017年9月，起诉被告人均被判处有期徒刑以上刑罚。

### 日积月累 成就公诉精英

2013年成为公诉科副科长以来，陈妍同志主动承担科内疑难复杂案件，勇挑重担。六年来，陈妍同志提前介入并办理了立山检察院职务犯罪案件27件55人，其办理的职务犯罪案件涉及鞍山市社保局、鞍山市住房公积金管理中心、鞍山市精神病鉴定中心、鞍山市立山区动迁办、立山区沙河街道办事处、铁西分局陶官派出所、辽宁冶金地质勘查局地质勘查研究院等多个政府部门和事业单位。经过她的严审细查，起诉至立山法院的职务犯罪被告人均被作出有罪判决，为国家挽回经济损失数百万元，在全地区取得了良好的社会效果。

2016年12月5日，立山院依法受理由抚顺市公安局侦办、辽宁省人民检察院指定办理的杨某破坏选举案。杨某系辽宁省全国人大代表，作为辽宁贿选案的嫌疑人之一，社会影响力大、群众关注度高。陈妍同志作为立山院公诉科办案骨干，成为该案的主要承办人，在案件办理过程中，她始终保持高度的政治觉悟和严谨的工作作风，在鞍山市人民检察院检察长、公诉处的指导下，在本院领导和同事的协助下，集中阅卷、制作补充侦查提纲、审查报告、起诉书等法律文书，仅用一周的时间就将案件起诉至立山法院。立山院作为鞍山地区出席法庭支持辽宁省贿选案件的首家检察院，2017年辽宁省公、检、法三家同步播放贿选案的法庭审理工作，法庭上公诉人有理有据的公诉指控使被告人认罪伏法，并真诚悔罪，庭审得到了辽宁省司法系统的认可。

陈妍同志时刻以一名共产党员的标准严格要求自己，淡薄名利、交友谨慎。她坚持与人为善，团结同志，悉心指导年轻干警。在她的影响下，立山检察院公诉队伍涌现出一批负责任、有担当、业务能力强的年轻检察官，使公诉科成为立山检察院的中坚力量。

铁肩担道义，执法为人民。作为党员检察官，陈妍同志始终保持干事创业、开拓进取的精气神，她手握戒尺、心存敬畏，用一个又一个铁案践行着一名检察官忠于党和人民、忠于宪法和法律的伟大使命。

作者为鞍山市立山区人民检察院公诉科二级检察官

# 抚顺市人民检察院篇

## 开篇语

光阴荏苒，抚顺市人民检察院伴随着共和国人民检察事业的发展，已经走过68个春秋。

抚顺位于辽宁省东部，是清王朝的发祥地。这里，诞生了新中国的第一桶油、第一吨铝、第一吨镁、第一吨硅、第一吨特钢、第一台挖掘机，是辽宁省重要的工业基地，素有"煤都"之称，也是雷锋同志第二故乡。1950年12月，抚顺市作为中央直辖市设立了市人民检察署。1954年12月，更名为抚顺市人民检察院。1968年1月，抚顺市人民检察院由部队实行军事管制。1978年9月，中断十年的抚顺市人民检察院及各县、区人民检察院正式重建。40年来，抚顺市人民检察院

抚顺市人民检察院庆祝建党96周年
暨"两学一做"常态化制度化推进大会

辽检情怀

抚顺市人民检察院办公大楼

与改革开放同行，与新中国的法治建设同步，历经风雨砥砺前行，各项工作长足发展，抚顺检察事业迎来全面发展的机遇期。

抚顺市人民检察院于2010年6月搬迁至抚顺市顺城区新城路中段39号，办公大楼设计科学合理、功能先进齐全，总面积24000平方米，达到历史最好水平，为履行法律监督职责提供了重要的物质保障。2012年，市检察院被最高人民检察院评为全国"两房"建设先进单位。近几年来，全市检察机关装备保障水平进一步提高，信息化建设逐年提升，科技强检迈出坚实的步伐。

抚顺市人民检察院现有内设机构17个、直属事业单位1个，下辖7个县、区检察院和3个派出检察院。全市两级检察院共有508人，其中政法干警482人（员额检察官190人、司法辅助219人、司法行政73人）。经过近十年检察人员招录，检察队伍整体趋向于高学历、年轻化，本科以上学历干警占83%，硕士以上占12%，40岁以下干警占50%。队伍的专业化水平也逐年提升，具有检察官资格或通过国家司法考试人员占85%。

党的十八大以来，抚顺两级检察院在省检察院和地方党委的坚强领导下，在人大、政府、政协及社会各界的监督、支持和帮助下，紧紧围绕抚顺转型升级绿色发展的工作大局，积极履行宪法和法律赋予的职责，各项检察工作取得新的成效。两级院党组始终坚持党对检察工作的绝对领导，发挥关键少数作用，坚持抓班子带队伍，落实从严治党从严治检，检察队伍风清气正、昂扬向上。全市50余名检察干警受到中纪委、省委有关部门和上级院的表彰，7个县区院进入先进（优秀）基层检察院行列。市院先后荣获省委、省院和最高检授予的"辽宁省人民满意政法单位""辽宁省先进基层党组织""省文明单位""规范司法行为先进单位""全国检察宣传先进单位"等荣誉称号。

值此庆祝改革开放40周年、检察机关恢复重

抚顺市人民检察院首批员额检察官宪法宣誓

建40周年之际,全市检察机关新老检察干警以深情的笔墨抒发了爱党爱国之情,以朴实的话语讴歌了检察好人、好故事,以饱满的激情表达了对检察事业的热爱和执着追求。他们中有从检30余年默默有"文"传递检察正能量、退休之后还发挥余热的退休老干部,有结缘检察、奋战在执法办案一线勇挑重任的年轻公诉人。在他们讲述的故事中,有年轻的公诉团队精准打击黑恶势力犯罪,有民行检察官积极推进公益诉讼守护青山绿水,让我们看到检察机关加强法律监督主责主业,在维护社会稳定和公平正义中的重要作用。在他们讲述的故事中,有默默奉献的司法警察,有省人民满意政法干警、全国政法系统优秀共产党员,让我们看到爱岗敬业、勤奋工作的检察榜样。他们的故事激励着抚顺检察人始终不忘初心,牢记使命,拼搏进取,久久为功,为抚顺检察事业的蓬勃发展、为抚顺全面建成小康社会做出新的更大贡献!

# 东检芳华

杨 琨

1978 年 3 月，第五届全国人民代表大会第一次会议通过新中国第三部宪法，规定重新设置人民检察院，从此，当代中国检察制度翻开崭新的一页。《中华人民共和国宪法》第一百三十四条规定："中华人民共和国人民检察院是国家的法律监督机关。" 四十年来，一代代的检察人忠实履行宪法法律赋予的法律监督职责，司法为民、公正司法扎实推进，司法质量、效率和公信力明显提升，人民检察事业取得长足发展！四十年来，我们一代代的东检人为此探索、拼搏、奋斗，与热爱的检察事业共同成长！

## 一、我是"50后"，检龄40年，检察院载着我的汗水与激情

我是恢复重建后的第一批检察人，那时的东检，仅有几间平房。那时检察院流行着一句口头禅："三大法宝"在手，办案啥都不愁。这"三大法宝"就是自行车、雨衣和雨鞋。办案最怕下雨天，基层院案件多发生在农村偏远地区，调查取证艰难，游走在乡村泥潭中那滋味可真不好受。有了"三大法宝"，这些都不是事。就这样，我先后在公诉科、

建院之初，立志奉献检察事业的我们

经济科、办公室等多个部门工作,也亲眼见证了我们检察院的变化。在2005年,我院开始进行"两房"建设,经院党组研究决定成立基建办公室,我又有了新头衔,基建办主任。在此期间我四处奔波办手续,跑资料做开工前的准备工作;没白天、没黑夜地忙在工地;既当装卸工又当指挥员,常常浑身上下都是灰。我累并快乐着,因为我眼见着我们检察院的大楼一天天盖起来,想象着让全院检察干警早日脱离危房搬进崭新的办公大楼,也期盼着我们东洲检察人在这宽敞明亮的大楼里工作更加愉快,创造新的辉煌!

就在一个月前,我刚刚完成了检察工作使命,告别了承载着我的汗水的办公大楼,告别了我所热爱的检察事业,成为一名退休的老检察官,但我的检察热情从未冷却,我的衣橱里仍珍藏着各个时期的检察制服,我会时常拿出来抚摸,那上面闪亮的检徽就是我这个老检察人最耀眼的勋章!

## 二、我是"60后",检龄33年,检察院带着我的青春梦想启航

告别校园,我直接考入检察院。那时刚满18岁的我满脸的稚气,满眼的懵懂,我甚至连检察院是做什么的都不知道。在老检察官的引领下,我开始了解什么是检察机关,也从那时起,我把成为一名优秀检察官的职业理想记录进自己的青春。作为一名基层检察院的年轻女检察官,我喜欢模仿着我的前辈们,以苦为乐,把检察院当成自己的家。我在办公室当过打字员,在档案室做过档案管理员,在批捕科办理过审查逮捕案件,在经济科担任过侦查员,在公诉科做过公诉人……我常常自我调侃,我就是检察的一块砖,哪里需要

东洲检察队伍在不断壮大

哪里搬。2014年年初，我来到检察院的一个新部门——案件管理科担任科长。对于年近50的我来说，面对全新的业务、全新的课题内心也非常忐忑。统一应用系统于当年全面上线，突破了检察机关传统的工作模式，实现业务信息网上录入、业务流程网上管理、业务活动网上监督、业务质量网上考评，使检察机关全部执法活动更加规范化、科学化、制度化。为了更好地完成案件管理工作所面临的新任务，我带领全科人员攻坚克难，加强自身学习，想方设法强化对统一业务系统的理解掌握，多渠道、全方位对全院进行培训、指导。在院党组的高度重视下，经过我带领全科同志不懈努力，此项工作得以全面落实，使我院统一业务应用系统的工作走在全市的前列，系统运行良好。我所领导的案件管理科，承担着检察机关繁杂多样的工作，受案送案、接待律师、案件流转、统一业务应用系统的运行、统计报表、执法监控、检察信息公开系统的运行、涉案款物管理、案件评查、"两大考评"、检察委员会工作等等。用检察长的话说，案件管理部门是检察机关的中枢，为了这个中枢的正常运转，我知道，唯有我们更加耐心细致地工作，才能确保全院各部门工作的顺利运转。

无论处在哪个岗位，我都兢兢业业、快乐工作着，因为我怀揣梦想，愿意为我热爱的检察事业披荆斩棘。

### 三、我是"70后"，检龄23年，让人民群众信赖检察机关，维护地区的稳定和谐是我的职责

我来到检察院工作是1995年，正值《检察官法》刚刚颁布实施，我带着自豪开始了新的工作。我印象最深的就是"依法办案"，为此，我认真学习各部门法，立志要做一名执法严明的检察官。我在控申科工作，一

在党旗下我们庄严宣誓，永远跟党走

干就是二十年。信访工作是党和检察机关联系群众的桥梁纽带，是检察机关面向社会的窗口，我确立了"群众利益无小事"的观念，以群众满意、最终息诉为工作准则不断增进与群众的感情，强化责任意识，将心比心换位思考，想群众之所想、急群众之所急、帮群众之所需、解群众之所忧，为群众办实事。坚持文明、热情、认真、耐心、细致、负责的态度做好首次信访接待工作。在接待时换位思考，做到"五心、四声、三个一样"，即耐心接待来访、细心调查了解情况、热心为群众排忧解难、精心处理可能激化的矛盾、虚心听取群众意见；来有迎声、问有答声、走有送声、结果有回声；干部群众一样热情、份内份外一样认真、生人熟人一样负责。如辖区内某村村民刘某某自己被打伤，认为公安办案不公，凶手逍遥法外，有要与凶手同归于尽的苗头。我在接待过程中耐心安抚劝导，说理释法的同时，展开调查沟通、联系等工作，并组织有关办案部门联合接待来访人，督促、协助、取证等大量工作后最终使凶手绳之以法。上访人送来感谢信，激动地说"太感谢你们了，我这一辈子都感激你们检察院"。听着这话，我心里暖暖的。对涉及民生和群众切身利益问题，带领全科同志强化控申职能，真心实意为群众办实事。如周某不服其夫被非法拘禁不构成犯罪一案，从周某的切身利益考虑，控申科多次对双方当事人协调，经过反复耐心细致的工作，最终促使双方和解，达成了赔偿协议，给周某赔偿4万元，使其彻底息访。其实，20多年来我做的更多的是不厌其烦地讲解，耐心地倾听上访人讲述，共接待各类来访500余件，息访疑难访60余件，实现了无涉检信访案件。

我愿意通过我的努力工作，换取人民群众对检察机关的信赖和地区的稳定和谐。

## 四、我是"80后"，检龄13年，我愿通过平凡的工作，作出不平凡的成绩

我从考入检察院以来，始终战斗在打击犯罪、保护人民的前沿阵地——公诉岗位上，从内勤、检察官助理、检察官到员额检察官，我热爱我战斗的阵地。董某某、李某某单位行贿一案是市检交办案件，该案涉及沈阳、北京两地的公司，行贿金额共计400余万元，获得不正当利益共计1000余万元，卷宗多达20余册，时间紧、任务重，为了保质保

**辽检情怀**

*新大楼，新气象，东检进入发展的快车道*

量地完成该案的起诉任务，只能利用休息时间和周末加班加点工作，摘录的卷宗就达70余页，在最短的时间内审结案件，优质高效地完成了上级院交办的任务。刘某某等多人民事枉法裁判、帮助伪造证据一案，由于涉案人员众多，影响恶劣，受到社会的广泛关注，由于案件涉及大量民商法实体、程序规范，为了能够快速优质地完成案件的审理，我只能利用个人的休息时间查阅大量的相关法律规范、案例，通过审结报告中对每一涉案人员所起作用的详细论述，使原本复杂的案情清晰呈现，更有利于依照事实和法律进行相应的处罚。很多时候，大家看见的是我忙碌的身影，阅卷、复核案件当事人、伏案打字，当然也时常需要加班加点挑灯夜战，有了不懈的坚持，确保经手的每一个案件能够保质保量完成。法庭对于公诉人来说，也是一个讲堂。在办理李某、安某某两起市经侦支队工作人员受贿案件过程中，由于二人长期担任公安机关领导职务，案件牵涉面广、人员多，在多方面的压力面前，能够不为所动，坚持正义，特别在庭审中，面对大量旁听的公安干警和社会群众，有理有力地揭露控诉，并结合被告人的成长经历加入了警示教育环节，使参加旁听的人员思想上受到了洗礼和震慑，不仅出色地完成了对两人的公诉任务，也完成了一次惩治腐败、预防犯罪的政治使命。同时我也愿以一名女公诉人特有的敏感与纤细，感动着周围。向情绪激动的当事人递上的一杯热茶、给心存顾虑的被害人一声亲切的问候、向按完手印的嫌疑人递上一张纸巾、给每一个敲门的人以真诚的微笑，常常能够打消顾虑和不理解，起到很好的社会效果。

我愿意在这看似平凡的岗位工作，因为这里是我维护公平与正义的神圣战场。

### 五、我是"90后",检龄4年,身为新时代的检察人我感到自豪

进入检察队伍,我看到的是宽敞明亮的检察大楼,信息网络系统、案件管理系统、同步录音录像系统、安全监控系统,科技强检一年年的投入,给检察干警办公、办案注入了新的活力,荣誉室、图书室、主题长廊,检察文化的一个个载体,让干警在紧张忙碌的工作之余,体味到了"家"的温馨。这一切,是40年、30年、20年甚至10年前都难以想象的。当有着几间低矮平房,几辆自行车撑起的老检察院的照片成为历史,不断进取、勇于奋斗的东洲检察精神却代代相传。我知道这里不断在变,但这里其实一直没变!

从"50后""60后""70后""80后"到如今的"90后",一代又一代的检察人,伴随着新时代的号角,传承着先辈们的精神,不忘初心,牢记使命!这里,倾注了一代代检察人的青春与热血,铭记了一代代检察人的不老芳华!

**作者为抚顺市东洲区人民检察院刑事执行检察局一级检察官**

# 与黑恶的较量

潘 娜

2018年1月,中共中央、国务院发出《关于开展扫黑除恶专项斗争的通知》,这是以习近平同志为核心的党中央作出的重大决策,全国上下迅速掀起扫黑除恶的热潮。作为公诉部门的员额检察官,在投入到这场扫黑除恶专项斗争的同时,也使我回忆起7年前,参与办理辽阳"9·18"打黑专案的难忘经历。

## 特殊任务

2011年5月的一天,春暖花开,阳光明媚。此时的我,在抚顺市人民检察院公诉处工作还不到三年。没想到,领导指派我这个新兵和其他同志组成公诉组,提前介入辽宁省公安厅正在侦办的"9·18"涉黑专案。领导的动员讲话和工作要求,使我深感责任重大,不由地暗下决心,一定要出色完成任务,绝不辜负领导的信任。

当我第一次走进位于沈阳市郊的办案基地,与省公安厅、市公安局领导和干警们见面时,我的心情既兴奋又紧张。真没想到,专案组的工作任务如此特殊,进驻基地的第一个任务就是接受保密教育。专案组领导表情严肃,甚至是有些严峻,要求我们对所有来自外界的情况高度警觉,案内案外有任何问题都要及时发现并

办案基地会议室内张贴的"9·18"专案组各项规章制度

向专案组反映汇报，并且专案组所有办案人员的电话可能被监听。案件具有如此高度的机密性，在我的办案经历中前所未见。其他同志也和我一样，对这起案件的特殊性有了深刻的认识，立即感受到此案真的非同一般，丝毫不能掉以轻心。就这样，严格遵守办案纪律的理念牢牢地植根于心。

### 嚣张作恶

"真是无法无天啊！""就该狠狠地收拾他们！"听闻侦查人员的介绍，再翻开一摞摞线索及证据材料，翟某等人为非作恶、欺压残害百姓的犯罪行为，立即引来大家的一片声讨。翟某等人非法持有枪支，动辄开枪致人死伤或威吓他人，翟某本人却始终逍遥法外，因而立下威名。凡与其手下成员发生冲突的，都要穷追猛打，手段极其恶劣，直至对方赔礼求饶为止。为了谋取巨额利益，翟某网罗两劳释放人员以暴力手段收取保护费、开设赌场、盗窃铁矿石、敲诈勒索，还成立公司进行合同诈骗、非法采矿、非法占用农用地、强迫交易，可以说无恶不作，毫不顾及法律及社会秩序，什么挣钱干什么，怎么获利怎么干。最可恨的是，翟某的父亲在公安局是个不大不小的领导，极力庇护儿子，一些国家机关工作人员也被其收买，为其撑起保护伞，翟某等人因而更加有恃无恐。就这样，自1995年以来，翟某以暴取利，以利养暴，其团伙经过多年经营日益壮大。看到这些，我们个个义愤填膺、摩拳擦掌，都想尽快将他们绳之以法。

### 如何破题

我们立即投入战斗。经初步工作，我们很快发现，由于该黑社会性质组织成立至今已达17年之久，涉案人员达几十人，事实和证据十分庞杂，侦查取证工作面临诸多难题。比如，因害怕打击报复，有的被害人竟然不愿进行伤情鉴定，也不想再追究责任，有的证人不愿招惹是非，拒绝作证，有的涉案人员已经去向不明无法找到，有的已经去世，亦无法作证。还有，一些证实案件事实的物证因当时未立案查处而未能收集，目前已经自然灭失或被人为毁损，书证、监控录像等也是如此。并且，黑恶势力在当地盘踞时间太久，其背后牵涉的人物关系错综复杂，给侦查工作带来重重阻力。这些难题既严重困扰着公安侦查人员，也将给提起公诉带来诸多障碍。为此，院领导多次来到办案基地指导工作，要求我们面对这起关系百姓利益、社会影响重大、领导高度关注的案件，既要严格依法办案，重事实、重证据，又要兼顾社会效果、政治效果，必须以高度的政治责任感，稳准狠地打赢这一仗。

我们的任务就是梳理证据链条，弥补证据漏洞，破除取证困境，指明侦查方向，为案件顺利查处保驾护航。每天，我们都在侦查得来的线索证据中反复思索论证，快速理清思路，提出分析意见：一些犯罪行为是否已经过了追诉时效，是否还能继续追究其刑事责任？违法或犯罪行为跨越1997年前后，应该适用新刑法还是旧刑法？违法犯罪行为的定性是此罪还是彼罪？有无从重或从轻、减轻处罚的情节？不同的犯罪构成要件不同，侦查方向就有所不同，我们的补充侦查建议既要有针对性又要有可操作性，不能因证据不完备而无法追责、放纵犯罪。一天之中可能召开几次碰头会，反复论证，提出多个方案，穷尽一切可能。

## 迎难而上

当时的状态可以用"繁忙"和"充实"来概括。记得那时，要求每名成员周一至周五24小时都驻在办案基地，与侦查人员随时沟通保持联络，为了配合侦查，我们几乎每天晚上都要加班，甚至周末也常常不能回家。因为当时案多人少，虽然被抽调办理专案，但是原单位的任务并没有因此卸下。以专案为主的同时，原单位日常的公诉工作样样都要亲历亲为，有时需要跟专案组告假回单位加紧加急处理，之后立即返回专案组，有时甚至需要把部分工作带回专案组抽空完成，或者周末带回家中继续完成。两边的工作都十分繁重，不能分身也不能叫苦，只能自己合理安排。我们在沈抚两地来回奔波，忙得不可开交、不亦乐乎。

当时的我们，没日没夜地阅卷、讨论案情，几乎到了忘我的境地。年龄最大的闫姐33岁，其他人都不到30岁，虽然年轻力壮正当时，可连续奋战几个月下来，到了上床睡觉时，总感到浑身酸痛和疲惫。除此之外，免不了对无法陪伴家人而感到愧疚。记得当时闫姐的女儿还处于每天睡觉都要找妈妈的年纪，无奈这样的工作强度，不允许她回家照看。闫姐只能每晚抽出一点时间，与女儿通电话安慰几句，对女儿连哄带骗地许了太多无法实现的诺言。我当时还曾"夸"她,"这当妈的编瞎话水平咋这么高呢!"她就只是笑笑。而我和组里另外几个成员都是刚刚结婚,当然也常常不能与爱人相聚。失去和得到总是相辅相成的,封闭集中的专案生活,让我们彼此关心,互相帮助,结下了珍贵的友谊。

为精准打击黑恶势力犯罪,公正执法不枉不纵,在一年多的工作中,我们发出口头或书面补充侦查建议千余条,建议追诉十余人次,向相关部门移交案件线索数十条,制作了诉讼法律文书千余份,接待律师阅卷及交换意见数十次,奔赴沈阳、鞍山、抚顺、本溪、铁岭等7个看守所提审犯罪嫌疑人,到犯罪现场核实案情、到被害人家中听取意见,对全部在案证据进行了长达半年之久的审查复核,形成八万余字的复核材料,制作了长达九十余万字的审查报告。我们严格区分案件性质是否涉黑,将"9·18"专案分解为翟某等23人组织、领导黑社会性质组织案和其他4起一般刑事案件分别提起公诉。

## 打造精品

2012年,"9·18"专案进入了庭审阶段,这是我们期待已久的一场恶仗。翟某等人涉黑案的事实、证据数量之巨,远远超出一般刑事案件,起诉书长达44页。我们为此做了充分准备,提前提审了所有被告,掌握其受审心态,精心制作了庭审预案。庭审长达四天四十多个小时,5名公诉人对阵23名被告人及其背后31名辩护人,虽人数上势单力薄,但大家精神饱满、信心十足,轮番上阵,各负其责,紧密配合,牢牢把握住庭审节奏。以精心布局设计的问题,配合多媒体举证示证,加以令被告人无可辩驳的质问,向法庭充分揭露了事实真相,高度还原了该黑社会性质组织罪恶的原貌,控辩双方激烈碰撞,庭审现场高潮迭起。公诉人对被告人及辩护人的辩护观点一一辩驳,无一疏漏,仅仅面对其中两名辩护人的"死磕",就激辩了一个上午。为应对庭审中的变化,闫姐对公诉意见连夜进行修改直到凌晨三点,公诉处处长接续修改一夜未眠。最后一天的庭审,法庭辩论进入最焦灼的阶段,公诉人嗓音已经嘶哑却不敢喝水,只能喝点咖啡,润喉加提神。下午的庭审从12点没有间断地一直持续到深夜10点,所有人员都未进食,公诉人也是忍饥挨饿,靠着顽强拼搏的信念越战越勇。全体被告人均当庭自愿认罪,一审宣判

后无一人上诉。法庭审理取得了极好的社会效果,得到了各级领导的充分肯定,就连和我们在法庭上势不两立的辩护人也发出了由衷地赞扬:"你们真的很专业,特别优秀。"

翟某等23人涉黑案件庭审

专案组的每名成员不仅在该案中得到历练,而且全部立功受奖,翟某涉黑案还被评为2012年度辽宁省精品公诉庭。

作者为抚顺市人民检察院公诉处一级检察官

# 雷锋式的检察官——肖斌

李文胤

从2010年11月1日至2011年1月17日，抚顺市顺城区人民检察院党组、顺城区委、抚顺市人民检察院党组、抚顺市委、辽宁省人民检察院党组先后做出开展向肖斌同志学习活动的决定。肖斌是谁？他有什么惊天动地的业绩？他为什么能赢得各级领导和同事们的一致认可？

他就是"雷锋式检察官"、抚顺市顺城区人民检察院副检察长肖斌同志。肖斌同志先后荣获"一等功""抚顺市百姓雷锋""市特等劳动模范""省人民满意政法干警""全国政法系统优秀党员"等荣誉称号，他和雷锋一样，在平凡的岗位上却干出了不平凡的事业，并能够以坚忍的毅力持之以恒地为检察事业无私奉献！

## 执法公正、忠于职守的优秀公诉人

1995年3月，31岁的肖斌以第一名的成绩考入抚顺市新抚区人民检察院。在公诉科做内勤的三年里，肖斌负责管理50余种新旧法律文书、上百项内容的统计报表、近千人次的法律文书送达以及随时要求上报的各种材料等，无一差错。当年的同事说："当时我们科有21人，是人员最多、任务量最大的一个科室。其他小事儿不说，每年审查案件就有三四百件，肖斌把这些活儿梳理得井井有条。凡例会的时候，每个人审查多少案子、谁审查的、卷宗在谁手里，领导问起这些，肖斌对答如流。那会儿我们都叫他'三科长'。"

从工程师转行检察官，肖斌在干好内勤的同时，参加了法律本科自学考试并以优异的成绩顺利毕业。他在电脑上设了一个文件夹，专门收集新出台的法律规定、司法解释以及自己办案的体会等，积累了深厚的法律功底。1998年，在抚顺市检察系统法律知识竞赛中，肖斌获得第一名；1999年，在全市检察系统出庭公诉竞赛和首批主诉检察官考试中连续夺魁。2002年，肖斌获得"省级优秀公诉人"称号，从主诉检察官一步到位公诉科长，在顺城区院仅此一人。

## 温文儒雅、能办大案的反贪先锋

2004年7月，肖斌出任顺城区院反贪局代理局长，面临案件少、线索枯竭等诸多困难。"没有案件，不是没有问题，只能说明我们工作没有做到位。"派下去的侦查员很快就了解到抚顺某公司一个线索，发现受贿问题并牵出若干嫌疑人，形成了系列串案。此

肖斌与分管干警一起研究两大考评工作

时，又从市检察院转过来抚顺市某某医院医疗器械科科长徐某生和该院副院长王某刚涉嫌受贿的案子亟须侦破。

原来线索不多，现在案子接二连三，肖斌已经几天没有回家了。眼圈有些发黑的他二话没说，接着干！在审讯之前，肖斌同办案人员一起研究案情、制定方案。我们掌握的线索是徐某生受贿7000元，而经过审讯，犯罪嫌疑人徐某生先试探地交代出3万元，后又说出5万元……8万元……继续深挖不到两天，徐某生就陆续交代了200多万元的犯罪事实，还有50余万元的巨额财产来源不明。此案的侦破成为顺城区院建院以来查办的数额最大的职务犯罪案件。通过查办此案，共发现和移交线索6条，其他单位立案5件。

徐某生已经主动交代，同时侦办的王某刚还闭口不言。肖斌经过分析，果断决定改变策略。当侦查人员再把印有"抚顺市某某医院"名头的材料在王某刚的面前一晃动，王某刚的心理防线就彻底崩溃了，一张嘴就交代出17万元。之后，将收受1万美金、3万元、2万元人民币等受贿事实一一道出，总计37万元之多。而实际上，肖斌让干警在他面前晃动的材料都是徐某生的。

当年反贪局的干警在回忆办案的情景时还是那样兴奋之至："那两起案子办得漂亮！"在不到半年的时间内，他带领全局干警连续立案查处大要案13件，为国家和集体挽回经济损失600多万元，取得了组建反贪局以来的最好成绩。而这半个多月的时间里，肖斌没回家一天，没睡一个好觉。十几年来，总会有少数案件当事人或发案单位通过种种途径、以各种方式向肖斌送钱送物或求情，但每一次都被他坚决地拒绝了。因为他知道，哪怕是细小的一个污点，也会背叛他面对国旗、检徽所许下的忠诚誓言。

## 呕心沥血、勤奋敬业的拼命三郎

2005年年初，肖斌被提升为顺城区院副检察长，也就是在这个时候，他明显感觉自己的腰部不舒服，以为是腰脱就没有理会。2005年3月，顺城区院党组根据高检院关于"两房"建设的要求，决定建设新办公楼，并指派他负责具体工作。盖房子得用钱啊！而摆在肖斌面前的是：钱没多少，楼还得盖！就说配电吧，如果正常付费得78万元。早晨6点钟他就到同学家去咨询，又多次找城建局协商，为院里省了60多万元。那些日子真是把肖斌忙坏了。每一步、每一环节，都得他去联系、他去求人。

肖斌作为甲方代表，在施工半年多的时间里，没有吃过承建单位一顿饭。他每天都到工地现场看看进度如何、质量咋样。开始，他去工地的时候，走路的姿势总是侧着身子。后来，他到工地，下车都得司机扶着。即使如此，他也从来没有间断过。在工程施工进入最紧张的夏季时，肖斌的病情不断加重，已经影响到日常的行走坐卧。这时，院领导、同事和亲人都劝他去医院看看，可肖斌考虑到工程建设的具体筹备工作和相关事宜都是他亲手操作的，换人接手可能会影响工期，就没有听取他们的建议。为了减轻疼痛，肖斌不得不扭曲着身体斜着走路。疼痛难忍时，就靠吃去痛片顶着。6个月过后，新办公大楼如期完工，而肖斌却累倒了。直到这时，他才被院领导"强行"送到医院去诊治。全身发现五处骨折，脊髓管内蛛网膜与脊髓广泛粘连，导致大面积压迫神经。医生由衷地感叹："世界上竟有如此坚强之人！"

## 勇斗病魔、不屈不挠的坚强斗士

治病回来后，肖斌的下肢几乎瘫软，丧失了行走功能，只能以轮椅代步了。兄弟姐妹劝他，好朋友也劝他："肖斌啊，别再工作了，找个地方疗养疗养吧！"或许这个时候，肖斌才真正领悟了雷锋的那句至理名言："人的生命是有限的，可是，为人民服务是无限的。我要把有限的生命投入到无限的为人民服务之中。"肖斌不是一般的战士，即使坐在轮椅上也要工作，至少在自己的心里不能倒下！

每天，司机早上六点半就把车开到他住的楼下，把他从三楼背到车里，肖斌总是第一个到单位，到了单位就开始登健身车做腿部训练、用哑铃和弹簧器锻炼手部力量，八点钟便开始工作。中午，肖斌利用休息时间在健身床上做站立练习；下午5点钟下班，肖斌总是最后一个"走"出去。日复一日，天天如此。一次，做康复训练时肩胛骨骨折了；还有一次，做握力锻炼时，左手大拇指脱臼至今未能复位。因神经障碍导致右手握不住笔，他就锻炼用左手写字；为了减少八小时以内的"麻烦"事，就尽量少喝水。他以非常的毅力忍受了很多常人不能忍受的一切！

出于对肖斌身体状况考虑，当时顺城区院党组决定让他分管办公室、调研室和案件质量评查等部门。为了做好办公楼的日常维护，他经常对各项设施进行实地查看。新的办公大楼的布局、构造都在他的心里装着，哪些设备该维护了、哪些装置该检修了，他都了如指掌。要强的肖斌为了不让同志看到他弱势的一面，就利用周末的时间到院里，坐着轮椅四处巡查。在他的日历中，没有公休日、节假日。别人在阖家团圆的时候，他都是在单位度过的。

## 执着追求、笑对人生的乐观豁达者

办公室的同志回忆，2011年7月末的两个公休日，我们办公楼院内路面重新铺设。大三伏的高温天气，再加上旁边沥青滚烫气浪，那个热劲儿别提了！不用说我们办公室的几个人，就是施工人员都有些挺不住了。正在我们准备休息之时，发现肖斌副检察长也守在现场，汗水正顺着脸颊滴答滴答地往下直淌。我们热了、渴了还能喝口水；而他渴了却不能喝。那天，肖斌直到完工了才走。"肖检虽然不能干啥，但他只

要来到现场，就令人敬佩。当时那情景，我们是真的感动！"

在分管的其他工作方面，肖斌一点都不差。2005年，在他的亲自指导、督促下，两大考评工作顺城区院首次进入了全省先进基层院行列；2007年7月，抚顺市检察系统在顺城区院召开"强化管理年"活动现场经验交流会，肖斌分管的行政管理工作得到了充分肯定。2009年，在顺城区院档案管理晋升省特级工作中，他和办公室的同志连续加班加点干了半年时间，终于使这项工作如期达标，成为抚顺市检察系统执行档案工作新标准以来首家"省特级档案管理单位"，肖斌本人也受到了省档案局和市检察院的表彰。

2011年2月16日，肖斌在全省检察长会议上作报告。他动情地说："回首这么些年来，我为检察事业做出的贡献很小，而组织上却给了很大的荣誉；省、市检察院和市委、区委的领导也多次慰问我，同事支持工作、妻子关心体贴、儿子聪明懂事，还有司机……这一切一切，都是鼓舞和激励着我不畏病魔、克服困难、鞠躬尽瘁、执着追求的强大精神动力。我没有理由悲观消沉，虽然我现在不能自如行走，即使坐在轮椅上我也要笑对人生，活出一份精彩！继续发扬雷锋精神，在检察事业的道路上奋力前行，用坚韧和奉献书写自己的检察人生！"

肖斌全省英模巡回演讲归来向院党组汇报心得

**作者为抚顺市顺城区人民检察院法律政策研究室一级检察官**

## 梦圆检察　今生无悔

敖秀英

"往事如风，痴心只是难懂。"适逢纪念检察机关恢复重建40周年之际，想把我的故事讲给你听：

### 缘于检察装

转眼，我在检察机关工作已经31个年头了，如今退休了还依然留在检察机关为痴心追梦执着地坚守着。说起我与检察事业的缘分，应该说是从爱上检察装开始。

"只是因为在人群中多看了你一眼。"1978年5月，我被分配到建平县义成功公社做妇联工作。已经记不清是1979年还是1980年的春天。这天，机关大院里，突然开进来一辆绿色的吉普车，车上下来一个高大的男人，约有四五十岁、英俊沉稳，身着一身米白色的制服，肩上佩戴着红色的徽章，大盖帽上有一个大大的国徽："哎？快看，他是干什么的？真精神！"后来得知：他是我们县检察院的检察长。"检察院？检察院是干什么的？"当时几乎没有人能说得清楚。

敖秀英个人工作照

转眼到了1982年冬天，这天，我坐了三个多小时的班车，来到县城里参加一个会议。报到后一个人随便在街上闲走，偶然的机会发现百货商店门口的对面墙上，有一个橱窗，橱窗里面有很多张照片。其中印象最深的是照片里有两个人和检察长的穿着一模一样，只是这里面有一个是女同志，也是四五十岁的样子，她黑亮的齐耳短发，圆圆的脸盘，一双炯炯有神的大眼睛，手里拿着几页稿纸在宣读；另一张照片上有七八个人，都弯着腰，低着头，胸前还挂着各种罪名的牌子。当时，我一个出生在农村、二十多岁的小姑娘，哪里见过这样的场面？瞬间的好奇，让我在这个小小的橱窗面前足足站立了一个多小时，完全忽略了这是一个下雪天。橱窗前的我，静静地反复读着里面的内容，想象着这些坏人坏事给自己的家人、给被害人、给社会带来的严重伤害，更多地想象着这些穿着制服的人，他们是多么令人尊崇，令人羡慕。头上的国徽是那么耀眼、神圣和庄严，肩上的红色徽章，是那么的神奇，让我产生了无限的联想……那是国家的信任、法律的责任、百姓的期待、个人的担当……他（她）们真棒！好羡慕他（她）们！如果有一天，我也能穿上这身制服，该有多好！随后自己都忍不住笑了——做梦吧。此后很长的一段时间，这身"检察装"就经常浮现在我的眼前，我会莫名地兴奋或是忐忑，当然想的更多的是我能做些什么呢？如此厚重的检察装，我怎么能撑得起啊？

1987年6月，经过两年的"党政干部管理专业"学习，我取得了大专文凭后，如愿以偿地从县委党校调到了县检察院工作，开始了我30多年的检察历程。

## 从了解犯罪开始

到了检察院以后，我很快穿上了那身检察装，只是没有像橱窗里的女检察官那样，威严、神圣、庄重地站在法庭上，唇枪舌剑指控犯罪，惩恶扬善伸张正义，而是到了监所科，每天要随着老科长到看守所，了解监管情况，一个一个地接触人犯，深挖余罪，开展法治宣传教育，使其认罪服判，好好接受教育和改造，早一天成为对社会有用的人。当时有人不解地说："一个女同志，天天去接触犯人，多无聊啊！"对这些，我全然不屑，因为我感觉检察岗位没有轻重之分，在邪恶面前，这身检察装就是威严的利剑，就是神圣的职责，就是正义的化身！

随着工作的深入，我们了解到一些人犯犯罪后特别懊悔自责，入监后非常担心家人的生产生活和将来回归社会后可能被家人或社会抛弃，为此忧心忡忡不安心接受改造。有的因悲观演变到对抗，有的因绝望想要自杀等等。针对这种情况，我和老科长、主管检察长多次讨论分析，

建平县人民检察院监所检察科
荣获朝阳市检察机关先进集体

一致认为：法律的最终目的不是为了把他们关起来就了事，而是为了更好地把他们教育和改造好。后来，我们又多次下乡，走访了部分罪犯家属，到凌源劳改队面见了建平籍罪犯，通过座谈，对他们的法律诉求答疑解惑，为他们传递家乡的好消息，转达父母和家人的嘱托，这一切深受犯人和监管单位的称赞。由此，我们从参与社会治安综合治理的角度切入，把所做的工作形成了"环式教育"经验，并拍成了电视纪实片《脚下新路》，以真人真事、声情并茂的方式感化他们，此举受到了省市检察机关的充分肯定。1989年在全省监所工作会议上，我们的《脚下新路》还在会议期间得以播放，受到与会同行的高度称赞。会后还有不少院的监所部门和监管单位主动与我们联系，翻录了这个片子。不久，由我撰写的"环式教育"工作经验材料，先后被省检察院和最高人民检察院全文转发到全国所有检察机关，包括铁路检察院。

这件事情更给了我很大启示：爱检察，不一定非要做橱窗里的检察官，在哪个岗位上都同样是法律人、检察人，同样是检察职能的践行者。此后，我完全不在意在哪个岗位上工作，组织怎么安排我都没意见，而且干啥都能全身心投入。后来，因工作需要，我又到了经济侦查大队负责日常综合工作。这时的我，哪里需要就出现在哪里。其中让我最难忘的是在一次搜查时，我的小伙伴们有五六个人，他们屋里屋外搜查，并没有找到任何有价值的东西。而我却偏偏对一对木箱子上的一沓卷烟纸里的一个小纸条产生了怀疑，上面是无规则的几组数字。我当时拿起来看看又放下，可是走出房间后我还是折了回来，随后建议小伙伴们带回单位研究。果不其然，经查这竟然是犯罪嫌疑人在几个银行的存款账号。证据面前，犯罪嫌疑人低下了头，因为这件事，检察长还特别夸我："为办这个案件立下了大功。"1994年年底，由我起草的《关于反贪污贿赂工作情况报告》，还特别受到了本院检察长和县人大的好评。

### 做默默有"文"的人

8年的建平检察工作经历，让我学会了永不满足，我感觉需要学习的东西太多了！为了不忘初心，不辱使命，我挤出一切时间，看各种法律书籍，特别是《检察日报》成了我最好的良师益友，每一天的报纸我都要细细地全面地看，看高检院的重大部署、看全国各地检察动态、看一些好的精品案例以及各类工作经验等等，并分门别类地积累了10多本《报刊剪裁》，一有时间就反复看。当年的我，还是一名军嫂，夫妻两地生活，我需要照顾70多岁的婆婆和在幼儿园的孩子。在这种情况下，我疯狂恶补，利用一切可以利用的时间，加油充电，并且顺利拿到了《法律专业结业证书》。不知不觉中，我对检察院、检察事业的认知以及自己的思想境界均有了新的提高。

1996年，我随军来到辽宁省抚顺市新抚区检察院，这个院位于市中心，有近百人，多年来各项工作都处于全市乃至全省领先位置。光公诉科就十几个人，我刚来是在公诉科做内勤。刚刚来到这里，我每天要面对公安、法院的各类卷宗交接，每天要对全科受理的案件进行登记归类，每天要为各个办案人复印需要移送法院的各种证据材料，每天要对各类案件所有流程随时掌握熟记，每周一上班第一件事情是要为科长送上前一周的全科工作情况及分析，同时还要应对各种统计报表，当然这一切都是手工操作。

大家看到我大本、小本不停地记，薄册厚册不停地翻，楼上楼下不停地跑，都很高兴，也很佩服。说："看这位大姐，人家还是正科级，做内勤一点都不感到委屈。"我每天快乐地忙碌着，而且时时会感觉到，能为这些橱窗里的检察官服务，成为一个他（她）们背后默默无闻的人

*在建平检察院下乡归来*

也很好,很高尚的。

　　四个月后,我被院党组安排到政治处工作,给我的解释是这个人"综合素质好,敬业能干,文笔有基础"。我又开始了学习人事政策、工资管理、计划生育、思想政治工作等相关知识。从此,我的工作就是每天白天"跑腿"送材料,晚上"爬格子"写材料。久而久之,无数个夜深人静的时候,我的脑海、我的笔下,一个个埋头苦干的干警、一个个办案过程中精彩感人的故事,还有院领导如何科学布局全院工作,带领全院干警凝心聚力践行检察职能,推进全院工作一个台阶一个台阶地往前迈……一幅幅生动的情景和画面,常让我兴奋不已,我有了一种莫名的冲动:我要用笔为他(她)们讴歌,记录下他(她)们无愧于检察事业的精神,无愧于头上国徽的境界,无愧于这个时代的英雄事迹!

　　思想决定行为。在新抚区检察院政治处、办公室、调研室不时地轮回,我一干就是10年。10年间,经过我手写过的各类信息简报、领导讲话、人大报告、工作经验、典型事迹、案例分析、检察论文等等,其篇数和字数都已难以统计。期间,我经历了新抚区检察院被高检院授予"先进基层检察院"和荣记集体一等功;检察院基础建设不断得到新的改善,至2004年,我也开始用电脑打字了。

敖秀英2008年在抚顺市检察院工作期间,荣获全国检察机关"第五届优秀通讯员"称号

　　2007年,我被调到市检察院政治部工作。有着十几年基层工作历练的我,不论是思想觉悟、工作能力还是文字水平都达到了"巅峰"状态:凡是经过我手写过或修改过的各类文字材料上报后均能获得好评,从未出现过败笔(重写),从未出现过迟报、耽搁或错误、瑕疵等。特别是经我手写过的论文、新闻稿件等500余篇先后被国家级、省市级报刊、网络及新媒体或会议采用,有的还常常登上媒体的头版头条。由此,我曾多次荣获高检院"优秀通讯员"和省市检察机关"优秀调研员"等称号,连续五年荣记"个人三等功"。2011年我首次被抚顺市委授予"全

市优秀共产党员"荣誉称号！

2013年年初我退休后来到抚顺县检察院继续为检察事业鼓与呼，呐喊助阵。有幸的是我借助该院检察档案晋级，有了撰写抚顺县检察院从成立、撤销到恢复重建历经60多年检史的机会。看到沉甸甸的检察史卷，页页卷宗里，满满记载着数载检察人忠诚捍卫法律，力保一方平安的坚实足迹；看到帧帧图片上，深深镌刻着数代检察人执着践行检察职责，倾情薪火相传的光荣传统；看到一个基层小院60多年6次迁址，16任检察长，数次荣获高检院和省市检察院"先进基层检察院"荣誉称号，目前依然砥砺奋进，强势前行，不断创出新佳绩，为推进检察事业频频亮剑出彩，我依然心潮澎湃，备受鼓舞。

*如今在抚顺县检察院工作*

31年的检察岁月，4个检察院的工作经历，让我意外地成了默默有"文"的人。此时的我，个人的名与利已经完全不重要，重要的是我用我全部的爱、全部的情，全部的智慧，为检察事业留下了或许是一些弥足珍贵的资料和令人永久回味的检察故事。相信未来，我的名字以及我留下的文字都必将被载入检察史册。至此——一个普通的检察人：梦圆检察，今生无悔！


作者为抚顺市人民检察院正处级退休干部

# 职务犯罪预防
# 一个老检察官的末班岗

**张晓昀**

2014年7月的一天,当一纸任命落到抚顺市东洲区人民检察院反渎职侵权局综合科科长张东涛身上,全院六十几号人怕是除了检察长,多说再算上几个班子成员,谁都没把这事儿放在心上。

你想,但凡称得上是老检察的都知道,从事职务犯罪预防工作,从检时间短的干不了,从检时间长的不愿干,就拿张东涛来说,一个还有三年零两个月就要退休的人,兼任个预防协会的办公室主任,咱不说是退休前挂了一份闲职吧,难道谁还指望他搞出个啥名堂不成?

就这样,日子一天天地过去了,还别说,离退休还有一年多,张东涛还真就搞出个名堂来,且还是个大名堂——"点线面结合开展职务犯罪立体预防"。这下子,不光是院里面的老检察们,就连当初心里面有点底儿的检察长,班子成员,也有些喜出望外。

2016年6月25日,辽宁电视台生活频道《辽宁检察视窗》栏目,播出了《抚顺市东洲区检察院——"点线面"结合有效提升预防工作质效》的专题片。也是在这一年,他作为全市检察机关的唯一代表,在辽宁省检察机关职务犯罪预防工作经验交流会上作了《"点线面"结合开展职务犯罪立体预防》的经验交流发言。

要知道,在占全市城区面积近一半,拥有全市70%的国有工矿企业,号称"煤都抚顺"转型振兴、打造东北石化新城"双城建设"战略构想重要一极的东洲区搞什么"点线面"职务犯罪预防,那"点"得有多密,那"线"得有多长,那"面"得有多广——我们的故事不妨就从这里开始。

### 故事一："做预防工作就要长个婆婆嘴，长双媒婆腿，我要用我的媒婆腿婆婆嘴，跑遍所有的会员单位，给每个会员单位都上一堂预防课。"

张东涛跑没跑遍所有的"会员单位"，还真没人细数过，但每个"会员单位"里面的好多人都听过他的"预防课"，这倒是真的。

也许你会问了，这"会员单位"都是些啥单位啊？"所有"的会员单位到底有哪些？

那我们就先说说这"会员单位"好了。

想必你也知道，东洲区作为抚顺市的重工业城区，集中了中石化抚顺公司的大多数企业，还有辽宁东方发电有限公司，华丰、6409军工厂等好多国有大中型企业。正因为这样，早些年，东洲区检察院把职务犯罪预防工作的重点大都放在了企业的专项预防上，就像2009年成立的驻"大乙烯"检察官办公室，为"千万吨炼油，百万吨乙烯"项目工程，也就是"大乙烯"现如今的烯烃厂的建设，发挥了很大的职能作用，这么说吧，在项目建设的六年间，没发生过一起职务犯罪案件。但是，随着社会经济的发展，东洲的预防工作，用专业点儿或是业务上的话讲，在有效开展系统预防，构建社会化大预防工作格局上，就显得尤为迫切了。

2012年10月，以党组书记、检察长郭伟为"班长"的新一届区检察院领导班子组建，人说，"新官上任三把火"，合着也是"千万吨炼油，百万吨乙烯"项目工程接近尾声，可以说驻"大乙烯"检察官办公室即将完成它的历史使命，新班子审时度势，把这第一把火就烧到了职务犯罪预防上。2013年4月，一个由区检察院倡导，区纪委牵头，全区70家机关企事业单位共同参与的"抚顺市东洲区预防职务犯罪研究协会"正式成立。一年后，张东涛便走上负责协会日常工作的岗位，不久又调任院职务犯罪预防科科长，开始了他"织密"系统预防、"织紧"专项预防、"织牢"个案预防这张"点线面结合开展立体预防"的"预防网"的行程。

从此，他经常带领科里的同志，亦或是充当"独行侠"，每年至少用五分之三的工作时间深入到各机关企事业会员单位，依托协会机构，遵照协会章程，紧锣密鼓地开始了预防协会的工作。功夫不负有心人，日积月累，全区各会员单位对职务犯罪预防工作越来越重视，普遍将预

张东涛参加石化乙烯化工厂贤内助助廉教育座谈会

防职务犯罪工作纳入年度工作绩效目标考核，完善制度机制，强化责任追究，一个由地方党委统一领导，党政齐抓共管的社会化大预防工作格局日趋形成，为遏制职务犯罪筑起一道道坚实防线，全地区职务犯罪率明显下降。作为全市唯一一个县区级的预防职务犯罪协会，业已成为东洲反腐倡廉的一张名片。

如果说打造预防协会这张名片靠的是张东涛的"媒婆腿"，那么，打造出警示预防这张名片靠的就是他的"婆婆嘴"。

2013年8月，区检察院借助办案基地建设，建起一个具有多媒体展示、可同时容纳百余人参观的"东洲区预防职务犯罪警示教育基地"。自2014年7月开始，张东涛除了组织接待各单位到警示教育基地参观，还在每场参观前，用十分钟左右的时间为大家上一堂微型法治课。他的"微型课"既结合当下形势，又结合实时案例，渐渐地，参观者由一开始由他到各单位去请，到后来的各单位主动找他安排场次，不仅区内的参观者络绎不绝，区外的参观者也接踵而至。到2017年年底，他接待过的参观单位已有110场，有4630多人接受了警示教育。

### 故事二："对企业而言，效益是根本，廉洁是生命，命都没了，何谈效益，这就是'预防职务犯罪出生产力'。"

他常到企业这么讲，"婆婆嘴"上总挂着习主席的"预防职务犯罪出生产力"。为写这篇"故事"，不久前我曾专程找他，他嘴上依然不离习主席的这句话。我看着他说话时的样子，真的感受到他的话语是由心而发，他甚至还有些自大的貌似开玩笑似的跟我讲：当时在报纸上看到习主席"预防职务犯罪出生产力"这句话时，我真的一下子愣住了，天啊，这不正是我到企业最想说的话吗？其实跟我到企业讲的意思也都差不多，只不过……我没能把预防职务犯罪跟企业发展的关系上升到"生产力"而已……说实在的，听他说完他的这个"而已"，我一下子想大笑来着，但当时看着他那认真的若有所思的样子，终究还是没笑出声来。我知道，他那貌似开玩笑的话，真的不是在开玩笑。

其实在生活里和工作上，他给人的感觉的确是有些"自大"的。对同事的冷嘲热讽也好，对领导的悉心鼓励也罢，不管谁说啥，他似乎都不放在眼里，总是一副漫不经心不屑一顾的样子，嘴上婆婆妈妈地该说啥说啥，腿上风风火火地该做啥做啥，任由一副一如既往认认真真的样子，让你也不得不一如既往认认真真地听他把话说完，用我们东北话讲，就是任凭他"白话"。也许当初院领导正是看中了他的这一点吧，搞预防工作还真得有股子这劲头。所以，当院领导在预防人员配备上精挑细选，在预防工作摆布上精益求精，甚至还为预防科配备了专用车辆，这无疑让他的"这股子劲头""变本加厉"，更加"雪上添霜"，让他的"婆婆嘴"犹如安上了"机关枪"，让他的"媒婆腿"犹如装上了"风火轮""势不可挡"——

在石油二厂，被辅以"可串不可占"制度的每星期三的"廉政教育日"，不时留下他及时为厂内局域网提供职务犯罪预防警示教育片、典型案例还有案例分析的身影……

在烯烃厂，他协助厂纪委制定出每周一题、每月一刊、每季一考、每节一警、每半年一次大型廉政教育活动的"五个一"计划……

在6409军工厂，他协助厂相关部门把效能监察融入企业管理，把"饭盒，板凳，黄棉袄"作为企业革命历史教育的"三件宝"，作为党员干部职工艰苦奋

张东涛参加辽宁省环城高速公路（铁本）抚顺段施工建设单位预防职务犯罪工作座谈会

斗的精神支撑……

他与高新区管委会共同制定了预防职务犯罪工作框架式协议，对参与高新区规划、设计、建设单位进行资格审查……

他与辽宁省环城高速公路（铁本）抚顺段各施工建设单位签订预防职务犯罪工作协议书，对施工单位的外委工程实行备案监督，定期对工程施工进展情况进行现场监督……

为了践行习主席"预防职务犯罪出生产力"这句话，企业处处留下他的身影，一项项专项预防措施在企业"开花"。

### 故事三："紧紧抓住发案单位管理漏洞，因地制宜帮助发案单位建章立制，是开展个案预防挽救发案单位的根本良方。"

前些年，东洲区碾盘乡职务犯罪案件频发，从乡党委书记到部门负责人都有涉案。为挽救这个职务犯罪频发的"重灾区"，2015年新年伊始，经过实地调研和犯罪分析，张东涛和预防科干警用发生在碾盘乡干部群众身边的典型案例撰写了《善待人生旅途，远离职务犯罪》的预防课件，协助乡新一届党委、政府对乡机关干部和21个村两委班子成员开展法治教育和警示教育，

*张东涛到碾盘乡开展村两委干部普法教育*

并协助制定了《碾盘乡村级财务管理暂行规定》《碾盘乡农村集体资金、资产、资源管理委托代理服务实施细则（试行）》，堵塞资金、资产管理漏洞。经过大半年的工作，碾盘乡党员干部精神面貌发生了很大变化，也没再发生职务犯罪案件。

抚顺石化公司物资采购中心，每年有上亿元的资金从该部门支出，有的党员干部利用职务便利捞取钱财，不惜以身试法沦为阶下囚。2015年10月，张东涛结合采购员李某杰受贿案特点，利用距年终结算还有

三个月必有大量资金要从采购中心支出的时间点,与市检察院预防处共同在物资采购中心召开了预防职务犯罪座谈会,并一改以往座谈会由预防人员唱主角为发案单位各部门人员唱主角,他们结合身边事、身边人的真实案例开展座谈,引起强烈的内心触动和反响,使座谈会达到事半功倍的效果。

　　有一次,他发现政府采购一次性采购5万元以下的物品可由需求单位自行采购,极易引发职务犯罪。为此他找到区政府采购办领导协商,最终共同签署了一份协议,规定一次性采购5万元以下物品的采购单位,必须到检察院查询供货方是否有违法犯罪档案记录,别看只有半张纸内容的一份小小的协议,却为政府小额采购预防职务犯罪筑起一道防线。

　　2017年,张东涛入选"东洲榜样"。就在这年的10月间,他退休了,离开了他从检三十年的检察机关,两个月后,他所从事的职务犯罪预防工作,也与检察机关查办职务犯罪职能一道转隶到了监察委。记得退休的前一天,他还在院里面讲:"做预防工作,只要愿干,想干,肯干,总能干出好的效果……"不知怎么,许是他的退休,许是他的故事在检察机关不会再有,作为一名检察人员,每当我想起他讲的这几句话来,虽是那么朴实直白,却又是那么铿锵有力,常常在我的耳边回响,让我们沿着他的足迹继续走下去。

作者为抚顺市东洲区人民检察院案件管理科四级检察官助理

# 在默默奉献中抒写人生

孙 浩

说起检察院,老百姓印象中最鲜明的或许是电视剧《人民的名义》中维护公平正义的检察官,对在背后默默奉献的司法警察,大家还相对比较陌生。职业的要求使得司法警察们常常在"幕后"耕耘,但这不意味着在"幕后"不重要。相反,司法警察责任重大,为了保障检察机关的办案安全,他们一直在平凡的岗位上默默奉献。杨鹏云就是这样一名普通的司法警察。在望花区人民检察院,他既没有一般人眼中的雄才伟略,亦没有惊天动地的事迹,更没有显赫的职位,他只是一名普普通通的司法警察,身兼通勤车司机和食堂管理员。他以一名共产党员的赤诚之心,充分发挥党员的先锋模范带头作用,默默无闻地在自己的岗位上无私奉献着,不仅赢得了组织的信赖,同志们的好评,也赢得了群众的赞誉。

## 兢兢业业、无私奉献,做默默耕耘的"老黄牛"

杨鹏云从事检察工作整整三十年,大多数时间担任通勤车司机的职务,不管白天黑夜,严寒酷暑,随叫随到,任劳任怨。每天天不亮的时候出门,驾驶通勤车送同事们到单位,每天下班后不管时间多晚,都坚持对车辆做好清洁和保养工作,保证第二天的工作需要。

抚顺市望花区院杨鹏云同志驾驶通勤车

开通勤车早出晚归，两头不见太阳，特别是到了冬季，困难就更大，但他坚持每天早晨提前40分钟上班，几十年如一日。他所驾驶的通勤车使用多年，车况不如以前，为保证大家准时上班，他来得更早，走得更晚了。每逢节假日、双休日，他总要对车辆进行检查，能自己动手的，就不到修理厂修理。即使修不了他也是多跑几家修理厂，比较一下，总要找到技术最好最实惠的修理厂才放心，需要换件的，为了节省钱，就自己去买。

在别人看来，开公车是个好差事，自己亲戚朋友用个车是很正常的事，也合情合理。但杨鹏云始终坚守着自己的原则，绝不因为自己个人的事动用公家的车。提起十几年前的一件事，至今令他愧疚不已，当时妹妹的婆婆患了肝癌，从吉林通辽过来准备到沈阳住院做手术，到抚顺在他母亲家住了一宿，第二天父母要他送一趟，但他想这是公家的车，怎么能影响大家通勤呢，没想到病情已十分严重的老人到沈阳三天后便去世了。父母和妹妹抱怨："从家到车站，老人就歇了三四次。"他为此总感到对不住妹妹，更对不住妹夫。

## 以院为家、廉洁奉公，时刻坚守职业操守

2000年8月1日，院领导把杨鹏云找到办公室，对他说："为了办好干警食堂，确保大家吃好，院领导决定让你管理食堂。"杨鹏云心里犹豫过，但他从领导的话语和期待的目光中，看到了组织的需要、领导的信任。接管食堂后，他给自己定了一条原则，就是用最少的钱，做出最好的饭，让同志们满意。为了节省开销，他精打细算，采购粮菜时，总要为了几角钱与别人讨价还价，能自己买的就不用人送，免得送货环节加价。食堂每个月用的七个大罐，原来是液化气站给送，院里付运费，为了节省开销，他就自己开车去换，虽然抬上抬下挺费劲，但一个月下来，也能省近200元。他还充分利用余气，把剩余罐接到小灶上，每个罐再多烧两到三天。平时食堂炉灶、水龙头等出现毛病，他总是自己找工具修理，仅一年，伙食一项就节省了数千元。他常年累月地接触钱，有的是干警的伙食费，有的是公款，他总是说："钱是好东西，多了不咬手，但不能动心，贪了就会亏心，睡觉也会不安心。"

有的时候，杨鹏云按领导安排执行外勤工作，这个时候的他总是保

持高度警惕，执行押运工作时，事先做好充分的准备工作，全程兢兢业业，按章办事确保了每一次押解任务的顺利完成。在执庭中，总是保持良好的警容姿态，以确保刑事审判法庭的严肃性。同时，自己筑牢思想防线，坚持原则，不该问的不问，不该听的不听，从未打探或泄露案情。多年来，参与办案部门的提押、看管转押和执行拘传及其他强制措施等多项安全保卫工作，从未出现过失误和安全问题，从未出现过违规违纪问题，较好地维护了办案人员和当事人的合法权益，为院公诉、反贪、渎检等部门的业务工作顺利开展提供了警力保障。

## 勤奋刻苦、谦虚好学，努力创造一流工作业绩

司法警察使命光荣，责任重大，需要具备大局意识、责任意识、群众意识和法治意识。杨鹏云和同事们一起系统学习了《警察法》《最高人民检察院关于进一步加强和改进检察机关司法警察工作的意见》等文件精神，亲自撰写读书笔记1万余字。工作中，他以学习作为强化素质、干事成事的根基。利用入职培训、单位集中学习、个人自学等方式，学习钻研工作中涉及的司法警察专业知识，业务能力得到提高，保证在每个岗位上都能迅速成为岗位能手。坚持理论指导实践，注重从每一次出勤、每一次活动、每一次任务中积累经验，与书本知识相互印证，充实提高，丰富内涵。自己的政治素质、业务素质和职业道德素质得到很大提高，为全面出色地完成各项工作任务奠定了良好基础。

在做好外勤工作的同时，杨鹏云坚持细致全面做好内勤工作。在领导的支持帮助下，自己探索创立了三套警队内勤台账，使警务工作一目了然。自己认真学习上级文件，借鉴兄弟院队成功经验，反复修改和听取领导、同志们的意见建议，协助大队长起草制定了《望花区人民检察院司法警察编队管理》《望花区人民检察院司法警察工作运行机制》《望花区人民检察院司法警察内务条例》等文件。目前，制度运行良好，务实可行。他还总结多年工作经验，创新工作方法，研究制定了机动车驾驶员定期交通安全学习制度，制定用车审批、车辆后勤维修等程序制度，确保了公车使用的科学规范、安全及时。司机们自觉遵守各项规章制度，服从领导的调配，定期汇报车辆的运行情况，保证车辆在安全的状态下行使，并记录车辆的行使路线及行程，为检察院节约经费近万元。对于

各类报账、报销单据，他总是不厌其烦，认真登记，确保资金的安全使用。

## 真挚热忱、排忧解难，争做雷锋式的检察干警

杨鹏云常说：作为一名检察干警，当人民需要时，就要挺身而出。他是这么说的，更是这么做的。一次，他开车执行任务途中，发现道路前边围了许多人，他开车靠近一看，只见一个满脸是血、双目紧闭的青年人躺在路边，被摔得七扭八歪的自行车倒在一边，他顾不上多想，把伤者抬上车送到医院，为他挂号，又打来清水给伤者洗脸，直到亲属和邻居来了才悄然离去。事后，伤者的家属多方打听找到院里，并送来一封感谢信，院里才知道此事。由于法警工作任务繁重，大部分同志既要照顾家中老小，又要经常加班加点地工作，长此以往难免心中产生消极情绪。杨鹏云针对每位同志的具体情况，分别跟他们谈话，了解大家的具体难处，做大家的思想工作，同时对困难同志的家庭给予力所能及的帮助。同志们在他身边都能感到一股"踏实劲儿"，都愿意在他身边工作，他用自己的个人魅力让干警们心往一处想、劲往一处使，更好地完成院领导布置的各项任务。

有人说杨鹏云是个闲不住的人，院里水龙头坏了，他拿着工具悄悄地修好，下水道、厕所不通，他不声不响地疏通好。有人问，你这么干图什么？他说："我一不图名，二不图利，只图为院里着想。"妻子有时唠叨埋怨他，可他却说："人要知足常乐，我每个月2千多元工资，虽然比上不足，但比下有余，能为单位做贡献，我觉得我很满足了。"他就是这样一个人，十几年如一日，做了别人都能做到却又不愿做的事，虽然都是一些"小事"，但在平凡中更折射出他的伟大。近年来，他先后被评为望花区劳动模范，抚顺市优秀共产党员，抚顺市检察系统先进个人，辽宁省人民满意政法干警。

作者为抚顺市望花区人民检察院政治处科员

# 本溪市人民检察院篇

## 开篇语

　　本溪市位于辽宁省东南部,全境总面积8411.3平方千米,北靠沈阳、抚顺,南接丹东,西邻辽阳、鞍山,东傍吉林,属于中温带湿润气候区。是国家战略"沈阳经济区"副中心城市,下辖本溪、桓仁两个满族自治县和平山、溪湖、明山、南芬四个城区以及一个国家级高新区,有汉、满、回、朝、蒙等26个民族,常住人口约为170万人。"本是万物之根,溪乃四海之源,本本分分做人,点点滴滴做事"的本溪精神,是这座城市生生不息的力量源泉,在本溪市委、市政府的正确领导下,勤劳智慧的本溪人民正加快建设"三都五城"新本溪,为实现建设生态宜居型现代化城市的目标而

本溪市人民检察院办公大楼

不懈努力。

1950年5月6日，本溪市人民检察署建立。1954年12月10日更名为本溪市人民检察院。

多年来，本溪市人民检察院在市委和省院的领导下，在市人大及其常委会的依法监督、市政府的大力支持和市政协的民主监督下，团结和带领全市检察机关紧紧围绕政法工作任务和全市工作大局，忠实履行宪法和法律赋予的职责，扎实工作，开拓进取，各项检察工作都取得了突出成绩，多次被评为"全省检察机关先进检察院"，为本溪老工业基地振兴，建设"三都五城"新本溪做出了积极贡献。

本溪检察机关成立以来，经过几代本溪检察人的艰苦奋斗、顽强拼搏，走过了光辉的历程。伴随着改革开放的大潮，本溪检察人在实践中探索，在探索中前进，在前进中改革，在改革中创新，检察事业不断取得辉煌成绩，为促进全市经济社会发展做出了积极贡献。

成绩的背后，有检察人员艰苦的付出，也有收获的喜悦，还有让人终生难忘的经历和内心深处的感悟……这些经历和感悟是真实、生动、鲜活的，体现着时代韵律，蕴含着检察精神。把这些经历和感悟充分挖掘并形成文章，就是对检察事业发展历史以另一个视角进行的再现和描述，这是一种宝贵的精神财富。

稿件的征集，不仅是记录检察事业发展历史的丰富资料，更是传承检察精神，传播检察文化，弘扬优良传统和作风。稿件多数写的是我们身边的人和事，也不乏追思日渐消逝的记忆。文中体现的既有鲜为人知的故事，也有从未表露的情感，还有共同经历的

学习毛丰美干字精神

事情，所以品读起来仿佛置身其中、倍感亲切。诚然，稿件写作质量或许不高，写作水平尚显稚嫩，但其景真实、其情真挚，更显弥足珍贵，细细品味，必有收益。相信每位检察干警在品读时，将会唤起回忆、激起共鸣、引发思索。同时也相信，通过一个个生动故事，能让每位检察干警，对检察工作有更多、更深的了解和认识，增强对检察工作的热爱，更加充满信心、充满感情地做好本职工作，在丰富检察机关历史的同时，也写好自己的历史。

# 穿越尘封的记忆

赵 莹

雨色秋来寒，风严清江爽。

伴着丝丝的细雨和阵阵的凉风，秋天又一次如约而至。秋天，一个收获的季节，一片片金灿灿的颜色，满树沉甸甸的果实是秋天慷慨而无私的馈赠。

本溪被称作"枫叶之都"，溪畔枫叶好似一朵朵燃烧的火焰，红得热情、红得可爱，给秋天增添了醉人的色彩。

秋风飘过，枫叶似成群结对的蝴蝶，把我的思绪带到了那个充满收获的季节，关于秋天的记忆一幕幕在眼前挥之不去……

## 难忘那一天

2010年秋天，市院的办案用房和专业技术用房正式投入使用，也是我们倾尽新老干警和检察前辈心血的院史展示厅正是对外开放的日子。

我作为礼仪人员，穿着端庄的检察服，不用照镜子，我知道自己一直在微笑。这一天，我期待了很久，就像自己家盖新房子、搬新家了一样发自内心地高兴和自豪。就像雕塑家抚摸着自己精心构思雕塑而成的作品，就像母亲怀里抱着自己怀胎十月刚刚降生的宝

本溪市检察院院史展示厅的"本溪检察第一门"

宝……相信共同经历院史展示厅从筹划到收集文物到布展的同事们都和我一样，有着一段难忘的记忆，一份精神的洗礼和无以伦比的馈赠。

走进展示厅，以红色五角星为中心的圆盘放射状灯光笼罩着整个大厅，光彩夺目，气势磅礴，参观者赞叹不已。

展示厅的第一展区"从探索到波折"讲述了本溪检察机关 1950 年至 1978 年从成立办公的艰难创始到"文革"时期的被迫中断。一份份加盖中央和省检察院红印的原始文件，记录着本溪检察机关从无到有，从弱小到成长的风雨历程。

解说员指着一幅刻着"肉丘坟"三个字的石碑照片，深情地讲述："1952 年 10 月，刚刚对外办公的本溪市人民检察署，根据最高人民检察署的指示，派员参与了调查日本战犯在本溪地区屠杀爱国军民，镇压'特殊工人'的罪行，为指控日伪罪行立下了第一功。"

位于本溪市溪湖区的"肉丘坟"

我很自豪的同时，也很惊讶，因为照片上"肉丘坟"的位置就在我生活了二十多年的本溪老区——溪湖区，想不到这个生我、养我，让我如此熟悉的地方，70 年前，竟然有这样一段历史，更想不到 70 年后的今天，我能成为检察官这支光荣队伍中的一分子。

如果不是当初和同事们精心地收集这里的每一幅老照片，我就不会了解到那照片背后的一个个老故事；如果不是当时凭着仅有的几份珍贵文件去努力探索那个时代的背景，那在场的每个人此刻就不会如此深切地感受到我们本溪检察机关走过的那段风雨征程。

### 两份无比珍贵的报纸

一份是 1956 年的《工人报》，也就是现在《本溪日报》，刊登的宣传稿件《市人民检察院就征收卫生费中的违法问题向市人民委员会发出建议书》，从报道中可以看出，当时的检察机关担负着一般监督的职能。

另一份是 1959 年 10 月 10 日至 15 日，辽宁省人民检察院在本溪召开了检察工作保卫工业现场会，《本溪日报》刊发的社论。看着泛黄的纸面上记载的比我们父母年龄还大的行行繁体字。也许没有人比我更清楚它们的来历：

华灯初上，灯火阑珊，二楼会议

1956 年的《工人报》

室里我们仍在翻阅着一本本厚厚的《本溪检察志》《辽宁检察志》，一字字、一行行，像是在寻找着侦查线索一样不放过任何蛛丝马迹。可是因为年代久远，好多内容档案室并无存档，我们又一次次走进市档案局和图书馆。

当图书馆的工作人员把我们要的旧报纸堆到桌子上时，我不禁深深地喘了口气。报纸每天发行，一年 12 个月，一月 30 天，于是这些泛黄的散发着霉味的旧报纸堆了两尺来高。老人长说"眼是懒汉，手是好汉"，没想太多，行动吧。

一页一页地翻来，开始有些好奇，时不时还浏览下当时的报纸都载些什么内容，后来发现时间不够了，这样下去不知何时能完工，于是集中精力，加快速度，满眼盯着标有"检察"字样的内容，像是一个饥饿的觅食者在寻找食物一样，看到"检察"两字心里就高兴，眼睛就放光。

没有一会儿，我就觉得脸痒痒，胳膊也痒痒，越挠越痒痒，鼻子也不舒服，直想打喷嚏。奇怪，怎么像是偷吃了没洗的毛桃一样，浑身痒痒的，跟过敏了似的。和旁边的处长说，他也和我有同感。这下才意识到，应该是螨虫在作怪。这几乎尘封了半个世纪的旧报纸除了有股不好闻的味道之外，还尽是螨虫，可怜我的小脸这下估计又得多几个疙瘩了。

知道是怎么回事了，就不乱抓乱挠了，不然肯定更痒。忍着吧，咱得坚持把任务完成了，要不就白遭罪了不是。经过两天的努力，我们终于找寻到了昔日检察工作刊载在报刊上的累累硕果，巨大的成就感弥补了讨厌的螨虫给我带来的不快。

"原来这就是咱们单位最开始的办公楼。"一位刚参加工作不久的青年干警指着展柜里的楼模对旁边的同事说。

"我刚参加工作时就是穿的这套检察服，当时还有大盖帽和肩章呢。"

"这不是我当年做书记员时用的油印机嘛！"

"当时印个文件可费劲啦，动不动就弄得满手黢黑。"

大家兴奋着、感慨着……

我们高兴着、欣慰着……

### 千呼万唤的"检察署"

展柜里检察院办公旧址的楼模都是按照比例复原的，小到每一处窗户、雨搭都非常形象逼真。时过境迁，当时的旧楼现在好多都不在了，或是翻新为别的建筑。不过收集旧文件、旧报纸的经历已经让我们有了经验和信心。我们几人分头查检察志，跑档案馆还有城建局，多方收集中找到了一些珍贵的资料和照片，当年的旧址也就慢慢地有了原形。

这其中，最困难的要数20世纪50年代，本溪检察署刚成立时的办公楼。距今已有六十多年了，又是中华人民共和国成立初期，留存的资料更是屈指可数，我们找遍各种地方，都没办法复原当时检察署的原貌。

检察署刚建立时是在现在的溪湖区彩屯，原来老六中的地方，那六中毕业的人会不会记得？这个念头让我们有点儿失落的心又重新燃起了希望。果然，还真的打听到了几位六中毕业的老人，不过实在是过去太多年了，当年六中的细节，他们也记不清了。最后还是处长想到了一妙招。发动七二届、七三届六中毕业的人举办一个老同学聚会，分享在学校时的老照片，回忆一下当年的母校……功夫不负有心人，这次还真的奏效了。六中的原貌终于可以复原了，本溪检察署楼模"千呼万唤始出来"。

### 年轻的老干警

为了充分展示检察机关的三次大换装，我们向广大干警收集各个时期的检察制服。最近一次2000年的换装，距离比较近，收集起来还算容易。可是，早先1984年和1988年的两次换装，时隔二十多年了，这就得靠检察系统的"老人儿"了。不过即便是"老人儿"，不是当初送人了就是这么多年了，自己都不知道放哪了，能拿得出的又有几个？

包仁坤是我们院里一位年轻的老干警，说她年轻，是因为四十出头，正值壮年，说话办事雷厉风行。说她"老"，是因为二十多年的从检经历，实在算是检察院有资历的"老人儿"。她一下子给我们捧来了六七套制服。洗得干干净净，折叠得整整齐齐，冬装、夏装齐全。她告诉我们，自己一直留着这些衣服压箱底，这么多年了几次搬家都没舍得动，即便以后退休了也给自己留个念想。

### 千里情缘

从艰难创始，到风雨征程，从恢复重建，到耕耘奋进，检察战线的前辈们用他们波澜壮阔的人生旅程谱写了检察事业的辉煌篇章。为了寻找前辈的遗物，再现他们当年朴素而简陋的办公和生活状态，同事们想方设法地联系他们的妻子、儿女。时隔多年，已故前辈的亲人好多已经移居外地。于是，一个个通往深圳、西藏、青海的长途电话，传递着后人对先辈的景仰，连接着家人对检察事业和已故亲人的眷恋，牵扯着几代检察人血脉相连的检察情结……

陈玉华检察长珍贵的遗物　　陈玉华检察长生前珍藏的皮箱

陈玉华，生前曾是本溪市人民检察院的第四任检察长，我们几经辗转找到了他的儿女，陈检的儿女告诉我们，父亲有个皮箱，去世时父亲留下来遗物都被母亲保存到了这个专门的皮箱里，皮箱上了锁，锁住了妻子对已故丈夫的留恋与思念。半个世纪了，就连自己儿孙们都没让碰过。年过八旬的老伴儿，现在居住在海南，当我们电话联系到这位耄耋老人时，老人家的声音有些激动和颤抖，她不同意只把钥匙邮寄回来，执意从海南千里迢迢地专程归来，用颤抖的双手打开了尘封了半个世纪的皮箱……

展柜前，干警们静静地端详，有的不时地掏出手机拍照。在播放文化育检专题片的屏幕前，干警们驻足观看、聚精会神，大家说这个片子百看不厌，每次看都有新的收获，每次看都有种集体荣誉感和本溪检察人的高度自豪感涌上心头。

一件件珍贵的物品，一幅幅斑驳的老照片，无声地讲述着本溪检察机关从探索到波折，从重建到发展，40年来走过的坎坷历程，无声地记录着为这个院史展示厅默默付出的同事们又刷新的一项"本溪检察速度"。

为我院院史展示厅施工的布展公司经理和他的助理感慨道："开了十几年的公司，遇到上百位客户，可没有一个像本溪检察院这样的，时间紧不说，质量还要求精益求精，这根本不可能的事情都让你们做成了。"

如果此时允许我许下一个心愿，我想说："做检察官，今天、明天，直到永远……"

作者为辽宁省本溪市人民检察院法律政策研究室四级检察官助理

# "老二处"那解不开的情结

包仁坤

那日,收拾办公桌,夹在工作日记里的一张泛着淡黄色的老照片滑落下来,那是我在"老二处"时的一张合影,看着一张张熟悉的面容,让我感慨万千。岁月如歌,一晃自己参加工作已有31个年头了,在公诉处工作了10年,快乐或感悟都已成为自己工作上的阅历和人生的宝贵财富,而且"老二处"的10年永远是我最充实、最快乐、最难忘的时光。

"老二处"的称谓对于后到院的年轻人可能很陌生,"老二处"是指20世纪90年代的审查起诉处,那时的审查起诉处被称作是检察院的门面和窗口。90年代"老二处"由最初的13人,到90年代后期队伍强大时的24人。该处工作任务繁重,难度系数大是尽人皆知的,而"老二处"一直是一个有着优良传统能战斗的集体,90年代历次"严打"中的先进集体。这个集体人才济济,省级优秀公诉人就有4人,而且大多数同志后来都走上了各级领导岗位。处长孙书方提拔为市院副检察长,12年后调任市政协民法委主任,已退休。副处长王广伟提拔为处长,后到明山区院任常务副检察长,副处长温雅康后任监所检察处处长,都已退休。那时的检察员秦立杰由"老二处"副处长到处长后提为市院检委会专委,也已退休了;秦晓杰也一步步成长为溪湖区院检察长,现调回市院任检委会专委;高亚芬任平山区院常务副检察长、刘迅飞现任案管处处长;王晓苏由副处长、处长,到政治部副主任,司法改革后的研究室主任;郝桂华退休前任机关党委专职副书记;周景儒、于志州也都走上中层岗位。当时处里的小字辈年轻人杜恩东、蔡晓强也都成长为院里的中间骨干了,刘迅飞、王晓苏、杜恩东三人今年作为择优选升三级高级检察官

*1992年春"老二处"在本溪市平顶山春游合影*

意向人选推荐到市委组织部,可以说公诉部门确实是干警锻炼成长的重要岗位。此外,还有工作上"老黄牛"的郎立珍;笑话"包袱"不断,可办起案来一丝不苟的初殿权;多才多艺的李兴志,拿材料写牌匾、弹钢琴画油画,20世纪八九十年代挂在市院大会议室的油画《建设一个新中国》就出自他之手,还有乐于助人的冯玉堂、被同志们称之为大侠的关勇等,他们也都已退休。

　　我也由一名书记员磨砺成长为一名助检员、检察员,曾干过"案件进出细登记,赃物凶器贴标记,案件讨论一一记,上传下达不忘记"的大总管内勤;也曾当过被四名助检员、检察员随叫随到,拎起事先备好的一应俱全法律文书的办案包,轮番奔波着提审取证开庭忙记录,手推碾滚印文书的书记员;也曾做过一审二审疑难请示案件的办案人。当时办案条件还很艰苦,坐公交乘小客还要爬一段坡路去看守所提审,后来条件改善了些,处里有了办案用车,但到偏远的农村办案也还要顶着星星走,伴着月亮归,尤其到桓仁办案,那时单程也得四五个小时。

　　即使在那时繁重的工作压力下,除办案在外,"老二处"的同志们也会充分利用午休时间采取各种方式调节着、减压着,苦中找乐,紧张中求放松,瞬间的开怀大笑,驱散了身心的疲惫,当然也"制造"出了很多小典故。

## "僵"的由来

　　20世纪90年代,午饭后,不像现在人们健身意识浓,条件好设施全,锻炼锻炼身体，那时男同志大多下象棋、玩扑克，女同志则逛街、织毛衣唠家常。而"老二处"扑克局是很兴隆的，四个人两副扑克玩"箭队"，姜学财则一直是中心人物，老姜不爱"急眼"，玩起来又大多不按套路出牌，不明白对家意思，总挨数落，又加之姓姜，故被说"老姜你可真是'僵'"，引发出一阵哄堂大笑，"僵"就这样衍生出来，一时"老二处"扑克局上就涌现出了小王"僵"，小刘"僵"等雅号，搞得其他部门同志丈二和尚。后来，延伸到不按常规说话和处理问题私下里都称之为"僵"，并流传了很久。而当时的我偶尔人手不够也凑凑数，由于不会算计牌、不会看火候搅了局挨了说，用刘迅飞的话说，"玩扑克没老姜没意思，有小包更没意思"，大家一笑，从不计较话的轻重。

### 《苏三起解》

姜学财，高高的，长得很像与宋丹丹搭戏的演员文兴宇。老姜人很随和，爱说爱笑，而且他还有一个最大爱好，那就是每逢处里有聚会，他都愿意喝点小酒，喝到兴致还愿意唱上一唱，保留曲目是男扮女声的《苏三起解》和载歌载舞的《北京的金山上》，老姜成为"老二处"的"开心果"，调解气氛，是把聚会娱乐活动推向高潮的关键人物。

### 三八吃饭能手

20世纪90年代初期，"老二处"当时女的就3人，郎立珍、秦晓杰和我，而我们3个女的中郎姐个儿大，秦姐和我一个善于短跑、一个善于长跑，自然当时都挺能吃，嘴壮，吃嘛嘛香，老秦就送

1997年夏"老二处"欢送考取研究生的年轻干警李秀娜合影

给我们三人一个绰号——"三八吃饭能手",我们笑着回敬,能吃也能干。是啊,工作上说走,拎包就走,风风火火,没有拖拉的,也没有因为个人及家庭原因耽误工作的。

## 面条系

20世纪90年代初期,不但当时的办公环境和办案条件较为艰苦,而且生活条件也不算太好,同志们大多自己或带现成饭盒,或带米在楼下的大蒸汽锅里蒸饭,有个小食堂也可以买着吃,大家都在办公室里吃饭,有时同志们互相谦让,分享各家的厨艺。郎大姐做着一手好菜,那期间我没少蹭吃,当然我也偶尔会露一手,做做贡献。有一次两个办案组上看守所提审回来晚了,没赶上饭口,当时单位在市政府广场西南角(现在的平山公安分局),单位下边是一溜小吃铺,同志们都想吃"汤子",农村长大10岁就会攥"汤子"的我,当时在处里也算"独门"手艺,自告奋勇取代了老板娘,一会儿炉子上的小锅就攥满了又细又长的"汤子条",五六个人一哄而抢,吃得他们交口称赞,老陈更是把辽大法律专业的我笑称为辽大"面条系",为此我攥"汤子"也就小有名气了。

## 一年织不成一件

"老二处"时期,我们女同志出差办案之余,包里也会带点毛活,忙完提审、复核,休息时就聚在一起,一边织毛活,一边交流相夫教子的心得。那时毛活时兴"麻花股""菱形块""大垄针""狗牙边""豆粒扣"等针法,两手左右穿梭的我们,当然免不了因或肥或瘦

1995年夏作者

拆了返工,爱开玩笑的老秦又有了调侃的话柄,"织了拆,拆了织,一年也织不成一件"。那几年我织出的成果还真的有几件,毛衣毛裤,大的小的,女儿穿的小外套。看见喜欢的花样,不会就问,一定得想方设

法地学会织成，有时为辗转于几个老大姐才突破而欣喜。如今有了替代品，毛衣毛裤不时兴了，也没人再织了，而我的成果因舍不得丢弃自然也就压了箱底。

　　那就是我们那个年代的生活，真真切切的生活，丰富多彩的生活，令人难忘的生活。时代在前进，穿越31年的岁月时空，我见证了本溪检察事业31年来蓬勃发展的进程。如今，优越的办公环境，先进的办公装备，完善的福利保障，营养丰盛的两餐，我想告诉身边的年轻人，珍惜眼前如此幸福的时光，只争朝夕！

作者为辽宁省本溪市人民检察院离退休干部处处长

# 反贪局里的故事

周 鑫

2007年2月26日是个大日子,刚从校门走出来的我被组织分配到反贪局侦查一处工作,从事贪污贿赂经济案件侦查,从那天起就开始了在反贪局的故事。

上班第一天,我记忆深刻,也是从那时起逐渐了解到在反贪部门高密度、快节奏的工作性质。记得那天下午,我跟随于家宽处长来到桓仁满族自治县,当时我们正在办理桓仁县安全生产监督管理局局长王某某受贿案件。近200千米的路程多少让人有些疲惫,没做停留于处长就带着我马不停蹄地来到桓仁县公安局取证,第一次以国家执法人员的身份工作,我紧张又兴奋,取证过程非常顺利,也让我看到了于处长身为一名检察官的精干与专业。工作结束后,于处长带我与处内其他同志汇合,并一一介绍。这支队伍真的让我感到震惊,全处最年轻的居然是40岁的王明俊王哥,有几位老同志已经是快要退休的年纪,在别人看来,也许只能在办公室看看报纸喝喝茶水,又有几人能相信他们仍然在反贪第一线燃烧自己?又有几人能相信他们刚刚经历了近一个星期的"战斗"呢?我相信,因为在他们饱满的情绪下掩饰不住的是那满眼的红血丝,那是熬了几个通宵与犯罪分子斗智斗勇的证据呀,他们知道这样的"战争"虽然没有硝烟,却能为国家发展保驾护航,虽然没

高台子村民为反贪局赠锦旗

有肉搏，却能让人民权利得以保障，所以他们始终义无反顾地坚持着。老同志的敬业精神着实让我钦佩，反贪工作的使命更让我责无旁贷。

反贪工作仅凭着一股子热情是不行的，面对种类多变的犯罪手段和犯罪分子反侦查意识的提高，我们需要具备果断的决策，准确的分析，丰富的经验。2007年6月，当时我处办理的是本溪市质量技术监督局技术监督检测研究所前后两任所长邓某、李某受贿案件。此案件是出租车司机反映质量技术监督局要求我市所有出租车安装计价器，费用上千元，而实际成本才两三百元。在接触两名犯罪嫌疑人后，何毅处长安排处内同志兵分三路，一队在家突击审讯，一队去沈阳博通公司调查取证，一队到北京和河南焦作取证。我被安排跟随邢春涛副处长和祁恒利一起到北京、焦作取证。6月份的北京非常闷热，人生地不熟的我们几经周折才找到北京聚利公司，取得了总经理和经手人的两份笔录。本以为大功告成，但在回宾馆研究案情时，邢处分析道："这两人今天的眼神一直很闪烁，在说话时总是对视，这两份笔录应该不是真实的，在送钱的环节上他们应该已经达

本溪市人民检察院反贪部门全体人员参加
全省检察机关反贪部门业务知识测试

成共识，统一口径对外。明天一早我们再去取证。"果然第二天一早当我们再次来到聚利公司办公室时，这个总经理几经思量说出了实情，并配合我们复印了相关账页。当日下午我们又坐动车来到河南郑州，下车已是凌晨2点，为了尽快拿下案件，完成任务，我们没有休息，立即坐出租车赶往焦作。天公不作美，赶路时下起了滂沱大雨，也许是好事多磨吧。凌晨5点我们抵达焦作，这次取证相对比较顺利。邢春涛处长作为一名老领导、老侦查员，经验丰富，直觉敏锐，果断处事，他能够通过与人交谈时的细节判断出人之所想，才使我们得到了宝贵的证言，为

审讯邓某、李某提供了有力的保障。

外界传言反贪局的人冷若冰霜，可一次次的讯问、取证着实让我找不到"冷酷英雄"的感觉了。印象深的是办理本溪锦程（集团）有限公司董事长兼总经理（原本煤房地产开发公司总经理）谢某贪污、行贿案件。2008年4月18日受理、立案，10月12日侦查终结，历时近6个月，也是通过办理这个案件，我逐渐成长起来，也感受到"人性化办案"。此案是市纪委移送的，谢某到案后，开始的时候对办案人的问题不予回答，接下来有一天，她在饭后开始作呕，何毅处长请示领导，找来中心医院消化系统的专家来为谢某诊治。大夫说她的症状类似神经性呕吐，应该是压力大导致的。何毅处长跟谢某说："你是本溪地区有名的女企业家，市里领导非常关注你这个案件，我们主管领导也非常重视。你逃避抓捕的这段时间压力肯定很大，来我们这可能也不适应，但这就是我们工作职责所在，希望你理解。你也有老母亲，还有孩子，自己要保重身体，无论你这个案件结果会是怎样，你要为她们考虑，为自己今后的路着想。你放心，我们会公平、公正地对待你的问题，实事求是地查清你的问题，所以自己要注意减压！"何处的话倒像是在劝解犯错的朋友。徐敬波是院里公认的业务骨干，反贪战线的精英，是我非常崇敬的叔叔。他嘱咐我："小周，给谢某送饭时，提前跟食堂说好做些粥，或者面条，这样的食物好消化。不能给她太大的压力，但我们自己头脑中的弦得绷紧，毕竟她是我们的工作对象，一定要外松内紧，办案安全是头等大事！"随后的很长一段时间，我们每天都为谢某请大夫输营养液，专门做适合她吃的食物，购买杂志，个人日常生活用品。后来谢某的心理防线一步一步的瓦解，这块坚冰终于被我们的真情融化，顺利取得谢某在任期间涉嫌犯罪的口供。

随着工作经历的增多，我经常跟家里人戏说，虽然我是我们处里最小的，传人、蹲坑、外出抓人几乎我都上，因为不会引起别人怀疑。但是我在面对犯罪嫌疑人时没有一丝畏惧，心中只有浩然正气，我代表着正义。记得在2009年3月，我随同市公安局技侦人员来到曾经生活四年的地方——成都，重回故地，感触颇多，但我没有时间重游母校、会师访友，因为我身负重任。在第二天上午，犯罪嫌疑人李某某将乘坐飞机潜逃至成都藏匿，我们要在第一时间将其抓获归案。经过与机场保安部门沟通，在飞机降落的一瞬，我们来到李某某的身边，早已经把他的样貌印在脑海中的我，拿出工作证后，从容地对他说："我们是本溪市人民检察院反贪局的，有些事情需要找你核实一下，请跟我走一趟。"他低着头很沮丧地说："终于要结束了，我已经跑不动了。"

工作时的我是快乐的，工作时的我在成长着，对于经常在外办案，我心中没有一丝怨言，但这样的背后也意味着会失去一些同家人团聚的欢乐。在办理李某某案件过程中，我们发现其下一任的北台公司第三焦化指挥部总指挥李某某也涉嫌受贿犯罪，但其在得知上任领导被检察院查处后就四处逃窜，于是从2009年4月份我处开始了对李某某的抓捕工作。在此期间，我曾被领导派去上海两次、威海一次、秦皇岛两次。尤其是在2009年的"十一"国庆节期间，父母从老家来本溪同我过节，但我在他们到本溪的当天就跟踪李某某的爱人来到上海，把父母独自留在家中。来到上海后，李某某的爱人没有在第一时间同其联系，却辗转来到上海交通大学与女儿见面。我在交大门口一蹲就是一下午，当时太阳很毒，晒得人心里很烦躁，但我还是耐心等候，希望"那个人"能够出现，然而敌人太狡猾，希望落空了。抓捕李某某的工作持续到2010年3月1日，那天刚过完元宵佳节，何毅处长便带领我们4名同志驱车来到河北省秦皇岛市，找到李某某藏身的小区，通过查看该小区近半个月的监控录像，确定了李某某的住处。我和王明俊来到李某某住处的对面房屋内，透过猫眼观察其是否出屋活动，当时这处房屋没有售出，因而没有供暖，我俩冷了就跑几步，饿了就咬口面包，一蹲就是一天。3月6日早上8点半左右，何处带领我再次上去蹲点，在等候半个小时后，终于听见了开门的声音，何处对我做个嘘声的动作，我们屏住呼吸，在李某某来到电梯口的一霎那，冲到他的背后，一把按住他并表明身份。何毅对李某某说："李某某，你知道我们是谁吧，我们找你快一年了。"李某某目光呆滞，双手颤抖地说："昨天晚上电闸被拉时我就知道你们来了，这下也好，过这种日子我还不如死了。"随后我们进入他的家中，发现冰箱中什么食物也没有，只有方便面和饼干散落在茶几上，随身搜出7部手机和无数张电话卡，他的逃亡生涯就此画上句号。一年的逃亡生活，肯定让李某某心力交瘁，就像电影里经常见到的桥段，犯罪分子躲在租住的小黑屋内，不敢出门，也不敢与家人联系，整日心神恍惚，就怕下一秒公安人员从天而降，连半夜听见巡逻车的警铃响，都会惊出一身冷汗。这样的日子真是生不如死，在参与审讯时，经常听主办人跟犯罪嫌疑人说"莫伸手，伸手必被捉"，这才是至理名言。

我们反贪侦查一处是公认的有战斗力，敢打硬仗、善打硬仗的集体。2010年全年共查办32件受贿案件，仅有十一国庆节休息，双休日能正常休息的次数不足5次。以前处里老同志在写工作总结的时候，算全年加班天数基本都写100余天，我也继承了这个加班的光荣传统。

从事检察工作快五年了，反贪局已经成为我生活中不能割舍的家，这里有我的兄弟姐妹，我们生活在一起，这五年时间我所经历的每一个案件都是耐人寻味，我所接触的每一个犯罪嫌疑人都是性格各异，然而我身边的人却是相似的，他们都在与犯罪分子斗智斗勇，都在为了检察事业奉献，无论是一线侦查员，还是幕后英雄，他们都值得我敬畏，我为在这个集体中工作而骄傲，我为能同这样一群人共事而自豪，以他们为榜样。他们每一分、每一秒都在用生命来诠释检察官的意义。

如今，反贪局已转隶至监察委，反贪局的故事也画上了圆满的句号，"反贪人"的故事却是未完待续……

作者为辽宁省本溪市人民检察院监察室主任

# 一场特殊的战斗

顾庆凯

**【编者按】**

这一幅幅感人至深的照片，再现了本溪市人民检察院司法警察支队全体党员干警们在抗洪抢险救灾中的真实场面。从他们挥汗如雨的身影，到老乡们感激的热泪，无不体现出了他们一心为民的高尚品德，展示了他们特别能吃苦、特别能战斗、特别能攻坚、特别能奉献的风采，他们无愧于本溪市委、市政府授予的"亲民爱民"先进单位。

本溪市人民检察院司法警察支队是我省司法警察队伍中实现编队管理较早的单位之一。几年来，他们注重队伍的思想政治和纪律作风建设，强化体能、技能和业务训练，规范执法，安全办案，在编队管理示范单位创建过程中走在了全省的前列；历年来始终排在全省检察机关"两大考评"系统中的前列。这些成绩充分地证明了：只有落实编队管理，才能更好地体现司法警察队伍的战斗力；才能在检察官依法履行职责中发挥积极作用，从而有效保证办案安全；才能实现警务保障同检察业务需求的完美结合；才能够充分践行党的群众路线和习近平新时代社会主义思想，为实现全面建成小康社会完成中华民族伟大复兴的梦想保驾护航。

## 洪涝灾害 突如其来

2012年8月4日、5日，受台风"达维"的影响本溪地区普降暴雨，一场突如其来五十年一遇的特大洪涝灾害猝然降临我市南芬区，因暴雨形成内涝和河水圩堤漫顶，造成山体滑坡、房屋倒塌、农田受淹、路桥毁垮、群众遇难、供电通信中断等严重后果。

灾情之重十分罕见，然而"大灾大难见精神，大灾大难见真情"。

灾情发生时，本溪市人民检察院迅速行动，以抗洪救灾总揽全局，以挽救人民群众的财产安全、帮助他们重建家园为第一要务，反应迅速、指挥有力。风雨中，有一只特殊的队伍，在抗洪救灾过程中打响了一场特殊的战斗，谱写了一曲荡气回肠的抗洪救灾之歌，把他们的忠诚写在了与洪魔鏖战的 6 个日日夜夜……

## 积极请战 临危受命

8月6日早8时30分上班后，"南芬区人民检察院被淹，一层办公室、负一层办案工作区和干警食堂、负二层车库大面积沁水，至今仍有积水尚未排空，其中地下的两层建筑积水达 2 米多深""南芬区多处乡村受灾，我们检察机关帮扶的下马塘村和甬子峪村最为严重，人民群众基本生活得不到保障，大量的房屋农田被淹"……数条消息震惊了本溪市人民检察院司法警察支队。

当听到市院青年检察官先锋队即将准备奔赴灾区帮助灾区干部群众救灾重建的消息后，司法警察支队全体党员干警热血沸腾、纷纷请战，支队中的老同志们纷纷表示虽然年龄早已不在青年干警之列，但他们有扛过枪、下过乡的经历，干起活来绝对没有问题；有的干警表示院里的青年干警大都刚刚走出大学校门时间不长，没有劳动经验，让他们去一定会起好带头作用；还有的表示让院里把最急难险重的任务交给他们，保证第一时间保质保量的完成……支队长、政治委员在广泛征求大家的意见后，找到检察长、政治部主任等院领导将大家的意见及时反映给院领导，并积极请战，最终获批，除 3 人留守院里值班外，其余 10 名同志均加入奔赴灾区救灾的队伍中，并与其他院内 20 余名青年干警被分配到任务最重的甬子峪村，原支队长郭志学同志还被任命为总指挥。

## 特殊的战斗 特别的感动

在甬子峪村，8 名司法警察作为救灾工作的主要突击力量，带领年轻的检察干警们分成 4 个小组到受灾最严重的村民家中进行救援，有的在院内清理沙石、有的在室内清运淤泥垃圾、有的在挥舞着铁锹镐头装车搬运……面对室内 1.2 米、室外 1.5 米高的淤泥、沙石，他们用铁锹挖，用双手扒，用土筐抬，用肩膀挑，用小车推，清运淤泥、沙石达数十吨；

石头大，司法检察的力量更大　　　　　　司法警察巾帼不让须眉

　　帮助翻挖深埋在淤泥中的家具、衣物、锅碗瓢盆，最大限度地减少受灾群众的损失；平整被洪水冲毁的道路，为救灾物资及时运送争取时间。分别被分配到其他两个灾区的两名同志，也较好地发挥了司法警察的战斗作风，得到了灾区干部群众和院领导的充分肯定。

　　刘金良，警支队最老的同志，还有3年就将退休。"是战士，何须捐躯在沙场"是他在这6天里说的最多的一句话，曾经是消防战士的他，仿佛又回到了三十年前的年轻岁月，号子声音最响的是他、晒得最黑的是他、最危险的地方也有他的身影。8月7日下午，正在甬子峪村老乡家里清淤的他，凭着军人的敏锐直觉，及时发现了即将倒塌的室内墙，第一时间招呼大家撤离危险区，同时他也是第一个冲到最前面用铁锹将摇摇欲坠的险墙由上至下把砖头、石块清理干净，化危难于无形之中。

　　孙东海、张君辉，平时工作中总是默默无闻。在这次救灾过程中每次清理沙石时最累的装车工作就是由他们两个负责的，帮助老乡修整院墙时搬运石头个头最大的是他们两个，遇到复杂情况工作开展不顺时第一个帮助大家出主意、想办法的也是他们两个。院内好多参加检察工作时间不长的同志甚至还叫不上他们的名字，看到他们汗流浃背的身影只能说"哥，您休息一会吧，让我们来！"可他们始终战斗在最前沿，从未退缩。

　　樊少群，从公安局选调到检察机关不足一年。根据以前从事法医的经验，他深知"大灾之后有大疫"的危险，每天劳动时他除了要带上劳动的铁锹、镐头等劳动工具之外，还背上了急救药箱，第一时间将医疗保健知识和老乡们急需的应急药品送到田间地头，同志们有的手脚磨起了水泡、身上被马蜂昆虫蛰咬后、关节肌肉有拉伤扭伤时，他也总能够及时处理，保障同志们的身心健康，被大家亲切地称呼为"樊天使"。
......

在救灾过程中，参战干警表现出了良好的精神状态、扎实的工作作风和坚定的意志品质。有的干警在救灾第一天由于准备不足未戴手套，手掌就磨起了多个血泡，但始终坚持着；有的干警全身衣服都被汗水浸透，甚至能够拧出水来，但从未喊苦喊累；有的干警手脚被积水浸泡变色，但从不曾多休息一分一秒；有的干警在救灾中手、脚、腿等多处受伤，只是经过简单处理又重返现场投入救灾工作，坚持轻伤不下火线。参战的10名司法警察中有6名同志曾经是复员转业军人，正是他们这种"掉皮掉肉不掉队，流血流汗不流泪"的作风感动着身边每一名年轻的检察官。

虽然有的同志年龄偏大，虽然他们不是青年检察官先锋队队员却踊跃报名参战，并且身先士卒、率先垂范，还利用自己多年工作积累的丰富经验，全力保障了救灾安全、提高了救灾效率……参战干警们在救灾过程中，互相影响着、互相关心着、互相鼓舞着，在彼此思想和心灵的交流中，凝聚起了更加强大的力量！

## 转移阵线 继续奋战

甬子峪村，4天的战斗结束之后，当听说南芬区院地下一、二层的办案工作区和车库积水仍有残余尚未排完，并有大量的淤泥尚未清理干净的消息，同志们尚未休息，就马不停蹄地奔赴到第二战场。面对没过膝盖的水、没过脚踝的淤泥，司法警察支队的同志们带头跳入泥浆之中，有的同志买来帆布垫在卡车的车斗内用脸盆一盆一盆地清理积水和淤

转移战场，南芬区院我来了　　　　　　　　"若有需要，随叫随到"

泥，有的同志拿来了推雪板几个人排成一排从里向外一点一点地推。衣服湿了不怕、脸上溅上了泥点不怕、淤泥灌到了鞋子里更不怕，只要能够让南芬区院早一点恢复正常工作，所有的一切都值得。就连中午时南芬区院一再地让同志们到楼上会议室吃饭、休息，同志们都是不肯上楼，纷纷说你们好不容易收拾干净，我们身上太脏，别给你们添麻烦，只是在办公楼后阴凉的地方席地而坐，一边吃着盒饭，一边商量着下午的工作将如何开展。

"若有需要，随叫随到"，当劳动结束后，在甬子峪老乡们和南芬区院的同志们夹道欢送时，司法警察支队的同志带头喊响了这句口号。

### 特殊战斗　收获感动

临别时老乡们热泪盈眶　　　　　　　检民鱼水，情深一片

当看到被救助的干部群众饱含热泪的双眼，回想起这次救灾工作，对每一位干警来说既是一次严峻的考验，也是一次深受教育的难忘经历，更是一次思想洗礼和心灵净化的宝贵历程。面对急难险重的艰巨任务，参战干警们交出了令人满意的答卷。他们不怕苦、不怕累、不怕危险，勇挑重担、团结一心、冲锋在前，用自己的实际行动诠释了政法干警核心价值观的深刻内涵，证明了本溪市人民检察院司法警察支队是一支特别能吃苦、特别能战斗、特别能攻坚、特别能奉献的坚强团队。

作者为辽宁省本溪市人民检察院法警支队副主任科员、三级警督

# 蓓华大姐

庄 妍

论年龄，我把 65 岁的宋蓓华称呼为大姐，似有不敬之嫌，但我却觉得这样称呼她，不仅有尊敬、爱戴之意，更显亲近、深情。从我到本溪市人民检察院那天开始就与她朝夕相处。10 年来，她对我如朋友般的帮助、亲人般的关怀，还有她和蔼的话语，缩短了我们之间年龄上的距离，产生了浓浓的姐妹情愫。然而，最让我感到敬重和佩服的，却是她对待工作始终如一的热情和执着……

在档案室工作的蓓华大姐

蓓华大姐从事档案工作已有 40 余载，在检察档案管理这个平凡的工作岗位上也耕耘了 25 个春秋。25 年来，她把组织的关怀、领导和同志们的关心转化为对工作的永不满足和不懈追求，勤奋工作，无私奉献，在默默无闻的检察档案工作中实现着自己的人生价值。回顾走过的历程，她付出了许多，也收获了喜悦。也许"阳光总在风雨后"，因为对她而言，收获的过程伴随太多的酸甜苦辣。

## 艰难中起步，她选择面对

1996 年，蓓华大姐因工作需要被调入本溪市人民检察院担任档案员。如今，她还清晰地记得当时接手档案工作的情形：走进那间窄小的档案库房，映入眼帘的是因安装密集架残留的垃圾，堆放在柜子里多年未经整理的各类文件……面对这浩瀚的材料，她一张一张清理、一件一件登记，然后分门别类，立卷归档。一次次筛选，一遍遍取舍，从卷宗的整理到装订，从档案柜摆放到库房打扫，事无巨细，她都亲自料理。陈旧的档案上布满了厚厚的灰尘，空气中弥漫着呛人的防虫药味，发霉的档案纸张上的霉菌刺激皮肤一片片红肿，但她全然不顾，只是埋头工作。双休日或节假日，同事经常看到她的办公室闪烁着灯光，便都劝她不要那么拼命，别累坏了。每次听到这样的话，她都会说："谢谢关心，但没达到我的标准我心里就不舒服啊！"是的，档案管理工作是那样平常、那样普通、那样枯燥——接收、整理、录入、扫描……日复一日，年复一年，没有雷动的掌声，亦没有炫目的鲜花。"人不管干哪一行，必须干一行爱一行，要有很强的事业心、责任心，要有敬业精神，要有认真负责的态度。"蓓华大姐就是用这样一种态度鼓舞着自己，在档案室一干就是20几个年头。在她身上，只有日渐老去的年华和鬓间隐隐的白发，只有手指间厚厚的老茧和臂腕处阵阵的酸痛……她说，每当看到零散的资料经过自己的整理，变成一卷卷整洁、有序的档案时，就会有一股满足感涌上心头；每当看到干警查阅档案后，满意离去的背影，所有疲惫、辛酸都可以抛诸脑后了。

## 矛盾中抉择，她尽显坚强

也许，事业与家庭是相生相伴的一对矛盾。对蓓华大姐而言，这对矛盾显得更加尖锐。她的母亲家住沈阳，身患重病，长年卧床。蓓华大姐是个孝顺的人，但平时为了工作她只好把对母亲的牵挂和愧疚深埋心中。每到周末，她都会急匆匆回到母亲家中，寸步不离地守护在母亲身边尽孝。就这样，她每周往返于本溪沈阳之间，由于工作和家庭的双重压力，长期缺少足够的休息，加之无规律的饮食，最终因胃病住

*省档案局和省院档案室领导到我院进行档案特级检查*

进了医院。在她做完胃部手术住院的日子里，心里还惦记着档案室的一摊子工作。信念、忠诚、责任给了她战胜困难和病魔的勇气和力量，豁达、乐观的她积极配合治疗，积蓄了新的能量。出院后，医生建议她要休息一段时间，但她第二天就重新回到了工作岗位。疾病没有冷却她对待工作的热情，为把档案工作做到精益求精，加班对她来说是家常便饭，而且从不计报酬，每次见到她，都是面带笑容的样子和辛勤工作的身影。蓓华大姐是个"要强"的人，把档案工作做到最好是她的标准。她深知档案工作必须与时俱进、开拓创新，才能为检察事业长远发展提供优质高效的服务。尽管家庭和事业在她的天平上总是难以平衡，但她还是在2003年年初，向院党组提出了晋升"省特级档案管理先进单位"的想法。特级是机关档案管理工作的最高级别，工作任务之艰巨、工作难度和压力之大可想而知。时间紧迫，任务繁重，能不能完成任务并顺利晋级，对她来说确实是一次考验。接下来的200多个日日夜夜，她一门心思放在档案晋级达标工作上，整理档案成为她生活的全部。一份耕耘一份收获，2003年11月，经过省、市档案局及省检察院专家组成的评审组评定，本溪市人民检察院被评为"辽宁省特级档案管理先进单位"，并至今连续15年保持了这一来之不易的荣誉。

## 平凡中工作，她创造非凡

档案工作是平凡的。档案管理人员没有公诉人法庭上激扬话语、唇枪舌战的风采，也没有反贪干警明察秋毫、攻破大要案后的喜悦。而在平凡的岗位上要干出一番业绩，不仅需要坚定执着的信念，还需要一种勇于争先、开拓创新的进取精神。蓓华大姐在平凡的岗位上，做到了平凡而不平淡，朴实而不普通。在她和本溪全体检察档案人的努力下，市院档案室连续多年被省院授予优秀集体和先进集体；2003年，晋升为省档案特级管理先进单位；2004年，被授予省档案管理先进单位；2005-2017年，在省院"双考评"中，

市院获得"档案工作省特级单位"荣誉

本溪市院档案工作均获满分；2007-2017年，连续被授予"档案管理先进单位"。蓓华大姐也多次荣获省、市"档案工作先进个人"；先后多次被荣记"个人三等功"。这些沉甸甸的荣誉背后倾注着她的心血和无私奉献；这些沉甸甸的荣誉无不见证着这位普通女性执著的追求和不懈的努力。在做好市院档案工作的同时，蓓华大姐还十分关心基层院档案工作。在本溪县检察院晋升省特级的那段日子里，她多次帮助协调解决问题，吃住在该院进行实地指导，前后达3个月之久。其间，母亲病重、自己身体不好，但她把孝心藏在心里，用药物缓解病痛，始终没有离开工作岗位，在她的精心指导下，该院顺利通过省特级验收。我市两级共7个检察院早在2012年就已全部晋升为省特级。在蓓华大姐看来，岗位虽然平凡，甘于平凡是一种坚守，但不甘于平庸，更是一种追求。她常说："再平凡的岗位，再枯燥的工作，只要把它当成一项事业，只要看到所做的工作能为大家带来方便，只要能为执法办案发挥作用，苦也值得，累也值得。"

## 发展中追求，她拒绝落后

蓓华大姐未说过什么豪言壮语和惊天动地的誓言，然而，在我和她相处的10年中，她朴实无华的言语和脚踏实地的工作，让我无时无刻不从她的身上感受到一股蓬勃的力量、一份厚重的责任、一种向上的精神和一个执着的信念。随着时代的发展，对档案管理现代化水平的要求不断提高，蓓华大姐在检察档案管理岗位工作期间，经历了本溪市检察院档案室的几次变迁。2001年，针对市院原有的档案装具和管理设备已经落后档案需求的状况，院党组把改善档案基础设施提到议事日程，从档案库房、管理设备等硬件设施入手，进行优先配置，使档案工作的软、硬件环境迅速得到改善。档案用房由原来的40多平方米增加到近150平方米。2010年，我院再次搬迁新址，院党组着眼于档案事业的未来发展，把档案室的规划、设计和改善档案基础设施放在重要位置，加大档案工作投入力度，加强基础设施建设，夯实档案规范化管理的物质基础，保障档案管理的安全性，新建档案用房近300平方米，各种档案装具、设备和仪器配备齐全。档案室搬迁的那段日子，既忙碌又喜悦。为了尽快完成搬迁工作，不影响档案的正常借阅，蓓华大姐和同事们加班加点，短短几天内就完成了近万盒档案的打包整理、搬运、上架工作。高强度的劳动，致使她腰腿疼痛的老毛病发作，时而直不起身。不知是疼痛还是劳累，她满脸汗水，但她顽强坚持着，从未因此而耽误工作。她的所作所为彰显着一种精神，深深感动了身边的每一个人。整洁干净的办公环境、团结和谐的工作氛围、整齐有序的档案资料，置身其中，蓓华大姐感慨万千。昔日的艰苦条件下，她默默奉献，如今的舒适环境中，她更要努力工作。因为，日渐丰厚的室藏档案和不断更新的先进设备，让她沉浸着、陶醉着，也享受着……她深信，在这份平凡枯燥的劳动中蕴育着无声的伟大，镌刻着厚重的奉献、彰显着沉甸甸的希望。这一切，皆缘于一份责任、一个使命，更缘于一个信念：院党组给我们创造优越的工作条件，我们必须做出一流的工作业绩！

在蓓华大姐的影响和带动下，本溪检察档案人，都以一颗平常心热爱着工作，以一份责任感执着于事业。这份热爱与执着，虽不能响彻山谷，但足以震撼人心。"对历史负责，为现实服务，替未来着想""追求卓越，争创一流"这看似平常的档案管理指导思想，本溪检察档案人早已烂熟于心，融入于骨血，升华为一种强大的、无形的、催人奋进的精神力量，成为本溪检察档案事业向前发展的不竭动力。正是他们用自己的智慧和坚守，才使得本溪检察档案工作

宽敞明亮的档案库房

在全市名列前茅，在全省检察系统堪称一流，也许，在本溪检察工作发展的大潮中，他们只是一朵浪花；也许，在本溪检察文化构筑的大厦里，他们只是一块砖瓦；也许，在本溪检察事业结满硕果的百花园中，他们只是一片绿叶……然而，没有浪花就不会有澎湃大海；没有砖瓦就不会有广厦万间；没有绿叶就不会有多彩春天。春华烁烁，秋实满枝，经过不懈努力，本溪检察档案人用踏实的工作态度和执着的工作精神，正以更加饱满的热情谋划新的发展和进步！

作者为辽宁省本溪市人民检察院办公室副主任科员

# 公正司法勤职守 热心道义为人民

徐凯宁

她是领导眼中敢挑重担、沉着干练的精兵勇将；

她是干警眼中值得信赖、亲切随和的知心大姐；

她是百姓眼中热心道义、公正司法的好检察官。

她就是在明山区检察战线奋战27年的资深检察官——郝晶。

郝晶现任明山院控申科负责人，员额检察官，从检27年。曾在反贪战线工作13年，历任明山院反贪局侦查一科助理检察员、检察员和副科长。2004年通过竞聘担任控告申诉检察科科长，司法改革后以员额检察官的身份担任控申科负责人，从事控申工作14年，是明山院资深的老检察。

说到老检察，其实有三老，一是资历老，从检27年励志拼搏、风雨无阻，始终奋战在检察一线；二是经验老，13年反贪办案的历练，14年控申工作的磨砺，让郝晶积累了丰富的工作经验，打下了深厚的业务功底；三是威望老，历检27年，郝晶亲身参与办理过很多大案要案，处置平息过很多棘手的上访案件，也获得过诸多荣誉，赢得了同事们的认可与尊重，热心的性格则为她在院里带来了好人缘儿。

2001年12月份，本溪市检察院将本溪市啤酒厂贪腐大案交付明山院办理。该案被逮捕的犯罪嫌疑人就多达14人。面对棘手的案件，明山院党组经过认真研究，决定将案件交由时任明山院反贪局侦查一科科长和副科长的李刚、郝晶共同主办。作为奋战在反贪一线为数不多的女同志，郝晶当时儿子刚满10周岁，还需要家长的照顾。郝晶一边要挑起照顾家庭的重任，一边又要担负起反贪办案的职责。当时就有要好的同事劝她不要接这个案子。知道郝晶家里情况的院领导也找到郝晶，征求她本人的意见。

郝晶为打消领导的顾虑，很干脆地向领导打了包票："我是反贪侦查一科的副科长，办案查案是我的职责所在。请领导放心，我一定把这个案子办好。"郝晶坚决肯定的态度，让院领导非常高兴，十分放心地把主办案件的任务交给了她。

就这样郝晶和其他反贪部门的男同志一起加班加点、不辞辛劳、夜以继日地工作。14个犯罪嫌疑人，他们一个一个地提审，一个一个地突破。有时遇到难缠、顽固又抗拒审讯的犯罪嫌疑人，他们还要反复进行讯问。为了取得更好的审讯效果，很多审讯都安排在夜间进行。郝晶为了方便办案，索性就住在院里。白天整理案件卷宗、研究审讯方案，晚上则和其他反贪同志一起参与对犯罪嫌疑人的审讯。10岁的儿子想妈妈了，一个电话打来，郝晶也顾不上接；家里有个大事小情，郝晶也顾不上管，只能让丈夫多分担。连续两个多月夜以继日的工作，终于突破了全部的犯罪嫌疑人。让这些人在法律和证据面前最终俯首认罪。案件的办理终于有了可喜的成果。市院和明山院的领导对该案的办理结果都十分满意。顺利结案让郝晶如释重负。连续两个多月都吃住在院里，她很想念家里人，但心里又隐隐有一些对家庭的愧疚，可是她清楚地知道这就是检察工作，这就是作为一名检察干警的使命与责任，对此她无怨无悔！

郝晶在反贪部门的出色表现，让院领导和其他同事对她的工作能力和业务水平都非常认可，而且也都十分欣赏她勇挑重担、敢打敢拼的性格。机会永远属于那些勤奋而又有准备的人。2004年，郝晶通过竞聘顺利担任明山院控申科科长。在新的岗位上，郝晶也没有辜负领导和同事们对她的信任。她用出色的工作业绩再次证明了自己的价值。

2012年12月19日，40余名上访群众蜂拥来到明山院，一边嚷嚷着要见院领导，一边大声喊着我们要实名举报。面对人数众多、情绪激动的群众，守卫的干警们一时间有些不知所措。情急之中，一位干警缓过神儿来赶紧拨通了控申科郝晶的电话。

"郝姐，你快下来吧，来了一群上访群众，情绪挺激动的，得马上接待。"干警充满期待地等待着电话里的回复。

电话里立刻传来了郝晶干脆响亮的声音："不要慌，告诉他们马上就会有人接访，我马上下去。"

郝晶的话让干警们立刻有了主心骨，与郝晶一起日积月累、接访控访的经历，让他们对这位平日里热心随和的老大姐充满了信赖。

很快，郝晶来到一楼接访现场。面对上访群众，经验丰富的她面带微笑、神情自若，亲切地对上访群众说："我是明山院控申科科长郝晶，专门负责受理来信来访，请大家不要激动，有什么话可以对我说。"

情绪激动的人群马上安静下来。郝晶抓住时机又微笑着说："这样吧，请各位推选出5位代表，跟我到接访室，咱们坐下来慢慢谈。"

上访职工们经过紧张的商议，5名代表很快被选出。郝晶安抚好其他上访职工的情绪，便把5名职工代表请进接访室一一落座。热心的郝晶给每位职工代表都倒了杯热水。暖心的行为很快赢得了他们的信任和好感，他们一起向这位亲切热情的女检察官倾诉内心的委屈和愤怒，详细讲述了事情的原委。

原来，这些上访群众都是本溪市金属粉末厂的放假职工。金属粉末厂的厂长叫张某某。他担任厂长期间，接管了钨钼元件厂和合峪商店，后在金属粉末厂动迁过程中，张某某对职工们瞒报了60万元的企业动迁补偿款，并将三家企业的各种设备、原材料、车辆变卖，所得钱财与瞒报补偿款都揣进了自己的腰包。上访的职工们怒气冲冲地要求严厉查办张某某，要求返还赃款支付全体职工应当享受的独生子女费、重大疾病医疗费等一切福利待遇。郝晶了解情况以后，多年的工作经验让她马上意识到这起信访案件的严重性。如果处置不当，极有可能演变成越级上访事件，直接影响明山地区的稳定大局。面对难题，郝晶表现出了一名资深老检察特有的沉着和冷静。她带领5位职工代表走出接访室，再次来到一楼大厅。面对40多名上访职工，她立刻开展起教育疏导工作，尽力平复和稳定住职工们激动的情绪。释法说理工作也随之迅速、全面展开，郝晶对职工们晓之以法、动之以情，让他们相信法律的公正，通过法律渠道解决合法诉求。经过一番艰苦而又有理有力的劝说，职工们终于被这位通达事理、洞悉人情而又业务精湛的女检察官说服，一种信赖感由然而生。郝晶瞅准时机马上开展了稳控劝返工作。职工们在郝晶的劝导下，同意先回家等待结果，并让选出的5位代表与检察院保持接触联系。郝晶在送走了上访职工后，迅速整理出该案件的书面材料，并向主管检察长和院党组做了详细的汇报。明山院信访稳控紧急处理预案随之立即启动。案件很快上报给本溪市检察院控申处。同时，院里向同级党政领导机关也汇报了情况。明山院也迅速成立了由主管副检察长、控申科、反贪局骨干组成的案件处置小组，经过对案件的分析研判，发现这起案件不属于检察机关管辖，应该是公安机关受理的案件。明山院及时向区政法委汇报了情况。在区政法委的协调下，案件被移动到明山区公安分局。公安机关迅速立案。明山院也将处理结果及时通知了上访职工代表。后来该案由明山院公诉机关起诉到了明山区人民法院，在整个检察环节没有发生任何越级上访事件。

出色的工作能力，良好的人缘儿，让郝晶备受领导的认可和干警们的信任。妥善处置每一起群众来信来访案件，都为郝晶积累下良好的口碑。很多曾经来信来访的群众都说，明山院控申部门有一位热心道义、公正司法的好检察官。

2013年12月31日，一位上访人任某某慕名来到明山院，点名要见郝晶，为他被打的丈夫讨还公道。郝晶热心接待了这位身体有些瘦弱的女子。她见到郝晶后，哭着讲述了事情的经过。原来

在控告申诉部门工作期间，郝晶在查询案件信息

任某某的丈夫因为生意上的纠纷，于2013年9月20日在地工路翡翠明珠饭店，被该店的老板马某某及服务员打晕。在晕厥后，又被拉扯到该店包房继续毒打。后来有人拨打了120，把任某某的丈夫送到本钢总院，之后因为病情较重又转院到沈阳治疗。其间，任某某的丈夫整整昏迷了13天时间。任某某在本钢总院时就拨打了报警电话，可公安机关一直以做不了鉴定为由，迟迟没有抓人。任某某多次找市公安局、明山分局、高峪派出所进行交涉，但都没有得到满意的回应。两个月后，经公安机关司法鉴定中心鉴定，认定被害人受到的伤害为轻伤，但仍然没有抓人，而且将本案按治安案件立案。任某某多方申诉无果，经过向人打听，知道检察机关是法律监督机关，能够为她伸张正义。而且她还从曾经到明山区检察院控申部门上访的朋友那里得知了郝晶的名字。于是慕名而来，希望能够在检察机关找到失落的公平和正义。了解情况后，郝晶一边安

慰任某某，一边迅速向院领导和市院控申处做了汇报。经过工作努力，这起案件引起了两级检察机关领导的高度重视。经过组织协调，案件很快便被转到明山院侦查监督科办理。经过立案监督程序，公安机关很快以刑事案件立案，并在3日内向明山院提请批准逮捕犯罪嫌疑人马某某。明山院于2014年1月9日，依法作出了批准逮捕决定。郝晶将犯罪嫌疑人马某某被依法逮捕的处理结果第一时间向上访人任某某作了电话回复并安慰她相信法律的公平与正义。任某某在知道结果后涕泪纵横，对检察机关维护公平正义、切实关心百姓诉求的做法万分感激，当时就表示对处理结果非常满意。她在电话里对郝晶说："谢谢你，郝姐，也谢谢你们检察机关，你们真是好样的，你们对得起百姓对你们的信任。"

像上面的事例，郝晶在自己的工作岗位上不知道经历了多少。27年来，她始终如一，坚守着对检察事业的那份忠诚与热爱，无私地奉献了自己的芳华与青春，在基层检察机关看似平凡的岗位上，努力做出了不平凡的业绩。现如今，已经56岁的郝晶仍然奋战在控申工作的一线，检察事业已经深深地融入了她的生活，她很享受检察工作带给她的成就与快乐，这也是她几十年如一日虽历经磨砺仍热忱不减的秘诀！

作者为辽宁省本溪市明山区人民检察院政治处科员

# 用勤奋和汗水书写忠诚

齐 楠

不同的职业有着不同的文化和理念，检察官的文化理念在于"忠于党、忠于国家、忠于人民、忠于法律"。忠诚是检察职业的道德核心，是检察官所追求的核心价值观，是党和人民对检察官的基本要求和期望。

全国模范检察官龚勇十年未公休，专门查办大案、要案，积劳成疾，以年仅39岁的生命诠释了检察官的忠诚；轮椅上的检察官肖斌用对命运的不屈和坚定执着的信念，抒发了对检察事业的忠诚；而"他"要用勤奋和汗水来书写对检察事业的忠诚。

他，一位从事检察工作十余年的检察官，现任溪湖区检察院侦查监督科负责人，曾先后在反贪、公诉、侦查监督岗位工作，任过反贪局侦查员，侦查科副科长，公诉科科长等职务。无论是干侦查，还是干公诉、侦监工作，他都做到勤字当头，勤于思考、勤于工作、勤于总结。先后办理贪污贿赂案件30件40人，起诉率、有罪判决率均达到100%。他就是现侦查监督科检察官沙俊，大家习惯称呼他为"老沙"。

沙俊本人照片

他曾先后办理了本溪公路工程处处长田某、青海项目部经理林某贪污受贿300余万元案，本溪市副食品公司姜某等人团伙贪污案，本溪市房屋拆迁管理办公室孙某等5人受贿串案等一批有影响的大案、要案。其中，在办理本溪公路工程处处长田某、青海项目部经理林某贪污受贿案中，为了能够及时拿到林某的口供，他带领办案人员吃住在沈阳监狱整整7天，严格按照监狱的审讯时间，晓之以情、动之以理，最终以"诚意"打动了林某，林某如实交代了自己的犯罪行为，还供出了赃款的来源和去向。在得知还有赃物可以追回，他们便连夜赶往昌图，追回两辆水泥罐车价值90余万元。

由于林某是青海项目部的经理，他们不远千里赶到青海调查取证，由于前期的疲劳工作，加上严重高原反应，呕吐、晕眩、高烧，便是他们刚刚到达时的"家常便饭"。尽管这样也从没耽误他们半天的工作，连续20多天的蹲守、询问、查账终于将所要的线索一一找到。而此时他已经两个多月没回家了，那段时间正赶上三岁的儿子"小沙"因刚上幼儿园频繁发高烧，他的妻子独自一人守护着"小沙"，医院、家里来回跑，每次给妻子打电话，妻子不是抱着"小沙"打吊瓶，就是在抱着"小沙"去打吊瓶的路上，电话的那头就能听到"小沙"哭着喊着"爸爸、爸爸"，他忍住眼泪不停地安抚妻子和孩子，并一再保证"这次任务完成，我就立马回家""这次行动结束，我就回去"等。虽然他知道这样的承诺有时兑现不了，但是他还是希望他的妻子和孩子可以理解他这个检察官丈夫、检察官爸爸。功夫不负有心人，案件终于被成功办理，因较高的案件质量和较好的法律、社会效果，被辽宁省人民检察院评为"十佳反贪精品案件"。

2010年3月，任公诉科科长以后，他把勤字融入了全科工作之中，带领全科人员勤于发现问题，勤于解决矛盾，把案件质量当作生命，确保刑事责任追究到位，确保案件效果达到最佳。其间，他在审查一起聚众斗殴案件时发现，涉案的嫌疑人大多都是未成年人，而且多为我市某高中高三的学生，他们在案件中并没有起到决定性作用。经过一番调查了解，这几个高三学生只不过是被校外的几个人起哄，被给了"西瓜刀"打着"仗义"的旗号前去凑热闹，为了保护未成年犯罪嫌疑人合法权益，他立即带着干警前往学校了解几个学生的学习和生活情况。老师们对几个孩子的评价也还不错，虽然学习不是很好，但正常发挥的话也都能考上大学。而那时还有不到两个月就要高考了，如果案件按照正常程序走，一定会耽误这几个学生的考试，这样一来就可能影响孩子们的一生。

从学校回来他连续几天反复思考这个问题，经过向院里领导的请示以及与法院的沟通，最终院里决定暂缓办理此案，等孩子们高考结束后再行审查起诉。案件在高考结束后进行依法起诉，也在假期期间进行了开庭审理，几个孩子因为并没有实际损害行为被判了缓刑。站在被告席上，这无疑是对孩子们的警告和教训，但因为是未成年人，国家规定要对他们的犯罪记录进行封存，因而这样的结果对他们的未来并不会有太大的影响。几个孩子也没有辜负"老沙"的期望，都分别考上了心仪的大学。拿到通知书后，几个孩子组团前来看望"老沙"，一同羞涩地说了"谢谢"。每每提到此事，"老沙"的眼里还带着万分喜悦，成就感十足。多年的勤奋工作，获得了领导和同志们的认可，连续多年被评为优秀共产党员、优秀公务员。

忠于检察事业要做一个勤于学习的人。学习是前进的动力，是进步的阶梯，学习是我们一生的追求。工作岗位的变化，工作内容的变化，工作环境的变化，无时无刻不出现新的学习内容，提出新的学习要求。但这一切在他的眼里无疑就像是一座座等待被翻越的高山，通过努力一一翻过。参加检察工作以来，他围绕专业法律知识和工作业务能力提高，进行针对性学习，把学习作为工作生活中不可缺少的内容，先后取得了法律研究生学历，获得了法学硕士学位，通过了国家司法考试，开创了溪湖区检察院通过司考的先河。从事检察一线办案工作更是要求时刻不能放松学习，伴随法治进程的加快，法律法规更新速度不断加快，每有新法规解释出台，他都要第一时间搜集到全套资料，及时学习全面理解掌握，相应调整工作思路，保证办案中所运用的每一条法律都经得起时间的考验。

忠于检察事业要做一个耐得住清苦，抵得住诱惑的人。检察工作要和形形色色的刑事犯罪打交道，尤其是反贪工作，面对各种诱惑，他始终坚守信念，默默付出，不为金钱所动，不为名利所惑，忠心履职，严格执法。多年来，他和与他一起奋斗的同志们共追缴赃款千万余元，着实用汗水守卫着国家利益。

忠于检察事业要做一个勇挑重担，敢于担当的人。司法公正是社会公正的保证，检察机关是法律监督机关，是司法公正的守护者。位不高，权不重，责任却很大。职责要求我们要敢于监督，善于监督，能够对不合法的现象说"不"。到公诉科工作后，他几乎没休过一个完整的周末，

没"享受"过一次年休假，加班加点更是常有的事。熟悉案情，查阅卷宗，既要事实清楚、证据确凿、定性准确，又要程序合法、适用法律正确、处理到位；既要保证司法公平公正，又要维护当事人的合法权益，这一项项无疑是对公诉人职责的挑战，而他用实际行动一次次完成了挑战！

"老沙"作为公诉人出庭支持公诉

曾有人这样问他，选择检察事业后，无论是作为一个儿子、一个丈夫还是一位父亲，你的付出都是那么少，你可后悔？

他微笑着回答说：作为千千万万个检察干警中的一员，他为自己有这样一个伟大的集体感到无尚的自豪和荣光。同时，也深深地感受到了检察干警所肩负的职责和使命！虽然只是一名普普通通的检察干警，但在平凡的工作岗位上，他愿有一份热发一份光，向无数前辈一样，把自己的青春镶嵌在平凡与崇高的职业之上。

也许有人会说，一个人的力量那么渺小，又能怎么样呢？的确，一个人的力量往往微不足道，但是如果每个渺小的我们都能付出自己最大的能量，那么我们终能积跬步以至千里，积小流以成江河！在平凡的岗位上努力奋斗，相信终有一天会做出不平凡的业绩。

上苍没有给他天才的智慧，却给了他不屈的性格；没有给他丰厚的羽翼，却给了他孜孜追求的信念。他用锲而不舍的精神，像一颗螺丝钉一样牢牢钉在他的岗位上，以勤奋和汗水书写着他对检察事业的无限忠诚，相信这是他一生无悔的选择！

作者为辽宁省本溪市溪湖区人民检察院科员

# 无悔也是生命的一种歌唱

赵 莹

流经本溪的太子河,湛蓝得如一条绸带,环绕在山城本溪项下,本溪市人民检察院就坐落在美丽的太子河畔……

张丽君的办公室宽敞、明亮,身着检察制服的她职业而亲和,办公桌前"为民解忧,唯民是亲"的座右铭赫然醒目。

### "平凡的岗位做出不平凡的贡献"

雷锋同志的座右铭,充满了辩证唯物主义的精髓。在这个和平的年代,"伟大"不再意味着炸碉堡、堵枪眼,"伟大"未必是整治泛滥的洪水、扑灭漫天的大火,"伟大"更多的是平凡的人在一件件普通的事儿中孕育而成……

普通事情之间有着不普通的区别。同样的普通,同样地从事信访接待工作,十几年来,300 余天的节假日在加班加点中度过的;办理的近 400 件信访申诉案,没一件差错;500 余人次的来访群众,在她满意答复的情况下就此息诉;在全国检察机关第六次"双先"表彰大会上,荣立个人一等功,被高检院评为全国检察系统"优秀文明接待员",被省委、省政府评为处理信访突出问题专项活动先进个人,被省、市院授予"文明接待员",荣获"感动辽宁·十佳综治人物"……"一个人做点好事并不难,难的是一辈

张丽君工作照

子做好事。"毛主席的这句话见证着平凡中的伟大。

一个温情脉脉，充满人情味道的女人，她不是锋芒毕露、不留情面的铁腕女人，她性格中更多展示出的是女性的柔媚。

她说，控告申诉部门是检察院面向社会的窗口，是党和群众联系的纽带，平凡琐碎是控申工作的表面，其实它是责任重大，严肃而神圣的，这个窗口代表着检察机关的执法形象，维护的是法律的尊严、公平和正义。

每一个人都是渺小而平凡的，每一个作为个体的生命都在燃烧，只有这样，生命才有意义。张秉贵是掏粪工人、王进喜是石油工人、焦玉禄是县委书记，他们的生命都在燃烧，因而才活出了意义……张丽君在自己平凡的岗位上十几年如一日地释疑解难，开拓进取，用自己扎实的工作赢得百姓的信任，实现着自己的价值。

张丽君倾听困难群众心声，帮助解决实际问题

## "欢迎你们来检察院"

张丽君个子并不高，圆团团的脸看上去很和善，可是她身上似乎有种神奇的、能够平和人心的力量。一个星期天的下午，她正在家里准备晚饭，院里值班的同志来电话说，有一位山区群众到院里了，指名要见她，爱人提醒她今天是星期天，她笑笑说："老百姓远道而来，太不容易了"。说完没顾上吃饭就走，来访者是一位70多岁的老人，因单位拖欠工资而上访，老人向她哭诉了家庭窘境，希望检察机关能够出面帮助解决。张丽君耐心细致地对老人讲解相关的工资政策和法律规定，告诉老人要相信党和政府，检察机关一定尽力帮助解决。接待完老人，已是傍晚时分了，她一直把老人送到车站，并掏钱买了车票。经过她多次反复协调和努力，该单位终于把拖欠的工资发放到位。事后，这位老人拎着一篮菜送到了她面前，眼里荡漾着幸福感激的泪水。

"欢迎你们来检察院，坐下歇歇，喝口水。"亲切的问候总是能让情绪激动的上访人平静下来。

"我们村干部不讲理呀，林子说卖就卖……"张丽君一边看他们的材料，一边认真听他们诉说着自己的委屈。

"你们这是林权纠纷，不归我们检察院管。我告诉你们这事儿该怎么办。"弄清事情原委后，张丽君给这几个中年人出了主意。细致地交代一番后，张丽君还特意嘱咐："你们从草河掌镇来县里一趟不容易，现在赶紧去林业局吧。我待会儿打个电话，帮你们沟通协调一下。要是再有事，给我们这儿打电话问就行。"

"这下我们就知道该怎么办了，太谢谢你了！"

几个中年人满脸的愁云都散开了。

### 一张床、一顿饭和一张车票

"他们村在山里，出来一趟可费劲了。今天晚上他们肯定回不了家，得在市里住一宿。"看着这几个人离去的身影，张丽君替他们今晚的住处担忧起来。"本溪是个山城，不少农民都住在山里，来市里一趟特别费劲。他们找到检察院，就说明信任我们。我们不能把他们随便推出去，让他们寒了心。"

张丽君这样说，也是这样做的。在控申接待室里，不仅有针线包、雨伞，还有几张床铺。百姓走远路来检察院，可以在床上歇一歇，到了中午，还可以到检察院的食堂吃一顿免费午餐。

张丽君还常常自己掏钱给上访百姓买回家的车票。"老百姓都特别不容易。有时候我就想，这要是我兄弟姐妹，我的父母，我会舍得让他们受冻受饿，为省几元车票钱就走那么远的路吗？"十几年来，究竟安排过多少人休息、带多少人吃过食堂的午饭、为多少人买过车票，张丽君自己也不记得了。不过，在来过张丽君控申接待室的百姓心中，每一次休息、每一顿午饭和每一张车票都是一颗小太阳，持续温暖着他们的心。

张丽君也不是没遇到过脾气大的上访户，被人推推搡搡、被人指着鼻子骂都是常有的事。可是，面对再无理取闹的人，再不堪的言语，张丽君也始终是心平气和的。"他们也不容易，他们都是我的父老乡亲。"

张丽君始终这样告诉别人，也这样告诉自己。

## 深深的一个鞠躬

张丽君到市检察院工作之前，是本溪满族自治县控告申诉科的科长。有一次，她受理了一个案子，故意伤害罪。对方指证嫌疑人都本浩实施了伤害他人的行为，都本浩被捕后，此案经一审法院开庭审理，都本浩被判缓刑，都本浩不服一审判决，上诉至市中法，二审改判无罪，都本浩来院申请赔偿。张丽君详细地听取了他的陈诉，调取并查阅了所有卷宗，仔细核实了相关证据，认为本院对改变申请人强制措施是错误的，她把这个情况及时认真地反映到院里的检察委员会，经检委会讨论，决定实事求是，给予都本浩以赔偿，并消除影响。

那天，张丽君和控申科的同志亲自到都本浩的单位召开公开的赔偿大会，并且邀请了人大代表、群众代表，在会上公开宣读了刑事赔偿决定书，可是都本浩认为不足以挽回影响和名誉，怎么办？这时，张丽君站出来，重申了检察机关的错误，并且代表检察院给都本浩本人深深地鞠了一躬……

就这一鞠躬，使在场的人震撼了！都本浩终于感动了，他感慨地说："检察院能承认自己错了，到了这个份上，就冲这一点，我服了！"

有人问张丽君："你不认为这样做丢了自己的面子吗？"张丽君笑了："检察院的荣辱最重要，我个人的面子算什么？有错不改，才损害了我们检察院的形象……能让广大的群众和当事人看到我们检察机关有错就改的决心和维护公平公正的气魄，自己的那点面子丢了又能怎样？"

## 多年的一个遗憾

2002年9月的一天，久病的公公早晨起来呼吸困难感觉不好。可是，在一周前，张丽君约了一位80多岁远道而来的刘大爷。刘大爷因赔偿款问题上访8年之久，经多方协调，今天问题终于解决了。她看着病床上的公公，还是决定先去单位办完善后的事情，再回来照看公公。10分钟的路程走到一半时，爱人打来电话，说父亲病危，她站在路边犹豫了一会儿，最终还是向单位跑去，工作结束后，她一路小跑回到家里，没想到老人家已经与世长辞了。爱人盯着她，动了动嘴，想说什么，最后什么也没说。她扑倒在公公的身上，一声声"爸爸"，哭喊出她的愧疚和不舍！长年孝敬公公的她，没有给公公送终。虽然爱人经常安慰她，但想起往事，她心里时常隐隐作痛。

## 沉甸甸的一万元奖金

2009年3月，辽宁省"感动辽宁十佳综治人物"评选结果揭晓，女检察官张丽君成为全市参选单位和全省检察系统中唯一获此殊荣的人。同时，她还获得一万元奖金。

张丽君的家境并不富裕，自己患有腰椎间盘突出症，父亲和爱人身体也都不好，长期打针吃药需要很多费用。按说，这笔钱应该可以派上用场了。可张丽君并不是这样想的……

作为我市检察系统的一位"老典型"，早已习惯将荣誉当作勉励自己的动力，多次将奖金用于扶贫济困的张丽君，这次也毫不例外地安排好了这笔数额不小的奖金的花销之处——捐给最需要帮扶的困难家庭和贫困学子。

张丽君和同志们带着这一万元奖金，来到市检察院重点帮扶的牛心台街道办事处大楼社区。当她走进低保户汤灵霞家里，把1000元钱送到丈夫早逝，独自带着11岁的孩子艰难度日的汤灵霞手里时，汤灵霞眼含热泪，握着张丽君的手说不出话来……在市检察院的帮扶联系点牛心台街道办事处大楼社区有10户困难家庭受到了同样的慰问和扶助，他们其中有的身患残疾、孤身无业，有的瘫痪在床、无人照料，张丽君的雪中送炭让他们感受到了亲人般的温暖。

群众的事再小也是大事，因为这是一个检察官必须担当的职责所在，个人的事再大，也是私事、小事。

"是党和人民培养了我，我只是代表党和人民把这份关切送给那些更需要帮助的人，这是一名人民的检察官应该做的。"

张丽君的事迹朴素无华，可是它并不单调枯燥，它不是震聋发聩的交响乐，可是石上清泉何尝没有味道……

如果我们每个生命都绽放着平凡而芬芳的花朵，那么无悔也是生命的一种歌唱。

作者为辽宁省本溪市人民检察院法律政策研究室四级检察官助理

# 丹东市人民检察院篇

## 开篇语

　　丹东市地处辽宁省东南部，东与朝鲜民主主义人民共和国的新义州市隔江相望。作为中国最大最美的边境城市，丹东同时又是一座历史厚重的英雄城市。丹东原名"安东"，源于唐代设置的安东督护府，自古就是我国东北的商贸重镇和军事要塞。1876年(清光绪二年)设安东县，1937年建安东市，1965年改称丹东市。境内有中国明长城的东端起点——虎山长城、近代中日甲午海战古战场等众多历史遗迹。丹东曾因抗美援朝战争作出巨大牺牲和贡献，赢得了"英雄城市"的美誉。

2006年丹东市人民检察院新办公楼建成使用

| 辽检情怀

2018年2首届丹东检察系统刑事检察业务联合培训

辽宁省丹东市人民检察院就坐落在这里，下辖东港市、凤城市、宽甸满族自治县、振兴区、元宝区、振安区等6个基层检察院。

丹东市人民检察院前身为安东市人民检察署，成立于1950年4月，首任检察长由安东市公安局局长张克宇兼任，内设一般监督科、审判监督科和办公室三个机构。1954年12月20日，安东市人民检察署改为辽宁省安东市人民检察院。1965年3月，辽宁省安东市人民检察院改为辽宁省丹东市人民检察院。1966年"文化大革命"开始后，检察机关受到冲击，法律监督职能不能正常行使。1968年1月，丹东市人民检察院被中国人民解放军丹东市公安机关军事管制委员会实行军事管制，一切检察业务被迫中断。1978年8月，丹东市人民检察院开始恢复重建。

检察机关恢复重建的40年来，丹东市人民检察院领导各县（市）区人民检察院，在市委和上级检察机关的正确领导下，伴随着我国经济社会的迅速发展和民主法治建设的深入推进，走过了曲折却辉煌的历程。党的十八大以来，丹东检察机关全面贯彻党的十八大和十八届三中、四中、五中、六中全会精神，深入学习贯彻党的十九大和十九届二中、三中全会精神，以习近平新时代中国特色社会主义思想为根本遵循，坚持"讲政治、顾大局、谋发展、重自强"十二字方针，紧紧围绕丹东振兴发展大局，忠实履行法律赋予的职责，持续深化司法改革，着力建设过硬队伍，各项检察工作取得新的进展，涌现出了党的十九大代表吴凤杰等一批先进典型，为唱响时代主旋律、弘扬检察正能量起到了积极的引领作用，为全面提升丹东检察工作品质和水平提供了不竭的精神动力。市检察院和2个基层院受到最高人民检察院表彰，2个基层院进入全国检察机关先进行列，8人次获国家级荣誉称号，280个（次）集体、847

人次获得省市级表彰。市检察院始终保持全省先进检察院荣誉，荣记集体二等功。

新时代，新征程。丹东检察人将始终坚持"党领导一切"政治原则，牢牢把握检察工作正确政治方向。主动适应新时代新需要，切实找准检察机关服务经济社会发展大局的切入点。牢记以人民为中心的发展思想，着力解决人民群众最关心的权益保障、公平正义等问题。聚焦主责主业，全面强化对刑事、民事、行政、立案、侦查、审判、执行等各类、各环节诉讼活动的监督，切实以监督促公正、以监督提公信、以监督强法治，努力让人民群众在每一个司法案件中感受到公平正义。

断桥边庄严宣誓

雄关漫道真如铁，如今迈步从头越。丹东检察机关和广大干警将以习近平新时代中国特色社会主义思想为引领，深入学习贯彻党的十九大精神，紧扣"五位一体"总体布局和"四个全面"战略布局，认真贯彻新发展理念和"四个着力""三个推进"要求，以更加奋发的精神，更加有力的举措，更加务实的作风，努力开创检察工作新局面，为决胜全面建成小康社会、推进丹东新一轮振兴发展作出新的更大贡献！

| 辽检情怀

# 崇高的境界 壮丽的人生

王 平　胡卫卫

　　烈士，就是为了别人的生命甘愿牺牲自己的人。
　　英雄，就是时时刻刻都想着人民并甘愿流血牺牲的人。
　　每一个向死而行的生命背后，都有一段不应该忘却的英勇故事。
　　英雄，从未离开；我们，从未独行……

——题记

　　2018年清明前夕，怀着对烈士杜国元（最高人民检察院追授"舍己救人的模范检察官"）无比崇敬的心情，我们采访了他的大女儿——丹东市人民检察院案管处负责人杜安莉，请她讲述父亲杜国元的故事。

　　听明来意，杜安莉默默地从办公抽屉里拿出一个没开封的大信封："这是我父亲走后，他们单位同事整理父亲遗物时收集的一些照片，他虽然走了20几个年头了，但我一直不敢打开看，我怕睹物思人受不了，这是我永远的伤痛……"说着，杜安莉眼圈红了……

介绍杜国元事迹的展板

## 这是一个让亲人永生难忘的日子

　　哗哗哗……
　　哗哗哗……哗哗哗……
　　哗哗哗……哗哗哗……哗哗哗……

已经持续一夜，大暴雨还在向丹东倾泻！这是1996年8月11日，丹东市振安区境内瑷河一改往日的温顺，变得疯狂起来，水位一涨再涨。到下午14时，瑷河下游流量已达9400秒立米，水位98.99米，超过警戒水位1.25米。洪峰犹如一匹脱缰的野马，横冲直撞，向下游的九连城镇夹心岛扑去，那里一万多名群众的生命危在旦夕！

险情就是命令。振安区委、区政府决定：紧急抽调40名机关干部和30名干警，由区领导带队，火速赶赴险区指挥群众撤离。

11日正是星期天。时任振安区人民检察院批捕科（现为侦查监督科）科长的杜国元因搬进新居不久，正在家收拾房子，接到抢险通知后他立即赶到院里。同事们知道他有关节炎，又不会水，便劝道："杜科长，抢险队名单里没有你，你都50岁了，年龄大，还是留家看电话吧。"

"九连城地区我熟悉，群众有危险，我怎么能留得下？"杜国元毅然与院里的其他4名同事在副检察长孙继权的带领下上了车。与他们同乘一台车编在一个组里的还有区委组织部的刘生国部长等。

哗哗哗……哗哗哗……哗哗哗……

暴雨如注，抢险车在茫茫雨幕中急驶。

17时30分左右，当车队行至离九连城10公里的楼房镇石城子村附近的一处低洼的道路时，洪水拦住了去路。漫上来的瑷河水与两股山水汇合在一起形成一股激流，玉米地变成一片汪洋，已分不清哪是路，哪是沟，哪是田。副检察长孙继权等人下水给车探路。

由于排气孔被水淹没，汽车突然熄火，一场灾难正向他们袭来。

刘生国、杜国元等下水推车，推了几步，因水大，车再也动不了了。这时，意外发生了。一股巨大山洪裹着砂挟着石咆哮而下，一会功夫就没到抢险队员胸口。

"赶快回撤"带队抢险的刘生国部长见形势危急，立即命令大家弃车往高处转移。正当他指挥大家安全撤离时，一脚踏进路边的深沟中，身体失去控制，被洪水卷进了激流。

"快救刘部长！"站在车前面的孙继权见状大喊一声。

此时，手拽车门准备撤离的杜国元，听到喊声，忘记自己不会水，奋力扑向顺流而下的刘生国。在水中，他抓住了刘生国的手奋力向旁边挣扎，想摆脱困境，但一股恶浪劈头砸来，洪水吞没他们搏斗的身影……

哗哗哗……哗哗哗……哗哗哗……

哗哗哗……哗哗哗……

哗哗哗……

第二天清晨，雨停了，洪水渐渐退去。

在距离出事地点约 100 米处下游的玉米地里，寻找了一夜的抢险队员发现了刘生国和杜国元的遗体。

杜国元就这样走了。

他走得太快了，以至于"严打"期间荣立三等功的奖章还没来得及捧回；区里组织的司法干警先进事迹巡回报告团还没来得及参加；而科里的许多工作还在等着他回去安排；家中两位 80 多岁的老人，相濡以沫、体弱多病的妻子和两个尚未参加工作的女儿需要他赡养、他照顾、他教育……

这一切，都随着洪流远去。他用自己宝贵的生命谱写了一首壮丽的诗篇。

## 这是一名共产党员为之奉献了一生的事业

杜国元牺牲后，辽宁省人民检察院，丹东市委、丹东市人民检察院，振安区委以及区人民检察院分别作出向杜国元同志学习的决定，中共辽宁省委追授他"优秀共产党员"称号；辽宁省人民检察院为他追记一等功；最高人民检察院追授他"舍己救人的模范检察官"荣誉称号。

杜国元生于 1946 年 11 月，1964 年 8 月参军，1971 年 9 月加入中国共产党。1982 年 3 月转业到丹东市振安区人民检察院批捕科。

来到检察院，杜国元克服年龄大、记忆力差、家务重、时间紧等困难，挤时间学习法律专业知识，很快进入了角色。1983 年，他被任命为审查批捕科副科长，1984 年被提升为科长。十几年来，他们科所办的千余件案子，无一错案。

杜国元身为批捕科长，始终坚持严格执法，认真办案，忠实地履行法律监督职能。1996 年，公安机关移送一起以离某为首的 13 人团伙盗窃案。4 本厚厚的卷宗足有上千页，犯罪次数之多，涉案数额之大，前所未有！所盗物品零碎难以准确计算价值，为了减轻科里同事的压力，他将这块"难啃的骨头"留给自己。为查清每个犯罪嫌疑人在本案中的地位和作用，他不放过任何一个可疑之处，光提审就足足用了三个白天，还要东奔西跑地调查取证，一周的时间他每天都加班到深夜，终于在时限之内提前审结此案。并追捕漏犯2人，追究漏罪11件，丹东市检察院为他荣记个人三等功一次。

不仅严格执法，杜国元骨子里还满怀对人民的热爱。1984年年初，杜国元在承办一起案件时，发现犯罪嫌疑人吕某情节显著轻微，不构成犯罪，没有批准逮捕，并建议公安机关对其无罪释放。办案过程中，他发现尽管吕某的行为不构成犯罪，但此人所懂法律知识其少，有犯罪的思想苗头。为对其加强教育帮助，他便利用星期天、节假日或外出办案的机会，到远离市区30多里外的吕某家中走访，给他讲解法律知识和社会道德常识。为帮他脱贫致富，帮他建起养鸡场，并为他养鸡解决饲料、销路等难题。为此，吕某非常感动，把杜国元作为自己最亲密的朋友，有什么疑难事或解不开的思想疙瘩，都找杜国元商量。就连夫妻吵架，家庭出现矛盾也来找他帮助解决。

就这样，14年里，他同杜国元成了最要好的朋友。当从报纸上看到杜国元牺牲的消息时，他怎么也不相信："这样的好人怎么会死呢？他不会死！"他赶紧跑到检察院来看看杜国元还在不在。当他听说恩人真的为救人牺牲后，便对着杜国元的办公桌嚎啕大哭……

### 这是一名真正的检察人始终坚守的底线

廉洁从检，清白做人。这是杜国元为自己立下的规矩。

有一年冬季，离春节只有三天的时间了，公安机关报捕一起诈骗案。阅卷后，他发现证据有很多矛盾点，难以证实当事人有罪，可当事人已被刑事拘留了。为了尽快地查清事实，他和科里的同事一起奔赴发案地。费了不少周折，好不容易找到了关键性的证人，查清了此案属于民事纠纷，当事人构不成犯罪。腊月二十九那天，对当事人做出不批准逮捕的决定，使其节前被释放回家，与亲人过上了一个团圆的春节。年后，这个人拿了5000元钱送到科里，要送给杜国元表示谢意。杜国元大手一挥，严词拒绝，并对他进行了批评教育。这位当事人感动得逢人便说："杜科长这人是当今少有的清官。"

1995年10月，一名犯罪嫌疑人因涉嫌盗窃罪被公安机关报捕，此人的叔叔是个腰缠万贯的包工头。他通过熟人找到杜国元求情，他掏出2万元钱，说自己就这么一个侄子，如果不批准逮捕，以后还会有重谢。杜国元听后气得厉声说："你侄子已经构成犯罪，必须受到法律的制裁。你想用钱买法，在我这里办不到！"

  杜国元的生活是极其俭朴的，从不乱花一分钱，尤其是对待自己，简直有些刻薄。他办公桌上的喝水缸子，是他父亲在单位得的奖品，底部已碱锈多处，他焊补后一直使用着，其年龄已超过20岁的大女儿；遇难时，他脚上穿的那双塑料凉鞋还是20年前在部队的时候买的；他平时穿的皮鞋，也是20多年前部队发的，鞋面已褶皱纵横，不像样子；他穿的袜子也是补丁摞补丁；冬天，自行车漏气，他宁可从一楼扛到八楼，自己扒带修补，也舍不得花一块钱送到大门口的修车铺，为此事妻子心疼得不行，直埋怨，怕他累坏身体；自行车实在不能骑了，妻子和女儿商量背着给他买了一台380元的自行车，这要算他最值钱的东西了。洗脸，他从来不用香皂，天再热也不肯花钱买个冰棍吃。身上一年四季都穿的是检察服，妻子要为他添件便服，他硬是不肯。他说，艰苦朴素是劳动人民之本，人不能忘本。

  与他这种对自己俭朴严格要求明显对照的是，他对同事，对人民群众的关心和帮助是那样的热情和慷慨。1985年，干警肖庆鳌从内蒙调来院里，全家六七口人生活非常拮据，杜国元在老肖搬家来的第二天便花钱买了一袋面粉送了去，并帮助老肖砌炉灶，安放家具，忙里忙外，感动得肖庆鳌一家人热泪盈眶。1990年，干警高万胜家住农村的妹夫患了重病，瘫痪在床，家庭生活十分困难，杜国元多次利用出差的机会去看望，并送去衣服、药物、孩子上学用的书包及日常用品。干警施丛桂的父亲病重住院，他多次去看望护理，送去老人爱吃的东西，肖

杜国元和同事们在一起

庆骜的母亲去世他又跑前跑后帮助料理丧事,就像是亲儿子。科里每次向灾区捐款捐物,他都站在前列。

杜国元走了,他走得匆忙,走得壮烈,他的光彩人生将永远激励检察人在履职尽责的法律监督道路上勇往直前。


王平为丹东市人民检察院副处级退休干部

胡卫卫为丹东市人民检察院教宣处科员

# 不忘初心守正义　公正司法二十载

王　平　胡卫卫

"我愿以毕生的精力化作一粒微小的细胞，充实到党的肌体，为国家繁荣昌盛、为人民更加幸福贡献出自己微薄的力量，尽一份责任。"多年来，丹东市人民检察院检察委员会专职委员吴凤杰践行着自己写在《入党申请书》中的铮铮誓言……

去年7月，党的十九大代表名单出炉，丹东市仅两人，吴凤杰榜上有名。当时这位48岁、圆脸、短发、说话干脆利落的蒙古族女检察官，依旧忙着办案。从检21年，她就是这样不忘初心，牢记使命，认真履行法律监督职责，如玫瑰般绽放芬芳。

吴凤杰当选为党的十九大代表

## 初入行：昔日"门外汉"，升级"业务通"

1996年12月，在丹东电力电容器厂工作的吴凤杰以高分考入丹东市人民检察院。当初，她从电视节目中看到公诉人在法庭上的风采，对这一职业产生了向往。可没到仨月，毕业于吉林工业大学计算机专业的她就迎来一盆冷水。

那次，她在公诉处和同事们讨论一起准备抗诉的诈骗案，被告人知道两位老年人不识字，骗他们在协议上签字，既骗了钱又赢了官司。

"谁让他们签字了，只要签字，就等于认可了，就是被骗了，也只能算倒霉……"吴凤杰说完，同事们一齐送来"不可思议"的眼神：太外行了！不是出于本人意愿的签字是无效的！

司法不懂法，焉不出笑话。吴凤杰狠狠咬了咬嘴唇，补！但谈何容易，那时她爱人下岗，摆摊卖水果，早上四五点走，晚上八九点回；儿子上幼儿园要接送；婆婆隔三岔五打针吃药。白天工作，下班后哄小的顾老的，忙完她才能看书，一熬就到凌晨一两点……两年半后，她自考取得法律本科毕业证、经济法专业法学学士学位。

那时，吴凤杰负责内勤工作。1999年5月，恰逢案件归档，数千册卷宗需认真检查归档，处里又要办培训班，文字整理工作如海似山，既繁杂又紧急。在干好处里内勤日常工作的同时，她连续20多天超负荷工作，早晨不到7点就上班，晚上10点以后才下班。工作圆满完成，她却因过度劳累患上急性肾炎住院。处长眼含热泪："你就是干工作累倒的，我代表全处感谢你全心全意支持处里的工作。"同志们的关心更加激发了她的工作热情，她明白内勤不能离开人，让办案人兼任会分散办案精力。于是，她上午在医院打吊瓶，下午回单位上班，没有因病影响处里正常办案。年底因工作突出，她被树为爱岗敬业典型，还被评为优秀公务员。

这年8月，吴凤杰开始主办案件。但她深知，一名合格的公诉人，不仅需要全面的知识储备，还要有娴熟的应变技巧和高超的临场思辨能力。为此，她虚心向处里老同志请教，认真研读他们办结案件的卷宗，揣摩审查报告，分析庭审预案，积极参加处里的案件讨论，逐步掌握了各类案件的"案眼"。为了积累更多的经验，她还主动找处长"抢活"，要求多办案，多实践。天道酬勤，吴凤杰逐渐从"门外汉"变成了"业务通"。

2005年11月，院里受理某银行分理处特大挪用储户存款一案。该案案值达1700余万元，犯罪持续时间长，书证庞杂，上级要求当月25日前提起公诉。为此，她提前介入，与侦查人员同步看卷宗、提出问题、制作审查报告。当案件移送到她手里时，仅剩3天！因4名犯罪嫌疑人分别羁押在东港、凤城和丹东市的看守所，她又马不停蹄三地穿梭，提审，修改审查报告、起诉书，其间还要给住院的婆婆送饭……

最终，这起丹东市有史以来案值最大的自侦案件按时提起公诉，创造了全地区自侦案件提起公诉的最快记录。庭审那天，她拖着发烧的身体、嗓音嘶哑地站在了公诉席上……

就是这样，吴凤杰在公诉处10年，先后主、协办各类复杂疑难案件260余件，不乏大案要案，无一错案。

### 女汉子：不放过一个坏人，不冤枉一个好人

2007年1月，吴凤杰任丹东市人民检察院侦查监督处副处长，肩上担子更重了。

不久，她主办了某银行上亿元贷款诈骗案、某信用社千万元违法发放贷款案、某公司4000余万元非法吸收公众存款案。这3起特大案件，卷宗加起来近200万字！为及时移送起诉，3个多月时间，她常常顾不上吃饭，甚至连续3周没换洗衣服……最终，她提出10多份极有价值的意见书，引导侦查机关取证，确保案件顺利进入诉讼程序。

就是凭借这股劲儿，吴凤杰练就了一双"火眼金睛"。2009年，处里承办了一起特大贩毒案。因犯罪嫌疑人多，犯罪事实繁杂，侦查机关多组分查，在报捕环节因笔录材料互不"通气"等原因，使得重大犯罪嫌疑人遗漏未捕。吴凤杰指导承办人细心查证，发现蛛丝马迹，确定了追捕案件线索。

办案过程中，吴凤杰保持高度的责任感，不让任何一个有罪的人逍遥法外，更不允许无辜者蒙冤。

2007年12月至2008年4月，犯罪嫌疑人蔡某等人10余次结伙作案，盗窃移动公司、联通公司多个机站内价值近20万元的蓄电池，赃物被犯罪嫌疑人王某、尤某收购。吴凤杰在审查此案中，发现蔡某在实施第一次盗窃时，供认伙同尹某共同盗窃，由林某与尹某共同去销赃。为了查明真相，吴凤杰亲自提审林某及购赃人王某，反复"刨根问底"，细审详问。最终，发现蔡某口供有假，其共犯的真实姓名是任某而不是尹某。侦查机关接到吴凤杰的《应当逮捕犯罪嫌疑人意见书》后，立刻对任某上网追逃，2010年任某落网。

当处长后，她更忙了。2014年，处里加她7个人，1人休产假，1人学习，2人新到位，副处长又刚来，她还因儿子生病常跑沈阳。就这样，年底全省16个单位排名，处里还没出前五。真不知她咋熬过来的？

只知她3月份严重贫血,正常人血红蛋白110g/L以上,她才50g/L多,医生要她马上住院,她不肯,8月份输血维持,9月份才做手术。医生惊叹:好个"女汉子"!

贫血,精气神未减。2015年的一天晚上,她刚吃完药睡下,电话响了。原来,公安机关侦查到一起电信诈骗案,已拘留两人且招供,想申报批捕,但承办案件的基层检察院认为证据不充分;可若不批捕,犯罪嫌疑人放出后可能串供,甚至销毁相关证据,有可能放纵一批罪犯,截止时间就在当夜12点。吴凤杰赶紧和同事前往了解情况,一番研判,她认为现有证据所证明的事实已经基本构成犯罪,经过进一步侦查能够收集到定罪所必需的证据,现有证据虽单薄,但可进行附条件逮捕,有利于公安机关继续侦查取证打击犯罪。最后,这件东北第一起电信诈骗案成功诉讼。

这几年,党和国家加大了对生态环境的保护力度,吴凤杰带领同事们也加大此类犯罪的打击力度。前年,她带领处里开展"破坏环境资源和危害食品药品安全"犯罪专项立案监督工作,监督立案3件7人、1个单位,移送职务犯罪线索1人,被评为全省检察机关"两个专项立案监督"精品案例第一名,年底考评全省第一。而她的补血药、降压药又"消费"了一大批……

去年,振兴区公安机关将23年前涉嫌故意伤害致死的陈某抓获,但振兴区人民检察院沟通后发现,该案似乎错过20年的追诉时效,不能批准逮捕,而本案双方提出的赔偿数额相差悬殊,无法达成和解。吴凤杰主动提出在拟报

吴凤杰与报送案卷公安民警进行交流

请核准追诉之前亲自阅卷审查。审查时,她发现陈某1998年年底有伪造身份证的行为,如果能查实该行为,其故意伤害罪的追诉时效应当从1998年重新计算,案件还在追诉期限内。于是,她建议公安机关以此为

线索补充侦查，最终查实陈某还有伪造户口本的行为，因涉嫌伪造、买卖国家机关证件罪，其所犯的故意伤害罪追诉期限应当从2003年再次重新计算。今年3月，法院以故意伤害罪判处其有期徒刑7年，涉案双方均未上诉。该案被检察日报、辽宁法治报、丹东日报等多家媒体报道。

当处长7年，吴凤杰复核全处办理刑事案件1130余件，主办案件130余件，沟通预警案件500余件，批捕准确率和有罪判决率均为100%。

## 普通人：清清白白做人，扎扎实实做事

吴凤杰1969年出生在朝阳市的一个普通工人家庭。从懂事起，父亲就患有严重的肾炎长期住院治疗。吴凤杰13岁时，父亲去世了。母亲含辛茹苦、节衣缩食地拉扯着她和两个姐姐，而正是在母亲和姐姐的全力支持下，她才读完了大学。

1992年9月，婚后的吴凤杰与长期多病的婆婆共同生活。忙于工作和照顾婆婆，吴凤杰已有好几个年头没回朝阳老家探亲了。2007年春季，省院组织"岗位练兵"，在朝阳市检察院试点，院里组织全丹东地区基层院的侦查监督科长由吴凤杰带队去参观学习。

学习间隙，吴凤杰兴冲冲地回了家，可她一进门却感觉家里的气氛有点不对劲，再三追问，才知对她情深恩重的二姐患脑癌已是晚期……

在朝阳那几天，心中那个纠结，她多想留下陪二姐走完人生最后的路啊。可一想到自己是这次学习培训的带队，处里又是人少案子多，她还是强忍悲伤回到工作岗位。不久，二姐永远离她而去。在二姐坟前，她任凭泪水纵流……

祸不单行。吴凤杰二姐的去世对年迈多病的母亲来说，无疑是致命的打击。不久，老人家也病倒了。吴凤杰闻讯后，心急如焚，但手头上的活儿放不下，本来想今天赶紧把活儿赶出来明天走，可第二天这个活儿完了，那个案子又到了。

2007年12月16日，吴凤杰正在给孩子洗衣服，突然接到大姐夫打来的电话：母亲病危。她一下子瘫坐在地上，最担心的事情终于发生了！那天傍晚，当她跌跌撞撞地赶到老人家病床前，老天给她们母女今生最后相聚的时间已不到3天……

这些年，她感觉特愧疚，没能帮家里啥忙，特别是经济上。可没法子！当初，婆婆常年药"陪着"，每年少则数千、多则上万，丈夫还下岗，家里就靠她每月几百块钱工资，常常青黄不接。

有人说：你是检察官，稍微活泛点，还能差钱？的确，之前不少涉案人员家属或辩护人找过她，有一次来人进门就掏出厚厚的一沓钱。她二话不问，连人带钱一并推出门。后来，别人习惯了，有人找她亲戚牵线，他们直摇头：没用，她公事公办！

这就是吴凤杰，清清白白做人，扎扎实实做事。如今，她儿子已大学毕业工作了，但她一家三口仍挤在37平方米的动迁房里，直到2016年年底才在亲友的帮助下，买了大点的房子，至今尚未装修入住。收水费的都不相信这是一个检察院处长家，省里来给她拍电视纪录片的记者进屋就落泪了——"筒子"房，水泥地，厨房只能放下锅，厕所只能容下马桶……可她对家庭这一块总是有一种满足感，她常说："37平方米的房子比我动迁前的20平方米已经有了很大改善，我觉得幸福仅仅是一种心理感受，与住多大的房子，开多豪华的车子无关。"

吴凤杰非常欣赏作家路遥在《平凡的世界》中的一句话："不必用尽生命去做一个漂亮的人，但应用尽生命去做一件让人民叫好的漂亮事。"她不仅是这样想的，更是这样做的。

身为党的十九大代表，她认真履行党代表职责，积极宣讲党的十九大精神，宣讲单位40余个。她宣讲不仅不收费，还倒贴钱。她参加党的十九大期间，买了不少纪念党的十九大的首日封。回来后给了单位同事一些，给了离退休老干部一些，宣讲时熟悉的人送了一些。当初，她花2000多块钱买的近400封首日封已全部送出。

付出终有回报。这些年，她荣誉满身，获国家、省、市不同级别共30余项，全国模范检察官、全国先进工作者、

吴凤杰向群众宣传党的十九大精神

全国政法英模，省里"劳动模范""五一奖章"获得者、"人民满意的政法干警""优秀青年卫士""优秀女检察官"和市"优秀共产党员""劳动模范""三八红旗手""巾帼建功标兵""优秀青年之星""办案服务质量标兵"；6次被评为市直机关优秀公务员，5次被评为市直机关优秀共产党员；2次荣立个人三等功，光《检察日报》就上了十来次！

前不久，她被提拔为丹东市人民检察院检察委员会专职委员，我们期待她在新的岗位上有新的作为。

王平为丹东市人民检察院副处级退休干部
胡卫卫为丹东市人民检察院教宣处科员

# 苏凤琴：蛮拼，蛮巧，蛮有人情味儿！

胡卫卫

互联网上，键入"苏凤琴"一搜，赫然出现在人物百科里，还有200余字事迹。网友说，百科不是户口本，得是名人或是有影响力的人。苏凤琴，何许人？竟能上榜！

中等个，略显胖，苹果脸，扎马尾，细脚薄眼镜，目光

苏凤琴工作照

挺深邃，口齿特伶俐，今年39岁，丹东市人民检察院公诉部门负责人。从检11年，她把梦想融入检察岗位，高标准办理和复核案件700余件，荣立个人二等功、三等功各3次，被评为丹东市巾帼建功十大标兵、十佳人民满意公仆、丹东好人最美基层党员；先后六年上榜辽宁省"十大精品案例"和"十佳公诉庭"，是辽宁省的十佳公诉人、人民满意的政法干警、人民好干部、青年五四奖章获得者；2013年6月被最高人民检察院评为"全国优秀公诉人"，大小媒体常报道。这便是苏凤琴，上榜不足为奇！

## 好个"女汉子"

凤琴原是黑龙江乡下女娃子，非法学世家出身，但感觉检察官特神圣，梦想站上公诉席，几番寒暑苦求学，1999年如愿考进吉林大学法学院。象牙塔里没闲着，和五六个伙伴组起青年法学会社团，干起副主席，模拟开庭、组织辩论、唇枪舌战……几年下来，法律知识丰收，实

战经验小成，嘴皮子练得溜溜的。成绩自然棒棒哒，学校保研，她不干。为啥？赶紧工作，挣钱补家用。深圳一法院要她，待遇高得令人心跳，不去。为啥？心怡之人在丹东。然而，这些决定，她竟瞒了父母和男友。

天有不测风云。2003年闹"非典"，她在外返校被检查出发热，一诊断，肺囊肿挺严重，做了大手术，毕业典礼都没去。但咱凤琴没怕，伤口未愈便紧复习，几个月后通过司法考试，走进一个律师事务所，跑腿打杂学本领。半年后考入丹东振兴区人民法院，事业编。第一年进民事庭，入职就帮起草判决，私下不知花了多少工夫，得到俩字评价：挺好。第二年进立案庭，跟排电影档期似的安排每一起案件何时何庭审判，下多少心思不说，得到仨字评价：很周到。第三年刚到研究室就起草院里人代会上的工作报告，虽不似曹雪芹写红楼梦"批阅十载，增删五次"，但没少点灯熬油，心怀忐忑交上去，院长一脸凝重："你觉得写得咋样？"她说："第一次写，没有经验。"院长诙谐一笑："我看挺好！"

蛮拼汗水，最是滋养成功花。2007年她成功考入丹东市人民检察院，成了公务员，分到公诉处，梦想成真。但不成想入院第三天就承办一起故意杀人案。人命关天，证据必须过硬，不能造成冤案，细审详查反复推敲，7天起诉，处长吃惊："真快！"

半年后，她又挑重担，参加"3.26"非法经营案公诉专案组。此案涉案人员达29人，案情复杂、证据量大、卷宗40余册。看守所提审、伏案阅卷、电脑上敲字，挑灯夜战是常事，忘了已有身孕……直到2008年4月案子才开庭审理，距她预产期仅11天。她负责对其中8名犯罪嫌疑人审查起诉，临时换人肯定影响效果。凤琴愣是挺着大肚子出庭，一下子坚持了七八天，直至审判结束。大家关心她："没感觉不舒服吗？"她说："第一天上午，孩子在肚里一个劲儿猛踹，可能后来适应了，就没感觉了。"几天后，儿子出生，头部有一鸡蛋大的水包，医生说是久坐压迫所致；腋窝处有一片血管瘤，医生说跟长期电脑辐射有关。女汉子泪水顿涌……

2015年年底，她带队提前介入上级交办的李某贪污、受贿、诈骗、高利转贷、巨额财产来源不明系列专案，案卷数量100册、光盘87张，涉案金额高达数亿元。几个月后，形成了1080余页的审查报告，共计57余万字，认定了李某所有的犯罪事实，仅用22天就顺利提起公诉。

去年8月，二审判决生效，辽宁省纪委专门发来表扬函。

就是如此这般十多年，她办理和复核案件700余件，件件保质保量。因长期伏案工作，她腰肌劳损严重，实在疼得受不了，休息时就去家附近的按摩所，按摩医生直问："怎么把自己造成这样啊？！"她笑笑："没办法，我们的工作就是这样！"

### 真个"巧媳妇"

你肯定不相信。一个案卷卷宗近10册数百页的挪用资金（上诉）案，咱凤琴阅卷仅用一两个小时就基本拿出了审查意见。但这是真的！

你可以在她的文章《掌握四种基本方法做到四个必须注意认真做好阅卷工作》中找到答案。她提出应根据案件类别、案情的繁简程度、案卷数量的多少等因素，选择不同的阅卷方法，还总结了四种：重点阅卷法、交叉阅卷法、倒序阅卷法、阅卷笔录法。

这个案子，她采用的是倒序阅卷法。首先，审阅原审判决，弄清原判认定的基本事实是于某利用担任某胶管厂驻外销售处负责人的职务便利，挪用30多万元购买轿车和支付给某酒店；再审查上诉状，明确于某上诉的主要理由是其所在的销售处是假集体真个体的性质；最后，审阅案卷，发现虽然工商登记档案证明销售处系集体性质的胶管厂投资成立，但验资报告书却表明销售处的注册资金系自筹，而非胶管厂投资。最终，拿出原判定罪事实不清的审查意见，经集体讨论、向领导汇报，建议二审法院发回重审。

还有2010年10月，备受关注、轰动国内外的足坛"黑哨"陆俊、黄俊杰等系列案由丹东市人民检察院承办。苏凤琴为办案组组长，负责陆俊、黄俊杰、万大雪、周伟新四大"黑哨"

苏凤琴在开庭，宣读起诉书

和足坛的"顶级人物"谢亚龙的审查起诉。她带领助理检察员纪昀审查4个专案的证据材料，案卷40余册，证据材料近2000份，仅用平均不到一周的时间就完成了，还提出应当复核证据和补充侦查的问题100余项！如此迅速，原来人家是有秘诀的。

就是这样，苏凤琴边办案边总结，打一仗进一步。她撰写的信息、简报、经验，多篇被省、市两级院采用，还有70多篇文章分别在《人民检察》《检察纵横》《检察实务研究》等报刊杂志上发表，粗略统计，竟有十五六篇获奖，还编写了两本实务教材，俨然一位女专家。

巧劲用好，四两胜千斤。2012年，最高人民检察院关于未成年人刑事检察工作会议的指导精神刚一传达下来，兼任未成年人刑事检察工作办公室主任的她立即调研走访，主笔起草了一份儿关于在全市检察机关建立未成年人犯罪批捕、起诉、监管和犯罪预防一体化制度的文件，领导和检委会成员全票通过，彻底结束了以往"各自为战"的局面，办案效率大升，大家直叫好。担任公诉处负责人后，她给处里立下规矩，不论谁外出培训学习，回来后一定给大家分享所学，传经送宝，达到"一人培训，全处受益"的效果。

真个"巧媳妇"！难怪一有专案，领导总能想到她。这些年，中纪委、最高检察院和辽宁省检察院交办的北京和天津电力系统719专案，原沈阳市人民检察院检察长张东阳受贿专案，原营口市财政局局长、人大常委会副主任李思福系列专案等20件，她不是成员就是办案组长，有6件分别入选"辽宁省检察机关十大公诉精品案例"和"辽宁省检察机关十佳公诉庭"和"优秀公诉庭"。

## 要有"人情味儿"

怎样让人民群众在每一个司法案件中感受到公平正义？凤琴的经验是不仅要有本事，讲技巧，还要有人情味儿，多站在老百姓的角度想问题，不能脸一绷——法律就是这么定的。

2010年，她办理了一件因强迁而引发的多人故意伤害案件。动迁居民在阻止施工过程中与施工公司职工发生打斗，造成对方一人死亡，居民也有人员受伤。案件移送检察机关审查起诉后，数十位动迁居民轮番来访，责问为啥只处理他们而放纵施工公司。苏凤琴不厌其烦地向他们解释法律规定,每次都站起来讲上几个小时。几次三番,最终赢得他们的理解和配合。一位大娘动情地说:"姑娘啊,要是都像你这样对待我们,我们就是受点憋屈也无所谓呀!"有人不解:"你对他们怎会有这么大的耐心啊?"苏凤琴笑着说:"换位思考,如果这样的事儿发生在咱自己身上,咱们上不上火?有没有气?你不把道理讲透,他们心里的坎儿能过得去吗?"案子判决后,动迁居民理性地接受了判决结果。

人心都是肉长的,要把话说到心坎上。那年,"金哨"黄俊杰非国家工作人员受贿一案开庭。黄俊杰竭力为自己的行为辩解,不但称没吹"黑哨",还称自己的非法所得是正常的"潜规则"。面对他的这种态度,苏凤琴起身回应:"你不要忘了,家中患有抑郁症的妻子,正在读高中的孩子……我们希望被告人黄俊杰能够以真诚认罪悔罪的实际表现,争取法庭的从宽处理,早日回到亲人的身边!"几句话一下子戳到了黄俊杰的心窝里,昔日纵横绿荫场的足坛大腕叭叭落泪……最终,他当庭认罪悔罪。

2012年3月,丹东市某地发生了一起未成年人聚众斗殴案件,有4名涉嫌犯罪的少女系在校学生。这4个家庭的家长心急如焚,高考在即,要是被起诉,一辈子都是污点,抹也抹不掉,这可咋整?其中一位家长满含热泪地给丹东市人民检察院领导写了一封信,希望能够从轻处理孩子。信件辗转到了凤琴手上,为人母亲的她,也感同身受,心如刀绞。当时,"附条件不起诉"还没有写进《刑事诉讼法》。于是,她提出一个大胆的想法,就是利用这个案件创造的契机,在丹东检察机关建立附条件不起诉制度。这个有利于挽救犯罪青少年的积极建议很快拿到了领导的案头,又转化成了指导地区司法实践的"红头文件",4名少女被附条件不起诉后,2人如愿考上了理想大学,另外2人也如愿走上工作岗位。这一做法,得到了辽宁省检察院有关领导高度评价,《检察日报》、正义网、《辽宁法治报》、《丹东日报》等多家媒体纷纷报道。

这就是苏凤琴,蛮拼,蛮巧,蛮有人情味的女公诉人!

作者为丹东市人民检察院教宣处科员

# 从冬装到夏装 一个温暖的春天

康振兴

在余老汉的眼里,承办他儿子案件的检察官身上的制服从冬装换成夏装……这段日子是儿子死后的第一个春天,但在他的心里,这是个温暖的春天。

### "爸,我浑身痛,不知道道在什么地方……"

"我和老余是几十年的邻居,这还是我第一次来他家。"给我们领路的王女士是个家境富裕的热心肠老太太。至于她为什么几十年来第一次串邻居的门,当我们看到了余老汉的家,一切就不言自明了。

余老汉的家很好找。那条街上,别人家都有高高的院墙和结实的大门。而他家,任何人都可以直接走进院子里。开放如此,也无须为财产安全担忧,一月仅 300 元救济,"可偷性"极小,估计贼都不肯光顾。

家穷,人丁也不旺,女儿、老伴相继离世,只与患有小儿麻痹的儿子相依为命,标准的穷途末路。可去年 9 月,命运又给这个勉强维持的家一个致命的打击。

一天上午,儿子余大广一去不归,活不见人,死不见尸。余老汉心里的不安日渐加重,认为儿子凶多吉少。他的担心是有依据的,因为就在当天夜里,儿子打来最后一个电话说:"爸,我浑身痛,不知道道在什么地方……"

三个月后,市公安局的几个刑警找到了余老汉,要给他采耳血,老汉问为啥。一位姓安的办案警官见他可怜,哄他说这是配合工作。老汉犯了犟劲,说不给说明白就不配合。安警官只好说出实情:"70 公里外的一处树林里发现一具干尸,需要采血验验是不是你儿子。"看着余老汉要哭，安警官又说："可能性极小，你家在那里又没有亲属，你儿子去那里干啥？"

话虽如此，但DNA鉴定不会说谎，余老汉的不安应验了，他失去了儿子。

### 无名尸案，没有合上的卷宗

"我们是看了好一会儿才发现那是一个人。"尸体的发现者是一对老两口："这就是冬天，要是夏天，人早烂没了。"

"我们只能给出倾向性的意见，尸体破坏太严重，没法子确定致死的原因。"负责鉴定的法医说。

仅有的线索全都指向死者的一个朋友，但其对杀人行为却遮遮掩掩，避重就轻。

"案发现场前不着村后不着店的，没有目击证人，没有行车记录，找不到作案工具，再加上这么一个不确定的尸检意见，口供能取到这种程度已经是幸运了。"说这话的是承办该案的安警官。

当我们继续问他能否再进一步突破口供时，这个勤快实成的警察回答十分断然："没可能，就这客观证据，傻子才承认呢？"

他不是怕累，也不是畏难，他说得对。但是，我们没有气馁，也没有急躁。不能让曝尸山野的白骨冤不能雪，也不能让犯罪嫌疑人遭受不公正的对待。

手机伴行记录、GPS记录、全面的周边证人证言……我们绞尽脑汁，付出了很大的辛苦，犯罪行为最终得以确定，然而审查起诉的办案细节却不是此文叙述的主要内容。因为内容详实的报告和措辞准确的起诉书并不意味着此案的办结，这是一个不能轻易合上卷宗的案件。

### 还有一件重要的事

2018年2月9日，此案案卷摆在了我们案头。与往常一样，我们第一时间拨通了余老汉的电话。

"是余玉坤吗？"

"不是，我是他家邻居，他家穷得用不起电话。"

过了好一会儿，终于等来余玉坤的声音。他哭泣，他咒骂，却没有理解《被害人权利、义务告知书》的精力。

"我们需要你来一趟检察院,你能来吗?"

"我……我可以坐小客车。"

在这个手机用一年就嫌旧的年代,一个固定电话都用不起的人,一张 10 元钱的车票是不是也让他为难呢?

"我们到你那里去吧?"

就这样,距狗年只剩三日,我们冒着严寒驱车来到余老汉家,为这起故意杀人案的被害人家属送达《被害人权利、义务告知书》,并听取了他的意见。这位 68 岁的孤寡老人泣不成声,连声致谢。

荒芜的院子、破败的房屋、泥土的地面、漆黑的墙壁,坐在炕上盖着被哭泣的老汉……这就是我们面对的情形。

我们逐字逐句地讲解被害人权利和义务,还找来他的亲属帮助"翻译",但还是无法确定他是否真的理解和明白,一问才知,他患有脑梗。

在春节前,着检察冬装的我们上门告知

年老、病痛、悲伤,他能真正行使被害人的权利吗,他能自己到法庭上提起附带民事诉讼吗?

余老汉最终还是在告知书的回执上签了字,我们可以回去过春节了。但是我们的工作真的已经完成了吗?

### "多余"的事

"余老汉这精神状态,是没钱也没力量提起附带民事诉讼的。"

"他可以申请法律援助……"

"怕是他申请的力气都没有,就是有,他有脑梗,说话都含糊,恐怕他也说不明白事。"

"我们是检察官,得站在公正的立场,不能仅仅出于同情而过于帮助被害的一方,我们还得考虑犯罪嫌疑人的合法权益……"

看见群众的疾苦,检察官出手相助,这可能是一般好人好事报道的范文式套路。

然而，公正才是检察官的价值追求，如果我们过于"同情"，就有可能失去"公正"，毕竟没有经过法院判决，任何人都是无罪的。

这就是我们在这件事上踌躇的地方，我们反复思量，谨慎行动，既拷问人性，也遵循公正，最后想到了这样的办法：我们首先取得余老汉及其亲属的同意，明确其要求法律援助意愿后，再把此意愿传递给法律援助机构。在此期间，我们仅充当信息的传递者，绝不代为决策，审慎维持自己作为第三方的位置。

可没想到还是出现了误会。

### 做好事也要于法有据

做了好事，并不一定就会出现皆大欢喜的结果。余老汉也是有着独立欲望的人，一旦他失去了对欲望的尺度，就会出现对我们不满的地方。尽管如此，我们仍没有后悔，因为做好事需要付出勇气与代价。事情是这样的。

那是法律援助律师第一次上门为余老汉提供咨询。在去时的车上，我们对一老一少两位律师说："任何抱怨自己生活不好的人到了余老汉家都会对生活重拾信心。"

说这话时，已经到2018年夏天，我们已穿着检察夏装。

关于余老汉凄惨状况描述真切的这句话以及两位律师的善良让法律援助工作充满着深深的同情，而正是这"多余"的同情让余老汉产生了误会。

长期以来，中国老百姓法治观念比较淡，人们对自己权利有无和多少的判断，并不是通过对法律的理解，而是通过察颜观色，以及对"关系"密切程度的估计。

两位律师的同情让老汉产生了错觉，以为律师的法律援助是政府对他应尽的义务，律师的服务必须忠于他的意愿，自己"耍脾气"会带来额外的好处。

老汉提出了许多违背事实且不

法律援助律师为余老汉提供服务

切实际的要求。于是，本来是律师代为撰写诉状的过程，似乎变成了老汉一个人任性的游戏。最后，当律师已经尽了全力满足余老汉的要求时，他竟然以"不签字"相威胁。

对这种可气又可笑的举动，两位律师陷入两难境地：如果严肃地对余老汉讲明道理，就与之前的同情相冲突；如果一味顺从老汉的意图，就会出现可笑的工作结果，不仅有违职业道德，也无法真正帮助余老汉。

我们心里不忍，但还是说了这句话："这两位律师是来无偿为你提供法律援助的，如果你对他们的工作不满意，当然可以不签字，不过，那样的话，要么你自己写状子，要么你自己请律师。"

从内心里，我们不忍心对这身陷苦难的人说这样决绝的话，但我们做的是好事，做好事要有同情心，更要于法有据。

## 钱，最重要的事

我们做了这么多，到底帮了余老汉多少呢，换句话说，什么能证明我们做的好事的真正价值呢？恐怕最实惠的只有钱，只有余老汉从这次刑事附带民事诉讼中得到赔偿，我们才能说好事真正做到了家。

可不幸的是，是否能得到赔偿，最为根本的是被告人是否有赔偿的能力，同样不幸的是，此案的被告人无力赔偿。这是不是就是最终的结局呢？我们不能放任这样的结局发生，如果"钱"这个最根本的东西没有到位，我们所做的一切可能会被认为是做戏。

我们查阅了司法救助的相关法律规定，明确了余老汉符合救助对象的相关条件。于是，就在庭审后的一天，我们找到了此案的承办法官，将余老汉的经济情况详细讲述，又提供了当地政府的证明，并作了说明。承办法官也同意了我们的意见。我们的意见是为余老汉申请司法救济金，整整3万元。

3万元相对于失去儿子，也许不算什么，但这背后的波折和辛苦，也许只有我们知道。从冬装到夏装，整整一个春天，余老汉拿到钱后感受到的是检察的温度、春天的温暖。

我们是此案的公诉人张厚君、康振兴。

**作者为丹东市人民检察院公诉处四级检察官助理**

# 英姿飒爽的女公诉人

王 平　姜 雪

豫剧里有句百姓耳熟能详的词："谁说女子不如男。"这话用来形容丹东市宽甸满族自治县人民检察院公诉科的女公诉人，是最贴切不过了。

她们，曾创造连续3年全地区两大考评第一名的佳绩；

她们，办案数量每年在公诉科审结的四五百件案件中占近80%；

她们，在最好的年华坚定选择了检察官这个崇高的职业，在维护公平正义的公诉岗位上勇挑重担，展现着特有的魄力与果敢……

她们，是"80后""90后"的女公诉人陈曙光、关云宇、刘晓婷、陈雨、夏雪、解楠、高佳宁、林琳、刘馨，还有曾经的公诉人张章等……

2017年，被评为辽宁省"三八红旗集体"

2016年3月8日，丹东市妇女联合会授予她们"三八红旗集体"荣誉称号；2017年3月8日，辽宁省妇女联合会授予她们"三八红旗集体"荣誉称号。

## 公诉新兵到办案尖兵的华丽转身

张章，是被选作业务骨干充实到现在侦查监督科工作岗位上的。每当提起在公诉科的时光，还是恋恋不舍。2013年，张章刚走上公诉岗位，这位内向腼腆的姑娘，有点不太适应公诉科办案的那种快节奏。望着一摞摞案卷，心中不免有些胆怯，但在老同志的授道解惑及领导的悉心关怀下，点燃了成为一名优秀公诉人的理想之火。

作为公诉新兵，她深知自己离一名优秀公诉人绝非一步之遥，没有厚重的案件积淀，成为优秀公诉人便是纸上谈兵。为了多办案、办好案，准确把握各类案件的"案眼"，她主动"抢活"，仅2014年度就办理审查起诉案件60余件。

面对一起故意伤害案件，被害人联合证人当庭作伪证，严重扰乱司法秩序，张章在法庭上临危不乱唇枪舌战。庭后通过依法追究刑事责任给了作伪证的被害人及证人以有力的震慑，收到了良好的社会效果和法治效果，而张章自己也名副其实地完成了从一名公诉新兵到办案尖兵的华丽转身。

## 检察官妈妈的无悔选择

身为副科长的陈曙光26岁考到检察院，为了尽快成为行家里手，她苦心钻研、孜孜不倦，仅用两年的时间就拿到了法律学士学位并一次性通过司法考试。而真正接触公诉之后，才知道这项工作需要更艰辛的付出。

2014年，初为人母的检察官妈妈陈曙光面对一起涉案金额达六百余万元、被害人达数十人、社会影响重大的夫妻诈骗案，她顾不上嗷嗷待哺的女儿，更顾不上家人的不解和埋怨，一头扎进案卷内加班加点审查证据长达一个月，确保案件能够及时提起公诉。

还有去年4月份调到政治处工作的王洁，之前一直坚守在公诉内勤岗位。那时，孩子也在哺乳期。内勤不仅是一个"绑身子"活儿，还琐碎繁杂，她咬牙坚持任劳任怨，被大家亲切唤作"大管家"。科里有"急活儿"时，她毫不含糊地与全科同事一道加班加点，甚至错过了给孩子喂奶的时间也没有一句埋怨……如今提起孩子，她们都觉得对孩子有亏欠，但选择了公诉就无怨无悔。因为她们知道每个案子背后都是无数双眼睛对公平正义的渴望……

## 为失足未成年人撑起一把伞

近年来，宽甸满族自治县人民检察院在受理未成年人刑事案件中，坚持以"教育、挽救、感化"这一办理未成年人刑事案件的工作方针，时刻注重对涉案未成年人合法权益的保护。办案人员以女性为主，她们就像父母对待孩子、医生对待病人一样，向失足少年时时撒播着关爱的阳光。

负责未检工作的陈曙光说："孩子需要尊重和关怀，需要引导和保护"。2013年至今，她办理了17件未成年人刑事案件。在办理这些案件中，陈曙光发现未成年人犯罪问题根源就是对于法律缺少认知，大多数未成年人直到犯案后，还不知道自己的行为犯了什么罪。

2016年夏天，刚参加完高考的某校学生张某得知前女友与丛某谈恋爱，顿时醋意大发，便打电话指责前女友。丛某闻知后，约张某到指定地点"单挑"。张某召集同班6名同学来到约定地点对丛某就是一顿拳打脚踢，张某觉得不解恨，又从地上捡起石头砸向丛某……结果构成聚众斗殴罪。6名犯罪嫌疑人均是十六七岁的高中生，刚参加完高考。提审时，6人均不知"聚众斗殴"一词，当得知自己的行为触犯了法律，就是拿到录取通知书也不一定能上大学的消息后，都后悔地哭了起来。陈曙光根据案情，一边积极做工作让这6名学生家长赔偿受害学生医疗损失，一边说服受害学生家长原谅被告学生的过错。最后，依法对6名犯罪嫌疑人作出了相对不起诉的决定。后来，这6名学生均走进了大学的校门。这件案子，对陈曙光的触动很大，她有了"送法进校园"的念头。

2017年年初，恰逢全国检察机关开展"法治进校园"巡讲活动，陈曙光为中小学生制定了"如何加强自身安全防范""如何预防校园暴力""毒品危害""如何预防青少年性侵害"等十个主题的"法治进校园"巡讲活动方案。5月15日，是"国际家庭日"，陈曙光把这次"法治进校园"活动选定在宽甸满族自治县第二初级中学，巡讲内容是强化初中生孝道、感恩、"家庭观"等德育教育。丹东市人民检察院组织全地区"未检办"检察人员前来"观摩"。那天，容纳300多人的学校礼堂座

一起讨论案件

无虚席。陈曙光的"德系我心、法伴我行"的道德、法治课讲得绘声绘色，既温情又感性。同时，她又通过视频短片、学生为家长诵读感谢信等互动形式，将巡讲活动带入高潮。有的学生因以往的不孝惭愧地低下了头，有的家长感动地落了泪……

"这堂课主题选得好，感受很深。""这样的巡讲要尽快在全县普开，让学生们多接受这样的道德、法治教育，有益于学生的健康成长。"巡讲结束时，受邀观摩的县人大、宣传部、教育局、妇联、团委等相关部门领导兴奋地你一言我一语地称赞起来……

## 青春年华谱写别样风采

面对工作，她总是勤勤恳恳，面对成绩，她总是淡然一笑，就像绽放在检察事业中的铿锵玫瑰……

她叫关云宇，秉持着文能写作，武能办案的信念，一步一个脚印，一年一个台阶，很快成为了公诉科的骨干，仅2015年度，审结案件60余件。在她刚参加工作审理的第4个案件"李某交通肇事案"时，被告人李某在判决生效前履行了赔偿义务，双方达成和解协议，被害人亲属对李某的行为表示谅解，证据的变化导致现有判决量刑明显过重，为维护司法公正，准确惩治犯罪，她果敢地依法提出抗诉。抗诉成功后，被告人及家属感激之情溢于言表，他们从这位女检察官身上亲身感受到了公平正义。

2015年，刘晓婷、陈雨还是加入这个团队的新人。刚入职的她俩在面对高强度、高标准、高要求的公诉工作时一度受挫，但在领导的关怀、同事的帮助以及自身的努力下，逐渐适应了工作，并迅速成长。都说细节决定成败，案件的办理亦是如此。刘晓婷在办理周某容留他人吸毒案时，发现案件关键证人的证言模糊，不利于案件事实的认定。本着一丝不苟、认真负责的态度，她从细节入手，仔细地审查每份证据，并及时联系公安机关配合进行补证，最终查清了案件事实。

今年8月，刚迈入大学校门的李某将一面绣有"爱满人间、情意浓浓"的大红锦旗和一封充满感激之情的感谢信送到宽甸满族自治县人民检察院公诉科，感谢女公诉人刘馨用爱心挽救了自己的前程。

原来，李某的父母因触犯法律被公安机关羁押在看守所，此时李某正面临高考及高考后的志愿填报。这对一切都依赖父母的李某来说，几乎陷入绝望。就在他备受煎熬、度日如年的困境中，办理其父母案件的女检察官刘馨找到了他，详细地询问了解了他家的实际情况，向主管领导作了汇报，并说出了自己的想法："此案证据已固定，其母属初犯偶犯，社会危害性较小，不涉黑涉恶，无同时羁押必要，考虑李某正面临高考的情况，可以给其母办理取保候审，帮助李某度过非常时期，能正常参加高考。领导采纳了她的意见。办理取保候审的李母很是感动，一边认真悔过，一边细心照料鼓励儿子。在母亲的帮助下，李某顺利通过高考。

接到录取通知书那一刻，母子俩激动地抱在一起大哭……他感慨道："如果没有检察官帮我，没有我妈在身边，这考大学的事还真的就泡汤了，我要帮助父母真诚悔过，更要珍惜学业，将来好好回报社会。"刘馨，这位"80后"的孩子妈，用人性化执法的方式，让法律有了温度，帮助一个未成年人圆了一个大学梦。

春去冬来，寒迎暑往。她们，这些"80后""90后"的年轻女公诉人，年复一年，日复一日地用一次次埋头案山卷海的付出，一份份使犯罪分子胆战心寒的诉词，一个个平凡又感人的事迹，在三尺公诉席上奏响了美丽的青春之歌！

相信，在以后的日子里，这群平凡的女公诉人会以更加英姿飒爽的身影谱写着检察事业壮丽的篇章。

王平为丹东市人民检察院副处级退休干部
姜雪为丹东市宽甸满族自治县人民检察院政治处科员

# "未"爱不"减"

乔馨莹

时光荏苒、岁月如梭，不知不觉，我的未检生涯已经进入了第六个年头。从法庭上义正言辞的公诉人到帮教时温如细雨的未检人；从单纯地办理案件到小心翼翼地走入他们的生活；从惩罚犯罪的决心到教育挽救的担当，我一直在努力使自己成为一名爱心和匠心兼备的未检检察官。五年多的未检工作中，说不清是我帮助了那些失足的孩子，还是他们促进了我的成长和成熟，我慢慢地体会到生命的厚重，感受到重塑生命的意义，也更加热爱未检这份工作！

## 这是一个良心活

人们都说教育工作是一个良心活，青少年教育不仅要教书，更要有育人的责任感。未检工作如出一辙。办理未检案件要比办理其他刑事案件付出更多的时间和辛劳，从亲情会见到异地协作，从法律援助到司法救助，从社会调查到帮教观护，从心理干预到法治巡讲，一项项工作不再限于几本卷宗的审查，一次次提审不再是简单的讯问，一场场庭审也不只是对犯罪的指控，每一个案件无不倾注着未检人的爱心和责任。

多少次亲情会见，看着隔着铁栏窗大手紧握的小手，我也曾潸然泪下；多少回社会调查，面对单亲、留守家庭缺少关爱的孩子，我也为孩子们而心疼；多少次心理干预，我也能聆听到孩子们渴望被爱被关注的心声；多少回帮教观护，我也因孩子们重新找到人生的价值而备感欣慰；多少个法治巡讲课程，我也愿为那一张张充满求知渴望的稚嫩面庞，熬夜备课、扬帆护航。未检工作让我深深地感受到了一种神圣的责任感和使命感。同时，也有一种前所未有的成就感，推动我带着满满的热忱继续前行。

习近平总书记对青少年说："成长就像穿衣服扣扣子一样，如果第一粒扣子扣错了，剩余的扣子都会扣错。人生的扣子从一开始就要扣好。"未检工作的对象是在成长路途上出现了偏差，触犯了刑法，正在接受刑事审查、等待处罚的未成年犯罪嫌疑人、被告人。但在我眼里，他们还是孩子，从内心，我很难将他们与"罪犯"划上等号。他们有成长的烦恼，有被爱的渴望，有对未来的憧憬，也有只属于这个年龄段的敏感和迷茫，我更愿意称呼他们为"迷途的少年""折翼的天使"。多年来，我试图走进他们的生活，走进他们的内心，给他们更多的温情和需要，最终帮助他们纠正偏差，解开扣错的扣子，重新扣好，拍掉身上的泥土，重新上路。

## 挽救一个破碎的家庭

2013年9月18日，是我在未检工作生涯中最难忘的一天，电视剧中的巧合竟在看守所的提审室里上演了。那天，我作为案件的承办人到丹东市看守所先后提审两个案件的两名犯罪嫌疑人，万万没想到，这两个人竟是母子关系。犯罪嫌疑人小张是未成年人，他的父亲作为法定代理人也到达了看守所，一家三口竟在这小小的提审室里相遇了。提审换押的时候，小张向父亲道别，转身离开，与站在提审室门口等待讯问的刘某相遇，门口传来刘某的声音："你怎么在这儿？"张某没有说话，回头瞅了一眼父亲，随后被管教带走了。我永远记得母子二人在提审室门口相遇时，小张躲闪的眼神、刘某惊讶的表情和张父尴尬的神色，还有刘某失声痛哭地忏悔。

后来，我了解到小张的父母离异，他跟随父亲生活，母亲已经有半年多的时间没有看到他了。初中毕业就辍学的小张在社会上结识了不良的朋友，在朋友的带领下无事生非、任意打砸他人财物，涉嫌寻衅滋事罪。

离开看守所，我的心久久不能平复，小张一家三口在看守所不期而遇的画面，像电影镜头一样一幕幕在我眼前浮现。我突然有些心疼这个犯了错的孩子，他亲眼看到穿着囚服、带着手铐的母亲，会给他幼小的心灵造成怎样的伤害？我该怎么帮助他呢？为此，未检组多次研究讨论，制作了详细的帮教方案，并找到张父在办公室里长谈。分析小张的犯罪原因，是源于张父忙于生计、疏于关心，导致小张结交社会不良朋友，误入歧途走上犯罪的道路，希望张父配合检察机关的帮教工作，给小张创造一次改过的机会。谈到动情处，张父几度哽咽，极力表态要好好关心、教育孩子并配合检察机关工作。据此，我院对小张做出了不予批准逮捕的决定，最终，小张被法院判处拘役四个月。

*在看守所跟同事们一起与涉罪孩子交流*

案件终结，但对未成年人的帮教观护没有停止，为了减少家庭和犯罪对小张造成的心理伤害，我们未检部的检察官轮流和小张谈心，告诉他母亲刘某对他的担心和忏悔，化解了多年来小张对母亲的埋怨。谈心中，得知小张想要学点手艺，我院未检部帮助小张了联系一家蛋糕店学习烘焙，如今他已经成立了自己的烘焙工作室，在微信上开起了自己的微店。我们继续帮助他转发朋友圈推广微店，生意越来越好，小张也找到了生活的方向，重拾了人生的信心！

这是一起很简单的刑事案件，这又是一个不简单的重塑生命的故事！因为我们未检人用心沟通，真诚帮教，化解了母子二人的矛盾，帮助了父亲端正教育观念，修正了迷途少年的人生观，不仅有利于庭审诉讼活动的顺利进行，同时降低了再犯可能性，更是挽救了一个破碎的家庭，带迷途的少年回家。

### 一封录取通知书的背后

未成年人检察工作是一份充满希望的工作，我们在"未成年人利益最大化"和"教育、挽救、感化"的理念引导下，肩负起国家监护人的职责，当看到曾经犯错的孩子重获新生，便有了更大的热情投入未检工作。于是，我们收获的是捷报频传。

"我的录取通知书到了,非常感谢你们,想请你们帮着拆开!"今年8月的一天,在未检部办公室里,一名略显稚气的男孩儿拿着自己刚收到的大学录取通知书对我们说。

"这是一个值得纪念的时刻,还是由你自己来开启吧。"在我们3名未检检察官的见证下,男孩儿小心翼翼地撕开了红色的快递信封,取出录取通知书,上面写着:田某同学,你已被××学院录取……看着录取通知书上的内容,男孩儿眼角有些湿润。

这个叫田某的男孩儿,今年刚满18岁。2016年夏天,他在某商场购物时与他人发生口角,冲动之下用拳头将对方眼睛打成轻伤。对方多次拒绝他和家人的道歉,一定要追究其法律责任。

案件移送审查起诉后,我和同事们通过社会调查了解到,小田当时正在我市一所高中就读,即将升入高三。案件发生后,小田的母亲作为法定代理人曾向我们寻求帮助,称自己的孩子已经认识到错误,再有不到两年的时间孩子就要高考了,她不希望孩子在这人生的关键时期留下污点。

家长充满期盼的诉求令我们动容,在仔细审查卷宗后,我们发现被害人对事件引发和矛盾激化也存在过错。在听取被害人意见的时候,我们又耐心地向其释法说理,同时积极为矛盾双方搭建沟通桥梁,组织小田及家人对被害人赔礼道歉,使双方关系逐渐缓和。后来,被害人接受了小田及家人的道歉和赔偿,双方达成了刑事和解,并在我们的主持下签订了和解协议书。最终,我院对本案作出了相对不起诉处理,小田得以重返校园。

对案件作出相对不起诉处理后,我们又本着"育人正身"的理念,时刻关注这个孩子回归校园后的情况和心理变化,分阶段对其进行心理测评,做到"早发现早疏导",把"苗头扼杀在摇篮里"。

2017年11月,在一次谈心谈话过程中,我们发现小田出现明显的厌学情绪。他表示,对被害人的经济赔偿给其家庭带来很大的负担,自己有很强烈的愧疚感,甚至想出去打工挣钱,以减轻家里的经济负担。在征得他及家人同意的情况下,我们有针对性地对他做了一次心理测评。测评报告显示,他有学习焦虑和自责倾向。对此,我们先对其父母进行亲职教育,希望通过修正他们的教育方法,提升孩子的自信心。

辽检情怀

对涉罪未成年孩子宣布不起诉

与小田父母深入沟通后，我们了解到小田的体育成绩非常好，曾在校运动会上为班级赢得多项荣誉，对他进行心理疏导时便从这个角度入手，对其优点进行正面评价和鼓励，促其扬长避短，恢复自信。在我们的帮教下，小田逐渐放下心理包袱，重拾信心。在不影响他学习的情况下，我们还为其安排了法治教育课程，要求他以口头或书面的形式定期汇报思想和学习情况，据此进行帮扶教育、跟踪回访……

终于，在家庭、学校和我们的共同努力下，小田以崭新的姿态面对学习和生活，并在今年的高考中金榜题名。

## 为了一个家庭的百分之百

一起起案件，让我在未检工作中找到了一种"教育、挽救、感化"未成年人的责任担当，一种"雪中送炭"帮助他人的存在感，更有一种重塑生命的成就感。正是这些感悟，促使我更加积极热情地投身未检工作。

因为这份工作热情，我院未检人不顾炎炎夏日到丹东市职业技术学校进行社会调查，经过多方努力对7名聚众斗殴的在校未成年人作出相对不起诉决定，而后传来了孩子们有的当兵，有的顺利毕业参加工作的喜讯；因为这份工作热情，我院未检人奔走于未成年犯罪嫌疑人和被害人家庭，化解双方矛盾，促进刑事和解，使得涉嫌诈骗罪的职专学生在六个月的附条件不起诉后，取得汽车与维修专业的毕业证书，顺利在某汽车4S店正式工作；因为这份工作热情，我院未检人积极投身于"法治进校园"巡讲活动，加班加点地反复修改讲稿和电子课件，送法进校园，护航未成年人健康成长……这一件件未检工作背后，有办公室里亮到深夜的明灯，有节假日里关在门外的聚会，有寒冬酷暑奔走在路上的

讲授法治课

脚步……纵使工作再琐碎、再辛苦，当看到迷失的少年走上正途，当统计出未成年人刑事案件逐年减少，一切辛苦都是值得的！未检人在未检工作中找到了人生的价值，我们工作热情不减、挽救信心不减、责任担当不减！

2018年5月31日，我院"检察开放日"上，检察长提出："我们不能保证百分之百地挽救每一个涉罪未成年人，但是只要尽力挽救一个孩子，对于一个家庭来说就是百分之百！"是啊，孩子就是家庭的希望，也是民族和国家的希望。

我们未检人，挽救迷途的少年，只为看到那一张张稚嫩的笑脸沐浴在阳光之下；修补天使的折翼，只为看到那一个个单薄的身影成长为栋梁之才。未检工作，每天都会有感动和激励发生！我很庆幸，和那么多优秀的未检同仁一起并肩前行，用心、用情、用爱，为未成年人撑起一片蓝天，为迷失的少年找到回家的路，这就是我们全体未检人对未检工作的忠诚和担当。

作者为丹东市元宝区人民检察院未检部三级检察官

# 锦州市人民检察院篇

## 开篇语

巍巍古塔，潺潺凌河。锦州，这座有着2000多年历史的文化古城，素享盛名的商贸重镇，蕴含无限生机的现代城市，宛若一颗璀璨夺目的明珠镶嵌在渤海湾畔。锦州市人民检察院就坐落在这溢彩流光的环抱之中。

锦州市人民检察院下辖黑山、北镇、义县、凌海、凌河、古塔、太和7个基层院，滨海新区和城郊地区2个派出院，另派驻锦州高新技术产业开发区检察室（松山检察室）。全市检察机关共有政法专项编制535人，实有481人。

锦州市人民检察院全体检察人员照片

近年来，在省院的正确领导下，锦州市人民检察院新一届党组始终紧紧围绕省院各项工作部署、紧紧围绕服务锦州振兴发展大局，深入推进学习贯彻习近平新时代中国特色社会主义思想和党的十九大精神，院领导班子讲政治，严守政治纪律和政治规矩，确保党对检察工作的领导落到实处；讲学习，切实加强政治理论和检察业务学习，全面了解掌握检察工作新情况、新规律，不断提高履职能力；讲团结，坚持民主集中制，"三重一大"事项由班子集体讨论决定，不断增强班子凝聚力；讲担当，落实"一岗双责"，班子成员在其位、谋其政，分工配合、齐抓共管，锦州检察各项工作开创了新局面。持续开展矛盾纠纷排查化解、"忠诚、干净、担当"主题教育、优化营商环境这"三大专项行动"，立足检察职能，推动平安锦州建设；积极开展公益诉讼工作，得到了地方党委和政府的高度重视和大力支持，成功办理了全省首例公开审理的环境污染领域刑事附带民事公益诉讼案件，打响了锦州市检察机关污染防治第一枪；创新未成年人检察工作模式，成立了5个全省首批以司法所为依托的未成年人检察工作室，成立了辽西首家未成年人驻所检察室，开展一系列"法治进校园"巡讲活动，做到从幼儿园、小学、中学到职业教育院校全覆盖，普及3万余名师生；认真开展扫黑除恶专项行动，市院各部门职责明确，密切配合，两级院上下联动，共同发力，依法打击各种黑恶势力；积极组织脱贫攻坚，去年帮助定点扶贫单位大业屯村实现脱贫，今年又精心选派6名驻村干部深入村屯，为实现乡村振兴贡献检察人的一份力量。

成绩的背后是锦州检察人一个个感人至深的故事，故事里有在检察战线奋斗三十多年的老检察官的酸甜苦辣、难忘岁月、人生感悟；有一件件刻骨铭心、复杂曲折、惊心动魄的案件；有检察人百折不挠、迎难而上、不断蜕变的心路历程；有助人为乐的温暖、无私奉献的感动，还有如涓涓细流般的儿女情长。曾经的艰苦历练、拼搏努力也许会随着岁月的流逝在故事中呈现得云淡风轻，但字里行间检察人的使命、责任、担当和自豪却愈加浓烈。正是这些可爱可敬的人，书写了可歌可泣的检察好故事。

春华秋实满庭芳，沐风栉雨砥砺行。2018年，在改革开放40周年到来之际，锦州检察机关也迎来恢复重建40周年。这40年，是国家大

辽检情怀

踏步走向繁荣富强的40年，是人民检察事业发展进步的40年，也是锦州检察机关奋勇前进的40年。40年风雨兼程，锦州检察人

锦州检察机关纪念检察机关恢复重建40周年大会

凝心聚力，砥砺前行；40年辉煌历程，锦州检察人不忘初心，牢记使命。他们用忠诚、热情、执着、无私谱写了检察事业一段又一段荡气回肠的华彩篇章。

百舸争流催人进，风好扬帆正当时！奋进新时代，踏上新征程。锦州检察机关将深入学习贯彻习近平新时代中国特色社会主义法治思想，紧紧围绕中心、服务大局，牢记使命、忠诚履职，用心书写新时代检察好故事，努力答好新时代检察工作人民满意答卷，迈向锦州检察事业更加辉煌的未来！

# 为了春回大雁归

常运库

## 凌妈妈的亲戚

夏末,一场小雨拍打在开得正娇的荷上。她索性停下脚步,收拢雨伞,立在湖畔,任凭微凉的雨珠洒在脸上。她有荷花的净美,有菊花的傲骨,眸子里透视出万紫千红的世界和刚正不阿的气场——她是检察官,凌雪梅(化名)。

第二天,细雨依旧,面包车风驰电掣般地把我们从平原颠簸进百里开外的阴山余脉的夹壁谷。前方,几层楼高的断壁悬崖迎头拦住面包车的去路。断壁间只有一条狭长的天堑可单人通行,确有"一夫当关,万夫莫开"之势。古人称此处:"绝壁断两县,巨蟒盘云端。"这里是通向我们此次秘密行动的目的地桦峪村的捷径。从地图上估测,夹壁谷到桦峪村隔两道山梁,约十里路程。这是凌雪梅确定的行进路线。她说:"只有出其不意,才能大获全胜。"我们穿上雨衣,从天堑徒步穿过绝壁后,呈现在眼前的"路"令人倒吸一口凉气——这条路像一条巨蟒,盘曲在半山腰间,把头扎进大山深处的原始森林里。路的两侧,杂草丛生,雨裂沟里,庞杂交错的灌木丛与古藤荆棘缠绵羁绊,坡陡路滑。她目视古道,笑迎西风,像自言自语,又像在有意提醒我们:"找根木棍,拄着能助力,挥动可打蛇。"我们拄着棍子,腾、挪、躲、闪,向前跋涉,终于在三个小时后抵近目标。

她说:"有目标,就没有疲劳。"她背着我们,从衣兜里掏出一块"糖果"放进嘴里。"糖"滋润着她祥和的气色,可我们的心却荡起阵阵酸楚……

翻山越岭,她开心的笑声,引得倔强的山菊花为我们送来阵阵温馨。

雨后的山区，云雾如纱，笼罩着山坳里的几户人家——桦峪村。这是她带领我们"追逃"的最后一站。收获总在风雨后，一切在她的运筹帷幄之中……我问她累吗？她反问："你说呢？"

她把自己做的馒头、咸菜条递给我，手指着一户残垣断瓦的院落，边嚼馒头边说："我到这家讨杯水喝。"我后悔，爬山途中，怎么要她的水呀？！也就是从这天起，她与这户大山里的人家"结亲"。

这户人家一贫如洗。

"大姐，给我杯水喝，好吗？"进屋后，她对坐在灶膛前的中年女子说。这个女子穿着一身洗得发白的蓝色劳动服。衣领、袖头、衣襟边缘处镶着花边，白色的针码形成几弯流线，想必是打的补丁。肘部、膝盖部，补丁摞着补丁。大姐花白的头发向后背拢着，双目浑浊、眼光呆滞，面部布满光阴的足迹。大姐听到陌生而柔和的声音，赶忙站起来，问："妹子是哪里人？要杯水还这么客气干啥。有人能到我家来就是看得起我啊。"

大姐边往里屋摸索，边说："不像个人家，不好让你们屋里坐呀。"

我们发现，这位大姐是盲人！她随大姐走进里屋，见一张已经开了几道裂的圆桌上，放着发黑的竹皮暖壶，赶忙说："大姐，我自己来。"她看着盘子里盛着黑不溜秋的大饼子，旁边放着几棵大葱，若有所思。她坐在炕沿上，与大姐唠起家常。

她得知：这户人家三口人，丈夫有病，手无缚鸡之力，是村子里有名的"药罐子"，这位大姐是盲人，只能摸索着做些家务，不满十二岁的儿子是这个家的"大梁"。

临行，她拉着大姐的手，激动地说："谢谢大姐，对我们这么热情！我喜欢大山里的空气，还有秋来时的山菊花。我还会来的，大姐！"

回到家里，她对丈夫说："我认了门亲戚，在桦峪村。人家对我有杯水之恩。我没见过这么穷的人家……"

从此，她家里又多了一份牵挂，她把与丈夫的工资收入重新列支：四位老人的赡养费，儿子的学杂费，外甥读大学的补助费，水电、物业、日常生活等费用。她精打细算后，从每月生活费里挤出三十元作为帮助这门"亲戚"的费用。

她开始了每年的中秋节和春节期间翻山越岭走"亲戚"的征途。这一走，就是整整二十个春秋。

大姐曾几次对儿子哽咽着："这是咱家的大恩人，儿子你要记住！"

丙申年中秋将至，五十三岁的她躺在床上，高月清辉映在她骨感明媚的脸上，触碰着她心底最柔弱的地方。她刚刚送别母亲的悲痛伴着人生的五味杂陈，一股脑涌上心头，冲进泪腺，夺眶而出。弱女子那脆弱情感的堤坝决口了，她任凭压抑数载难解的情愫在静谧的小屋里奔流……

阳光总在风雨后。中秋节这天，艳阳高照，清脆的门铃声唤醒正在翻动母亲影集的她。她打开房门，只见大姐的儿子西装革履，笑吟吟地捧着一簇山菊花站在她的面前，深情地叫她一声："凌妈妈！"

## 一枝雪梅送春来

凌雪梅在日记中这样写道："做事，要问心无愧；党员就该是迷茫者的一盏心灯，为他点亮暗淡的希望。"

这是两年前的一个冬日。

这一天，是凌雪梅接访的日子，她刚坐稳，一位衣着简朴、满面沧桑的古稀老人推门而入。她赶忙站起身来迎接："您好！请坐，我是检察员凌雪梅。请问，您有什么事情需要帮助吗？"边说边搀扶老人坐下。老人很无奈地说："镇政府欠我的钱，要不来咋办？人民检察院能帮帮我吗？我连种地的钱都没有啊！闺女，我怕死后账就烂了，我指望用这笔钱种地，给老伴儿看病，偿还欠人家的债务啊！"

"您老别着急，没有解决不了的问题。"她把一杯热茶捧到老人面前，诚恳地说。雪梅的言行，使老人满面愁云夹杂怒色的神情渐渐退去。老人伸出长满老茧的双手，颤抖着，接过这杯热茶，长长地叹了一口气，眼巴巴地望着凌雪梅，任凭委

故事主人公凌雪梅（真实姓名罗宝英）

屈的泪水尽情流淌。老人的表现，令她有些担心："大伯，不要激动，您慢慢说，我认真听。"

老人打开多处破损的黑色提包，从中拿出厚厚的一摞上访材料，颤巍巍地放在她的案头，而后道出案件的原委——

"15年前，我任村党支部书记时，镇党委书记吴敬财（化名）召集各村党支部书记开会，号召党员干部为镇政府所属的农业科研管理站扩大经营项目集资，镇党委书记带头集资。会后，我响应镇党委的号召，借款向镇农科站集资9万元。起初，农科站经营效益很好，收入全部进入镇政府的账目。然而，天有不测风云，10年前农科站解体时，将镇党委书记等领导的集资款连本带利全部返还。当我多次催要此款时，镇上领导每次都以没钱为由拒不返还；5年前，我向法院起诉，要求返还我的集资款本息。经过漫长的诉讼，一审判决我胜诉了，可是法院以农科站解体为由，不予执行。检察官，您说镇政府和法院的做法有道理吗？我上哪里去说理啊？谁能为我主持公道啊？！这可是我们农民从牙齿缝中积攒一辈子的血汗钱呐！我的晚年怎么活呀……我叫天，天不灵；叫地，地不应，实在等不起了，才找到检察院，请求帮助的……"

凌雪梅坦诚回答："我们秉持公正，坚决保护你的合法权益，请相信我们。您老好大年纪了，不要到处跑了，回家等候消息，好吗？"老人点点头，泪眼中透出期待的目光。

老人深深地叹了一口气，从衣兜里掏出一块已被咬去一半的玉米面大饼子，又从衣兜里抠出几粒白色的晶状体，想必是盐巴，他把盐巴麻利地嵌进大饼子，大口吃起来。凌雪梅的心为之一颤。她给外卖打电话，要了两盒肉馅包子，老人吃了一个后，又拿出一个刚放到嘴边时，似乎想起了什么，他立马把包子放回盒子里。而后自语道："不知道老太太吃饭没有？"听得出，他是惦记着卧病在家的老伴儿。瞬间，老人木讷的眼神盯着这两盒冒着热气的包子，泪水扑簌簌地落下来。

送老人回家时，凌雪梅拿出300元钱塞给老人，真诚地说："你老拿着，杯水车薪，买几斤肉吃吧。"老人拉住她的手仰望苍天，感动地说："我为这事到处磕头碰脸的，连句好话都没要来。谢谢您！见到你，我心里亮堂多了……镇上不还我钱，我也不上访告状了。"

她跑法院调取卷宗，上镇政府调取账目。经审查后，认为一审判决合法，老人提供的证据证明镇政府有连带责任。但为尽快解决老人的燃眉之急，以维护当事人的合法诉求为目的，拿出了检察院应当派员与镇政府领导协商解决这起不该发生的合同纠纷案件的想法。她把这一想法向检察长做了汇报，得到了检察长的鼎力支持后，连夜写出对此案的分析报告。重点阐明镇政府不履行合同是违法的，是损害党和政府公信力的行为，严重玷污了党和政府的公众形象……

一枝雪梅送春来，万物复苏百花开。

这一天，老人带着满面春风，走进凌雪梅的办公室，拱手作揖："凌雪梅同志，政府欠我的钱如数还给我了！谢谢您！谢谢党的好干部！谢谢人民检察院！"

## 为了春回大雁归

凌雪梅把头埋在厚厚的、未成年人聚众斗殴案的卷宗里，一页一页地翻动着……

翌日，她像往常一样，老早来到办公室，与往日不同的是，她首先拨通嫌疑人父亲的电话："您好！我是县检察院的检察员凌雪梅……明天我们提讯佳娇，通知你到场。"她话音刚落，对方便大叫起来："我他妈没空儿！"啪地一声，电话挂了。

她平下心来，拨通嫌疑人母亲的电话。"……明天九点提讯佳娇，通知您准时到场。"凌雪梅温和地说。

时间在一秒一秒地过去，一分，两分……

电话那头传来女人嘶哑的声音："孩子归他爸管。我没有空儿。"

"不管咋说，孩子投胎奔娘来了，孩子的成长离不开娘的呵护啊！再说，您挣钱为了啥嘛？我们不能放弃对孩子的教育，好吗？"凌雪梅动情地说。

她哽咽着："我怎么不想孩子呢？看到同样大的孩子背着书包，我的心都碎了！离锦州太远，后天到，行吗？"

凌雪梅改变工作计划："谢谢您！后天见。"

"他爸爸刑满释放后，不务正业，天呐……"女人的哭诉，敲击着她的耳鼓。

东方亮起启明星，闹钟唤醒了刚刚进入梦乡的凌雪梅。爱人动情地说:"快退休了,满身的病,为了啥?"她笑着哼一句:"为了春回大雁归!"

凌雪梅给他们母子安排亲情会见。

她气噎喉堵:"儿子!妈对不起你……"

声声嚎啕,撕开了母子相隔三年间的藩篱。

……

鸿雁高歌,行行向北。凌雪梅微笑着行走在回家的路上……

作者为锦州市黑山县人民检察院刑事执行检察部一级检察官

# 小城故事

李欣宇

小城，坐标：渤海之滨，它是一座宁静而又充满现代化气息的小城——辽宁·凌海。

故事，是好大姐，好同事，好榜样——王志丽的故事，她是一位基层检察官，但是她的一颦一笑，一言一行，一举一动里都有故事，她最爱的歌也是《小城故事》，因为这个，我们大家叫她"故事姐"。

"故事姐"有故事，她的故事要从头说起。

故事主人王志丽刚参加工作时照片

## 飞出金凤凰

1985年的一天，还是那座小城，它在夕阳的照耀下安静的仿佛是要睡去，但小城的一隅却颇不宁静，平时冷清的王家小院聚集了一众乡亲邻里。"志丽可真争气，考上了检察院，那可是过去击鼓升堂的地方……""是呀是呀，这真是不简单，将来呀，没准会不会是个女包青天呢。""这孩子，考得上不简单啊……"，大家你一言我一语，王志丽的心里除了甜，却又沉甸甸的，她年轻的脸上掠过一丝肃穆，从那一刻起，检察官的誓言深深地刻入她的心底：忠于国家，忠于人民，忠于宪法和法律，忠实履行法律监督职责……她轻轻地抚摸着胸前的检徽，朴素的心愿从此刻种下——要永远坚守忠诚和正义。

## 朴实得像棵草

走进工作的王志丽并没有她想象中的那样高大，她成为了一名小小的书记员，在那些来来往往的同事中，她似乎轻飘的像一根发丝，但是她并没有多想，她只是想着如何做好自己的工作，如何提高自己的法律素养。几年的时间如白驹过隙，在日复一日的学习，年复一年的磨练中，凭借自己的努力和出色的成绩，她从书记员到助检员，终于实现了自己最初的梦想，成为了一名光荣的人民检察官。一切似乎是那么的顺利，但她自己清楚，她的每一个进步都来源于勤奋耕耘和不懈努力，她并没有忘乎所以，而是始终坚守着那最初朴素的誓言。

生活中的她亦是如此，公婆年事已高，身体不便，她不顾自己本就虚弱的身体，像对待亲生父母一样数十年如一日地照顾年迈的公婆，公婆逢人就夸："志丽这孩子好啊，孝顺啊。"侄女失去了母亲，她二话不说，义无反顾地承担起了照顾侄女的责任。在公婆眼中，她是好儿媳，在侄女眼中，她是好姑姑，她把自己所有的爱和精力都倾注在他们身上，却忽略了自己和最爱的儿子。一次，孩子生病了，直到孩子老师打来的电话，她才恍然想起孩子之前和自己说过身体不舒服，她赶到医院，看到病床上的孩子，内心愧疚不已。在母亲的影响下，儿子也非常懂事，他支持并理解着母亲，这样一个充满爱的大家庭给予了她无穷的力量。在她的心里除了工作就是亲人，她很少为自己添置什么新衣服，她的标准就是干干净净就好。她总是时时刻刻为他人着想，只要同事们有个大事小情，总能见到她忙碌的身影。从单位到家中，她是那么平凡无奇，但却又是那么充满活力，在这座小城里，她是那么简单质朴，却又像一束光，带给人光明和温暖。

### 命运的玩笑，没关系

又是一个八月的到来，日子似乎如往常一般，这天，王志丽忙完了一天的工作走在回家的路上，忽然觉得眼前一黑，接着就倒在了路旁的排水沟中，同志们急忙把她送到了医院，诊断书上"癌症"两个字是那么刺眼，犹如晴天霹雳……她脑袋嗡地一下，她不明白这样的事情怎么就发生在自己身上了？觉得这简直就是老天在和自己开玩笑。当家人和同事得知这个消息，没有一个人不为她担心，因为她太善良，太辛苦了。可就是在这样的情况下，她安慰着自己，并且很快调整心态，打起精神以积极乐观的心态面对病魔，她笑说："命运的玩笑，没关系！"

手术后不久，她就主动和领导申请重新回到了自己热爱的工作岗位，她的胳膊肿得已经不能输液了，但她仍然坚持打字处理文件。放化疗结束后，她的头发掉了很多，她就带着假发套给相关单位做培训。生病期间她需要定期去北京取药，但她从不占用工作时间。北方天气冷暖骤变，有时出行困难，但是风霜雨雪都不能阻挡她工作的热情，她拖着虚弱的身体，一丝不苟地备课，足迹遍布了企业、城乡、学校等我市各个领域。一次去党校授课，当大家得知她是一个大病初愈的病人，很是吃惊，她的精神感染了每一个听课者，学员们都说，看到这样的讲师，真的没有理由不做好自己的工作。

## 需要就是我的岗位

六月的凌海检察院，窗外的树木显得格外青翠，办公楼里来来往往的身影不断地在阳光下闪过，静谧的空气中到处充满着盛夏的气息。

王志丽坐在办公桌电脑前一字字地敲打着工作材料，最近一连几天，她的胳膊肿胀得厉害，每敲打一下键盘都显得十分吃力。

"铃铃铃……"突然一阵急促的电话铃声打破了清晨的宁静。她立即起身拿起电话，面色变得凝重起来，原来是一件上级院交办的羁押必要性审查案件线索，在押人员王某某在看守所身体极度不适，情况十分紧急。放下电话的她立刻向相关部门和领导汇报情况，并立即召集全科干警着手核查案情。在案件办理中，她发现犯罪嫌疑人的老伴已年近八旬，瘫痪在床不能自理，王某某系其唯一扶养人，王志丽核查着相关信息，犯罪嫌疑人的家庭情况触动了她内心深处最柔软的地方，身体本就不适的她心里又像是压了一块大石头，她也是一个妻子，柔软让她动情，但她更是一名检察官，法理让她更加理性与淡定。一场情与理的博弈，一场与时间的赛跑在全科展开，经过对嫌疑人各方面严格审查评估，在相关部门配合下，公安机关当天变更了强制措施，采取指定居所监视居住，整个过程仅仅历时半天。当卸下一天紧张而又忙碌的工作，她才发现汗水早已将衣襟浸透，胳膊肿胀得已经不能弯曲……暮色中，余辉不见，平静的凌海小城依旧暖意洋洋。

从检三十余载，她一步一个脚印，从不叫苦，从不抱怨，从事十余种工作岗位，每一个岗位都做得十分出色。在行贿犯罪档案查询工作中，她开通绿色查询通道，三百六十五天全年无休提供查询服务；她敢于创新，在全区率先推出微信预约查询服务功能；她认真开展预防调查，每有一疑，必走基层……这一切都是一位共产党人心血的凝聚，一位人民公仆智慧的结晶，一名人民检察官最质朴的坚守，她的身影出现在每一个需要她的地方……大家都说：志丽，是用灵魂在工作，需要之处，就是她的岗位。

在这座小城里，"王志丽"三个字已经家喻户晓了，大家都知道我们这里有这样的一位女检察官，再后来，她上了报纸，又上了电视……

记者们又来了，闪光灯对着她。

"请您说说您的故事吧？"

她一脸平和，说："我没有故事，有的只是我的工作。"

"身体不好您却依然坚守岗位，那能再谈谈是什么支撑着您？"

她说，"工作能给我带来快乐，在工作中我真的能忘却病痛，人生就是拼搏，为了实现我的梦想，一切都是值得的，我用满腔的爱，在工作中战胜了一个又一个困难，得到了一次又一次锻炼，不断实现着自我的人生价值。我也深知，是工作、学习磨砺了我，是凌海院教育、培养了我，是凌海院这个群体塑造、认可了我。虽然张张证书已泛黄，我也不再年轻，但我会一直努力下去，我要用自己的行动永远为心中的信念之旗增色。三十三年的检察工作不是事业结束，而是美好的接续。我要无悔地说，如果有来生，我还做一名检察官！"

王志丽始终像一面旗帜，迎风飘扬在平凡的工作岗位上。她先后被评为凌海市优秀共产党员、先进工作者、"三八红旗手"、锦州市特等劳动模范、锦州市人民满意政法干警、检察系统先进个人、辽宁省人民满意政法干警、检察系统先进个人、十佳杰出检察官、两次荣立个人二等功、两次荣立个人三等功。她的事迹在辽宁电视台、《凤凰通讯社》、《辽宁法治报》、《锦州日报》上刊发。面对领导和

故事主人公王志丽在年度表彰大会

同志们的掌声和赞誉，王志丽说："我会继续努力！"语气平淡而坚定。

## 后记

小城故事未完待续，我们知道，这样温暖的小城很多很多，拥有这样情怀大爱的人民检察官更是数不胜数。热爱多于责任，用有力的双手捧起梦想的种子，栽进心田，以信仰为光，用情怀灌溉。他们就像一颗树，焕发着生命的活力，他们就像一把利剑，披荆斩棘，将乌云驱散，捍卫公平与正义。

作者为锦州凌海市人民检察院检察业务管理部科员

# 写给妻子的一封信

毕 晶

亲爱的：

弱弱地问你一句，我有多久没给你写过信了？或许你会扑哧一声笑出来，什么年代，都老夫老妻了，还写信。但是一拿起笔的时候，仿佛又回到了我们当初在学校里那青涩又美好的时光，一些平时说不出的话马上变得溢于言表。

人生若只如初见，当时只道是寻常。缘分是件很奇妙的事情，一切的一切都是机缘，却更像定数。2002年，命运让我们走进同一所大学，从相识到相知，一起欢乐，一起忧愁，一起走过，一起成长；2010年，我们组建了这个温馨又快乐的家庭；2011年，迎来我们乖巧的女儿；2017年，又见到了我们可爱的儿子。时间在不知不觉间过去了，我们已经相守走过了16个春夏秋冬。16年来，我们见证了彼此的成长。亲爱的，谢谢你这些年对我的包容和对家庭的付出，作为丈夫，我同样痛你的痛，苦你的苦。

主人公闫娜工作照

2014年，你考入检察院工作，这本是一件值得高兴的事，可我高兴不起来，因为你要到锦州工作，我们的家却在葫芦岛，那段时间咱妈因为一边要照顾年迈的姥爷，一边照看咱们的女儿，带着女儿回到了义县老家，这也就意味着你要"三地奔波"。可你说，没事的，锦州到义县或者葫芦岛坐车才一个多小时，不算太远。就是这样一句轻描淡写的话，让你踏上了奔波之路。你一边工作一边放心不下孩子，无论刮风下雨，都坚持每天回义县看孩子，这一去一回，一天在车上的时间就得三个多小时。疲惫地出门，更加疲惫地回家已成为常态。

初到检察院时，你被分到了刑检科，听说因为单位的人少，你既要做科室的内勤还要偶尔辅助领导办案。逐渐地，从你的描述中了解到，检察院的工作并没有我想象中的那么威风、那么光鲜，让我感受更多的，是你的辛苦和疲惫。你说，这就是想象和实际的差别。又是这样一句轻描淡写的话，可这并不能抚慰我的心疼。"三地奔波"，夏天顶着烈日，冬天冒着风雪，你义务反顾，我却不能为你遮风挡雨，拂去发上的落雪。想到这，一种无力感顿时充斥脑海。可每每一番辩论后，都以你的一句"我喜欢"草草收场。

你说，自己学的专业不和法律挨边，工作能力有所欠缺，必须花时间快速提升法学素养。所以，每天本该你我交流的时间，你拿出大部分交给了书本。

你说，第一次到看守所提审，好紧张，隔着铁栏杆，跟一个陌生人严肃的交谈真是件恐怖的事情，可这又是日常工作，久而久之，却只感受到你身上的沉稳和自信。

你说，第一次跟检察官开庭，虽然只负责做庭审记录，但庄严肃穆的庭审氛围让你紧张到手都是凉的，可很快，这份紧张就被认真投入取代。

你说，办理批捕案件的同事太辛苦了，因为办案期限只有七天，所以不论是五一、十一还是春节，只要来案子了就得到单位加班，到看守所提审。所以，每到节假日，我都盼着犯罪分子不要捣乱，你好不容易不用加班在家休息。

你说，自己会不会太感性了，跟嫌疑人打电话有时候解释太多，没有威严；渐渐地，你又

上街法治宣传

说犯了错的人也是人，更需要尊重和温暖。

你说，在检察院工作接触大量的刑事案件，你发现好多事故都是一时冲动、头脑发热酿成的。于是，你经常以案说法劝慰周围的亲戚和朋友。看着你语重心长安慰别人的时候，我心里笑着，这"法治宣传大使"做得不错呀！

千盼万盼，我们的儿子姗姗来迟，本以为你能就此歇歇，工作负担不再那么重。却见你坚持奔波于锦州、义县、葫芦岛三地一如既往。我冲你发火，你就不能时不时地装不舒服，在家歇着，好好养胎，不让自己这么辛苦吗？！想想你肚子里的孩子！你却说，老公，做人要诚实，不能因为我是孕妇就可以有特权，就可以偷懒。而且现在刚调到政工岗位，一切工作都得从头开始干，孩子也在看着呢，不能让他觉得妈妈是缩头乌龟。然后，你又给我讲了你的某个同事也是怀二胎，生孩子的前一天还坚守在工作岗位上的例子。我无言以对，只能多给你买点营养品、多做点好吃的来安慰自己。因为孕龄大，怀孕后期你患上了孕高症，怀孕的各种不适和饮食上的控制折磨着你，可是你的工作热情依旧不减，我真想再对你发火，可一想到我们的孩子能有这样一个坚强、能干的妈妈，心疼之中也带着自豪。

你说，政工工作琐碎而繁杂，既要完成上级院下达的各项任务，还要应对区里各部门，2017年刚好赶上了司法改革，各类报表、汇报、总结、调研材料让你应接不暇。看着你从早到晚忙得不亦乐乎，辛苦但充实的状态，让我对"公务员"这一职业又有了新的认识。

你说，单位要组织全体党员重温入党誓词，我说你大着肚子照相不好看，你说你想参加，带着宝宝一起参加

松山检察室全体检察人员重温入党誓词

红色教育多有意义呀，你就站在最后面只露个脑袋。那天回家，你一脸幸福满足地跟我说，当对着鲜艳的党旗，举起右手宣誓的那一刻，你觉得那抹蓝是世上最美的"孕妇装"，那段庄严的誓词是世上最动听的"胎教"。

你说，被调到综合科后，开始接触各类的文字材料，感觉自己文字功底远远不足。以前只看娱乐时尚杂志的你，现在慢慢拿起了《检察日报》《辽宁法治报》；以前守着八点档电视剧的你，现在每天晚上七点准时收看《新闻联播》；以前拿手机玩游戏、玩微信的你，现在每天都刷正义网、新华网、各个检察院的微信公众号和微博。耳边常常听到"今天看见了那个文章写得真好""那天看见哪个院的材料总结得真到位"。在你的带动下，我们之间的聊天也不再只是生活中的柴米油盐。每当你要写"大材料"的时候，看你聚精会神的样子，我也知趣的走开，不对你有半点打扰。就这样，我见证了你从最开始磕磕绊绊，到如今的驾轻就熟，时不时还能总结出一些好的方法和经验。

你说今年是检察机关恢复重建40周年，翻阅老照片的时候，深深地感受到现今至高无上的荣誉都是前辈们用他们的青春与汗水换来的。无意间，我看到你写的一篇感悟，"吾心不悔、青春作证"八个字让我感动，让我羡慕。

也许是儿子的"胎教"就是各种党建材料、红色教育的缘故，一出生就特别懂事，性情温和、好哄好带。工作上你一丝不苟，做起母亲来也是有模有样。休产假期间，你把所有的精力都放在两个孩子身上，你说，平时工作太忙了，不能时时陪着孩子，心里总觉得亏欠他们，正好趁着休假多陪陪孩子。我嘴上不说啥，心里是真心佩服你。

产假结束后，你回到了工作岗位，我们的女儿因为要上小学也回到了葫芦岛，我满心想着你终于结束了"三地奔波"的生活，但是你的辛苦远远没有结束。你每天回家顾不上吃饭就开始陪女儿写作业、辅导功课，周末陪着孩子上补习班。我说把女儿送到课外看护班吧。你果断拒绝，说再忙也要让女儿感受到妈妈对她的关心和爱，一定要亲力亲为。你每天都背着吸奶器上班，坚持给哺乳期的儿子喂母乳。你"自黑"地问我，每天这样背着包像不像小学生上学。我说我并不想你这么辛苦，还是给孩子喝奶粉吧。你拉着我的手说，孩子太小了，你不能像其他的妈妈一样时时都陪着孩子，坚持给孩子喝母乳能让你心里好受点。看着你笃定认真又略带伤感的样子，我突然觉得检察院的女人真的可爱可敬。

天平不能一直保持平衡，家庭和工作总会有冲突。两个月前我们的儿子突然得了婴儿急疹，高烧三十九度不退，那时正赶上上级院巡视组进驻你单位，需要汇总大量材料的你脱不开身，不能请假回家照顾孩子。作为丈夫、作为孩子的爸爸，说一点埋怨都没有那是假的。那几天孩子病着，你也不闲着，白天在单位忙来忙去，晚上回到家，就一直照顾儿子，孩子睡得不安稳，你也一夜没睡。后来听妈说，你心里惦记孩子，上班的时候一有时间就给家里打电话问问孩子的情况，我心里的埋怨一点点被心疼取代。

亲爱的，在这十六年里，虽然缺少一些花前月下的烂漫故事，也没有刻骨铭心的山盟海誓和缠缠绵绵，有时还少不了一些磕磕碰碰，但是我们互相陪伴，共同成长。我们是朋友，是恋人，是夫妻，更是知己。你热情阳光，胆大心细，对工作对生活有一份别样的执着和积极向上的态度，这些都在不知不觉之间感染着我。亲爱的，感谢你在最美丽的时候与我相遇，因为有了你，我的人生才充满了甜蜜快乐。感谢你走入我的生命，做我的爱人，用你的细心和温柔，让我们的家变得温暖而幸福。感谢你为我和孩子们做了一个好榜样，让孩子们在积极向上、阳光乐观的氛围中长大，让我在不知不觉间不再轻浮，认真地对待生活工作。

当周围的朋友同事问我，有一个在检察院工作的妻子是一种什么样感受？我的回答是，她们明明可以穿着制服坐在办公室美美地拼颜值，却非要拼才华，不断充实提升自己；她们在工作上既有很强势的即视感，在生活中也和普通人一样有血有肉、有喜有悲；她们肩负使命，又背负家庭，付出的比常人多得多。我亲爱的妻子，你就是这样的一个人，一个让别人尊敬的母亲，一个让孩子暖心的母亲，一个让我敬佩的伴侣，一个在平凡的岗位上不平凡工作着的检察女干警。一句话：亲爱的，我爱你，你是我一生的骄傲！以后的日子里，唯愿可以陪着你，一直走。酸甜苦辣，穷尽一生的光阴。

作者为锦州市义县人民检察院政治处科员

# 检察院里的"安全卫士"

迟长余　袁素

橄榄长青，两肩双花担正义；警徽闪耀，一片丹心铸警魂。

在检察队伍中，有这样一群人，他们在隐与显之间捕捉战绩，执勤时他们是安保之盾，搜查时他们锲而不舍，提审时他们保卫左右，追逃中他们大显身手，护庭时他们确保万无一失，押解中他们一马当先，处突应急他们是快速反应部队——他们，就是提供安全保障的检察院司法警察。在锦州市太和区人民检察院，司法警察被亲切地称为"安全卫士"。

### 深入京城，他们实施"神勇"抓捕，诠释责任与担当

2016年11月9日，太和区院党组命令法警队全力配合"4·26"专案实施抓捕任务。

为了精准抓捕，法警队提前协调公安机关对犯罪嫌疑人胡某、童某进行了技术定位。然而，犯罪嫌疑人好似听到了"犯事"的风声，行踪不定，往来于河北、北京、河南之间。为了第一时间实施抓捕，法警队在犯罪嫌疑人"老家"秦皇岛定点蹲守，随时准备出击。初冬的秦皇岛海滨度假区，大街上不见一个行人，街边超市处于闭门歇业状态。正值供暖前夕，只有八名办案人员住宿的宾馆营业，室内温度还没有室外高，吸鼻涕声、咳嗽声不断，面对专案压力和迟迟无法抓捕，专案组同志心里都憋着不成功抓捕誓不罢休的无名之火，而这一蹲就是九天。法警队长袁素正赶上生理周期，因为着急上火，反应更大，嘴角烧起了大泡，口腔大面积溃疡，嗓子也沙哑了。

第十天，经核实，胡某正在赶往北京，童某的活动范围基本固定在了北京，但无法确定他们的最终停留位置。专案组决定抓住这稍纵即逝

的抓捕机会，匆匆吃过午饭，立即驱车由秦皇岛赶往北京。五个多小时高速公路的风雨兼程，一行人在香河服务区简单吃点快餐后，直接进入北京城。在北京东北郊胡某一处住所外，抓捕干警一蹲又是三个小时，却始终未见犯罪嫌疑人踪影。再次定位后，专案组决定分兵立即驱车由北环高速绕大半个北京赶往房山区抓捕童某。夜里22时许，在童某家楼下，面对电子门禁，抓捕人员犯起了难。法警队长袁素在楼下单元门外看了看楼内亮灯情况，提议协调童某邻居帮助开门。经过简短的计划，作为唯一的女同志，袁素走上前，按响了五楼的对讲门："大哥，您好，我是四楼的，扔垃圾忘带钥匙了，帮开下门吧！"面对突然而至的警察堵门，童某试图以不开门作抵抗，于是，司法警察立即发出破门而入的警告，经过短暂对峙，在屋内传出金属碰撞落地声后，浑身酒气的童某无奈地打开了房门。

搜查过程中，太和区院副检察长、"4·26"专案组组长代国成关心地问袁素："门口的两把菜刀，你看到没，怕不怕？"法警队长袁素微笑着说："怕。但是，更怕完不成抓捕任务，愧对了这身警服和'安全卫士'这个雅号。"

成功抓捕童某，缜密搜查后，已是午夜时分。为了安全起见，专案组决定克服已长途奔袭、连续奋战18个多小时等困难，再接再厉，立即按计划连夜押解童某去抚顺专案区。为了保障行车安全，押解同志轮番驾车赶路；为了防止疲劳，押解同志用吸烟来提神；为了对抗困倦，押解同志就着零下10度的低温，用矿泉水擦脸。就这样，又经过9个小时的不间断奋战，最终，童某被安全顺利地押送至专案区。

九天蹲守、两天一夜的抓捕和押解，协调辽宁、北京、河北三地警方支持，开展检警合作，太和区院法警队付出了辛苦和坚守，收获的是圆满完成任务的这份责任与担当。

### 奔袭千里，他们执行"非常"押解，诠释情与法的结合

"同志们，这次押解任务不同寻常。张某长期贩卖、运输毒品，在上海替人收账，做事心狠手辣……法警队此番赴上海押解，任务艰巨，责任重大，使命光荣，必须严格落实院党组的部署和要求，确保安全顺利回锦！"这是2016年6月25日，太和区院党组书记、检察长李首山

同志亲自为法警队部署押解任务。

为保障安全，法警队对押解任务进行了周密筹划。法警队长袁素亲自带队指挥，带领3名军事素质过硬的司法警察编成一队两组执行押解任务。协调公诉科提供犯罪嫌疑人资料，根据张某超乎常人的心理素质和体能素质，全面预判可能情况和困难，精心制定安全预案和押解计划。预计，上海换押及转车需要4-6小时，高铁押运9小时，锦州转车、体检及送看守所羁押需要4-6小时，合计总行程17-21小时，2200公里。

尽管前一天办理了换押手续，但法警队还是7点前就赶到上海青蒲看守所，向驻所的上海检察同仁了解张某的近期表现和思想情绪。上海检察同仁不忘调侃到："你们辽检可以啊，区院的法警就敢来这么远执行押解。厉害！"

在上海虹桥火车站，犯罪嫌疑人张某神情恍惚，脸上直冒汗，一直在低头叹惜。法警队长袁素买来黄桃，擦净后递到张某嘴边，开导道："老乡说，这是上海本地的黄桃，你尝尝，是不是这个味？！"被反扣的张某瞬间造了个大红脸，但也没客气，真的大口吃了起来，情绪也缓解了很多。

高铁上，押解司法警察两人一组，交替坐在张某的两侧，与张某聊天，谈逃躲三年来，他所经历的人和事，让张某找到了焦点，也打开了在上海生活、谋生计的话匣子，一路上本该剑拔弩张的紧张气氛，转换成了警与"匪"的"邂逅"。

然而，列车驶出葫芦岛站，张某的情绪立刻紧张起来，似乎明白短暂的高墙外的"自由时光"即将结束。司法警察迟长余注视着这一切，立即转移张某注意力："想家了吧！"张某立刻转头，将眼睛使劲地向座椅套蹭去（擦泪），而后，点了点头："我知道，你们一路上开导我，给我吃的、喝的，劝我，都是为我好。我这都是罪有应得啊……就是，我妈岁数大了！"法警队长袁素紧接着说："你放心，明天我们就去你家看大姨，免得她老人家提心吊胆的。"张某听了，开始低声啜泣，紧张的形势缓和了许多。

押解总结时，太和区院李首山检察长说："这趟押解，任务重、路途远、责任大，交通转换繁杂、情况变化复杂，法警队经受住了三重考验，一是军事素质考验，二是身体素质考验，三是心理素质考验，不仅展示了辽检形象,而且找到了检察办案情与法的结合点。"

## 默默无闻,他们静静"绽放",诠释执着与奉献

安全保卫,我们是认真的。"您好,请您出示有效证件,接受安全检查……"在太和区院安检口,司法警察按照"逢进必检"原则,对进入检察办案区的所有人员及物品进行安全检查。"安检是进入检察办案区域的第一道关卡,任何时候都不能掉以轻心。一件违禁品进入办案区,就有可能给所有人员的人身安全、检察办公办案秩序带来无法挽回的损失。安全保卫,我们是认真的!"边说着,司法警察李欣边熟练地用探测器扫过进入人员的衣物。近年来,太和区院法警队全面贯彻落实院党组"安全无小事"理念,放弃休息时间,早起晚归,始终保持高度集中的慎微意识,确保了办公办案安全,实现了自2009年独立建队以来连续十年安全无事故。

干一行,爱一行。2011年7月,在太和区院办案区,同步录像突然显示,接受讯问的犯罪嫌疑人谭某,情绪激动,脸色发白,大声喊着"降压药"……紧接着,法警队长袁素快速沉着地取出急救箱,询问谭某的病情,辅助谭某用药,动作紧张有序,使办案秩序迅速恢复正常——这是太和区院法警队开展的"干一行·爱一行"实战模拟演练。近年来,太和区院法警队坚持"两条腿走路":一方面,建立完善预防机制,对重大庭审、看管、押解、提审活动制订应急预案;另一方面,主动实施素能强检工程,积极开展体能训练、现场劝解稳控、应急救治等大练兵活动。目前,太和区院已成为全省首批办案区达标单位,初步达到了正规化、专业化、职业化编队建设要求。

把责任扛在肩上,甘当幕后尖兵。2013年5月,太和区院初查副乡长李某涉嫌贪污案,讯问时,李某一边抱有侥幸心理,一边情绪紧张,甚至一度流露出轻生念头。看管司法警察迟长余严密观察李某的思想和行动变化,关键时刻呵斥道:"李×,此时此刻,你的家人就在检察院外的车里等着你呢,如果他们看到你这个样子,心里能好受吗?摔倒了不可怕,可怕的是从此一蹶不振……"听到家人就在检察院大门外一直等候的消息,李某当即流下了悔恨的泪。在侦查人员和司法警察的多方努力下,李某放下了思想包袱,打消了抵触心理和轻生念头,悔罪认罪,

2018年2月12日，锦州市太和区检察院召开年度表彰会法警队受到表彰

交代了全部犯罪事实。自1978年恢复建院以来，太和区院司法警察把责任扛在肩上，甘当幕后尖兵，协助查办职务犯罪案件229件256人，为国家挽回经济损失3600余万元。

一样的花样年华，不一样的青春岁月！在这个没有硝烟的战场上，锦州市太和区人民检察院司法警察不忘初心，牢记使命，始终怀有一颗对待名利的淡泊心，对待群众的赤诚心，对待人民的仁爱心，对待工作的责任心，在平凡的岗位上，用坚强的肩膀扛起公平正义、保护人民的使命，成为依法治国的一道亮丽风景线。

迟长余为锦州市太和区人民检察院政治处副主任
袁素为锦州市太和区人民检察院法警大队大队长

# 让每个角色都绽放精彩

范铁升

他是一名员额检察官,也是检察岗位上的多面手,他凭着强烈的事业心和责任感,以质朴的情怀和无比的坚韧让每一个角色都异常生动和精彩。

## 延伸正义的尺度

2012年秋季的一天早晨,时任反贪局副局长的范铁升接到领导转交的举报本县刘温屯村支部书记金某涉嫌贪污的案件线索,他迅速对线索进行了整理并作出了初查计划,随即带领干警驱车奔赴该村。

当车一进村,就看见在村里的广场和街道上站满了村民,村民群情激奋,有的扯着"还我血汗钱""查办贪污犯金某"的条幅,七八台各种车辆全部处于待发状态。范铁升立即下车找村民了解情况,是因为金某没有得到司法机关的及时查处而准备去县里集体上访。鉴于事态严重,范铁升和干警迅速做出反应,找到牵头的五名村民,并耐心的对在场群众做劝解工作。对情感处于亢奋状态的群众做息访工作是非常艰难的,范铁升认真听取五名村民的诉求,以强烈的责任感,并耐心地解答他们反映的问题,并表示检察机关会用最大的决心处理相关问题。经过近两个小时的工作,五位村民代表的思想工作终于做通,范铁升和干警与村民代表又对在场的村民进行劝解,村民们陆续散去。一场即将发生的严重群体上访事件在范铁升和干警的正确处理下得以及时处置。

事件虽得到平息,但范铁升认识到,这只是暂时的,根本问题还没有解决。他没有丝毫松懈,如何完成初查并给村民一个圆满的交代,困难摆在眼前。

他带领办案组迅速展开工作，调取账目，寻找相关人员了解情况。做完这些已是晚上，为抓紧时间，他与办案组成员连夜奋战，从调取的账目中查找金某经济问题的蛛丝马迹，不放过每一张票据和每一个数字，并找相关人员进行核实。

经过一夜奋战，在第二天早晨终于发现了金某涉嫌贪污粮食综合直补和退耕还林款的犯罪事实，范铁升随即派人对金某进行传唤，但金某已不知所踪，反贪局调动全部警力并争取当地政府和村民的配合查找其下落，在第二天晚上终于将金某传唤到案，金某对犯罪事实供认不讳。立案和对其采取强制措施后已是第三天凌晨，范铁升和办案组成员连续奋战，已是两天两夜，他这才长长地出了口气，群众的期盼和诉求，终于有了答复和交代。

全力维护人民群众的利益作为他的座右铭，他用饱含着对反贪事业的深沉执着和无悔追求，以实际行动履行了检察官的神圣职责。

## "爬格子"的人生

多年来，范铁升一直兼任着院里材料的撰写和审核工作。他用他的智慧、他的文笔、他的勤奋、他的敬业，为提升检察机关的形象和影响力贡献了自己全部的力量。

通常，阅读一篇文章少则几分钟，多则几十分钟，但人们不会想到撰稿人在背后付出的艰辛。

一年冬天的一天，风雪交加，在即将下班的时候院领导安排了一篇稿件任务，要求务必在第二天早晨上交。为尽快完成任务，范铁升晚饭没吃，在寒冷的办公室连夜加班，终于在夜里12点多完成任务，这时，他才感觉到头昏脑胀、饥肠辘辘。他从单位冒着严寒，顶着随风四处飞散的雪花走了五里多路，艰难地回到了家中。

在临睡前，他仔细回顾了刚刚完成的稿件，发现其中有几个关键的问题必须要修改，在他的理念中，"产品质量"是第一位的，不允许有半点的差错和不完美。他对妻子说："你先睡吧，我还得到班上，把稿件再修改一下。"妻子抱怨地说："外面还下着雪呢，早晨再去修改不行吗？"他回答："我不能把带病的稿件交到领导手中，我得为检察工作负责啊。"范铁升毅然穿上刚刚脱下的衣服，又重新走进漫天的风雪中……

　　一直到第二天凌晨，稿件终于修改完成，他如肩上扛着的石头落地一样，这才轻松地在椅子上打了个盹。这时，电话的那头也传来了妻子的声音，没有责怨，而是深深的无奈和心痛的哭泣……妻子了解丈夫，无须过多的言语。

　　从事文字工作没有固定的作息时间，有很多时候，上级和领导要的文章很急，加班在所难免。人们经常会看到他的办公室在夜晚常常亮着灯光。由于长期的文字工作，他的中枢神经受损，心脏神经症和神经性头疼折磨着他多年，医生多次建议他进行修养和调理，但对他来讲，根本做不到，强烈的事业心和责任感，让他无法放下工作。

开展"青蓝工程"师徒结对

　　在研究室期间，他带着徒弟创办了检察院内部刊物《义县检察》。为保证质量，他亲自撰写各类文章并组织全院干警投稿，对稿件审核、修改。为突出检察特色和效果，他与徒弟从零开始学会了Photoshop软件，编辑整理，为刊物配图、配色、插入文字、页面布局等一系列繁琐工作他都亲力亲为。为使刊物按期出版发行，他经常加班加点，甚至通宵奋战。凝聚着他心血的《义县检察》成为了义县检察院对外交流和宣传的窗口，得到了社会各界的肯定和好评。

　　一份耕耘，一份收获。多年来，他共有40余篇各类文章刊发在国家级和省级的各类刊物上。回顾多年辛苦的"爬格子"生涯，他无悔，面对用心血凝成的文字，他欣慰。

做检察的"工匠"

　　"工匠精神"，就是"切磋琢磨"的精益求精精神、"能动而行"的敬业奉献精神，"道技合一"的人生超越精神。将当下的每一件事做到极致，是范铁升永远不变的追求。

工作上的自律，甚至"刻薄"，有的干警不理解，劝他能应付就应付，但他回答说："检察的每一项工作都是严谨的，不能有一丝一毫的马虎和懈怠。每一个案件都得要精雕细刻，才能达到准确无误，每一份材料都得要字斟句酌，这样才能出精品。"院里干警撰写的稿件由他进行审核，作为最后把关人的他，逐字逐句地进行敲定，从文章的整体框架到每一个标点符号，他都仔细斟酌，修改斧正，不厌其烦，并以此为乐。

"工匠精神"，不但是对工作尽职尽责、精益求精，还要推陈出新，不能因循守旧。在案件管理中心成立之初，各种制度机制不完备、不健全的情况下，他不断探索，创造性地制定了11项规章制度，建立了23个各种表册。为加强案管窗口建设，他在各种硬件设施配备齐全的基础上更加注重"软件"建设，详细规定了窗口人员的着装要求、接待礼仪、保密规定、工作流程、群众反馈等具体标准，推出了服务"四承诺"举措，展示了检察机关的良好形象。他十分注重案管业务的创新发展，充分发挥检察统计的功用，推出了旨在提升检察业务质效的"三位一体"监控研判体系，针对案件评查中反映出的案件质量问题，建议院里建立了"专职委员把关和讲评机制"，为案件管理业务顺利运行和长远发展打下了坚实的基础。

## 在扶贫救助中提升爱的温度

检察官从事的是严谨的职业，在范铁升对待犯罪分子嫉恶如仇，对工作上严肃端正的品性中从不缺乏法律之外悲天悯人的温情与善良。无论是在检察工作中或是在平淡的生活中，他对弱势群体和困难群众都予以深深的同情并给予应有的帮助。

两年前，范铁升和妻子将一个小女孩认下为"干闺女"。

小女孩叫刘诗杨，13岁，正是人生的花季，而她的13岁却没有大多数花季少年的幸福和甜蜜。

女孩父母是偏远山区的农民，母亲残疾，父亲脾气暴躁，常常酗酒，且酒后经常殴打母亲，家里为给爷爷治病，早已掏空了本就不富裕的家底。刘诗杨从小在父母的争吵中长大，家庭的困难，使她从小没有得到别的孩子常有的好东西吃，也没有新衣服穿。在长期压抑的家庭环境中，她郁郁寡欢，性格内向，她只有靠着拼命的学习才能去减轻内心的痛苦。

懂事听话的刘诗杨在农村读完了小学，读书刻苦，成绩优异的孩子给这个困难的家庭带来了一线希望，父母俩决心带孩子到县城初中入学以便受到良好的教育，孩子入学分在了范铁升妻子任教的班级。

然而，女孩入学不久，一场灾难降临到这个困难的家庭。孩子父亲由于过度劳累和不良的生活习惯，长期疼痛的左腿经医院确诊为股骨头坏死。为治病，家里欠下了几万元的外债。父亲的患病，虽然经过了治疗，但仍需两三年的静养，这也意味着这个家庭没有了生活来源，刘诗杨以后的学业将彻底断送。

范铁升听妻子说女孩及其家庭情况后，没有丝毫犹豫，和妻子商量决定，从两人微薄的工资中拿出3000元钱送到女孩父母手中，作为后期治疗费用，又为其母亲联系一家饭店服务员工作，以维持家庭生活。

刘诗杨越来越沉默寡言了，不再拿起书本，一心想着去打工赚钱，范铁升和妻子急在心上。他俩费了好大力气把孩子接到自己家中，照顾她的生活起居，耐心做思想工作，为其树立生活的信心。孩子每天都随着妻子上下学，夫妻俩对孩子在生活上倾心照顾、在思想上耐心开导、在品格上正确塑造，孩子一天一天地阳光起来，笑容开始一点一点地绽放，成绩也慢慢地提升。孩子正式成为了其家庭的一员，夫妻俩也把孩子认作了"干闺女"。

今年夏天，刘诗杨以优异的成绩考取了县综合高中，这让他俩感到无比欣慰，而更让他欣慰的是范铁升所在单位的胡颖检察长得知情况后联系了县教育局和高中的领导，在孩子入学之初依规定减免了部分学杂费用。

刘诗杨在无限的关爱中用优异的成绩回报着"父母"，范铁升和妻子依然在救助困难学生的道路上继续前行着……

**作者为锦州市义县人民检察院检察委员会专职委员**

# 营口市人民检察院篇

## 开篇语

营口市人民检察院于1950年正式成立，1978年恢复重建。下辖盖州市、大石桥市、站前区、西市区、老边区、鲅鱼圈区检察院等6个基层院和1个派出检察院，即石佛地区人民检察院。营口市人民检察院历经六十载风雨，恢复重建以来，不忘初心，砥砺前行，为营口的全面振兴发展贡献了不可磨灭的力量，构筑了"立检为公，司法为民"的巍巍丰碑。

近年来，营口市人民检察院全面贯彻落实党的十八大和十九大精神，深入学习习近平新时代中国特色社会主义思想，紧紧围绕全市经济社会发展大局，忠实履行宪法和法律赋予的职责，深入推进司法体制改革，为全市经济发展提供了有力的司法保障。张为检察长带领新一届领导班子，聚焦主责主业，聚焦基

营口市人民检察院办公大楼图片

营口市人民满意杰出、优秀检察官颁奖仪式

层基础，以实现"服务大局精准化、法律监督实效化、业务管理扁平化、检务政务保障精细化、内部监督系统化、绩效考核实质化、队伍建设正规化专业化职业化"为目标，各项检察工作都取得了新成效。

五年来，营口检察工作在全省检察机关队伍建设和业务建设考评中始终位居前列，市检察院被评为全国检察机关检察委员会规范化建设示范单位、全省"十佳"政法先进单位。全市检察机关共有292个集体和个人受到市级以上表彰。

营口市检察机关高度重视检察文化建设，立足检察工作实际，顺应时代节拍，积极发掘以"博学笃行、忠诚厚德、公正良善、团结奉献"为核心的检察文化内涵，坚持用先进文化引领队伍建设。2018年，营口市检察机关开展了争创检察文化建设示范院活动，制定出台《营口市检察机关关于开展争创检察文化建设示范院活动实施方案》，架构组织运行体系，设定发展阶段性目标，丰富文化载体，形成文化自觉，为队伍建设、业务建设提供了有力的精神动力和智力支持。

为更好地汇聚法治正能量、传递检察好声音，我们将营口检察历史征程中涌现出的先进人物与感人事迹进行了搜集与整理，形成了"营口检察好故事"。这些真实、感人的故事从检察机关司法办案实践中取材，以现实生活中优秀检察官为人物原型、以真实案例为故事线索，充分展示了新时期人民检察官坚守法治、忠诚履职、公正司法、敢于担当、清正廉洁的崇高精神和职业品质。

在这些故事中有果敢刚毅、铁面无私、公正执法、受党和人民信赖的反贪、反渎一线检察官；有本领过硬、思维缜密、一身正气、匡扶正义，代表国家和人民指控犯罪的公诉人；有勤奋敬业、克己奉公，用平凡而又执着的责任心，在我们看不到的地方维护着社会和谐稳定的驻看守所检察官；有真诚无私、爱憎分明，如和风细雨般，用博爱之心浇灌祖国之花绽放的未检检察官；有想民所想、急民之忧，用法理与情理构建检察机关与人民群众之间桥梁纽带的控告申诉检察官；有虽然没有在一线办案，但却忠于职守、勤于奉献，在平凡岗位上默默付出的幕后英雄；有初出茅庐、对检察事业怀揣美好与热爱，用一腔热忱书写检察诗篇的热血青年干警；虽然他们身份不同、职能不同、经历不同，但他们都有一个共同的名字"人民检察官"，他们为这个共同的名字而骄傲，他们对检察事业有着无限热爱。不同的故事里，有着相同的感动，每一个故事都是检察文化的具体表现，是检察精神的现实刻画。

希望通过这些故事的讲述，能够切实加强和改进检察文化建设，依靠检察文化的引领熏陶，举精神之旗、筑检察之魂，奏响法治强音，构建检察人员的精神家园，用文化的力量推动全社会尊法学法守法用法。也希望通过这些故事引导全体检察人员向故事中的先进典型学习。学习他们信念坚定、对党忠诚的政治品格；学习他们为民司法、服务群众的公仆情怀；学习他们尊崇法律、坚守正义的法治理念；学习他们敢于担当、无私奉献的职业操守；学习他们严守纪律、清廉有戒的职业素养。最后，希望通过这些故事让广大人民群众了解检察精神，理解、支持检察工作，促进全社会共同推进检察工作取得更多更好的成绩。

张为检察长带领部分干警看项目、看变化、看发展，感受营口市改革开放丰收成果

已见繁花结硕果，更立壮志谱新篇。站在新的历史时期，营口市人民检察院将以踏石留印、抓铁有痕的精神，切实履行好维护社会大局稳定、促进社会公平正义、保障人民安居乐业的职责使命，续写检察事业新的篇章！

# 终身献给检察事业

张世佳

2014年10月1日,北京的天空乌云密布,淅淅沥沥的小雨下个不停,天坛医院,营口市西市区人民检察院党组成员、副检察长杨德峰同志,带着对检察事业的挚爱,带着对同事和亲友的眷恋永远地离开了我们,离开了他为之奉献的检察事业,年仅46岁。

杨德峰,男,1969年12月8日生于营口盖州市一个偏僻农村,1995年考入了西市区人民检察院工作,生前历任西市区人民检察院科员、副科长、科长、副检察长。从参加检察工作那天起,他便把自己的命运同胸前的那枚检徽紧紧连在一起,把自己的生命全身心地投入检察事业中。

当他怀揣着自己的梦想踏入检察机关大门时,他暗暗地下定决心,既然我考入了检察院,我就必须闯过法律这个难关,凭借着对人生的追求和事业的热爱,就不能辜负组织对我的期望。他利用一切可以利用的时间,专心致志学习法律知识,学习检察业务,几年下来,光笔记就记下了整整6本。因为家庭条件有限,他为节省路费和住宿费,他积攒几门课程再一起去大连考试,经过几年的刻苦拼搏,他终于以优异的成绩拿到了法律专业本科毕业证书,从一个不懂检察业务的"门外汉",成了精通业务的"行家里手"。1999年12月,他光荣地加入了中国共产党。

20年来,他认真办理每一起案件。在办理每起案件中,他都会做

杨德峰生前照片

好办案笔记，积累办案经验。他始终坚持忠于职守、严格执法理念，力求把每一起案件都办成铁案。2005年4月，他接到市院交办的大石桥公安局周家派出所所长冯某涉嫌受贿一案。冯某系辽宁警官学校的毕业生，又有多年的刑事案件侦查工作经验。对于这样具有一定反侦查经验难啃的骨头，他没有退缩，他带领全科同志制定了周密的办案预案。先是争取主动，在气势上压倒他，以便突破心理防线，迫使其坦白交代。但是，事与愿违，虽然打消了他的嚣张气焰，但嫌疑人对其涉嫌犯罪的事实只字不提，案件一时陷入了僵局。经过缜密地分析讨论，他修订了侦查方案，兵分两路，一组干警继续突审，另一组干警围绕犯罪事实从外围索取辅助证据。经过干警的不懈努力，案件从其岳父处取得了突破。根据案件进展，果断对冯某刑事拘留。但是，自恃有一定反侦查经验的冯某，始终不承认其涉嫌受贿的事实，妄想逃避法律的制裁。法网恢恢，疏而不漏，在铁的事实面前，冯某自知理亏，不得不低头认罪。最终，法院以其涉嫌受贿犯罪判处有期徒刑五年。他经常说：只要我们在侦查工作中不为情所累，不为利所惑，秉公执法，坚持正义，检察工作就会被百姓称道、社会认可。

2005年8月，杨德峰同志被借调到省检察院专案组工作，参与查办原抚顺市市委书记周某某案件。为了查办案件，他绞尽脑汁想尽了种种办法，终于通过周的妻子吴某某使案件得到了突破，他两个月没有回过一次家，一直坚持到案件查办结束。科里的干警都说："最让杨科长感到兴奋的莫过于案件得到突破，得到深挖扩大，最让他快乐的莫过于案件得到顺利侦结，腐败分子得到应有的惩处，这时办案所有的苦与累都抛到九霄云外去了。"

*杨德峰在街头开展法治宣传*

2010年到2011年期间，他被借调到省检察院参与查办中纪委交办"917"专案。在案件中他不论在审讯或者取证过程中，都任劳任怨、踏实肯干，尤其在案件胶着时，吃住在专案基地一个月，与专案组同志共同突破案件，

杨德峰同志生前获得荣誉

他多次往返福建、湖南、广东、江苏取证，行程几万公里，形成案卷50多册，为专案的成功办理作出了巨大贡献，受到专案组领导和同志一致好评。他在办理案件的同时还注重撰写调研文章，他撰写的《浅谈行政裁量权及其两重性》以及《公诉人当庭举证的方法和技巧》刊登在《辽宁检察研究》等刊物上。他先后多次被评为营口市检察系统先进个人，营口市政法系统人民满意先进干警，辽宁省政法系统先进满意政法干警，多次被市检察院记"三等功"。

他这些年的办案经历，使得他没有时间照顾自己，照顾他的父母、妻子、孩子。从2014年年初开始，他的身体就开始多次出现问题苗头，经常瘸着腿参加办案。领导、同事、朋友、亲属多次劝他去医院进行全面检查，他都因为工作而一次次推迟，靠着大量缓解镇痛类的药物支撑着。2014年7月14日上午，时任检察长高兵同志在和他研究完案件时，对他说：你怎么嘴都有点歪了，去医院看看吧。下午，他在办公室部署案件开展时意识突然开始不清楚，语言也开始不流利，经过领导和同事的劝说，他被送入了营口市中心医院急诊科，经大夫初步诊断为脑血栓或脑内异物情况偏大，立即进行了脑CT和全身加强磁共振的拍摄，发现颅内已经有一个直径6厘米左右的异物，初步诊断为脑胶质瘤，要求立即住院观察，就在这个时候，杨德峰同志还努力地用缓慢的断断续续话语告诉高兵检察长和身边的同志：他要回去，晚上还有一个反贪案件要办理。经过专家、家属的会商，决定第二天立即到北京诊治。在去往北京的六个小时路途中，因为路途疲劳和身体虚弱，他的病情持续加重，却一直关心着昨晚院里连夜查办的那起职务犯罪案件。他是个感恩图报的人，更是一个不想给组织添麻烦的人。住院期间，已经无法说话的他，还艰难地用笔书写，含着热泪告诉探望他的人说：谢谢组织，不要给组织和院里添负担。手术之后，他还多次让亲属主动联系单位，询问案件的办理情况，多次表达着急回来工作的愿望，直到病情加重进入重症监护室，他的心也时时刻刻地留在了他所热爱的检察工作上。他用实际行动证明作为一名人民检察官，就得对得起人民的信任，对得起胸前的检徽。对得起自己的良心。

二十年的检察生涯，他始终坚持一条原则，少交际，慎交友，清白做人。他给自己约法三章：有关案件的酒场一概不去，有关案件的礼品一概不收，有关案件的说情一概不听。不吃当事人的饭，不收当事人的礼，不为当事人说情。2005年6月，他查处了大石桥市某镇财政办主任伦某贪污一案，案件突破异常顺利，伦某在被讯问之后，很快自己便交代了犯罪事实。杨德峰同志根据办案经验，觉得不符合常理，犯罪嫌疑人在交代自己的涉案犯罪前都是躲躲闪闪，顾左右而言他，负隅顽抗，现在怎么思想突然转变，如此轻易地认罪呢？这时，他的一个好朋友找到了他，说"这件案子不要深究了，这种结局完全可以向领导交差"，并许诺重金相谢。他当即拒绝并向上级领导作了汇报，得到上级支持后，重新制定了侦查方案，终于挖出了伦某和出纳员李某共同贪污的重大犯罪事实，并由此牵出了大石桥市某局100余万元小金库的事实。

杨德峰是农村出来的普通人，他的父母都是地道的农民，1995年从事检察工作，他是和妻子在租住的房子里结婚，那个时候还没有公积金，他借了5万元买了一个40多平的顶楼，直到2000年左右才还完。妻子下岗多年，他从未托关系给妻子安排工作，直到前几年自己应聘才到社区做公益岗位临时工，每个月的收入只有1000多元，孩子一直在念书，他

杨德峰去世后获得
营口市"人民满意杰出检察官"

的父母依然在农村老家生活，需要赡养。他用实际行动实践着自己的人生信条。

"大爱"给社会，"小爱"给家庭。在杨德峰的世界里，太多的爱给了工作，所能留给生

杨德峰同志获得区政府荣誉

活和家庭的爱却太少太少。杨德峰的父亲身体一直不好，对父亲照顾太少是他心底永远的愧疚。孩子一直在上学读书，因为杨德峰工作太忙，几乎没时间管理孩子的学习、生活。他发病的那天正好是孩子被辽宁警官学院录取的日子，但他一直忙着工作，直到晚上住院才从他妻子口中知道此事。他的妻子回忆说：孩子小时候，因为我俩家里都是农村的，都离得远，所以没有老人帮着带孩子，他工作忙，只能我自己带孩子。那个时候我每天背着孩子做饭，孩子在我背后哭，我在前面一边流泪，一边做饭，夏天家里热，我做完饭，孩子和我就全被汗水打湿了。孩子从小到大，我们一家三口除了一起回家过年，唯一的一次出远门，就是德峰在北京住院期间。为了检察事业，为了党和人民的利益，杨德峰同志只能把对家人的爱深藏在心底。

他扎根政法战线二十年，二十年的风雨兼程，二十年的拼搏进取，二十的忘我奉献……他没有豪言壮语，而是用满腔的热血和赤诚，书写着一名共产党员和一名检察官对党、对人民、对法律的忠诚。检徽闪耀的是他平凡的人生，但折射的是不平凡的光彩，而杨德峰同志的短暂人生在检徽的照耀下也铸就了检察事业的辉煌！


作者为营口市西市区人民检察院政治处主任

# 一名未检检察官的"爱、恨、情、愁"

刘 萍

"轻裘肥马，仗剑天涯……"这样潇洒旷逸的工作状态，在盖州市人民检察院一位"80后"女检察官身上被展现得淋漓尽致。

她，叫司盈盈，是盖州市人民检察院未成年人检察部的负责人。她曾经也是一名站在法庭上唇枪舌剑、指控犯罪的公诉人，只因工作对象变成了未成年人，所以她的目光中多了份怜惜，话语中多了份温暖。她说："比起与被告人的斗智斗勇，她更愿意看到未成年人悔悟的泪水和重获新生的笑容。"她说："每个未成年犯罪嫌疑人都是折翼的天使，如果有人能为他抚平残缺的翅膀，他就一定能在蔚蓝的天空里自由翱翔。"她说："青少年宛如春天的花朵，保护他们安然绽放是我的义务和责任。"今天，就让我们走近司盈盈，走近未检检察官，去感受她那不一样的"爱、恨、情、愁"。

司盈盈工作照片

## 她，爱之博

文静的外表，坚毅的品格，是对司盈盈真实的写照。初次和她打交道，多多少少都会给人一种难以接近的感觉，这种感觉还会伴随着一丝高冷。然而，在她略带高冷的外表下，却掩藏着一颗"执爱"的心。这种"执爱"不仅仅表现在她对"法"的热爱，对检察事业的热爱，还表现在她对未

成年人无私的关爱和付出。

有人说未检工作功德无量，也有人说未检工作是希望工程。她说："未检工作是一项爱心工程。而她要做的，就是每天都为这项工程添砖加瓦。"于是，残障儿童的身旁有了她的身影，留守儿童的身边多了她的关爱，未成年犯罪嫌疑人在看守所里多了保暖的衣物，法治课堂上的孩子们多了一个盈盈姐姐。为了预防和减少校园暴力犯罪，她利用业余时间和同事们自编、自导、自演了以预防校园暴力为主题的微电影《使命》。为了让孩子们能更直观地接受法治教育，她把模拟法庭搬进了校园；为了传递检察机关未成年人检察工作的声音，她申请开通了"盖检太阳花"微信公众平台……周围的同事都说她精力太旺盛，谁又知道她疲倦的身影总是留给家人。有人曾问她："你讲得法治课有人听吗？"她总是笑着回答："只要台下有一个人听，我就愿意讲下去。"带着这份执着和热爱，2017年盖州市人民检察院未检科在全市中小学校开展了40余次的法治巡讲，参加人数达数万人。每次法治课结束后，孩子们都会围着她问东问西，她也不厌其烦地讲着一遍又一遍。公诉席上她心思缜密，义正辞严，可与孩子们在一起时，她又和风细雨、笑靥如花。

因为爱，她一直坚守在未检的岗位上，把每一份光、每一份热都奉献给未检事业，谱写一曲重塑希望、关爱成长的"大爱"之歌。

### 她，恨之理

司盈盈本是一个爱憎分明的人，她爱之博，同时也恨之理。检察官的天职是客观公正地执法，依法履行法律赋予的职权。她说："法是惩恶扬善的正义化身，作为执法者，要恨得理性。"去年一年，司盈盈共办理60余件案子，将宽严相济落实到每一个案子当中。

*司盈盈到盖州市太阳升学校进行法治宣传*

那是一个寒冷的冬日，看守所的审讯室里，一名女检察官正在厉声讯问对面的犯罪嫌疑人陈某，另一名检察人员则在飞速地记录。原来，这是一起多次介绍并强迫刚满12周岁幼女卖淫的恶性案件，而犯罪嫌疑人陈某在公安机关的讯问笔录中一直坚称自己并未介绍这名女孩卖淫且也不知其是幼女。再一次面对审讯，陈某表情从容，语气冷漠，毫无悔改之意。而司盈盈却一直以客观、公正、诚恳的态度对待陈某。刚硬的语气，严谨的讯问，加上适当的法律教育，最终使陈某低下了头，承认了自己的犯罪行为。类似的案件，类似这样的讯问场景，对于从事了五年多未检工作的司盈盈来说是家常便饭。每当遇到犯罪情节恶劣、拒不认罪的案件，特别是侵害未成年人的案件，她都会从证据、逻辑、情理等角度对犯罪嫌疑人进行反驳与告诫。她说："一名合格的检察官，必须能够让犯罪嫌疑人感受到法律的威严，要以足够的威慑和真诚让他们如实供述，让他们知道自己的错误所在，而不是强迫他们认罪。"可又有谁知道，从看守所出来，她立即设法与陈某的家人取得联系，当得知陈某5岁的儿子已被陈某的姐姐接回家中时，心中的一块石头终于落了地。她说："一名合格的检察官，都应当具备良好的理性情感。"她说："作为一名未检检察官，我们要以严厉的眼光对事，而以悲悯的眼光对人。"

因为爱，所以恨。爱的是真理、是真善美，恨的是邪恶、是卑劣。爱，有恨的衬托显得更加耀眼；恨，有爱的对比会赢来更多共鸣。

## 她，情之至

附条件不起诉，是刑事诉讼法赋予检察机关的一项特殊职责，其价值在于帮助犯罪的未成年人矫正不良行为习惯和不良心理倾向，帮助其回归社会。但并不是每一起未成年人案件受理之初都具备附条件不起诉的条件。司盈盈作为一名未检检察官，却始终贯彻"教育、感化、挽救"的原则，主动为未成年人创造宽大处理条件，帮助他们重返校园、重返社会。

2017年2月23日，犯罪嫌疑人牛某伙同他人多次入户盗窃，盗得现金、财物价值人民币五千余元。而牛某犯罪时系未成年人。在审查逮捕阶段，考虑到牛某有实施新的犯罪的可能性，具有社会危险性，司盈盈对其作出了逮捕决定。一个月后，该案被公安机关移送盖州市人民检察院审查起诉，本着"捕、诉"一体化的工作模式，该案又被分到了司盈盈的手里。经过认真仔细的审查，该案犯罪事实清楚，证据确实充分，对牛某以盗窃罪起诉顺理成章。但她却说："作为一名未检检察官，对涉罪未成年人做出的每一个决定必须慎之又慎。"在与牛某的接触中，她发现这个孩子几乎不太开口说话，眼神迷茫而无助。这个状况实在不利于全面了解其情况，更无法在此基础上综合做出决定。司盈盈果断决定对牛某进行深度的社会调查。通过调查，最终发现牛某多年来成长在一个压抑的家庭环境中。走上犯罪之路的主要原因也在于父子之间存在较深的隔阂。于是，她又为牛某聘请了国家二级心理咨询师，化解牛某心中的郁结。并多次不辞辛苦赶赴百里之外与牛某的父亲、被害人及牛某的法律援助律师沟通协调，最终促成双方和解，并依法对牛某作出附条件不起诉的决定。因牛某在考验期内表现良好，考验期满，又依法对牛某作出不起诉决定。从附条件不起诉到最后的不起诉决定宣告，这一路走来，充满了坎坷与艰辛，但她却说："再艰辛的路我们也要走，只为了少年明媚的春天。"目前，牛某已找到工作并顺利地回归社会。

因为爱，所以她对检察事业一往情深。而情之所至，心之所达的方向就是责任和担当。

## 她，愁之满

打开司盈盈办公室里的柜子，首先映入眼帘的是一排排的书籍和获奖证书。特别是那些红色封皮的获奖证书，格外的显眼。按理来说，这样的成绩，已经让人不可企及了。但似乎她总是心怀愁绪。

初任未检科科长时，盖州市人民检察院未检工作还停留在一纸考察协议上。她愁的是未检工作到底如何开展？新刑诉法涉及的特别程序中种种新制度将如何具体实施？虽然所面临的工作难上加难，可她却没有推诿更没有退却，而是在不断学习的基础上构建了"立体维权帮护网络"，从"预防、帮护、矫正"三个基本面入手，全面减少未成年人犯罪案件，帮助失足未成年人回归社会。盖州市人民检察院的未检工作在她的带领下开展得有声有色，成效显著，尤其是在品牌建设等方面都走在了全市前列。可这时，她又开始发愁了。未成年人心理关护教育，始终是未检

司盈盈设计的属于盖州未检的专用标识

工作的短板。不但专业的心理测评做不了，连起码的心理疏导工作都要外聘，这样不仅错过了最佳的时机，也没了效率。于是繁忙的工作之余，司盈盈自学了心理学，获得了国家心理咨询师证书。她将心理疏导机制引入工作中，对未成年犯罪嫌疑人、被性侵未成年被害人进行心理疏导，让失足未成年人从阴影走向阳光，让受到侵害的未成年人从荒漠走向绿荫。她说："有时会感到孤援无助，怪自己力量太小，只能伸出一只手，无法通通把他们拉上岸来……"她说："把自己的工作做到完美，才会无愧于闪亮的检徽！"

她的愁，源于工作，源于对公平正义的追求，也完美地诠释了一名优秀的未检检察官是如何在平凡中坚守，在磨砺中积淀。

这，就是一名未检检察官的"爱、恨、情、愁"——对未成年人爱得真诚无私，对卑劣行径恨得理性明确，对检察事业的一往情深，对如何做好工作的愁肠百结。她说："爱之花开放的地方，生命便能欣欣向荣。坚持一名未检检察官的初心，我将继续努力。"

作者为营口盖州市人民检察院未成年人检察部科员

# 用青春写下奉献的诗行

董绍龄

世界上很多国家或民族，都乐于赞美本民族的山川风物和文化精神，而"责任和奉献"已穿越了领域、种族甚至时间，成为了各个国家和民族共同赞美的品格。也许面对工作时，我们常常抱怨，抱怨难以承受工作的压力，难以跟上工作的节奏，可就在我们焦躁迷惘时，不如保有勤恳踏实、默默奉献的精神，用乐观积极的心态去拼搏奋斗，然后你会发现，工作也会回报你、眷顾你。

*11个年头，我在一次次学习，一次次坚持中成长*

## 不负使命，悦享青春

回想从事检察工作之初，懵懵懂懂地肩负起繁重的使命，在一次次学习、一次次坚持之后，我享受到了青春别样的味道。

我到检察院工作已有11个年头。作为一名检察干警，有过辛酸、也曾疲倦，但我从不曾后悔。还记得2007年我从家乡沈阳第一次独自坐车来到营口盖州市，面对着陌生的城市，我很茫然，无助的内心颇有一种"人言落日是天涯，望尽天涯不见家"的苦闷。但当我走进检察院的那一刻，抬头仰望"中国检察"的徽标，那种光芒，昭示着我的使命和职责，彰显着我的价值和意义，那种光荣，足以照耀我的征途，督促我的进步。

起初我被分到反贪局工作，我渐渐发觉检察官是要不远千里、万里地追踪、侦查，要和犯罪嫌疑人斗智斗勇，公诉席上要与辩护人唇枪舌战，要受理人民群众的举报控诉，要埋头于卷宗与法理之间，梳理证据、接待律师、查阅文献……作为反贪局唯一一名女检察官，在抓捕在逃一年的女犯罪嫌疑人的时候，我必须褪去青涩，绝不手软，以检察官的聪明智慧与敬业奉献的精神取得出色的成绩。

记得第一次提审犯罪嫌疑人的时候，我看到三十出头的他已满头白发，声泪俱下地哭诉自己的艰辛，倾诉了思母念儿的痛苦。那时，我也曾被他的眼泪所触动，也曾心软，但是，法不容情。经历得多了之后，我逐渐由感性变得理性，逐渐明白了：我们人民检察官，秉持"忠诚、公正、清廉、文明"职业操守，在惩恶扬善、伸张正义的每一次执法中，在化解纠纷、促进和谐的每一次实践中，抒发着为国为民的检察情怀。工作的职责告诉我们，作为一名法律工作者更应该保持克制和冷静，理性并不代表我们在执法过程中没有人情味儿，而是要坚信法律是公平公正的。

还记得第一次做笔录，自认为已做好准备工作，但是记的笔录不仅字迹歪扭、记速缓慢，而且文字口语化、情节分散化，甚至漏记要点，活脱脱的一份"白话散文"，笔录质量可想而知。当时的我很是苦恼，从未有过的挫败感袭来。领导看出我的心事，对我耐心指导，通过实案示范、细节讲解、个案剖析，让我了解到记笔录不仅要有速记功底，却又并非简单的速记，而是要将案情有条不紊地记下，让案件情节、时间、地点、人物等各要素像看电影一样。随着接触案件的增多，学法用法、依法办案，我感到学生期间学习的理论知识和书本上的抽象概念慢慢地变得鲜活起来。

### 肩挑正义，心系责任

记得我的老领导曾语重心长地说过，走上检察这条路，就要做一个公平正义的使者，一个执法为民的先锋，一个不辱使命的榜样。无论遇到什么样的情形，都要"肩挑正义，心系责任"。

还记得我第一次体会最深刻的是我第一次独立主导审讯的场景，在侦办一起贪污贿赂案件过程中，犯罪嫌疑人涉嫌挪用公款，已经查明的证据不足，犯罪嫌疑人又态度消极，始终一言不发，甚至用绝食来对抗侦查。全体办案干警连续奋战几昼夜仍旧进展缓慢，案件一时陷入了僵局。正在大家一筹莫展的时候，领导突发奇想，决定让我佯装省院领导的身份去讯问犯罪嫌疑人。我临危受命，倍感责任重大，在审讯室门前，好像门后是千军万马一般，我深吸了一口气，大步、肃然地走了进去。当我操着沈阳口音，表明了我"省院领导"的身份时，犯罪嫌疑人一愣，转而又恢复了消极抵抗的态度，任由我法律说尽，道理讲绝，他依然不为所动。我真的是着急了，一边问话一边思考对策。突然，我脑中灵光一现，想起犯罪嫌疑人是一个孝子，有一位年迈在家的老父亲需要他照顾，我便放下严厉的神色，和他唠起了家常。因为他始终沉默，我就对他讲起了我的父亲。讲我的父亲冒着风雪送我上学；讲父亲忙碌工作为家奔波的辛苦；讲我几个月没回家，再见父亲的时候突然发现了他鬓角的白发；讲这几年来，父亲一个人生活，我又不在他身边陪伴的寂寞；讲他腰脱卧床都不曾打电话给我，怕打扰我工作，当我回家的时候看到床边的尿盆和剩下的碗筷，我那时的痛苦和辛酸……讲着讲着，我的眼泪在眼圈里打起转。正当我讲到动情之处，一声大哭把我从思念中唤回，也许是我的讲述让他想起了自己的父亲，也许是他觉得对老父亲的亏欠，我看到犯罪嫌疑人已是泪流满面。我静静地等待他情绪的平复，他不再抗拒，渐渐地配合起来，案情终于有了突破。走出审讯室的时候，天已经蒙蒙亮了，我如释重负，那一刻我也突然明白，身为检察干警，既要有铁血，又要有柔情，我真正体会到了作为一名检察官的自豪与喜悦，那时候我真正感觉到了这一身检察服带给我的骄傲与荣耀。

## 情系奉献，行依初心

选择检察工作，就是选择一生的奉献，舍弃小我，忘记小家，秉持一辈子的初心。

从事反贪工作五年后，一个偶然的机会我被调入市院办公室从事机要工作，综合部门和业务部门的工作天壤之别。从披荆斩棘、荣征战场到处理文件、收发机要、会议通知，感觉自己完全被禁锢在了小小的机要室里。我迷茫难过无助，想向妈妈倾诉，可是她早已听不见我的声音。

后来依然是我的一个领导不断开导我,并且在工作上予以细心的指导,使我走出了困境。我更加认真投入工作,本着"踏实奉献"的理念,在保密工作中,全面落实规范化建设,制定我院保密规定,加强全院人员的保密教育,机要通道值班规范到位,定密、涉密文件流转等工作有效开展;在文管工作中,针对文管工作的纷繁性和细致性,熟知公文处理规程、正确使用文种,努力在发文校核上下功夫,提高公文处理质量。

时间的流逝是悄无声息的,然而时间带来的变化却清晰可见。办公室工作一年之后我又被调到市院政治部从事宣传教育工作,政治部的工作繁、杂、急、重,看似简单实则不然。但有了反贪工作、办公室工作经历,再加上从小兴趣爱好广泛的我,在政治部宣教处工作起来觉得得心应手了。我组织了演讲比赛、知识竞赛、公诉人与律师辩论赛、诗歌散文朗诵会、书画摄影展、春节联欢会、篮球赛等一系列检察文化活动,参与营口市检察院宣传片、讲法大行动宣传片等资料的拍摄制作工作,参与荣誉室、影音室、文化长廊的建设工作,负责"六五"、"七五"普法宣传以及各类教育培训工作。

记得我们在组织全省第一次律师与公诉人辩论赛的时候,为了把活动搞好,我们没有周末,甚至忘记了下班时间。从策划、组织、培训,到拍摄案例视频、选手介绍等一系列工作,还要面对宣教工作人员少的现状,真的是忙得没白天没夜晚。不幸还赶上女儿感冒高烧,我的爱人是一名现役军官,他平时根本无暇照顾家里,只有年迈的婆婆带着孩子去了医院,当我赶到医院,女儿正打着点滴,小脸烧得通红,看着苍老的婆婆和生病的女儿,我的心……

这些年,作为一名检察人,一直从事着检察事业,无论身在哪个岗位,我都不忘身上肩负的责任与对事业无私奉献的精神。我从一名少不更事的女大学生成长为惩恶扬善、匡扶正义的检察

选择检察工作,就是选择一生的奉献,
我们一直在路上

人,从把检察工作视为养活自己的"工具"到把它当作我至死不渝的事业,一路走来,青春无悔,追梦的脚步从未停留。

如今,虽然我只是一名普普通通的检察干警,犹如满天繁星、默默闪烁,犹如沧海一粟、静静流淌,但我选择了检察这个职业,就选择了肩负责任,选择了默默奉献。这种"责任和精神"可以洗去心灵的浮华,可以保持生活的本真,可以让人在忙碌的追求中得以平静,可以让生活呈现亦善亦美的图景。我会坚守这种品质,在检察岗位上用平实的努力去丈量梦想,在追求事业的过程中去实现人生价值。今后,唯有更努力为检察工作、为法治事业而奋斗,才能不负这个伟大的新时代!

*作者为营口市人民检察院宣教处副科长*

# 风雨彩虹　铿锵玫瑰

王　巍

有一种人生，平淡如水却志存高远；有一种年华，色彩单调却绚烂无比；有一种事业，平凡朴实却彰显崇高；有一种女人，是婉约柔美的水中莲，是刚正不阿的铁娘子，是绽放在检察一线上，最娇艳的铿锵玫瑰。

张晓荔，在营口市检察战线可算得上是一名经验丰富、业务精通、独当一面的赫赫女将，她从检30年，历任书记员、检察员、侦查科副科长、公诉科长、主任检察员、员额检察官等职务。30年经她手办理各类刑事案件1300余件，大要案百余件，曾多次荣获营口地区优秀检察官、全省十佳观摩庭暨优秀公诉人等荣誉。

1991年张晓荔同志，作为公诉人在法院开庭参与案件审理

## 爱岗敬业，无私奉献

54岁的她从检30年来，始终把工作摆在第一位。作为单亲家庭的一个女强人，既要肩负起家庭和事业的双重负担，又要在工作中不甘人后。每到办案繁忙时期，为了保证各项任务的顺利完成，她早来晚走，节假日带着孩子加班加点工作，几乎没有完整地休过双休日。30年，她累计加班工作600余天，相当于多干了两年的工作量。常年超负荷的工作，使她身体严重透支，胃炎、胆囊炎、颈椎病、肩周炎、腰肌劳损……

各种疾病缠身，多项指标不符合健康标准。院领导和科里同志心疼她，都劝她休假休养一段时间，但张晓荔却总说"没啥大事，都是老毛病了"。就这样，她一边坚持上班工作，一边服了四个多月的中药，从未请过一天假。有人问

1998年，张晓荔同志参加打靶训练

她："你为工作付出这么多值得吗？"她却淡然地回答说："因为我热爱检察事业，更热爱公诉工作！所以工作再苦再累我都无怨无悔！"

## 忠实履职，守护正义

工作中，张晓荔始终坚持忠于职守，严格执法理念，力求把每一个案件都办成铁案。她常说"法律是老百姓维护合法权益最后的希望，如果司法都不公正，那么老百姓对社会、对政府失去指望"。同时，她时刻提醒自己："办案是智者之间的较量，也是勇者之间的对话，要办就办成铁案。"

2011年春节前，市院将"8·19"专案移交我院审查起诉，此案有15名犯罪嫌疑人，涉及组织、领导、参加黑社会性质组织罪等10余个罪名。为了保证案件质量，张晓荔带领科室人员合理安排办案时间，晚上加班阅卷，认真审查厚厚的卷宗材料，制定周密的审讯方案，白天冒着严寒奔赴营口、海城、盘锦等多个看守所，提审犯罪嫌疑人。在提审中，她发现犯罪嫌疑人王某意图为其情妇张某开脱，关于其犯罪后张某为其提供钱财和住所帮助其逃匿的事实经过完全翻供。虽然作为专案，这只是一个小问题，但是这一重要供述直接决定了张某窝藏罪的认定。为此，她细致审查，认真分析王某的供述，从中发现漏洞和破绽，选准突破口。尽管王某拒供，但在层层追问下，他的心理已发生动摇，一举攻克了王某的心理防线。这一客观、合法的证据对张某的定罪起到了决定性作用，并成功将此案起诉至法院，快速而有效地打击了犯罪分子的嚣张气焰。

近两年来经她手办理各类刑事案件200余件240余人，依法追诉漏犯30余人、追加犯罪事实20余起，提起抗诉案件7件。所有起诉至法院的案件均被法院作出有罪判决，无瑕疵案件、上访案件发生，其中有重大影响的"6·07""医保诈骗"等专案，所办理案件无一错案。特别是2017年实行员额检察官以来，在案件数量多的情况下，张晓荔经常带领办案组加班加点，放弃十一节假日和家人团聚的机会，到单位认真审阅卷宗，制定审查报告，在审查韦某某容留案件时，发现法院对其量刑过重，她查阅相关司法解释、请教法律方面权威，经过多番的论证，认为此案虽认定事实正确，但是适用刑罚不当，量刑畸重。为维护司法公正，准确惩治犯罪，她把此案提交检委会讨论，并决定提起抗诉，营口市中级人民法院二审将被告人韦桂兰犯容留卖淫罪从有期徒刑十三年改判为有期徒刑二年。该抗诉案件被辽宁省人民检察院评为"2017年度十佳精品案例"。

## 检护青春，心存大爱

作为院里未成年人办案组的一员，在办理未成年人犯罪案件时，张晓荔在严格把握罪与非罪界限时，还把人文关怀融入办案之中，寓教于诉。在办理未成年人小伟故意伤害案件时，她了解到小伟是一名高一学生，父亲早亡，和母亲相依为命，在学校一直表现良好，成绩优异。案发当天，由于同学耻笑他，伤了他的自尊心，一怒之下拿砖头将被害人打成重伤。看着这张稚嫩的脸孔，她不禁感到痛心，她深知作为一名检察官，不仅要让犯罪的人受到应有的审判，更是要给他们一个改过自新的机会。为此，她积极与双方家属进行协商，希望能促成她们之间的和解，当被害人家属看到小伟贫困的家庭时，没有要求过多的赔偿，只是接受了医药费的赔付。在案件起诉至法院后，虽然小伟的行为致被害人重伤，但是她根据小伟的一贯表现和在民事部分已经达成协议、取得被害人谅解的情况，在量刑建议时大胆提出适用缓刑的建议，并被法院依法采纳。也许有人认为这个案件已经办完了，但在小伟被判处缓刑后，她积极与他的母亲还有社区、学校联系，在多方努力下，小伟重新回到了阔别已久的校园，挽救了一个失足少年。

## 廉洁勤政，两袖清风

公正办案，廉洁是根本。张晓荔始终认为，一个案子处理不公，就会失去民心、损害形象，检察官的形象重于生命。文明办案，清正廉洁，成为她的座右铭。在查办行政执法人员刘某渎职案件时，刘某的亲属以与张晓荔有亲戚为由，带着礼品登门拜访，均被她严词拒绝。在工作中，张晓荔严格执行政法干警"十条禁令"，始终拒说情，拒吃请，拒收当事人的一切财物，坚持做到晓之以理，动之以情，秉公执法，维护了法律的尊严。一次，在审查起诉一起团伙抢劫案中，她的同学是这位被告人的亲戚。一天晚上，同学专程上门说情，要求看在同学的面子上，请她"高抬贵手"，建议被告人缓刑。面对挚友企盼的目光，她耐心地解释："老同学，你应该理解我的工作。办案是以事实和法律为依据，科学量刑判处。假如枉法裁判，岂不是执法犯法？"听完这些话，老同学拂袖而去。法院审判结果，这位同学的亲戚被依法判处有期徒刑。在友情、亲情与法律之间，她执着坚定的是一个人民检察官的职业道德，忠诚维护的是法律的神圣与尊严。多年来，类似这样的情况不胜枚举。但她常说："既然我选择了检察这一职业，就要对得起自己胸前的检徽。从事检察工作三十年来，她没收过一分钱的礼，没赴过一次宴请，始终保持着人民检察官廉洁奉公、两袖清风的气节。为此得罪了不少人，甚至最要好的朋友也不再登门。

## 授业解惑，甘为人梯

在鲅鱼圈检察院，乃至全市检察系统，张晓荔无论是在业务水平还是办案经验等方面都堪称是前辈、师者。从检30来年的深厚积淀，无论是多么复杂的案件在她手上都会迎刃而解。跟她办案的年轻人都受益匪浅。近年来，随着司法体制改革的全面推进，检察官在办案中的主体地位越来越突出，这对公诉人的素质能力提出了新的更高的要求，面临本院年轻公诉人居多、办案经验不足的现实，如何让年轻公诉人尽快成熟，成为独当一面的骨干力量，张晓荔率先垂范，主动对年轻公诉人进行传帮带。在办案过程中，她作为案件第一承办人，亲自参与案件的办理，从审查起诉、制作法律文书、汇报案件、出庭公诉、化解矛盾等方面悉心对年轻公诉人进行指导，帮助年轻公诉人就案件办理过程中遇到的疑难问题，提出具体意见，实施精准指导。把荣誉让给年轻人，自己做幕后者。几年来，在她手下成长起来的年轻公诉人个个都成为业务精英。大家都贴心地称她是甘为人梯的老大姐。

张晓荔从事检察工作30年来，她都没有因性别而降低对自己的要求，以羸弱的双肩勇挑重任，以女性的亲和力感染身边的人，用细腻、认真的态度对待每一项工作、每一个细节；用无限的忠诚，坚定的信念，无悔的追求诠释着当代女检察官的高尚情怀，演绎着新时代女检察官的别样美丽。

2018年鲅鱼圈区人民检察院全体干警参加望儿山母爱文化节开幕式（图左一为张晓荔）

作者为营口市鲅鱼圈区人民检察院公诉科科员

# 初心不改 梦想长青

**董育含**

白日不到处,青春恰自来。苔花如米小,也学牡丹开。

有这样一个地方,那里有一道道电网和高墙;有这样一群人,他们穿着威严的检服,心中藏着大爱,投身在没有硝烟的战场。他们的身后没有鲜花和掌声,有的只是汗水和正义的考验——这就是我们的驻监检察官,高墙内的人权守护者。

检察战线上不乏英雄模范,但身边的这些平凡的驻监检察官同样令人感动。营口市石佛地区人民检察院共有17名干警,却担负着营口地区两所监狱3500名服刑人员和1000余名监狱干警的刑事执行检察工作。他们将柔情的人文关怀融入刚性的法规监纪之中,让爱穿透了高墙的阻隔,为服刑人员送去了融融暖意,在远离市区百余里的高墙电网下,默默地散发着自己的光和热。

代兵,是石佛检察院检察三科科长。这个1986年出生的小伙子,牢记宗旨,坚定信念;履职尽责,服务大局;敢于担当,清正廉洁;爱岗敬业,甘于奉献,善于用真情感化罪犯,用道德唤醒良知。

代兵和驻监检察干警共同研究案卷

## 从"门外汉"到检察业务能手

回想起刚进检察院时的情景,代兵说他曾经心理压力特别大,害怕适应不了检察工作。为了充实自己的业务知识,他先后报名参加了东北财经大学法律硕士学习班、司法考试培训班,利用一切可以利用的时间,学习法律知识和检察业务。他每天起早贪黑,像蚂蚁啃骨头一样地反复揣摩一个个法律术语,仔细理解每一条法律规范。遇到不明白的地方,就虚心向同事们请教。平时工作忙,他就利用中午和晚上大家都休息的时候看书学习。功夫不负有心人,经过两年的刻苦拼搏,他终于以优异的成绩拿到了国家司法考试法律职业资格 A 证,变成了精通检察业务的"行家里手"。同时,他也深深地爱上胸前这枚鲜红而神圣的检徽。"唯艰忍者始能遂其知",所学的丰富知识在办案中有了用武之地,代兵的业务能力在学习和实践中得到了不断的提高。

## 耐得住寂寞,办好每个案件

工作中,他始终坚持忠于职守、严格执法理念,严谨认真、精益求精,公正执法、文明办案,力求把每一个案件都办成铁案。在案件的攻坚阶段,他总是一马当先,勇于担当,带领检察室干警冲破重重关系网,避开人情亲情,抵挡住金钱诱惑,坚持执法底线和办案原则,克服种种阻力,最终侦破职务犯罪案件。同时,他时刻提醒自己:"办案是智者之间的较量。也是勇者之间的对话,要办就办成铁案。"为了办好一件案子,他不知跑了多少路,流了多少汗,吃了多少苦。在他的时间表里,只有业务,八小时工作制的界限早已模糊,能完完整整地休个节假日已成为奢侈的想法。记不清有多少个节假日,是办公室里的一盏孤灯、一摞摞卷宗陪他度过。用他自己的话说就是案子拿不下来,梦里还在想对策。检察工作难干,但无论多苦多累,他都没有半点怨言,总是保持着火一般的热情,以坚强的毅力和无私奉献的精神践行着自己的入党誓言和人民检察官的真谛。他所办理的职务犯罪案件均在法定时限内办结,起诉到法院后均被作出有罪判决。所办案件适用法律正确,程序合法,无一差错,准确率 100%,得到了单位领导及同志的一致好评,同时取得了较好的社会效果。他始终保持兢兢业业、秉公执法的工作态度,任劳任怨、无私奉献的精神，从他身上，看到了一名检察干警对事业的无限热爱，更看到了一名青年干警对天职的执着坚守。

## 真情感化，让罪犯安心改造

为了促进服刑人员的改造，代兵立足检察职能，采取多项举措，全方面做好服刑人员的感化教育工作。为了让他们在遇到法律问题时，能够第一时间得到解答，他精心制作了"法律援助卡"，卡片上清楚地记载着他的名字、联系方式等内容，秉持"以己之力，供彼之需"，帮助服刑人员答疑解惑。他还与监狱教育部门联合开展"法律讲座""模拟法庭"等活动，增强服刑人员的法治观念，不断提高服刑人员的法律意识。2014年，他在营口监狱四监区找服刑人员例行谈话时，了解到服刑人员郑某家庭情况极其特殊，该犯家境贫寒，父亲10余年的脑血栓卧床不起，母亲近期患上脉管炎和腰间盘突出，妻子在女儿出生不久就不辞而别，杳无音信，15岁品学兼优的女儿因贫穷面临失学的危险。代兵同志了解到这个情况后，一边定期找该犯谈话以稳定他的改造情绪，一边专程驱车1000余公里来到该犯的吉林老家，送去了生活必需品，并为该犯的女儿送去5000元的学费。还和该犯的女儿结成"一助一"对子，经常通过电话、书信等多种方式与孩子保持热线联系，从学习、生活和情感等方面关爱，帮助她健康成长。代兵同志在营口监狱十三监区开展工作时，了解到一名西安籍的服刑人员高寒冰年幼的孩子无人照顾，立刻把这个情况和监狱相关部门联系，并配合监狱经过多方的努力，将这名服刑人员无人照顾的子女送到大连溢鸿儿童村接受正规教育。

在办理完服刑

*代兵向罪犯发放法律援助联系卡*

人员王某某重新犯罪案件之后，按理说代兵同志应该是长出一口气。但是，他并没有因为案件终结而感觉到轻松：一个在监内服刑快10年的罪犯，整个改造期间获得两次累计两年多的减刑，因为一次伤害而走上重新犯罪的道路，原本即将迎

代兵正在监区日常检查

来新生的曙光，因为这次重新犯罪，原来的减刑被撤销，加上余刑和新罪刑期又转入了无边的黑暗。代兵同志决定将该犯列为重点关注对象，通过与该犯谈话了解到该犯思想变得破罐子破摔，性情暴戾，多次和干警和同犯发生冲突，有几次甚至想杀害同犯和监狱干警。开始的几次谈话是艰苦的，该犯一点也不配合，依然我行我素。但是代兵同志没有气馁，而是咬牙坚持下来，皇天不负有心人，经过近四个月的攻坚，该犯终于想通了，并且积极地投入改造之中，现在已经成为该监区的改造标兵。

### 热心公益，成就营口检察一段佳话

代兵同志还热衷于社会爱心公益活动，利用业余时间到社会上做爱心活动。几年来，走进孤儿院，养老院，孤独症康复中心，特困家庭，残疾家庭，留守儿童，贫困学校等群体，为这些特殊群体奉献自己的爱心。他致力于家乡环保事业，坚持在风景区捡拾垃圾，义务清理小区乱贴小广告等，得到广大市民的良好口碑，为进一步构建和谐美好的社会作出了自己的贡献。

在9年的检察工作中，他始终坚持在工作上用心，在平凡的岗位上默默奉献、辛勤耕耘。虽然没有骄人的成绩，但正是这平常的工作磨练出了正直、谦虚、勤恳的品格。他以清晰的思路、娴熟的技巧和实际行动诠释着一名基层检察官的正义力量，实现了法律效果、社会效果和政

治效果的有机统一。

在石佛检察院，像代兵这样的同志还有很多，他们在平凡中默默坚守，在坚守中默默奉献，他们像阳光一样温暖，照亮着服刑人员这个特殊群体，在高墙电网的世界里为他们打开一扇扇冰封的心窗，在没有硝烟的战场上谱写了一曲曲动人的赞歌。

代兵下监区与监狱干警了解情况

以德润身，以文"化"人一直是石佛检察院追求的文化理念。法律看到的不仅仅只是一条条生硬的条文，驻监检察面对的也不仅仅只是一扇扇冰冷的铁窗，而是驻监检察官透过理性所呈现出的那一丝丝温情脉脉，这便是高墙内所彰显的人文关怀。

有一首诗这样写道："峥嵘岁月，光阴如梭，检察官们换了一茬又一茬，多少人已青春不在，两鬓霜花。我们用青春诠释对检察工作的崇拜和热忱，用行动宣扬对检察事业的热爱和荣耀。"风萧萧一肩霜雪，路漫漫万里征程。在善与恶、正与邪的较量中，像代兵这样的检察官总是化作正义的勇士，捍卫着人间正道，留住世间的温情，实践着检察官职业道德的荣光。

作者为营口市石佛地区人民检察院政治工作部科员

# 阜新市人民检察院篇

## 开篇语

　　阜新市名源于"物阜民丰，焕然一新"之意，位于辽宁省西北部，地处东北和环渤海地区的中心地带、辽西蒙东地区的地理中心。阜新具有悠久的历史文化，是新石器时期红山文化的源头之一。查海古人类遗址距今已有7600年，被考古学界称为"中华第一村"，被誉为"玉龙故乡，文明发端"。阜新"因煤而立、因煤而兴"，是共和国最早建立起来的能源基地之一，曾经拥有亚洲最大的露天矿——海州露天矿和亚洲最大的发电厂——阜新发电厂，被称为"煤电之城"。

　　进入新世纪，阜新迈上了经济转型之路，成为全国首个资源型城市经济转型试点市、东北唯一的国家

2017年4月5日，阜新市人民检察院党组书记、检察长陈岩带领首批市院员额检察官举行任职宣誓仪式

1985-2002年阜新市人民检察院使用的位于解放大街建设桥北的办公楼

2002年12月正式启用的位于中华路23号的阜新市人民检察院综合办公楼

扶贫改革试验区、辽宁省实施"突破辽西北"战略的重点地区。

阜新市人民检察院自1978年恢复重建以来，历经宋昆、徐守仁、吴兆林、温建国、韩春雁、张念茂、柳忠清和陈岩八任检察长，几代检察人敬业奉献、同心协力。工作环境已经由重建时的办公无房到现在拥有集办公、办案、文化活动为一体的办公大楼，由过去的"办公靠纸笔、出行靠腿量"到现在的网上办公办案、侦查审讯同步录音录像、网络指挥协调及办案有专用车辆等。阜新检察人已成为阜新市惩治各种严重犯罪、维护社会和谐稳定、保障经济社会又好又快发展的一支重要力量。

现阜新市人民检察院下辖阜蒙县、彰武县、海州区、细河区、太平区、新邱区、清河门区等7个基层县区院，全地区有专项政法干警359人，其中市院101人。全市两级检察机关和全体检察干警艰苦奋斗、勤奋进取、开拓创新，较好地完成了各项检察工作，得到了各级领导和全市人民的高度赞誉。特别是去年，阜新市院被评为全省精神文明建设先进单位、全省优秀市级检察院，阜蒙县院、太平区院被评为全省先进基层检察院，细河区院和清河门区院被评为全省优秀基层检察院。

今天的阜新检察人，正以更加饱满的精神状态、更加坚实的工作作风、更加有效的工作举措，忠实履行党和人民赋予的职责使命，努力推动全市检察工作在新的历史起点实现新的发展，为阜新完成转型决胜期任务做出新的贡献。

为贯彻落实《辽宁省人民检察院纪念改革开放40周年和检察机关恢复重建40周年活动实施方案》中确定的"开展一次以讲述辽宁检察好故事为主题的征文活动"的要求，阜新市人民检察院推出了5篇检察

好故事：新邱区院年轻干警甄妮听政治部主任讲述了老一辈检察人艰苦奋斗的故事，老一辈检察人勤俭节约不怕困难的精神在今天仍是我们学习的榜样；细河区院李木子讲述了自己从检的经历，怀揣着梦想和希望来到检察院，选择了检察事业，办好每一个案子，做好每一天的工作；彰武县院刘越讲述了彰武县院未检女检察官李冬雪在办理案件中充分利用讯问、询问环节，深挖细查，引导取证，维护公平和正义，彰显温暖与希望，诠释司法的人文情怀。

1998年9月28日阜新市检察机关在市工人文化宫举办重建二十周年庆典文艺汇演，图为阜新市院大合唱《人民的检察官之歌》节目

我们还讲述了阜新市院检察官赵海勇、海州区院检察官刘军的故事，他们不畏权势，刚正不阿，秉公办案；他们明察秋毫，多谋善断，为民伸冤；他们一身正气，两袖清风，廉洁奉公；他们立足本职，兢兢业业，敢于亮剑，敢于担当，在自己的岗位上做出了优异的成绩，是我们学习的榜样。

"点亮一盏灯，照亮一大片。"每一个检察故事都是一盏灯，照亮着我们，激励着我们，也鼓舞着我们努力工作，为检察事业贡献自己的力量。

# 听政治处主任讲检察故事

**甄 妮**

如果有人问你："初入检察队伍，哪些时刻你最难忘？"也许你会说，是你穿着检察服装，紧握右手，在国旗下庄严宣誓的时刻。也许你会说，是你用颤抖的双手接过闪闪的检徽的时刻，但我印象最深的是政治处主任给我们讲述检察故事的时刻。

上班第一天，有着25年从检经历的政治处李主任带我们参观了荣誉室，让我感到惊讶的是，一个市辖区的检察院能够获得如此多的荣誉，有最高检授予的"人民满意检察院"、最高检荣记的"集体一等功"、省委政法委授予的"人民满意的政治标兵单位"等荣誉，老主任娓娓道来，我们凝神听着这上百个荣誉背后的故事……

八十年代的新邱区检察院，并没有自己独立的办公区，办公楼又黑又小、又破又旧，一年四季离不开塑料布——冬天挡风、夏天遮雨，且与土地局、妇幼保健院挤在一起。由于环境不像个检察院，曾发生过有些城郊农民带着怀孕的妻子到检察院的办公室要求检查身体的笑话。院里的交通工具太差，只有一台破旧的"伏尔加"和一台早该退役的"金杯"面包车，院里修不起车、买不起油，办案经费没着落是常有的事。听到这里，我们好奇地问李主任："条件太艰苦，怎么展开工作？"李主任骄傲

新邱区检察院的旧办公大楼

地说:"当时我们总结出一句话,只要精神不退缩,办法总比困难多。"

九十年代有一位老干警,年近六旬,但他同年轻干警一样,哪里有困难,就出现在哪里。办刑事案件,没有车就骑自行车往返城区调查取证,一身泥土一身汗,始终奋战在工作一线。有一次,他带一名反贪干警去黑龙江省办案,检察长考虑到他身体不好,让他买卧铺票,可他为了节约费用,与干警"撕拉硬拽",硬是买了一张普通票,同干警一样挤在车厢里。到达目的地后,顾不上休息,迅速投入办案。涉案单位看他年龄大、身体不好,又住小旅馆、吃大食堂、剩下的饭菜还要打包,说道:"没想到检察官是这样的清贫。"见到的人都被这位老检察官深深地感动。由于他认真负责、秉公办案,此案为阜新市植物油厂挽回经济损失22万元。他就是当时的新邱区检察院党组成员、副检察长——于国富。

还有一位干警在办理一起经济案件时涉及到外地取证,院里车辆紧张、经费又短缺,加上下雪,公汽不通,去吧确实困难,不去吧案子就泡汤。为解决这个难题,他和铁路沟通,与另一名干警裹着军大衣、带上自行车、坐上运煤的敞车、顶着风雪出发了。下车后,他俩又骑自行车走了三十多里山路,当时正值数九寒冬,到达目的后,冻得连话都说不上来了。他就是当时的新邱区检察院副检察长——张翔同志。

八十年代初,有一位女干警,在一次送达任务中她暗自算了一笔账,坐车来回烧油的钱不如坐公共汽车便宜,为此,她坐公共汽车去送达,但没想到,汽车到达终点后,离当事人所在的村子还有十几公里路,当时天色已晚,为了保证按期送达,她徒步向当事人的住所走去。因为路难走,为了加快速度,她干脆脱下高跟鞋光着脚走,回到家已是晚上九点多钟,爱人看到她两脚起泡、双腿浮肿,又生气又心疼地说:"啥时候把你卖给检察院了,这么不要命?"她就是当时新邱区检察院检察员——张春华。

还有一次,院里下水道堵塞,有一位干警亲自联系借来下水道疏通机,为了不影响其它干警工作,他与一名副检察长和办公室主任亲自疏通,双手沾满了污物,浑身溅满了污水,但他们全然不顾,而这一切仅仅为了节约30元钱。他就是当时新邱区检察院检察长——刘奎东。30元钱,对别的单位来说不算什么,但对于新邱区检察院来说很重要,我们尝过苦日子,深知无论社会怎么发展,我们党艰苦奋斗的好传统不能丢。特别是在新邱这样的贫困地区，更需要我们发扬党的优良传统。

李主任说："正是因为每一个检察干警的无声行动，引发了一种无形的力量，激励着全院干警

时任新邱区检察院检察长刘奎东（左二）

向前看、共同向困难挑战的拼搏精神。干警们经常昼夜奋战，饿了嚼方便面、困了睡办公桌，他们舍不得花钱出去吃一顿夜宵、住一宿旅馆。案件多时，干警们经常加班加点，虽然他们经济上并不富裕，但他们知道院里更困难，因此，没有一个人申报加班费。勤俭节约、艰苦奋斗的精神在新邱区检察院已蔚然成风。"

听到这里，大家的眼睛湿润了。被前辈们的默默付出和无私奉献所感动。李主任虽然已经记不起这些事情发生的具体时间，但总是能讲出每一个故事的具体细节和每一名干警的姓名。看着李主任两鬓斑白和出现斑点的手，我不禁感慨故事已如此久远，他们也已经老了。不，李主任讲述的已不是故事，是用心在诉说那些珍贵的记忆，仿佛已是真真切切、生动鲜活的发生在我们的身边。我们未曾见过这些老干警们，有的已经离世或是退休或是调离原岗位，从泛黄的旧照片中甚至看不清他们的容貌，但我们懂得正是因为他们心中有公平正义，才有着大爱如山的举动。他们从未离开并且正当壮年，我们感受到了他们心中对检察事业的执着和热爱。对检察事业那份永恒的初心，正是他们闪耀的青春！他们永远是我们学习的榜样！

接过老干警们手中的接力棒，传承着一代代检察人艰苦朴素、肯干实干的优良传统。作为新时代的检察人，又将怎样续写检察事业的新篇章？

去年，由新邱区检察院支持公诉并顺利办结了"五龙矿专案"，该

案为阜矿集团五龙矿多名管理人员内外勾结，涉嫌贪污罪、受贿罪、国有企业人员滥用职权罪、故意伤害罪、危险驾驶罪等多罪名的大案。涉案人员57人，案情错综复杂，办案阻力重重。新邱区检察院立即成立了以检察长张武杰为总指挥的专案组，全院上下联动。依法历时四个多月审查侦查卷宗38本、光盘86张、形成39万字的侦查报告，依法对20名被告人提起公诉。此案被阜新市检察院设为全市观摩庭，也是阜新地区唯一被辽宁省检察机关评为"辽宁省十大精品庭"的案件。检察官们用平时积累的专业知识和办案经验，从容地面对了新时代赋予检察官的使命，他们没有忘记党和人民的重托，用法律说话，还原了事实真相。

有这样一位女干警，参加检察工作24年来，从未因为一件私事耽误过工作。当工作和家庭发生矛盾的时候，她总是舍小家顾大家，把对亲人的爱放大到检察事业中。几年前的一天凌晨，她的老母亲突然发病住院，被确诊为急性心肌梗死，医院下了病危通知，抢救一直持续到天亮。可当天正好有一个疑难案件需要她出庭公诉，望着昏迷中的母亲，她不得不流着眼泪离开，只能内心祈祷妈妈一定要坚持。母亲最终脱离了危险，但每当想起这件事，她总是觉得很愧疚。在办理"五龙矿专案"时，80多岁的老母亲三次住院，她晚上护理，白天照常出现在专案组，从未耽误过工作。她说"忠孝不能两全"，既然选择了这个工作，就意味着要做出一定的牺牲。她就是现任新邱区人民检察院党组成员、副检察长——杜彦辉。

杜彦辉副检察长是阜新市先进工作者，获得"五一劳动奖章"；先后荣立个人二等功两次、三等功两次，通令嘉奖一次；省、市、区三级院先进个人；曾先后被评为阜新市政法系统"办案和服务质量标兵""雷锋式政法干警""严打"标兵，是"省级优

现任新邱区检察院检察长张武杰（左一）在基层调研

秀公诉人""首批全省检察机关公诉人才库"本市唯一的专家型人才。她始终保持淡泊名利、安于清贫的职业风范，从不因个人私利使法律的天平任意倾斜。不贪于财、不苟于利，拒礼拒贿，拒吃拒请不计其数。为了所钟爱的检察事业、为了法律的公正实施，她始终固守着公正办案、清白做人的职业操守。她以无私奉献的敬业精神、廉洁奉公的高尚品格，践行着"立检为公、执法为民"的人生追求。

　　2018年是特殊的一年，是改革开放40周年，也是检察机关恢复重建40周年。正是因为检察机关有成千上万个于国富、张翔、刘奎东、张春华的故事和像张武杰、杜彦辉一样的干警，才有中国检察整整走过40周年的光辉历程。

　　如今的新邱区检察院已搬进了崭新的办公大楼，基础设施、办公条件、人员配备也有显著提高。新邱区人民检察院更将励精图治，不忘初心，砥砺前行！站在特殊年份回望检察工作，既是总结成绩，也是激励检察人员从新的历史起点再出发。我们将继续发扬党的优良传统，勇于创新、探索实践，忠实履行党和人民赋予的职责使命，做"忠诚、干净、担当"的检察人。

**作者为阜新市新邱区人民检察院办公室科员**

# "村里还有谁这样欺负过你？"

刘 越

辽宁彰武县检察院李冬雪

案情经过：犯罪嫌疑人张某是一名单身的农民；被害人小花是一名7岁的学龄前儿童，父母离异，平时和父亲、奶奶一起生活。被害人小花的父亲无固定工作，且抽烟、酗酒，奶奶体弱多病。由于家庭条件窘迫，本已到了该上学的年龄的小花，仍未能上学，并且平日里父亲与奶奶疏于对小花的监护，在2017年3月至5月期间，犯罪嫌疑人张某借口到小花家串门，趁小花的奶奶、父亲不在之机，图谋不轨，多次猥亵小花并与之发生性关系。

辽宁省彰武县人民检察院未成年人犯罪检察组女检察官李冬雪作为案件承办人，充分利用讯问、询问环节，深挖细查，引导取证，在成功办理张某性侵案的同时，牵出了徐某某、刘某性侵"案中案"。

## 注重案件环节，发掘案件"新情况"

2017年6月14日，彰武县公安局将犯罪嫌疑人张某以强奸罪向彰武县人民检察院提请批准逮捕。

在案件受理后的当天上午，作为案件承办人的彰武县人民检察院未成年人犯罪检察组组长李冬雪在第一时间到彰武县看守所讯问了犯罪嫌疑人张某，张某对自己的所作所为全部供认不讳。

下午，女检察官李冬雪又带人驱车赶往40多公里外的一个偏僻的小山村，找到被害人小女孩小花的家，看上去是一个普通的农家小院，原本精致的小院却一片狼藉，疯长的野草遮盖了堆放院落里的啤酒瓶。"吱嘎"的拽门声打破了院落的宁静，可能是主人察觉了有人来访，院里匆匆地跑出来一个小女孩儿当看见陌生的女检察官时，异乎常人的惊恐之色跃然脸上，然后惊愕地跑回屋里，直喊着"奶奶，奶奶……。"小女孩儿，一米三左右，高挑的身材，红红的脸蛋，稚嫩的面庞却看不到一个孩童天真的喜悦，大大的眼睛盯着检察官，惊恐间带着少许忧郁，似乎在告诉我们，她最怕的就是陌生人。检察官李冬雪一行三人走进屋内，只见三间小房子里面也零零乱乱地摆放着几个空酒瓶，昏暗的光线下泛起的灰尘依稀可辨，一台老黑白电视机孤零零地摆放在最显眼的地方，然而除了这台电视机再也没有其他值钱的东西了。一个轮胎和一个玩偶是能寻得到的小女孩儿仅有的童年足迹了，一只饥瘦的小狗似乎是她唯一的玩伴，白发苍苍、步履蹒跚的奶奶正在准备晚饭，看上去布满了愁容，似乎有诸多的心事。种种反常情形让检察官们对这个家充满了疑问。小女孩的父亲再三阻碍："这事你们别管了，出了这事丢人。"女检察官李冬雪与小花的父亲争辩："小花是未成年人，她受到的伤害是非常严重的，未成年人的权益是国家必须保护的"，经过一番耐心疏导和说明利害关系，被害人小花的父亲意识到自己没有充分履行监护职责致使自己的女儿遭受严重的伤害，为此而感到万分惭愧。他抬头望了望天空，回头看看了堆在院落里的啤酒瓶，然后带着思绪与愁容跟跟跄跄地低着头走出了自己家的院子，不再过问检察官们的询问工作。

女检察官李冬雪在小花奶奶的陪同下向小花核实了案情，为了消除

李冬雪到农村取证调查

小女孩小花的紧张状态和心理障碍，李冬雪像对自己女儿一样关怀小花，经过2个多小时的心理疏导，小花似乎也慢慢接受了这个"母亲"，态度的转变让询问过程柳暗花明，从低头沉默不语到抬头对答如流，从对陌生人的心理设防再到对检察官阿姨的充分信任，紧张而尴尬的情形变成了"亲人"间温馨的交谈，举止动作也变得自然了许多，她慢慢向办案人讲述了案件的全部事实经过和细节，说到细节时她再次委屈地哭了起来。

本以为前路坦途，一次普通的询问、核实案情的过程就这么结束了。柳暗花明时却又百转千回，询问的过程中，检察官李冬雪敏锐地意识到小花的父亲和奶奶疏于监护，家庭困难加之接触的人员复杂，她的合法权益极易受到侵害，对是否还有其他人对小花下黑手的问题特别想问又不忍心去问，想挖掘事实打击犯罪又怕听到的事实难以接受，为了保护小花的合法权益，李冬雪定下心神问了关键的一句："村里还有谁这样欺负过你？"也正是因为这一句问话牵出了性侵儿童案中案。

小花的回答让办案人震惊了。"阿姨，村里的小海、刘三也对我做过那样的事。"小女孩含泪讲述着她被这两个人进行性侵犯罪的经过。泪花泛湿了脸颊，呜咽的哭声断断续续，对案情的描述渐难以辨析，她擦拭着眼泪，泪水浸湿袖头。闻者有泪，检察官李冬雪也难以抑制自己同情的眼泪，孩子的童年与少女的年华就这样糟蹋了，同情、愤恨、震惊的同时，她理智地平复自己的思绪，继续安慰小花，进行心理疏导，小花慢慢平静下来讲完事情的经过。听完小女孩的讲述，李冬雪的内心难以平静，一个仅有7岁大的小女孩没有母爱也少有父疼，其奶奶也力所不及，又遭受到同村人的轮番侵害，这将给小花的内心产生多么大的阴影！而令女检察官们感到惊诧的是，被害人小花讲述的"小海""刘三"在公安机关讯问的卷宗里均未被提过。

### 及时提出建议，发出检察"建议函"

回到彰武县检察院后，检察官李冬雪将案件出现的新情况和新变化立即向院领导做了汇报，并提出了自己的意见。2017年6月15日，检察院迅速将该线索移送给公安机关，并以立案监督的形式要求对犯罪嫌疑人"小海""刘三"进行立案侦查。6月16日，公安机关将犯罪嫌疑

人徐某某（"小海"）以涉嫌猥亵儿童罪刑事拘留；因抓捕过程中"刘三"逃跑，6月17日，公安机关将"刘三"立为网上逃犯。6月23日，公安部门将犯罪嫌疑人徐某某以猥亵儿童罪向彰武县检察院提请批准逮捕。

2012年10月参加庭审

### 仔细审查证据，发觉两个"一变二"

2017年7月21日、8月10日，公安机关分别将张某涉嫌强奸罪、徐某某涉嫌猥亵儿童罪"两个"案件移送彰武县检察院审查起诉。在审查起诉过程中，检察官李冬雪仔细审查两个案件的证据材料时发现张某涉嫌强奸罪的三起犯罪事实中，其中一起应定为强奸罪，另外两起应定为猥亵儿童罪，经向主管领导汇报后，以强奸罪、猥亵儿童罪"两个"罪名对张某依法提起公诉。同时，办案人李冬雪发现公安机关未给被害人小花指定法律援助律师，并考虑到小花家境困难，经与司法局法律援助部门协调，为小花指定了法律援助律师作为其诉讼代理人。2017年9月28日、10月16日，检察院分别将两起案件提起公诉。在两案的开庭审理环节，检察官李冬雪建议以猥亵儿童罪对徐某某（"小海"）判处4-5年有期徒刑；建议以强奸罪判处张某4-7年有期徒刑，以猥亵儿童罪判处张某4-5年有期徒刑，数罪并罚，执行7-10年有期徒刑。2017年11月9日、11月22日辽宁省彰武县人民法院判处被告人徐某某（"小海"）犯猥亵儿童罪，处有期徒刑4年6个月；判处被告人张某犯强奸罪，处有期徒刑5年6个月，犯猥亵儿童罪，处有期徒刑4年，决定执行有期徒刑8年6个月。至此，这起"性侵儿童"案中的两名被告人均得到了法律的严惩。

### 积极协调沟通，司法救助"首申请"

检察官李冬雪多次借"法治进校园"活动之机去小花家中看望，给她带去了一些学习用品，并对其进行心理安抚、心理疏导工作，帮助小花摆脱了心理阴影。同时，详细了解了小花的情况，根据小花的年龄和上学读书的强烈愿望，督促其监护人办理了入学手续，在2017年9月1日，小花高高兴兴地迈进了当地学校的大门。每次去学校得知小花在学校表现良好，已经和同龄的孩子一样正常地生活，她总会露出了欣慰的笑容。

2018年2月27日，最高人民检察院出台了对未成年人"司法救助"的相关解释，李冬雪想到了自己一直挂念的一个未成年被害人"小花"，她的下个学期的学费还没有着落。李冬雪第一时间向院领导提出了自己的想法，想为小花申请"司法救助"，得到了院领导的全力支持。她积极协调了市院未检处和控申处以及小花所在的镇政府、村委会、派出所为"司法救助"准备相关材料。目前，所有相关材料已经提交到上级院，等待审批。这次"司法救助"的救助金将专款专用，用于小花义务教育的学费。此次"司法救助"申请成功了，将成为阜新未成年人"司法救助"的"首例"。

### 追求公平正义，无私奉献"检察情"

作为未检组负责人，在对待未成年当事人时，李冬雪不仅是一位检察官，更是一位充满母爱的妈妈，一位看到自己孩子受伤时会心疼的妈妈。她用母亲的慈爱感化每一个涉案未成年人，她将母性的慈爱、细腻、温婉融入到未检工作中，用柔情诠释着法律的温情！

作为公诉人，李冬雪有着"执法为民，稳安天下"的情怀，有着"刚正不阿，不畏权势"的初心。她敢于亮剑，维护司法权威，与不公作斗争，赢得了人民群众的信任。

检察工作是平凡而琐碎的，没有那么多惊心动魄的瞬间，没有那么多轰轰烈烈的故事。更多的是每位检察人员在本职岗位上兢兢业业、默默工作。正是这些平凡与琐碎，推动着检察事业不断前进与发展；正是这些检花的无私奉献，映衬出检察职业道德的熠熠光辉！

作者为辽宁省彰武县人民检察院法律政策研究室科员

# 说说检察官刘军的故事

陆 瑶

在海州检察，有这样一个人，入职以来始终奋战在一线。从20几岁的风华正茂到如今知天命的年纪，他这一干就是23年。23年里，有多少次他带病工作为案件劳心劳力，却在最后开庭的一刻精神抖擞；23年里，有多少次他许诺陪伴家人，却总是因为加班工作将父母妻女抛在家中；23年里，有多少次他对罔顾法纪、戕害无辜的犯罪分子恨之入骨，却无微不至地关心着他们无所依靠的家中老小……这就是刘军，一个实实在在、平平常常的检察官，却也是我心中真正的英雄。

刘军接受采访

## 无名英雄连创"纪录"

人们把埋头苦干的人叫作无名英雄，我想，像刘军工作以来受理千余件案子的，无差、无错、无漏的应该就是吧！而且，在海州检察院工作的人都知道，我们的无名英雄还有两项"纪录"至今无人能破。

一是连续9天的庭审"纪录"。2009年，在深入推进"打黑除恶"的专项斗争中，阜新市检察院依法批捕、起诉了董某某等人重大涉黑案件，刘军同志受市检察院的点名指派，参与办理此案。该案嫌疑人达27名，案卷有30多本，刘军所负责故意伤害罪部分的工作量更是特别大，

辽检情怀

刘军出庭公诉（右一）

且该案又属黑社会性质，社会影响极大，可以说办这样一件案子所耗费的时间、精力和压力，是办理普通案件的几倍。由于是抽调到市院办案，原来承办的案件还不能放下，抽调的一年里刘军差不多天天两头跑，时常半夜才回家，可他却毫无怨言。为了啃下这根"硬骨头"，他夜以继日地投入到工作中，逐字逐句推敲起诉书、起诉意见书和答辩提纲等法律文书。有一次为了补充证据，他连续加班十五天，甚至连脸都顾不上洗一把。2010年6月，此案开庭审理，刘军出庭支持公诉，法庭审理连续开了整整9天，面对27名被告人、10余名辩护人提出的辩解意见，他沉着应对、冷静答辩，充分展示了公诉人的风采，出色地完成了公诉任务，而这一案件连续9天的庭审也成为他保持至今的纪录。是啊，这看似为"纪录"的9天，这出彩的9天，这唇枪舌战的9天，殊不知这9天的背后是多少个加班加点的笔耕不辍，是多少个不眠不休的复核取证，又是多少个日日夜夜的伏案疾书。

在海州检察院，刘军还有一项纪录，那就是3天瘦8斤的减肥"纪录"。2013年，刘军受理了一起虚开增值税专用发票案。该案涉及人员广，涉案企业主要分布在安徽省芜湖、阜阳、潜山等地，而犯罪嫌疑人提出重新鉴定申请，因而刘军不得不带着鉴定人员前往安徽核实证据。然而就在出发前一天，刘军就忽感身体不适，领导劝他，实在不行让别人替你去吧！可是自己的案子还是本人最熟悉，让别人去他实在不放心，况且同事们也都有各自的工作，别人找他帮忙他都会义不容辞，可让他麻烦别人是他最不愿意做的事。于是他谢绝了领导的好意。回到家里看到他强忍的样子，妻子试探着问。要不先去医院看看，过几天好了再出差？刘军摇摇头，车票、食宿都订好了，况且不只是我自己，还有其他单位的鉴定人员，别因为我一个人影响大家的进程，我觉得我还行。就这样刘军拖着病体上路了。到了南京的时候，在火车上刘军心脏病突发，心跳过速达每分钟120次，到达安徽后，他只是吃了点儿药、稍稍歇息了一下，就在同事的搀扶下投入了紧张的工作中：询问、笔录、取证……当所有的任务完成回到单位时，大家都吓了一跳：刘军怎么变成了这副"鬼"样子？的确，3天掉了8斤体重，让本来就瘦弱的他看起来怎能不变样？3天！8斤！这是让多少爱美姑娘羡慕的数字，可此时大家只有心疼！心疼！还是心疼！同事们知道这惊人的数字背后刘军承受了多大的病痛、苦楚，大家也知道他的病绝非偶然，是他常年加班加点、废寝忘食的"回报"。

### 铁面检察官最爱管"闲事"

人们把公正严明、不怕权势、不讲情面称为铁面无私。我想像刘军这种放弃春节休假，仅用一个月时间就完成在全国，乃至全球华人社会都产生广泛影响的上官某某诬告陷害政法委书记案，无数次拒绝金钱"诱惑"就是最生动的诠释吧！而且，在海州检察院工作的人都知道，我们的铁面检察官还特别爱管"闲事"。

在从事检察工作的二十几年里，他不知道管了多少"闲事"。只要他经手办理的案件，一旦当事人有困难，他总是不遗余力地帮忙。2017年至今，经刘军为被害人挽回各类经济损失29万余元，在一起系列盗窃案件的审查过程中，铁岭的刘先生得到退赔的消息后，第二天一大早即驱车赶到海州区检察院，领取了1.7万余元的退赔款，并激动地送来了一面锦旗，上书"执法为民，情暖人心"，表达了人民群众对检察机关的赞誉之情。2017年5月，刘军办理了一起盗窃案件，遇到此类案件，他总是积极协助返还赃款赃物，以降低被害人的损失，但

铁岭刘先生送锦旗

该案件中的一个被害人由于身体原因,不能前来,而其现在人又在本溪,"身体不好,现在应该更需要这笔钱"。刘军又动了恻隐之心:不如自己给他送去吧!这次,办公室里没有人劝刘军,家里也不会有人劝他说这超出了你的工作范围,没有必要去,因为大家知道劝也劝不住,周一,刘军桌子上的收条告诉了大家,他果然又去外地给被害人送钱了。这样的"闲事"他不知道管了多少。

在办理一起故意伤害案件中,三个男孩被40多个学生围殴,致使其中一个男孩头部重伤住院。受伤的男孩家住蜘蛛山,父母以种地为生,根本治不起病。由于公安机关只追究部分嫌疑人的责任,而他们的经济条件又不好,赔偿数目很少,男孩儿只能维持治疗,生命危在旦夕。"要是能让未被追究责任的参与者赔些钱,医药费就有了着落。"于是,刘军挨家劝说,从清河门郊区到彰武县城,120多公里的路程,他常常坐一段公车,再走一段崎岖的乡村土路,苦口婆心地劝说这些当事人的父母,不知道吃了多少闭门羹,也不知遭受了多少白眼。人家不开门,他就不走,隔着门一遍遍地劝:你们也是有孩子的父母,为什么不能救救这个可怜的孩子呢。那些当事人的家长被他的无私和执着感动,最后,他为被害人争取了6万块钱治疗费,这相当于一个普通农村家庭好几年的纯收入啊,医药费有了着落,他皱着的眉头也舒展了。

在办理陈某强奸案中,他了解到被害人家住在农村,家中只有一位高位截瘫的父亲与其相依为命,而在此案中被害人又摔断了双脚,一家人失去了生活来源,处境十分窘迫。来到被害人家中,他看到了家徒四壁,只能靠救济金维持生计的父女:"先前治病的2万块钱都是借的,下一步手术还得一大笔钱。"说起这些,女孩的父亲,一个年逾五十的东北汉子,用黑黢黢的袖子擦拭已近干涸的眼睛渗出的几滴泪,眼中流露迷茫与无助……说话间,因矿难高位截瘫的父亲摇着轮椅忙活着做饭,用手往灶坑里塞玉米瓢,动作迟缓而笨拙,锅里的浆糊腾腾地冒着热气,女孩的未来却没有个着落,刘军的心再也不能平静:怎么办?按理说,案子已结,女孩的伤能不能恢复无需考虑,但是,他始终心里不落忍,决定回到单位寻求帮助。经他一说,科里的同事都纷纷捐款,1600元送到女孩手里,但是与几万元的手术费相比,无异于杯水车薪。有人劝他,你只是一名检察官,你已经做的够多了。可他还是于心不忍,他硬是将"闲

刘军到学校做法治宣传工作

事"管到了底，去找市妇联进行协调，后经多方帮忙，加上犯罪嫌疑人赔偿的四五万元，女孩的手术费终于凑齐了。手术当天，女孩的父亲搭亲戚的三轮车特意来看他，当得知他还没吃午饭时，刘军又拿200元硬塞给了老人。老人老泪纵横地拉着他的手：谢谢，谢谢，多亏了好心的检察官啊！

## 我是人民的检察官

当我要写检察好故事，问他这一段时，他说：当时钱不够，小女孩做不了手术，看着实在不忍心哪，我是党员，党员就得为群众办事，被害人也是群众，还是弱势群体，能帮点啥就帮点啥。同时我还是一名人民的检察官，有人说秉公执法，案子结了，就是完成工作，这话不假，但是我既是人民的检察官，就得为人民办好事、办实事。没有豪言壮语，只有一句"我是人民的检察官"，却是字字铿锵有力，而且我想他已经用行动向我们诠释了什么是一名优秀的人民检察官！

不读他的故事，你不会知道有时他办理一个案子就需要阅卷30余册，收集证人证言6000余份；不读他的故事，你不会知道有时他为了啃下一块"硬骨头"，就要准备32页的举证提纲；不读他的故事，你不会知道无数次的捐款、捐物，却只是笑着说："没有多少"。

是的，我真的不知道，如果不是记者来单位采访，我不知道他的爱心已汇聚成河；如果不是写检察好故事，我不知道他的这些凡人壮举，但我知道不需要有豪言壮语，他的故事就足以温暖世道人心，正本清源、抵达正义，我更知道这样的检察官在海州检察还有很多很多，这样的好故事在海州检察一直在继续……

作者为阜新市海州区人民检察院政治处科员

# 公平正义的守望者

马国旭　赵玉梅

谦逊内敛、待人温和，是赵海勇给人最深的印象。从部队到检察院，从军官到检察官，凝结着无数艰辛付出与努力。

赵海勇在部队是一名副连长。1998年，松花江发大水，他与战友从早上四五点装沙袋到半夜十二点，一装就是一个多月。当时心里只想："多装沙袋，老百姓能安全点。"

转业后，这股玩命干劲和为人民服务的信念跟随着赵海勇。十几年来，作为一名公诉检察官，他办理全市重大刑事案件300余件。赵海勇坚持"秉公执法、清正廉洁"的理念，长年累月坚守在公诉第一线，用坚定的信仰维护法律尊严，默默守望着公平正义。

## 古墓迷途，抽丝剥茧现真出

打击犯罪、维护稳定是法律赋予检察机关的神圣职责。赵海勇说："作为公诉人，打击犯罪、保护人民、将公平正义进行到底是我们的铮铮誓言。当我代表国家、出席法庭、依法履行职务时，站在那三尺公诉席上，我深深感受到自己肩上的重担"。

2012年，赵海勇办理了公安机关移送的安某等20余人犯罪团伙抢劫、盗窃、盗掘古墓葬系列犯罪。这起案件在全省都产生了强烈的反响，领导关心、群众关注。以嫌疑人安某为首的犯罪团伙长期组织多人在朝阳、阜新等地疯狂盗掘古墓葬，并公然对周围居民进行抢劫、盗窃，村民人心惶惶，社会影响极其恶劣。安某犯罪团伙组织严密，主要团伙成员多达二三十名，犯罪活动时间长达7年之久，涉及近10余种罪名、40多起犯罪事实，赵海勇面临的压力可想而知。经过认真审查后，赵海勇发现所盗古墓葬系省级文物保护单位辽代古墓群，应定性为盗掘古墓葬罪，而公安机关移送时定性为盗窃，这样就有13人因数额未达到盗窃罪的起刑点而未被追究刑事责任。经过缜密分析、讯问取证，他果断向公安机关提出了追诉意见，建议公安机关将13人移送审查起诉。

追诉本身就是"从无到有"的过程。长达七年的作案时间、犯罪嫌疑人和相关证人已经模糊的记忆、案发第一现场不复存在……面对犯罪嫌疑人人数众多且作案频繁，案情复杂，办理难度极大。然而赵海勇说：嫌犯遗漏，于法不公！他咬紧牙关，连续数月节假日加班，十几次与同事驾车几百公里到达挖掘古墓的案发现场，对40多起犯罪事实、几百份证据逐一核对。在完善案件证据的同时，多次敦促公安机关加大追捕力度，并通过各种途径监督漏犯抓捕进展。功夫不负有心人，追诉的13名漏犯最终都被成功抓捕归案，经法院审理，3名主犯被判处十年以上有期徒刑，其余30余人均被判处有期徒刑以上刑罚。这是十年来阜新地区检察机关追诉人数最多、被追诉人员判刑最高的一起刑事案件。

在收到判决书时，有同事跟他开玩笑说："你捕到的漏网之鱼可有一箩筐啊！"他们哪里知道捕到漏网之鱼靠的并不是什么运气，靠的是赵海勇深厚的法律功底和他对工作一丝不苟的态度。

这些只是赵海勇多年公正办案的一个缩影，而他的检察故事，远不止于此。

## 小官巨贪，以人民名义严惩犯罪

赵海勇与同事到现场逐一核对被盗掘古墓

2012年，在阜新地区小有名气的程某某因贪污罪被移送审查起诉。市院领导高度重视，指派赵海勇主办此案。接过厚厚一摞案卷，赵海勇深知他不仅仅需要处理法律问题，还要迎接人情攻势。果然，案件一到公诉部门，就有不少人认为程某某不构成贪污犯罪，同案嫌疑人的律师更是拿出了樊崇义、陈兴良、张明楷等五位法学界权威出具的无罪的专家论证意见书，面对四千余万元国有资产的流失，却产生了罪与非罪的争议。的确，该案从被告人主体身份、企业性质、主观故意到作案手段，都存在迷雾。赵海勇与同事连续数日加班审查卷宗、查找资料，针对贪污贿赂犯罪案件的证据特点，通过比对行受贿双方言辞证据，透过混乱的账目、错综复杂的财务关系，抽丝剥茧，取得案件的关键证据，写下了20余万字的审查报告，最终认定程某某确为巨贪。

案件办理过程中，嫌疑人的亲属拿着几十万的银行卡找到赵海勇，甚至通过他人找到他的岳母，一再要求登门拜访他，都被赵海勇严词拒绝了。有律师对赵海勇说，当事人送钱你不收，你不差钱啊！其实，赵海勇很差钱，但他不拿不该拿的钱。他懂得公诉人权力是国家赋予的，不能因为一时贪念辱没了法律赋予的神圣职责！

犯罪嫌疑人的亲朋好友见说情送礼无效，就来硬的，放出风声称今后一定会来报仇。面对这些恐吓，赵海勇一笑置之，说："依法办案是对检察人最基本的要求，如果在威胁面前退却，就不算一个称职的检察人。"赵海勇与侦查部门加班加点提审、补充证据，最终在短短一个月时间内将案件顺利起诉到法院。

开庭时，在正义与邪恶的较量中，赵海勇沉着应对，打了一场漂亮的阻击战。面对被告人巧舌如簧的诡辩、嫌疑人重金从北京聘请的知名律师团队的步步紧逼，赵海勇讯问时一针见血，陈述观点不卑不亢，近一个小时的即席答辩切中要害、层层递进、环环相扣，直击罪恶，义正辞严，有力打击了罪犯的嚣张气焰。而这一切，都源于他公正无私的心与牢固的道德底线。最终，程某某因犯贪污罪，被法院判处无期徒刑。

法槌敲响的那一刻，赵海勇百感交集。不仅因为自己几十个日日夜夜的辛苦没有白费，更因为正义通过他的工作传递到每一个老百姓的心中，因为他没有辜负国家公诉人这个光荣的称号！

### 饱受误解，金色锦旗暖心扉

在赵海勇眼里，犯罪嫌疑人虽然是被公诉的对象，但是他们也是人，需要被公正对待，合法权利同样需要保护。

他说:"这不仅仅源于我对法律的信仰,对党和国家的忠诚,更主要的是我非常珍惜'国家公诉人'这个称谓,珍惜检察官这份工作,说我胆小也好,说我死磕也罢,反正我不想拿我的职业去换钱,让别人背后戳脊梁骨!"

赵海勇是这么说的,更是这么做的。2009年,赵海勇办理一起故意伤害案。当时,被害人的子女多次找到赵海勇,要求以故意杀人罪追究犯罪嫌疑人的刑事责任。赵海勇经审查后认为应定性为故意伤害,但是,被害人家属不依不饶,直接冲进赵海勇的办公室质问:"你收了对方多少钱,将杀人改成伤害?"身边的人劝他:"你就改成杀人也无妨,就算以故意杀人罪起诉,法院判决也可以改变定性,对犯罪嫌疑人量刑影响也不大,何乐而不为呢?"赵海勇却认为:可能对量刑影响不大,但是会降低他们对检察机关的信任。最终,赵海勇坚持以故意伤害罪起诉到法院。

事情并没有到这就结束。不服气的被害人家属全程旁听了庭审后,主动找到赵海勇。赵海勇始终记得那个短暂的会面。那天中午,被害人家属及诉讼代理人来到他的办公室,紧紧地握住他的手,向检察机关表达了诚挚的歉意。这是赵海勇收到坚持公正最好的礼物,礼物却是来自误会他的一方!

"对待当事人,不管是被害人,还是犯罪嫌疑人,应该公平公正,不能有倾向性。"这是赵海勇的心声,也是他的行事准则。

10余年的办案经历让赵海勇渐渐明白,检察官不仅要做矫正司法不公的"美容师",还要做社会矛盾、维护社会和谐稳定的"减压阀"。2010年,黄某与王某发生口角,被王某一刀刺中要害死亡。黄某死后,公安机关以涉嫌故意伤害移送审查起诉。黄父不认同公安机关定性,认为是故意杀人,加上他早年离婚,儿子是唯一的精神寄托,贫困的家境更使其无钱火化,绝望之余,黄父到处上访。

赵海勇仔细研究案情,多次找目击证人核实,从作案方式、打击部位、事后行为等方面综合考量,最终认定王某应定性为故意杀人。为了妥善处理案件,解开黄父的心结,赵海勇多次跟黄父沟通。当得知黄某家经济困难、没钱火化时,他多次与当地民政局、公安局沟通协调,帮助解决了火化费用,最终感动了黄父。收到王某死刑判决后,黄父给赵海勇送来锦旗，含着热泪说："我虽然失去了儿子，但心有了着落，我知道检察官是真心替老百姓办事！"

故事的最后有了一个圆满的结局。违法者得到了应有的惩罚，受难者得到了告慰，一切尘埃落定。这带给赵海勇的除了欣喜，更多的是关于责任和担当的思考。"百姓诉求无小事，每一件都关乎着检察机关司法公信力，乃至政府公信力。这就需要我们每个法律人在办案中多一点责任心，这样，这个社会就会少些怨气，多团和气。"

当事人为赵海勇送来锦旗

时光如白驹过隙，一转眼赵海勇的两鬓已经斑白，但他的检察故事还在继续……

### 大爱小家，平平淡淡才是真

十几年来，赵海勇斩获的荣誉无数，成为许多青年干警心中的标杆。重重光环背后，除了夜以继日的加班、汗牛充栋的案卷，更少不了家人的支持。

赵海勇出生在湖北农村，父母靠种地获得微薄收入，生活窘迫。婚后妻子于丹阳下岗，经营一家小冷饮店，夫妻俩每个月除去2000多元的房贷，供孩子上学，所剩无几。

赵海勇每天下班后要到小店帮忙，一干就是九点多。邻居和他的妻子于丹阳聊天，问她："每天看你对象来店里帮忙，他在哪上班啊？"于丹阳回答说："在检察院上班。"邻居一脸质疑的表情说："真在检察院上班？给谁当司机啊？"于丹阳笑笑没说话，转身干活去了。每天下班后，赵海勇就去冷饮店打工，半夜十点以后才能回家。赵海勇说："给媳妇打工总比利用案子收钱好，自食其力赚钱虽然辛苦但花着踏实。"

没有轰轰烈烈的你侬我侬，没有花前月下的耳鬓厮磨，有的是牵手一起回家的淡然，有的是辛苦付出营造的温馨的家，有的是再苦再累相视一笑携手向前，他们从一开始就认准了对方，坚定地向前走，再苦再累也不回头！

虽然妻子下岗、孩子上学，生活并不富裕，但是赵海勇一家安于清贫，遇到请吃、送礼都严词拒绝，用清廉守护了家庭的稳定和幸福。2016年6月，赵海勇与妻子于丹阳精心呵护的小家被中华全国妇女联合会评为全国"最美家庭"。

赵海勇的故事诠释了告别军旅华丽转身之后一位优秀检察官的成长之路。摆在赵海勇面前的，不仅是金钱，还有说情压力，更有黑恶势力赤裸裸的威胁，但凡种种，无一能够击中强大的内心。因为他坚信，清廉是拥抱群山峻岭的苍松，能击溃腐败的侵扰；公正是一面光明正大的旗帜，能催人艰苦奋斗。他要胸怀清廉与公正，为社会守好公平正义的底线，让检徽熠熠生辉！

马国旭为阜新市人民检察院公诉处一级检察官
赵玉梅为阜新市人民检察院公诉处五级检察官助理

# 讲检察故事 传法律温暖

李木子

  时光荏苒，转眼之间走入阜新市细河区人民检察院已经接近 7 个年头了。7 年前，带着对检察事业的热情和为检察事业奉献全部青春与智慧的理想，装着对检察官无限的向往和热爱，我毫不犹豫地大步迈进这个求真务实、奋进团结的集体。做出这样的决定，在某种意义上来说，是一种幸运，因为我能够做一些自己喜欢的事情，在人生的道路上能够从事自己热爱的工作，同时这也给予了自己成就梦想的契机。

  刚到检察院，我被分配到政治处，每天做着平凡、琐碎的综合性事务工作，虽然没有公诉部门惊心动魄的庭审经历，没有与犯罪分子斗智斗勇的英雄场景，但是我内心始终坚信着，只要我内心还存在着踏入大门时的那份激情，在平凡的岗位上同样能体现自己的价值，书写自己闪亮的人生。因为，在我们检察院里，在我的身边左右，有许许多多这样的检察官，他们几十年如一日地低头工作，不问前程、不问华衣美食，求的是问心无愧。他们拿起手中的法条，办理一个个普通的案件，用纸张上书写的法言法语维护公平正义；通过在这样平凡的岗位上辛勤耕耘，写出了一首首的检察赞歌；通过默默地奉献和付出，铸就检察事业的灿烂与辉煌。他们的举动无时无刻不激励着我、牵引着我，让我更加执着于这份需要接触灵魂深处的工作。多少个夜晚挑灯夜读，让我尽快熟悉了工作流程；多少个风风雨雨，让我明白，经过风雨洗礼的人才能见到绚烂多彩的烟火。

  于是，不让工作在我这里拖沓、不让同志们的需求在我这里等待、不让各种差错在我这里出现，成为了我工作中基本的准则。秉承着这样简单的信条，我在政治处踏踏实实地工作，真真切切地做好大后方的保障工作，忙碌而有序，琐碎而细致。做了一年综合性工作后，组织将我分配到侦查监督科工作。侦查监督科作为检察院的基础业务科室，这是锻炼和培养自己业务能力、直面犯罪嫌疑人的平台。

### 挽救失足的十六岁花季少年

记得 2015 年在承办一件盗窃案的过程中，有这样一则小事让我倍感欣喜。2015 年 7 月 7 日，我科室接到细河公安分局请捕的一件盗窃案，涉及 6 名犯罪嫌疑人，其中 5 人为未成年人，因此对于此案我格外小心，也格外注意。这是一件涉及多次多地盗窃电动车的案件。在阅读完卷宗后，我掌握到其中一名叫刘某某的未成年人，虽有盗窃行为，但根据同案犯的供述及卷内显示的客观证据，盗窃车辆价值没有达到辽宁省盗窃罪的立案标准，不构成犯罪。为了谨慎起见，我针对刘某某的情况仔细地讯问 6 名嫌疑人。刘某某在接受讯问的时候，情绪不稳定，一进讯问室就表现得很慌张，还带有委屈的表情，一个劲儿地玩着手指头。低着头抽泣了一会以后，不好意思地望着我们说："两位叔叔，我真的什么都没做，我就是好玩好奇才跟着去的。"眼泪滴溜溜地在眼眶里打着转，看着他的表情真是好气又好笑。我略带嗔怪地问他："怎么是因为好奇？难道不是你自己有坏心思。"刘某某看到我们严肃了起来，语气强硬了，更加紧张害怕，眼看眼泪要挤出来了。我话语一转，变得温柔地和他说："小伙子，不要哭，有什么事情说出来，要是真没有或者没有那么多次，就实话实说。"刘某某看我的话语缓和了很多，也就放松了，就慢慢地将他如何认识这些朋友，又如何被他们哄骗来偷车的经过叙述了一遍。他边说我边详细地记录，并对一些细节的问题，比如车牌的号码、颜色、车身上是否有磕碰、贴纸等进行有针对的提问，逐步帮助他回忆当时的情况。提审接近尾声的时候，刘某某不仅对我们没有了陌生感、戒备心，还主动和我们说起了家里的情况，讲了他父母因为外出打工不能照顾他，奶奶因为年龄的原因看护时也力不从心，再加上他现在正处在叛逆期，不听老师的管教，总是和老师对着干，因为这些原因才造成了现在的结果。小脑袋瓜子像拨浪鼓似的来回摇晃，数着自己做的"蠢事"。

经过对 6 名犯罪嫌疑人的提审，最终确定刘某某并不属于这个小团伙的成员，仅有的一次盗窃行为，也只是跟着团伙中的另一名成员因为好奇心的驱使而为。同时，刘某某非常积极配合侦查机关、检察机关的工作。我们讯问的过程中边了解案情边告诉他，希望他平时能够和父母多沟通，多从他们身上了解一些交友处事的经验，莫要再误入歧途。

"歧途"男孩亲属致谢检察"新手"

之后，我及时与其家属取得联系，了解了刘某某的生活情况、学习情况，得知其性格相对内向，不善言辞。根据老师的反映，刘某某初到学校的时候，很是阳光开朗，和同学相处融洽，也乐于助人，部分课程成绩也很突出。但是后来，他接触了一些社会同龄人员，性格上发生变化。老师多次和他沟通也没有取得良好效果，最后根本就不来上课。为此，老师还多次去家里找他，和刘某某的奶奶商量，如何劝说他早点回到学校上学，但是刘某某的奶奶体弱多病，对他也是爱莫能助。远在外地的父母也是干着急，使不上劲。多方原因让刘某某误入歧途。我们在和刘某某父母见面后，很是替他们着急，也劝说他们二位能够想尽办法挽回孩子。刘某某的父母也是边哭边悔恨自己当初的决定，不应该把孩子留下来，应该把孩子带在身边，传递人父人母的良好品德和思想，也请求我们检察机关给孩子一个机会，让他们也尽一些为人父母的义务。在刘某某父母的保证和他个人的悔过之后，我们对其依法下达不批准逮捕决定。

在案件结束不久，午休期间，办公室我的电话响起，刘某某父亲的声音从电话的另一头传过来，他告诉我，孩子回家后，自责、悔过了好久，也和父母聊了很多，这是自孩子进入叛逆期后最长的一次和父母的谈话。他说，谢谢！谢谢我们检察官给了孩子一次机会，也打破了孩子对父母封闭、戒备的心态。话语虽不多，但听起来很暖，可能这股暖意不仅是案件本身的附随效果，更是一种付出后的幸福感、满足感，一种奉献感。我想，大家都说不要办"人情案"，其实我们更应该把案子办出"人情味"，传递法律人的理性智慧和人文情怀，达到社会效果和法律效果的统一。

## 讯问故意杀人的花甲老妇

另一件春风化雨、润物入心的故事给我带来的是满眼的热泪，这个故事却让我在一段时间内思考了许久。2017年11月28日，科室同样接到了细河公安分局请捕的曹某某故意杀人案件。虽说性质比较严重，但以前也办理过类似案件，对案件性质的熟悉程度及相关法律知识的掌握也足够，所以只需按照流程审阅卷宗。当我一页页翻看卷内材料的时候，眼镜逐渐地被泪水打湿，眼睛也慢慢地模糊起来。一位年逾花甲的老妇因为老伴身体的原因，还有长期处在温饱线以下的生活状态，最终不堪压力，选择结束了老伴的生命。阅读完卷宗之后，对于案件定性和证据审查基本心中有数，但是当我打开检察内网系统撰写"讯问提纲"时，却停住了敲击键盘。常规来说，讯问提纲是以文字的形式展示讯问技巧和策略，进而了解和掌握案情，循序引导嫌疑人说出案件真实情况，辅助我们做出判断。但是，对于眼前的案件和案中的"特殊"嫌疑人，讯问时的思路和技巧可能要倾向于通过情感的沟通和互动逐渐走进老人家的内心，再引导她诉说案件情况。同时我也预料到这场讯问可能会以沉默开始，以眼泪结束。

果不其然，在讯问当时，老人家拒不配合，闭口不语，时而叹气，时而擦拭眼泪，没有和讯问人员沟通的意思。但是，因为事前已经预料到这样的情况，也做好了心理准备。在一段沉默过后，我先打开了话匣子，从讯问老人的个人情况入手，和老人一起回忆工作、家庭。当我说到自己和家里人偶尔拌拌嘴、吵吵架的时候，老人的情绪波动了起来，更是言语凝噎、泣不成声，哭诉着生活的不易。

老人原来在阜新市矿务局集团公司后勤部门工作，也算是业务能手、工作标兵，但是原配丈夫因为意外事件离他而去，老人又因为文化层次不高，在阜矿集团技术改革过程中被

阅读卷宗，审查证据

末位淘汰，原来的技术能手成了后勤大妈。生活和工作的双重失意，让曹某某意志消沉，精神一蹶不振，进而将这些不如意发泄到了一双儿女身上，对孩子时而打骂，家庭环境日趋恶劣，给儿女留下诸多阴影。待曹某某年事

集体讨论案件，共享办案思维

已高之时，身边没有精神支柱和照顾，单位的退休金也是微薄不足，心想着一双儿女能够在身边尽孝，但儿女远在外地工作又各有家庭，实在力不从心。在这样的生活环境下，曹某某经人介绍结识了本案的被害人，都说一日夫妻百日恩，曹某某却说她的后老伴是他的仇人。用一句提审曹某某时她说的话来讲："本以为有了依托和照顾，能够好一点，谁知道更完蛋了。"当老人家说出这句话时，隔着栅栏也感受到老人的无奈和心死。经人介绍的后老伴刚开始对她还很好，谁知道相处久了才发现后老伴体弱多病，脾气还大，对曹某某经常大打出手，恶语相加，而且后老伴的子女对他们二老根本不闻不问，一切生活的负担和压力都重重地砸在了曹某某的身上。每当我们提及被害人时，她都表达了深深地怨恨。这样的长久积怨终于在一次被害人因为曹某某迟些给他倒尿盆而用拐杖殴打曹某某时爆发，可怜的曹某某就这样被后老伴一拐打倒在地，气息不畅，近乎晕厥。等曹某某起来之后，压抑已久的情绪如洪水猛兽倾泻而出，在被害人熟睡时，她拿起羊角锤狠狠地打在被害人头部，甚至在被害人奄奄一息时还多次施手，伴随着近乎发疯似行动的是言语上的哭诉和不满。曹某某捂着脸说出案件的事情经过。看着坐在她对面的我们，她说："我儿女比你们大不了很多，看着你们也算是看到了他们，心里好受多了，也放下了。我犯了错，杀了人，我认罪。"她的一字一句说得很平缓，也很真诚。整个讯问过程中，作为承办人其实并没有太多的提问，我们只是通过几句简单的家常嗑、掏心话、暖心词，走进老

人的生活、走近老人的内心，让她感受到我们之间没有距离、没有隔阂。老人内心的变化及内心挣扎却又无奈于现实的心理，让我们讯问人对老人家同情连连。但是，法律终归是法律，没有偏私、没有倾斜，依法办事，曹某某因故意杀人罪被批捕。

案子结束之后，我也是想了很多，法律是严肃的，不容一丝怠慢和误读，但我们承办人的心是热的，在法律的原则内，应该将我们的办案技巧和方式方法与当事人心理状态相结合，这不仅是办案技巧的运用、策略的布置，更是"情、理、法"的有机结合，也是我们处理和嫌疑人、涉案人员法律关系的良好途径。

这样的两个故事可能时时刻刻都在我们身边发生，每时每刻也许都会有人做出和我相同的选择，赞美的词语也许不会落到我们的身上，但是人性的光辉会伴随我们左右。我愿意做细河检察大楼上的一片玻璃，让阳光投射进明亮的办公室，阻挡风雨寒气对我们的侵袭。在今后的日子里，我要继续在平凡的岗位上做出不平凡的业绩，为阜新检察更添光彩。

作者为阜新市细河区人民检察院刑事检察一部五级检察官助理

# 辽阳市人民检察院篇

## 开篇语

辽阳，是一座历史悠久的古城，历史上曾有6个地方割据政权在此定都。唐太宗、清圣祖、李白、杜甫、白居易等青史留名的帝王文士，都曾留下吟咏辽阳的诗文。这座古老的城市见证了辽阳市人民检察院的发展历程。从1978年到2018年，40年风雨历程，40年春华秋实，伴随改革开放的步伐，辽阳市人民检察院从筚路蓝缕到方兴未艾，倾注了一代代检察人的青春热血，铭记了一代代检察人的不老芳华。

自1978年检察机关恢复重建以来，辽阳市人民检察院在省院和市委正确领导下，在市人大及其常委会的法律监督下，经过几代检察人努力拼搏，实现了辽阳检察事业的发展壮大，从无到有，从弱到强。现代化环境、信息化建设、规范化管理、高品位检察文化，一代又一代辽阳检察人始终坚持"立检为公，执法为民"的执法理念和"强化法律监督，维护公平正义"的工作主题，牢固树立为改革、发展、稳定服务的思想，注重强化自身监督和法律监督并重，全面加强队伍建设，显著改善检务保障，充分发挥检察职能作用，为推动经济科学发展、促进社会稳定做出了突出贡献。

四十年来，辽阳检察人始终战斗在执法为民第一线，他们严厉打击各类刑事犯罪，为维护社会稳定屡立新功；他们严肃查办各类职务犯罪，为深入推进反

腐败斗争披荆斩棘；他们充分履行法律监督职能，为服务辽阳经济社会更快、更好的发展贡献力量。"长风破浪会有时，直挂云帆济沧海"。面对昨天，辽阳检察人胸襟坦荡；展望未来，辽阳检察人信心满怀。

检察长向人大做报告

从古城深巷里的青砖黛瓦，到繁华都市中的流光溢彩，一代又一代检察人用他们的青春与汗水，换来了现今荣誉室里的辉煌业绩。走进荣誉的殿堂，在检察机关恢复重建四十周年的光辉日子里，让新老检察人讲述他们创业坚守的历程，诠释他们对党和人民、对检察事业的执著。

检察机关重建初期，当年办案的"高档"交通工具——自行车变成了40余辆现代快捷的警务用车；通讯工具由一部手摇电话机发展到今天的网络交换式电话系统，12309网站、12309检察服务热线、12309移动客户端和12309微信公众号向社会提供更加便捷高效的"一站式"检察服务；一辆移动的宣传车转变为如今便捷灵活的服务中心，宣传渠道不仅有单纯的纸质宣传单、电视广播等传统媒介，还有检察门户网站、微信公众号、微博等网络新媒体，时代赋予我们前所未有的便利。

四十年风雨历程，涌现出一大批先进人物和先进集体，全国模范检察官、第二届守望正义群众最喜爱的检察官提名奖获得者、市城郊地区检察院检察长孙乃英，一等功臣荣立者孟继祥、刘瑞英、王柏华、安克伟、许广龙、杜春生等一大批先进典型，辽阳市检察院被评为"文明示范窗口"，辽阳市院机关2015-2017年连续三年被评为全省先进市（分）院，宏伟区检察院、弓长岭区检察院被评为全国先进基层检察院，分别荣立集体一等功，同时区检察院被评为全国先进基层检察院，荣立集体二等功，太子河被评为全省先进基层党组织，灯塔市检察院、白塔区检察院被评为全省先进基层检察院，宏伟区检察院、太子河区检察院、辽阳县检察院被评为"全国文明接待室"。

　　四十年时代更迭，一代代检察人用他们对检察事业的忠诚、热情和生动实践，谱写了一个又一个慷慨激昂的检察故事。在茫茫人海中，他们没有惊心动魄的经历，没有荡气回肠的豪言壮语，也没有感人肺腑的光荣事迹，有的只是平凡的辛勤劳作，以自己平淡踏实、立足本职的工作，一步一个脚印，用铮铮誓言映照入党的初心、牢记肩上的使命。

　　春华秋实满庭芳，沐风栉雨砥砺行。检察机关已经走过了四十年的历程，我们品鉴检察故事，敬仰检察职业刚正不阿、不畏权势的秉性；钦佩办案干警一身正气、两袖清风的品格；深怀执法为民、稳安天下的情怀。新一代检察人接过荣誉与责任，挑起交过的重担，传承这份精神，不忘初心，砥砺奋进！

# 用忠诚、担当守护正义

卢金友

辽宁省人民检察院检察长于天敏曾这样评价一名检察官，"天下至德，莫大乎忠"，他就是辽阳市城郊地区检察院检察长孙乃英。从检25年来，孙乃英凭着扎实的业务功底和忘我的敬业精神，成为反贪战线的专家型人才。只要有难啃的"硬骨头"，他总能不负众望。但凡遇到贪污贿赂大案要案、复杂疑难案件，领导最器重的战将肯定是孙乃英。

孙乃英工作照片

## 与法律专家的较量

2015年，中纪委抽调孙乃英将"10·21"专案——辽宁省某市原政协副主席刘某某涉嫌违法违纪案件交到他的手上。这是一个烫手的山芋，几个办案单位接手后，都因为查办难度太大而没有任何进展。孙乃英临危受命，担任专案组组长。

"老大哥，没想到我们以这种方式见面啊！"老朋友再次相见，孙乃英感慨地说。2000年查办沈阳"慕马大案"时，二人都被中纪委专案组抽调，当时刘某某还是小组的组长，曾担任过某市一个司法机关的一把手，是该系统全国法律业务专家，参与过刑法修正工作，有极强的反侦查能力。

孙乃英没和对手正面交锋,决定改变常规的由供到证的调查模式,制订了由证到供、加强谈话、供证结合、最后攻坚的方案,从与刘某某有不正当经济往来的三名开发商入手,并以此为突破口,作出详细的工作部署。功夫不负有心人,他终于获得了刘某某受贿的铁证。

"你有个亲属姓宋,在营口经商吗?"

"建大楼是哪年啊?"

"单位游学费用花了多少钱?"

……

孙乃英问话极具跳跃性,像是一只听诊器,这里敲一下,那里敲一下,看似无意,实则句句敲在刘某某的心坎上。刘某某的心理防线像是一面快要被推倒的墙开始坍塌。在铁的证据面前,案件取得重大突破。历时三个月,专案组到北京、大连、营口、盘锦等地寻找170余人取得证人证言笔录310余份,调取相关书证280余份近万页,全面查清了刘某某违法违纪事实。

## 面对死亡的威胁

2006年10月,最高人民检察院挂牌、辽宁省人民检察院督办的某监狱专案开始启动。涉案人员都是反侦查能力强且善于防守的司法工作人员。涉案人员集体串供,监狱账目管理极其混乱,证据几尽灭失,犯罪嫌疑人抱着"只要不开口,神仙难下手"的态度,百般狡辩,矢口否认,给案件查办工作带来了重重困难。再狡猾的狐狸也斗不过好猎手,专案组组长孙乃英得到一名在逃人员王某借用该监狱一辆警车发生丢失的重大线索时,及时调整初查方案,北上王某的原籍吉林省吉林市调查取证。

召开专案组会议

没想到正常的办案却如同捅了"马蜂窝"。出行被跟踪，吃饭被窥视，接二连三的恐吓电话："你轻点得瑟，这里还有好几起杀人案没破呢！"面对恐吓和威胁，孙乃英毫无畏惧。他告诉同组的其他办案人："我们查办案件的方向是对的，犯罪分子慌了，才会蹦出来恐吓我们，希望我们收手。大家不用怕。相信我们只要为正义而战，一切邪恶都会望风而逃！"一个偶然的机会，办案人员得到王某的父亲在当地开了一家面馆的消息。当专案组人员找到王某的父亲时，结果碰了一鼻子灰，失口否认与其子联系。但透过面部的表情和躲闪的眼神，孙乃英坚信他一定和他儿子联系过，并且知道儿子的下落。一次碰了鼻子，孙乃英不气馁，拿出"三顾茅庐"的耐心去第二次、第三次……每次去，孙乃英就点一碗面，边吃边和老人唠家常。有时，老人忙不过来，就搭把手，帮老人收拾桌子、洗碗刷盘子。一晃半个多月过去，老人告诉他："我相信你是好人，我愿意把我儿子劝回来，交给你。我也相信你会让我儿子立功赎罪，从宽处理。"

王某到案后，在强大的心理攻势下，他交代了该监狱领导受贿数十万元的重大犯罪事实。在事实和证据面前，办案组采取集中优势兵力打歼灭战，各个击破再分兵阵守的策略受到奇效——犯罪嫌疑人交代自己犯罪的同时，主动揭发他人的犯罪事实，一举查实了该监狱5名副县级领导干部、多名科级中层干部职务犯罪的事实。

当看到满身疲惫的孙乃英时，犯罪嫌疑人深有感触地对他说："都说你是办案专家，果然名不虚传，犯到你手里我算栽了。"查个案带一片，挖一窝带一串，经过5个月的奋战，立案查处包括监狱长、副监狱长等11人。

从书记员、检察官、反贪污贿赂局副局长、反渎职侵权局局长，直到担任辽阳市城郊检察院检察长。从事多年检察工作的孙乃英清楚，"人情关、金钱关是必须要过的"。但他时刻告诫自己：要时刻保持头脑清醒和高度警惕，以忠诚之心、无畏之心、清廉之心，严守底线，守卫忠诚。

### 感谢身边人的理解

2014年3月，多家媒体陆续报道了"辽宁假羊肉卷"事件。时任辽阳市反渎职侵权局局长的孙乃英意识到这背后肯定有渎职犯罪，他向党组进行系统汇报，得到院党组的首肯，成立了由他任组长的查办"有毒有害羊肉卷"背后渎职犯罪专案组。

专案组成立的消息传来，说情的电话也来了，是孙乃英的高中同学谢某。谢某的妻子杨某在食药监局工作，因把关不严涉及该案。"老同学，咱俩的关系，我不用多说。这么多年，我没找过你为案子打过一次招呼，其实很多人求我，但都让我回绝了。我知道你在案子上的脾气，但这回是我媳妇，是孩子的母亲，希望你手下留情，照顾照顾。"孙乃英握着电话，内心如同针扎。虽然和老同学关系亲如兄弟，但同学的爱人触碰了法律。如果不查，还怎么捍卫法律、捍卫公平正义？如果查，同学爱人肯定要接受法律制裁，丢了工作，甚至进了监狱，这个家庭也要支离破碎。

"如果是不牵扯案子的事，你家里有困难，我不吃不喝也要帮助，但这个案子，证据确凿，如果我答应你，我就得进去。我们一起长大，组织培养了你我分别走上领导岗位，你能忍心让我犯错误吗？"孙乃英忍痛回绝，但是老同学并不甘心，同窗情谊不行，就用金钱开道。当天晚上，老同学托别人递给他厚厚的一个大信封，孙乃英厉声喝止："赶紧把钱收起来，再不收，我就上交单位！"

第二天，孙乃英亲自提审了犯罪嫌疑人杨某。经过20天连续不分昼夜地加班加点，总共立查"有毒有害羊肉卷"背后国家工作人员贪污、受贿、渎职犯罪23人，其中还包括辽宁省卫生监督局副局长刘某某、谷某、林某某等5人。

这个案件结束后，孙乃英多次去同学家里看望老人孩子。孙乃英对同学说："不是我无情，我有热血，我更重视亲情、友情。但在法律面前，如果我闯不过人情关、金钱关，不仅仅是案子查不下去，我更可能沦落成犯罪分子了，毁了我个人，也毁了我的家庭！"将心比心，同学一家最终理解了孙乃英的苦衷。

同学的友情关不好过，结发妻子的关更难过。三年前，孙乃英先后不到半年查办了一个国土部门2位工作人员渎职。其中，李某和孙乃英爱人一个办公室，另一个王某是现办公室同事的爱人。李某刚被办案人带离办公室，孙乃英就接到了一个电话。一看是爱人的电话，孙乃英就给摁了，他知道可能是求情电话。但爱人接二连三地打，他只好接了。

"李某刚被检察院从办公室带走,她是我好朋友,快帮我问问是哪个检察院反贪还是反渎部门带走的。"

"是我们市检察院反渎局带走的。我知道。"

"怎么不提前告诉我一下?她怎么了?能不能不把她带走?她也不能犯啥事呀?有也只能是一点小事,放她一马。"

孙乃英没再多说一句话,就把电话挂了。当天妻子打来的电话她再也没有接。没想到时隔不久,孙乃英妻子一个办公室同事的爱人被辽阳市检察院反渎局带走,许多同事求他爱人说情。妻子告诉他,在单位走廊里,很多同事碰见她都装作没看见,不和她说话。面对憔悴的爱人,孙乃英内心无比酸楚。妻子几次手术,因为办案,自己都没到病房一次。他感激爱人为了家里无怨无悔地付出,他更愿意分担妻子的生活重担,但面对为案件说情,他只能无情拒绝。他相信爱人慢慢会理解的。

## 铁汉也有柔情

铁面无私的孙乃英也有流泪的时候。2010年的夏天,正是孙乃英老母亲胰腺癌手术的那几天。老母亲躺在病榻上,疼痛不已,拉着他的手,望着他,泪水顺着脸颊成串地往下流。

"你妈病情很重,需要你陪伴照顾。平时你工作忙,我们不打扰你,现在你母亲这个状态,你抽出几天,好好陪陪她。你在她身边,她就能减轻痛苦。"老父亲劝他。偏偏又来一个大案子,需要他靠前指挥,他本想向父母作一番解释,但哽咽着说不出口。老母亲声音颤抖地对孙乃英说:"你工作那么忙,你去吧,有他们陪我就行。"还没等孙乃英说什么,他的手机突然响了起来:"孙局,有重大事情向你汇报,拒不招供的犯罪嫌疑人突然提出要当面见你。"刚放下电话,还没容他考虑,电话再一次急切地响了起来:"孙局,某某局的领导来到检察院,要见你……"一边是犯罪嫌疑人拒不招供,案件查处还没有撕开缺口,说情的、施加压力的又蜂拥而至,需要他处理;一边是母亲病重需要手术,家人静静地望着他,希望他留下。

"拜托你们了",孙乃英转身离开,泪流满面。他听到身后传来父亲的怨言和妻子的抽泣,但是他不能回头,也不敢回头。老母亲手术后住院的二十多天里,孙乃英忙得也没有去探望一次。和老母亲通电

## 辽检情怀

话，老母亲理解他工作忙，就对他提出一个要求："你还没有带我出去旅游过，等我出院了，你有时间带我去南方看看。"他也总在心里合计："自己从没陪父母出去旅游过，等有时间了，一定带父母出去走走，尽尽孝道。"

讨论案件发表意见

但是一想到这辈子没能陪老母亲去南方转转，孙乃英难受得总要落泪。

从检25年来，孙乃英先后主办指挥和参与办理职务犯罪案件400余件，被中纪委抽调参加查办"10·18"慕马系列大案、辽宁省高级人民法院原院长田某某、盘锦市原政协副主席刘某某、葫芦岛原市长戴某及6名厅局（处）级干部违法违纪案等大案要案16件22人，为国家挽回经济损失近3亿元，先后被评为辽宁省政法系统"人民满意政法干警""辽宁省十大杰出青年卫士""辽宁省十佳反贪局长""辽宁省十佳检察官"，被中纪委、监察部、辽宁省委、省政府、省检察院荣记个人二等功5次，2010年被最高人民检察院授予"全国模范检察官"，2016年荣获"第二届守望正义群众最爱的检察官提名奖"。

他用依法办案的实际行动诠释忠诚，用无私奉献的品格铸就职业操守，用敢于负责的勇气书写担当情怀，无论是惊心动魄中的较量，还是默默奉献中的坚守，他始终用忠诚、担当守护正义，用智慧和生命捍卫法律尊严。

作者为辽阳市人民检察院宣教处处长

# 那些事一个初心　只为守望正义

卢金友

聚光灯下受瞩目者中，她，是站立一边默默微笑鼓掌的那一个。毕业于中国政法大学，获得法学硕士学位的辽阳市人民检察院检察委员会委员、侦查监督处处长安昕，从检22年，先后在公诉、法研、案管、侦监等部门工作，被大家誉为"新生代辽阳检察机关优秀女检察官代表"。特别是匠心雕琢百余件重大案件，用坦然诠释人生，因热爱而坚守，因信念而精工！

## 群众明白了真相

堆积如山的案卷、没有规律的加班，丝毫没有减少她对公诉工作的那份挚爱，她深深体会到，司法实践不仅需要有深厚的法律功底、严谨细致的工作作风，还需要怀揣对公平正义的信仰。

辽铁集团曾是一家拥有7000多名职工的国有大型企业，在计划经济时代，曾为辽阳的经济建设作出过突出贡献。由于经营管理混乱导致资不抵债，2002年，辽阳铁合金厂进入破产程序。这在职工中引起了巨大震动，一

2018年讨论案件书

些职工因企业长期拖欠工资、养老保险等费用、企业领导者有严重经济问题不断上访。2002年3月，正值全国两会召开期间，在不法分子煽动下，爆发了大规模非法集会游行，十九家境外媒体夸大事实宣传，舆论波及海外，此事件引起中央和辽宁省委的高度重视，该案也成为了改革开放以来辽阳市首例危害国家安全案件被载入院史。

辽阳市多部门成立专案组彻查此案，市院党组决定让公诉处主诉检察官安昕参与办理此案，理由是她政治素质好，法学素养高，办案沉稳。接受任务后，她一头扎进案件中，和办案组同志加班加点审查案卷材料，对每份书证、物证，每份证人证言和犯罪嫌疑人供述都深入分析、细致甄别，只为能出色完成这件高难度的新类型案件的公诉工作。本院没有经验可以借鉴，没有前例可以遵循，她就搜索生效的司法判例寻找经验，在快速理清思路后，仅用五天时间就将案件起诉至法院。

为了做好这一广受社会关注的具有政治影响的案件庭审工作，她精心准备庭审预案，将证据转化为电子形式，以便当庭展示。庭审中全景式多媒体出示证据，让参加庭审人员从大屏幕上看到公诉人举证的内容，效果直观生动。在公诉意见中，指出被告人参与组织、策划建立旨在颠覆国家政权、推翻社会主义制度的所谓"中国民主党辽宁省党部"，并为此积极活动。在被公安机关多次训诫的情况下，仍不思悔改，利用辽阳铁合金厂破产之机，制造事端，造谣惑众，组织非法集会游行，煽动群众冲击国家机关，造成恶劣影响，并同境外敌对分子、敌对组织联络谋取支持。组织非法集会游行是"以维权之名，行颠覆之实"，使旁听的破产企业职工等广大群众认清了案件实质，此案的成功办结取得良好的法律效果、政治效果和社会效果。

### 办理首例涉外案件

2003年6月，轰动一时的中国留学生在日本福冈制造了"灭门惨案"。此时正值中日关系紧张时期，案件的发生造成了极其恶劣的国际影响，中国法治面临严峻的考验。三名中国留学生闯进福冈市市民松本真二郎家中，抢得约4万日元现金和银行卡，为灭口将松本真二郎的妻子松本千加和两个孩子残忍杀害，准备逃跑时，松本真二郎刚巧回到家中，三人又用绳子勒住松本真二郎的脖子，致其昏厥。将当时还有生

2003年与日本检察官合影

命体征的松本真二郎连同其妻子、儿女的尸体一起扔进海里，制造了震惊中外的跨国灭门惨案。涉案的中国留学生王亮、杨宁潜逃回国后，被中国警方抓获。受市院党组委派，安昕和另外一名公诉检察官参与办理此案。

由于此案是涉外案件，证据的调取要经过复杂的外交程序，指导侦查机关通过日本警方调取认证案件的大量事实证据就显得尤为重要。为了快速、准确指控犯罪，加快诉讼进程，她和同事提前介入公安机关的侦查，参与撰写司法请求书蓝本，并随中国警官、检察官代表团赴日调查取证，在与日本检察官和警官沟通协作中，树立了中国检察官的良好形象。

由于灭门惨案给被害人家属身心造成了极大的伤害，被害人家属和日本各界都非常关注此案中国司法界能否公正执法。审查起诉中，她发现王某因"形迹可疑"归案，当时辽阳公安机关尚未掌握其在日本犯罪情况，提出王某是否构成自首，要求公安机关提供相应的证据，起诉后被告人这一法定从轻情节得到了法院判决的认定。开庭前，应日方要求，她接待了被害人家属和日本驻沈阳总领事，解答了家属提出的法律问题。此案的庭审引起《朝日新闻》等众多日本媒体的高度关注。以事实为依据，以法律为准绳，整个庭审她以完美的表现赢得了法庭和旁听人员的认可。法庭上公诉人宣读起诉书后，被害人家属相信中国司法机关能公正处理此案，当庭撤回附带民事起诉。发表公诉意见时，公诉人又针对此案进行了法治宣传和法治教育，两名被告落下了悔恨的泪水，当庭下跪悔罪。

## 匡义指控涉黑犯罪

顺境逆境看襟度，大事难事看担当。逢到艰险的时候，可以看出一个人担负责任的勇气。遇到逆境的时候，可以看出一个人的胸襟和气度。面对困难和重压，安昕义无反顾地选择了担当。主办了公安部挂牌督办的重大涉黑团伙犯罪案件，审查起诉50余名犯罪嫌疑人，圆满完成专案的公诉任务。

组织、领导黑社会性质组织，杀死2人，轻伤1人，偷税300余万元，个人及其名下企业贷款无法归还造成的经济损失达2000余万元，2006年辽宁"打黑风暴"中，辽阳民营企业家朱某某成为公安部督办的涉黑要案的主犯。该案涉案人员众多，涉嫌罪名繁杂，案发时间跨度大，犯罪涉及面广，社会危害性大。

在审查起诉阶段，面对复杂的案情、庞杂的证据，如何又快又好地梳理证据，她想到了制作表格式的阅卷笔录，将表格与审查报告结合起来，不仅缩短办案周期，而且开庭举证也有条不紊，每起事实的证据一目了然。在慎之又慎、细之又细地审查中，她发现有3人多次为组织利益进行违法犯罪活动，其行为已涉嫌参加黑社会性质组织罪，要求公安机关补充移送起诉，最终追诉的3人被法院判决有罪。朱某某一审被判处死刑后提出上诉，不惜重金聘请北京知名律师出任辩护人。

本案再次开庭，面对公诉人讯问，部分被告人自认为混迹社会多年反侦查能力很强，对待公诉人的提问往往答非所问，编造出种种借口或理由推脱责任。她就从薄弱环节入手，加大讯问力度，突破被告人的心理防线，分化瓦解该组织。通过对质发问和举证，对主要犯罪嫌疑人漏洞百出的狡辩进行驳斥。对于个别辩护人在庭上多次发表不当言辞，她敏锐捕捉并给予

2018年提审现场

充分驳斥,指出辩护人就是否存在刑诉逼供一节诱导发问其他被告人属于超出职责范围进行辩护,其对公安人员、证人人身攻击的行为违反律师职业道德。这不仅保证了庭审效果,也使黑社会性质组织犯罪团伙的犯罪事实昭然若揭。

普法宣传进社区

在连续开庭的6天时间里,她每天都是晚上7点才能到家,到家后还需准备次日的庭审,工作至深夜,庭审最后一天结束时已近晚11时。尽管紧张的开庭早已使她身心疲惫,但想到又一次代表国家成功指控犯罪,心里的自豪感不禁油然而生。

她喜欢冬天的梅花,不惧严寒,傲然独放。雪虐风饕愈凛然,花中气节最高坚;她欣赏歌德的名言"你若要人喜爱你的价值,你就得给世界创造价值"。她曾被授予辽阳市"三八红旗手",市十大优秀青年,荣记二等功2次、三等功3次。在同事的眼里,她是"汲取知识的海绵"、钻研业务的带头人;在同行眼里,她则是有着扎实的理论功底和法律素养的女检察官,她用实际行动证明,每一种身份都可以"闪闪发光"。

作者为辽阳市人民检察院宣教处处长

# 丹心铸就检察风采

卢金友

曾记得,无数夜阑人静之时灯下苦读,深思冥想;无数次阅卷提审,察微析疑;无数次法庭公诉,力挫邪恶;无数桩疑难案件依据审查,执法如山……

灯塔市人民检察院副检察长安克伟已在检察事业中奋斗了33个春秋。33年,在绵延无尽的岁月长河之中,虽然只是一朵转瞬即逝的浪花,但那些流淌在岁月长河里的检察故事,不仅仅在每个人脸上镌刻出时光的细纹,还淘洗出成熟、干练、睿智……

安克伟工作照

## 钻法律空子妄想

秉公办案不枉不纵,本色不改。在办案中,免不了有人来说情,不管是上级领导,还是亲戚朋友,安克伟的回答只有一句话:依法办理。

1998年,两起刑讯逼供案曾一度在灯塔市这个小城引起很大轰动。一名罪犯从一个派出所被押解到监舍几小时后死亡,罪犯离奇的死亡,种种猜测不绝于耳。罪犯的死只有两种可能:一种是派出所警察殴打所致,一种是监舍里的囚犯殴打所致。

确定罪魁祸首需要法医的鉴定,但遗憾的是,中国医科大学、辽宁

省人民检察院、辽宁省中级人民法院、辽阳市公安局出具的医学鉴定却有多种不同的结果,这就使这个案子一度变得十分棘手。案件主办人安克伟通过仔细查阅卷宗比对证据,在充分调查分析的基础上,认定3名被告警察犯故意伤害致死罪。此时,3名被告人的律师想方设法靠近安克伟,甚至很巧妙地告诉他说,只要你吐口,我的当事人家里就卖房子。安克伟心里明白,如果按公安机关认定的被告人刑讯逼供罪名成立,那么,3名被告人只会受到三年以下有期徒刑或者拘役的处罚,而受害人的死就会被轻描淡写不明不白地置于一边。法律的公正严明何在?检察官的神圣职责何在?面对法律的尊严,他不能纵容犯罪,任何人企图钻法律的空子,逃脱法律的制裁都是妄想!最后,他以被告人犯故意伤害致死罪依法提起公诉。

第一次庭审从早上8点一直到晚上10点半,14个小时的据理力争,安克伟一一驳倒了对方的观点。当他疲惫地打开家门时,电话铃急促地响了起来,对方说:"没想到,你真是不食人间烟火,到手的钱都不要。都说你是铁嘴,口才果然不错,我警告你小心点,下次开庭少说话!"面对恐吓,安克伟毫不退却,他坚定地回答:"钱、权大不过法,就依法办!"第二次开庭,他依然义正词严,高举正义之剑,控诉犯罪嫌疑人的罪行。最终,法院采纳了公诉人的意见,3名被告人被判处10年以上不等的有期徒刑。

### 拼接纸屑获取证据

古人云:大事难事看担当。多年查办案件的经验,安克伟不仅要顶住来自各方面的压力,还要和犯罪嫌疑人斗智斗勇。每一起案件的侦破都凝聚着他的智慧、心血和汗水。

他清楚地记得曾办理过的一起盗窃案。2002年5月,3名犯罪嫌疑人在公安机关接受审讯时,都承认是共犯。可是,当侦查机关侦查完毕后移送起诉时，在提审中韦某却翻供说没有参与此案，另外两名嫌疑人也统一口径说韦某没有参与此案。这样，案件的审理工作就不能顺利进行。

安克伟明知韦某是罪犯之一，却苦于没有确凿的证据无法起诉他。无论如何也不能让韦某逍遥法外，他反复思考寻找突破口，最后决定在另外两个被告身上找证据。这两个被告中，除主犯外，另一个刘某某是投案自首。安克伟根据刘某某希望从轻处罚的心理，在他身上狠下功夫，多次提审，虽然他的口供出尔反尔，但安克伟毫不灰心，经过反复说服教育，刘某某终于说出了实情。

原来，在一次放风时，韦某将一张纸条递给了他俩，意思是说，只要他俩证实他没有参与此案，他就不会被起诉判刑，他出去后，保证好好照顾他们两家，并给予经济资助。这个证据对起诉韦某非常有力，可是口说无凭，又拿不到证据，那张纸条在哪里呢？刘某某说，他们看完后，把纸条撕碎塞到地板缝里了。为了找到证据，安克伟决定掀开地板。待三个屋子的地板都被掀开后，发现了一堆已无法辨出字句的纸屑。显然，这堆纸屑是不能作为庭审证据的，但它确确实实隐藏着一个犯罪事实。安克伟捧着这些纸屑来到了有关部门，经过技术处理，终于将这堆纸屑拼在了一起，找到了公诉的有力证据！狡猾的韦某想逃脱的美梦落空了，受到了法律的严惩。

## 硬汉也有温情

多年的办案实践让安克伟深深地认识到：检察官的职责不仅在于依法指控罪犯，更应该教育公民、挽救犯罪分子。法律是冷酷的，而人是温情的，能够点燃一盏心灵的灯，唤醒迷失的灵魂，那才是检察官最大的收获。

2009年6月20日，一大早，来自灯塔市北部山区的一对即将结婚的男青年小亮（化名）和女青年小红（化名）带着喜糖和请柬兴冲冲地来到了灯塔市人民检察院，请安克伟参加两位新人的婚礼并邀请他做证婚人。当得知小亮在一家公司当司机，小红也自食其力地在集贸有了自己的摊位当上了老板，面对两位有出息的年轻人，安克伟的脸上露出了欣慰的笑容，并当即表示一定参加。他们到底是亲属关系，是老熟人老邻居，还是……。同事带着种种的疑问，把小亮、小红送走之后，在同事们的再三追问下安克伟道出了其中的缘由。

2002年12月，时任灯塔市检察院侦查监督科科长的安克伟接到这样一个案子。北部山区一名刚满17岁的男孩小亮与他家前院的女孩小红两人两小无猜、情投意合，背地里瞒着家长处上了对象。案发前三天，小红给小亮传来了一个纸条问他能不能陪她去鞍山买衣服，小亮高兴地答应了小红。早上，两人快快乐乐结伴驱车来到了鞍山。城市的繁华对两个常年生活在山区里懵懂的孩子来说，一切都是那么稀奇。两人像快乐的小鸟一样徜徉在城市的繁华和喧嚣中，不知不觉天色已晚，两人这才气喘嘘嘘地跑到汽车站。一打听，得知去灯塔市的汽车已停发了。由于鞍山又没有熟人，两人决定在车站附近的一家旅店暂住，那一夜两人带着无知和好奇自愿发生了性行为。第二天，回家以后，小红在父亲严厉的质问下讲述了昨晚发生的事情，小红的父亲不顾小红拼命阻拦，来到了乡派出所报案，公安机关以涉嫌强奸罪将小亮刑事拘留，并向检察机关提请批准逮捕。

由于本案情况复杂，可能涉及到未成年犯罪，经查阅案卷，案发时小亮刚满17周岁，为了谨重起见，安科长决定亲自提审小亮。据小亮讲，他与小红处对象时，小红并未告诉她的年龄。而且两家是前后院，女孩也经常给他写纸条，也曾提过她的年龄已满14周岁。为了解案件的真实情况，安科长在公安机关的配合下，当天赶到小红家查看了小红户籍登记，登记时间到案发时未满14周岁，而小红的妈妈证实小红已满14周岁。为了弄清情况，安科长又来到了户籍登记机关了解原始登记，经确认小红已满14周岁，原因是户籍员在办理户籍登记时，由于笔误把小红的出生日期多算了一天，案发时小红刚好是14周岁6个小时。介于未成年犯罪可以从轻处罚，而且小红是自愿与小亮发生性关系的，因此小亮涉嫌强奸罪名不成立。被释放的小亮泪流满面跪在地上给安科长磕头，并发誓一定娶小红，安克伟一把将他拉了起来，告诉他以后要好好做人，珍惜自己来之不易的自由。事隔7年，小亮和小红已到了法定的结婚年龄，两人商量一定要把喜糖亲自送给这位大恩人，请他做证婚人。

1997年5月18日，辽阳县印刷厂职工将一面绣着"清正廉洁、秉公执法"的锦旗送到了灯塔市检察院，表示对安克伟的感谢之情。辽阳县印刷厂曾接印了一部题为《蛮荒部落》的书，印完以后，省新闻出版局鉴定说是部"黄书"。于是，公安局以制造淫秽书刊罪罚该厂人民币10万元，并移送审查起诉。

安克伟接到案子后，对案件作了充分的调查分析。原来，印刷厂在承印这批书时，因为没有仔细翻阅，根本不知道它的内容属于"黄书"。安克伟根据法律有关条款，认为印刷厂的行为没有构成犯罪，提出了不予起诉意见，院检察委员会采纳了他的意见。印刷厂的职工得知后，一片欢呼，这可关系到全厂职工的切身利益呀，为了表达谢意，他们说什么也要请安克伟去吃一顿。安克伟谢绝了，他说："对你厂不起诉，是因为你厂行为没有构成犯罪，法律追究有罪人的刑事责任，也保护无辜者的合法权益。你们要谢就谢公正的法律吧。"

2000年，中纪委副书记刘丽英、中纪委康处长、辽宁省纪委书记、吉林省纪委副书记接见"10.18"专案组安克伟同志

办案过程中，他还特别重视法治教育。他说："只要大家都知法守法，就会减少社会的不稳定因素。"他在办理某学校6名学生涉嫌抢劫、盗窃一案时，依法起诉2人，免诉4人。对免诉的4名学生，主动做跟踪回访教育，安克伟以感化挽救、教育为主，多次找他们谈心，交流心得体会，了解他们的心理动态，及时帮助鼓励，使他们从思想深处认识到自己的不法行为对社会的危害，从而认清人生的正确方向。被释放那天，安克伟又用车把他们从看守所送回学校，在学校开大会，以案讲法，4名同学都发言，表明了痛改前非的决心，全校师生上了一堂生动的法治教育课。现在，这4名同学分别在鞍山、营口、大石桥、鲅鱼圈走上了工作岗位，而且工作得十分出色。

"我就是一名普通的检察官，所做的一切都是自己的责任。"平实的话语背后，透出安克伟默默奉献的精神。2010年，安克伟担任了灯塔市检察院副检察长,从事检察工作 30 余年,他几乎经历了检察机关所有部门多个岗位,参与指挥过一批在全国和全省有重大影响的案件。他多次立功受奖,2000 年被最高人民检察院评为"人民满意的检察干警";2001 年被最高人民检察院荣记个人一等功。

作者为辽阳市人民检察院宣教处处长

# 扶贫村里的那些事

卢金友

2015年8月初,韩长彬这位被辽阳市检察院干警们公认的"好管家"从岗位上退下来,并没有像常人想象的那样去安享退休的快乐时光。市院党组决定返聘他担任扶贫联系对口单位辽阳县吉洞峪满族乡杨家村任扶贫工作队队长,这位有着三十多年军龄的老军人、老党员,带着组织的信任,带着责任和压力,信心满满地接受这项工作。

入户走访

## 工作真是做到了家

"扶贫工作队关心我们困难户,热心上门服务,扶贫工作真是做到了家",每当上级机关来辽阳县吉洞乡杨家村搞扶贫调研,村民们说的最多的就是这句话。

杨家村作为重点扶贫村,村民们对以往的扶贫工作队大搞形式主义,为了迎接应付上边的督导检查,数据"注水",弄虚作假,急功近利的做法非常反感,扶贫工作队遇到的第一件难事就是村民们不配合,甚至不时冷言冷语相加。为了让百姓看到扶贫的决心,市院党组决定,变走读式为常驻式,轮流选派一名四十岁以下的男干警与常驻扶贫村的韩长彬组成扶贫工作队。借宿当地企业的一间空置的房子,队员们自己买菜做饭。夏天天热,没有冰箱,很难能吃上新鲜的食材。严寒的冬天,没取暖设施,房间水桶里的水都结冰了,采暖靠烧炕,室内温度最高才能达到7-8摄氏度。帮扶要精准，就要融入百姓把底摸实。进村走访，韩长彬定下一个标准，要做到百姓家的狗见了都不咬，工作就到位了。走访中谁家栽秧打谷，队员们裤脚一挽就下地干活去了，谁家栽培果树，拿起铁锹就填土扶苗。距离拉近了，村民对扶贫工作的态度发生了改变，谁家里做了好吃的，便打发孩子叫扶贫队员到家去吃，距离接近了，村民们对扶贫队信任度提高了，家有几口人，有没有病，得的什么病，如何医治的，家里现在的收入主要靠哪些，目前最大的困难和最迫切的愿望是什么被摸得一清二楚。

### 村民致富的主心骨

要想富，产业发展是支柱。从踏入杨家村的第一天，全村产业结构单一、经济效益不高，就成为了扶贫队的一块"心病"。授人以鱼不如授人以渔，只有发展合适的产业，才能让贫困户脱贫不返贫。扶贫工作队找来村支部委员大家一起过筛子，针对每个贫困家庭的实际状况，实行"一户一法"帮扶贫困，列清项目需求清单，制定帮扶计划，共同寻找致富渠道，帮助他们出点子、找路子、筹资金，因地制宜地定期组织专业技术人员集中培训、上门指导，发动种植养殖大户进行结对帮扶，为了掌握科学的养殖技术，队员们带领村民代表到临村的食用菌养殖户家中去学习取经；到法库县秀水河乡喇嘛营村等地养蚕、养猪大户、禽类养殖专业户家中学习。帮助他们落实一些种植、养殖等投资少、见效快、风险小的生产项目。通过与驻村安邦公司沟通协调，无偿给予52家贫困户100至150棵山里红树苗和两袋化肥（每户约合人民币2000元左右）的支持，种植业户与安邦公司签订15年的收购合同。对帮扶贫困户的剩余劳动力，多方联系，尽可能介绍外出务工，提高收入。扶贫工作队经多方争取，得到了辽阳奥克公司、胜利集团的大力协助，协调引进三家爱心企业和爱心人士来村考察投资办场（厂）。2016年，冬季来临之际，扶贫工作队多方协调筹措帮助贫困户解决了棉衣50套、棉被40床、棉鞋50双、棉帽36顶，及挡风用的塑料布36公斤等越冬物品。

### 不是亲人胜似亲人

八十岁的老奶奶拉着扶贫队长韩长彬的手，一遍又一遍地念叨着"你们太好了"。无论谁家有难事,队员们有求必应。

2016年4月初,贫困户刚绍利在维修自家房屋过程中,由于房屋坍塌意外造成本村帮工一村民从房顶坠落摔成重伤,刚绍利从亲戚朋友那里东挪西凑借来住院医疗费近10余万元,全家老小暂住邻里家中。扶贫队员们第一时间赶到刚家,感到家庭的困难比想象的还要糟糕,将情况向院领导如实地进行汇报,市院机关党委发出《爱心救助倡议书》,号召全院上下伸出援助之手,为翘首期盼着救助资金的刚绍利家庭的不幸献出一份爱心。倡议书发出后得到了全体检察人员的积极响应,当天就募得善款22000余元。51岁的贫困户李思惠,这个曾经在村里出了名的贫困户乐了。可谁想一年前,李思惠还是家徒四壁,家里没一件像样的家具,只因他生性懒惰、游手好闲,又染上小偷小摸、嗜赌成性的恶习。妻子无奈之下,带着孩子远嫁他乡。队长韩长彬坚信经过耐心地引导能够帮助他走上脱贫致富道路,没有资金韩长彬跟妻子商量暂借他一万元做为启动资金,帮助他建成两个鹅房,委托村里的养殖大户对他进行传帮带,手把手地进行技术指导。2016春节前夕,韩长彬和队员们又忙着为他联系客商,200多只鹅、近10000公斤鹅蛋被抢购一空,除去成本净收入达8000多元,谈到明年计划时,李思惠计划争取扶贫互助资金和政府贴息小额贷款的支持,扩大鹅房,对脱贫致富充满信心。"五保户"王恩德,住的老房子已有200余年,每逢恶劣天气,村民们把他寄宿在村部,了解这个情况后,作为扶贫队长的韩长彬心里便多了一份牵挂,他同乡、村两级领导商量,一定要帮老人建一个安居乐业的屋。在他反复的争取下,乡里同意出资4000元,加上王恩德老人手中存有积蓄6500元加起仅仅一万多元,找来村里的泥瓦匠搞了预算,除了建房找村里的同志义务帮工外,购买建筑材料还有近1万元的资金缺口。在他的带动下通过自己拿一点儿、大家捐一点儿、赞助单位贡献一点儿筹齐房款,从选址、施工购买材料到质量验收等,韩长彬既当指挥员,又当服务员。院领导也先后多次到现场了解情况,排忧解难。一栋投资3万余元、面积50平方米的两间砖瓦房竣工了。

### 村容村貌换新颜

每当夜幕降临的时候,杨家村的文化活动中心华灯溢彩,村民在文化广场欢快地跳着广场舞，享受到像城里人一样的生活。

要致富先修路，这句老话说的一点儿不假。杨家村是辽阳县东部山区的一个偏远山村，基础设施薄弱，来来回回走在杨家村的路上，真正体会到这其中被煎熬的滋味。下山的羊肠小道，稍不留意就会走错了方向，再不小心，就会摔个跟头。每次都耗时一个多钟头，路上要歇好几回，队员们无法想象一个古稀之年的老人是如何把每袋100斤的化肥一袋一袋背下山的。村民们有这么一句顺口溜："雨天似胶，晴天如刀，走路闪腰，骑车摔跤"。为了帮助村民摆脱贫困，扶贫工作队横下一条心——修路。市院党组听取扶贫队工作汇报后，给予大力支持。每逢交通、公路、财政等部门来乡调研时，扶贫队长韩长彬都想方设法邀请他们来杨家村进行实地考察，通过积极向市县有关部门争取项目资金，通过上级扶持、自筹资金和社会捐助，筹措资金40余万元，对杨家村河道护坡进行彻底治理，将村里的土路全部建成沙石路，改变村民出门困难，改变了以往下雨天道路泥泞、汛期房屋被淹等问题。"土路变沙路，再也不用担心阴天下雨路不好走。"提到过去，村民们记忆犹新，修路之前，村民们靠两条腿步行，出门前大包小包全用扁担挑在肩上，去一趟县城要花4个多小时。后来买了自行车，坑坑洼洼还不算，遇上下雨天6公里的胶泥路得走将近6个小时。村民们话锋一转，修路以后，俺骑电动车1个小时就能跑个来回，真是方便极了。

为彻底改变村容村貌，驻村工作队积极筹措资金创办了村文化活动室、文化广场、图书阅览室，配发了文化活动设备，实现了文化信息工程基层服务点资源全覆盖，加大了家园美化、村庄绿化、公路亮化，安装路灯20余盏，与相关单位一同给杨家村捐助电脑3台、电子屏幕1台。同时从改善基础设施入手，全面改造村里的供电设施，新增100千伏安配变2台、新建及改造电力线路3000余米，整理计量表

为村修路

计 50 余块，修建了 4 座桥梁。

目睹了一些贫困户的窘境，在许多人的眼里，似乎扶贫就是访贫问苦、送钱送物，有人认为许多贫困户就是"扶不上墙的稀泥巴"。实话实说，扶贫的确有难度，要不，中央为何要提"扶贫攻坚"呢。只要我们把自己融入到每个贫困家庭中，把他们作为自己亲兄弟一样对待，你会发现增加他们收入、改善生活就成了一项应尽的义务。这些"亲戚"能早日脱贫致富奔小康，从而感受到党和政府的关怀与温暖。

村文化广场

作者为辽阳市人民检察院宣教处处长

# 铁血检歌

钟绍生　卢金友

在辽阳县人民检察院老干部活动中心，只要大家一见面，每个人都能讲出一段钟绍生的故事。钟绍生今年68岁，退休已经7年了。这位身经百战的老检察官现在身板硬朗，声音洪亮。只要唠起他在检察院的峥嵘岁月，钟绍生就会津津乐道、激情满怀。

## 奋不顾身　勇擒持枪歹徒

钟绍生工作照

在钟绍生的日记本里，有一篇鞍山日报社记者以《青年检察官勇斗持枪歹徒感动一座城》的报道文章，记录了钟绍生奋不顾身、勇擒持枪歹徒抢救遇险群众的感人事迹。

1980年5月，刚到经济科不久，钟绍生和科长黄永常接手了一起刘二堡印刷厂白某春经济诈骗案。一天，他和科长奉命到鞍山追捕犯罪嫌疑人。在鞍山火车站，突然发现有两个人手里分别提着"五四"手枪在拼命地追杀，现场情况十分危急，如不及时制止，车站里熙熙攘攘人民群众的生命财产安全将受到严重威胁，随时都可能造成无辜人员伤亡。持枪的歹徒穷凶极恶，完全在不可控制的范围内。危急时刻，钟绍生来不及多想，一个箭步冲到持枪歹徒身后，锁住其颈、摁住头部，夺下歹徒手里的枪支。这时，一直奋勇追赶的几名热心群众也赶紧围了过来。在大家的协助下，当场制服持枪男子，待公安民警到达现场，将这名行凶歹徒移送警方。警方当场检查枪支，被惊出一身冷汗，枪支早已子弹上膛，如果钟绍生动作稍微慢一些，后果不堪设想。围观的群众用热烈的掌声表达了对英雄的敬意。这位看上去气度不凡，多少有些大侠风范的中年男子的英勇事迹很快在小城传颂开来，大家只知道他身上带着枪，不能确定他的身份，在记者再三追问下，不得已他亮出了自己的警官证。

鞍山市公安局政治处给辽阳县检察院送来了一面锦旗。鞍山日报记者闻讯后，又对钟绍生进行了详细的采访，随后进行了刊发，树立了检察官的良好形象。

### 斗智斗勇 两进南宁追赃

1988年7月，辽阳县人民检察院党组把年富力强的钟绍生安排到经济科工作。勤奋好学的他很快就成为了经济科的办案专家，侦办了一个又一个重要的、有影响的经侦案件，成为了名声显赫的办案尖兵、破案能手。

1994年5月，辽阳县的民营经济如雨后春笋般快速增长。随之而来的是经济案件的增多。钟绍生所在的经济科接受审理了一起首山乡兴隆台村轧钢厂经济诈骗案。广西省南宁市一位企业老板邓某初涉嫌诈骗钢材款60多万元。当时的60万元对于一家民营企业来说，数额巨大，不夸张地说，60万元甚至决定了一家企业的存亡。为了能帮助兴隆台村挽回经济损失，检察院再次安排经济科黄永常和钟绍生前往广西南宁，与当地警方和检察院配合，追捕嫌疑人。

来到广西南宁，人生地不熟。找一个人如大海捞针一般。他们不顾舟车劳顿，在当地检察部门的积极配合下，在邓某可能出没的地方进行蹲守。"来一趟南宁不容易，一定要把犯罪嫌疑人绳之以法。"

办案途中

钟绍生与同行的同事轮班蹲守。功夫不负有心人，经过几日的蹲守，钟绍生终于在距离越南边境很近的一家农村信用社找到了犯罪嫌疑人邓某初。

刚见到邓某时，邓某气焰十分嚣张，身边带着两个保镖，两个保镖身材高大，面露凶恶。见面不容分说，就想给钟绍生一个下马威。钟绍生和黄永常两位经侦勇士沉着冷静，临危不乱。钟绍生向邓某初亮出了警官证，掏出了手枪对准邓某：我们是辽宁省辽阳县人民检察院的检察官，请你配合。邓某和他的两位保镖都被震慑住了。在南宁警方的配合下，钟绍生一举追回了邓某初诈骗钢材款30万元。邓某交代，我只能给付这30万元，其余38万元都被自己挥霍了。

两位检察官带着"老赖"和收回的30万元现金从南宁坐火车押回辽阳。"当时没有百元大钞，都是10元的，装了好几个编织袋子。"在列车快到北京站时，钟绍生发现"老赖"还存有侥幸心理，想办法伺机逃跑。在火车的上铺，趁钟绍生不注意，"老赖"偷偷递给对面卧铺的一位南宁市粮食局老乡一张纸条。其实，这一切都让钟绍生看在眼里。机智的钟绍生不动声色，将那位南宁粮食局局长请到餐车，唠起了家常。钟绍生告诉粮食局局长，我们是辽阳县人民检察院的，我们在执行任务。

经过耐心地说服工作，在餐车上，南宁市粮食局局长对钟绍生说，"不瞒你说，在车上，邓某给了我一个纸条，让我送给这两个人。"粮食局长随把纸条拿给了钟绍生。纸条是写给他的两个姘妇的，他让两个姘妇赶快将各自手中存放的17万元马上转移，人也马上离开南宁。

钟绍生得到这一重要线索，马上向检察长吴连庸作了汇报，并向检察长请战，马上返回南宁，追回那34万元诈

研究案件

骗钢材款。检察长同意钟绍生的请示,罪犯押解到辽阳后,没有离开站台,火车晚上 7:40 进站,9:02 连夜返回南宁。

再次回到南宁后,钟绍生马不停蹄。在当地警方配合下,几经周折,找到了他的两个姘妇,分别从乳罩和短裤里缴获到了转移赃款的存折。钟绍生两进南宁,共为兴隆台村挽回了经济损失 60 多万元,打了一个漂亮仗,成功地保护了辽阳县民营企业的合法权益。

## 开颅验尸 还死难矿工清白

1984 年,辽阳县山区一家滑石矿发生一起矿工死亡事件。为了逃避责任,当时矿长隐瞒真相,说死者是自己偷矿木摔死的,并被县安监部门认定,死者蒙受不白之冤,没有得到任何赔偿。死者家属一直对死者不明不白之死喊冤,多次到检察机关投诉,打了 17 年官司,要求重做技术鉴定,还死者一个清白。

2001 年,该矿再次出现安全事故,辽阳县检察院安排技术科对该案连同 1984 年那场矿死亡案一起进行侦查。该案交由县检察院技术科对死者开棺开颅重新鉴定。作为辽阳县检察院技术科科长的钟绍生承担了开颅技术鉴定任务。经过法医缜密技术检测确认,该矿工是下矿井时头朝下摔死的,是一起矿山安全责任事故。

鉴定结果一出,终于使得这一起 17 年前的案件沉冤得雪,还了死难矿工及其家属一个清白,死者家属在 17 年后得到了经济赔偿。

## 夕阳如火 首山枫叶正红

2011 年,钟绍生在辽阳县检察院奋斗了 31 年的检察岗位上退了下来,由检察院办公室副主任、技术科主任变成了检察院老干部活动室主任、离退休老干部党支部书记。钟绍生从检,与改革开放同步,他亲历了辽阳县检察院 40 年的峥嵘岁月,见证了辽阳县检察院四十年的发展变化。

至今,在老钟的手机里,仍然保留着他从检 30 年来的一张张历史照片,这一张张泛黄的照片记录了这位英雄检察官的戎马一生。"我对检察院是有感情的,在我手机里有一张辽阳县检察院原址的照片,那是辽阳县检察院刚刚成立时的照片,已经过去了 30 多年,但当时的激动

参加全市侦监干警业务培训合影

心情一直留在我的心里,每当看到这张照片,心里总是有一种自豪感!"

31年来,虽然岗位在变,但钟绍生作为一名检察官坚守职责的初心没有变,声张正义的精神也没有变。他在检察工作岗位上31年如一日,在平凡的岗位上默默工作,坚守检察官的职业纪律和职业道德,认真履行民事检察职责,正确维护了司法公正,保障了国家利益、公共利益,保护了公民的合法权益。钟绍生经常说,作为检察官一定要让老百姓明白,检察院是人民的检察院,是为人民声张正义的部门,大家要相信人民检察院执法为民的决心和能力。

文章系钟绍生讲述,卢金友整理

钟绍生为辽阳市辽阳县人民检察院正科级退休干部
卢金友为辽阳市人民检察院宣教处处长

| 辽检情怀 |

# 听检察长讲办案故事

卢金友

辽阳市太子河区检察院检察长朱宁川最欣赏的一句话是世界球王贝利的名言:"最精彩的进球永远是下一个",于是他告诉自己,不要沉迷于过往和当下,生命旅途中,永远是下一站最精彩。正是这份"不满足",让他对工作时刻保持着热情。1995年5月,朱宁川作为辽阳市师范专科学院的优秀教师,经全国检察机关增编补员招干考试调入辽阳市检察院工作。为了尽快完成角色转变、迅速适应新时期检察工作的需要,他克服工作和生活上的诸多不便,先后到省院、高检院、国家检察官学院进行业务强化培训和法律英语进修学习,并于2001年考取了辽宁大学法律硕士研究生,日益扎实的法律功底使朱宁川在工作中越来越得心应手。下面让我们一起聆听他办理的1000多件案件中鲜为人知的故事。

朱宁川检察长采访讲话

## 办案似演谍战片

辽阳市检察院荣誉室内悬挂着一面绣有"检察官一心一意为民解心结,严以律己公道正派美名传"的锦旗。这面锦旗像一面明镜,凝聚着群众对检察机关的爱戴和信任,收获的是一份沉甸甸的责任和承诺,小

各支部代表到太子河区检察院参观

小的一面锦旗记录的只是诸多鲜活故事中一个难忘的片段。

2010年3月,受国际金融危机的影响,钢材价格持续下跌,本溪市华兴公司与香港方投资人吴某在合作意向上发生了分歧,港方单方撤资,导致华兴公司经营陷入困境,公司面临破产。与本溪市华兴公司有多年合作关系的辽阳县兴利铸钢厂法人代表郑成仁(化名)闻讯,来到华兴公司就20余万债权债务经多方磋商,最终,以华兴公司无力偿还而告终。兴利铸钢厂法人郑成仁一纸诉状,起诉至法院,法院作出了本溪华兴公司偿还兴利铸钢厂17万元债务的判决。郑成仁认为判决不公,办案法官有徇私枉法嫌疑。

11月25日,郑成仁来到辽阳市人民检察院控告举报中心申诉。举报中心将这一案件转给该院反渎职侵权局,经请示主管副检察长同意后,时任反渎职侵权局干警朱宁川、张大军负责办理。接到举报材料之后,两位检察官认真地听取了郑成仁的申诉意见。做完笔录后,感到事态严重,民生利益无小事,况且还关乎司法的公正与权威。

自从检察院接手查办此案以来,郑成仁整天唉声叹气坐立不安,他想:"检察院和法院同是执法部门,如果检法两家私下串通,我那20余万元的债权岂不打水漂了。"于是,秉性多疑的他竟然想了一个另人难以置信的办法。不惜重金雇佣两个私人侦探对两位干警进行跟踪办案。为了方便起见,郑成仁不仅把自己的私人用车配给两名侦探使用,还给他们配备了手机、照相机、电脑、微型摄像机等必备工具。还在辽阳市检察院办公楼的对面,给两名雇佣人租了一套二居室的民宅。从早上8点钟上班至晚上21点钟对两位检察官进行盯梢,赶上双休日,就调整盯梢对象全力跟踪被举报人,并将当天的情况如实地向郑成仁进行汇报,为了考验两名办案人的组织纪律性,郑成仁还多次以被举报人的名义给我院两位办案人打电话以邀请吃饭、送礼金等方式,以考验他们的意志。由于两位雇佣人每天的汇报内容——"家、单位"两点一线的固定生活方式几乎雷同,彻底打消了举报人所有的疑虑。

2011年5月13日,郑成仁来到市检察院找到控申处长李东升,全盘托出了事情的来龙去脉,对自己无端地指责怀疑被举报人的行为深感不安。原来,法官在审理此案的过程中,郑成仁得知华兴公司帐户内有50余万元的资金的消息,由于索债心切多次到法院要求强制执行。由于不符合法定程序,任凭法官如何耐心细致地解释,郑成仁却片面地认为法官的怠慢是因为得到了华兴公司的好处。控申处长李东升在彻底了解情况之后,针对被举报人的公正判决,结合法律规定对他进行了耐心地解释。

三个月的解禁日期已到,2011年8月15日,法院执行庭的同志一大早奔赴本溪,到达本溪对华兴公司进行强制执行。傍晚,当满满两大车抵债钢材拉回辽阳县兴利铸钢厂时,郑成仁感动不已。事后,为了表达对人民检察官的敬意,送来了锦旗。

2012年6月,市检察院在重新组织荣誉室布局时,院领导特别要求把这面锦旗悬挂在荣誉室最显耀的位置,目的就是提醒干警们要深深地懂得检察官肩扛公正天平,手握正义利剑,苦练内功,一心为民,扎实办案,在办理每一起案件中让老百姓感受到公平正义,把每一个案件都作

太子河区检察院开展"优化营商环境"专题活动

为建设法治大厦的基石，有所担当、有所作为。

## 施巧计智取逃犯

2009年6月24日下午17时许，辽阳市白塔区的于某正陪同岳父在白云新村附近一家诊所输液，突然接到营口的表哥王大为（化名）的电话，说要与他见一面。这位表哥十多年没见面了，怎么突然要见面。带着疑虑，于某先给营口的舅舅家打了个电话，得知王大为在营口行凶造成对方重伤害，警方正在全力抓捕他，于某惊出了一身冷汗。在法律和亲情之间，于某左右为难，最终跟岳父商量决定先见王大为一面。

谁料这一切被在诊所陪女儿打针的朱宁川听得真真切切，有多年办案经验的他感到事情重大，打电话将女儿委托给岳母照顾，决定跟踪于某去见面。

17时30分，王大为再次来电话，两人约定当晚19点在市火车站一家小卖部见面。18时，于某和岳父离开诊所，朱宁川决定先对于某进行跟踪，确定于某的住处后，在于某家居民楼前的一个餐馆里坐下来对于某进行监视。17时50分，于某下楼乘座出租车前往辽阳站前与王大为见面，朱宁川随机搭乘另一辆出租车一边进行跟踪一边及时将情况通知警方。到约定的地点以后，于某在小卖部前等了约有一刻钟的时间，仍不见王大为的踪影。五分钟以后，狡猾多端的王大为再次来电话，改变了见面的地点。于某又乘坐出租车前往指定的地点，朱宁川再次跟随于某至辽阳市区繁华的京都商厦，正当两人见面之际，王大为被早已守候在那里的公安干警抓获。莫名其妙的于某怎么也想不到会出现这样的结果。当于某看到朱宁川时，才知道那个病房里的孩子爹原来是个检察官。受到惊吓的于某在情绪稳定后，拉着他的手说："幸亏我没干违法的事，不然也成了同案犯。"

王大为到案后交代，3月24日晚，他因在营口某茶楼赌博与老板赵某发生口角。赵某让饭店服务人员强行摁住王大为并将王某某打伤。正在气头上的王某回家取了一把剔骨刀，返回茶楼继续找赵某理论。因话不投机王大为掏出刀子捅了赵某数刀，潜逃之后先后在鞍山、辽阳等地躲藏。本来身无分文，决定到辽阳找亲戚借点钱到南方去。

第二天，辽阳警方将犯罪分子移交至本溪警方。日前，从检察机关

| 辽检情怀

朱宁川检察长在人大发表讲话

获悉，王大为已被营口市检察机关以故意伤害罪依法提起公诉。朱宁川深深地知道每一个检察官都必须是以一个维护法律公正的公民为前提而存在的。

听朱检察长讲检察故事，能切身感受到检察机关这不平凡的40年历程，感受到一批批在平凡岗位上做着不平凡事业的检察干警用他们的智慧和勇气诠释着正义和公平。近来，一首《宁海路75号》刷爆法律人朋友圈："时间好像一转眼，故事走了这么远，从庭间到案卷，生活只剩这么点，退渐的发际线，朝如青丝暮成雪"。许多检察人正如这歌词所唱，将最美好的青春年华都奉献给了他们钟爱的检察事业。

作者为辽阳市人民检察院宣教处处长

## 铁岭市人民检察院篇

## 开篇语

铁岭市人民检察院成立于1956年，下辖铁岭县、开原市、昌图县、西丰县、调兵山市、银州区、清河区七个基层院。全市两级院共有检察干警513人，其中，市院现有检察干警117人。

近年来，铁岭市检察机关在市委和省院的正确领导下，在市人大及其常委会的有力监督下，在社会各界和人民群众的大力支持下，以习近平新时代中国特色社会主义思想为指引，深入贯彻落实党的十八大、十九大精神，专注于法律监督的主责主业，专注于严格规范公正文明执法，专注于打造过硬检察队伍，实现了检察工作的长足进步和发展。市检察院机关在连

铁岭市人民检察院检察长李元带领青年干警参观文化长廊

续三年获得省级文明单位的基础上，2017年被省委、省政府命名为省级文明单位标兵，并先后被省妇联授予"省优秀巾帼志愿服务团队"，被市委市政府授予"思想政治工作先进单位""法治宣传教育先进单位""十九大维稳工作先进单位"等荣誉称号。昌图县院荣获全国精神文明先进单位和全国检察文化建设示范院，开原市院、西丰县院被评为全国先进基层检察院。5个基层检察院及开发区检察处被评为省级文明单位、标兵单位，6个基层检察院先后进入全省先进、优秀基层院行列。市检察院工作报告连续多年在市人代会上获得高票通过。

新时代托起新梦想，新起点展现新作为。立足新时代、新起点，以李元检察长为班长的市院新一届领导班子集体，坚持抓一流班子、带一流队伍、创一流业绩、树一流形象的工作思路，团结带领全市检察机关围绕做好、做实、做强、做优、做精法律监督工作，励精图治、团结一心，奋力开创铁岭检察事业的新局面。立足检察职能围绕中心、服务大局，深入开展扫黑除恶专项斗争、矛盾纠纷排查化解专项行动，制定出台了《依法保障优化营商环境》《党建+优化营商环境》《依法保护企业家合法权益》等实施意见，部署开展"问需企业行、服务促振兴""党员一对一扶贫帮困"等系列活动，为服务保障铁岭经济发展、促进社会和谐稳定积极贡献检察智慧和力量。高度重视关注未成人、关爱下一代健康成长，选派班子成员及青年干警兼任院校副校长，"送法进校园活动"覆盖全市各中、小学和幼儿园，并将法治宣传教育延伸至社区、留守儿童家庭，得到了社会各界的普遍赞誉和高度认可。坚持以"创造特色品牌、争做公益诉讼先锋队"为目标，聚焦主责主业，全力开展公益诉讼

铁岭市人民检察院志愿者服务队参观铁岭雷锋纪念馆

铁岭市人民检察院全体干警参观辽宁省工业展览馆

工作，先后办理了全省第一起当庭宣判的刑事附带民事公益诉讼案件、全省第一例行政公益诉讼案件，成立了全省第一个派驻食品药品环境资源领域检察室，作为全省第一家召开了公益诉讼工作新闻发布会。多项工作走在全省前列，在治理环境污染和水环境、校园食品安全、森林资源保护等多方面取得显著实效，为推进生态文明建设、推动铁岭实现高质量发展发挥了积极作用，得到了高检院、省院和市委的充分肯定。

人才兴则事业兴，队伍强则工作强。铁岭市检察机关高度重视队伍建设，深入实施人才强检、青年兴检战略，以"忠诚、干净、担当"为价值导向，深入开展一系列教育培训和主题实践活动，通过文化熏陶、素能淬炼、模范引领、实践养成等途径，不断强化干警宗旨意识、提升队伍综合素养、凝聚核心价值追求、坚守职责使命担当。昌图县院撷取东北黑土地传统民间剪纸艺术，将检察人的追求和梦想交付与细腻隽秀的镂刻，让检察精神和检察文化跃然于红白分明的纸端，干警先后创作剪纸作品256幅、创新类检察题材作品89幅，其中的5幅作品和剪纸微作品被高检院作为国礼赠送给国际检察会议的检察长和随行人员。2013年以来，全市两级检察院先后共有39个集体和88名个人受到省级以上表彰奖励，涌现出"全国模范检察干部"曲长春等人在内的一批有理想、有能力、有担当的人民检察官，以榜样力量书写着铁岭检察人的坚守与信念。

砥砺奋进，筑梦前行。在纪念改革开放四十周年和检察机关恢复重建四十周年之际，铁岭检察干警将从检以来学习、工作和生活的经历，细细历数；将从青年干警成长为业务骨干，从业务骨干成长为领导干部的一个又一个检察故事，讲述出来；将怀揣的对"检察蓝"的一颗执着的心，风雨无阻、永不放弃的情怀，娓娓道来，真情的诠释了对检察工作的无限忠诚，表达了"忠诚干净担当"的铁岭检察精神。全市检察机关和全体干警将以习近平新时代中国特色社会主义思想为指引，坚持党的领导，确保检察工作正确的政治方向；坚持服务大局，充分发挥检察职能作用；坚持深化改革，聚焦做实监督主责主业；坚持固本强基，大力加强检察队伍建设，不忘初心、牢记使命，奋发有为、扎实工作，为决胜全面建成小康社会、推动辽宁振兴、铁岭振兴作出新的更大贡献！

# 踏着父亲的脚步前行

曲 迪

我的父亲是曲长春，他于 1957 年 11 月出生在辽宁省铁岭市昌图县曲家店镇，1976 年 2 月参加中国人民解放军，在部队历任排长、副连长、指导员、营教导员、团政治处副主任。在部队工作的 20 多年里，父亲 3 次立功、20 多次受奖。1997 年 10 月转业到昌图县人民检察院反贪局任书记员，在检察机关工作的 10 年来，先后获得昌图县"政法系统先进工作者""优秀共产党员"，铁岭市"人民满意政法干警"，辽宁省优秀共产党员，全国模范检察干部等荣誉称号。我的父亲于 2006 年 11 月因患肝癌病逝，现在离开我已经 12 年了，但他却从未在我的生命中消失。多少年来，父亲像一个擎天的巨人，为我撑起生命的空间；父亲像一座大山，让我一生仰望；父亲像一望无际的大海，吸滤所有的困苦；父亲像一轮太阳，照亮我前行的路，让我永远阳光灿烂。

曲长春在书记员的岗位上，勤勤恳恳，无怨无悔，一干就是十年

"爸爸的生命太短暂，短暂到让我无法仔细端详他帅气英俊的脸庞，但又如此的绵长，绵长到今日仍旧用他的血脉和精神感染着我和许多对检察事业充满向往的年轻人们。我不会喊出空洞的口号，但我一定会用自己的青春去认真学习、严格执法，用自己的努力让爸爸的生命延续。"

在我的印象中，父亲一年四季穿的都是一身检察服，脚上的皮鞋也是修了又修，破旧得不成样子；在我的印象中，平日里他话语不多，但谈起人生、理想、信念的话题，却总是滔滔不绝。他去世后，同事在他的办公桌里只找到了一支已经看不清颜色的旧钢笔，一本没有整理完的卷宗，两盒没有抽完的一元多钱的"良辰"香烟。

曲长春同志获得的荣誉及生前的作品

父亲的爱是隐形的。他不善言语，却总是忙忙碌碌的奔波，为了生活，为了让我们过上更好的日子。曾记得小时候，自己总是渴望得到父爱，眼巴巴地看着别的孩子被他们的父亲高高举起，那清脆悦耳的笑声，成了我梦中的小小悸动。为什么父亲就是不抱我呢，是不疼我，还是不爱我，心里充满冷冷的疑问，甚至泛起丝丝的埋怨。

1997年10月，父亲转业到昌图县人民检察院反贪局任书记员，从那一天起，他每天第一个到岗，又最后一个离开。无论是分内还是分外工作，无论是自己看到还是领导分派，他都竭尽全力地做好。爸爸的同事们发现，他们的办公室变得干干净净了，暖瓶里的水总是热的，法律文书、卷宗材料也被整理得整整齐齐。随着参与查办的案件越来越多，父亲也越来越忙。特别是遇到集中封闭办案时，连家也回不了。我记得：我上小学的6年时间里，有4年父亲都在乡下，不在我的身边。那时他最怕开家长会，因为妈妈有病，他工作忙总是参加不上，每次都是他跟老师请假讲明情况，或者找大姨去开家长会。

父亲是慈爱的，虽然不言不语，却默默地付出。父亲是严肃的，感情却是质朴的。父亲的爱总在严厉中绽放，父亲的爱总在你需要的时候来临，父亲的爱总是让我不得理解，但当我完全理解时方能体会到父亲

曲长春同志2007年被最高人民检察院授予"全国模范检察干部"称号、被辽宁省委追授"辽宁省优秀共产党员"称号

的良苦用心。

儿时，周末跟随父亲去加班，他告诉我不要乱走动，让我在一个屋子里写作业，这时走进来一位叔叔，告诉我他是父亲的同事，和我聊天时就讲到父亲办案的经历。1999年初，父亲单位立案侦查一起特大贪污案，开始的工作非常顺利，但准备收网时，犯罪嫌疑人王某却突然在侦查视线里消失了。大家都很着急。这时父亲提出：王某所贪污的公款绝大部分用在贩运煤炭上了，案发后，仍有很大一笔钱留在铁岭市调兵山市，贪婪成性的王某是绝不会轻易放弃的。在他的建议下，办案组把抓捕王某的工作重点转移到调兵山市，集中力量对涉案的几个人开展工作，终于将犯罪嫌疑人抓获。一起贪污公款76万元的特大案件成功告破。

还有一次是2000年，父亲参与一起涉嫌贪污受贿案的搜查。当办案人员接近北阳台时，他观察发现犯罪嫌疑人妻子的表情有些异常，随即建议把搜查的重点放在北阳台，终于在一个盐罐子里发现了秘密，盐层下面藏着十几张银行的定期存款单，总金额70余万元，对突破案件起到了决定性作用。那位叔叔叮嘱我，以后进入到工作岗位的时候一定要向父亲那样勤奋好学，忘我工作，那时我就想以后要是像父亲一样成为一名优秀的检察干警多好。

父爱如伞，为你遮风挡雨；父爱如雨，为你灌洗心灵；父爱如路，伴你走完人生。恐惧时，父爱是一块踏脚的石；迷失时，父爱是一盏照明的灯；枯竭时，父爱是一湾生命之水；努力时，父爱是精神上的支柱；成功时，父爱又是鼓励与警钟。

父亲是勇敢的、坚强的。在困难面前从不退缩、畏惧，更不会流一滴泪，即使危及生命也在所不辞。2004年，我母亲在四平市中心医院住院，一个陌生人来到我家，寒暄几句后，把一沓钱放在桌上对父亲说，听说嫂子病了，这点钱给嫂子买点儿什么吧，说完起身就要走。父亲迅速抓起桌上的钱塞回那人的衣兜，说看病的钱已经准备够了，并客气地把他送出门去。其实，那时父亲正四处向亲属借钱给妈妈治病，我上学连饭钱都不够。当时，我埋怨他太死心眼儿，他解释说那人是他们正在查处的一个对象的亲属，想让他帮忙说情，并说这种钱要是收了，以后在别人面前说话就软了，腰杆就挺不直了。当时，一名检察干部公正清廉的良好形象就深深地印在我的脑海里。2006年9月，他在参与办理一件乡民政助理涉嫌贪污优抚款案件时，一位乡领导得知我的母亲正在乡下大姨家养病，那时我家里非常困难，便买了两桶豆油和一些水果准备去看看，可是父亲说什么也不同意，送了三次，拒了三次。他用生命维护的不仅仅是自己清白的名声，更重要的是崇高的党性原则。

在检察院工作10个年头，父亲工作不分白天黑夜、分内分外，参与办案几十件，为国家挽回经济损失几百万元，撰写理论文章、新闻稿件几十篇，但直到去世，他仍是个书记员，既无官衔，也无名利。一次科里聚会，有人问爸爸后悔吗？他笑着回答："我一个农家子弟，经过组织的培养，成为一名干部、营职军官，今天又是一名检察干警，社会地位不低，工资收入不少，到什么时候都该知足，永远无悔可言。"

2007年，也就是父亲病逝的第二年，组织安排我进入到父亲曾经工作过的单位工作，曾经的梦想成为现实，我感到无比自豪。第一天，我的同事们也曾经是父亲的同事们就告诉我父亲第一天到检察院上班的情景。到检察院工作，尤其是到反贪局工作，我为自己准备了三盆水：第一盆水用来洗头，就是要洗去旧的思维模式，完成从部队到地方的转变，尽快适应和熟悉新的工作；第二盆水用来洗手，保证在利益面前不伸手，不吃不拿，不贪不占；第三盆水用来洗脚，洗去征尘与疲惫，保证腿脚勤快，多学多做。这"三盆水"的豪情誓言，让全科同志乃至全院同志对父亲肃然起敬，刮目相看。在父亲曾经战斗的反贪局岗位，我一直踏着父亲的足迹，以一名优秀共产党员的标准要求自己，2016年，我又以优异的成绩考入昌图县人民检察院，我知道，这都是父亲榜样的激励。

平凡之中见伟大，细微之处见精神。追寻父亲49岁的人生旅程，他用全部生命和激情践行党的宗旨，忠实履行党和人民赋予的神圣职责，在平凡的工作岗位上，为世人铸就了一个永恒的精神坐标，留下了一份内涵丰富的精神遗产。

有一种爱，它是无言的，是严肃的，在当时往往无法细诉，然而，它让你在过后的日子里越体会越有味道，永生永世忘不了，它就是那宽广无边的父爱。父爱其实很简单。它像白酒，辛辣而热烈，容易让人醉在其中；它像咖啡，苦涩而醇香，容易让人为之振奋；它像茶，平淡而亲切，让人在不知不觉中上瘾；它像烈火，给人温暖却令人生畏，容易让人激奋自己。父亲的爱，是春天里的一缕阳光，和煦地照耀在我的身上；是夏日里的一丝凉风，吹散了我心中的烦热；是秋日里的一串串硕果，指引着我走向成功；是冬天里的一把火，温暖着我那颗冰冷的心。父亲的爱，无处不在！纵使是丹青高手，也难以勾勒出父亲您那坚挺的脊梁。即使是文学泰斗，也难以刻画尽父亲您那不屈的精神；即使是海纳百川，也难以包罗尽父亲您对儿女的关爱！

我在反贪局书记员岗位工作的七年里，连年被评为先进工作者，今后我将踏着英雄父亲的荣光继续前行。

作者为原铁岭市昌图县人民检察院反贪局科员，现转隶至昌图县监察委

# 一个检察官的"兰台令史"生涯

李 宇

今年是检察机关恢复重建四十周年。蓦然回首,我从事检察工作已经二十五年了。在这段足以成人的时间跨度中,我曾经在政工、刑检、办公室、研究室等多个岗位上工作过,也曾有过诸如科长、主任、专职委员、纪检组长等等很多称谓,但最令我难以割舍的,是"兰台令史"这一极富中华传统文化底蕴的"别称"。

"兰台令史"者,为古时档案管理者的官职称谓,源于汉朝藏档案于"兰台",今天"兰台"已经成为档案的代名词。2005年,院党组调任我到办公室主持工作,正式与档案结缘,成为一名档案管理者。后来虽然岗位和职务屡有变化,但一直主管着我院的档案工作,迄今已整整十三年时间。期间,我院于2007年开展了档案晋级工作,并以全省最高分的成绩晋升为铁岭市检察系统和全县首家省特级档案管理先进单位,成为全市档案工作的一面旗帜。在之后的十余年间,又先后经历了三次复检,均以高分成绩成功"卫冕",成就了省特级档案管理先进单位"四连冠"殊荣。

十三年来,我见证了检察机关档案工作的发展历程,这其中,挑战与汗水相伴,艰辛与收获并存。特别是我亲身经历的许多人和事,让我深切地感受到了检察事业全面、科学发展的骄人成就,感受到了国家与社会对档案工作的重视关注,触摸到了中国档案事业的发展脉搏,更有幸真正认识了那些虽缔造了浩瀚深邃的兰台世界,但却青史无名、一心为检察机关的档案事业发展默默奉献的幕后英雄——当代兰台人。

### 故事之一：一间神秘的超大"办公室"

2006年11月中旬，我院的"两房建设"综合办公楼还处于内部装修的扫尾阶段，但院里手头没有业务的几十名干警却按捺不住喜悦的心情，步行数里来到这里，就像看自己的新家一样，楼上楼下、里里外外参观个够。"这间是干警办公室"，"这间是视频会议室"……，随行的后勤部门同事自恃略知一二，遂自告奋勇当起了"解说员"。当大家走到一楼中间一个带套间的、总面积足有200平方米的超大"办公室"时，全都面面相觑，谁也猜不出这应该是干什么用的。大家便把询问的目光投向了那位后勤部门同事。谁知他也傻站在那里，然后不甘心地敷衍着："可能是干警餐厅吧？""算了吧，餐厅不是在靠东边吗！"大家七嘴八舌地议论着，但最终也没能讨论出个合理的结论来。

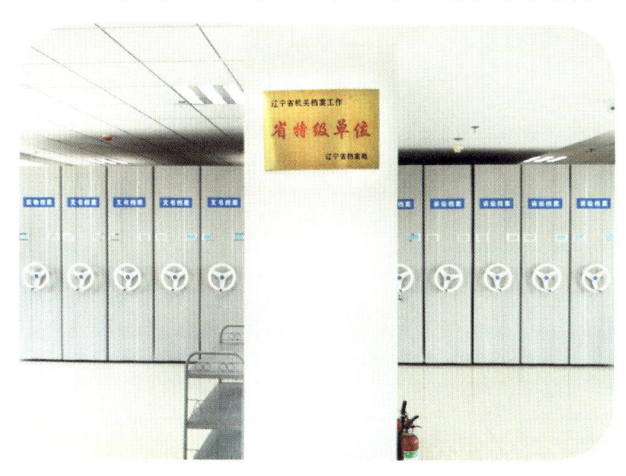

昌图县人民检察院被评为
辽宁省机关档案工作省特级单位

一个月后，当全楼装修完毕时，这间超大"办公室"才终于揭开了神秘的面纱。原来，在"两房建设"综合办公楼设计之时，院领导即充分考虑到，我院旧办公楼的档案库房就是因为面积较小，早已经不适应档案工作的需要。从长远看，随着事业的发展，档案库房容量必然会逐年增加，而且由于档案库房的非机动性，也不允许经常搬来搬去，应当尽量一次性地解决档案库房的容量问题。因此，院领导在向档案管理部门进行咨询之后，便要求设计部门按照档案库房的最高标准，专门设计了这间外面是阅档室、里面是库房的超大"办公室"。

得知真相后，也有个别干警表示不理解，认为没有必要把这么大的房间留作档案库房，但后来的事实证明，具备超强的档案发展意识，切实会给档案工作带来发展良机。2007年年初，当档案库房正式在新楼安家落户后，院领导又让我特意请来了县档案局的领导和同志来到院里，让他们看看是否还符合搬家前省一级档案的要求。检查完之后，县档案局领导作出了肯定的答复，并随口说了一句，这样的条件，争取省特级都有希望。"说者无心，听者有意"，档案意识极强、且富有开拓精神的院领导却把这事放在了心上，随后便安排我们进行了考察和学习，并果断作出年内晋升省特级的决策，最终获得成功，使我院的档案工作迈上了一个新台阶。

### 故事之二：四名"编外检察官"

说句实在话，在到办公室工作之前，我对档案工作以及档案人没有什么深刻的印象，总感觉有点类似于仓库和保管员的样子，他们无非就是干些接收、保管、查看之类的工作，毫无技术含量，更无神圣可言。而当我真正接触档案业务之后，正是他们为我打开了了解兰台世界的窗口，也让我领略了当代兰台人身上的那份特质：使命崇高却始终淡定从容，留住历史却甘愿籍籍无名。

这一印象的巨大转变，主要源自在我院的两次档案评定省特级筹备工作中，我与上级院负责管理档案同志以及地方档案部门同志有了较为密切的接触。我清楚地记得，在2007年即第一次档案晋级筹备工作中，由于我院刚刚更换了档案员，全办公室人员对档案业务都很生疏，对有些档案术语和业务要求摸不着头脑，导致工作进度缓慢，院领导和我们感受到了巨大的压力和困难。

在得知这一情况后，省检察院档案科邓春友科长及铁岭市院办公室副主任王立新等同志多次来到我院，对档案晋级筹备工作、特别是诉讼卷宗的整理归档

昌图县人民检察院档案工作晋升省特级先进单位评审会

进行现场指导，为晋级成功奠定了坚实的理论基础。县档案局还专门派出了一支四人组成的专家指导组进行业务指导。他们由一名业务副局长带队，其中最大的已经年逾五旬，全部是局里的业务骨干。在整个筹备过程中，他们手把手地教我们如何进行分类、编研等业务。由于时间紧、业务量大，他们还亲自动手，始终和我们一起冒着炎炎酷署，挥汗如雨、加班加点。他们的业务能力和敬业精神赢得了全院上下的尊重，加之他们经常和我们一样按时上下班，干警们都亲切地称他们为"编外检察官"。我想，正是因为有了千千万万个像他们这样的兰台人，才使得检察机关的档案事业逐步走向繁荣和科学发展，并最终创造辉煌。

### 故事之三：一幅珍贵的中央领导题字

国家的重视、社会的认可与领导的支持，是任何一项事业的发展不可或缺的力量，特别是对于公益属性的档案工作来说，其推动作用更是不言而喻。在十余年的"兰台令史"生涯中，我实实在在地感受到了各级领导和管理部门对档案工作的殷切关怀与大力支持，令人倍感欣慰和弥足珍惜。

在我记忆中最为深刻的，莫过于一位中央级领导的亲笔题字。这是原最高人民检察院检察长贾春旺同志专门为我院题写的，目前珍藏于我院的省特级档案展室内。题字的正文是"向曲长春同志学习，献身中国特色的检察事业"，上、下款分别为"送昌图县检察院"，"贾春旺，二〇〇七年九月"。每当想起它的由来，我的心中既温暖又亲切。那是在2007年9月18日，最高人民检察院和辽宁省委在辽宁人民会堂隆重召开了我院曲长春同志全国模范检察干部、省优秀共产党员命名大会。会上，时任最高人民检察院检察长的贾春旺，以及当时的省领导李克强、

昌图县人民检察院荣誉室

张文岳等莅临出席，并分别作了重要讲话。由于我正在设计和装修我院的省特级档案展室，并准备在其中开辟一个"曲长春专辑"的专版，我特意申请在会场拍摄了许多珍贵的照片，准备用作展室素材。当会议结束吃午餐时，望着餐厅墙上的字画，我突然冒出个大胆的想法。于是我立即找到院领导，请

昌图县人民检察院荣誉室悬挂
向曲长春同志学习的题字

他能否设法请贾春旺检察长为我院题幅字，放在档案展室里。院领导虽然非常赞成这个想法，但我们一想贾春旺检察长工作那么忙，感觉到希望不大。因为机会难得，院领导最终还是找到一位省检察院领导帮忙，请她去争取一下。让我们意想不到的是，贾春旺检察长听说后欣然应允，并在回京后不久就题完字寄了过来，令我们全院上下都欣喜若狂。如今这幅题字已经成了我院省特级档案展室的"镇室之宝"，时刻都在激励着我们努力向更高的目标迈进。

乘风破浪会有时，直挂云帆济沧海。伴随着检察事业四十年的蓬勃发展，机关档案工作也已经今非昔比，从20世纪的卡片式手工查询，已经发展到如今的电子档案和全数字化管理，特别是诉讼档案完全实现了电子归档、电子查档和阅档，干警坐在自己办公室里，只要通过授权即可随时查阅档案，大大提高了工作效率和档案利用效率，为新时期检察事业的发展插上了高科技的翅膀。机关档案管理的进步，只是检察事业四十年发展的一个缩影。我坚信，作为一名"兰台令史"，作为一代检察人，我们都终将会有卸任的一天，但检察事业的发展是无限的，它必将为全面建成小康社会，最终实现两个一百年目标发挥积极的作用。

作者为辽宁省铁岭市昌图县人民检察院纪检组组长

# 转 身

王坤鹏

那是在1986年一个金秋时节，我满怀着兴奋和憧憬，还有对检察工作的一知半解迈入了西丰县人民检察院的大门。今天是我入院报到的日子，所以刻意地修饰一下自己，想给领导和同志留下好的印象。老检察长热情地接待了我，看了我的履历，询问一些我在抚顺劳改支队工作时的情况，简单考问一些法律常识性问题，自我感觉答得非常得体。能够看出来，检察长也非常满意，大大赞赏和鼓励了一番，并告知我去监所检察科报到。我带着被满足的虚荣心跟着政治协理员来到监所科，一位更老的科长静静地坐在办公桌前，见我进来报到，并不感到惊讶，像是刻意等着我。默默地看了我一会，老科长说：今天你刚刚报到，以熟悉情况为主，我简单给你介绍一下监所的工作性质和职能工作，然后去看守所转一转，熟悉一下环境。老科长不厌其烦地讲了半个小时，我虽貌似恭敬，实际连半句也没听进去，心里在想，自己是科班出身，受过专门的学习培训，加之有三年的狱警工作经验，几百号人的犯人队伍都管理得井井有条，何况是看守所那几十个人犯。

之后的三个月，我奔波于办公

王坤鹏主任在阅览室研读《习近平用典》一书

室与看守所之间，出于对新环境的好奇，感觉一切都很新鲜，就是工作茫无头绪。与劳改支队相比，清闲了许多，想要参与看守所的管理，又不知从哪下手，总想做出点儿成绩，让老科长看看，但苦于没有机会。对于这几个月的工作，老科长既没肯定也没否定，但我看得出，老科长也在默默留意着我的表现。转眼间1987年的元旦就要来临了，一天老科长对我说："你起草一份下一年的监所检察工作方案，院党组要听取各科室下年度的工作安排。"我听后非常高兴地答应了，感觉机会来了，展现自己才华的时候到了，我在脑海里迅速过滤一下在学校里的学习所得、劳改队时的管理积累，从管理、教育、心理疏导等多视角和多层面制订出工作方案，仔细斟酌几遍，认为没有什么遗漏。两天后，我美滋滋地将工作方案送交到老科长手里，心想你总该表扬我一次了。

对我精心制订的工作方案，老科长反复看了几遍，点了点头，说道："想得细，有创新，真该让看守所的负责人借鉴一下。"说完之后马上抬起头，站了起来，用非常严肃的目光对我说："这份方案用于监管可以说是非常完美的，但我们的工作职责是监督，一切工作都要紧紧围绕监督来做，你现在仍然徘徊在监管的影子里，执法和司法虽相近，却有本质的不同，你当学会'转身'。"然后，又毫不留情地对我说："我知道你是科班出身，在抚顺工作时表现得非常好，对人犯的管理上有一定经验，这些是你的长处，但年轻人戒在骄，只有虚怀若谷，不断地学习，才能走向成功。特别是针对新的工作，面对新的环境，更要抓紧一切时间学习，这样才能尽快进入工作角色。"说完这些，突然又换上一副和蔼可亲的面容对我说，以你的才华和学识，只要做到去骄、去躁，一定会将监所检察工作发扬光大的。紧接着老科长用慈祥的眼光看了我一下说道，今天是咱爷俩儿在一起工作的最后一天，我已办好了退休手续，今后的一切都

王坤鹏主任主持本院干警召开2015年度工作总结大会

要靠你自己，你要发扬长处，认真研究监所监督的途径和方法，将监所检察工作做得更好。如果在工作中有什么不明白的，随时欢迎去我家里，说完之后，转身离去。

这时我才注意到老科长的办公桌上已空空如也，大概是早有准备，等到今天，就是为了我的"转身"。望着老科长渐行渐远的背影，我的心里五味杂陈，是羞、是悔、是痛？连我自己也搞不清楚，老科长的教诲让我看到了自己的渺小，那种慈祥的目光让我想起了老科长的伟大，我在心里默默地祈祷，为那远去的背影，也为了我自己。此时，杨牧那首《我是青年》仿佛在耳边轻轻地唱起："我哭，我笑，但不抱怨。我羞，我愧，但不自弃"。

王坤鹏主任参加四个自信青年干警座谈会

老科长退休了，把监所检察工作全扔给了我自己，这时的我，还没有真正弄清监所检察是干什么工作的，又当如何"转身"呢？老科长临行前的一番教诲，那种严厉而又慈祥的眼神，让我欲哭无泪、羞悔难当，我在心里暗暗发誓，一定要弄清监督本质，做出一番成绩，再去探望老科长，说什么也得让他表扬我一次。现在剩下我一个人了，主管副检察长告诉我，暂时不能安排别人接替老科长的位置，好在你已经有了几个月的监所工作经历，坚信你能将这份工作做好。我突然间意识到，什么指望都没有了，一切都要靠自己，回想几个月的工作，这熟悉的监所工作忽然变的很陌生，觉得工作无处下手。老科长说，我们的主业是监督，但什么是监督，该怎样去监督，这是横在我面前的一道必须去面对、亟待解决的难题。我的虚荣心幻灭了，不得不向小学生一样，重新学起，尽最大努力把人民检察院的工作性质理清、弄懂。在学习中我明白了，监所检察就是对看守所执行国家法律政策情况实施监督，保证国家的法律政策在执行环节得到贯彻落实。

弄清了监所工作的性质，我的工作思路也变得清晰起来，我是从监管工作开始的，十分清楚监管工作存在的弊端，有针对性的开展监督工作的方案在我的腹内已然成形，并对未来的工作充满了自信。转眼间1987年的春节过去了，新的一年拉开了帷幕，我也满怀着喜悦投入到新的工作中。在当时的大环境下，看守所里用犯人管犯人，打骂人犯的现象司空见惯，每当侦查部门来提审人犯时，人犯那种撕心裂肺的嚎叫声就会充盈着整个监所，我深深知道侦查部门的体罚虐待、刑讯逼供极易导致冤假错案，而看守所用犯人管犯人的行为，就会产生牢头狱霸，严重侵犯了在押人犯的人身权利，这是严重的违法行为。对此我向看守所负责人提出口头纠正，向有关的侦查部门发出纠正违法通知，认真履行我的监督职责。然而事与愿违，各部门该怎么做还怎么做，丝毫没有将我的监督意见放在心上。一天上班后，我气冲冲地找到看守所长，询问整改情况，没曾想换来一顿讽刺和挖苦，看守所长阴沉着脸对我说："你别站着说话不嫌腰疼，看守所就这俩儿人，不这么管，怎么管，你来管呐！"侦查部门强调破案率，拒不改正。我造得灰头土脸，明明知道自己是对的，但却落实不了，我的心沉到了谷底。

我只好破了誓言，买了些水果去探望老科长，说是探望，实则是请教。老科长见到我沮丧的样子，乐哈哈地对我说，不要气馁，任何工作都不可能顺风顺水，你的情况我都听说了，敢于监督是好事，但更应学会善于监督，把监督工作融于配合之中，这样效果会更好。我听后，茅塞顿开，仔细回想，这几个月的工作，确实是方式生硬，主观性强。老科长的教诲给了我启迪，在履行监督职责的同时，主动配合看守所对在押人犯开展法治教育，加强对顽固人犯的个别教育，在人犯中开展坦白自首、检举揭发他人犯罪活动等，通过有效的教育和感化，减少在押人犯的心理对抗，积极地配合侦查部门的讯问，有效减少了体罚和变相体罚人犯的现象发生。我的监督工作也得到了院领导及相关部门的认可和赞同。

那时候，年少轻狂的我，凭着一点点专业知识，不知天高地厚，总认为这个时代是我们的，没有什么人什么事能够放在眼里。因此，从骨子里瞧不起那些从文化大革命中过来的人，尤其是那些从"大老粗"参加工作的人。事实上，正是这些"大老粗"教育和改造了自己，他们让我知道了什么是无知、轻狂，他们教会了我虚心、进取、稳重和包容，他们让我懂得了怎样从监管者变为监督者，不敢称良友，但却为良师。在漫漫的检察长途中，不论我从事何种检察工作，"监督"这一概念总是我的第一思维，总是让我把有效监督做为工作的出发点和落脚点，让我实现了人生的完美转身。

在检察机关恢复重建四十周年之际，回顾自己三十二年的检察生涯，让我情不自禁地又想起了那位老科长，他是我检察生涯的启蒙者，是我每一次成长进步的导师，每当我懈怠时，老科长那严肃的目光仿佛又呈现在面前，告诉我要挺起脊梁、勇往直前，每当我在工作中出现困惑和疑难时，总让我想起老科长那慈祥面容，仿佛在轻轻地告诉我：孩子，要坚强，世上没有过不去的火焰山，要去心魔才能抬起智慧。时光荏苒，转眼间，那时青春年少的我，已过了知天命之年，我也由对检察工作的一知半解，成长为政治处主任，我知道，这一切的一切，都是伴着老科长的勉励而进步的。虽然老科长已仙逝多年，但他始终是我不能忘却的纪念。

作者为辽宁省铁岭市西丰县人民检察院政治处主任

# 检徽在党旗下闪光
# 爱心在助学中传递

**左小杉**

　　提到检察院,人们脑海中的第一念头就是刚正不阿、匡扶正义。然而铁岭县检察人却有着柔情似水的一面,他们脚踏实地、俯首躬亲,在荆棘的求学路上为孩子们保驾护航,以爱心传递的方式诉说了一个长长的故事。

　　故事要从20年前的一个小男孩说起,他叫邢刚,是鸡冠山中学初三的一名学生。临近中考,邢刚却不是很上心。他觉得家里困难,考上了也没钱念书。自暴自弃的邢刚无心上学,整天无所事事和朋友混成一团,只在夜深人静的时候偶尔会想大学是什么样子,可又转念轻叹,自己连80块的中考报名费都没着落,念书?拿什么念呐。

　　正值1997年的清明节,铁岭县检察院全体党员来到鸡冠山乡烈士陵园祭奠英烈,偶然听乡干部说鸡冠山中学有几名学生家庭困难,面临辍学。当时的县检察院党组书记检察长邱利民一听说到这种情况,当即决定去这几名学生家中探访。邢刚的家让大家深受触动。小小的砖房,没有房门,只

1998年"寒窗基金"成立

有一块破旧的草帘来抵御刚刚过境的寒冬。阴冷的小屋里最显眼的家当就是做饭的铁锅，冰冷的土炕上仅有一床被褥。父亲有着老胃病，母亲积劳成疾。而为了让日子过下去，邢刚的大哥已经辍学出去打工了。父亲想让邢刚也早点出去挣钱。一个因病致贫的家庭，如果让两个孩子都放弃学业被迫谋生，这将意味着什么呢？意味着不仅会毁掉孩子的未来，还可能毁掉一个家庭的希望啊。检察院的党员们当即立誓，一定要让邢刚继续读书！10块、50块，大家纷纷捐款，并且鼓励邢刚要靠知识去改变人生。这份特别的关注给了邢刚一线希望，心里对求知的渴望像一个小小的蜡烛吹熄又亮。在检察院的鼓舞帮助下，邢刚以鸡冠山乡第一名的成绩考上了铁岭县高中。这让邢刚相信，自己有能力走好求学这条路，也让邢刚的父亲改变了当初的想法，把家里仅有的一头牛牵到了集市，回来将600块塞到邢刚的手里，一向沉默寡言的父亲只说了句："儿子，爸知道对不住你，咱家里能做的就这些了。"

第一批资助的三名学生，从左至右邢刚、柏乐、袁志梅

检察院的党员们都很为邢刚高兴，纷纷关心着邢刚的高中生活。2000年，邢刚参加了高考，可惜发挥失常，只考上一个专科院校。他异常地灰心丧气，关键时刻掉了链子，不只对不起父母，更对不起检察院的帮助啊。邢刚的心思被政治处的王俐发现了。她帮着联系了学校，仔仔细细问了学校的综合情况，又给邢刚掏了路费，让他到学校好好实地考察。邢刚还是想复读，可是却说不出口。王俐跑去鸡冠山激励邢刚："一次失败算不了什么，失败了就再来，但是前途可一定要靠自己拼出来啊！别想那么多，我们始终做你的坚强后盾。"经过一年的努力奋斗，再次踏入高考考场的邢刚带着检察官们的深情期盼，信心十足，考上了大连海事大学。

反贪局副局长张雅敏一直持续关注着邢刚。作为一名老党员，张局长深知大学时期是塑造价值观的重要时期，她经常和邢刚谈心，时而激励、时而宽慰，还给他寄去生活费。满是关切的信件来来往往，更是搭起了亲情的桥梁，邢刚就像是她第二个孩子。看着两个"儿子"共同学习进步，张雅敏欣慰之余更是为他们骄傲。邢刚毕业后，成为一名环游世界的海员。这些年，他帮着家里盖了新房，置了家当，一改往日的贫困景象，父母的身体也渐渐好了起来。这些年，检察官们一直和邢刚保持着联系。邢刚聊起当年的事儿，总是特别感慨，他说，其实检察院给我的不单是经济上的帮助，还给了我特别大的精神动力，我的人生，我的家庭都因此改变。

这，是邢刚的故事，也是铁岭县检察院的故事。邢刚的成长让大家认识到，这样的举动不仅可以改变一个孩子的人生轨迹，还可以让一个家庭对子女教育问题从漠然变得竭尽所能，甚至能够期待。有了邢刚这样的例子，可以去唤醒更多的人对农村教育问题的关注，于是检察院党组决定将捐资助学常态化。1998年，铁岭县检察院正式设立"寒窗基金"，由检察官们自愿捐款，每批资助三名贫困学生，直到考上大学。"寒窗基金"的第一次启动就是资助鸡冠山中学的三名贫困学生邢刚、袁志梅、柏乐。

袁志梅比邢刚大一届，考上了高中却没有钱念书。她在检察院的帮助下重读初三并考入了铁岭师专。袁志梅毕业后，毅然选择回到家乡的中学任教，回到梦开始的地方，去帮助那些像她一样的孩子们。她的堂弟袁志达，是我们第四批资助的学生。那年7月，袁志达收到录取通知书，顶着炎炎烈日，和母亲从鸡冠山农村倒了几趟车来到检察院，送来了一面锦旗和满满一大袋玉米。袁志达说母亲心脏不好，但是执意要来，非

"关心下一代工程"赵宏伟检察长
送去学习用品

《特别的爱给特别的你》
看望福利院儿童

要当面谢谢这些好心人,家里没有能拿得出手的东西,只有这些自家种的玉米了。金灿灿的玉米让在场的所有人都觉得无比的感动和满足。在党旗的指引下,铁岭县检察院一直把"关心下一代工程"纳入核心意识,竭尽全力为青少年健康成长保驾护航。他们连续10多年向乡镇中小学捐赠图书、学习用品,开展"特别的爱给特别的你""春苗守护"等专项法治活动。在这种精神的感染下,全院检察干警全力奋战,争创佳绩,先后被评为辽宁省文明单位、辽宁省先进基层检察院,连续多年被市县两级评为先进基层党组织。

2014年袁志达和母亲,送来了锦旗

从1997年鸡冠山的第一次捐款到现在已经20年。20年说长不长,没有传唱的歌谣悠远,没有传承的技艺流长。20年说短也不短,故事里的老检察长和王俐早已退休,助学金的人民币也变了数字和颜色,越来越多的青年检察官也加入到了故事中去。故事里的人变了,但是心没跑。正是由于共产党人对祖国下一代的坚守,才让检徽在党旗下闪闪发亮,这光亮褪去了求学路上的点点黯淡,传承着共产党员的不忘初心。


作者为铁岭市铁岭县人民检察院民事行政检察科五级检察官助理

# 无悔的选择

周 雪

六年，弹指一挥间；六年，考入检察院，与你初识，经历你的改革与发展，见证了我的检察生涯，虽然只是基层检察院的司法行政人员，但我仍然感到骄傲与自豪。作为检察院的档案员、保密员、机要员……，工作也许听起来繁杂、琐碎，但能为检察事业充当后盾、保障，行政工作也让我乐在其中，选择检察工作，我无怨无悔，更是我这一生所奋斗的终极事业。

## 与你初识

而立之年，机缘巧合下参加公务员考试，过五关斩六将，凭借自己的专业、怀揣满腔的热情投入到了检察院的怀抱。"检察院"，初识你的时候，真的不知道你的职能作用，带着对你的懵懂，带着对新工作的热情与探索，我来到这个具有浓厚文化风情的小城市，就像是在外流浪的孩子回归到母亲的怀抱。虽已三十，但却有着刚参加工作的青涩。那天，一辆出租车载着我来到检察院的门前，下车后，你就屹立在崎岖不平的街道旁，破旧的门脸上悬挂着检察院的黑白牌匾，足以彰显了你的威严。走进这个三层小楼的办公区域，值班室、审讯室、侦查监督科、公诉科……，一个个科室的工作景象逐一映入我的眼帘，迎接我的政治处阿姨和比我小的政工女孩，让我感受到了检察院的温暖与热情、纯真与信任。档案室的工作交接略显简单，由于毕业六年没有从事档案工作，由于人员更替的频繁，积压的工作不断在摸索中进行着，虽然枯燥、繁冗，但怀着对检察事业热爱的情感，我认真地投入到检察院的工作当中，从档案的案卷中慢慢地了解到办案人员的工作流程，从耳濡目染中渐渐地感知着检察的无限魅力。从温暖、慈祥的检察长第一次握住我的手，对我的自传不断夸赞的那一刻起，从政工返聘的阿姨对我为人的信任与肯定的那一刻起，从与检察院的姐姐、妹妹们共同相识、相知，在院里一起住宿的起居生活开始，都带给我不同的成长、历练。记得有一次回到我原来的单位，领导问起我，工作起来还算舒服吗？我的回答是肯定的，用您的教诲"正义为人、用心做事"的谨言，铭记于心，投身到检察的事业当中，当我慢慢了解了检察事业之后，真的是对你的庄严、肃穆感到敬仰和羡慕。人民检察院通过检察活动，教育公民忠于社会主义祖国，自觉地遵守宪法和法律，积极同违法行为作斗争；依法履行法律监督职能，保证国家法律的统一和正确实施，维护法律公平公正……，我想我会与检察共成长，做人民的公仆，为我初识的检察事业贡献自己的小小力量。

### 你的旧貌新颜

来到检察院的第二年，新的办公大楼建成了，坐落在这个城市新区西北部，建筑面积比原来的办公楼要大上几倍，很幸运地经历了检察院的旧貌换新颜，一个个宽敞明亮的办公区域，特别是档案室，由原来窄小、甚至查找档案不能转身的库房搬迁到了一个具有125平方米，并配上了密集架的宽敞库房，让我对档案的工作思路更加开阔。档案室的搬迁工作就在领导的指示下开启了，从最开始一个人一下午打包几十箱档案到两个同事和我并肩作战一起将库存的所有档案打包完毕，再到办公设备的搬迁、运输，所有的档案在我们共同奋战了半个月之久后在新库房上架完毕，虽然感受着灰尘的呛鼻，受着体力透支的煎熬，经历新办公大楼没到采暖期的寒冷，但是看着摆放整齐的文书卷、卷宗，

铁岭县人民检察院小桥子旧址，也是2012年我初次来到检察院的样子

一排排密集架帅气地映入眼帘，一卷卷泛黄的档案、卷宗，经我们的手摆放、上架，看着自己的工作成果，随着鞭炮在新办公大楼的天空中燃爆，感谢检察院的成长，一切从新开始。检察院的旧貌换新颜，给我的工作注入了更加新鲜的血液，大家在喜悦中共同投入到检察事业当中，新的院址、新的办公区域、新的办公设备，无疑为检察事业的开展提供了更加有力的后勤保障。见证你的旧貌新颜，与你共同成长，在我的职业生涯中具有不同的历史意义。

## 被你感动

记得2016年的一天，一个高中生和他的妈妈背着一大袋子的玉米从遥远的农村来到检察院。并送来了一面感激检察院捐资助学的锦旗。原来是这个高中生顺利地考上了大学，特地大老远来感激一直捐助他完成学业的检察院的叔叔、阿姨们。妈妈说："家里没有什么东西可拿的，就拿了一袋子的玉米给大家尝尝。"多么朴实的语言，又多么感人的场景。那天中午的食堂，一阵阵玉米的香味飘满了检察院的每一个角落，但是这玉米是从未有过的香甜，甜到了每个人的心田，甜进了每个人的精神境界，那境界里有着一种检察院传承的精神，那就是雷锋精神。来到检察院，我无时无刻不被这种精神感动着，这种精神一传就是二十年。1998年，铁岭县人民检察院设立寒窗基金，帮助那些贫困的学生实现自己的大学梦，共资助贫困学生十几名，累计助学基金达到14万元。被你的雷锋精神感动着，我也幸运地加入了传承雷锋精神的队伍，因为我也是从学生一步一步走到了今天的岗位，深刻地体会过一个渴望学习的孩子在没有经济支撑的时候的无助，在他们成长的路上能帮助他们一点

在档案室认真查阅档案　　　　　　在档案室认真整理档案

点，都可能是改变他们人生的一臂之力。爱心助学，愿我们的善举能够帮助越来越多的孩子，让他们的明天更加的绚烂多彩，能在知识的海洋不断乘风破浪，勇敢前行。与检察院的雷锋精神共成长，每刻的感动，精神的洗礼，用我的亲身经历去践行雷锋精神，让雷锋精神的火焰在检察院继续燃烧下去，更是在我检察生涯中谱写出了更加美好的篇章。

## 经历你的改革

2014年起，全国司法改革的脚步不断推动着检察院的发展与变化。所谓司法改革，就是指通过对司法系统、制度以维护司法公正为目标，以优化司法职权配置、加强人权保障、提高司法能力、践行司法为民为重点，扩大司法民主、推行司法公开、保证司法公正，为经济发展和社会和谐稳定提供有力的司法保障所进行的一系列改革措施。作为检察院的司法行政人员，在改革的过程中虽然没有什么变化，但是亲身经历院里机构的变迁，员额制检察官的遴选，司法辅助人员的划分……，改革的浪潮使得司法行政人员越来越稀缺，行政人员肩负着办案人员的后勤保障等等繁冗、复杂的工作，扛在我们行政人员肩上的重任也越来越多。越来越多的工作不断考验着我们司法行政人员。但是既然选择了检察，就要与检察共成长。我想人的潜力是无限的，虽然每天都是在不计其数的文件材料，跑上跑下的文件传阅，每天早、中、晚守时守点的机要收发，保密工作的自查、报告与总结，盖章用印，整理卷宗，在闷热的档案室中整理、盖章、编目、装盒、上架……中度过。但是，辛劳的汗水能伴随着检察的成长，"为自己不耗费时间的长河而点赞"，这永远都是无悔的选择。现今，档案室的工作也在面临着现代化、数字化的要求当中，要想做到规范化管理还需要大量的工作在等待着我去开发、去创造、去坚持、去完成。

## 你的分离

2017年11月4日，全国人大常委会通过了在全国各地推开监察体制改革试点工作的决定，国家监察体制改革是事关全局的重大政治改革，是国家监察制度的顶层设计，兹事体大，事关反腐胜局。至此，随着监察体制改革的不期而至，伴随着改革的脚步不断推进，检察院的反贪污贿赂局、反渎职侵权局的干警全部转隶至监察委员会。这就意味着一部分干警要面对与你分离的时刻。那些日子，实在令人难忘，虽然我不是转隶的一员，但是我的内心仍然同你们一样承受着分离的痛苦。转隶的干警就像是自己的家人，有很多前辈甚至在检察院工作了近30年。转隶前的那些日子里，我能够体会到他们内心的难过。送别的日子，很多人内心都是沉默的，不会用自己的语言表达更多离别的伤痛，留下的是一张挥手送别的珍贵照片，看着这张照片在单位群里转发，大家感慨万千，拿着手机写下自己此刻的心情，有心酸的难舍难离的痛，有对检察院美好回忆的不舍情怀，有对转隶干警美好祝福的激励……，看着大家的留言，我们都纷纷留下了不舍的泪水。曾经，反贪局、反渎局的工作给他们最后一代反贪人留下了美好的回忆，但是，新的起点、新的征程正在等待着他们去开创，无论你们走在哪里，你们所从事、所取得的成就都将是检察院的荣耀，祝福你们，检察院永远都是你的坚实后盾。因为我们拥有共同的目标，会共同履行自己的使命感和责任感，维护国家和人民的稳定和幸福。

在检察院成长的这六年间，我总是默默地坚守自己的理想和信念，我想之所以有这样的坚守，是因为我与检察院共同成长所产生的一种情怀，无以言表，它时刻激励我前行。每当看到自己的工作成果，自己奋斗的档案室、机要室……都会感觉到"它们是我的"的骄傲，让我感受到一片净土在你心田，让我充满动力去创造、去耕耘。我想不管是短短的六年，还是接下来的十年、二十年……，与你初识、被你感动、与你前行，这些都将是我人生最美丽的风景。与检察共成长，任重而道远，用我的青春与汗水去播洒检察事业这块大地，相信一切都是此生可待，我与你共前行，你与我共成长，我人生的终极事业，这注定是无悔的选择。

**作者为铁岭市铁岭县人民检察院办公室五级书记员**

## 朝阳市人民检察院篇

### 开篇语

凤凰鸣矣，于彼高岗；

梧桐生矣，于彼朝阳。

朝阳，一个古老而现代的城市，透迤着千年的古韵。这里史前文化灿烂，千年的积淀映射东方文明的曙光，孕育了一支信念坚定、执法为民、敢于担当，清正廉洁的检察队伍。1978年6月，辽宁省人民检察院朝阳分院成立，标志着朝阳市检察机关正式恢复重建。发展到今天，朝阳市人民检察院共下辖北票市、凌源市、朝阳县、建平县、喀左县、双塔区、龙城区"七个基

朝阳市人民检察院历任检察长

层院和城郊地区人民检察院。40年的岁月磨砺，40年的风雨兼程，朝阳检察人始终坚持立检为公、执法为民、开拓创新、锐意进取，紧紧围绕朝阳发展稳定大局，严格履行法律监督职责。

近年来，朝阳市检察机关在市委、省检察院的领导下，认真贯彻党的十八大、十九大精神和习近平新时代中国特色社会主义思想，积极推进检察工作持续平稳健康发展，执法理念与时俱进，检察机关社会公信力和影响力日益提升。五年来，依法办理了缴某骗取银行贷款1.4亿元案、孙某非法吸收公众存款16亿元案、"11·26"特大盗掘古文化遗址、古墓葬案，侦办了省司法厅原厅长张家成、抚顺市原市长栾庆伟、省监狱企业集团有限公司原总经理宋万忠等在全省乃至全国范围内引起重大影响的案件。主动寻找工作切入点，坚持打击治理并重，着力维护社会和谐稳定，切实强化诉讼监督，积极促进公平正义。特别是党的十九大以来，朝阳市检察机关积极开展公益诉讼，全面推进扫黑除恶专项斗争，服务优化营商环境，为朝阳振兴发展提供了有力的司法保障和优质的司法服务。

多年来，朝阳市检察机关始终把加强自身建设作为基础性、战略性工程来抓，持续深化司法体制改革，全面加强过硬队伍建设，不断提升司法能力水平。坚持不懈地加强对检察队伍的教育、管理和监督。深入开展党的群众路线教育实践活动、"三严三实"专题教育、"两学一做"学习教育常态化制度化和"星级党支部"创建活动，坚持以党建带队建，

恢复重建后全体干警合影

取得显著效果。五年来，共有2名检察干警分别被最高检授予一等功和评为"检务保障先进个人"；19名干警荣获全省检察系统"业务标兵""办案能手"称号。市检察院被评为省级文明单位、省级文明机关标兵单位、全省优秀检察院、市综合考评先进单位、综合治理先进单位、党建先进单位、扶贫工作先进单位等。2个基层检察院被最高检评为全国先进基层检察院。

在全面深化改革的伟大征程中，在改革开放40周年，检察机关恢复重建40周年到来之际，朝阳检察机关认真落实省院文件要求，积极组织筹备"检察好故事"征文活动，经过全市检察机关共同努力，共征集多篇优秀作品，从不同角度讲述了不同时期发生在朝阳检察机关的动人事迹，刻画了朝阳检察人忠诚、公正、清廉、为民的优秀形象。

2015年，公安部【2015】1号特大盗掘古文化遗址、古墓葬系列案件震惊全国，此案在全国同类案件中创下了"移送审查起诉人数最多、涉及地域最广、涉案文物最多、影响力最大"四个"之最"，堪称"共和国涉文物第一大案"。朝阳市检察机关公诉部门两级联动，组织精干力量，全力投入打击盗掘案件"攻坚战"，朝阳市院征文细致地书写了检察官们的办案故事；朝阳县院从检20余年的干警讲述了自己眼中最会过日子的检察官们，那与法院合用的老办公楼、近30年"检龄"的老风扇、油墨飘香的油印机、干警手中废纸头做就的简易记事本，看似老旧的物件见证了检察事业代代更迭、向前发展，老物件里藏着的是朝阳检察人传承不变的艰苦朴素的工作作风；喀左县院的老干警回忆起自己调查的第一起涉农案件，印象最深刻的却是办案途中当做工作餐匆匆咽下的一卷干豆腐，这背后的故事诉说了检察人是如何严守工作纪律，坚持公正司法；双塔区院等基层院用质朴的文字描绘了这样一群检察人，我们叫他老裴、小齐、祝姐……平实的称呼后面是每天忙碌在检察工作各条战线的优秀干警，他们中有人每日苦口婆心为上访人释法说理，化解社会矛盾纠纷；有人工作在电网高墙之下，筑牢刑事执行检察这法律执行的最后一道堤坝；有人奋战在公诉席上，以国家的名义鞭挞丑恶、控诉犯罪，维护法律的神圣和尊严。他们有的已经年过花甲、光荣退休，有的参加工作时间不长、干劲正足，他们和你我一样，事迹平凡又微小，小到日复一日的繁冗工作最终不过凝结为工作报表上一个不太大

的数字。他们的情怀热诚又真挚,毫无保留地将所有的热情都投入到自己挚爱的检察事业中。一天又一天,一年又一年,这些千千万万普通的他们、普通的你我、普通的检察干警,逐渐成长为支撑检察事业稳步发展的中坚力量。他们无私奉献、忠诚履职,负重前行却静默无声,他们是最值得我们记住,属于普通检察干警的检察好故事。

　　凌水凤山,勇往无前,朝阳检察人步履铿锵,高举习近平新时代中国特色社会主义思想伟大旗帜,全面落实"讲政治、顾大局、谋发展、重自强"工作要求,以更加昂扬的斗志、更加饱满的热情、更加务实的作风,高扬利剑、阔步向前,谱写更美的乐章,铸造更新的辉煌!

朝阳市人民检察院办公大楼

# "会过日子"的检察官们

**周维民**

有人说，人世间过于美满的，就称为"故事"，我今天说给大家的，只是"故"事，淡淡的感伤中还带有几分苦涩，也正因为成长得艰辛，所以更耐人寻味。

十四年前，经过紧张激烈地角逐，我以笔试面试均第一的成绩通过了公务员考试，踌躇满志地来到了这个辽西贫困县的检察院，主要职责就是综合文秘工作。

现在回想入院的第一感觉真是不太好，工作环境实在是出乎我的意料：检察院和法院合用一幢20世纪70年代末盖的五层小楼，三四个人挤在一间十多平米的小屋子里办公，全院连个像样的会议室都没有，一有重要会议或全院活动，就得借用邻近的其他机关单位大会议室。最让我惊讶地感到受不了的是全院只有一台微机能上外网，没有阅览室，一个科室只有一两样报纸，我当时"借驻"的政治处读物最多，也只有五种报纸。想到在学校的时候，几百种报纸杂志随便读随便看，现在却只能看点儿我认为枯燥无味的法律类杂志、报纸，真感觉从天堂坠落到地上一样。

而我到检察院上班的第一单"工作大单"，绝对让我终生难忘。一份简单的通知经过几次的修改校正后，主管检察长终于签上了同意印发的意见。我以为拿到打

朝阳县检人民察院和法院合用的老办公楼

字室打印出来一分发就算完事，谁知打字员却将通知稿打在了两张打字蜡纸上，然后告诉我去办公室取纸到楼上去油印！油印？不知你现在听了感觉如何？我那时差点叫出声来！直到确信没听错才按份数签字取了纸，皱眉来到五楼那个破旧的油印机前。问题又来了，我也没印过呀，想找个帮手吧，刚到这个新单位来，这层楼一个认识的人也没有！呆呆站了有一会儿，办公室五十多岁的老主任到楼上来了，见我还傻站在那儿发愣，笑了："小伙子，你走了十多分钟我才想起来，你刚到院里，可能没油印过材料，我帮你印吧。"

于是在他的耐心指导和帮助下，怎样加油，怎样用力，如何装卸蜡纸，我在手忙脚乱中一一记住要领。他则轻车熟路，边印边谈笑风生，好像是在加工美味食品似的。大概看出了我对油印的反感吧，又做起了我的思想工作，特别加了一句是邓小平当年在法国留学时也当过油印工人，而且技术非常好，说的时候那神情特自豪。让我印象深刻的是，他对弄到自己身上脸上的几点黑油迹熟视无睹，却对印坏了两张红色文件头硬纸心痛不已，强调了两遍：这纸贵呀，下次得小心呀。印完了还把那几张印错的纸拿回办公室，说是可以记电话号码用。现在想到他那摇头叹气的样子还能偷着乐上一回！

而我到检察院和同事发生的第一场正面冲突，竟然也是这个天天笑呵呵的老主任！

当时单位装的全部是那种插卡电话，三四个办公室共用一部。为方便工作，初装时全院30来个干警每人都持有一张能充值的电话卡，按规定每人每月充值额不得超过20元。十多年过去了，院里人数增加了一倍，卡却没有再添。加之有的坏了丢了，到我入院时，全院大概只有十来张卡了。这些电话机在多数情况下也就成了只能接不能打的接听器了。

记得我上班后不久，办公室主任交给我一张电话卡，郑重地说："你刚来，又分到综合科室，工作上的事会很多，我这张卡就给你用了。记住，

老式插卡电话

要公私分明。我这次给你充了50元，你要用两个月。"

接过卡后，我没当回事地就插在了电话机上。结果也不知是我打多了，还是别人也用了几次的缘故，大概有一个多月吧，反正不到两个月，我找他第二次充值的时候，他不满意了："你怎么用的这么快？是不是打电话聊天了？这次给你充20元，我看你能用多久！"

不巧的是，当天下午院领导便让我通知退休老干部第二天到县医院体检。全院21位退休老干部。加之个别人耳背或者行动不方便。平均每人二分钟，一轮下来少说也得40分钟，每分钟4角就是16元呀，等过几天再下通知让老干部取体检结果时，卡里已经没钱了，我当时连手机也没有，硬着头皮去充钱吧。老主任火了："又没了，是不是聊用不着的了？小年轻的就这么浪费能行吗？下月再来充吧！"我觉得委屈，也急了："不充就不充，下通知取体检表的事你愿意找谁找谁去！电话卡还你，反正又不是我个人用。"扔下电话卡，几乎是含着眼泪回到自己的办公室的。气鼓鼓地想：都说检察院是大机关，花点电话费又是公事，至于这么小气么？

过了一会儿，老主任却又把电话卡给我送了过来，诚恳地说："你这小伙子也有点脾气呀，这点儿像我。刚才是我不了解情况，错怪你了。哎，咱们单位这电话费是有预算的，超了不行啊。我用手机替你下完通知了，卡里给你又充了20元，我相信你也不会乱打电话的。"

我还能说什么呢？在我入院后的时间里，我渐渐地发现，老主任几乎从来不用办公室向外打电话，要知道：基层检察院办公室统管车辆、行装、财务、档案和全院干警的后勤办公保障。事情琐碎且多，不论节假日和早晚，只要他在办公室，就总能听到他那有个性的铃声和接电话时浑厚的男中音。和他相比，我这点难处又算得了什么呢？最让人心痛的是，三年后，办公室主任积劳成疾。竟

朝阳县人民检察院新办公大楼

然染上大叶性肺炎不治去世。也许你不会相信，当时有着29年检龄的他，月工资去世前只有983元，而他的手机费每个月却过百元！

"我的竞聘职位是办公室主任，我要做的是在我和我的同事的努力下……让检察院成为每一个干警温暖的家。"当年他竞聘时的铿锵话语仿佛余音在耳，而人却早已和我们天地永隔。斯人已去，精神独存。在艰苦的条件下，正是怀着和他一样朴素情感的检察人，支撑着和推动着一方检察事业的发展！

三年前，随着新县城建设的完成，我们终于可以搬进宽敞明亮的新办公楼去工作了，大家的喜悦之情溢于言表，但大概是多年的"积习难改"吧，搬家的时候，大家不约而同地把许多老物件当作跟卷宗档案一样珍贵的东西运到了新楼里，虽然他们也知道，有些东西可能再也用不上，但可能是寄托了太多的感情和回忆吧，扔了总是舍不得。于是类似的故事得以接着上演。

去年四月份，法研室张主任退休了，近四十年检龄的他，几乎在基层检察院所有的科室工作过，对检察事业有着极其深厚的感情。退休前几天，他找到我，脸色凝重地说："维民，我有两箱东西不能带回家里，留给检察院你们看着处理一下吧。"我跟着到他的办公室一看，整整两大箱古物：全是办案笔记、初查笔录、工作记录等文字材料。用他的话说，这些东西不能归档，但也决不能当废品卖给小贩。如果没有用处的话，就粉碎后再处理吧。我随意拿起一本翻了翻，有些泛黄的纸张上面密密麻麻的是手写的一份提审大纲，因是草稿，大概又经过了几番费心考虑，每一条都是改了又改，中间关键处的先后顺序也是调了又调。见我看得仔细，他低声问："这还有用吗？"我忙不迭地说："有用，有用。先留着，有时间一定要组织年轻干警看看，像您老当年学习学习。"听我说得认真，他笑了，像是安排妥了一件极其重要的事情一样如释重负。我知道这些东西凝聚着他太多的心血，见证着一个检察官成长的历程。它们的价值不在纸面上，而在一种态度，一种工作热情，一份沉甸甸的责任，更在于一种检察精神的传帮带！

张主任泛黄的古董笔记本

七八月份,辽西地区进入了烧烤模式。我到政治处去找一份文件,还没进办公室便听到了"咯吱吱……"的电器运转声。一进门,我乐了,"这个电风扇你们是从哪找出来的?"因为在老楼的时候我还用过它,修理的痕迹尚在,说起来它比我的检龄还长呢。两个小姑娘笑着说:"从库房拿的,样子虽然丑了点,但还能用,我们就抬回来了。"她们特意用了一个"抬",很贴切,那台老式电风扇单单那个铁底盘就有三四十斤,唯其如此,显得特别稳重,加上质量过硬,此刻还能效力检察事业,也真算得上是劳苦功高了。

仍在工作的老电扇,
还在传唱着那首
坚守的老歌

　　找到文件转身要走,发现一个小姑娘正在一个小本上做备忘录,大概怕我忘了归还,方便时好找我讨要吧。我的注意力不在她记的内容,我更关注的是她那个小燕尾夹制作的小本,A3纸的四分之一大小,分明是找一面已用过的纸裁剪而成,封面配有涂鸦,经过她这么一弄,显得简单实用。用她的话说,记的重要内容还没做完就留着,完成的就卸下,可以要单篇,取材方便,用之随意,随时可更换,了无痕迹。我问:"这是谁的杰作?"她们一同说:"刘姐教的。"看起来还是"传承"的结果!其实在老楼时也见其他同志用过,只是没有她们制作的精致罢了。

　　这些光阴的故事每天都在真实上演着,也许还将继续上演。因为有些习惯一旦融入生命,它就要像血液一样永远流淌。因其微小,所以普通,但也许只有这样的普通才能孕育伟大。正是这些"会过日子"的检察人,用他们的乐观、执着、勤俭和奉献,在最艰苦的环境下也能创造出可喜的业绩:将省级文明单位、省级先进基层院的荣誉高高擎起。也正是有了他们和他们的故事,我和比我更年轻的检察干警才能成长得这样快这样好,我感谢自己选择了检察院,我感谢有这些故事的陪伴润泽。我相信,在司法改革的大道上,有这些用最朴素的色彩讲述故事做底调的朝阳检察人,一定会有更亮丽的故事等着他们去演绎。

作者为朝阳市朝阳县人民检察院纪检组组长

辽检情怀

# 干豆腐的故事

**尹晓东**

　　那是二十多年前的往事了，那时我刚到喀左县检察院反贪局不久，做为一名书记员跟侦查一科的老科长办理一起实名举报村书记贪污的案件。在接到举报信的当天晚上，老科长通知我第二天早上提前半小时上班，随他下乡调查。老科长可是我院最有名的办案能手，经常被省院、市院抽调办案。我很崇拜他，乐意跟他一起办案，以便向他学习，提高自己的办案能力。

　　这还是我第一次去农村办理反贪案件，我很兴奋。我们驱车从检察院出发不一会儿，老科长让司机在路旁的一个集市停了下来，他下车买了一斤多的干豆腐回来。我十分奇怪，以现在的生活水平，早就没人愿意吃那东西了，再说检察人员下乡办案，通常都是在乡政府或村里吃工作餐，吃饭不愁，买它何用？也许老科长家人好这口，他担心办案回来太晚买不着，所以提前买了？我脑袋里冒出挺多想法，但我是一个新同志，不好冒失地问，心中的诸多疑问，只能闷在心里了。

　　1个小时后，我们到了乡政府，调取了一些该村的财会资料，然后准备开车去村里。乡里的工作人员告诉我

尹晓东（左一）与反贪干警研究案子

们，前些天下雨，村里通不了车了。果然，车从乡政府开出不久就走不了了，我和老科长只能弃车步行。山路泥泞，行走艰难，我还是头一次走这种泥路，鞋上沾满了黄泥。每一次提脚都很费劲，走几步就要用树枝刮鞋上的泥。刚走了一半路，我已经饥肠辘辘了。

快到中午，我们才赶到了村里。这是地处大山深处的一个小村子，非常穷，破落的村委会大院空无一人。我们一路打听，直接去了村主任家。村主任朴实热情，一再留我们在他家吃午饭，说先吃饭后干活，并解释说村委会不设食堂，上级来人，都是在他家招待，年终时在村里核销。我认为在这儿方圆几里没有饭店，这种特殊的情况下，在村里吃顿便饭，不算违反办案纪律吧，但不知为什么老科长谢绝了挽留。我心里琢磨着吃不上饭，给我们点水果、点心之类的垫垫肚子也行呀，可气的是那粗心的村主任只是勤快地给我们上茶倒水，我喝了一肚子的水，没吃到一点食物。从村主任家出来，饥饿难忍，我想找个商店，买些小食品充饥，但一打听才知道，村里曾有过商店，由于赚不到钱，前两年就黄了。真是屋漏偏逢连夜雨呀！

计划当天返回，办案时间显得有些紧迫，我们顾不上肚子就开始工作了。我们首先依据举报的问题，逐一进行调查。举报信反映：村书记王某在村集体土地、山地、林地租赁过程中，低价出让，个人收受承包人好处。同时还反映在农村扶贫工作中制造假名册，村书记亲属冒领扶贫款等问题。我们认真查阅村里的帐目材料，挨家走访相关证人，经调查发现，这是一起因竞选村干部问题引出的矛盾：村民分成了两派，落选派串通一些村民搜集现任村书记材料向检察院举报，想以此将现任书记整下台，但所举报的问题大都是道听途说，严重失实。虽然这样，我们仍然对此案进行了认真仔细的调查，调查结果是举报的所有问题均失实，村书记没有贪污犯罪的问题。

工作起来，肚子的问题给忘了，工作一结束，我感到浑身乏力，不断地出虚汗，我知道是低血糖，饿过劲儿了。调查结束时，已经是下午三四点钟了，我们回到村部，准备跟村主任告辞。还没进村部门，我就闻到小米饭的香味，那个香啊，让我至今难忘。进了屋门，村主任领我们进村部的打更房。只见屋炕上放好了农村那种年代很久的方木桌，油亮发黑，木头的本色已看不清了。桌子上放一盆小米饭，金黄金黄的，热气腾腾。一碗猪油，一小碗酱，一把洗干净的小葱。村主任说："我们这里环境艰苦，没什么好吃的，一点儿便饭，你们怎么也得吃点！让你们饿着肚子走，我们怎么过意得去呢？"这一定是村主任做了精心准备，让他的老婆做好了饭，然后拿到了村部，但村主任的真心相请，仍被老科长谢绝。我真不明白老科长是怎么了，难道他是钢铁铸就的不成，不知道饿？

要回乡政府，还有两三个小时的崎岖山路要走。没有能量补充，让我如何迈得动步？我一点力气都没有了。这时老科长从他手拎着的办公包里掏出了一个塑料袋，里面装着的恰恰就是那一斤多的干豆腐。忙的时候，我把干豆腐的事忘到脑门子后了，这时的干豆腐别提有多诱人了，我顾不上多想，不等老科长发话，拿起一张，卷成卷就往嘴里塞，它是那么的可口、那么的香。

和我一样，老科长也是急迫地往嘴里塞着干豆腐，原来他也知道饿呀！老科长边吃边跟我解释："在农村存在着各种势力，而且亲戚连着亲戚，关系十分复杂，我们办案人千万不能随便在哪儿吃饭，尤其是办理农村这种案件，双方当事人的眼睛都盯着你呢。我们办案不仅仅要清正廉洁、严格遵守办案纪律，还要更严格地要求自己，不能给人家怀疑你为检不公的理由，否则一不小心就会在群众中造成不良的影响。"老科长接着说："我们下乡办案，饥一顿饱一顿的是常事，容易落下胃病，我们要学会自己保护自己。干豆腐是黄豆制品，营养丰富，含水分多且含盐，口味好，容易下咽，拿起来就吃，当菜又当饭，而且，耐挤压，方便携带，它是我们办案人用作临时充饥的最佳食品。"

这时，我才恍然大悟，原来老科长这是有备而来呀。这一斤多干豆腐对我们来讲无疑是场及时雨。我是年轻人，能量上来的快，肚子有了东西，腿上立时就有了劲，那二十多里的山路也就不在话下了。

过了些天，科长又领我去了一次该村走访，像上次一样，他走之前又买了干豆腐，我在一旁建议说："多买一点儿。"

通过走访乡政府、走访村民了解到：该村党支部书记具备一定的政治素质和较强的工作能力，自身要求严格，办事公道、作风正派、不谋私利，村里的多项工作在全乡都走在前头，是能带领群众走致富道路的好带头人，但由于举报人反映他涉嫌贪污的问题，并在群众中广泛传播，破坏了村书记形象，对其工作产生了不利的影响。老科长跟我说："咱们不能一查了事，只注重办案的法律效果，还应当注重办案的社会效果，我们应该为村书记正名。"

检察院最终以没有犯罪事实对此案做出了不立案的决定。之后，老科长再次带我下乡，向举报人公布了调查结果，并在村里对举报的问题给村书记进行正名，挽回了查案对他的影响。

过了二十多天，县里纪检部门的工作人员突然找到我们，说是要了解这个案件的办理情况。原来举报人对我们的答复不服，向县人大提出了控告，第一条问题就是说办案人接受村干部吃请，办案不公，要求重新调查。经过县里的调查，事实很快被查清了，举报人最终承认了举报我们接受吃请的问题失实。我们把一斤多干豆腐充当一天干粮的事，被县里领导发现并受到了表扬：称赞我们在办案中执行办案纪律严格，清正廉洁，所办案件法律效果好，社会效果更好，在群众中树立了公正廉洁的检察官形象。

这时我对老科长真是佩服得五体投地了。老科长那句"不能给人家怀疑你为检不公的理由。"的话，让我铭记于心，受益一生。

现在，二十多年过去了，老科长早已退休。而我从当时的一名书记员成长为助理检察员、检察员、科长、反贪局局长、副检察长，先后14次被评为县市两级先进工作者；4次被朝阳市检察院授予"检察业务能手"称号；被授予中共喀左县委"优秀共产党员"；朝阳市"人民满意政法干警""十大杰出政法干警"和辽宁省第七届"人民满意的政法干警"荣誉称号；被省、市人民检察院荣记个人三等功两次，二等功一次。每当回忆我获得的这些荣誉，我都会不自觉地想起老科长与干豆腐的故事。这件事对我的人生起到了很大的作用。

现在我下乡办案时，我仍会带着些干豆腐。如果我带新同志下乡，我就会跟他讲我的老科长与干豆腐的故事，优良的传统不能丢嘛！

作者为朝阳市喀左县人民检察院副检察长

# 纪实:"摸金校尉"起诉始末

杨 琪

凤山苍苍,凌水泱泱,双塔巍巍,传承久长。

朝阳,一座辽西北小城,这里风光秀美、风情淳朴,历史底蕴丰厚沉实,有"三燕古都"之美称,又有"东方佛都"之赞誉,而在众多历史古迹之中,最值得称道的当属牛河梁红山文化遗址。红山文化始于5000多年前的农业文明,是北方细石器文化和仰韶文化的结合。20世纪80年代,在朝阳市牛河梁地区发现了规模巨大的坛、庙、冢遗址,出土了大量文物。牛河梁遗址的发现举世瞩目,将中华文明史提前了一千多年。随着一件件精美红山玉器和大量考古文物的纷纷面世,一些阴暗处的罪恶目光也投向了这里……

牛河梁红山文化遗址航拍图

2017年4月14日上午,朝阳市中级人民法院刑事审判庭内,公安部督办的"11·26"特大红山文化遗址盗销案正在宣判。"……被告人姚玉忠犯抢劫罪、盗掘古文化遗址、古墓葬罪,倒卖文物罪,决定判处死刑,缓期两年执行,剥夺政治权利终身,并没收个人全部财产……"随着法官庄严宣布,被告席上的姚玉忠面色阴沉、目光闪烁,终于慢慢地低下了头,接受法律的严惩。

姚玉忠何许人也?又是为何站

李雅慧审阅卷宗

在了被告席上接受如此之重的惩罚？让我们跟随检察官的脚步，回溯此案的公诉历程。

2015年4月1日，朝阳市人民检察院公诉处检察官李雅慧的案头又多了20余本厚厚的卷宗，这是"公安部督办第一号"特大盗掘古文化遗址、古墓葬案第一批移送审查起诉的卷宗，包括头号主犯姚玉忠在内的28人就在此次审查起诉范围内。李雅慧用最快的速度，在一周之内审阅完了全部卷宗，近14万字的文字材料，36起犯罪事实，千头万绪只待她一一梳理。

经过审查，她发现这个案子嫌疑人之间的关系错综复杂，证据链条尚不够严密完整，整个案子距离达到起诉标准还有很多工作要做。她深知，姚玉忠团伙为了一己私利在牛河梁地区大肆盗掘古文化遗址，倒卖古文物，给国家造成了不可估量的损失，其犯罪行为之嚣张猖獗更带来了极坏的社会影响，此案必须严格把握案件质量，必须办成铁案，让罪犯得到应有惩罚！

为了尽快理清案件事实和相关佐证，李雅慧将审查工作做到细之又细。案件办理过程中，她提审嫌疑人30余人次，每次提审前都细心制作询问提纲，力争将每一起犯罪事实的证据都砸实砸准，固定到位；她还和公安人员一起向红山文化的专家请教文物鉴定、遗址勘察等相关知识，认真查缺补漏，将每一根证据链条上最微小的瑕疵都拿出来反复考量，并向公安机关提出有针对性的补充侦查建议11条。

"这些不算什么，"李雅慧说："办案子，苦和累是难免的，最难的是如何攻克头号主犯姚玉忠，那真是心智上的一场较量。"

姚玉忠，"11·26"特大盗掘古文化遗址、古墓葬案的头号主犯，性格阴狠狡诈且十分嚣张，自称红山文化的"祖师爷""第一高手"。从2012年到2014年的11月26日案发为止，检察机关认定姚玉忠的犯罪事实有20余起，但在盗掘过程中，每当发现有文物的踪迹，他就支开身边的人，自己起赃。他到底拿走了多少，拿走了什么，那些文物最终流向了哪里，没人知道。正因为没有其他言词证据佐证，姚玉忠对自己的犯罪事实一概否认，给侦查、起诉工作带来了很大的阻力。

第一次提审姚玉忠时，李雅慧发现此人极为谨慎多疑，即使是在非常确凿的证据面前，依然对其所犯罪行矢口否认，一言不发。对待检察人员的讯问一概回以"不知道""没这回事"，当李雅慧拿出其他同案犯的供述，他仍然言之凿凿："他们是瞎说，我对红山文化只是爱好，跟盗墓根本不是一回事。"李雅慧发现，虽然姚玉忠口中拒不认罪，但从他闪烁的眼神、畏缩的肢体语言中可以判断，他根本不像他所说的那样无辜。面对这种消极对抗的嫌疑人，李雅慧知道，要拿到他的供述难上加难，要想让他认罪伏法，必须拿到其他同案犯的真实供述、大量的物证和其他证据，以形成完整严密的证据链条，铁证如山，才能让罪犯无处可逃！

这是一段漫长的时间：下班拥挤的人群里没有她，她在看守所里提审嫌疑人，长达三四个小时的讯问，只为攻破心防，拿到最真实的供述；周末休闲放松的人群中没有她，她在烈日暴晒的山坡上，实地勘察被盗掘的现场，将之与嫌疑人供述一一印证；聚会聊天的朋友中没有她，她在公安局的会议室里，一次次联席会议，研讨适用法条、提出补充侦查证据意见；夜晚家中温暖的灯光下没有她，她在办公室里与一本本卷宗相伴，键盘与咖啡相伴的夜晚，她将十多页的起诉书写了又写，改了又改，最终要将它锤炼成一柄利剑，精准有力，让嫌疑人在铁一般的证据面前逃无可逃，避无可避。

五个半个月的紧张工作之后，历经两次退回补充侦查，李雅慧终于将案件的来龙去脉梳理清晰：姚玉忠等12人自2012

公诉处干警集体讨论案情

年夏至案发期间，涉嫌盗掘古文化遗址、古墓葬行为19起；倒卖文物行为8起、抢劫1起。公安机关移送审查起诉的其他16人另案处理。

2015年9月18日，朝阳市人民检察院将姚玉忠等12人犯盗掘古文化遗址、古墓葬罪，倒卖文物罪，抢劫罪一案向朝阳市中级人民法院提起公诉。经过长时间准备，诉前工作做得十分扎实，可以说在开庭前已经万事俱备。李雅慧却丝毫没有案件即将结束的放松之感，相反她更加忙碌和紧张，她说："以我对这些嫌疑人的了解，法庭上极有可能出现我们意想之外的情况，我必须做好万全的准备。"

2016年1月29日，朝阳市中级法院开庭审理姚玉忠等人抢劫、盗掘古文化遗址、古墓葬案，为防止庭审环节发生意外，李雅慧打破传统讯问方式，采取单独讯问与交叉讯问相结合的策略，进一步巩固证据。但是，挑战总是突如其来，庭审中，姚玉忠同案的刘某、倪某、董某3名被告人对自己盗掘古文化遗址、古墓葬的行为拒不供认，当庭翻供！这三人在侦查环节曾做出有罪供述，其供述也是给姚玉忠定罪量刑的证据链条中的重要部分。当庭翻供，打乱了公诉人原有的讯问计划和节奏，也会对后面其他人的审理产生不利影响。李雅慧当机立断，决定打一场速战速决的心理攻坚战。她利用休庭时间去见了刘某等三人，一见面她就开门见山地说："我知道你们为什么翻供，无非是还存在侥幸心理，觉得不认罪法庭就会轻判，甚至无法给你们定罪。你们觉得这现实吗？公安机关、检察机关在这个案子上投入了前所未有的时间和人力，做了大量的工作，如今证据确凿才提起公诉，怎么可能因为你们几个人的口供改变案件结果？即使你们翻供，我们也有足够的证据证实你们的罪名，你们必定要接受法律的惩罚。"李雅慧一语中的，刘某等三人见自己心里的"小算盘"被无情戳穿，眼中不由得漏出疑惑犹豫的神色，李雅慧看出三人已有动摇之意，便给他们又加了一码："虽说如此，但我也要负责任地提醒你们，刑法六十七条第三款规定，犯罪嫌疑人如实供述自己罪行的，可以从轻处罚。这是你们最后一次机会了。"听完李雅慧这一席话，这三人彻底放弃了负隅顽抗，选择当庭认罪，庭审工作再一次回到正轨，对姚玉忠的指控顺利进行。

2016年4月14日，朝阳市中级人民法院对姚玉忠等12人公开宣判：姚玉忠被判死刑，缓期二年执行，其余被告人分别被判处无期至有期徒

姚玉忠等人宣判现场

刑三年、缓刑三年不等的刑罚。

截至2016年4月，朝阳市检察院共审查起诉盗掘古文化遗址、古墓葬，倒卖文物案18件164人，对相关职务犯罪立案1件1人。此系列案涉案人员遍及11个省区20余个市县，涉及一级文物248件（套）、二级文物142件（套）、三级文物262件（套），其中尤以玉猪龙、勾云形玉佩、马蹄形玉箍等红山时代文物最为珍贵，很多文物还是首次发现，在全国同类案件中创下了"移送审查起诉人数最多、涉及地域最广、涉案文物最多、影响力最大"四个"最"，被称为"共和国盗墓第一大案"。

作者为朝阳市人民检察院教宣处科员

# 以柔"克"刚 化解千千心结

范嘉伟

标准的国字脸,一头短发,干练利落,声若洪钟,眼镜后的双目炯炯有神,身上透着一股刚正不阿的气质,第一次见面就会给人留下深刻印象。

"老裴"年轻时

他就是裴克,人如其名,克己守心,以柔克刚。1985年入党,1988年步入检察机关,曾担任过双塔区人民检察院民行科科长、控申科科长、派驻龙山街道检察室主任。现在大家都爱叫他"老裴",这是因为今年一月他已经光荣退休了,掐指一算,老裴已经在检察院工作了三十年,而他所经历的那三十年的岁月,也是新中国检察事业不断发展的光辉岁月。接下来就让我们来听听他的故事吧。

"信访人都是因为受到某种委屈才来检察机关要求解决问题的,这种委屈可能因其合法权益受到侵害,也可能是信访人的自我感觉,但无论是哪种情况,作为一名控申科的干部,都不能先入为主地认为这是无理取闹。"老裴在他的办案札记中这样写道。

从2008年老裴担任控告申诉科科长开始,他便养成了手写办案札记的习惯,这既是他对自己每一次接访工作的总结,也是对自己的鞭策和提醒。控申工作与其他工作不同,除了要掌握相应的法律法规,更重要的是,要对群众有感情,要想群众之所想,急群众之所急。每次科里开会,他总是语重心长地对干警强调"群众利益无小事,党员干部要敢于担当责任，勇于直面问题，善于化解矛盾"。他是这样说的，更是这样做的。6年的控申生涯，不时接访和下访信访群众已是老裴日常工作中的家常便饭，尤其针对部分上访老户"以访为业、靠访养家"的扭曲心理，他更是采取定期回访、电话联系等多种渠道，及时掌握他们的思想动向，了解他们在工作、生活中存在的困难和问题，灵活运用生活帮助、法律援助、情绪抚慰等方式，切实为他们排忧解难，使上访人充分感受到法律也有温情，不知不觉间化解了群众心中的怨愤，搭建起党员干部和群众的"连心桥"。

老裴（左三）参加法治宣传

老黄信访案就是其中的一个典型。

2008年盛夏，北京奥运会开幕前夕，老裴正在忙着整理市院交办的息访案件，科室小王突然急吼吼地跑过来说："科长，你去看看吧，有个老访户指名要找你！"原来，控申接待室来了一位信访界有名的"大人物"——老黄。据悉，他的信访案件那可是在中政委、高检院都挂了号的。

来到接待室，老裴就看见老黄正向接访的干警展示着什么。"我车票攒了一大兜子，都是信访的，这有几张你瞧瞧。"老黄把手伸进布袋子，从一把纸卷中捏出一张纸出来。纸上整整齐齐地贴着一张张车票，有一块钱的北京地铁车票、十块钱的北京出租车票、伍角钱的北京公共汽车车票……

老黄年近六十，漫漫人生路里，他最近的十年写满了颠沛流离，两次重病手术，从中年进入老年，饱尝人生疾苦。

是什么让他如此痴迷地赴省进京数十次信访上告，又是什么改变了他不断上访的信念？

这事还得从1999年说起，老黄的父亲因涉案在被公安机关审查时突发心脏疾病死亡。双塔区人民检察院在依法介入并经全面调查后作出结论：原办案机关在办案过程中程序合法，办案人员无刑讯逼供行为；黄某某发病后及时抢救，无渎职行为，决定不予立案。我院将调查结果向老黄反馈后，老黄因不信任、不理解，偏执地认为其父之死是办案人员暴力取证、刑讯逼供所致，多次到省、市信访部门和市检察院反映相关部门推脱不处理问题，并要求追究公安机关法律责任，提出高昂的赔偿要求。就这样，老黄走上了近十年的上访之路，并先后数次以跳楼自杀相威胁，在社会上造成了极坏影响。

做为此案的负责人，老裴多次上门进行帮教和说服，动之以情，晓之以利害，责之以法律，不厌其烦地给老黄及其家人讲解，但都收效甚微。老黄完全一副有恃无恐对抗到底的态度，根本听不进去，满脑子都是"官官相护"的猜疑。甚至说："说这些都没有用，要么给赔偿金，要么赶紧把老子逮走，五十多岁了，正愁没地方养老呢！"完全不拿法律当回事。

面对如此难办的缠诉案件，老裴没有退缩，而是以一颗诚挚的心和坚忍的毅力开始了漫长的帮教和说服工作。不厌烦、不气馁，老黄每次来检察院，老裴和同事都耐心倾听、循循引导，其间，老裴还多次给他打电话或找院领导一起与他谈心。慢慢地，老黄从只自己说不听老裴一句话，到对老裴的插言不反感，最终，老裴说的话他终于能慢慢听进去了……

当得知老黄因上访造成生活拮据、没有工作、其父骨灰无钱取回等诸多困难后，老裴与院领导辗转多处，终于与信访局、财政局、社保局等多家部门协商，帮助他取得了社会救助金，减免其父多项安葬费用，偿还了老黄因病住院所欠的医疗费，又安置了住所，办理了医疗保险和最低生活保障。这期间，老裴因为过度劳累晕倒了，科室干警都劝他，别跑了，有什么事儿交给我们做好了，但老裴不放心，他总说，没事儿的，老百姓信任我，我就能坚持。更让老黄感动的是，经过老裴与院领导的多次沟通协调，在院里多个部门的帮助下，还帮助他找到了一份满意的工作。生活有了着落，笑容渐渐回到了老黄的脸上。当得知他的女儿考上大学后，老裴自掏腰包前去祝贺，他真切地对老黄说："如此优秀的女儿长大了，你也要好好生活啊！"

如果说老黄是一颗铁树，那老裴的真情付出就如水，真心地浇灌，终于在老黄的心中开出一朵花，或许他并不知道是从什么时候起，自己的心房也变得如此滋润。

这一天，天气雾蒙蒙的，飘着小雨。得知老黄又来到了检察院，老裴和同事电话汇报给院领导后，三人一起来到控申接待大厅，一面为老黄倒茶、让座，一面询问老黄："您还有什么情况需要反映，我们想办法给您解决。"

老裴（左二）和同事在一起

想不到的是，老黄竟然说："你们想着我只会告状？我今天不告了，我是来停访息诉的！"

三人睁大眼睛惊诧地看着笑盈盈的老黄，一时说不出话来。

老黄接着说："因为我的事，你们又是给我打电话说，又是到我家给我做工作，还联系区政府的领导给我做工作，就冲你们这态度，我想通了，事情过去好几年了，我不能老纠缠你们。要不是你们这么耐心开导、真心帮助我，不知道还要鬼迷心窍地折腾多少年呢！谢谢你们帮我找到了生活的方向，我保证不再上访了！"

老裴看着头发上还有一层白茫茫雾水的老黄，心里突然有些感动。这位在"信访界"让很多人至今想起都会心里发颤的名人，终于彻底息访。

"直面矛盾，费心尽力，排忧解难，力促和谐。"这是对老裴6年控申工作最好的诠释。这6年，写满了心酸与振奋，也叙说着无数的感人瞬间。老裴在办案札记上这样形容控申工作："苦口婆心后，总有感动，奔波游走后，总有欣喜，如果再让我重新选择，我依然愿意坚守在信访工作的第一线，因为我愿意看到老百姓在我的帮助下，没有了矛盾和烦恼，只有漫天的彩虹和阳光。"

老裴虽没有惊天动地的壮举，却无时不在显示着朴实无华的榜样作用。老裴多年的不懈努力和勤奋工作不仅得到全院上下的普遍认可，同时也受到上级领导和社会各界的一致好评,老百姓中流传的一句话:"心有不平向谁说,双检控申找裴克!"这是对裴克同志多年克己守心,立检为公,全心全意为人民服务,认真做好本职工作的最好注解。

这就是老裴,一个"心头总挂群众苦,脑中常思百姓甜"的控申干部,一个选择无悔、大爱无垠的检察官。现在,老裴退休了,有人跟他说,你啊,终于可以歇歇了。但老裴却说:"我在检察院30多年了,感情深啊,以后无论我在哪儿,对法律、对检察事业,我心依旧。"

作者为朝阳市双塔区人民检察院政治处科员

# 一个驻监检察人的工作纪实

齐晓东　樊　淼

2014年，我通过国家统一公务员招录，进入辽宁省朝阳市城郊地区人民检察院工作，成为一名地地道道的检察新人。进院不久，我根据院党组的统一安排，开始从事刑事执行检察工作，一干就是五年。匆匆五个寒暑，我的驻监检察生活就这样日复一日、年复一年地进行着。在这五个年头里，我从一个法律的学习者成长为一名法律的执行者。从开始的懵懂，到现在的熟知，这五年我收获了太多太多。

城郊地区检察院辖区内有6所监狱和1所监狱医院，我被派驻到的是凌源第一监狱，这所监狱的在押犯人全部为重刑犯。对于监狱的印象，我以前只能从影视作品中了解，无论是《肖申克的救赎》中的强者自救、圣者渡人，还是《监狱风云》中的善恶剖析，阴暗面的揭露，都传递给我一个信号——监狱是个阴森可怕的场所，里面有高墙电网、牢头狱霸，视线之所及看不见广阔的蓝天，甚至连呼吸的都是压抑而沉重的空气。我能否适应这样的工作环境？服刑人员到底是怎样的存在？我能在这里做些什么？我将发挥什么样的作用？带着太多的问题，怀着忐忑不安的心情，我开始了驻监检察生活。

齐晓东工作过的监狱

我清楚记得第一次去监狱劳动现场检查时的情形，200余双眼睛齐刷刷看着我，我听到自己无法抑制的心跳声，紧张到了难以表述的程度；第一次进行教育谈话，当面对面与服刑人员接触时，我

齐晓东的同事们在监狱内开展法治宣传

才真真切切感受到服刑人员的心理状态，才知道即使犯了再严重的过错，他们也是人，也有和常人一样的喜怒哀乐；第一次接待服刑人员家属，真实地感受到了法律的威严及犯罪对家庭的伤害，更加清醒地认识到帮助服刑人员改造，让他们向善向好，尽可能的重获新生，挽救的不只是个人，而是一个家庭的命运。在这一次次的第一次中，我认识到了刑事执行检察的职责，更加深刻地知道，刑事执行检察是法律执行的最后一道堤坝，也是服刑人员人生的一个全新起点。

近五年的时间，我养成一个工作习惯，每一个工作日都要填写监狱检察日志，记录下当天的工作情况，再回首时，这厚厚的日志里，也写满了我的青春和成长。日志里面的主人公是各形各色的在押服刑人员，他们或阳光或沉寂，或迷惘或追悔，他们的家庭各不相同，性格特征迥异，但都有着自己的不幸，自己的故事，自己的堕落，自己的新生。在他们或喜或悲或长或短的故事里，我时而充当一名旁观者的角色，时而充当一名参与者的角色，时而充当一名见证者的角色，我以时光做笔，用一页页纸，用一行行字，书写着自己的工作实录，也在总结着自己作为一名刑事执行检察人的工作感悟。

记得那是2017年7月的一天，50多岁的河南籍服刑人员吴某找到我，要求为他争取减刑。吴某对此很自信，认为自己能折减10多年，他把所有的希望都寄托到我的身上。吴某的信任，让我感觉到肩上责任的重大，我迅速采取行动，深入调查，通过查阅相关卷宗和吴某深入谈话，

495

最终掌握了此案的原委：吴某在1997年因抢劫致人死亡，被判处死缓，因同案其他两人在逃，他被暂时劳教3年，期满后出狱不足一个月，同案的其中一人被抓捕归案，在这名共同犯罪嫌疑人被判刑的同时，吴某也被判14年再次入狱。经过努力改造，他在狱中获得了减刑，服刑到第8年时出狱。可真的是"天不尽人意"，就在吴某出狱不到两个月，同案的另一名嫌疑人也被抓获判刑，吴某也因此再次被判死刑缓期两年执行，并到凌源监狱管理分局一监狱服刑。入监以后，家人慢慢与其断绝来往，现已多年不再联系，吴某心里有苦有屈无人诉说，最终把目光锁定在驻监检察室工作的我身上。详细了解吴某案件的来龙去脉，我心里开始盘算办好此案的小九九，我知道吴某这种情况按最高法最新的司法解释，应可以予以刑期折抵，便在第一时间将吴某申请减刑情况分别向本院主管领导和检察长做了汇报，得到两位院领导的高度重视和全力支持，并指示立即向朝阳市人民检察院、省院干警做出报告。辽宁省检察院为此多次来凌源一监狱找到吴某本人核实情况做笔录。2018年1月，在最高检和河南省检察院协助下，河南省高级法院做出处理，同意为吴某办理刑期折抵。目前，河南高法已发委托函至辽宁高法予以办理。当将案件处理结果通知吴某的时候，他激动得难以自抑，眼中含着热泪说："我非常感谢政府，感谢执法公正的检察官，是你们给了我重生的机会。"并且深深地鞠了三躬。就在那一刻，我真切地感受到，或许刑事执行检察没有公诉、批捕等部门的光鲜亮丽，但是只要一心为民，只要尽职尽责，只要肯干实干，一样维护着法律的权威，保证法律执行的公平正义。

　　监狱内的服刑人员虽然都因触犯法律而入监改造，但从另一个角度来讲，他们的身上都存在着不同的悲剧，甚至是不可言说的伤痛。我曾经在接待中遇到这样一位母亲，她已经60多岁了，满头的白发，一脸的沧桑。这位母亲跟我讲，她的儿子姓杨，在一监狱服刑五六年了，但是从没减过刑。这位母亲没有过多的话语，但我却深知她的希望是什么，我还知道法外还应该有真情。我默默记下这位母亲儿子的名字，并通过监狱干警和其儿子杨某本人了解到，30多岁的杨某因犯抢劫罪被判无期徒刑，因本人存在消极怠慢情绪，在监狱不积极改造，甚至经常出现违纪情形，所以监狱从未对他提起减刑。而他的老母亲，从河南老家平均两三个月来监狱探望一次，此生最大的希望是儿子能早日出狱与她团聚。

杨某母亲的现状并不好，除了靠做手工纳鞋垫维持生计，没有其他任何经济来源。我为这位母亲对儿子的深情所感动，决定与这位母亲联手，共同让她的儿子早日回归社会。我与监狱方面沟通协调，通过多次家属接见、亲情电话、教育谈话等各种方式，用法、用情、用理、用真心温暖着杨某，感化着杨某，挽救着杨某。功夫不负有心人，一段时间后，杨某主动找到我表态，以后一定好好改造，争取早日回家，早日回归社会。为了鼓励杨某改造，城郊地区检察院正式建议监狱可依法对杨某提请减刑。2016年，在杨某个人积极改造和大家共同的帮助下，杨某顺利减刑，这是他服刑6年来的第一次减刑，杨某内心深受触动，从而进一步激发他向善向好的积极性。监狱机关高度赞赏朝阳市城郊地区检察院多年来为维护监管稳定、维护犯人合法权益，起到了至关重要的作用。这件事让我明白刑事执行检察的责任不仅仅在维护刑罚执行、法律权威，也是在彰显人性善恶、人间正义，认真履职对我们来说是应尽的义务，对服刑人员来说，却意味着人生的又一次转折，是重获新生的希望所在。

驻监检察人员没有过惊天动地的事迹，我们不曾奔驰千里抓捕罪犯，我们不曾在公诉席上与嫌疑人唇枪舌战，我们很少有站在聚光灯下闪光的时刻，甚至社会上很多人还不知道有我们这样一群刑事执行检察人，每天都做着平凡的工作，走着固定的线路，踏遍监狱的角角落落，审视着监管的各个环节。这样平凡而重复的工作，却因为维护监管场所的安全稳定和保障在押人员的合法权益，体现出了重大而不平凡的意义。而如此重大的意义，必然要求我在这看似平淡、重复、简单、枯燥的工作中，善于发现问题，分析问题，及时处理问题，求真务实，严格履职，最终在周而复始的实践中创造成绩的历久弥新。

朝阳市城郊地区人民检察院

根据高检院的最

新指示，刑事执行派出院将结束传统的驻监检察，改为巡回检察。而我也将告别短暂的驻监检察生活，开始新的工作方式。但是，近5年的驻监检察工作经历让我明白了自己的职责、自己的任务、自己的使命。或许这份职业不够伟大，但它却能影响很多人的一生；或许这份工作不够光鲜亮丽，但它却朴实无华；或许它仅仅是法律监督中微小的一部分，但却也彰显着法律赋予的无上荣光。

既然选择了远方，便只顾风雨兼程。无论以后刑事执行工作如何改变，我都将坚定信念，整理好自己，扬帆再启航。

齐晓东为朝阳市城郊地区人民检察院刑罚执行监督科五级书记员
樊淼为朝阳市城郊地区人民检察院案管科五级书记员

# 巾帼展风采  青春铸检魂

李 鑫

身材娇小,气场强大,脸上带着从容的笑容,但难掩骨子里透出的坚韧、自信。她,就是喀左县人民检察院公诉科检察官——祝琳。她是有着独特气质的年轻女人,有人说她"有侠气",古道热肠、光明磊落、刚正不阿;也有人说她"接地气",聪明睿智、热心助人、救危济困;她说自己只是千万名检察官中最普通的一人。

女检察官风采

2009年,祝琳从沈阳大学毕业后,通过了国家司法考试,2011年通过公务员考试进入喀左县人民检察院工作。8年来,她柔肩担道义,用她的努力和坚持,真正做到了"干一行爱一行、钻一行精一行",真正为检察事业奉献了自己的青春才华,在平凡的岗位上做出了不平凡的成绩,先后被评为喀左县"优秀共产党员",被朝阳市人民检察院评为"最美女检察官",并荣获个人三等功一次。她从一个腼腆文静、稚气未脱的学生成长为如今一名理论功底深厚、业务技能扎实的检察业务骨干。她的每一步成长,无不浸润着喀左县人民检察院这一充满友爱向上氛围的滋养,无不凝结着领导同事们的呵护关怀。

"善良的姑娘,有情怀的法律人……"这是喀左县人民检察院检察长王延丰对祝琳的评价,他说正因为有着一大批像祝琳一样的年轻检察官无悔奉献青春,忘我工作,成为了建设法治社会的中流砥柱,让他们在前进的征途中一往无前，脚步铿锵。

公诉工作因为直接关系到具体的犯罪嫌疑人是否需要追究刑事责任，接受刑罚处罚，决不容半点懈怠，看似站在公诉席上神气威风，背后却凝结了无人知晓的辛酸和努力。祝琳一刻也不敢松懈，她潜心钻研法学理论，关注研究司法解释，站在法学理论前沿，积累法律专业知识，不断提高自己的即席答辩能力。通过不断地钻研和努力，她成为科室的业务骨干，并被朝阳市人民检察院选派参加辽宁省十佳优秀公诉人竞赛。在庄严的法庭上，她将行文缜密的起诉书化作鞭挞丑恶、护法为民的檄文，将法理交融的答辩词化为揭露犯罪、证实犯罪的利剑，她以实际行动维护了法律的神圣和尊严。

从办理第一个案件起，祝琳同志就把功夫下在"准"字上，严格把握案件的事实关、证据关、定性关。近年来她承办了大量涉案人员多、案情复杂、涉案金额大的疑难案件。承办这类案件，不仅考验承办人的业务功底，还考验着承办人的身心承受能力。为使罪犯绳之以法，正义得以伸张，她对经办的每一起案件，始终保持着强烈的责任心和正义感，为查明事实真相，无眠无休、加班加点，她曾经36小时工作在办公室，没有回过家，饿了啃个饼子，泡袋方便面，困了在桌子上趴一会儿、沙发上躺一会；她曾经连续两个多月没有午休，每天吃完午饭就趴在电脑前认真翻看卷宗。她曾经在3天时间内翻阅整理了卷宗500册；她曾经发着高烧，咳嗽着撰写公诉报告。在她的细心和认真下，所有的公诉高质量完成，均做到了高标准、零误差。作为公诉人，她出差、提审、出庭成为家常便饭，8年来，她独立承办案件300余件，与同事共同办案300余件，出席法庭700余次，翻阅卷宗2000余册。仅2015年度独立办理案件就达110件，平均办案期限2天/件。办案以来，她一直保持着无错案、无超时限案、无违法违纪案、无被举报或投诉案的记录。

女检察官风采诉书

2015年年初,她承办了朝阳"11·26专案"部分嫌疑人审查起诉任务,此案系震惊全国的十余个犯罪团伙疯狂盗掘古文化遗址、古墓葬案,涉案范围之广、涉案犯罪嫌疑人之多、涉案文物之贵重,全国罕见,是建国以来单案抓获犯罪嫌疑人人数和追缴被盗文物数量最多的案件。截止到2015年11月,盗掘古文化遗址、古墓葬案涉及犯罪嫌疑人308人,涉案人员遍及11个省市、20余个县市区。祝琳同志负责办理了朝阳市人民检察院交办的司玉民等十五人盗掘古文化遗址、古墓葬案及马德阳、尤贵高二人盗掘古文化遗址、古墓葬案。因案情在全国具有重大影响,为了快速保质保量完成任务,她日夜加班,周末无休,兢兢业业、不知疲倦。由于盗掘犯罪团伙人员众多,羁押地点分散,她风餐露宿、日夜兼程,多次往返于朝阳市、建平县、喀左县、建昌县等地提审犯罪嫌疑人。有一次她与同事一起去提审,正赶上下大雪,土路泥泞不堪,她们乘坐的警用车深深地陷在雪地里,走不动了。她主动跳下车,踩着及膝的雪用双手推车。十分钟,三十分钟,一个小时,等到车能正常行驶了,她和大家一样都成了雪人。提审结束之后,天色已经很晚了,他们又连夜赶了回来。又冷又饿,夜里她就发起了高烧,领导让她在家休息一天,但一想到还有那么多工作要做,她依然按时来到了办公室。亲戚朋友都不理解:这么拼命地干,上顾不了老,下顾不了小,还得罪人,图啥呢?这时,祝琳总是说:作为一名人民检察官,就得对得起人民的信任,对得起胸前的检徽。正是凭着对检徽的深深热爱,每件案子都诉得出、判得上,她做到维护了人民利益、维护了法律的尊严。

办案途中

自从开展扶贫工作以来,祝琳同志视贫困群众为亲人,不怕苦不怕累,走村入户,用真情投入到扶贫工作中。为了将法治关怀送到广大农民群众尤其是妇女同志的身边,她围绕防止家庭暴力,维护妇女儿童合法权益和宣传国家扶贫惠农政策，预防涉农职务犯罪两个主题，印制大量宣传资料，发放给黄花店村村民，并为他们无偿提供法律咨询服务。"她像我们自己闺女一样，解答咨询的法律问题很有耐心，非常认真，还用大白话解释给我听，真是我们村民的贴心人啊！"提起她，黄花店村的大娘大爷们赞不绝口。为了找到开展扶贫工作的思路，她认真钻研扶贫政策，入户走访倾听贫困户的心声，进一步了解贫困户的所思所愿，帮助群众真正排忧解难。走进贫困户张树立的家时，她真的想哭。2017年，张树立因车祸重病在床，家里还有一个30多岁的脑瘫女儿和年迈的老伴，小屋内的被褥及衣物一片狼籍、极其脏。从贫困户家回来的当天晚上，她躺在床上失眠了半宿，第二天她从自己的家里找出新的毛毯和被褥。在第二次去他家时送去，并询问其他生活需求，针对他家的特殊情况，嘱咐村里多多关注他家的生活起居，有困难及时与她沟通。她用女性独有的仔细周到给予贫困户关怀扶助，让扶贫工作更加得民意、暖民心。

长年埋头在案卷堆里，奔走在看守所，昂首在公诉席上，这是公诉人的真实写照。在祝琳的时间表里，从来没有假期，只有工作需要。记不清多少个节假日，是办公室的一盏盏孤灯、一摞摞卷宗陪她度过。人生就是一个大舞台，每一个平凡的女性都在演绎着自己的人生大戏，她们用自身的实际行动，在本职岗位做出了令人赞叹的业绩，但背后都有着可歌可泣、感人至深的人生故事。作为女人，祝琳也有自己温暖的家、可爱的孩子，可是为了挚爱的检察事业，她将这一切都放在一旁，作为一名现役军官家属，丈夫常年在外，顾不上家，她只能狠心将年幼的孩子托付给年近七旬的双亲照顾。父母均生活在距喀左县城100余公里外的朝阳市区内，她为了让年幼的孩子能吃上母乳，只能将母乳吸出后冷冻，每个星期回家一次时带给孩子吃。一次，正在院内加班，她接到母亲的电话："孩子病了，想你了。"虽然内心十分焦急，但此刻的工作还没有结束，她只能嘱托母亲将孩子送到医院治疗。当她忙完了手头的工作赶回家，见到瘦了一圈的孩子红着眼说："妈妈，我打针没哭。"听到这些，她泪如泉涌，是啊，哪个母亲会不心疼自己的孩子啊！可是孩子发烧还没有退，她又返回了工作岗位。她也只是一个普通的女人，渴望家庭的温暖，希望在父母膝下承欢，可是她选择了检察事业，选择了用青春诠释女检察官的为民情怀和正义力量。

谁说女子不如男、巾帼何须让须眉，祝琳以自己的实际行动表达了对党、对检察事业的无比忠诚，她以自己的真心付出诠释了对人民群众的款款真情，她用自己柔弱的双肩扛起了神圣庄严的检徽、展现出绚烂的青春风采，让青春在检徽下飞扬！

作者为朝阳市喀左县人民检察院政治部科员

| 辽检情怀 |

## 盘锦市人民检察院篇

### 开篇语

1984年6月5日经国务院批准成立盘锦市,辽宁省人民检察院辽河油田分院与盘锦市人民检察院合署办公。1988年1月1日,盘锦市人民检察院与辽河油田分院分离,单独办公。下辖盘山县人民检察院、双台子区人民检察院、兴隆台区人民检察院、大洼区人民检察院及城郊地区人民检察院。

三十载的风雨历程弹指一挥间,盘锦市人民检察院在市委和省检察院的领导下,在市人大及其常委会的监督和市政府的支持下,紧紧围绕盘锦改革发展稳

盘锦市人民检察院2003年全貌

定的大局，严格履行法律监督职能，维护盘锦社会稳定，促进反腐败斗争深入开展，维护了司法公正。党的十八大以来，盘锦市人民检察院始终坚持以习近平新时代中国特色社会主义思想为指导，贯彻新发展理念，旗帜鲜明讲政治，始终坚持党对检察工作的绝对领导，确保检察工作正确的政治方向。全面履行检察职责，主动服务全市工作大局，为促进盘锦经济社会全面发展，营造安全的政治环境、稳定的社会环境、公正的法治环境、优质的服务环境。

我们以建设"五个过硬"检察队伍为目标，以从严治党从严治检为切点，以抓党建带队建、抓管理促工作为抓手，以开展"案件质量管理年""队伍管理年""规范化管理建设年""素质提升年"为载体，举旗筑魂，不忘初心，凝心聚力，履职担当。不断规范检察队伍建设，在盘锦经济转型向海发展，建设中等发达国际化城市的进程中不断历练检察队伍，检察队伍建设取得了新的成效。同时，不断更新执法理念和机制制度创新，通过推行主诉、主侦、主办检察官办案责任制，建立检察工作一体化，利用公开听证等形式妥善解决群体上访事件，全面实施案件质量管理"大案管"格局，实行办公、办案信息化，建立预防职务犯罪网络，成立理论研究骨干队伍，推行"阳光检务工程"，大力发展检察文化建设等一系列工作机制创新和改革，使盘锦检察工作焕发出了勃勃生机，给盘锦检察事业注入了强大的发展动力。在司法体制改革中，盘锦检察机关作为全国第三批司法体制改革试点单位、辽宁第一批亲身实践者，立足本地实际、坚持问题导向、秉持改革取向，全力推进试点工作，取得了可喜成果。市院党组书记、检察长邴志凯先后3次在全省政法系统、检察系统工作会议上发言，汇报改革情况，介绍改革经验，为全省全面推开试点提供了有益借鉴，得到了省委政法委、省院的充分肯定。

中国特色社会主义进入新时代，社会主要矛盾的转变，必然对检察工作提出新任务新要求，也标注了检察工作新的时代坐标。我们要通过实实在在的工作，让群众有实实在在的获得感、幸福感。人民群众在民主、法治、公平、正义、安全、环境方面有更高水平、更丰富内涵的需求，检察机关要用更高办案水平、更强法律监督能力来回应。作为"供给侧"，要主动对标对表，围绕人民群众的美好生活需要提升新时代检

察工作水平，为人民群众、为社会和时代提供更好、更优、更实在的法治产品、检察产品。要高度重视人民群众与检察工作的互动，自认为努力、自认为有成绩还不够，还要让当事人"感觉到"，更要让人民群众认同、好评。法治产品、检察产品是否优质，民主法治、公平正义是否可感可知，要把评分器交到人民群众手中，以人民群众的满意度作为评判工作成效的标准。

盘锦市人民检察院2018年全貌

蓦然回首，几代检察人见证和参与了检察机关重建到发展的全过程。一代又一代检察人传承着忠诚、为民、公正、廉洁的检察魂，更有幸见证了司法改革的实施推进，见证了我国社会主义法治日臻完善。几十年的心路历程，诠释了检察人对检察事业的执着与追求、见证了检察人肩负的神圣使命、抒发了对检察事业的赤诚情怀，在工作中践行着自己"做一名对党和人民忠诚的人民检察官"的诺言。

# 难说再见

党思宁

"老邵，东西都收拾好了吗？有没有我们能帮忙的，是今天走吗？"

"嗯，收拾差不多了，是呀，今天是最后一天了。"

老邵正在上楼，听见二科同事们的关心，就停下来寒暄了几句。似有千言万语，可老邵嘴拙，也就别人问一句，自己答一句。

老邵其实并不老，四十岁不到，常年忙于工作疏忽自己的终身大事，性格好，对工作又认真负责，同事们都很喜欢他，就开玩笑称他是"老邵"以表亲切。

为何说是"最后一天"？彼时，老邵及其部门的人员正被抽调到省纪委，全力以赴地扑在查办原辽宁省某厅领导涉嫌贪污、受贿的专案里。中央传来两"反"转隶的消息，紧接着开始一系列试点工作探索转隶模式，时隔一年，两"反"转隶真的要在全国铺开了，老邵是老党员，深知在转隶面前，第一要服从组织安排，第二要起到表率作用，所以老邵成了转隶人员中的一名，今天是他和另六个转隶人员在单位工作的最后一天。

和二科同事聊罢，老邵拾级而上，他的办公地点位于单位的五楼，屋子不大，却堆满了大大小小的箱子，每次新的案件初查都必经老邵的手里，过去从事会计的工作经历确实为他开展侦查活动带来了诸多便利，对数字的

双台子区人民检察院原职务犯罪侦查部员额检察官邵开明的生活照

| 辽检情怀 |

亲切感和极强的逻辑分析能力都是让他工作如虎添翼的法宝。职务犯罪类案件的特点之一就是犯罪嫌疑人智商和反侦查能力都较高，处理一个案子需要查询和掌

双台子区人民检察院原职务犯罪侦查部检察官们正在讨论案件

握的情况时间跨度长，覆盖面广，老邵到检察院后从一个"菜鸟"成长为"能手"，就是靠着"以院为家"，一心扑在工作上的韧劲儿完成的。

老邵在办公室还没坐稳，隔壁的小胖子就来找他，告诉他领导说让他这个"孩子王"带领同志们一起去市检察院的办案基地腾屋子。小胖子人如其名有个圆滚滚的肚子，黑黝黝的面颊，一双精明的小眼睛总是藏在腼腆的笑容里，小胖子算是部门的后起之秀，细心和耐心以及绝佳的观察力让他倍受领导赏识。在一次侦查活动中，犯罪嫌疑人借口上卫生间，将写有涉及自己犯罪内容的纸张团成一团儿扔在了垃圾桶里，小胖子发现后默不作声，在安全将犯罪嫌疑人送回讯问室后，折返翻找垃圾桶并找到了关键证据，将双方对峙不下的审讯局面一举攻破。

坐在开往办案基地的车上，车上五人心情都显得有点沉重，就连平时总爱说说笑笑缓解气氛的东子也沉默不语。东子此刻正在感受他的老兄弟9686那略显嘶哑的轰鸣声，9686是辆老旧的白色捷达车，他的里程数记录了那些年东子和他师傅邵哥进城下乡核案的岁月，东子以前总说这9686别看老，但是真抗造，就像他一样。东子是30岁通过公务员考试进到检察院的，之前在法院当书记员和在检察室工作的经历使他干起侦查工作得心应手，因为其娴熟的开车技术和超强的记路能力，有着"活地图"的称号。东子这人爱说，可能放在一些岗位，爱说是缺点，但是侦查讯问恰恰就是一门"说"的艺术，相比当书记员的手写工夫，东子更喜欢也更擅长与犯罪嫌疑人谈话周旋，不知不觉间获取重要犯罪线索。

老邵作为这四个年轻人的老大哥，看大家情绪低落，就取笑说原来东子也有不说话的时候。话头一起，东子就立马接茬说那怎么可能，车里的气氛才活络了起来。说说笑笑不到二十分钟就来到了市院的办案基地，却是一处闹中取静的好地界，平时因为侦查一体化的原因，办案基地里总是聚集各个区县的同仁们，在犯罪嫌疑人多的办案季甚至出现人数多于房间数的局面，大家就会说"生意太好了"，然后互相"较劲"拿下犯罪嫌疑人。

今天却是格外冷清，一行五人来到主楼二层右手边第二个屋子，大家按要销毁的、要封存的、要带走的分头行动，干了一上午，五人一直干到汗流浃背，直到将房间里收拾成没有人在里面办公过的样子才停手，拖地锁门下楼一气呵成。在楼下准备上车的五人很有默契地看了一眼二楼的窗口，也许这次带走的不止是过去办案的材料以及个人的洗漱用品，发生在那间屋子的种种就让它停留在岁月的长河里吧，夜不能寐琢磨案件的辛劳、审讯奏效取得突破的喜悦只待与后人说。

中午，马不停蹄回到单位的五人急匆匆赶到四楼检委会会议室，参加职务犯罪侦查部门最后一次集体会议——送别会。怕大家伤感，照顾到大家情绪，陈检就说叫欢送会，但大家心里明白这个"欢"字怎么也不会与当下的情绪契合上。老邵深知陈检心里更是难舍，何谈欢笑。院里在2012年进行大部制改革后，陈检从反贪局局长干到负责职务犯罪侦查部的副检察长的路上，那些亲力亲为、艰难抉择、果敢侦查的苦只有自己知道，打造一支过硬的反腐队伍需要的心力不足外人道，何况去年又来了一位公诉能手当反贪局长来辅助自己工作，正是想大展拳脚的时刻。陈检有难过，也有欣慰，

双台子区人民检察院自侦人合影

这样的一支队伍即使不在检察队伍发挥尖刀的作用，也会给纪委增添刺刀的力量。

欢送会上，并没有旗帜鲜明地分为离开的和留下的两个阵营，倒是像座谈会一样谈起了过往峥嵘岁月里有意思的小故事，从反贪污贿赂局挂牌到现在，反贪队伍经历了几次"更新换代"，参加送别会的有十年以上反贪工作经验的老同志，讲起以前的故事绘声绘色，回忆起当年穿绿色老制服，头盖大檐帽的光辉岁月发生的点点滴滴，别是一番滋味在心头，老同志们说那时候还给配过枪呢，别提多神气了，职务犯罪侦查这一路的发展还真是应了那句老话"逢山开路，遇水搭桥"，更因为国家和群众信任我们这支队伍，才能有今天这么大的规模和声势，小同志们听老前辈们讲起过去的故事都听得津津有味。之后，年轻的检察干警虽然侦查年龄不过四五年，也在老同志们讲完故事后迫不及待地发表了他们年轻人的感想，科技发展为年轻人开展侦查工作提供了新思路，乔装侦查是他们的拿手好戏，新式装备是他们的看家本事，对于年轻的他们来说，每经历一次案件的侦查洗礼，都是一次成长的浇灌。

欢送会上的气氛越来越热烈，就像以往每次遇到重大疑难案件大家激烈讨论的样子，老邵看到大家欢声笑语、兴致勃勃，倒是冲淡了几许离别的伤感之情。

欢送会的尾声，党组成员们进来真诚地给每位将要转隶的同志送去了真诚的祝福，老邵的祝福如往常一样比别人多一个，希望能在转隶之后解决婚姻大事，要做到"既顾大家，也要顾小家"，老邵爽快地答应会将此事提上日程。之后陈检提议大家一起下楼去拍一次集体大合照。一下楼，老邵就看见在双台子区人民检察院的正门前，全院的干警都已经排好了队伍回头笑望着等待，并且将中间的位置留给了他们，过去因为侦查工作需要常常在外奔波的缘故，部门人员参与院里活动出席不齐的现象时常发生，院里的同志已经习惯了，没想到最后一次整齐地站在一起竟然是转隶前留影这件事上，老邵一时百感交集，强忍住情绪才没在镜头下暴露自己的不舍。

"拍完集体照后，我会将即将离开的同志们这些年照过的集体照及个人的着装证件照发到大家的邮箱里，记得查收，然后职务侦查部的同志们都先别走，再在你们单位的牌子前照一张相吧，照完了单位要摘牌。"

厚重的牌子就这样被请来的工人三下五除二地摘了下来，固定牌子的螺丝钉散落一地，那些螺丝钉经历了多年的风吹雨打，有的上面已经生了铁锈，同志们默默地将螺丝钉捡起来作为最后的纪念物，其实他们每个人何尝不是一枚螺丝钉，用孱弱的身躯支撑起中国反腐的招牌。

双台子区人民检察院原职务犯罪侦查部合影

2017年12月5日是普通的一天，下班前老邵将检察制服整整齐齐地叠放到自己的行李袋中，给几盆鲜花浇了水以期迎来新的主人，收拾妥当下楼与门卫大爷如常地打招呼告别。

在回家的车上，老邵望着窗外倒退的景色，感慨万千。离开曾经战斗了六年的地方是什么感觉，老邵说不清楚，但他知道他饱含热泪的原因，是如此深沉地爱过那片曾经战斗过的地方，并愿意为之抛洒热血和青春，检察事业曾是他生命中最重要的存在。老邵暗自发誓，未来的时间里，作为监察委的一员定不辱没检察事业对他这些年的培养，并攥紧了放在右侧裤兜里的那枚螺丝钉……

作者为盘锦市双台子区人民检察院五级检察官助理

# 检察生涯

王 琦

四十年时光在历史长河中只是短暂的一瞬,对一个普通人来说,可就是他的大半生了。我是"文革"后参加辽宁省首批政法系统招干考试进入检察机关的,屈指算来已经三十二年了。

三十多来年,因为工作需要,我先后在公诉、技术、反渎、政工等岗位工作过。期间给我留下难忘记忆的,当数公诉和技术工作。可以这么说,公诉工作是我最初的梦想,技术工作是我半生的追求。

从参加工作那天起,我就立志做一名忠诚的法律捍卫者,"把小事做好,要为他人着想,做一名对党和人民忠诚的人民检察官",我一直在工作中践行着自己的诺言。

刚参加工作时,我被分配到公诉部门。公诉科是检察院最忙碌的部门,也是最能代表检察机关形象的部门,那时还没有成立反贪局这样响当当的机构呢,考入检察机关的人都想到公诉部门锻炼。当时我们科里4个人3个检察员,就我一个书记员,我要为全科三名检察员做好辅助工作,像受理、移送案件;抄录卷宗、提审记录、出庭记录、装订卷宗等。20世纪80年代,那时的办公条件很差,不仅没有空调、饮水机,连保洁员也没有。每天上班要提前半小时到单位,打开水、拖地、擦桌椅,久而久之形成了习惯。有人对我说,"不用来那么早,大家来了一起干,就不那么累了",我说"老同志们办案忙,年轻人多干点没啥,多锻炼锻炼有好处"。这个习惯一守就是数年。

在协助检察员办案中,我能坚持从每个细节体现自己的品质。工作中,我随叫随到,跟着检察员们出庭、办案,最多一天出庭四次。

那时候还没有电脑和打印机,也没有录音笔转换文字。办案全凭一支钢笔，每天不停地抄写。阅卷摘抄卷宗是个细活也是个累活，阅读时要心细，有的人写字像天书，辨认很吃力，有时大家一起研究才能搞定。不能拿过来就抄，要知道哪些是重点，抄写不仅要工整和快，而且还得让大家能看明白。除此之外，还要提审犯罪嫌疑人做讯问笔录、出庭担任记录……样样都得严谨认真，不能有半点马虎。每当一天工作下来，我都要把一天发生的事儿在大脑中过像演电影一样过一遍，讯问对答是否到位，出庭记录语句有没有现场感，直至感觉没有漏洞，我才能入睡。

虽然做书记员工作很累，但我觉得累的值得，它让我终身受益，也为我今后的工作打下了扎实基础，每年办理100多件案子，每个月才40多元钱的工资，那种生活让我感觉自己非常

王琦与同志们一起讨论案件

充实。与老同志们在一起工作，我也学到了很多有用的东西，受益匪浅。记得有一位老科长，经验丰富，提审时思路清晰，从不问与案件无关的问题；汇报时，定性准确，证据充分；出庭时就带两三页写好的提纲，应对律师时针锋相对，有理有据，发表公诉意见声情并茂，功力之深得到大家交口称赞。在办案的路上，他经常教我一些技巧，我都默默记在心里。三年的书记员工作，使我已经能够独当一面了。

从1978年恢复重建，到我参加工作进入检察院止，公诉科的卷宗都没有严格按上级要求装订。1986年上级下发通知，要求按新规定重新整理、装订卷宗。

当领导把这项工作安排给我，我二话没说一口应了下来。可到档案室一看当即我就傻眼了：近十年存放的档案卷宗，像小山一样堆满了整个房间，蜘蛛网到处都是，满屋散发着霉气味儿。

"干吧。"白天我忙活书记员的工作，晚饭后就来单位进行卷宗档案整理。机械的人工打号、抄写、装订、装盒……每晚十二点前没有回

家睡过觉。由于长时间的手工操作导致我右手患了腱壳炎，很长时间手不敢用力。

整整半年，近2000册卷宗，全部经我手重新整理一新，每盒5公分厚，如单落起来足有10层楼高，工作量之大，非一般人能够承受。这些整理装订一新的档案卷宗，浸润着我的汗水和付出。

如果不出意外，我很可能成为未来的优秀公诉人。但命运却和我开了个大玩笑，院里唯一的技术员调走了。虽然技术工作不是重要岗位，但不能空岗。于是，有领导推荐说，"王琦谨慎心细很适合做技术员……"从那时起，我就与技术工作结下了不解之缘，一干就是三十年。

被分配到技术岗位后，我没有提任何条件，第二天就打起背包去北京学习。在北京学习的那些日子，白天教授上课，我就认真听讲做笔记。讲课的老教授多是南方人，听着很费劲，下课时我就赶快请教辅导员，弄懂之后赶快记下来。晚上别人看电视，我就在寝室温习消化学习内容，不懂的地方就找人研究直到弄明白为止。

"王琦，今天陪我去王府井。"星期天一早，同一寝室的老赵喊我陪他上街。说实在的，我第一次来北京，也想上街转转。但实习机会有限，我想了想，对他说，"你和老李去吧，我还有事"。说完，便一头扎到暗室里去学习冲洗胶卷，一会儿就热得满身汗水，直到冲洗出自己满意的照片为止。

一晃半年的学习结业了，我以优异成绩完成了学习任务。回到院里，我把自己学到的知识充分运用到现场勘查中。当时，重大责任事故案件属于检察机关管辖范围。这类案件不是现场残垣

王琦在北京参加学习

断壁，就是死尸面目全非。我常常在恶劣的环境中工作，炎热的夏天，开棺验尸难闻的气味和令人呕吐的情景，临场监督照相时被血污喷溅满身的尴尬场面，对我来说都是家常便饭，我也从来不叫苦。

一天，凌晨两点，我接到法纪科电话称：有公安干警枪支走火致人

死亡，要求检察院技术人员出现场。我二话没说，起身穿好衣服，骑上自行车就往单位赶，10分钟后赶到单位，顾不得擦干脸上的汗水，急匆匆和同志们一起奔赴百里外的案发地。

到现场后，我马上投入勘查中去，测量、绘图、拍照，一丝不苟。公安勘查现场的人手不够，我就主动帮助法医搬尸体，一直忙到深夜，连续工作十六个小时，直到找到死者身上的弹头，才去休息。一位公安系统的老法医说："这小伙子，真不错。"短短几年，我从一位对勘查常识一窍不通、甚至连尸体都没见过的"门外汉"，逐渐成长为一名不但能熟练完成事故现场勘查、而且能够自主完成技术鉴定的专业技术人员。

2000年，在中层干部竞聘中，我以高票当选法纪科副科长。检察院法纪科主要是管理国家机关工作人员违法犯罪案件的部门。妻子得知消息后埋怨说："法纪科是得罪人的部门，你聘什么部门不好啊？""你不聘他不聘，这个岗位谁干？我们只要公正执法，即使得罪了人也值得！"妻

王琦正在进行中层干部竞聘演讲

子被说服了，我迅速转变角色，投身到反渎职侵权的工作中去。

在办理一起公安人员犯罪案件中，针对对手反侦查能力强的特点，为了能迅速突破，我制订了两套周密的计划，并争取到了上级部门支援，两路人马同时出击。采取半夜搜查、人员异地关押，防止串供发生。星期天不休息，连续三天三夜，攻克了这起案件。那段时间，正赶上妻子有病住院，为了顾全大局，我舍弃了小家，没有请假照顾她，现在回想起来还感到很内疚。

三十多年来，从一个初出茅庐的毛头小子，到如今的检察工作"多面手"，虽然没有什么辉煌成绩，但我能始终做到兢兢业业，在平凡岗位上，为维护社会的公平正义奉献着自己的热血丹心。

2004年，市检察系统组建检察三级线网。我义不容辞地担起了这个重任。网络是一个崭新的课题。接受了这项任务后，我没日没夜地钻

研网络知识,加强自身知识的积累。走路、吃饭、睡觉都在看网络书籍,抓紧一切可以利用的机会向明白人请教。

为了节约经费,我带着新招录的网络管理员和几名计算机爱好者,利用周末休息时间进行钻孔布线,布线时大家肩扛手抻,炎炎夏日汗流浃背。做水晶头、测试时,忙得不亦乐乎。手磨破了坚持做,眼睛累得直流泪,擦干了继续干。整整一个夏季,在市院技术处的支持下,我院在全市基层院中第一个完成了检察专线网建设。

王琦在技术部门的工作照

从此,每天早起晚归,我精心维护着网站的运行,同时也担负起了检察文化建设的担子。先后在我院检察内网网站开办了新闻、论坛、博客、小说和音乐等栏目,活跃了全院干警的文化生活,吸引了众多干警参与,成为大家喜闻乐见的检察文化元素。即便在全国检察系统也小有名气,深受同行们的喜爱。盘山县检察院不再是一个封闭的世界,更多的同行开始了解我们。

日复一日,年复一年。我在执着追求中默默耕耘着。由于工作成绩突出,先后荣获省、市政法系统人民满意政法干警;市、县检察系统先进个人;盘山县先进个人、优秀共产党员和优秀党务工作者等各种荣誉称号四十余次,荣立三等功两次。2015年春,我被推荐任院党组成员,主持政治处工作,同时兼任党支部副书记。我感觉自己肩上的担子更重了……

歌德曾经说过,尽力履行你的职责,你就会知道你的价值。一个人的能力和价值是有限的,但是做好本职工作的精神和责任心是无限的。我用自己的执着、勤奋和智慧用心把工作做好,不断地积累、沉淀、提高,这不仅仅是对事业、对群众的情怀,更是一种人生态度。

作者为盘锦市盘山县人民检察院党组成员、政治部副主任

# 女检察官的青春岁月

张 晶

日月如梭，时光飞逝。从昨天青涩的大学毕业生到如今成熟的员额检察官，仿佛还是昨天。任凭岁月沧桑，依然记忆犹新，至今我已在检察院工作了9年。在这9年里，在检察院这个大家庭中，有我的青春、我的梦想、我的汗水，如今回顾这些点点滴滴，无疑是对自己青春的再现。

兴隆台区检察院员额检察官张晶的工作照

今天我不想用多么浮夸的辞藻来描述什么可歌可泣的事迹，只是想回忆下我自己从事检察事业的一些经历以及身边的女检察官们的故事。

首先，从我的自身经历说起，2002年的夏天，高考结束之后开始填报志愿，我毫不犹豫地选择了法学，原因是什么？我想很多年轻人跟我一样，是受影视剧鼓动，在荧屏里，看到检察官穿着一身笔挺的检察制服，头戴国徽，庄严地站在公诉席上为维护国家和人民的利益慷慨陈词，精彩时，攻守进退，妙语连珠；激烈时，剑拔弩张，高潮迭出。我真是羡慕异常，心中充满了对检察官的崇敬之情。从那时起，成为一名检察官就成为我心中的梦想。

经历了四年大学学习，2006年我毕业了。由于就业压力，法学专业毕业生很难找到合适的工作。我只能自谋生路，通过激烈的面试后，进入了大连东软信息职业技术大学，从事我想都没想过的辅导员工作。我工作的学校是一家私立大学，孩子们娇惯成性，马桶坏了要找辅导员，门进不去了要找辅导员，跟同寝室的同学们吵起来了，还是要找辅导员。这些琐事每天每时每刻的发生，此时的我迷茫了，这就是我的梦想吗？这将是我一生所要从事的职业么？我想要的梦想就这样离我越来越远吗？

突发的事件与合适的时间相重合，我选择了辞职。当时做出这个选择，周围的朋友及家属大部分都表示反对，放弃一份来之不易又稳定的工作，却去追求未知的理想，是不是有些不理智？但是我告诉自己，想做的事情就去做，不要有丝毫的犹豫，年轻不怕犯错。于是我放弃杂念，开启高考模式，经历了半年的图书馆生活，最终我如愿地通过了公务员考试，来到了兴隆台区检察院，被分配到侦查监督科。我开始慢慢接近了心中的梦想。

刚到检察院的新鲜劲儿还没过，我就被工作的繁忙和复杂所取代，那时兴隆台区检察院刚刚成立不久，全院干警才20多个人，白天要辅助检察官办案，同时要整理卷宗，上报数据、报表等，晚上还要学习司法考试，忙得像个陀螺，此时我对这份事业产生了困惑，原来这份我向往的事业原本没有我想象的那样轻松和简单，这究竟是我真正所向往的吗？

这是看似平常却又极具挑战的工作，兴隆台区院是盘锦市案件量最多的区院，同时新型案件层出不穷。作为侦查监督科的办案员，经常会遇见新型、疑难的案件。例如，2013年，盘锦出现了大量的利用伪基站发送垃圾广告的情况，严重影响了电信秩序，同时干扰了用户对手机的正常使用。当年某月，公安机关报捕了王某涉嫌破坏电信设施罪，当时这一起案件是盘锦的首例，没有司法解释，没有相关判例，更没有现成的经验可供参考，当我作为这个案件承办人的时候，说实话，心里没底，办案期限实际就5天，除去提审，写审查报告，再加上汇报，余下的时间所剩无几。在办理这起案件的几天里，可以说吃不香、睡不好，始终在想该如何适用法律，该如何从仅有的一些资料中摸出些规律，在期限内我还是不能下决心定罪。这时我想到了办理这起案件经验颇多的浙江检察地区，凭借朋友关系，我联系到了浙江的一名检察同仁，反复与这位同仁探讨案情，请教经验。最终在大量的案例支持下，下决心认定犯罪事实。在案件汇报过程中，我胸有成竹，认为犯罪嫌疑人能够定罪，并且能够起诉，盘锦首例伪基站案件就这样被定罪批捕。

这是责任重大不得有任何失误的工作，以前作为检察助理的时候，总想着有一天能够成为真正的检察官，

兴隆台区院检察官们正在讨论案件

独立的承办人，可真正成为了独立办案人，我才意识到自己肩上的担子有多重，体会到胸前国徽的分量。批捕人有个共同特点，就是怕案件超期，几乎我们科室的每个人都做过同样的梦，案件到期日期记错了，案件系统亮起了红灯，之后就是突然从梦中惊醒，一身虚汗。我们为案件的期限操碎了心。

基层检察院受理的案件多是小案件，但千万别看案件小，但是类型多、毛病多，罪与非罪之间的界限模糊，这就需要我们每次看笔录都小心翼翼，逐字逐句，生怕遗漏了某些关键的犯罪事实，我们为了一个小小的盗窃案，常常提审一下午，耐心地听着嫌疑人的辩解，细心地分析着有没有非罪的可能。我们同事之间常常为了一个小小的案件，争辩得面红耳赤，为的是保障案件质量，不让任何冤案错案的发生，我们为案件质量操碎了心。

办理失足少年犯罪案件，我们会为案件处理结果对孩子的影响操心，会为孩子将来的处境操心；办理邻里关系纠纷案件，我们会为当事人之间如何冰释前嫌操碎了心。为了这份操心的事业，我们很多年轻干警，早早长了白发。但是我们没有后悔，因为正是我们检察人这样的操心，才换来案件的公平公正，社会的和谐稳定，换来老百姓的口碑。

这是一份付出的事业。作为女性，我们扮演着多重角色。在工作中，我们和男同事一起并肩作战；在家庭中，我们是妻子、母亲、儿媳，承担着繁重的家务。肩挑事业、家庭两副重担，我们需要付出得更多。

基层检察院案多人少，加班加点已然是常态，一个案件要经过阅卷、

提审、撰写审查报告、科室讨论研究、走网上办案流程、装订卷宗等一系列复杂的程序，遇到疑难复杂或者不符合批捕条件的案件，还要提请检委会研究。如此繁重的工作量，八小时以内根本完不成，我和我的同事们加班加点，由于案件太多，我总是把复印的卷宗拿到家里研究，结果就是我常常牺牲陪伴女儿的时间。每次当女儿要我陪她玩时，我就半开玩笑地说："宝宝乖，宝宝自己玩，妈妈要打败坏叔叔，保卫祖国。"女儿似乎也听懂了我的话，现在只要我把材料拿回家，她都会很懂事地说："妈妈看卷，妈妈打败坏叔叔，我自己玩。"

我们科一位刚刚休完产假的女同事，孩子仅仅6个月，她每天要奔波在单位和给孩子送奶之间，中午常常是顾不上休息，马上就去看守所提审，安排下午的事情。她心疼操劳了一天的父亲，晚上总是自己独自带着孩子，可是她也是白天操劳了一天，也需要休息啊。在家庭和检察事业之间，她选择了超负荷地透支自己的身体，每次去看守所的路上，她都会疲倦地睡着，看着她那疲累的身体，我心疼得说不出话来。

我们科的另一位女同事，在办公室接到孩子高烧38度5的消息，我本以为作为母亲的她会立即起身回家，照顾生病的孩子，但她却没有离开工作岗位，我们劝她赶紧回去，剩下的工作我们来做，她却轻描淡写地说了一句："没事，我干完再走。"这一干就是晚上7点。下班的时候，我路过走廊，听见了她和爱人的对话，她哭了，是啊，哪有当妈的不心疼孩子的啊，但是打完电话后，她又回到办公室，继续她的工作。

作为女检察官，我们对家人有着太多的亏欠，但是我们无怨无悔，因为女检察官这个称号，就意味着职责与使命；加入女检察官这个群体，就注定有着与众不同的追求；因为，从戴上检徽的那一刻起，我们的心中，就牢牢锁定了公平正义的法治信仰；我们的肩上，就扛起了"立检为公，执法为民"的神圣使命；我们的事业，

张晶与同办公室的检察官分析案件

就注定与拼搏奉献时时相伴；我们的人生，就注定与检察事业血脉相连。我要说，我的生命因为你——我热爱的检察事业——而无比精彩，而我的检察事业，我将与你共同经历、共同见证、共同成长，一路同行。是的，我要与你同行，我要坚定不移地走下去……直到燃尽青春，燃尽岁月，燃尽生命！

作者为盘锦市兴隆台区人民检察院二级检察官

# 以满腔热情抒写无悔人生

张俊岭

2018年，是我国改革开放40周年，也是检察机关恢复重建40周年。40年来，检察机关不知涌现出多少先进人物，他们在平凡的岗位上，用自己的爱心善举抒写着检察机关不平凡的发展历程，留下了一串串落地生根的扎实的人生轨迹。在这里，我向大家介绍一名以满腔热情抒写无悔人生的优秀司法警察，他就是常常被同事们亲切地挂在嘴边的"老邱头"——邱忠明。

## 荣誉写满辉煌人生

"老邱头"，1963年2月出生在辽宁省抚顺市一个普通的家庭，由于家中孩子较多，父母天天忙于劳作养家，根本没有时间照顾家中的六个孩子。就这样他们哥哥、姐姐、弟弟六个人从小就相互照顾、相依为命。于是，在邱忠明的心中也扎下了一颗爱心的种子，再加之从小生活在"雷锋的第二故乡"——抚顺，这就更让邱忠明同志养成了"雷锋精神"，由于抚顺市长期的"雷锋精神"教育，使邱忠明同志在读书时多次被评为"雷锋式的好学生"。1981参军入伍后，在部队的几年里，年年被评为"学雷锋标兵"。从部队复员后，由于在部队表现突出，被盘锦市北方沥青厂招收成为一名汽车驾驶员，他年年被单位评选为"先进工作者"。1992年4

盘锦市检察院法警支队副支队长
邱忠明的工作照

邱忠明与法警支队成员一同进行司法警察业务培训

月调入盘锦市人民检察院，1994年正式转入司法警察行列，2003年成立法警支队后专门从事司法警察工作，2008年担任盘锦市人民检察院法警支队副支队长至今。

他从检26年来，始终牢记"立检为公，执法为民"的宗旨，以他在中国人民解放军大学校里养成的超常"韧劲"，把全部心血和精力都放在了自己挚爱的司法警察工作岗位上。20余年如一日，立足本职，尽职尽责，用荣誉写满了自己辉煌的人生。他曾无数次被评为"盘锦检察系统先进个人"，被盘锦市两次授予"五一劳动奖章"荣誉称号，先后荣立二等功一次、三等功两次，被辽宁省授予"省十佳青年称号"等荣誉称号，多次被省检察院评为全省优秀司法警察，先后共计获得各种荣誉40余项。多年来，他积极主动为领导分担重任，带领法警支队全体司法警察为盘锦市各项检察工作提供了有力的警务保障。

## 铜筋铁骨堪当重任

"政治思想坚定，工作任劳任怨，人格忠诚担当。"这句话，是辽宁省人民检察院有关领导在表彰破获"天津特大诈骗案"先进集体和先进个人总结大会上，对邱忠明同志的评价。前几年，盘锦市某银行被天津市红桥区某单位，以破产为名诈骗贷款4个多亿元，案件发生后，省院领导亲自挂帅，组成强大阵容，一举抓获包括天津市红桥区法官、律师等在内的12名犯罪嫌疑人。邱忠明同志临危受命，省院某副检察长命令他组成80多人的看管队伍，分四班昼夜监守，在其他同志可以休息一会的时候，他却一天24小时全天候检查看管场所安全，有时能够睡上一个小时的安稳觉都是一种极大的安慰。经过50多个昼昼夜夜的监守，终于完成了看守任务，为办案组最终追回盘锦市某银行被骗资金并追究了10余名犯罪嫌疑人刑事责任的战果，做出了突出贡献，因此邱忠明荣立个人三等功。

类似上述案件还有发生在盘锦震惊省内外的"魏某贪污一案"和"齐某某贪污一案"，这两起案件涉案金额均达到1亿多元。在办理"魏某贪污一案"的过程中，邱忠明同志在沈阳某现代管理学院办案区域内，负责由近100人组成的看守人员工作协调任务，这支队伍有武警、有司法警察等人员组成，看守任务艰巨，保密工作要求严格，安全问题突出。案件持续6个多月的时间，邱忠明同志在沈阳与他的战友们就一直战斗了6个多月，连老婆都不理解这样的办案方式，但是他却做到了。在办理"齐某某贪污一案"过程中，他带领由30多人组成的队伍，日夜坚守阵地，为办案检察官顺利突破案件、保证犯罪嫌疑人安全、防止案件泄密等工作做出了突出贡献。

他在协助相关部门办理大案要案中不仅表现突出，而且体现出他的热情与睿智。记得那是2015年的事，他在协助本院相关部门办理省院交办的某监狱干警受贿一案时，办案组急需抓住一个重要的涉案人，这个涉案人是某市公安局的在职警察，可想而知，涉案人具备很强的反侦查能力。在这种情况下，邱忠明伙同办案人员在涉案人家住的小区内蹲守肯定无果。关键时刻，邱忠明积极向办案组提出调整思路，改变策略。邱忠明授意小区保安称涉案人家中水管漏水，告诉涉案人马上回家，办案组重新调整蹲守位置，不一会，看到一个可疑车辆驶入小区附近，办案组在交通警察的大力支持下，在交通岗截获了涉案人的车辆。涉案人"做贼心虚"，想下车后马上逃跑。说时迟，那时快，邱忠明猛地上前抓住车门，涉案人启动车辆把邱忠明拖出十多米，终于被邱忠明拉下了车，

盘锦市检察院法警支队全体同志合影

连夜将涉案人押解到盘锦审讯，一举突破了此案。

在他担任法警支队副支队长这10多年里，每逢有艰巨的任务他总是第一个冲到最前线。北京执行接访任务、沈阳执行送达任务有时当天开车送一个来回，他总是有那股使不完的干劲，他自己总把个人当年轻小伙儿用，领导和同志有时看到他这样拼命三郎式的工作都从内心心疼他！一个人干一件事并不难，但他却是二十年如一日，在法警支队副队长的位置上实现着自己的理想和追求。

## 乐善好施　淡泊名利

在盘锦市检察院从领导到普通干警，大家都知道邱忠明同志是一个有求必应的热心人！无论公事还是私事，只要是不违规不违纪的事，他总是尽心尽力，总让大家十分感动！记得1995年11月份，邱忠明同志与一名副检察长到"长春一汽"接一台新车。当他们走到离铁岭20公里的地界，发现一名中年妇女跪在路边向来往的车辆求救，身边还躺着一个严重受伤的男人，男人身边全是鲜血，可是没有一个开车的人下车施救。听女人说：她的男人是被其他车辆撞伤了。邱忠明在征得副检察长的同意后，完全不顾自己的"鞍马劳顿"，二话没说，把这个男子抱上自己的车，第一时间送到了铁岭市医院，这名男子得到及时治疗，医生问邱忠明是男子的什么人时，邱忠明同志回答说："我只是过路人。"

还记得在开展群众路线教育实践活动时，他以积极主动的态度，满腔热情地参与其中，主动组织全体司法警察到盘锦市福利院开展"接地气，献爱心"活动，为福利院儿童捐赠礼品、现金2000余元。还组织全支队司法警察长年对贫困户进行帮扶，近10年来，累计帮扶贫困特困家庭近8万元。

他在法警支队副队长的位置上已经履职10年多了，至今享受副科级待遇，纵向与司法警察比，比他大的也有，比他小的也有，都调整到了正科级待遇，而他在这个实职副科的副支队长位置上一干就是十几年，默默无闻、无怨无悔。他是1963年2月出生的，今年整整55周岁了，这个岁数这个待遇的恐怕不多了。但是他从来不计较这些，总是一个劲儿地干工作，在支队里他始终坚持以深化素能培训为抓手，着力提升全体司法警察履职能力，积极开展业务学习培训、辅导授课、技能训练等活动，每年坚持组织集中学习、辅导授课30学时，进行技能训练和岗位练兵活动培训60学时，使法警队伍对本职工作职责的认知水平和职业自豪感得到明显提升，履行职责的能力和素质显著提高。

　　他本人工作作风过硬。过去10多年里，他始终坚持把融入自侦办案作为司法警察警务保障的重要方向，充分发挥保障作用，积极协助自侦和刑检部门办案，每年平均到省院执行送达任务达到50多件次，几乎全部由他亲自送达，做到任务完成及时，当天往返。一个55岁的人，有如此的敬业精神，让人钦佩。

　　他对自己的工作要求总是尽善尽美，执行任务圆满。在前几年一次执行追逃任务中，接到任务后，经过周密部署和工作准备，顶着雨雪交加的天气，历经八个小时的艰难跋涉，在滴米未进的情况下，赶到北京积极取得当地公安机关技侦部门的大力支持，在精心策划下，于晚上九时多，稍稍接近犯罪嫌疑人在小汤山租房处，在没有枪支的情况下，冒着极大的人身安全风险，机智勇敢地将犯罪嫌疑人从五六个人喝酒的桌上捉拿归案，并连夜将在逃20年的犯罪嫌疑人押解到盘锦，圆满地完成了院党组交办的追逃任务，得到了院领导的充分肯定和高度赞扬。

　　这样的故事对邱忠明同志来说还有许许多多……

作者为盘锦市人民检察院政治部检察官教育培训中心主任

# 赤子情怀

王洪杰

2018年，一个注定不一样的年份，这一年是改革开放40周年，同时也是检察机关恢复重建40周年，作为从检20年来的我，昨日的点点滴滴在这一刻涌上心头。

### 使命与情怀

"人民群众对检察官的敬仰、对法律尊严的敬畏，永远是我心中最感动的回忆"——刚参加工作的我如是说。

盘锦市检察院
刑事执行局局长王洪杰工作照

1997年4月，风华正茂的我告别了存满青春回忆的校园，从校门走入社会，到盘锦市检察院工作。从书记员、助理检察员、检察员到一级检察官，从监所处到公诉处、再到侦查监督处、刑事执行检察局，从科员到副处长，再到处长，这一干就是20年。作为一名检察官，我见证了这20年来检察事业的发展壮大，见证了司法改革的实施推进，见证了20年来我国社会主义法治日臻完善。通过这20年的心路历程，我读懂了自己对检察事业的执着与追求，理解了一个检察官肩负的神圣使命，感受了对检察事业的赤诚情怀。

### 艰难岁月，在深研法理中纪念青春

在我刚来到检察院的时候，被安排到了监所检察岗位。监所检察工作对一名刚刚从校园中走出来的大学生而言，看似简单，实则辛苦。但是我被分配到监所岗位后，没有抱怨，没有畏惧，而是积极投入到学习工作中。当时的我还是一个初到盘锦的外地年轻人，没有住房，寄宿在亲属家中，每天就靠着一架自行车来往于5公里之外的市看守所与市院之间。为了节省工作和学习的时间，我决定住在看守所，这样就节省了往返路上的时间。而我用节省下的时间刻苦学习法律知识，在监所处工作的这段时间里，我记不清读过的书籍有多少，只记得搬家的时候整整塞满了一大箱子，也正是在这段艰难岁月里如此深研法理才有了后来一件件精品案件的诞生。

对于别人来说纪念青春的也许是爱情，也许是友情，而对于我来说，纪念青春的就是一本本法律书籍，一筐筐的法理知识，但是我无怨无悔，因为我坚信"对于一个学法律的人来说，最美好的青春莫过于此"。

### 执法为民，在办理案件中体现信念

侦查监督处是检察机关的重要部门，在检察系统中习惯称之为"一处"，"一"顾名思义，就是首当其冲的意思，侦查监督处往往是检察机关办案的第一道防线，负责审查逮捕、刑事立案监督、侦查活动监督等重要工作。就是如此重要的一个处室，领导出于对我的信任和肯定，在2008年5月任命我担任侦查监督处的副处长。我在担任副处长后，深知身上的责任更重，只要在工作中稍有失误，便会给案件当事人带来无可挽回的损失。从办理第一个案件开始，我就把功夫下在"准"字上，严格把握案件的事实关、证据关、定性关。这些案件或者案情盘根错节，或者定性存在争议，或者有较大的社会影响。为使罪犯绳之以法，正义得以伸张，我对经办的每一起案件，始终保持着强烈的责任心和正义感，为查明事实真相，不惜放弃休息时间，加班加点，一丝不苟地审查证据。

2010年在办理王某某抢劫案件中，我及时纠正了一起"张冠李戴"错案的发生，改变了一个年轻人的命运。王某某抢劫案，公安机关指控其伙同单某某（已判刑，死缓）对被害人实施抢劫并将被害人杀害。提请逮捕卷宗提供了原案卷中单某某的供述及相关证据材料、判决书，王某某对其伙同单某某以劫取财物为目的，用事先准备好的电饭锅电源线勒死被害人的事实供认不讳，且与已判决的单某某供述及现场勘查记录、尸体检验报告相互佐证。应该说，从公安机关报请材料上看，案件事实清楚、证据确实充分，应当依法批准逮捕。但令我产生疑问的是，一起十多年前的案件，王某某对案件情节交代得如此清晰，且与单某某的供述完全吻合有悖常理，如果参照当年法院对单某某的判决，王某某很有可能被处以极刑。为慎重起见，我到看守所面对面提讯了王某某。

在看守所里，我见到的是一个不黯世事，操着一口南方口音，回答问题前言不搭后语，非常紧张的"孩子"。经耐心的工作，王某某说他叫"程明"，对父母亲、姐姐的名字也交代明晰。因与父母生气，从湖南老家出走，后被公安机关抓捕。更为吃惊的是，他对抢劫杀人的案件事实毫不知情，交代了在公安人员的诱导下，形成笔录并签字的过程。案情重大，我马上向领导汇报，在领导同意后，积极引导公安机关取证，要求同案犯之间相互辨认，与程明交代的父母亲联系进一步确定其真实身份。经引导侦查，最终确认，此王某某非彼王某某。至此，一起张冠李戴的冤假错案得以水落石出，我因此案荣立个人二等功。

### 悲天悯人，在高墙电网中充分保障人权

刑事执行检察作为一项非常重要的工作就是对监管改造场所执法活动进行监督检察，从而维护在押人员的合法权益。我跟驻所检察人员说，"新时代的检察官，要有悲天悯人的情怀，在保证监管安全的前提下，积极为在押人员提供法律咨询和帮助"。所以，在这一理念指引下，在押的犯罪嫌疑

王洪杰与同事们在监所检查

人、被告人时常和我们驻所检察官谈心。有因为羁押时限找检察官的，也有因为个人权益受到侵犯需要帮助找检察官的等等。

记得有一起高某某贩卖毒品案，公安机关抓捕时，在其身上收缴了两张大额的银行卡，并以涉嫌毒资予以扣押。在诉讼过程中，高某某多次向办案单位反映其银行卡里财产的合法来源，并非属于毒资，有其合

理用途，并提供了线索。在多次向相关单位申请未果后，高某书面材料层报到了我这里。在我的带领下，驻所检察人员积极地开展调查，很快取得了高某为了购买房产从亲友处借款准备交付购房款的证据和购房合同，且借款到账当天被公安机关抓获。从保障在押人员合法权益角度出发，我将证据材料向相关单位移送，最后法院未将高某银行卡内的存款认定为毒资。事后高某流下了激动的泪水，感谢监所检察的检察官为保障其个人权益所付出的艰辛。

### 一丝不苟，让违法行为无处遁形

众所周知，综治工作最为复杂烦琐，而我所在的刑事执行检察局负责的社区矫正检察监督，就是其中最基本的一项工作。我自2014年负责刑事执行检察工作以来，积极探索开展社区服刑人员脱漏管检察监督。记得在2015年5月，我在一次巡视检察盘锦兴隆台区某司法所过程中，发现社区服刑人员权某某有脱离监管嫌疑，于是依法进行调查核实，并及时出了纠正意见和检察建议。本以为能够顺利办理的案件，没想到建议收监权某某竟然阻力重重。因为判决权某某缓刑的法院是外省市一个区的法院，司法局建议收监后法院迟迟不作撤销缓刑裁定。我层层汇报到高检院，叫板求真，亲自前往原判决法院交涉，最后原判决法院撤销了缓刑，一个因违反社区矫正法律规定，缓刑考验期仅剩两个月的社区服刑人员被依法收监执行原判实体刑，涉案的司法行政人员也受到了党政纪处分。权某某被收监执行案件在我地区引起了极大的反响，为社区矫正工作乱象敲响了警钟，为进一步规范社区矫正行为发挥了检察智慧，让一切企图规避法律的违法行为无处遁形。

### 默默奉献，在面对困难时不计得失

还记得2014年11月，刚到监所检察处任处长不久的我接到了一个棘手的案件，一名在看守所羁押的犯罪嫌疑人为减轻自己的罪责，意图通过关系人为其办理取保，被别有用心的人利用，其家属被骗人民币20万元，最后人不仅没被放出来，而且还被骗了20万元。因此，在押人员家属多次提出控告。我们不仅追究了相关人的刑事责任，而且控告对象还有一名缓刑犯。公安机关两次向检察机关报请逮捕，因证据不足，检察机关未予批准逮捕。

面对控告人的举报,我带领处里干警,顶风冒雪驱车30公里深入基层调查了解社区服刑人员的执行情况。经进一步调查,发现其在缓刑判刑前伙同该司法所工作人员弄虚作假,出具不真实的审前评估调查报告,致使本不在该司法所行政区域内居住却在该司法所接受社区矫正,目的是为其脱管提供便利。调查结论层报主管领导后,及时向司法局提出检察建议,同时建议对司法所工作人员作出党政纪处理。最后,缓刑人员被收监执行。此案的办理不仅为公安机关查办诈骗案件提供了方便,同时在社区矫正领域引起较大反响,进一步规范了司法行政机关审前调查环节。

王洪杰正在会见当事人

盘锦刑事执行检察从2014年开始,一年上一个台阶,硕果累累。三年来,共向相关单位移送作党政纪处分的司法工作人员6人,相关单位均对责任人作出处理;两个刑事执行检察监督典型案例被《检察日报》刊发,一件诉讼监督案例获得全国优秀案件,所有的一切,都倾注了我全部的心血和智慧,刑罚执行、刑事强制措施执行检察成果遍地开花。

我在自己的工作岗位上,立足本职,尽职尽责,任劳任怨,在清苦中体现人民检察官的人生价值,以较高的事业心,较强的工作能力和甘于寂寞、甘于奉献的精神,一如既往的努力工作。我在平凡中默默坚守,在坚守中默默奉献!这二十年来,检察事业对我个人的成长给予了很大帮助,我也为检察事业做出了自己的贡献,我的成长轨迹仅仅是这二十年来检察事业的一个小小缩影,检察事业的未来一定会更加美好。

作者为盘锦市人民检察院四级高级检察官

# 葫芦岛市人民检察院篇

## 开篇语

辽宁省葫芦岛市位于辽宁省西南部，东邻锦州，西接山海关，南临渤海辽东湾，是中国东北的西大门，被誉为"关外第一市"。伴随着改革开放孕育而生的葫芦岛市人民检察院座落于美丽的龙湾海滨，1989年6月锦西市升格为地级市，锦西市人民检察院从1989年8月开始筹建。1990年1月10日召开锦西市第一届人民代表大会第一次会议，选举产生市人民政府、市人大常委会和市中级人民法院、市人民检察院等领导机构。1990年2月25日，市工委组织部通知，经市工委研究决定：成立中共锦西市人民检察院党组，受中共锦西市工作委员会（中共锦西市委）领导，王明喜同志任党组书记，王德昌同志任党组副书记。1994年9月由锦西市更名为葫芦岛市，"中共锦西市人民检察

宪法宣誓

司法改革动员大会合影

院党组"更名为"葫芦岛市人民检察院党组"。现有14个业务部门、5个综合部门，管辖兴城、建昌、绥中、连山、龙港、南票6个基层检察院，共有检察干警376人，市检察院实有134人，其中中共党员117人，占87%。

近年来，以党组书记检察长邢学军为核心的新一届领导班子，紧紧围绕工作大局认真落实"立检为公、执法为民"的要求，突出"强化法律监督、维护公平正义"这一主题，以求真务实的作风，认真贯彻落实习近平新时代中国特色社会主义思想、党的十九大精神、省院和市委的工作部署，坚持围绕中心、服务大局，坚持强化使命、忠诚履职，坚持深化改革、规范司法，坚持加强党建、提升能力，以等不起的紧迫感、慢不起的危机感、坐不起的责任感，讲政治、顾大局、谋发展、重自强，依法履行法律监督职责，各项工作取得了新的成绩，为葫芦岛市的改革、发展、稳定和振兴老工业基地做出了新的贡献。

我院探索出"三个结合、五个突出、七个抓手"的党建规范化路子，受到省直工委常务副书记郭辉的充分肯定和高度评价。我市是司法改革试点单位之一，率先完成了员额制改革并实现了薪资同步兑现，为全省司法改革的顺利实施打下了坚实的基础。监所检察处在2015年全国清理久押未决案件中作出了不懈的努力，为当年曹建明检察长在全国人大会议报告中"清理久押不决案件断崖式下降"作出了贡献，央视《法治在线》等栏目也做了专题报道。

近三年，葫芦岛市人民检察院20个部门受到上级表彰奖励。其中5个部门受到高检院、省院表彰，15个部门受到市委表彰，54人立功受奖，其中20人受到高检院、省院奖励，15人受到市委市政府奖励表彰，

20 人荣立二等功。市检察院监所检察处连续三届荣获全国一级规范化检察室，控申检察处被省院记集体二等功一次。

"辽宁检察好故事"主题征文适逢庆祝改革开放 40 周年和检察机关恢复重建 40 周年，在征集好故事过程中，再一次感受到检察官在执法中的风采，兴城市人民检察院王晓慢的《厉害丫头》带你亲临办案经历，感受检察官的公正执法；绥中县人民检察院的事迹，平凡中感受亲切；龙港区人民检察院的《她是龙港的见证》，从一位副检察长的角度感受龙港区人民检察院建院以来的巨大变化，情感真挚如岁月回放，艰难而温馨；市检察院的《有这样一支队伍》讲述的是机关食堂管理员带领一班炊事人员如何做好检察干警的后勤保障工作，故事催人泪下。故事告诉我们，检察大业的壁垒是靠公平、公正、强烈的责任感和使命感搭建。

"辽宁检察好故事"是弘扬正能量、构建和谐社会、推进反腐倡廉建设的一个尚好平台，借此契机，大力弘扬公平公正、恪尽职守、本真情怀，进而使全体检察干警进一步明晰廉洁方能公正，廉洁是执法者核心价值观的基石，是品行的修养、人格的架构。

# 她是龙检的见证

**肖忠民**

俗话说"多年的媳妇熬成婆",说明时光过得很快,对白文淑更是如此。葫芦岛市龙港区人民检察院重建时她还是个小丫头,伴随检察院的成长,她也成了小媳妇,成了母亲,成了婆婆,成了奶奶。白文淑副检察长从重新建院到现在,她经历了"小院"大变化,尤其是与当年重新建院相比,不可同日而语。

葫芦岛市龙港区人民检察院是1983年1月重新建院的,当时称锦州市葫芦岛区人民检察院,那时白文淑是书记员、科员,都叫她小白,说是小白,其实她当年已经是个大姑娘了,而在那些前辈、老革命、老检察面前,她虽是小字辈,但作为检察院的年轻骨干很快晋升为助检员、检察员。当时的办公地点是在某部队营区内,借了一间小平房,一部手摇式的老电话机,一张从其他机关要来的旧办公桌,一把老木椅子。这就是当年的葫芦岛市龙港区人民检察院。

1983年葫龙检院重新组建时营房借用办公用房全体检察人员合影
左一为白文淑副检察长

现在的检察官办案、办公、专业技术条件今非昔比,与上级人民检察院沟通使用上了快捷方便的检察系统"三级专线网",最高人民检察院、省人民检察院和市人民检察院召开会议、培训,都能在多功能会议室收看,电视电话会议系统

1988年葫龙检院第二处办公楼第二个院牌，图为全体干警合影 后排左二为白文淑

实现了检察资源共享。同时安装了专用直报电话，可直接上报或者层报重要数据。建院那时出去办案，靠的就是个人上班用的自行车，下雨时，检察官们走乡土小路时都卷起裤脚，光着脚，不然鞋子就会陷进泥水里。

那是2008年，龙检院将台式电脑更换为笔记本式电脑，检察委员会审议案件、检察长审查重要案情，都在内网上进行。平时检察官们的办案、阅卷、审查、讨论、办公、通知、传递信息都通过内网进行，院内的联系都在计算机局域网系统进行，还制作了专门的检察院内部网页，系统内部相互共享各种数据并上报，直接上传基层院的工作情况，省检察院可以在网上直接审查、考核。白文淑非常感叹：曾几何时，办案、办公就是一本稿纸、一支笔、一瓶墨水、一个印章、一盒印泥。

现在的检察院设有信访中心、候谈室、密码传真室、网络控制室、技术室、办案区等专业技术用房，仅档案室就能容纳50年的档案。全院办公条件也得到了很大程度的改善，添置了新桌椅和柜厨，电扇、空调，电话内部、外部直拨。在荣誉室，当新一代检察人看着那昔日的艰难岁月，无限感慨。一个生火取暖用的炉子，上面是接到房子外面那一节节的炉筒子，来访人都找不着地方。部队的哨兵对来访群众都得用手笔划："看见了吗？远处有个冒烟炉筒子的地方，那就是检察院。"后来，部队领导和院领导为来访群众方便，才在营区墙边、对着马路开了个门，才能直接走进那平房办公室即检察院。

现在办案时，监控系统发挥了铁证作用，专门设有犯罪嫌疑审讯室、证人询问室，还可以在监控室指挥讯问，把握讯问进程和重要关节，专门由技术人员同步形成录音录像，哪怕是一个细小的变化都会记录在案，都被录像室的音像设备锁定在电脑数据中。现在的干警在微信中接收信息，沟通便捷、迅速，而且可以实时发送。

1989年6月锦西县变市，1990年我们院也改名为锦西市葫芦岛区人民检察院，小白当上了副科长，冲在办案一线，那年她被记三等功一次。那是在新基地与多家单位合属办公，一个楼7个单位，甚至一层都有好几个机关，楼这边说话，楼那边都认为在吵吵呢！没有讯问室，录音机录音效果又比较差，就到看守所、旅馆、其他机关暂借房间代讯问室。白文淑说，外出办案也只有一台北京牌212吉普车，一副对讲机，与"大本营"沟通得找有"长途电话"的地方才能联系上。

1989年我院第三处办公楼为三层有多家单位办公 图为全体干警楼前合影 后排左一为白文淑

为预防其他犯罪、加强保卫工作，人民检察院重点部门和重点部位安装了"三铁一器"，院内、外安装了安全监控设备、随时锁定临时性证据。为保障检察官全身心投入工作，附属楼设立了食堂，实行早、午自助餐式保障，为更好办案提供坚强的后勤保障。

"忘记过去就意味着背叛"，在人民检察院的历史中，检察人付出了无数艰辛。在八十年代，那时中午都回家吃饭，没有通勤车，有的骑自行车、有的赶公共汽车，一来一回就是两小时过去了。办案时晴天一身汗水，下雨一身泥水，只有回家才能换衣服，想洗澡还要等到周六，公共浴池才能开放。九十年代，还用铅块打印机排版、打字，九五年才用上四通打字机，九十年代末只配备了几台电脑，也只能打字、制作表格，配备的打印机是刺针打印型的，打字速度慢不说，还"咯吱吱，咯吱吱…吱吱…"直响，经过打字室时听到那声音，简直是牙根儿都痛！

1994年9月锦西市更名为葫芦岛市，葫芦岛区更名为龙港区，23日更名葫芦岛市龙港区人民检察院，办公、办案还用老式的刻板刻字，然后用滚刷推印，印歪了就得作废，印好了还得晾干，然后才能装订。白文淑说，这是1997年的照片。我看过她的档案，第二年也就是1999

辽检情怀

年她被辽宁省委政法委授予"人民满意的政法干警"。

千禧年，检察院被评为辽宁省"五好检察院"，小白也晋升为检察委员会委员，她任反贪局副局长并主持工作，记三等功一次。次年检察院被评为辽宁省"人民满意检察院"时，她

1997年陈之阳检察长到任时全体干警合影
中排左三为白文淑

被提拔为党组成员、副检察长，由于功勋卓著，2004年她被授予中国优秀检察官，2008年又被授予中国荣誉检察官勋章。

由于地处我市政治文化中心，随地域的扩大和人口的增加，加之公民民主意识的增强和经济的快速发展，所办案件数量也是当年的30倍。近年来的办案数量，是编制相同检察院所办案件数量的3倍，在人员少、工作量大、压力大的情况下，新一代检察人在充分发挥主观能动性的同时，向科技强检要检力，向集体作战要检力，只要是办案需要，车辆随时随地出动，装备更是今非昔比。打印机速度快还能打印彩色图片，复印、扫描、照相录像已实现现代化。这支过硬的队伍，所办案件数量仅低于大区人民检察院，基本与邻县人民检察院办案数量持平，为社会治安、经济发展和社会稳定做出了积极贡献。如今，检察职能在深化与扩展，检察工作量也是建院时的30倍，现在办案，网上留痕，承办、审核、审查、审批全程都在网上办案。龙检人也更加感受到科技强检的优越和办案办公的快捷，与局域网隔离的互联网，可以查阅新颁发的法律法规和现行政策，也可以查阅国内外法治新闻，对同类案件进行比较分析，查阅最新的法律政策研究前沿课题，设网页对外发送新闻。更可以查阅与案件有关的相关知识、科学技术应用情况，共享科技、法律、知识等新成果和其他互联网资源。2010年以来，检察院先后被辽宁省人民检察院记二等功，连续七年被评为"先进基层检察院"时，她在履行党组成员、副检察长职责的同时，担任支部书记，为检察院建设尽心尽力。如今，当

2007年欢送副检察长刘如棣到建昌院任职
第五处办公楼全体干警合影
前排右二为白文淑时任副检察长已经6年

奶奶的她又见证了检察院的成长，龙检院又被授予辽宁省"文明单位"。

说起家人，白文淑满脸愧疚，当年自己的儿子不能像别人家的孩子由家长照看，经常因办案而疏于照顾，常常是孩子自己在家，给个苹果就走了，一走就是一天，晚上回家时顾不上做饭，就抱着孩子待上一阵子，母子像好些天没见面一样，亲个没够儿。有时赶到家里，丈夫已经做好饭，和孩子吃过、睡着了。说起丈夫，她感觉更是没有像别人那样尽到妻子的责任，结婚后，就连一天三顿饭都没能让丈夫及时吃上，丈夫的衣物也是顾个大概，就把精力投入办案当中了。看着别人家的孙子天天被接送，她就起早贪晚提前送孙女上学前班，再正点到检察院上班，下班后赶紧去接孙女。如今，她当奶奶已经六年了，检察院也越来越辉煌。问她最大的幸福时，她说出了三个字：当奶奶！问她最大的收获时，她只说了两字：办案！

作者为葫芦岛市龙港区人民检察院政治处主任

# 有这样一支队伍

**李一杰**

  谨以此文献给日夜为我们操劳的老于，献给机关食堂的全体员工。你们辛苦了！

  一辆白色轿车划破了夜的宁静，稳稳地行驶着。两只惺忪的眼睛注视着前方。心里早已盘算好了今天要"端"哪几个点，要拿下多少，一切都在计划中。

  5点多钟，满载着战利品，缓缓驶进后院，只见走过来两个人，帮他迅速将战利品扛上楼去。

  他，就是机关食堂管理员于成权，今年五十三岁。

  原来战利品是鸡、鸭、鱼、肉、蛋、各种蔬菜。

  这支队伍8个人，一半孩子妈。眼下180人的吃喝就交给他们了。平均1个要应对20多个，力量之悬殊可说是"寡不敌众"。老于就是在这样一种态势下，天天在研究着吃与被吃的对策，伤着如何才能取胜的脑筋。

  为了打胜这场战役，老于负责包抄市场，员工们趁天还没亮悄悄地潜入食堂。各操兵刃，出神入化地演练着他们的绝技。个个汗流浃背，却人人喜笑颜开。小孟的面活儿玩得有宗有派，小张的大勺掂得像抖空竹，菜洗得晶莹剔透，切墩的像打架子鼓。瞧他们那阵势那劲头儿，分明是要以少胜多。

  这一幕情景有谁能不为之感动呢？

  就让我们一起走进他的生活一探究竟。

## 一

他有24年军旅生涯，从班长、排长、指导员、教导员，一直到副团职政治协理员。1997年转业到检察机关，历经监察、反贪、预防、装备等部门。2004年受命于危难之中，走马上任食堂管理员一职。同志们说，老于的官不大，管的人不少，检察长管多少人他就管多少人。检察长抓队伍，老于跑吃喝。

如果给老于画个相的话，我想这样去勾勒他：温和、内敛、心善、不温不火、会体贴人；谦恭、仁厚、素朴、秉性正直，一句话：靠谱儿。交给他的工作不弄出个子午卯酉，觉都睡不踏实；是个放在哪儿都能发光的人。

先听听大家的评价吧，"老于把食堂当家了""眼花缭乱的菜都不知道吃啥好了""市场上有的，我们食堂都有""啥时髦吃啥""老于把饭店都给顶了"。如此这般口碑，不时引来一些讨"方子"的，老于就真诚地跟人介绍做法。

我们还是去感受他的一天吧。

## 二

老于的一天，就像打一场战役。

凌晨2点起床，多好的梦也得叫停，3点到了市场，按计划一样一样精选，一溜儿小跑装车。

5点半到6点回到食堂，立即按单验货、入库、按下料单出库。这个时候是食堂最为壮观的时刻，洗菜声，切墩声，掂勺声，摆盘声，一溜儿小跑的脚步声，忙而不乱，气氛和谐。

7点20分一切停当，展现在干警面前的是一片井然，色香味俱全。走进食堂总是在不知不觉中吊着你的胃口，这种感觉就是老于的追求。

8点30分早餐结束，开始第一轮的收拾残局，然后休息30分钟，疲惫还没有离去，10点准时进入午餐的准备。

午餐不同于早餐，主菜增加，有些菜需要提前加工，炸、煨、炖、泡等工序烦琐。为了避免浪费或不足，每天还要与各部门了解就餐的大致人数。如果说早餐如同拿下了一个据点，午餐就是一场攻坚战。冬季还好过，夏季伏天才是跟厨师小张、小孟叫板呢。4 点就点火，一直到 11 点 30 分都要与火为伴。那滋味就像铁扇公主在一旁给你扇火，再看他们，个个面如桃花，水灵灵容光焕发。再看老于早已浑身是水。在干警进入食堂之前，11 点 20 分战斗结束。在后厨望着干警满面春风地将一个一个的菜盛入盘中，老于的心才踏实。12 点 30 分，老于带领全员进入第二轮收拾、餐具消毒、安全检查。精神还没落定，便又草拟第二天的计划了，一样一样推敲、落实。

16 点老于下班。

连续工作了 14 个小时的他，回到家便瘫软在沙发上，夫人做好了饭菜，老于却打起了呼噜。

## 三

老于的一天就是这样的过着，日滚着日，月滚着月，一年又一年。

## 四

我问老于一直这样干能吃得消吗？老于说，干警吃乐呵了我就不累，如果菜剩得多了，心就累。

看着老于时而疲惫不堪，时而精神抖擞的样子，真是让人感动。

当我们漫步在林荫道上休息时，老于却在家鼾声大作。惬意，对他来说是奢侈的，只能盼望梦中寻觅吧。此情此景，于夫人作何感想呢？年轻时随军，没多少时间是自己的，现在孩子在外读书，老两口不敢奢求像年轻人一样花前月下，就连一块儿走走的机会都没有。"咳，半辈子了，习惯了，只要他愿意、心顺就好。他好，全家就好。"

听着于夫人的话，让我们感到了她那深沉的爱。老于他虽不懂艺术，但极力地追求完美。做事就认准一个理儿：既然干了，就要以身体之，以血验之。

## 五

一晃四年过去了，什么感受？

"天天都像在高考，又像天天在补考。"老于脱口而出。

听到这样的描述，应该说我们的心里不是滋味。五十几岁的人，天天如此紧张地度日，没有闲情逸致，没有思考家庭的空间，没有衣冠楚楚的机会，没有正常人的社交活动和作息时间，年复一年，过着极其雷同的生活。已然是一座默默的山，一片呆呆的云。

谈到女儿，老于说："孩子没有跟我说的事。大学毕业两年了，一直为工作发愁，一个人在外边，当爹的能不心疼吗？可真就是没空儿管她。我以为我是一家之长，可一回到家，啥事都没人跟我商量，我这个当爹当丈夫的。咳，算了，还是别提家的事了。"老于的眼睛有些红润了。我说："你夫人是看你管着百多号人，家里的小事就用不着大领导了，再说，你一到家就睡觉，天不亮你就走，也没时间说啊"。老于一副苦笑的表情让人心疼。

你已经把活儿干到这个份儿上了，别人以后怎么干呀？他腼腆起来，"可别这么说，我这人把我放在哪儿，就只会琢磨这一个地方的事儿。由于在部队分管过，比没接触过的同志可能熟悉一些。我琢磨了八个字：用心、关心、爱心、放心。首先要全身心扑在上面，用心去研究，既要考虑经费，又要让大家吃好；再就是关心这些不分黑天白天跟着你干活的人，让他们感到心里热乎"。"小时候就听母亲常说，人敬咱一尺，咱要还一丈，这样就和谐。和谐了，事情就好办得多。""说实话，这行做好不容易。也绝不是一个人所能为的。我就是浑身是铁能打几颗钉呀，除了做好上面说的，关键要有一个能让你甩开膀子干的氛围。如果说这几年大家还满意的话，是得益于领导、大家的信任、支持、保障，才有我的今天。这样累也舒心。"

听说你是食堂员工们的偶像，他们都是你的"粉丝"，跟大伙儿说说。老于乐得前仰后合，"主任，你真能逗我"。

一说到他的兵，老于立刻两眼放光。正如《地道战》里说的"要说地道啊，那不含糊！"于是，他如数家珍般地娓娓道来。

就说厨师小张吧，早4点就被火烤着，尤其夏天，50多度一直烤到中午，身上跟水洗的似的。中间最多有1小时能歇个绷，有两次都热迷糊了，说心里话，我老于心里真不是滋味。

厨师小孟以面点为主，他的面活儿，不用我说，大伙儿早有口碑。他也是来得最早的一个，凌晨2点半就开始在那揉、捏、蒸、烙、煮了，一通下来早已大汗淋漓，看着大伙儿抢着吃他的作品时，小孟最开心了。

小赵，领班，兼验收员。一丝不苟地每天对采购回来的物品进行验收，认真程度不差分毫。眼里有活儿，总是笑容可掬。

小王，工作认真，想问题、做事周到。干活细致入微，话经她一说就幽默了，还带着哲理，估计有过领导经历，大伙儿说，跟她在一起，没愁事儿。

食堂员工合影

小田，领班，兼库房保管，性格率真，多面手，她拌的菜敢跟厨师叫板。

杨彩霞，为人朴实，话语不多，就是一个埋头干活，真是块材料。

小史，窈窕淑女，聪明伶俐，朴实可爱，是我们食堂的小燕子。干活时总是一溜儿小跑。给食堂增添了不少活力。能干，会干，抢着干。现在还没有对象呢。

说起手下的故事，老于眉飞色舞就搂不住了。有一个让人感动的故事一定说给你听听：就是2007年正月十五那场暴风雪。小张、小孟在暴风雪到来之前，他们在家里望着有些异常的夜色，预感到将要有一个恶劣的天气降临，为不影响第二天干警正常开饭，便一块来到院里住，果不其然，没多大功夫狂风大作，起床一看，大雪封门。在龙背山住的赵春茹、田玉芳、王桂凤，在丈夫的配合下用铁锹边开道边爬行，亲身感受了一段长征之路，当会师在食堂的时候，个个脸蛋儿像苹果，老于的心颤抖了。心里在说，多么可爱的团体呀，没有她（他）们，我一事无成。

## 六

采访结束了，我知道老于的故事是讲不完的。

他们是用情感蘸着汗水凝聚成的一个整体。在佩服老于的同时，对食堂全体员工的敬意之情亦油然升腾。

他们是一个值得让人尊重的群体，他们的素质和境界是那么的统一，让人肃然起敬。

他们把全部的精力奉献给了我们，是否也可说奉献给了检察事业呢？九年来，就像一个家庭，他们是在用心、用情打造着我们的健康，干警们吃得容光焕发，是他们最愿意看到的风景。仅此而已。

他们是一群小人物，但是都有大情怀。他们是个个心里都燃着火的人，烤着自己，温暖着别人。

他们是一支能战斗的队伍、有爱心的队伍、能奉献的队伍、一支创造健康的队伍。

在我们一同奔向健康的路上，也衷心地祝他们健康、快乐。

## 七

月光皎洁，月色空灵。跟往常一样，当人们还在熟睡的时候，他们，从家里悄悄地朝着共同的目标出发了。

若干年后的某一天，你一句，他一句，天一句，地一句，侃起了陈年往事，侃到了老于，一阵飘香从心底涌起，曾经的食堂，永久的记忆。

作者为葫芦岛市人民检察院副县级退休干部

# 厉害丫头

王晓慢

王晓慢是兴城市人民检察院"80后"女检察官。她有一双睿智而充满灵气的眼睛，标准的鹅蛋形脸上洋溢着质朴的微笑。一身合体的深蓝色职业服装，显得青春靓丽，英姿飒爽。举止言谈中显示出与她的年龄不相称的干练和成熟。

她在2011年7月毕业于沈阳工业大学并获得学士学位后，以选调生的资格参加了检察院入职考试。在学校取得

作者办理案件现场

的优异成绩，奠定了她实现检察官梦想的基础。王晓慢自加入到兴城人民检察院检察官行列，于今已经第七个年头。

就是这么一位普通的女检察官，在这七个年头里，经她办理审查逮捕、立案监督等案件279件、涉案351人，无一错案和瑕疵案件，被全院上下同事尊称"厉害丫头"。她多次受到上级嘉奖表彰，2014年获得个人三等功。2016年5月，被提拔为侦查监督科副科长。

让我们看一看这个"黄毛丫头"是怎样逐步"厉害"起来的……

## "厉害丫头"之公正执法

2011年7月，王晓慢怀着美好的憧憬，跨进兴城市人民检察院。这是她梦想开始的地方，她要在这个惩恶扬善的战场上，公正执法，伸张正义，维护法律的尊严。

那是2016年5月份办理的一起于某强奸案，此案由被害人王某到

公安机关报案。当时王某情绪异常激动，称与于某是在农村办了结婚酒宴，没领结婚证。事实婚姻后，因家庭矛盾两人分手。分手后，于某将她强奸，而王某还指出于某身上有抓伤的证据。而犯罪嫌疑人于某在公安和检察机关坚称：两人系自愿发生性关系。

面对一对一的证据，该采信谁不该采信谁，一时间难以抉择。王晓慢向领导汇报后，对案件做了进一步梳理。其中的条理在她的脑海逐步清晰。她找来被害人王某，像唠家常一样与她聊起了相关话题。她感觉到王某是一个通情达理的人，便耐心地向王某讲解强奸案的严重性以及故意报假案所要承担的法律后果。如果确定强奸罪，要判三年以上徒刑。王某向对家人诉苦般向她哭诉了她和于某之间的感情纠葛，最后道出实情，还原了案件的事实：两人确实是自愿发生的性关系。男人身上的抓痕，是性生活的第二天早晨，两人发生争吵时留下的。王某醒悟道："我是一时气愤冲动才来报假案，不能因为我的谎言让他蒙受三年牢狱之灾。他家还有双亲父母需要照顾，是我错了。"

王晓慢用她的细心和睿智，及时防止了错案的发生，最终将于某无罪释放。但王某随即而来的是诬告陷害罪的追究，公安局重新立案。王晓慢考虑到两人之间的关系，她又找到了这起案件中的被害人于某，做他的思想工作。她对于某说："作为一男人，在家庭里要懂得担当，要学会经营。就像你们做生意一样，要用心，用爱心维系。大男子主义在当今时代是行不通的。要学会呵护爱人，留住女人的心，对家庭要担当起责任。"于某听后不住地点头。他没想到一个年轻的检察官，对生活却有着这么深刻地理解。他表示回去后改变自己，修复家庭裂痕。于某对王某表示了谅解后，对王某作出了涉嫌犯罪，但情节较轻，做出了不批准逮捕的决定。两个人都面带微笑地走出检察院的大门，边走边充满感激地对王晓慢说："谢谢！谢谢！"

这一刻，王晓慢的内心就涌起一种从未有过的喜悦和职业的成就感。这一句发自肺腑的"谢谢"，这一份如释重负的笑容，对她是莫大的激励和鼓舞。

王晓慢工作中的甘甜与喜悦，在这些一个个成功的案件中品味着，在一步步成长中体会着，在她追求的至高无上的事业中伴随着。

## "厉害丫头"之侠骨柔情

工作中,王晓慢每天接触着各式各样的案件,形形色色的犯罪嫌疑人。有的人是激情犯罪,有的人是蓄谋已久,还有的人是年少无知。

2017年8月,王晓慢办理一起盗窃案,犯罪嫌疑人隋某年仅17周岁,黑龙江人。他是趁学校假期随同两个小伙伴来兴城游玩,无聊时到网吧上网。出于好奇,一时冲动,偷了电脑主机的CPU。因为隋某是未成年人,立案后,要有法定代理人到场。隋某的父母此时正在大连等待孩子入学报到。原来,隋某已经被大连一所高等院校录取。隋某的父母风风火火地从大连赶到兴城。提审时,父母在现场无法相信自己的儿子转眼间成为盗窃犯,他们老泪纵横。隋某满脸悔恨的泪水,甚至锤打自己的冲动和无知。王晓慢看到隋某痛心疾首的面容,看到隋某的父母伤痛却又充满期盼的泪眼,为之动容。她想,社会上有多少像隋某这样涉世不深的孩子,一失足成千古恨。王晓慢看到隋某的父母呈给她的高校录取通知书,也为孩子深深地婉惜。她想着怎样才是对孩子最好的拯救,让他成为一个好人,成为社会的有用之材。王晓慢拿着隋某的大学录取通知书,来向领导汇报,并说出自己的意见。最后,根据宽严相济的政策,做出涉嫌犯罪,但无逮捕必要,不批准逮捕。

隋某和他的父母听到决定,又一次泪流满面,那是悔意与感动相交织的泪水。临行前,孩子的母亲执意要留下王晓慢的联系方式,于是,她们相互加了微信。一家三口满怀感恩之情,含泪踏上求学路。

不多时,王晓慢便接到了隋某参加军训的照片。看到蓝天下一脸阳光的大男孩,王晓慢欣慰地笑了。之后,王晓慢便常常收到来自隋某进步的喜讯,他的成绩单,他的获奖证书,不断给王晓慢带来惊喜。隋某知道,这些,才是对王晓慢最好的感谢。是的,对于王晓慢来说,这确实是对她最珍贵的礼物,微信里没有任何信息能让王晓慢如此心花怒放。

王晓慢,一个心里充满爱的检察官。爱党,爱祖国,爱事业这交融在一起的爱,如一股涓涓细流融入到一件件的个案中。于是,便有了信任的目光,便有了感激的泪花。

## "厉害丫头"之艰难抉择

工作期间遇到最困难的事就是科内人手少,办案时间紧,案子多任务重。大局当前，容不得考虑个人利益。爸爸妈妈计划与她一起去外面走走，趁着腿脚还利索，旅游观光。可计划了一次又一次，总是落空。她说："再等等，等案子少点时我就休假带你们去。"看到一天天变老的父母，她时常心存愧疚。

2016年初，父亲生病住院了，很严重，需要手术。可母亲要在家照顾常年卧床不起的奶奶。王晓慢放不下手里的工作，而照顾父亲又是她义不容辞的责任，亲情无法割舍。这会儿，她的脑子里也敲起了小鼓，怎么办哪？她把自己的工作视为生命，同样也视父母为生命。看到父亲躺在病床上憔悴的面容，她眼里涌满泪水。她将头轻轻地埋进父亲的怀里，对父亲说："我还是您的孝顺女儿，可我身负检察官的责任。单位人手少，我不能放下工作。工作完成之后，我就来陪您。"父亲心疼地摸着女儿的脸蛋说："我知道，我知道。"她含泪将父亲托付给姑姑、大伯和还未结婚的男朋友照顾。下了班，她便风风火火地赶到医院守护父亲。那一阵，她的眼睛布满血丝，脸上现出极度疲惫的神情。领导和同事们都劝她休息，说别拖垮了身体。她拍拍胸脯，爽朗地说："没事，我的身体扛造。"

去年年底，刚刚结婚的王晓慢来不及休婚假，马上又投入到工作中。面对丈夫，她只能说："对不住，再等等再等等，等案子少点了我就休。"可是，这一等一年都过去了。让她感到欣慰的是，家人特别理解她的工作，理解她的爱岗敬业、忠于职守。当父母看到她工作上取得了好成绩，当丈夫看到她立功受奖，都为有这样的好女儿、好妻子而感到骄傲和自豪。

## "厉害丫头"之永争第一

作为一名共产党员，王晓慢始终牢记党员的理想信念。严格用党员的标准要求自己，吃苦在前，享受在后，勇挑重担，各项活动一马当先。她把自己的理想融入到各项工作实践中。

2015年，院里组织了一次情景互动式党课，领导将这一任务交给了王晓慢。这是一件非常艰巨而且有着高技术含量的工作，对于一直在办案岗位上的她来说是一个全新的内容。王晓慢接过任务时，也是茫然不知所措，脑袋里"嗡嗡"作响。但是，这是组织交给的任务，有再大的难度，也一定要做好。王晓慢首先从理解这次党课的宗旨入手，梳理脉络。她竭尽全力查找素材，从网络里，从自己的"储备库"里，从党的历次会议的内容里，选取她需要的材料，再细心整理。从影片剪辑、PPT制作、音乐的选定和配置，再到最后人员的敲定、情景剧的编排。她夜以继日地筹划，这些复杂而又细密的工作，王晓慢只用了半个月，便呈现在大家面前。这半个月，王晓慢没有睡过一夜安稳觉，没有吃过一顿安稳饭。这一堂生动的党课，得到了院领导和同志们的一致好评。看到领导和同事们赞许的目光，她开心地笑了。她坚信一分耕耘、一分收获。

有一种责任叫作集体荣誉，有一种信念叫作永争第一。要做，就做最好的自己！这是王晓慢的人生信条。在她工作的第三年，市里组织了一场文明礼仪大赛。检察院党组织鼓励院检察官参赛，展示检察官的风采，王晓慢立刻报名参赛。

*作者参加礼仪大赛获一等奖*

王晓慢每天晚上一下班，就一头扎进电脑里，上网搜集相关材料，为参赛做准备。她以本单位一位同事的先进事迹为原型，以检察官的工作为缩影，编排了一个情景剧，以此更充分地展示检察官的靓丽风采。一切有了雏形之后，她便一遍一遍自己彩排。一次次地修正不足，一次次地超越自己，直到自己满意为止。

在这次大赛上，王晓慢以她出色的表演，赢得了最热烈的掌声，也赢得了这次大赛的最高荣誉：大赛一等奖，同时获得个人最佳台风奖。

这就是王晓慢，工作集体荣誉至上，勇挑重担忘我拼搏，甘于奉献永争第一。

王晓慢，始终为自己所从事的事业而骄傲。这是她最初选择的从检之路，一种与众不同的生活方式：形形色色，没完没了的案件；厚厚薄薄，长长短短的卷宗，就是她毕生的守候和追求。那属于长城和橄榄枝构成的神圣的检徽，永远闪耀在这位"厉害丫头"的心中。

**作者为葫芦岛兴城市人民检察院批捕科四级检察官助理**

# 为了我们的检察事业

李颜兵

时光飞逝，检察机关恢复重建已有40余年，而我进入检察院也三年有余，虽遗憾未能见证检察院从恢复重建到一步步走向辉煌，但也见证了轰轰烈烈的司法改革。这几年的耳濡目染、言传身教，我也渐渐被检察院所独有的精神感染。默默跟在先辈的身后，身穿检服，胸带检徽，心存正义，再次见证检察院的历史变迁，不管检察院如何之改变，现已改变不了检察院带给我的的自豪感与自信心。

兴城市人民检察院监所科共四名干警，其中两名常驻看守所，我就是常驻看守所中的一员，另一位是我的老前辈杜检察官，还有几年就退休了。但是他办事刚正不阿，有极强的工作责任感，有深厚的工作经验，遇事稳重，宠辱不惊。在他的影响下，我慢慢融入检察事业。

## 刚正不阿，塑造检察精神

"杜检、杜检，五号监室有个不老实的，真想给他上点措施。"看守所管教一上班就找到杜检察官。原来五号监室一位新进在押人员因为情绪激动，晚上一直大声叫喊，扰乱监室内秩序，造成监室内其他人员不能正常休息，在管教安抚后，情绪一直未能稳定。"你敢，

到看守所进行检查

你这是违反看守所管理规定,你这样监管我一定会坚决查处。"杜检察官当即表态,如果有给在押人员上刑情况发生,一定坚决查处。"不敢,不敢。杜检这不是管不住了么,总这么喊也不是个事儿。"管教无奈地说道。"走,带去看看。"杜检便和所长一同去查看这位在押人员的情况。这位在押人员看到穿着检服的检察人员后情绪似乎稳定了不少,"我要伸冤,我是顶替别人来的,是别人叫我承认的"。这位在押人员看见穿着检徽的杜检察官立马说道。"站好,我是检察院工作人员,你有什么情况可以向我们反映,但你必须先遵守所内秩序,你知道吗?""我知道了,知道了。"在押人员立马站好。"你说说你的案件情况吧。"通过杜检察官的解释及情绪安抚,这位在押人员情绪稳定了下来,并表示自己是太害怕了,以后一定遵守看守所所内秩序,有什么事情就找检察官。新进人员都有一定的情绪波动,有的因为害怕,有的因为悔恨等,杜检察官早已习以为常,他总是一眼看穿其内心,或通过法律震慑,或通过语言安抚,每次都能把在押人员不安的心情抚平。通过接触每位新进的在押人员,他们都知道了这位有威严的检察官,知道这是一位为他们说话的检察官,一位刚正不阿的检察官。

### 保障在押人员权益,用心做好检察事

"驻检,驻检,我都快三个月了,咋还没有下起诉啊?"每天到看守所的巡视检察都会听到这样的声音。每位在押人员在监室内都会数着关押天数过日子,有时我会好奇地问他们自己的入所时间,毫无疑问他们会清晰记得,可见他们对自己关押时间的重视。"李某某吧,你案子快了,还有三天到期吧,再等两天。"杜检察官每次都会耐心地回答。"驻检、驻检,我案子到哪了?""陈某某吧,到起诉了。""驻检、驻检,我这执行通知书好像错了,我之前还在拘留所待过啊,这期限没有减啊。""李某吧,你不判六个月吗,把你执行通知书拿来,这个事记下来,一会立马去拘留所查查入所登记、出所登记和处罚决定书。"我默默地把每件事记下来,和杜检察官驻看守所两年了,有时我心里不禁会自问,杜检难道把每位入所人员都记在心里?看守所日平均在押人数在150人左右,而且流动性特别大,有时候一天会出入所10人以上。杜检察官和我说,"保护在押人员权益无小事,记清每个在押人员的情

况是基本，现在老了，有时候也记不住了。你干的时间长了就好了，没看他们总问问题，时间长了就记住了。"我知道这个很不容易，不是每天接触就会记住的，这个还要用心，用自己的责任心与使命感，把他们的事看成自己的事，只有这样才能干好监所检察工作，才能让每个在押人员信服。"驻检，2号在押人员想和你谈话，就是那个哑巴。"管教看见我们来巡视，立即跑到我们面前。我知道我们多少天的努力终于要有了收获。"走，赶紧过去，作好记录。"看着哑巴向我们摆手势，我知道他是向我们要纸和笔。这个哑巴是我们这几个月巡视检察的重点，他因在公交车盗窃6000元入所，入所已经几个月了，但是他的案件程序一直没有正常往下走，因为是哑巴也不配合公安机关，公安机关也一直未查到他的真实身份，所以公安机关一直以不讲真实姓名，侦查羁押期限自身份查清之日起计算为由持续关押。哑巴入所以来，我和杜检巡视过程中不断找其谈话，每过一段时间就做其思想工作，但是每次他都是摆手，表示听不见，给其写字也表示看不懂。杜检说"哑巴犯罪情节较轻，数额也不大，再这么关押可能会超过其判决的刑期，也侵害了其权益，我们不能放弃，希望其交代自己的真实身份，尽早让程序正常走"。经过持续的思想工作及向其法律释义，让其明白不讲真实姓名的法律后果，今天终于有了结果。看着他写下自己的名字和身份证号，我知道他听得懂别人说话也识字。拿到他写的纸条，我们立即通知了公安机关，使他的诉讼程序得以正常进行。多少天的努力终于有了结果，我心中突然感觉到了检察事业的光荣，也许在押人员一声亲切的"驻检"才是杜检察官最重要的坚持，也许这也是我今后工作的坚持。

### 依法、依程序办案，一个都不能少

"驻检，我知道错了，我不应该打我对象，我以后保证不再纠缠她。""裴某某，前段时间刚进来的吧，是不是最近被批准逮捕啊？""是，昨天批准逮捕的。""进来之前联系过被害人没？有没有谅解你？""没有谅解，但是我有她的电话，我们之前感情很好，我是因为一时冲动才做出这样的事，以后我绝不纠缠她。她肯定会谅解我的。""这是羁押必要性审查权利告知书，你可以申请羁押必要性审查，你的情况我会记下来，等我查证了再来找你，你把你对象电话说下。"我默默把电话记

辽检情怀

扫黑除恶案件讨论会

下来。"这个案件应该跟进,回去你把电话给我,我联系被害人,裴某某的犯罪情节比较轻,认罪态度也好,对被害人要跟进。"杜检察官通过与被害人沟通,详细说明了裴某某的悔罪情况,被害人最终决定谅解裴某某。"好,那你明天有时间来一趟检察院,做个笔录。"就这样,裴某某被变更强制措施为取保候审。"案件不能等着来,每个在押人员的情况都不一样,需要我们对每个在押人员仔细跟踪,而且要确保符合法律规定程序,只有这样才能更好地保障在押人员的权益。"我默默记下杜检察官说的每一句话。刑事执行检察日常工作看似简单,但却涉及当事人的人身权利和合法权益,涉及法律的尊严和权威。为维护当事人权益,杜检总是以一颗严谨之心,严肃认真地做好每一项工作。为了防止超期羁押现象发生,他主动与相关办案部门联系,建立起防止超期羁押预警机制,并加强监督措施;为确保监管场所的安全,他每天都要深入监管场所进行安全检察;为打击牢头狱霸,他经常找在押人员谈心,了解监内情况,掌握第一手资料,他尽力做到与每位在押人员交心谈话全覆盖;为防止监管人员的渎职失职,他定期与看守人员进行工作座谈,交换思想,阐明观点;为维护法律尊严,他带领和组织全科干警秉公办事,针对监管场所存在的问题,大胆监督,每年提出的纠违及检察建议均得到了有关部门的认真采纳和整改,有力维护了监管场所的安全和稳定,收到了良好的法律和社会效果。

## "忠诚、干净、担当"担负起检察职责

"驻检,看守所出事了,在押人员李某某因突发心脏病被送往兴城市人民医院,我们正在路上。"凌晨1点,杜检察官收到看守所的电话,

被告知在押人员突发疾病。"好，我立即前往医院，你们先全力抢救在押人员，一定按照程序办理，带好干警，我去了会监督，有问题追你的责任。"类似这样的事情，每年都会发生几起，不管几点，杜检察官都会第一时间

看守所检查

赶往现场，通知我时也会先让我别着急，要注意安全，赶到现场都会第一时间查看病情及监管情况，避免出现装病及串供等情况发生。虽然年龄的增长伴随着体力的下降，但每次事件的发生杜检察官不管多累都会第一时间赶往现场，做好一名检察官应尽的职责。查看病情、临场监管与指挥，安抚在押人员情绪，震慑看守所及可能的外部势力，保障法律的最后防线。我看到了一名检察官的担当，一名检察官的精神，忠于法律，忠于崇高的事业。

检察院就像一个家，无论怎么变迁都有自己的检察精神，好像来到检察院我的灵魂就有了归宿，它培养了一代代默默无闻的精英与无私奉献者。我找到杜检和他说想写他的事迹，他立马拒绝，"千万别写我啊，我也没有啥事迹，都是按规定办事，也没有办过啥大案子。还是写别人吧，不行就写咱们科室也行"。但我还是默默写了他。也许检察队伍有千千万万个他，他们都在基层岗位的第一线默默无闻、兢兢业业地奉献着，不管多辛苦，不管多少年，有的可能为了一声"驻检好"，有的可能为了自己崇高的事业。不管如何，这就是我们的检察事业。

**作者为葫芦岛兴城市人民检察院刑事执行检察局五级检察官助理**

# 母爱的申诉

程 爽

## "玩忽职守"

2017年5月16日上午六点,一声洪亮的啼哭,响彻在锦州市妇婴医院的产房,一个小生命从那一刻起,开始了他的人生。为了这个小生命,孩子的母亲却足足历经了10多个小时的挣扎,几次徘徊在死亡线上。这一刻的"母子平安"牵动着太多人的心。

就在16个小时前,兴城检察院317办公室里,埋头在卷宗前的马杰,正在噼哩叭啦地敲击着键盘,她手中审查着的是一起未成年人持有假币案件,她知道,早一点完成自己的工作,就能早一刻给那个迷途的少年一份安心。马杰,兴城市人民检察院公诉科副科长。2017年5月16日,她成为了一名母亲——一名"玩忽职守"的、不称职的母亲。

马杰怀孕时已经36岁。医学上通常称这个年龄的孕妇为"高龄产妇"。医生多次劝她要好好休息,不能过度劳累。每次她都是笑笑说,"办完手头这个案子就歇歇",然而经她手的案子一个又一个,马杰从没停歇过,整个孕期她几乎是全勤!上午十点钟预约了产检,她怕耽误工作,就起个大早儿先到单位把手里的活处理完再赶去医院。

司法责任制改革后,马杰不仅要参与公诉科员额检察官1比1的正常轮案,还要办理单位全部未成年人批捕、起诉

马杰分析案卷

的案件。一年365天，扣除双休日和节假日，工作日大约251天，而她平均每年要办理100多起刑事案件，这就意味着她3天就要审结一个案子，每周至少有两次要坐在法庭上对被告人提起公诉。而一个案子，从阅卷审查事实、摘抄证据材料再到提讯嫌疑人、制作一系列文书，要在这么短的时间内完成，就意味着她必须要加班。

2017年5月16日那天，埋头在案卷下的她怎么也不会想到因为劳累过度再加上高龄待产，小宝宝的到来整整提前了一个月！尽管这个"早产儿"很要强的跑在了时间的前边，但他也注定要为此付出代价——孤零零的在保温箱里待了半个多月。那段日子，马杰一个人在兴城的家中坐月子，小宝宝就在锦州的医院住保温箱。都说母子连心，每时每刻想念、惦念，却不能见面，只能在梦里听着宝宝哭，看着宝宝笑，亲亲孩子的小脸，拥在怀中……别人做母亲应有的喜悦和幸福对她却是人生中的苦难和煎熬。后来有一次在单位食堂吃饭的时候，我们跟马杰谈论起这件事，当大家都为她的敬业奉献而感慨赞叹时，马杰仿佛是自言自语地说了一句："作为一名公诉人我算得上是尽职尽责了，但作为一个妈妈我可就是玩忽职守了……"说起这话时，她眼中流露出一丝愧疚但转瞬又被一种坚定掩盖了。

## "执法不严"

马杰是2011年9月进入兴城市人民检察院工作的，到今天算起来已经在公诉科整整八个年头了。八年里，经她手的案件不计其数，案件的类型、涉案群体也是五花八门。在这么多的案件和嫌疑人当中，马杰的心曾被一起故意伤害案的嫌疑人深深触动着，她叫小雨（化名）案发时只有15岁。在讯问时，马杰问小雨："你喜欢上学吗？"小雨却反问道："我还能上学吗？我犯了罪，要坐牢的吧？爷爷奶奶怎么办？谁照顾他们啊……"这个本该花季阳光的小女孩目光中透漏着迷茫和恐惧，她的回答也敲击着马杰的心。那一刻，她仿佛就是一个天平，一手托着母爱的温情与慈悲，一手擎着法律的公平与正义。

为了掌握更多的情况，马杰先后走访了小雨所在的学校和社区，深入实地了解小雨和他的家庭状况，一层层解开了小雨故意伤害案背后的种种疑惑。原来小雨是在爷爷奶奶身边长大的单亲家庭的孩子。因为对母爱的缺失，小雨从小就养成了非常叛逆的性格。和大多数单亲家庭的孩子一样，小雨的自卑意识慢慢变成了一种极度敏感的自我保护意识。上学后更是和同学一言不合就动手，直至该案的发生。

马杰经过全案审查，调取相关证据，综合社会调查情况，多次与被害方进行协商，最终促成被害方与小雨达成谅解协议。检察院认为小雨犯罪情节较轻，而且没有前科劣迹，属于未成年人犯罪，以教育、感化、挽救为指导，给予小雨改过的机会，对小雨作出了不起诉决定，并对他的犯罪记录予以封存。

案子审结了，马杰一颗悬着的心才终于落地，也就是在那段日子里，小雨找到了家的温暖，把这位妈妈似得姐姐当成了可以敞开心扉倾诉的好朋友。后来，马杰在产房住院的第二天，小雨还带着自己亲手折的幸运星去看望了这位给了自己第二次生命的姐姐。那天马杰捧着一大瓶幸运星，抿着嘴笑了，笑得眼眶都微微润湿了……

### "忠孝难全"

马杰是一位母亲，同时也是一个女儿，她是家里最小的孩子——"老闺女"，自然也是母亲的掌上明珠。马杰也算争气，从小到大一直都是父母的骄傲。可自从参加工作以后，这种骄傲却慢慢变成了埋怨、责备。马杰的母亲今年已经75岁的高龄了，四个孩子中，每当说起马杰，老太太总是一脸的嫌弃："啥都指望不上，整天见不着个影，两头说不上一句话……"今年5月份，一向硬朗的老太太突然被诊断出罹患肺癌，由于本地医疗技术有限，需要立即转往沈阳军区总医院进行手术切除。可就在确定手术的前一天，法院也通知，第二天她承办的一起性侵未成年案件开庭！由于是全程主办这起案件，没有谁能比马杰更能了解案情。最重要的是马杰也放心不下那个只有十三周岁的受害人小花（化名）。小花父母离异，一直跟随妈妈生活，2016年12月妈妈获刑入狱，小花便跟随姐姐、姐夫共同生活，可命运总是爱拿可怜人开玩笑，她的姐夫却趁姐姐值班期间，先后三次强奸了小花！由于年龄小、报警不及时，物证已无法收集，马杰认识到这起案件的特殊性和重要性，跑前跑后一个多月，掌握了所有指控犯罪嫌疑人的相关证据。如果开庭时她不能到场，案件就很难得以终结，小花的心理阴影就会愈加严重！一边是病危在床的75岁老母亲，一边是急待落锤的公平与正义！留，世间平添一腔怨，去，断肠难舍血脉恩……

5月11日上午9:00，兴城市人民法院公诉人席上，马杰在义正严辞地发表着

庭审现场

无懈可击的公诉意见。尽管犯罪嫌疑人百般抵赖，可面对马检察官一个多月来搜集的相关证据，最后迫于压力终于认罪。与此同时，远在280公里以外的沈阳军区总医院的走廊上，一位年迈的母亲正被推往手术室，她焦急的张望着四周，寻找着人群中缺席的女儿。她不知道三个小时后还能否再次睁开双眼，她不知道自己还能否再见女儿一眼——那个曾经令她骄傲，如今令她苦恼的"老闺女"……

庭审结束了，马杰长舒了一口气，一名中年男子走了过来，在全场人的注视下，向马杰深深地鞠了一躬——那正是小花的父亲。马杰赶到沈阳时母亲已经做完了手术，手术很顺利，但由于年事已高，母亲仍没脱离危险期。隔着重症监护室厚厚的玻璃，马杰决堤似的哭了，她想跟母亲说"对不起"，但哽咽阻挡了一切，她想跟兄嫂说"对不起"，可哭声淹没了一切，她想跟丈夫说"对不起"，可委屈封存了一切……

检徽在身，即已许国再难许家！兴城地区性侵未成年案件时有发生，马杰负责未成年人刑事检察工作后，针对未成年被害人生理、心理发育不成熟，思想单纯幼稚，难以辨别他人行为的真实意图，性知识缺乏，自我保护意识较差，被性侵后未能意识到已被侵害等情况，马杰无数次深入到辖区内的学校宣传、讲课，印制宣传册、发放光盘，兴城地区100多所中、小学都留下了马杰的身影。马杰在一次工作会议上发言时说过"犯罪，从来就没有被杜绝过，可孩子是最无辜的，多帮几个、多讲几次、多走几趟，或许，就能让更多的孩子免受伤害"。

申诉，是指公民、法人或其他组织，认为对某一问题的处理结果不正确，而向国家有关机关申述理由，请求重新处理的行为，是公民维护权益的一种方式。

坚定职责，她却"玩忽职守"忽视了自己的胎儿。

勇于担当，她却"执法不严"网开了迷途的少年。

捍卫忠诚，她却"忠孝难全"辜负了病重的母亲。

有人说过"母爱，是天上的云，总让烈日先从她的身躯穿过，再给大地呼风唤雨降祥和"。如同母爱的伟大，马杰照耀的是心中的公平与正义！既然如此，她的遗憾，就让母爱去申诉吧……

作者为葫芦岛兴城市人民检察院公诉科四级检察官助理

# 以温情浇灌法治 使公正洒满人间

康 琪

王冠一，男，1976年7月出生，中共党员，现任辽宁省葫芦岛市绥中县人民检察院公诉科副科长，二级检察官。自2002年进院以来，一直从事侦查监督工作，后因工作调整，于2015年来到公诉科。用他自己的话说，从批捕到公诉，他完成了从幕后到台前的转变，虽然角色有变化，但是不变的，依然是他对待法律严谨的态度，对待案件赤诚的心。

说起"一哥"，那是我院的一朵"奇葩"。他加班是常态，不加班是"病态"。从他到公诉科以来，从来没有休过年假；下班后，临街的办公楼若有一盏灯常明，那一定是他的办公室；节假日，单位门前若有一辆车常在，那一定是他的小速腾。他忙碌是常态，闲暇是"病态"，他总是有摘不完的卷、提不完的审、写不完的起诉书、量刑建议书、公诉意见书。因为办案量大的原因，总有当事人来找他。为此，他特意在办公桌的墙上贴了一张纸"别来催我，我就那么多时间；我有工资，请您别来坑害我；把案件交到我手，您放心，那就是对我最好的表扬！"他亲力亲为是常态，假他人之手是"病态"，自从司法改革以来，作为一名员额检察官，即使他已经有两名检察官助理，但是每一起案件他依然亲力亲为，这不是对助理的不信任，而是他深知肩上的责任，他知道员额检察官对案件的处理意见将左右一个人、甚至是一群人的人生，所以他只能慎重、慎重、再慎重！因为长时间的高强度工作，他的颈椎、脊椎、胸椎均出现不同程度的错位，直接导致身体一侧发麻、疼痛难耐，但是看着系统上那一个个"审查起诉""出庭公诉"的字样，看着桌子上那一摞摞卷宗材料，他依然咬牙坚守在办案一线，除了知道他每天都需要去做理疗的我们，没有人注意到原来他也是一名病患。

辽检情怀

他一直兢兢业业地奋斗在办案前沿，审查案件过程中，他是铁面无私的；但在执法时，他却是充满温度的。2018年5月8日，一名男子携妻子送一面印有"情系百姓促和谐，为民解忧好公仆"的锦旗来到他的办公室，对他连声说"感谢王检察官为我们老百姓着想，给我省去了很多麻烦"。原来这名男子姓顾，是鞍山市铁东区人，他是一起交通肇事案件的犯罪嫌疑人，案件移送审查起诉后，王冠一同志认真地审查了全部案件材料，于2018年5月7日将顾某传唤至我院，做了详细的笔录，后考虑到顾某系外地人，来去不便，在做完笔录后，他便加班加点，启动"快审快诉"程序，拟制了案件审查报告、起诉书、量刑建议书等多份法律文书，于当日便将本案移送至绥中县人民法院提起公诉。顾某非常感激，于是出现了刚才的那一幕。法律是冰冷的，但是执法者却是有温度的，我们的举手之劳，带来的改变就像蝴蝶效应，是不可估量的。此事发生后，在我院内部也掀起了一股讨论的小热潮，我院退休老干警还为此作藏头诗一首"王君检行一将骁，冠超同仁领风骚。一身浩气透侠骨，诚解民忧困难消"。以此赞赏王冠一检察官的便民之举。此事对其他干警而言也起到了一个很好的示范作用，再遇见此类事件，我相信我院干警都会妥善处理。平日里，我们一直倡导"执法为民"的理念，何为"执法为民"？不过是要求我们常怀爱民、为民之心，常存便民、利民之意，常除坑民、害民之祸，善用手中权力，不断提高司法公信力，增强人民群众的获得感、幸福感、安全感而已。

王冠一接受锦旗

"纵使我满身正义，我也得以法律为先……"这是几天前因为一个强奸案件，他对我义正言辞说的一句话，我清楚地记得，他说这句话时透露着的是对严格依照法律办案的坚定决心以及对案件现有证据的焦虑、无奈之情。

王冠一是我院未成年人案件在审查起诉阶段的专职办案人员，上面一句话来源于一个强奸案,被害人在案发时是一名年仅14岁的农村留守儿童,她的父母常年在外打工,她与爷爷奶奶留守在家,独自住在前院属于他们的屋子里,在连着的3天时间里,她被其父亲的好朋友先后强奸四次。因为她不知道如何去面对、去处理,所以没有在第一时间报案,也因为她年少无知,她把对她有利的证据擦拭的擦拭、丢弃的丢弃,都销毁了。

当王冠一接到这起案件后,通过审阅全部案件材料,他认为卷宗材料中关于犯罪事实部分的证据证明力较弱且笔录中被害人的陈述内容中的一些言语超过了她这个年龄该有的认知,为了案件的公正审理,他与被害人的监护人进行沟通后,在监护人的陪同下,又给被害人做了一次笔录。

为了被害人能够相对从容地讲述案发经过,我作为一名已婚女检察官助理被指派去配合他一起作笔录。之前我也看过这起案件的卷宗材料,观感与他一致,认为被害人的陈述不太真实,可当我见到被害人的时候,发现她整个人都是抑郁的,她的脸上缺少了她这个年龄该有的朝气与笑容,王冠一检察官对她进行询问前,对她说:"叔叔知道让你重新回忆一次对你就是一次伤害,但是为了案件的公正审理,叔叔也没有办法,希望你能勇敢一些,把细节仔细回忆一下,看看还有什么重要的证据是你之前所遗漏的。"做笔录初始,问小女孩问题的时候能切实地感受到她的抗拒,她会回答你的问题,但是声音极低,王冠一一边询问,一边劝慰她,一边耐心地等待她的回答,当描述一些重要的细节时,小女孩的不知所措,让人看着着实心疼,她还只是一个孩子啊!整个询问从上午十点持续到下午一点,中间休息了半个小时,让小女孩吃点饭,也平复一下心情。

在询问过程中,因为出现了与在公安机关陈述不一致的地方。王冠一问小女孩以哪次说的为准时,小女孩终于声音洪亮地说了一句话,她说:"以今天说的为准,因为之前在公安机关他们一直盯着我,用审问的目光看着我,我不喜欢他们那种目光,当时我特别紧张,有的地方忘了,今天叔叔你没有那种目光,像平时聊天一样跟我说话,我没那么紧张,今天说的比之前准确。"淳朴的语言更让人心酸,也是因为王冠一检察官的温度消除了小女孩的焦虑与不安,使案件事实更加清晰了。在询问的过程中，小女孩回忆起一个重要细节，若能查证属实，将是定案的重要依据。

笔录做完以后，小姑娘明显放松了许多，王冠一检察官也和小女孩聊了起来，他问小女孩还想上学吗？小女孩犹豫了，她的眼神中明显充满渴望，可是内心却退却了，她轻声嘟囔着："上学我也不能回到原来的学校去了。"王冠一见到后，对小女孩说："叔叔知道，你这个年纪遭遇这样的事心里特别委屈，但是我们每个人的一生都不是一帆风顺的，总会有这样或那样的挫折，人生的路还很长，叔叔希望你要勇敢、要坚强，这不是你的错误，坏人做坏事他会得到应有的惩罚，你不要用他的错误来禁锢自己的人生，你过好自己的生活，剩下的事交给我们来处理。你的未来还有很多美好的事情在等着你，叔叔希望你还能回到学校去，学习本领，武装自己，换一个新的地方，去认识新的朋友，重新开始，好好生活，好吗？如果需要联系学校，你可以跟叔叔说，我会尽全力帮助你的。"小女孩坚定地点点头，她说："谢谢叔叔！我感觉这么大的事我都挺过来了，还有什么是我挺不过去的呢？我相信好人有好报，坏人有坏报，不是不报，时候未到。"此时小女孩的妈妈已经泣不成声，连连对王冠一说感谢，王冠一也对她的妈妈说了几句话，他说："出现这样的事最难过的是父母，但是你们要给孩子树立一个坚强的榜样，钱是赚不完的，以后赚钱的时间还有很多，但是孩子的生命只有一次（事情发生后，小女孩割腕自杀过两次），多陪陪孩子，她现在最缺乏安全感，帮她渡过这个难关，以后都会好的。"孩子的妈妈也连连点头。送走小女孩和她的妈妈后，我对王冠一说："小女孩的陈述绝对是真实的，因为表情骗不了人，她还是个孩子啊！这个案子不定，天理难容。"他无奈地回答我："我也知道事实是肯定存在的，可纵使我满身正义，我也得以法为先、以证据为先啊……"

现在这起案件还在审查过程中，不知道最终全案证据情况是否会达到确实、

王冠一在未检办

充分的定罪标准，但是我相信我们的王冠一检察官必将全力以赴，不放过蛛丝马迹，以法律的公正还小女孩一片清明。

以上两个片段只是王冠一检察官十余年检察生涯的一个缩影，这样的故事时时刻刻都在上演，他全身心地投入到检察事业之中，公正执法，有温度地执法感染着身边的每一个人。当下流传甚广的一句话"你所谓的岁月静好，不过是有人替你负重前行"，作为检察机关的一名检察干警，我希望我们都可以成为那些负重前行的人，手握法律的武器，认真审查案件，严厉打击犯罪，像王冠一检察官一样，以温情浇灌法治，使公正洒满人间，还岁月一片静好。

作者为葫芦岛市绥中县人民检察院公诉科五级检察官助理

| 辽检情怀

# 辽宁省人民检察院沈阳铁路运输分院篇

## 开篇语

  沈铁检察分院，全称辽宁省人民检察院沈阳铁路运输分院，下辖沈阳、锦州、大连、丹东四个铁路运输检察院。

  1982年5月1日，全国铁路运输检察院沈阳分院成立。

  1987年3月20日，最高人民检察院撤销全国铁路运输检察院，所辖检察院业务归所在地人民检察院管理，同年6月，全国铁路运输检察院沈阳分院改称辽宁省人民检察院沈阳铁路运输分院（以下简称沈铁检察分院）。

  沈铁检察分院是国家设立的专门检察机关，在辽宁省人民检察院领导下，依法独立行使检察权。

辽宁省人民检察院沈阳铁路运输分院办公大楼

回顾铁检机关从恢复重建到今天走过的艰苦历程，一代代的沈铁检察干警牢记宗旨，忠诚履职，拼搏进取，在维护铁路生产安全和促进铁路党风廉政建设中

1983年9月30日，全国铁路运输检察院沈阳分院机关全体干警着警服合影

用自己出色的工作成绩向党和人民交出了一份份满意的答卷。他们用忠诚、干净、担当书写和传承着铁检精神，把自己全部的青春和热血奉献给铁检事业。这是一支忠诚于党、忠诚于人民、有担当、有作为的队伍，也是一支政治可靠、作风优良、业务精湛、成绩出色的队伍。在沈铁检察机关的奋斗历程中，全国检察系统先进工作者、全国优秀公诉人、最高人民检察院二级奖章、全国政法系统优秀共产党员、最高人民检察院集体和个人一等功、全国先进基层检察院、全省政法系统先进集体、先进个人、全省优秀公诉人——这一个个闪光的荣誉充分证明了沈铁检察队伍是一支有着光荣传统的队伍，也是一支值得党和人民充分信赖的特别能战斗的队伍。

近年来，在省委和省院的正确领导下，分院党组带领两级院全体干警深入学习贯彻党的十八大、十九大精神，按照"五个过硬"的要求，在建设一支信念坚定、执法严格、勇于担当、清正廉洁的检察队伍中不断取得新的成绩。两级院在查办职务犯罪工作、刑事检察工作和其他各项检察工作中圆满完成各项工作任务。与此同时，两级院干警的整体素质不断得到提升，在高检院铁检厅和省院组织的各类业务竞赛中多次取得优异成绩，先后获得全国铁检机关公诉业务竞赛第一名，全国铁检机关规范执法行为知识竞赛第二名，全省职务侦查十佳精品案件评比第二名、第三名，全省检察机关职务犯罪电子取证竞赛三等奖、全省检察机关学习贯彻习近平新时代中国特色社会主义思想和党的十九大精神主题演讲比赛二等奖，全省检察机关党的知识竞赛三等奖等，这些成绩的取

得，全方位展示了新时代沈铁检察机关良好的精神面貌和"忠诚、干净、担当"的良好形象。

在铁检发展的历史长河中，那些时时涌现的动人故事，像一朵朵翻腾的浪花，记录着属于铁检的光荣与梦想，唱响着铁检干警难以忘怀的歌……

李玉娇，沈铁检察分院党组副书记、副检察长、中国作家协会会员。她编写的电影《十二公民》，获得罗马电影节最高大奖，上海电影节最佳影片奖和最佳编剧奖、北京大学生电影节最佳影片奖和组委会大奖。她是中国第一位获得金鸡奖的检察官，被最高检荣记一等功！荣誉的背后，是一名新时代检察官对法律的敬仰和忠诚，是一名法治工作者沉甸甸的责任和担当。300余万字的文学作品凝聚着她对检察事业的热爱，更书写着她作为法律星空守望者的无悔人生！

方东春，丹东铁路运输检察院的一名朝鲜族女检察官。她42年的人生虽然短暂，却把最美好的青春全部献给了铁检事业。她曾那么骄傲地站在铁检舞台上，却又匆匆离开，就像一朵美丽的金达莱，在生命最灿烂的时候谢尽芳华，悄然离去，只留下一缕淡淡的芬芳。

张书丰，原是大连铁路运输检察院公诉科科长，2009年退休，在近30年检察生涯中，她孜孜以求，顽强拼搏，用心血、汗水、智慧、满腔热情、尽职尽责耕耘这片热土，展现着一名共产党员的精神风采和人生追求。

王镭，沈阳铁路运输检察院副检察长。有人说，生活就像一串珍珠项链，一根叫做生命的线索穿起来的是一段又一段的曾经。在王镭的生命项链上，曾有一颗珍珠闪烁着耀眼的光芒，那是他和他的战友用忠诚和担当在公诉席上以国徽的名义履行着共和国检察官的神圣职责。

胡春玉，锦州铁路运输检察院公诉科长、四级高级检察官，一个在日复一日的平凡岁月中书写着自己无悔人生的女检察官，21年的铁检人生，她始终不忘初心、砥砺坚守、逐梦前行，完美诠释着一名铁检干警的岁月如歌。

今年，在分院领导班子的带领下，沈铁检察机关又焕发出新的生机与活力。以"解决高铁线下安全隐患"等为主线的"五大专项行动"正如火如荼地展开，会同铁路部门查找隐患、调查取证、督促整改、积极提起公益诉讼，截至目前，在"解决高铁线下安全隐患"行动中共排查出安全隐患1069件，解决578件。沈铁检察干警再次用实际行动在千里铁路线上，用忠诚和担当构筑起了一道新的法律长城。

# 在法律的星空下

管　振　赖跃华

她，被最高人民检察院荣记个人一等功；

她，荣获中国电影金鸡奖"最佳编剧奖"；

她，是中国作家协会会员、荣获辽宁省"最佳写书人"；

她，是工作在检察战线的一名普普通通的检察官；

她，就是辽宁省人民检察院沈阳铁路运输分院党组副书记、副检察长李玉娇。

李玉娇副检察长获奖照片

## 她是法治精神的传播者

2015年9月19日晚。

那一天，沈铁检察机关的许多干警早早守候在电视机前，内心焦急而又充满期盼地等待着一个时刻的到来。

将近23点，当电视里颁奖嘉宾宣布电影《十二公民》荣获2015年度中国电影金鸡奖"最佳编剧奖",电视机前等待已久的干警们忘记了困意,争相在不同的微信群里发送着李玉娇副检察长获奖的消息和照片,那一刻,干警们的喜悦和骄傲溢于言表。

瞬间,四川、湖北、福建、山西、安徽……微信群里全国各地检察机关的战友得知获得金鸡奖"最佳编剧奖"的是来自沈铁检察机关的一名女检察官,也都纷纷发出由衷的赞叹……

她,是第一个获得中国电影金鸡奖的检察官。

在此之前,《十二公民》已经在2014年获得罗马国际电影节最高大奖"马可·奥雷利奥"奖,在2015年北京大学生电影节上获得最佳影片奖和组委会大奖,在上海电影节上获得最佳影片奖、最佳编剧奖等五项大奖。

一名普普通通的检察官,如何创作出了这样一部不断斩获电影大奖的文学作品?

其实,爱好写作的她在"文坛"的生涯早已不短。

李玉娇生长在锦州,她的作品曾连续三届获锦州市政府文学奖,她创作的长篇小说《潜流》《卧底》《白河桥》《女反贪局长》中长篇小说《是祸躲不过》等,累计已超过300万字。特别是在进入政府机关和检察系统工作后,她更是创作了大量的普法题材作品。

她说"我的本职工作是一名检察官,写作是我的爱好。我喜欢创作普法题材的作品,是希望能通过文学作品去传递正确的司法理念,教育人们敬畏法律,遵守法律,增强法律意识"。

怀抱着这样的初衷和使命,《十二公民》应运而生。李玉娇说,她感谢那次与全国检察官文联领导进行的一次谈话。那次谈话是刑事诉讼法刚刚修改完成后,检察官文联的领导与她探讨了司法机关面临的新形势、新问题以及在实践中一些具体案件上出现的舆论绑架司法甚至法律被舆论左右的情况。谈话的最后,检察官文联领导希望李玉娇创作一部作品,向人们诠释正确的法律知识和司法理念。

回忆起当时的情景,李玉娇用"大任在身"来形容。这也促使她调整好状态,迅速投入到完成任务的工作中。在影片《十二公民》的创作中,李玉娇设置了一场虚拟的陪审团辩论,12位素不相识的人物、一件社会关注的命案和一间不变的空旷教室。一桩充满争议与疑问的富二代弑父案，将年轻检察官陆刚与11个毫无联系、代表着社会各阶层的普通人聚在了一起。他们以一种前所未有的方式探讨案情，开始决定另外一个素不相识的人的命运——无罪还是有罪、活着还是死亡。影片将法治理念的传播故事化、具体化、形象化，突出了社会主义核心价值观的法治、公正、民主、平等、文明等重要元素，力图让具有广泛代表性的12个人物，将观众带入一场虚拟的陪审团辩论之中，拉近民众与法律的距离。

作品中各种司法理念激烈碰撞、各种法律概念目不暇接，整部作品悬念丛生、引人入胜。

对于后来《十二公民》的屡屡获奖，李玉娇坦言，自己更加珍惜和铭记的是当时创作这部作品的初心。至于后来被改编成电影，被专家和观众认可，确实超出了自己的预想，这样一部严肃的法治题材作品获得成功，她更多的是对国家法治进程进步的欣慰，是对公民法律意识提高的欣慰。她说，自己最高兴和幸福的一次，不是站在绚丽的领奖台上捧起奖杯，而是那次省检察院集体组织观看《十二公民》，当电影结束大家发自内心地热烈鼓掌，她的眼里噙满了激动的热泪。

### 她是执法办案的检察官

她是一名优秀的作家，用作品弘扬法治精神，传播法治理念；她更是一名优秀的检察官，用忠诚践行责任担当，维护法律尊严。

2016年2月24日，沈阳，寒冬将去。

凌晨3点，李玉娇坐在办案区监控室的沙发上，眼睛紧紧盯着墙上的显示屏。当看到显示屏里一直在百般抵赖、狡辩的王某、石某某最终低下头，开始如实交代自己的贪污、受贿犯罪问题，李玉娇一扫连续几天几夜奋战的疲惫，一个人轻轻走出办案区，在寒冷的冬夜里深深呼吸了几口室外清新的空气。

2016年初，沈铁检察分院接到举报，反映中铁快运沈阳分公司经理王某和分拨中心主任石某某虚报工资，合伙贪污等问题。

经了解，王某与石某某关系十分密切。王某早在铁路梅河口车辆段任段长期间，就将无业人员石某某聘到自己单位负责利润最大的车辆拆解工作，在王某担任中铁快运沈阳分公司经理时，不仅聘其为分拨中心主任，更是帮助其转为国家工作人员。同时，该线索相关部门先期已经进行了很长时间的调查，王某和石某某等人早已订立了攻守同盟。

面对这样一个棘手的"夹生"线索，刚分管自侦工作不久的李玉娇没有丝毫的畏难。她主持抽调两级院的办案骨干组成办案组，并鼓励大家说："线索越难查越能展示我们的能力和水平，任务越艰巨越能体现我们的价值和担当。"

为了顺利侦破案件，她下沉到办案第一线，亲自指挥两级院的侦查人员对线索进行周密、细致的初查。在初步掌握王某、石某某犯罪证据的情况下，果断将两人传唤到案。面对侦查人员的讯问，自认为攻守同盟天衣无缝的王某、石某某拒不交代问题，顽固地与办案人员进行周旋。连续几天几夜，李玉娇始终和办案组的同志们一道坚守在办案第一线，饿了泡上一碗方便面，困了靠在办案区的沙发上眯一会儿……

24日、25日，王某、石某某分别以涉嫌贪污犯罪被检察机关立案侦查。

最终这起案情复杂、情节恶劣的窝案顺利侦查终结，其中要案一起，大案四起，百万元以上的案件两起。五名犯罪嫌疑人分别因贪污、受贿、单位行贿犯罪被追究刑事责任，一审判决后，5人均认罪服法，没有上诉。

一名长期在自侦部门工作、有着丰富办案经验和阅历的侦查人员在案件侦结后由衷地感慨："没想到李检主管自侦工作时间这么短进入角色却这么快。"

此案被省院评为当年的全省十佳自侦精品案件。

进入角色快，扮演的角色更好。

2016年，沈铁检察分院受理并立案了由中纪委指定省纪委查办的曹某某贪污、受贿一案。

曹某某曾在营口市、团省委和大连市任要职多年，其涉案犯罪事实笔数之多、数额之大在省内司法机关查办的同类案件中均属罕见，更是沈铁检察机关恢复重建以来查办的职级最高、政治影响最大的一起职务犯罪案件。

该案受到社会广泛关注，舆论反响巨大。

沈铁检察机关为此抽调精兵强将组成办案组。

作为主管自侦案件的分院领导和案件承办人，李玉娇感受到了前所未有的压力和责任。

曹某某作为一名女性，长期在领导岗位工作，从习惯于别人的言听计从、毕恭毕敬，到带着手铐接受检察人员的讯问，其思想压力和心理落差可想而知。考虑到曹某某的履职经历和女性身份，李玉娇作为分院主管自侦的副检察长和案件承办人，责无旁贷地作为主要讯问人担负起讯问曹的重任。提审中，李玉娇经常在看守所一呆就是一整天，一笔笔的犯罪事实和犯罪数额不容有误，巨大的工作量难以表述。对于曹某某的犯罪行为，她以一名办案人员的认真严谨做到客观公正、不枉不纵，对于曹某某的思想波动，她又像一名老大姐一样做到晓之以理、动之以情。

公正而不失尊重，严肃中透着关心，在与李玉娇的接触中，曹的思想包袱渐渐放下，积极主动地配合着案件的查处。最终这起贪污受贿犯罪事实共计64笔、涉案数额1200余万元、全案卷宗40余册、各种证据数千份的大要案件顺利侦结。

本案经沈铁检察机关提起公诉，曹某某对自己的全部犯罪事实没有提出任何异议，当庭表示服从判决，并对检察机关在办案中充分保障其合法权益的司法理念表示感谢和敬佩，不提出上诉。

### 她是尽职尽责的好领导

上午8点30分，沈铁检察分院606办公室。

"李检，这是下周侦监部门拟下发的岗位练兵方案，需要您看一下""李检，这是上个月分院出差报销单，需要您审核并签字""李检，这是上级下发的会议通知，需要您参会并作发言"……而此时，办公室外的走廊上，还站着好几名准备报送文件或材料的干警。

这不是哪个具体的工作日，她每天的工作节奏都是这样，繁忙、认真、干练、高效，日复一日，年复一年。现在的她，分管刑检一部、检察综合业务部、检察综合管理部、机关党委等四个部门，并协管政治工作和纪检监察等工作，每天都是忙得脚打后脑勺。同事的玩笑中带着敬佩："李检办公室里的人太多了，都应该在办公室外面安装一个银行的那种'叫号机'了。"

由于分管的部门多，李玉娇要熟悉和了解的工作也多，同时，付出的精力和辛苦也更多。有一段时间，干警发现李玉娇的面部皮肤变"红"了，看见她一边布置工作一边吃药，干警才知道她因为工作压力大患上了神经性皮肤过敏；最近，干警又发现她变"胖"了，慢慢大家才知道那是她在衣服里"藏着"24小时心脏监控器……大家心疼她，劝她在家中休息几天，但她依然每天准时出现在办公室，依然每天忙忙碌碌。

面对领导和干警的关心、爱护，她常说，"组织上选派我到分院工作，这是对我的信任和肯定。我不能辜负组织的信任和分院干警对我的期望"。

付出的是辛苦，收获的是喜悦。自2015年正式到分院工作以来，在分院党组的领导和支持下，她带领机关党委在铁检机关转制后首次省直机关绩效考评中即获得最高等次；她带领侦查监督部门在全国铁检机关"站车交接"案件专项检查监督工作取得优异成绩，最高检铁检厅为此在沈阳召开了全国铁检机关站车交接案件专项检查监督工作推进会，沈铁检察分院作了经验介绍；她带领职侦部门查办了一大批有很大社会影响的大要案，其经验做法在全国铁路检察长座谈会上做了发言交流。她分管部门的干警先后有7人次荣立个人二等功，10余人次荣立个人三等功，四起案件被省院评为全省十佳自侦精品案件。

工作，写作；责任，使命。

沉浸在这样的人生轨迹中，她在付出中感受着幸福，在耕耘中享受着快乐。

正像一次她在接受记者的采访中说的："我认真学习了习近平总书记在文艺座谈会上的讲话，受益匪浅。怎样实现中国梦，一定离不开文化的力量。在依法治国的时代背景下，司法理念的形成，法律制度的推进，我们每一个公民应该怎么做，我们每一名法律工作者应该怎么做，这都是需要我们认真思考和努力实践的。"

在法律的星空下，她用艺术创作弘扬着法治精神，诠释着一名法律工作者的使命担当。

在法律的星空下，她用忠诚履职维护着法律尊严，书写着一名人民检察官的无悔人生。

在法律的星空下，她的人生一定会越来越美丽，她的故事也一定会越来越精彩……

管振为辽宁省人民检察院沈阳铁路运输分院四级检察官助理
赖跃华为辽宁省人民检察院沈阳铁路运输分院副主任科员

# 谢尽芳华气凌云

张 虎　张 军

1994年7月4日上午，丹东市区豪雨如注。

市殡仪馆追悼大厅内，女检察官方东春静静地躺在鲜花丛中，嘴角仍然挂着浅浅的微笑。丹东铁路运输检察院检察长肖明月把一顶镶嵌着鲜红国徽的大檐帽端端正正地放到方东春的耳边，一串泪珠顺着他的脸颊无声地滑落到鲜红的国徽上。检察长哭了，她的战友们哭了，为她送行的亲朋好友们哭了。

1991年9月29日，徐向平、方东春出庭公诉（高峰、班辉、张溪文盗窃案）

方东春——一位普普通通、平平凡凡的女检察官，她的血肉之躯将化作一缕青烟，随风飘向遥远的天际，只把那幅长长的挽幛留在人间，长久地向人们诉说着她短暂平凡而又绚烂瑰丽的人生：

勤奋努力孜孜以求
一生颇有建树可谓巾帼豪杰
清正廉洁执法如山
半世屡获英名堪称检察楷模

## 舌战群儒　依法惩恶

1980年，方东春以优异的成绩从丹东列车段考入丹东铁路运输检察院。14年中，她从书记员、助检员、检察员到副科长，一步一个脚印，踏踏实实地奋战在公诉战线，练就了一身过硬的"庭上功夫"。她把法庭当作战场，代表国家行使公诉职责，经她手提起公诉的上百件案件，件件掷地有声，案案准确无误。至今，她在法庭上"舌战群儒"的故事，仍在人们心中记忆犹新。

那是1988年4月，方东春出庭担任一起7人特大团伙盗窃案的公诉人。此案不仅被告人多，而且作案次数多，涉及自首、立功、犯罪阶段、共同犯罪构成等诸多法律问题。由于案件涉及面广，许多人关注着判决结果，公诉的成败，关系着检察机关的声誉。方东春深知肩上担子的分量，她白天提审被告，晚间查阅案卷。7名被告、3000多页的卷宗，她逐字逐句吃透案情，在没有办公电脑的年代，手写了上万字的检察小卷，对预测的20多个可能辩论的焦点，又一一准备好数千字的答辩提纲。案件终于审查终结，提起公诉，方东春却为此累瘦了一圈。

开庭了，身材瘦小、身高不足1.6米的方东春面对的是7名被告和8名经验丰富的资深律师。法庭辩论一开始，他们轮番上阵，30多个辩护观点像一发发炮弹一样劈头盖脸地向方东春砸过来。怎么办？事无巨细、逐一答辩只能作茧自缚陷入对方的重围，而回避关键问题、蜻蜓点水更要一败涂地。法庭容不得半点"卡壳"，方东春迅速理清思路，确定了抓住重点予以回击的策略。

被告人舒某的辩护人是位能言善辩的律师。他以浓厚的感情色彩和严密的逻辑，陈述了舒某"自首"和"立功"的经过。在场旁听的观众似乎都被打动了。但方东春却胸有成竹，对这个情况她早有准备，她引证完自首、立功的司法解释后，义正言辞地指出：被告人舒某并非自动投案，不同时具备自首的三个必备条件，因而不是自首；又因被告是共犯中的主犯，按司法解释，主犯必须揭发同案犯，因此舒某交代同案犯的行为也不能成为立功表现，而是坦白。理据兼备，对方无可反驳。

被告人王某的辩护人更是沉着老练。他提出王某是被诱骗犯罪，应适用刑法第25条，比照从犯从轻处罚。这一没有预料到的观点着实使方东春吃了一惊，但她迅速整理思路，沉着应辩道：王某被诱骗犯罪，只有他本人供述，别无他证。接着她又运用心理学对从犯的心理状态进行剖析，并联系本案王某供认其犯罪是想占便宜的主观心理状态，

从事实和心理特征两个方面论证王某不是被诱骗犯罪，而是积极参与犯罪。几轮辩论，多番较量，唇枪舌剑，各

方东春1988年最高检优秀公诉人　　方东春1988年全国检察系统先进工作者

不相让。最后在方东春娴熟的法律知识、缜密的逻辑思维、锐利的谈锋口才面前，辩方"炮火"逐渐稀落下来，全场观众无不折服。法庭最终判决全部采纳了公诉人的意见和答辩观点。这一案件的公诉成功，在丹东市、辽宁省乃至全国一炮打响，充分展示了重建后的铁检机关的风采，树立了铁路检察官的良好形象。这起案件成为最高人民检察院全国优秀公诉人评选的参赛案件，方东春也因此被评为全国优秀公诉人，荣获最高人民检察院二级奖章。

## 秉公执法　刚正不阿

方东春不仅练就了一身"庭上功夫"，日常更是以一名共产党员的标准严格要求自己。

一次，方东春承办一起案件，其中一名被告人的表哥是她中学的同学，又是政法同行。这位被告的表哥带着礼物找到方东春家，叙完同窗旧情后，立即开始很内行地为表弟求情，就连规避哪个条文、贴靠哪个条文都为方东春设计得天衣无缝。这时的方东春只要按同学的指点"规避""贴靠"，其表弟就会神不知鬼不觉地逃脱法网，方东春也可信手拈来一笔可观的"酬金"。然而，她却心平气和对同学说："老同学，实在对不起，谁家没个三亲六故，如果我都照顾，那国家的法律往哪儿放！"事后，方东春几次深入到案发地点走访调查，以大量的事实证明这位同窗的表弟罪行铁证如山。她义无反顾地将此案依法提起公诉，使犯罪分子受到了法律的制裁。

在方东春经手的百余起案件中，有领导说情的、有亲戚成沓塞钱的、有朋友苦苦相求的，但方东春铁面无私，无一"特殊"处理。然而对含

冤的被告，她却明察秋毫，实事求是，一副菩萨心肠。

某站一名装卸工因流氓罪被免予起诉后，本人不服，喊冤申诉。方东春接手此案后，先后十余次到离丹东几百公里远的小站找当事人取证，当本案终于被撤销免予起诉决定后，这名装卸工执意要跪下感谢恩人。后来，只要方东春出差经过小站，都要去看望他，鼓励他努力学习，争取进步。现在，那位当年的被告已经成长为小站的值班站长。当他得知方东春病逝的消息后，下了夜班不顾疲劳赶到丹东为方东春送行。在方东春的遗体前，他失声痛哭："方姐，我和我们全家永远怀念你。"伤感的场面让闻者无不潸然泪下。

办案中，方东春时刻为一部分人的法律意识淡薄而忧虑。她认为，普法教育是每一位检察官义不容辞的职责，所以每到一处，她都想方设法向群众宣传法律知识。一次她来到一名案犯居住的小山村，发现这里的村民对法律知识的匮乏是当地案发不断的一个重要原因，她便主动找到村长，组织全村500多人在村口实实在在上了一堂法治宣传课。村民听后十分解渴，情不自禁地说："共产党的检察官真是了不起。"

## 锋芒宝剑 磨砺生辉

常言道，宝剑锋从磨砺出。方东春也一样，为了自己所热爱的事业，她42年的人生，孑然一身，终生未嫁。投身检察事业后，她把所有的儿女情长搁置一旁，全身心投入到求学深造上。先是上电大学了三年法律知识，接着自学心理学、逻辑学、哲学、语言学、法医学等，只要是有助于工作的知识她都琢磨研究。一次到本溪办案，她手里拿着几张心理学卡片背诵，心无旁骛，拐弯时，一辆出租车直奔她而来，她却"执迷不悟"，仗着司机手疾眼快，她才得以脱险。

方东春和母亲住在一起，夜里，常常是母亲一觉醒来，她还在灯下苦读。功夫不负有心人，方东春很快成为院里的一把办案好手，一些难缠的案子在她手上纷纷迎刃而解。她靠着这股韧劲，在公诉席上尽展风采，多次被评为沈铁分院、辽宁省人民检察院、全国检察系统优秀公诉人和先进工作者。她还结合办案实践，写了大量的调研文章，被省以上刊物采用的就有十几篇。其中《浅谈公诉人应变能力的自我训练》被收入最高人民检察院出版的《优秀公诉人荟萃》一书。

## 假如有来生……

正当方东春倾满腔热血勤奋工作并屡获殊荣的时候，无情的病魔却一次次向她袭来……

1992年，子宫肌瘤第一次把她逼向手术台。伤口刚一愈合，她就顽强地回到了工作岗位。然而，1993年，乳腺癌的魔爪又一次向她伸来。两次大手术，一次次化疗折磨得她死去活来。

1982年开院留念（二排左一为方东春）

但她还是顽强地站了起来，毅然回到她热爱的工作岗位。同志们心疼她，劝她注意休息，她说："我没有几天了，更想多干点工作。"

1994年5月，扩散到全身的癌细胞终于把她拉向人生的极限。然而7月1日晚8时许，当她最后一次从昏迷中醒来，她示意母亲打开电视机，听到电视里传来庆祝七一晚会的歌声，已经气若游丝的她使尽平生最后的一丝力气，断断续续地对陪在身边的母亲说："党的生日……穿检察服……"

在这个世界上，只有她的母亲听见了她最后的遗言，但从她母亲的哭诉中，她的每一位战友都感受到了她对党的无限深情，感受到了她对检察事业的一往情深。

我们相信，假如有来生，方东春一定会继续着一身庄严的检察服，在庄严的国徽下，坚定地走上公诉席……


张虎为辽宁省人民检察院沈阳铁路运输检察分院原专职检委会委员

张军为辽宁省人民检察院沈阳铁路运输检察分院检察政治工作部副部长

# 公诉：以国徽的名义

王　镭　赵军影

前几日在网上看到了一篇介绍"前中国首富"杨斌的文章，在被羁押了十四年后，杨斌终于提前出狱了。消息触动了我尘封多年的记忆，作为几十年的公诉生涯中办理的第一起重大案件，我始终觉得这起案件昭示着"上帝欲令其灭亡，必先使其疯狂"的真理……

2003年7月，杨斌因为合同诈骗、非法占用农用地、伪造金融票证等六项罪名被沈阳市中级人民法院判处有期徒刑18年。由于其对一审判决极度不服，杨斌在宣判后当庭提出上诉。身份的特殊，案情的复杂，上至中央领导，下至社会各界，人们对杨斌一案的二审给予了前所未有的关注，摆在检察官面前的压力不亚于一座大山。一纸上诉书，引发了检察官与杨斌之间的一场特殊较量……

## 一纸调令

2003年8月14日，省院决定抽调我院李冬梅同志和我参加杨斌案件的二审公诉组。案件的重要性和社会的关注度毋庸置疑，领导当时最后的一句话我至今仍然记忆犹新，"这次诉讼，你们代表的可不仅仅是沈铁检察机关或是省院，你们代表的是共和国的检察官，代表的是国徽啊"！现在回忆起来，当时与心中的忐忑共同涌动着的还有一丝兴奋和沉甸甸的责任。

8月15日，杨斌二审公诉组在省院成立，包括省院公诉处龙海英副处长、检察官高非和我们两个人。摆在我们面前的是：65页的一审判决书、68本卷宗、千余份书证、几百份笔录和一审庭审3天共7盘录像带。我们的任务首先是要在一星期内将所有这些材料看完、读懂、理解、消化，然后才能正式投入到庭审的准备工作中去，包括制作讯问、询问提纲，举证提纲和出庭、答辩意见。时间紧，任务重，到9月6日案件开庭审理，我们只有不足20天时间，而在这20天里，我们要完成上述全部工作。不仅仅是完成，而是保质保量地完成。

工作量的繁重可想而知，然而，在那本应枯燥而劳累的几天之中，我们竟没有丝毫的倦意，在连续运转几十个小时的脑神经里，只有一个信念：我们代表着国徽，我们在为荣誉而战……

## 拨云见日

一个星期的紧张工作，使我们对整个案件的脉络有了清晰而准确的认识。

杨斌，一个荷兰籍华裔。1998年到沈阳投资，注册了沈阳欧亚实业公司。并相继以"走账"等方式虚报注册资本2亿元，在两年内注册了沈阳荷兰村房产开发有限公司等6家公司，自称为"中国第二首富"。一审判决书显示，为了最大限度地攫取钱财，杨斌采取了近乎疯狂的手段：在没有获得土地使用证的情况下非法占用1000余亩农用地建造荷兰村房地产；以签订、履行合同的形式诈骗省土地整理中心人民币300余万元；以伪造金融票证的手段虚报业绩，在香港上市后非法融资6亿港元。

判决书对杨斌以及欧亚实业公司的犯罪行为已经作了清楚明晰的论述，我们有着充足的法律依据，所要做的就是如何融会贯通，在预测其上诉观点的基础上，对其无理辩解予以驳斥，维护正确的法律判决。对此，我们在心理上充满着信心。

诚然，难度是有的，不说杨斌本人的能言善辩，只是其由6名专职律师组成的庞大辩护团，就是我们需要慎重对待的。一审庭审前，杨斌及其欧亚实业公司聘请了包括素有中国"刑事第一辩"的大律师在内的6名辩护人，组成了庞大的辩护阵营，在一审庭审过程中，辩护人也是有理有据、以理据争，在罪与非罪的问题上观点尖锐。二审中，上诉人和辩护人还要提出哪些观点，还要提交哪些新的证据，还要要求哪些证人出庭……庭审中的变数是未知的，这将是我们预测和准备的重点。

## 初次交锋

第一次在看守所提审杨斌，这位曾经名噪一时的前沈阳欧亚实业公司董事长给我的印象是尤其的能言善辩，几个月的羁押生活并没有使其傲气和盲目自信有丝毫的收敛。尽管带着戒具，然而那双夹着香烟的手总能随着夸夸其谈的辩解打出各种的手势。虽然一再强调着"真理将判我无罪"，略显蓬乱的头发下那双眼睛却显示着对法律的极端蔑视。

因为拒绝在笔录上签字，我们以"唠家常"的方式开始了谈话，谈到往日的荣耀与辉煌，杨斌倒是滔滔不绝，从最初的创业到在沈阳的投资，从荷兰村的繁华到对沈阳所谓的"贡献"，然而，每到涉及案件事实的情况，侃侃而谈的他却总是巧妙避过。

历经5个小时的拉锯式谈话，我们终于对杨斌针对6个罪名的辩解有了初步的掌握。尽管这种掌握是凌乱的、初步的，但是却为我们最终的法庭讯问和答辩提纲的制作建立了坚实的基础，使我们在后期的准备工作中有的放矢，切中要害。

无论如何，在最初的交锋中，我们毕竟取得了些许优势，尽管这种优势十分的微弱。

## 证人问题

作为维系整个案件事实的证据锁链，证人证言是重中之重，每个罪名都有几十上百份的证人证言，证人是否出庭，出庭后是否会翻证，这无疑是我们庭前准备工作的主要侧重点。几次的案件分析会上，上级领导多次强调："不能盲目乐观，一定要做好证人当庭翻证的准备，询问提纲、佐证工作一定要做扎实。"尽管对这些工作的必要性，我们当时心存疑虑，但最终的庭审事实证明，这一预测是多么的准确与重要。

庭审前夜，已经连续6天没有回家的我们被决战前的兴奋刺激得无法入睡。就在我们准备再次将全部材料重新确定，熟记于心的时候，省法院传来消息，杨斌坚决要求证人张某出庭。为此，法庭临时决定，将有三名主要证人出庭作证。

证人张某，系原辽宁省国土资源厅耕地保护处工作人员，其秉承杨斌的意思，是合同诈骗、行贿行为的主要实施者。在整个案件实施过程中，这是一个穿针引线的人物。他的证言准确与否，涉及到杨斌数个罪名的成立。由于是全部犯罪行为的参与者，其与案件有着切身的利害关系，他能否翻证呢？

为此，我将张某前期所做的证言全部又看了一次，对其可能变化的地方作出了相应的对策，又进一步完善了询问提纲。对其如果翻证应当怎样去询问，怎样将其当庭证言的虚假矛盾之处展现于大庭广众之下进行了精心准备。

事实证明，我们所做的一切没有任何多余之处，在次日的庭审中，两名证人全盘翻证了。

## 决战庭审

2003年9月6日，辽宁省高级人民法院涉外法庭。

尽管旁听的人数不是很多，却丝毫未影响法庭的庄严与肃穆。高悬的国徽下，身着黑色法袍的法官正襟危坐，检察官席上的我们精神饱满，而辩护席上则端坐着六名知名律师。杨斌还是那身白色体恤衫、休闲裤，略显飘忽的眼神不时地环顾四周，仿佛在寻求着什么。

审判长以庄重、平和的声调宣布了庭审的开始。

六项罪名的上诉理由，杨斌整整讲了2个小时，法庭给予其充分的辩护权利，杨斌利用得很好。对六项罪名，他都提出了无罪辩解，这并未超出我们的意料。对非法占用农用地罪，杨斌辩解用地手续一直在办，只是没有及时办完，不存在非法占用的故意；对虚报注册资本罪，其辩解只是公司走账，不触犯国家法律；而对合同诈骗、伪造金融票证、行贿等重罪，全部推到公司下属人员身上，声称自己对下属的行为毫不知情，合同诈骗、行贿更是推到了张某身上。

辩护人发问后，杨斌将回答检察员的提问。

检察员："上诉人杨斌，你对欧亚公司在法库县虚假造地（没有建造耕地而利用虚假的手续证明该地为欧亚公司所造）是否明知？"

杨斌："不知道，我只知道他们（公司职员）在法库县造了一块耕地。"

检察员："欧亚公司在法库县开发了1600亩荒地是什么时间的事？"

杨斌："2000年4、5月份到2000年秋天。"

检察员:"在此期间,欧亚公司是否为开发荒地有过投资?"

杨斌:"不知道有没有,资金运作的事由副总负责,不归我管。"

检察员:"你刚才讲,欧亚公司1万元以上支出都要由你签字,你有没有为法库县开发荒地一事签批过资金?"

杨斌:"没有。"

检察员:"那么,在短短几个月的时间内,欧亚公司对开发荒地一事既未出人出物,也没有资金投入,就突然获得这块1600亩的耕地,你作为公司法人代表,说不知道是虚假的,能解释得通吗?"

杨斌:"不能解释……"

下午的庭审,三名关键证人出场了。

不出我们所料,证人张某为了其自身的利益(杨斌的行贿罪不成立,则其自身的受贿罪上也有了辩解的余地),在最初的陈述中全盘推翻了在一审中所作的关于合同诈骗、单位行贿、对单位行贿的证言。制胜的砝码迅速偏向了辩方一边。

张某的翻证在我们的意料之中,充分的庭前准备工作使我们有一种运筹帷幄的感觉,我们需要做的只是按部就班揭露其证言的虚假之处,使法庭对其不予采信。

"证人,你刚才已经就如实出证向法庭作了保证,并在相关法律手续上签了字,现在请你如实回答检察员的问题,你作为国土资源厅的工作人员,是否读过《土地法》?"

这是在庭审前对其翻证所精心策划的一个询问策略,也可以说是为其布的一个局,这一询问方式将保证证人按照我们的思路走下去,并最终暴露其伪证的虚假性。

对于《土地法》,作为专业土地管理人员的张某不可能不了解,他除了回答"是"以外没有其他的应对。而《土地法》中明确规定的两种占补平衡的方式没有欧亚公司在法库县虚假造地的方法,也就是说欧亚公司最初的虚假造地就是违法的,这一点首先揭露了其陈述中造地合法的谎言,又证明了后期他们以这一违法形式所取得的土地卖了300余万元时诈骗的主观故意,从而也就否定了杨斌此前在此方面的辩解。

对张某的询问是成功的,最终的刑事裁定书证明了这一点,法庭对张某的当庭证言未予采信。

第二天的法庭辩论进行了两轮，贯穿上下午，历时6个小时。控辩双方唇枪舌剑，充分地阐明了双方的观点，杨斌也进行了绝对充分地辩解。针对辩护人的几项明显与事实相悖的论述，检察员进行了有力的反驳。

肃穆的法庭上，辽宁省高级人民法院经过审判委员会评议，对杨斌上诉案件作了庄严的宣判："驳回上诉，维持原判。"

时间定格在2003年9月7日下午5时，庭审整整历时了两天。那天晚上，各大媒体和网络又繁忙起来了……

弹指间十五年已经过去，如今只能是荷兰村残留的风车建筑和偶尔的坊间传言中让人们回忆起当年的"中国首富"。而作为一名公诉人，于我而言，杨斌案件则是我和我的检察同仁们在三尺公诉台上经历的一段深刻记忆，是我们运用法律维护公平正义的一幅检察侧写，更是我们检察人共同推动中国法治建设进程的一行深刻足记。因为我们永远会记得，"公诉，是以国徽的名义"……

王镭为沈阳铁路运输检察院副检察长
赵军影为沈阳铁路运输检察院五级检察官助理

# 国门线上捉大贪

张　军　孔凡军

"雄赳赳，气昂昂，跨过鸭绿江……"当年，英雄的中国人民志愿军唱着雄壮的志愿军军歌，从国门丹东浩浩荡荡地渡过鸭绿江，开赴朝鲜战场，为了国家和民族的利益，在异国的土地上谱写出一首首动人的"英雄赞歌"……

鸭绿江桥

岁月悠悠，往事如风。如今小城上空的滚滚硝烟早已散尽，经历半个多世纪的风风雨雨，当年的"英雄城"已经发展成为我国最大的边境城市。每年一批又一批的游人从祖国的四面八方来到丹东，沿着当年志愿军的足迹跨过鸭绿江，赴朝鲜观光旅游，尽情享受着美好、安宁的和平生活。同时，一批又一批的游客也给丹东带来了可观的旅游收入。然而，有阳光就有阴影，旅游生意的兴隆，也引得一些人开始觊觎起旅游费的主意……

## 举报人举报信上署爱国　检察官国门线上捉大贪

1999年4月7日，一封署名"艾国"（爱国的谐音）的举报信放到了丹东铁路运输检察院检察长张兆玉的案头，信中举报原丹东铁路分局沿江开发区火车头旅行社经理黄绪春在负责从丹东市各旅行社收取赴朝鲜旅游客运费过程中，贪污公款150余万元的犯罪问题。寥寥数语，却让人震惊。因为如果举报属实，将是全路罕见的一起特大贪污案。检察长张兆玉立即召集主管副检察长张虎、反贪局及举报中心等部门负责人对举报信进行了认真研究并决定组成办案组迅速对这一线索开展初查。

初查办案组经过对丹东海关、丹东市旅游局、火车头旅行社等单位及知情人的调查，结果令人为之一震：仅1997年，丹东市各旅行社就组织2万余人通过铁路过境赴朝旅游，各旅行社应支付火车头旅行社运费500余万元，而火车头旅行社实际仅入账300余万元，两者相差100余万元，而独揽火车头旅行社与各旅行社运费结算大权的便是经理黄绪春。

150余万元果真不是空穴来风，黄绪春重大贪污犯罪嫌疑初露端倪。

5月31日，沈铁两级检察机关的十余名干警组成五个办案小组，开始对这一线索进行全面地围攻。

至6月2日，初查工作初战告捷。检察人员克服各种困难，依法收集到黄绪春涉嫌贪污犯罪的两个重要证据。一是丹东某旅行社欠火车头旅行社游客运费款120余万元，黄绪春用一张欠条抹去50余万元，剩余70余万该旅行社按照黄某的要求暂不支付，听候其支配。二是黄绪春以个人名义在某银行开办了一个银行卡，该卡除了可以存储现金，还可以存储转账支票，而且黄某曾在该卡上存过转账支票。

6月3日，黄绪春被依法传唤到案。与此同时，副检察长张虎率侦查人员又在黄某的银行卡上查出其曾存入17万元支票而后提取现金的证据。在确凿的证据面前，黄绪春在到案6小时后吞吞吐吐地交代，除了17万元，还有一笔某旅行社支付给火车头旅行社4万元的赴朝游客运费支票被其存入该银行卡，而后提取现金个人占有。当日，丹东铁检院以涉嫌贪污罪对黄绪春立案侦查并依法刑事拘留。

当晚，检察人员继续对黄某进行讯问。但当江城迎来又一个新的黎明，黄绪春的讯问笔录上却仍是20万元的犯罪数额。

20万元与150万元相去甚远。

在丹东铁路分局，黄绪春有着很深的背景。检察人员分析和揣摩着黄绪春的心理：一旦检察人员仅掌握这些事实且检察机关就此作罢，一旦此时自己的关系网中杀出来一个"救世主"……

一个个"一旦"支撑着黄绪春固守阵地。

6月4日早，检察长决定将黄绪春异地羁押到沈阳军区政治部看守所，继续施加心理压力，使其彻底失去幻想。

6月5日，戒备森严的沈阳军区政治部看守所。

黄绪春在侦查人员的一轮轮讯问中，情绪越来越不稳定。从其话语和表情中，侦查人员发现他的畏罪心理非常严重，有意无意地打听不同的贪污数额可能判处多长的刑期、自己是否会被判极刑等。

针对黄绪春的心理，侦查人员立即改变策略，开始鼓励他敢于正视自己的犯罪问题，争取走从宽之路。下午两点，在检察人员的耐心工作下，黄绪春的心理防线终于坍塌。他突然用戴着手铐的双手紧紧抱住自己的脑袋大喊："我受不了啦（指精神压力），我交代，我全都交代！"

"我贪污游客运费100多万元，突破不了200万元……这些钱都以我和我亲属的名字存入各储蓄所，存单大约有几十张，现在都装在一个瓶子内藏在（丹东）铁路新华街我父亲家的棚厦里，这个事情只有我和我的父亲黄克顺知道……"

## 巨额存单踪影皆无　侦查人员大海捞针

6月5日，星期六。下午3时，十几名干警的传呼机先后响起——"有重要任务立即到院"。军令如山，十几分钟的时间，接到命令的干警全部到位，三辆警车也已早早一字排开……

15时30分，检察长一声令下，三辆警车同时向黄克顺的住宅疾驶而去……

然而，近三个小时的搜查一无所获，黄家对检察人员的询问一问三不知。难道是黄绪春的供述有误？不可能。黄克顺有重大窝赃嫌疑。检察长当即决定，一部分检察人员继续在黄家做思想工作，争取让黄家主动交出存单，另一部分检察人员将黄克顺依法传唤到检察院进行询问。

18时30分，黄克顺被依法传唤到检察院。面对侦查人员的询问，黄克顺以一个离休老干部的姿态，开口闭口以自己的党性和人格担保，绝不知道黄绪春存单的任何情况。

当晚22时，老谋深算的黄克顺使出缓兵之计，承认黄绪春只给过他四张共18万元的存单，在得知黄绪春被拘留后，他将这四张存单转移到大儿子黄绪武家。

6月6日，沈阳。

也许是从侦查人员的讯问中觉察到什么，黄绪春推翻了之前的供诉，说："我昨天交代的数额是瞎编的，我哪有那么多钱，我那么讲的目的是为了让你们把我带回丹东。"

侦查人员反应机敏，立即将丹东传真过去的四张共18万元存单复印多份，看上去厚厚一摞，一起放在黄绪春的面前，然后只向其出示四张存单。黄绪春一看厚厚的一存单复印件，以为存单已被检察机关全部起获，便又恢复了6月5日的供述。

6月6日，丹东。

黄克顺被第二次传唤到检察院，和前一天一样，仍是一口咬定，除了已交出的四张存单，再无黄绪春的任何存单。

一面是黄克顺的负隅顽抗，一面是原丹铁分局干部职工要求严惩腐败分子的强烈呼声，全院上下均感到责任重大。

6月6日晚，院领导作出决定，黄克顺不交出存单，就全院出击到银行进行查询，务求此战必胜，让人民群众实实在在看到检察机关查办案件的决心和魄力。

6月7日，全院干警分成十个办案小组，按照分工，穿梭、奔波于丹东市的大街小巷，开始在各个储蓄所对黄绪春及其父、母、妻儿的存款进行拉网式的查询。

丹东市的银行、金融机构有十几家，各银行、金融机构遍布在全市的储蓄所不计其数，而检察人员对黄绪春存款的时间、地点、数额、户名等一无所知，采用这种方法无异于大海捞针，各小组的工作量、工作难度之大可想而知。

院领导一次次与各小组进行联系，焦急地等待着第一个好消息的来到。

下午14时30分，侦查员张军、姜波向检察长报告，在一个储蓄所查到黄绪春及其母亲、妻儿的存款24万余元。接着反贪局长李绍勇、侦查员张希昆查到黄绪春妻儿的存款15万余元、侦查员李双祥、徐向平查到黄绪春的存款8万元……当晚统计，十个小组共查询储蓄所76个，查出以黄绪春和以其母亲、妻儿等户名存入的存款50余万元。初战告捷，从检察长到侦查员一扫多日来的疲惫与紧张，从心底感受到了一丝苦战后即将获胜的轻松和喜悦。

与此同时,黄绪春的妻子也在其父亲的陪同下,先后三次到检察机关交出各类存单共计50余万元。

检察机关的行动,当然不会"逃"出黄克顺的视线。面对检察机关咄咄逼人的气势,黄克顺知道大势已去,6月8日,黄克顺终于低下了头,向检察机关彻底交代。

原来,黄克顺共保管黄绪春存单40余张、总额达200万元,在得知黄绪春被拘留后,黄克顺将所有存单的开户行、账号、金额等项内容分别用密码记载在四张纸条上,然后将原始存单撕毁,从卫生间的下水道冲走。那四张纸条则分别藏在自家卫生间的废纸篓里和其大女儿家。提取到黄克顺这四张纸条,检察人员不禁倒吸了一口凉气:他将40余张存单的账号、存取款日期、金额等按顺序分别记在三张纸条上,另一张纸条上相应地用三角形、圆形、正方形等代表各银行,图形旁再用一个字记载着储蓄所的名称,只有四张纸条全部合在一起,并且只有黄克顺自己,才能破译出每笔存款的具体情况。不难想象,如果黄克顺不交出这些纸条,侦查人员全部查清这40余笔存款的难度有多大。但在这场智慧与狡诈、意志与贪婪的较量中,黄克顺最终不得不接受失败的结局。

侦查人员按图索骥,分别到各个银行的储蓄所将这些存款全部予以冻结。至6月8日晚,检察机关共冻结、扣押款额达310万元,不仅使国家财产丝毫未损,而且为查清黄绪春贪污案提供了最充分、最有力的证据。

6月21日,丹东铁路运输检察院以涉嫌窝藏赃物罪对犯罪嫌疑人黄克顺立案侦查。

### 五本卷宗记录累累罪行　忘我境界只求铁证如山

胜负已然决出,但战斗远未结束。黄绪春只能交代出大致的犯罪数额。每一笔涉案赃款的来源、数额、时间、情节等,他都无法交代清楚,用他的话来说,次数太多、数额太大。

经过检察干警两个月的艰苦努力,8月16日,犯罪嫌疑人黄绪春贪污案、犯罪嫌疑人黄克顺窝藏赃物案由丹东铁路运输检察院分别侦查终结。五本厚厚的侦查卷宗记录下了"黄总经理"的"发家史"和其不可饶恕的罪行。

从1994年9月到1999年4月长达近五年的时间里，黄绪春利用职务之便，在负责与丹东市各旅行社和有关单位结算赴朝游客运费过程中，大肆侵吞公款，共计作案百余次，涉案犯罪数额168万余元。

此案件检察机关共缴回全部赃款168万余元，追缴违法所得76万余元。

全案共取得书证近千份，犯罪嫌疑人供词、证人证言近百份。厚厚的卷宗记录着黄绪春的罪行，也承载着检察干警们的心血。年近60岁的法纪科长韩来庆在提审黄绪春时因情绪激动，心脏病复发，被送到医院进行治疗，年轻的侦查员张军在沈阳提审黄绪春时发起高烧，硬是坚持一天完成40多页的笔录，晚上被送到医院时，体温已达40度……

一个个难忘的不眠之夜、一场场斗智斗勇的艰苦奋战，检察干警们用忘我的工作热情和无私的奉献精神固守着人民检察官应有的品格与信念，书写着与贪官污吏完全不同的人生。

鸭绿江，宛如一条美丽的玉带，在浩荡无际的滔滔岁月中，日复一日地缓缓东流。昨天，她用饱含热泪的双眼见证着志愿军战士用自己的血肉之躯和年轻生命为祖国、为人民立下的丰功伟绩。今天，当温暖、和平的阳光普照着丹东这座美丽、宁静的边境小城，她又见证了检察干警们在国门线上、在一场没有硝烟的战斗中为党和人民赢得的又一场胜利。

张军为辽宁省人民检察院沈阳铁路运输检察分院检察政治工作部副部长

孔凡军为丹东铁路运输检察院副检察长

# 铁检人生　岁月如歌

**谭亚明**

锦州铁路运输检察院是一支有着光荣历史的队伍——作为沈铁检察机关的一个基层院，曾多次被省院评为"先进集体"，内设科室也曾被高检院授予"先进集体"的荣誉称号……在锦州铁检院的奋斗历程中，涌现出许多值得书写和铭记的先进集体和先进个人。今天讲述的主人公只是这支队伍中的一名普通干警，她是这支队伍中的普通一员，也是这支队伍中的光荣代表，她在日复一日的平凡岁月中，用忠诚和担当书写着自己无悔的检察人生，用执着和坚守诠释着铁检干警的岁月如歌。

1997年，她跨出中南政法学院的校门进入铁检机关，一干就是21年。21年的砥砺坚守、逐梦前行，洒下的是汗水，收获的是成长——2000年获得法学硕士学位、2005年获得"辽宁省优秀公诉人"、2010年获得"全国铁检机关侦查监督优秀检察官"、2012年撰写的法律文书以全省第二名的优异成绩被评为精品文书、2015年获得"辽宁省最美女检察官"称号……她，就是锦州铁路运输检察院四级高级检察官胡春玉，一个甘守铁检21年，在平凡中谱写自己人生之歌的新时代女检察官。

## 角色转换中她诠释着一名女检察官的大爱无私

如果说，作为一名女检察官，她最大的骄傲和幸福就是像身边的同事一样，身着庄严的检察服，在自己的岗位上忠诚履行法律赋予的职责，用自己的辛勤工作捍卫法律的尊严，维护社会的公平正义。那作为一个女人，她最大的骄傲和幸福，应该就是在生活中成为一个好女儿、好妻子、好母亲。这样的角色转换有时真的不难，可有时却又真的好难。2004年，胡春玉办理了一起再审职务犯罪案件。时值盛夏，办案中她不顾天气的炎热和工作的压力，经常冒着酷暑和同事一起骑着自行车在城市的大街小巷、楼上楼下奔波忙碌。遇到不配合的证人她苦口婆心做思想工作，取得证人的理解和配合；遇到再审当事人情绪激动，她和颜悦色有理有据作化解工作，沉浸在这样的繁忙劳累中，她得知自己怀孕了。一边是案件需要抓紧办理，一边是身体需要得到保护，两难中，她默默承受着身体和心理的双重压力，没有向领导请一天假，没有喊一声苦，一直坚持到庭审结束的那一刻。庭审一结束她就住进了医院，可遗憾的是孩子却最终没有保住……2006年，她终于做了母亲，在休产假期间，当得知院里受理了一起最高检指定管辖的案件，作为一名业务骨干，她产假未休完就向领导主动请缨参与案件的办理……2015年本来答应好陪孩子一起过平安夜，可最终却在一起突发案件的现场度过整整一夜；2016年正月十五，阖家团圆之夜，因为提前介入一起妨碍公务案件，她又在山海关车站派出所度过了一个紧张工作的"团圆夜"……

对自己、对家人，她可以把女人的柔情放在工作之后，可对案件当事人，她在依法办案的同时，却时时流露出女人的温情和细心。面对被取保候审的犯罪嫌疑人，考虑到犯罪嫌疑人居住在湖南、山东、江苏等地，为了使犯罪嫌疑人节省多次坐车的费用和往返时间，她总是加班加点以最快的时间阅卷、作讯问笔录、制作起诉书，有的案件在受案后两日就完成了起诉工作。在办理一起案件时，考虑到家住河北省唐山市的女被告人家中尚有个一个月大的婴儿无人照顾，而且交通又很不方便，她积极建议法院到被告人住址所在地的法院开庭审判，使被告人在受到法律追究的同时也深深感受到了检察机关的人文关怀。

大爱无私，她是一名舍小家顾大家的合格检察官，这样的检察官，又何尝不是一名令人尊敬和称赞的好女儿、好妻子、好母亲！

### 平凡岁月中她演绎着一名女检察官的直播现场

2001年，她办理了在沈阳铁路局有着较大影响的贾某某受贿案、安某某、周某某特大贪污案等多起案件。良好的法律功底加上勤于钻研的韧劲，使几起案件的办理均收到了良好的法律效果和社会效果。

在几起案件的出庭公诉中，她将贪污、受贿罪的法律规定和司法解释逐条研读，不错过一个细节，并在沈铁检察系统首次运用了多媒体示证。

贾某某受贿案开庭时在原锦州铁路分局管内以视频会议的形式将庭

审现场向各单位进行直播。为了确保直播时出庭公诉的万无一失，她呕心沥血，精心准备，在办公室不知挑灯夜战了多少个夜晚，背后的艰辛和付出只有她自己才能说清。法庭直播时，她过硬的业务素养、沉稳的出庭气质、清晰的讯问指证、准确的法律适用，使旁听人员和收看直播的铁路干部职工对检察机关的公诉表现赞叹不已。当清晰直观的多媒体示证复原出案件的原貌、当声情并茂的公诉意见指出贾某某受贿犯罪的"法不容、势不容、理不容、众不容"，不仅直播现场的干部职工为之动容，坐在被告席的贾某也流下了忏悔的眼泪。庭审中，她没有说教但是每一句话都在说理，没有枯燥的理论但每一个观点都普及着法律知识，没有犀利的言辞但每一个答辩都针锋相对，她用最好的公诉方式为收看直播的铁路干部、职工上了一堂生动的法治课。

从进入检察机关那天起，要强、好学、上进、担当就是她留给同事和领导的印象。20多年的检察人生，伴随着她获得一个个荣誉的一直是她一步一个脚印的奋斗足迹。在查办职务犯罪案件中，勇挑重担，冲锋陷阵，和男同事一样摸爬滚打，从不退缩；在公诉席上，释法说理，唇枪舌剑，用自己过硬的业务素质指证犯罪，展示着女检察官的沉着坚毅。

20多年的办案生涯，不知道有多少个经手的案件已经随着岁月的风尘在她的记忆中慢慢褪去，她办理的案件也不可能每一起都进行现场直播，可在履行法律监督职责、实现人生价值的年年岁岁中，在法律和公正面前，她却和身边的战友一样，一直在时时刻刻进行着自己检察人生的现场直播。

### 重压考验中她书写着一名女检察官的巾帼担当

2016年8月7日，锦州铁路公安处受理了一起被害人报案的电信诈骗案。这是全国铁路公安机关受理的第一起电信诈骗案，公安机关高度重视，命名为"8·07"专案。该案的犯罪嫌疑人通过假借建行客服号码"95533"群发可以提升银行卡信用额度的短信实施诈骗犯罪行为。由于初次办理该类案件，公安机关及时将案情通报了检察机关。作为具有多年公诉、侦监办案工作经验的办案人，她责无旁贷地受命提前介入。经过了解案情，她及时帮助公安机关确定了侦查方向和取证重点，使公安机关很快将涉嫌转移被骗资金的犯罪嫌疑人抓获。

经过公安机关初步侦查，该案涉案犯罪嫌疑人众多、涉案价值巨大、社会影响恶劣，并牵扯出跨河北、辽宁、吉林、黑龙江、山东、福建、湖北等十多个省市的共同电信诈骗案件多起，涉案金额高达200余万元。

案件初战告捷，但困难接踵而至。案件侦破后，只有一名被害人报案，却无其他被害人报案材料，涉案人员银行卡流水过百万，能否认定银行卡里的钱是诈骗所得却缺乏相应的证据。经过和公安机关的反复研究，她凭着自己的经验和智慧提出了一个倒查方案，即通过网络商家流入的订单号查找对应的银行卡号，再通过银行卡号查找银行卡所有人和联系方式，进而寻找被害人。思路打开后，公安机关很快搜集到了部分被害人的信息并收集了相关证据。

在审查起诉阶段，面对复杂的案情她几次想请求成立专案组，但几次都因为公诉人员不足不想给单位增加负担而欲言又止。独自面对这起"疑难杂症"，她在弄懂相关专业知识的基础上，反复研读相关法律规定，厚厚的八本卷宗看了一遍又一遍。在已有证据不能全部认定银行卡流水均为犯罪所得的情况下，她独辟蹊径，以固定电话号码为线索，对拨打了该固定电话号码的人员进行查证，寻找被害人，从而增加认定了多笔犯罪事实。

在出庭公诉时，沈铁检察分院公诉处组织了观摩，沈铁公安局刑侦处组织了十个基层公安处刑侦部门负责人旁听了庭审活动。在整个庭审过程中她作为公诉人，把握庭审节奏到位，讯问简洁有力、分组举证清晰明了，答辩一气呵成，最终法院采纳了公诉意见，对各被告人均作出有罪判决，其中最高刑期为有期徒刑七年四个月。她出色的表现得到了现场观摩庭审的领导和同志的极高的评价：讯问、举证、答辩均拿捏有度，无愧一名优秀公诉人的称号！

21年的铁检人生，从不追求轰轰烈烈的浓墨重彩，只钟情涓涓细流的清声雅韵；从不热衷光鲜华丽的生命桥段，只喜欢脚踏实地的人生足迹，她的故事也许缺少了些许的跌宕起伏、精彩华章，但却亲切真实、温婉如歌，正如她自己常说的那样："我只是众多铁检人、检察人中的一员，我只想做好一名检察人应该做的和必须做的。"这样的人生是她喜欢的人生，其实也是我们每一名检察人喜欢的人生……

作者为锦州铁路运输检察院办公室主任

# 我们的好大姐

王新政

"张姐既是我们的老科长,更是我们的好大姐,她对检察工作的热爱和执着,是永远值得我们尊敬和学习的。"

在大连铁路运输检察院,有这样一位女检察官,她从铁路检察机关重建开始直到退休,把青春、智慧、热情和心血,都无私奉献给了深爱的铁检事业,展现出令人敬佩的职业精神和执着向上的人生追求。

她叫张书丰,大家都愿意亲切地称呼她"张姐",这种称呼饱含着同志们对她的信赖和亲近。虽然张书丰在2009年已经退休,但是她在检察工作、生活中的点点滴滴直到今天仍然时常被院里与她共事过的战友提起,并绘声绘色地讲述给新同事……

## 忘我敬业的好大姐

"张姐骨子里有一种不服输的性格,每年办案数最多,而且总是办最难、最棘手的案件。"现任侦监科科长赵宁回忆说。

2005年,张书丰负责审查起诉一起警匪勾结的盗窃大案,赵宁是她的助手。此案由铁道部公安局督办,社会关注度非常高。犯罪嫌疑人杨某某等6人,都是多年在旅客列车上行窃的"职业"惯犯,反侦查能力强,相互配合默契,对犯罪事实百般狡辩、抵赖。

当时张书丰的身体不好,患有风湿、腰间盘突出、梨状肌综合症等病症,阅读厚厚6本卷宗对于她来说是重体力活。有时病痛使她无法坐下,她就站在窗前,把卷宗放在窗台上审阅。

"张姐办起案来不要命,看她疼痛的样子,我们都很心疼。"赵宁说。

这次开庭持续整整2天时间,张书丰腰疼得厉害,就用手顶着腰,一直坚持到庭审结束。开庭前大夫就让她住院治疗,她怕影响出庭,就在医院挂个空床位,打完吊瓶后,又急忙赶回工作岗位。她在法庭上与几名被告人斗智斗勇,直击要害,与律师唇枪舌剑,据理力争,最终法院依据公诉意见做出有罪判决。

"我欠丈夫和女儿的太多太多。"这是张书丰在她的检察生涯中心中最大的遗憾。她一心扑在工作上,家里的日常一切基本都托付给丈夫料理。就连她自己吃的汤药,都是丈夫每次给熬好后端到眼前。女儿想和她一块逛逛街,买点什么,可她这做母亲的,常常让女儿失望,甚至女儿想和她说说话、唠唠嗑的机会都很少。见她经常熬夜思考案情,女儿心疼地劝她早点睡觉。她却说:"不行啊,案件不搞清楚,我不放心。"

### 精益求精的好大姐

"一个细节常常决定案件走向。"原反贪局长何颖国介绍说,"这是张姐教给我们最基本的办案经验。"

2003年,管内一家桑拿浴房里,发生一起浴客强奸按摩女的案件。犯罪嫌疑人到案后承认了犯罪事实,但在审查起诉阶段,却以没有与按摩女发生性关系为由翻供。

"对于这个案子,当时有人说'鸡窝'里哪有干净人,言外之意不是强奸。"何颖国说,"但是张姐不为所动,详细审查案件的每一个细节"。

公安移送的证据并不好,其中被害人处女膜破裂的事实引起了张书丰的注意——为什么公安机关没有提取到任何相关血迹?

张书丰要来证物,在犯罪嫌疑人内裤的内裆缝上找到一块不起眼的污渍。询问公安办案人员时,办案人员还说,这是人屎吧。

经提交省公安厅DNA鉴定,污渍被确定为被害人身上的血,与被害人处女膜破裂的事实相对应。这个细节成为定案的关键证据,最终犯罪嫌疑人认了罪,公安办案人员也十分佩服张姐的明察秋毫。

"张姐求真务实、精益求精的工作态度,在大连铁路公、检、法三机关,没有人不竖大拇指称赞的。"何颖国说,"张姐承办和把关的案件,作不起诉处理的,没有提出复议和不服的;起诉到法院的,没有改变定性和主要犯罪事实的;在自己的检察生涯中没有办过一件错案,这是她精细办案的最好证明"。

## 侠骨柔情的好大姐

"我们办案一定要想着为了谁，这是张姐经常跟同事们说的。"原政治处主任姚波想起了一件往事。

2004年，普兰店市村民贺某受王某蛊惑，决定和王某一起到黑龙江做瓜籽生意。到黑龙江后，王某扔下贺某，带着代为保管的一万元钱跑了。后来王某被公安机关抓到，以盗窃罪移送检察院起诉。

张书丰审核认定该案为侵占罪，属自诉案件，不归检察院管辖。按理说，检察院的程序结束了，通知被害人自诉到法院即可。但她看到贺某迷茫而求助的眼神，就决定帮一把。她积极协调诉讼程序转换工作，不仅帮助贺某顺利自诉到法院，如数追回一万元非法侵占钱款，还多次跑法院协调，使贺某获得补偿款500元。

被害人贺某生活困难，老伴有病，儿子精神不大好，家里连完整的水缸都没有。这笔万元巨款，是他家耕地被征用的补偿款，是一家人的活命钱。巨款失而复得后，老实巴交的贺某无法用自己的言语表达对检察机关的感激之情，请人写了一封感谢信送到检察院。

原大连铁路地区主任郭兆泰为此批示道：检察官执法为民，主持公道，精神可嘉，公检法干警都要认真学习。

## 勤奋好学的好大姐

"活到老学到老，是张姐的座右铭。"检察长李圣良说，"她从门外汉成长为业务骨干，靠的就是不断学习和拼搏精神。"

1981年，张书丰从大连铁路分局被招录进检察院的时候，一点儿法律知识都不懂，从不服输的她在困难面前选择了挑战自己。

1982年，张书丰开始系统自学法律课程。虽然半年后因结婚生子，加上工作繁忙，学业曾一度中断。1985年，她还是考入中央电视大学法律专科专业。

那时孩子小，房间挤，晚上为了不影响孩子睡觉、丈夫休息，她就到卫生间，坐在马桶盖上看书学习，经常熬到深夜。毕业考试期间，她连续5天时间几乎没有睡觉。因为熬夜，短短几天时间，同事和同学们惊讶地发现，她变成了"黑眼圈"。努力终有回报，1988年大专毕业时，全班100多人，她被评为5名优秀学员之一，2004年，她又获得本科文凭。

1992年调到公诉科后，她拜经验丰富的老科长为师。老科长办案过程中的一言一行，一招一式，她都默默记在脑中。特别是出庭公诉时，如何运用法律知识，如何辩论说理，其中的每一句话、每一个细节，她都点滴不漏，领悟在心。工作中遇到不明之处、疑难之题，她就不耻下问追根究底，直到完全弄懂为止。

一次，大连中山区法院要开庭审理一个案件，被告人从北京请来律师。张书丰觉得机会难得，便赶去旁听。她边听边记，公诉人如何指控犯罪，律师如何辩护，双方又如何辩论等，她都一一记录在册。她边听边思，这次庭审，哪些东西值得学习，如果我是公诉人，我会怎样做，她都细细琢磨、苦苦思索。正是这样的执着和较真，使她的业务能力飞速提升，也为她干好本职工作打下了坚实基础。

## 言传身教的好大姐

"刚参加工作就能和张姐一起共事，我感到十分幸运。"如今的公诉领头人杨柳，和张书丰共事多年，现在正继承着张书丰的衣钵，坚守在公诉岗位上。时隔多年，杨柳仍然对张书丰的帮助培养念念不忘，"她手把手教我们一点点成长，是我们的良师益友"。

"张姐经常教我们在办案中多听、多看、多思、多干。"杨柳说。

每接手一个案子，从阅卷开始，张书丰就传授年轻人阅卷方法，教授如何结合案情对犯罪四个构成要件进行具体分析。阅卷后，她都是让年轻同志先提看法、谈观点，注重培养年轻同志的独立分析能力。提讯犯罪嫌疑人时，她又会提醒本案的讯问重点，讯问后再与年轻同志一同讨论讯问时的不足，帮助总结经验，掌握讯问技巧。不知不觉中，她把自己丰富的办案经验，一点一滴传授给了年轻同志。

对于法律文书的制作，张科长一向是严中求细。她常说，法律文书是代表国家意志的公文，容不得半点马虎。

"每次辛辛苦苦写出来的文书，被张姐改得'面目全非'，心里很不舒服，但慢慢就习惯了，时间长了，张姐'挑刺'少了，就说明我们进步了。"杨柳笑着说，"案件经张科长把关，就像吃了定心丸那样放心"。

这样的一位好大姐怎能不受到同事的尊敬和喜爱，又怎能不受到组织和同事的认可。沈阳铁路局"人民满意政法干警""严打先进个人"沈铁分院"人民满意检察干警""优秀主诉检察官""先进工作者""优秀共产党员""感动沈铁优秀检察官",一项项荣誉就是她铁检生涯的最好写照。面对荣誉和赞扬,同事们听到她说的最多的一句话就是"我只是在自己的工作岗位上做了应该做的工作"。

平凡的故事,朴实的语言,一切都宛如平常一段歌,一切又让人肃然起敬。今天,我们的好大姐虽早已退休离开了工作岗位,但却好似一直和我们在一起,一直战斗、工作、生活在我们身边……

作者为大连铁路运输检察院四级高级检察官

# 辽宁省人民检察院辽河分院篇

## 开篇语

辽河之滨、渤海湾畔，一座座雄伟壮丽的钢铁井架，镶嵌在美丽富饶的海滩之上，寒来暑往，时节更替，记录着几代石油人的拼搏与辉煌，也见证了辽河检察的光荣与梦想。

1984年8月1日，辽河检察机关挂牌办公全体干警合影
（二排左五为秦耀东、二排左六为王振华）

辽宁省人民检察院辽河分院，1981年筹建，1984年正式挂牌，是辽宁省人民检察院派驻全国第三大油田——辽河油田的专门检察机关，是全国唯一定向服务于石油企业的检察机关，下辖1个基层检察院辽宁省辽河人民检察院。

37年间，为盘锦建市孵化出了盘锦市人民检察院，更为辽河油田、盘锦市乃至全省培养出了一批优秀的检察人员。现年90岁高龄的新中国第一批自主培养的检察人、审讯过日本战犯的老检察长秦耀东及曾任辽

宁省人民检察院检察长、辽宁省高级人民法院院长的王振华就是其中最杰出的代表。辽河检察因油而生，因油而兴，几代辽河检察人传承铁人精神，为油田改革、发展、稳定提供强有力的司法保障，更成为辽河30余万职工及家属最

1985年初，辽河分院、盘锦市人民检察院合署办公时部分干警合影（一排右四为秦耀东，一排右二为王振华）

可信赖的坚强后盾！

近年来，辽河检察机关深入贯彻党的十八大和十九大精神，深入贯彻习近平新时代中国特色社会主义思想，结合派驻院特点，以服务保障优化营商环境为"龙头"，着眼有创新、有亮点、有提升的"三有"工作目标，确定了"队伍建设+业务建设"的"双轮驱动"发展战略，充分履行检察职责，取得实效。

在检察业务方面，一是优化营商环境，全力服务油区发展，打造企业"家门口的检察院"。在沈阳、锦州、曙光和新疆设立4个民行检察服务室，实现对省内、省外服务油区企业全覆盖，打通服务企业发展的"最后一公里"。二是突出主责主业，维护油区公平正义，做好油区职工的"娘家人"。对侵害国有资产安全等油区典型犯罪，重拳出击，先后办理案值百万以上侵财案件30余件，为油田挽回经济损失数千万元。结合检察职能，积极参与油区综合治理，办理了涉及100多个家庭，案值3000余万元的高成成涉众诈骗案。同时侦办了轰动全国的"6·07"郝氏兄弟涉黑组织专案、公安部督办"1·03"汪氏家族涉黑组织专案、"8·24"原营口市人大副主任李思福（副厅级）等贪污、受贿案等一系列有影响力的大案、要案。

在队伍建设方面，以"四个党建"为依托，党建带队建，培养新时代辽河检察人。全面推开"规范、服务、精彩、目标"四个党建工程，建立以全员培训为龙头，以条线培训、岗位练兵、业务竞赛为抓手的"1+3"

辽检情怀

辽河人民检察院获得辽宁省检察机关2017年度"先进基层检察院"

素能培训体系，开展"A+B"多岗位人才培养模式，打破上下级、部门间工作壁垒，为干警跨部门、跨层级锻炼创造便利条件，队伍素能明显提升。辽河两级院7名干警受到中政委、高检院和省委省政府表彰，10余名干警在全省检察机关业务竞赛中获奖，先后获得全省政法系统"规范司法行为、优化营商环境"专项行动先进单位、"全省先进基层检察院"、全省检察机关规范司法行为先进单位、油田公司"先进党组"称号等荣誉称号。

值此检察机关恢复建院40周年之际，辽河检察机关以"辽宁检察好故事"为平台，甄选区域内不同业务板块、不同年龄层次、不同性别的优秀检察人员的故事汇聚成若干文字，剖析内心独白，凝聚时代精神，书写历史芳华。

文章有的以对话叙事手法，生动描绘了奋战在检察业务一线的干警，在工作与生活间的抉择，压下内心对家庭的愧疚与不舍，对检察事业无悔地坚守；有的以自我内心的情感，书写了几代辽河检察人传帮带的传承，以执着的情感，诠释着几代人的初心不改；有的以自己在各自岗位上的工作与成长、心路与感悟为切入点，展示了青年检察干警平凡而又不凡的成长历程；更有的以老检察长90年传奇的一生书写着新中国检察人的历史画卷。

回首过往，我们忠于党的领导，无愧于辽河30余万职工，无悔于法律赋予我们的神圣使命！展望未来，我们将秉承铁人精神，将检察人的坚守与情怀薪火相传！

潮平两岸阔，风正好扬帆。站在新起点，展望新航程，辽河检察人将一如既往努力拼搏，不断超越，用新的业绩，继续谱写辽河油区法治建设的华美乐章。

# 半世纪栉风沐雨　九十载春华秋实

李云赫

他是共和国第一代检察人，审讯过日本战犯，80多岁时还能骑自行车……他的传奇人生故事一直被几代辽河人传唱，他就是辽河检察第一任检察长秦耀东。

作为一名新入职的辽河检察人，我对他充满着好奇，2个小时的采访，他仿佛一台胶片放映机，在我眼前投射了一幕幕鲜活的历史画面，我静静聆听，陪他穿越90年的光阴。

1929年12月在黑龙江五常县的一个屯子里，秦家出生了一个男孩，父母叫他长喜。父亲说，咱一辈子都是农民，不能再让长喜当农民了，终于在长喜10岁的时候攒够

秦老接受采访，其女儿在旁协助

了学费送他上了小学。那时老师给他取了一个大名叫秦耀东。一直念到初中，家里实在是供不起了，只能退学，即使是这样，他也是远近几个屯子唯一的初中生，然后他成为了小学教员兼校长。

1948年10月，当时全国还没有完全解放，黑龙江很多地方共产党的工作还处于半公开状态，鉴于秦耀东的优秀表现和工作态度，经由土改工作队于长江同志介绍，他秘密加入了中国共产党。此后70年，党把农民的儿子长喜培养成了人民的检察长秦耀东，秦耀东也用自己的一生回报着党和人民的重托。

## 审讯日本战犯，代表亿万中国人民伸张正义

1954年初，最高人民检察院向全国征调优秀检察干警到最高检学习批捕、起诉业务，机会难得，秦耀东积极争取，暂别新婚妻子，毅然踏上了去北京的火车。本以为平静的2年学业，仅仅在上了3个月理论课后就起了波澜。最高检接到一项艰巨的政治任务，对在押日本战犯进行审讯和公诉，并在第一时间组成了山西和东北两个工作团，同时决定将正在培训的优秀检察人员编入工作团，以案代训，对在押日本战犯开展审讯工作。

面对可遇不可求的重大机遇，怎能不激动？可以代表亿万中国人审讯日本战犯的罪行，怎能不自豪？可面对如此重大的政治任务，压力又像无尽的海浪一样冲刷着秦耀东年仅25岁的心。时不我待，只争朝夕！他迅速调整状态，随东北工作团到抚顺战犯管理所开展审讯工作。

1954年至1956年间，他作为小组的审讯员，带着一个翻译和一个书记员开展审讯工作，最终小组负责审讯的4名日本战犯，3名按照政策不予起诉，1名被公诉，当庭认罪，得到应有的判罚。随着审判的结束，秦耀东也结束了2年的学业，为国家和人民上交了一份优异的答卷。

时隔60多年，秦检依然清楚地记得他所审讯的4名日本战犯的姓名和职务，并且拿出了2014年7月8日的《辽沈晚报》，上面刊登了当年中央档案馆解密的长岛勤的罪行，长岛勤正是他当时审讯后被判刑的那名日本战犯。

2014年《辽宁晚报》刊登的日本战犯长岛勤罪行

秦检说："能参与日本战犯的审讯工作，我非常荣幸，我觉得我为中国人民伸张了正义！"说着说着秦检就红了眼眶，久久不语……

## 后生小秦，年轻有为筑牢东北检察分署根基

1948年12月，秦耀东成为了区政府的公安助理，一年后，他争取到了区公安系统里唯一的机会，到东北公安干校学习1年。谁也没想到就是这一年改变了秦耀东的人生轨迹，开启了他此生最重要的两份缘。

1950年夏末，公安干校的学习马上要结束了，领导说在培训的600多人中留下60几人在东北公安部工作，表现突出的秦耀东无疑是要被留下的，可是随着一批一批名单的公布，始终没有自己的名字，他的心情也一天天低落。那天，最后一批名单公布了，上面只有5个人的名字，秦耀东赫然在列，领导当即宣布这5个人因表现优异被分派到刚刚成立的最高检察署东北分署工作。从那一刻起，秦耀东从公安干警小秦成为了检察干警小秦。

1950年至1953年，年轻的小秦跟着老红军龙虎将东北分署刑事检察处组建了起来，建章立制，指导东北9省（当时行政区划东北地区分9个省）各级检察署侦查工作的组建和开展，巡查各地镇压反革命工作情况，保护新中国来之不易的革命成果。1953年初随着国家发展需要，东北分署撤销，小秦也随着老领导到了鞍山市检察署。

在东北分署的3年，除了检察事业，一个美丽的女大学生小姚，带着江南女子独有的温婉气质，也悄悄住进了东北帅小伙儿小秦的心里。1953年底，小姚和小秦组建了家庭，而后一起走过了65个年头。

## 宝刀老秦，老骥伏枥扛起辽河检察机关组建重担

小秦从东北分署助检员到鞍山铁东区检察长，再从鞍山到盘锦，人生起起伏伏，不知不觉间，一双儿女也长大成人了，小秦成了老秦。

1981年的初秋，当52岁的老秦打算再过几年就从辽河油田保卫处退休的时候，组织上找到老秦，交给了他一项重要任务——筹建辽河油田检察机关。老秦没有跟组织谈任何个人条件，接下重任，担任筹备组组长。

说是筹备组，算上老秦也只有4个人，还老的老，小的小，几乎所有的压力都扛在了老秦一个人的肩上。一切从零开始，批地皮，建办公楼，遴选干部，培训上岗，建章立制，直到1984年挂牌办公，整整3年啊，

帅气的老秦，鬓边也出了白发，脸上多了皱纹。

秦检说："那时候院里的一砖一瓦，一桌一椅都是我看着起来的。当时从油田遴选了100多个干部，我拉到鞍山检察院去学习、培训整整1年，才有了院里第一批检察干警。"

55岁的老秦也成为了辽河油田分院（辽河分院前身）第一任检察长，从此成为了辽河检察人永远的老检察长！

提起建立辽河检察机关，秦检非常自豪地说："辽河检察机关的建立有三大功劳，一是加强了辽河油田与地方的团结，避免了纠纷发生；二是辽河油区分布比较分散，有专门的检察机关能更好地服务油区企业；三是对盘锦市检察院的组建起了至关重要的作用！"

1985年初，盘锦建市不久，时任辽宁省副省长左坤批示由辽河油田检察院一套人马两块牌子兼职，秦耀东被任命为盘锦市人民检察院检察长，管理两家检察院。那时辽河院也才挂牌1年，本以为终于可以休息一下的老秦又扛起了重担。

盘锦市检察院、辽河油田检察院合署办公，左三为秦耀东

有了辽河院的建设在前，盘锦院的建设更加轻车熟路，经过3年的孵化，1988年盘锦市人民检察院从辽河油田检察院独立。经秦耀东一手培养的副检察长王振华接任盘锦市人民检察院检察长，后王振华先后升任辽宁省人民检察院检察长、辽宁省高级人民法院院长。

1989年，年满60周岁的秦耀东即将退休，老秦想，终于可以歇歇了，但由于工作需要，他又无条件接受组织安排，延迟退休，直至1993年1月才正式退休。

秦耀东从1948年参加工作至1993年退休，45年间，组织安排到哪里就建设到哪里，从东北分署到鞍山院、辽河院、盘锦院，从东北9省、鞍山、辽河油田到盘锦市，他参与了三院四地检察机关的组建，为新中国辽宁检察事业的建设和发展作出了重要的贡献。作为新中国培养的第一代检察人，他忠贞无畏、责任担当，他的人生闪耀着人性的光芒。

采访中，秦检总会自豪地说起，他是如何积极主动争取学习的机会，提升自己。尤其在最高检学习时，时任最高检副检察长谭政文亲自授课，他因为字写得好，给谭检抄讲稿，学习上偏得了很多。

他却从没提过工作多年自己的辛苦和贡献，也没有说过"文革"期间在"五七"干校和插队的苦日子，更没有为他在油田检察院8年一直是副检察长主持工作，却没有被任命为检察长而抱怨。当我问他现在对组织有什么诉求，他坚定地说："没有，我现在过得非常好！"

### 七十年老党员，一生忠贞，不忘初心

秦检即使退休25年了，仍然关心国家大事，关心党的发展，关心人民，始终坚守着一名党员的初心。他的书房有厚厚的十几本笔记本，是他退休以来孜孜不倦学习的见证：新修正的《党章》、党的方针政策、领导核心的重要讲话、近期的全国机构改革文件等等。采访当日他抄写的是《马克思恩格斯选集》，漂亮整洁的字迹，每一笔都饱含他对党和国家的虔诚。

他的茶几上放着读了一半的《习近平的七年知青岁月》，秦检说："这本书很好，正是有了这7年的经历，使习总书记能体会老百姓的生活疾苦，时时想着人民！"

### 铁汉柔情，书写缘起缘灭，历史芳华

秦检有一本厚厚的老相册，里面都是黑白照片，最早的一张是1939年照的，至今保存完好。这个相册里面有一个出镜率最高，长得像张爱玲的女子，就是秦检的老伴儿姚崇攸，江南大学的大学生。提起老伴儿，秦检脸上洋溢起幸福而略显羞涩的笑容，总是说老伴年轻时候有两个大辫子，那么长。2年前老伴儿因病去世后，这本老相册就成了两人相知相伴一生的见证。

他的书房不大，堆满了书和笔记，但还是腾出了地方支乐谱，他有一个二胡，是自学成才，陶冶情操。采访时，他即兴给我们拉了几段老

老相册第一页：秦耀东夫妇

调调，吱吱呀呀而又悠扬绵长，诉说着这位90岁老人动人的人生乐章。

他的卧室里只有2件家具，一个是带着一面大镜子的大衣柜，做工精良，是秦检岳母的陪嫁，还有一个五斗橱，是老早的日本货。两件家具都历经百年，依然保养如新，就像秦耀东一样，历久弥新，散发着历史的光彩。

他家的客厅靠窗放置了大片高高低低的绿植，地板上散堆着重孙辈的玩具，乍一看有些凌乱和不搭，但着以渗透的阳光和沙发靠墙上挂着的"数风流人物还看今朝"字简，又让你感到时间的沉淀和勃勃生机，就如现在的秦耀东一样，像是经年的大树发出鲜翠的新芽，巍然不倒而又生生不息。

秦检说："我这一辈子很幸运，中学肄业以后就遇到共产党，走上了革命道路，从公安干校开始，一步步走上检察道路，虽然中间也有一些曲折，但总体都很好，我审判日本战犯代表中国人民伸张了正义，我觉得我的一生是光荣的！"

请原谅我只有2个小时的采访不能尽听他90年的人生经历，请原谅我短短几页文字不能尽述他90年的传奇故事，请原谅我年纪轻轻不能尽展他90年的光阴岁月，请原谅我阅历浅薄不能体会他90年的心路历程。我只是想做点什么，告诉你有这样一位老人，他是如今仅存的硕果，是新中国检察活的历史，他用90年的传奇人生，记录了新中国一代又一代检察事业的历史芳华。

**作者为辽宁省人民检察院辽河分院政治部干部处负责人**

# 品质·传承·初心

陈 涛

2001年夏天，大学毕业，刚迈出校门的我就来到了辽河油田检察分院，这个全省最年轻、也最富有朝气的市（分）院，穿上了新世纪刚刚代替大沿帽、灰制服的检察蓝，走上了检察机关最具标志性职能之一的公诉岗位。从那时起到现在，这一干就是十七年。这十七年，我从一个懵懂彷徨的青年、初入社会的大学生，成为一名资深干练、担当正义的公诉人，可以说完成了最为重大的人生转变！一路走来，回首过往，最令我无法忘怀的是辽河公诉前辈具有的闪光品质。那不仅是属于他们的人格魅力，更是属于辽河公诉群体，乃至中国检察人的初心传承！它一直影响着我、滋养着我、鼓舞着我，不断成长、进步……

## "老处长"：较真出于对真相的探寻，更是出于对正义的追求

"小陈，你刚来单位，先学学怎么开法律手续，再帮着老同志们记记笔录。对了，最好先学着把案卷装订一下……"那是我刚刚从检的第二天。当时五十出头、与我父亲同龄的"老处长"连声地嘱咐着我。"你看，卷绳要这么穿，这么打结才能把案卷装得牢……"卷绳像变魔术一样被"老处长"绑到了案卷上，那一摞原本零散、参差的材料在他手里规规矩矩地变成了一本规整、贴服的"线装书"。手上被卷绳勒出了红印、关节因用力变得有些发白，额角渗出了

付继国处长出庭支持公诉（1994）

细密汗液，让我一下子看呆了。从那天起，"老处长"在办理案件、组织工作之余，时不时地提醒、指点我法律手续怎么做、各种笔录怎么记、常见案件怎么入手……当然，一旦发现我工作有不到位、不细致的地方，他也会非常严肃地指出我的缺点和不足，"年轻人，打下什么底子，以后就什么样，关键就是从一开始就要认认真真"！

后来，我才慢慢知道，"老处长"叫付继国，是大连知青，原来是油田技校的一名教师，1985年建院之初被选拔到检察院工作，20世纪90年代初从事公诉工作，先后担任公诉副处长、处长，是名副其实的油田检察院"元老"，但最让他出名的却是那股子"较真"的劲头。

1993年，他接受了一起事实非常清晰的强奸案，采油厂职工张某甲、杨某将一女工强奸。通过审查还发现张某甲、杨某在1990年因流氓奸宿被治安处罚，涉事的还有姜某、张某乙。"老处长"的较真劲又上来了，硬是顶着压力揭开了一起尘封多年的"隐案"。原来当年张某甲等四人挟持并轮奸了受害人，事后为了掩盖罪行又对受害人威逼利诱，公安机关因为受害人没有举发，只对几人做了治安处罚。最终，"老处长"追诉了该起事实以及同案姜某、张某乙，张某甲也因此被送上刑场。此案过后，当地女工无不拍手称快，盛赞检察机关秉公执法！这就是认真，出于对真相的探寻，更出于对正义的追求。这股较真的劲头，连同那个看似费劲的装卷技巧，都成了我最为宝贵的财富。

### "副处长"：专业是公诉职业的标杆，更是"工匠精神"的体现

"小陈，今天咱们找的是一个井场工人，注意我的询问方式，做笔录的时候用不着什么都记，关键是要把他看见、听见的与案件有关的情节记下来，特别是那些侦查员没有问到的……"那是我从检的第三十二天，当时才三十五岁的刘少志副处长看似漫

刘少志处长出庭支持公诉（1998）

不经心地跟我说着。在一间井场的板房里，在仅有的一张床上，我把笔录纸垫在膝盖上，认真地记着。"副处长"还是用他那比较随性的口气

跟工人聊着。当顾虑被打消，不安被平复，与谈话对象的交流就顺畅多了。我一笔一划记着，"副处长"一边聊着，一边不时不露声色地让我注意一些案件细节，不知不觉中笔录水到渠成。

刚到单位，"副处长"的传说就灌满了我的耳朵，1991年知名政法大学毕业，是油田检察院第一批大规模招录的法学专业毕业生，一毕业就从事公诉工作，不几年就成了公诉专家，业务没得说，就两个字"专业"，直到现在还保持着辽河检察机关公诉岗位最长工作年限的记录。至今他被人交口称赞的还是他承办的那一起轰动整个油区的"医生杀人碎尸案"。

1998年，油田某医院医生唐某将职工罗某杀害、碎尸，还炖煮头颅，最后将尸块抛入水沟内。"副处长"提前介入、快查快诉，仅一周就将案件办结。由于该案社会影响极大，辽河中法决定在油田最大的室内集会场所——油田俱乐部进行公审。公审当日，天降大雨，但俱乐部内，座无虚席。很多干部职工，无法进场旁听，就在俱乐部外冒雨收听庭审实况。他面对豪华辩护人团队、数千旁听群众，镇定自若指控犯罪，讯问发言掷地有声，被告当庭认罪，庭审效果出乎意料。这就是专业，不仅是公诉人的职业标杆，更是"工匠精神"的体现。后来，刘副处长也成了我的处长，专业化也成了辽河公诉的名片。

### "师傅"：执着是为了保障合法权利，更为了维护法律威严

"小陈，咱们去看守所，今天天冷，多穿点衣服。"那是我从检的第一百五十五天，"师傅"要带着我去看守所提审。"师傅"掏出了烟，自己点了一根，又点了一根给了坐在对面的嫌疑人。"老张，说说吧，我们的原则就是充分保障你的合法权益，只要你辩解属实，我们会帮你核实的……"烟雾升腾中，老张说第五次盗窃他其实没有参与，那次他回了老家，但是主犯非咬他，他没办法才"交代"的。"师傅"让我记录下来老张所说的细节。提审之后我们跑了二百多公里，赶到老张的老家，寻访多位证人，调取多份证言，最终查明老张第五次确实没有参与。"师傅，第五起就1000多块钱，就是拿掉了他也减不了几个月。""小陈，这起事实对于咱们就是案件的十分之一，但是对于他就是公正的百分之百。"

"师傅"李鸿志，知名法科大学毕业，与"副处长"同时到检察机关工作，理论基础深厚，实践经验丰富，而且文墨书画俱佳，是检察院的"才子"。"师傅，你的手肿成这样了，要不咱们建议法庭延期吧。""师傅"一面用力地掐了几下已经肿胀的辨不清关节的右手，一面说"不行，这个案件涉黑涉恶，上下都在关注，怎么能说延期就延期，轻伤不下火线"。那个专案是2006年全国打黑专项斗争的第一号系列案，全国打黑办高度重视，辽宁省多地协调联动，社会关注度极高。那是辽河第一次接受涉黑案件公诉任务，对于一个不足百人的"小院"难度可想而知，我们已经连着三天加班到后半夜，上万字的庭审预案已经斟酌修改了三遍，"师傅"因为休息不好还受了风，右胳膊肿得老高，痛痒难耐。即便如此，长达七天的庭审，"师傅"硬是挺下来了。"小陈，我还不到五十呢，身体那是杠杠的。"那是我从检的第三千八百六十四天。这就是执着，为了保障合法权益，更为了维护法律威严。

李鸿志出庭支持公诉
（左起李强、陈涛、李鸿志、刘少志）（2008）

## 我们：坚守初心，创新前行

而今已经是我穿上这身检察蓝的第十八个年头了，可以说我把人生最宝贵的年华奉献给了公诉工作，奉献给了检察事业。当过往的点滴浮现于脑海，跳跃在眼前，我想到最多的就是那些身影。"老处长"突发重疾，与病魔抗争多年后去世了；"副处长"已经走上院里的领导岗位；"师傅"也转隶省监察委开始了新的征程。只有我，仍然坚守着公诉席。脚趾骨折、神经断裂不到一个星期就奔赴调查取证，面部肿瘤手术刚刚拔管不到十天就重回岗位审查案件，……这就是坚守吧！

坚守并不是因循守旧，并不是墨守成规。随着司法体制改革的深入，我也逐渐在调整自己工作方式、司法理念，重视惩治罪犯与程序公正、个别化处置相结合，重视确保司法公正与精准执法相结合，重视刑罚权实现与修复社会关系相结合……然而，认真、专业、客观、坚持……这些品质，我一直坚守着。这些是一代代检察人的薪火传承的印记，一旦种下就永远不会淡去。那应该就是公诉工作乃至检察工作的初心吧，保障公平正义、确保法律实施。是的，就是这样。这也正是"老处长""副处长""师傅"的初心，正是从中央苏区到革命根据地，从开国大典到重塑检察，一辈又一辈检察人的初心！

想到这儿，我凝视着眼前摆放的材料：相纸泛黄的照片、墨迹淡去的文字、影像模糊的录相……这是为了检察机关重建四十周年系列纪念活动，全处同志奋战十多天，加班加点、耗费心血收集到的材料，我们从那些已经发黄的照片、文字、录像当中追忆着属于辽河检察机关公诉战线的过往，追忆着属于辽河公诉前辈创造的辉煌。

当我又一次讲起上面的故事，处里的年轻人开玩笑地说"处长，你是不是真的上岁数了，这些你已经给我们讲了很多遍了"。我先是一愣，随即严肃起来，"无论到什么时候，大家都不应该忘记，要让它们变成一种自然，一种态度，一种信仰，只有那样才能不失初心"。年轻的公诉同志笑着说，"处长，我们知道，初心不只属于你们，更属于我们，更属于每一个中国老百姓。让每一个人对法律充满信仰，这才是我们共同追求的目标"！"老处长""副处长""师傅"，许许多多的检察前辈，你们放心吧！你们看看新一代的检察人已经擎起火炬，继续着你们的征程，他们不会让你们失望，更不会让人民群众失望！不忘初心、凝心聚力，当法律真正成为大家的信仰，才是法治中国的筑梦之时！

良久，我回过神来，看着大家忙碌的身影，赶紧拿起手中的案件，又仔细斟酌起来……

作者为辽宁省人民检察院辽河分院刑事检察二部负责人、一级检察官

# 爸爸 你在忙什么

陈 涛

从检至今已逾十七年，我一直在公诉部门工作，没有一天离开过执法办案一线。伟人说过"往事越千年"，十七年何尝不是弹指一挥间。如果用一个词来概括这些年的检察岁月，最为贴切的就是忙碌，忙着研究业务、忙着梳理案情、忙着调查取证、忙着……忙得顾不上陪伴妻子，忙得顾不上探望父母，忙得顾不上……当忙碌已经成为习惯、成为自然，当妻儿无数次地我问"你在忙什么"，我甚至没有太多时间去回答。但是我心底却早已有了答案。

陈涛同志出庭支持公诉

今年 6 月儿子九岁生日那天，我又忙了一整天，手头的工作刚告一段落，就跟对桌的小马打了声招呼，忙着收拾东西准备回家。小马忍不住提醒，"处长，这都快六点了，赶紧回去给儿子过生日吧"！刚进家门，带着生日帽的儿子一个劲瞪我，"爸爸，你怎么又回来晚了？""你爸呀，总是这么忙，你出生那年他比现在还忙！"妻子的神补刀让人无语。"儿子，许的什么愿，能告诉爸爸吗？"我吃着蛋糕，有意跟儿子套近乎，儿子没理我。妻子拿胳膊肘捅了我一下，刚要给我泄露机密，就被小家伙发现了。"别背着我搞小动作！爸爸，你以后多抽点时间陪陪我，等过几年我考大学走了你想陪都陪不着了。"我鼻子发酸，不知道该说什么。懂事的儿子转移了话题，"对了，爸爸，我出生那年你怎么那么忙呢？""儿子，爸爸在工作、在办案啊……"

## 行程上千公里，只为夯实证据

那年12月初，妻子怀孕三个多月。

我手头的涉黑专案到了攻坚阶段，有一部分关键事实的证据还比较单薄，这块短板堵不上，就意味着案件定性将陷入僵局。几个关键证人在北京、河北，我必须亲自去一趟。妻子孕期反应严重，吃什么吐什么，黄体酮分泌不足让胎儿很不稳定。我左思右想还是决定出差取证，当我告诉妻子行程的时候，她没说什么。第二天一早，我轻手轻脚拿着行李出门，妻子只是说了句"路上小心，早点回来！"我明白，这是最好的嘱托。

初冬的早晨，寒意逼人，雾气浓重。沈阳刑警刘哥坐在桑塔纳里等候多时，看着我跑下楼，问了句"跟媳妇请假啦？"我"嗯"了一声算是做了肯定回答。"那就行呗，我都在外边轱辘俩月了，估计我儿子都快忘了他爹长啥样了！"大雾弥漫，高速封路，我们决定走下道赶往北京。饿了啃面包，渴了喝矿泉水。平常五个多小时的路程，我们足足跑了十二个小时。到了北京，约好的证人都愣了，惊讶地问天气预报说东北大雾，你们是怎么开过来的？简餐之后，马上工作。第三天一早，我们又动身赶往河北。

高速又因为凌晨的一场中雪封闭了，还是走下道吧。李哥叹了口气说这一趟就是跑下道的命。由于道路不熟，我们跟着手机导航还是转了向，愣是在乡村路上跑了一个小时，没找到国道干线。晚上七点多，刘哥一脚油门把车开上了一座桥，桥上一片漆黑，桥下沟壑幽深，两侧光秃秃的桥帮，没有一根护栏。我连忙提醒刘哥小心驾驶，其他人也赶忙把车窗打开，冷风一下子灌进车里，大家都打了个冷战。副驾驶的李哥猛地喊了一声，"大刘，前面有个三轮！"我们这才看见一辆农用三轮正停在路上，什么灯也没打，有人在车底下修车，此时对向车道一辆货车快速驶来。喇叭骤响、方向急转，桑塔纳在湿滑的桥面上开始漂移……我感觉心都要飞出嗓子眼了。车转了两圈，"哐"的一声磕在了桥帮上！三辆车总算都没蹭到。惊魂未定，黑乎乎的桥下让人心有余悸。刘哥问了句大家没什么事吧，随即发动汽车又上了路，直到看见县城连片的霓虹灯，大家才长舒了一口气。

"全体都有，今晚是有惊无险，咱们以茶代酒预祝任务顺利完成！"刘哥在迁安一家小饭店里给大伙压惊。我还没有从有生以来第一次惊险汽车漂移中回过神来，身经百战的老刑警刘哥就讲了起来，"小陈，咱们今晚上真就不算什么，当年我们抓捕杀人在逃犯的时候那才叫险象环生呢……"刑侦工作的艰辛让我对他们肃然起敬。第二天一早，雪又开始下了，我们驱车一百多公里赶到迁安附近的矿山上，给另外一个证人做了笔录。归心似箭，当晚回家！看着躺在沙发上一脸倦容的妻子，我什么也没说，赶紧做起了家务。

### 轻伤不下火线，只为战友嘱托

第二年5月初，儿子出生前不到两个月。

油田某公司外逃十三年的会计陈某被抓获，当年他伙同张某挪用公款1000万曾轰动整个油区。张某早已判刑，而公款的实际使用人王某却迟迟未能到案，彼时身为某高校的法学副教授。王某曾参与预谋挪用公款，这次必须将她送上法庭。我是张某一案的公诉人，领导部署提前介入。我跟反贪局的同事们连续奋战两天，分析案情、梳理证据，从王某介入此事、参与预谋，到公款挪出、中间流转，再到公款实际落入王某囊中，一步步将王某锁定。第三天凌晨我才回到家，妻子一直还没有睡，"儿子想你了，一个劲折腾……"

刚想缓口气，我却出了意外——右脚大趾被楼道的台阶割伤了，血顺着拖鞋一个劲地往地板上淌，妻子挺着大肚子喊来岳父、岳母把我送到了医院，急诊挂号、CT拍照，结果是骨折加部分神经、肌腱断裂，紧急手术……妻子见此情景，急得哭出了声。"没事，我能坚持！"是的，我必须坚持！反贪局的同志们要去广东取证，原本想让我一同前往，一次性将证据完善到位。为了不耽误工作，我将电脑搬上了病床，三天后我拄着双拐将三千多字、四十余项的取证提纲拿到带队南下的反贪副局长面前。他看着每一项用黑体字标明的取证目的、取证方式、证据形式，由衷感慨到"真是辛苦你了！"

看着我每天瘸着腿上下班，妻子很是担心，催我赶紧请几天假好好休养几天。我虽然满口答应，但是案件不等人。仅仅一个星期，我又带伤上了沈阳。刑警杨哥看着我拖着腿，楼上楼下，走访调查，满心感激的同时又觉得很是过意不去。其实我知道，他们那个年代要比我们付出的更多，当时办案条件艰苦，我们院的公诉前辈总是跟刑警一同办案，大伙骑着摩托、甚至搭油田施工卡车，下井场、走农村，硬是把一个个疑难案件啃了下来。我跑了一天回到宾馆，大脚趾肿得像鸡蛋，涨疼得让我冷汗直冒。一想到杨哥他们那一代人所付出的艰辛，我顿觉这点辛苦还真算不了什么。最终案件顺利侦结。

一个多月之后，儿子出生了！那几天妇婴医院产科的大夫、护士们总能看见一个一瘸一拐的男人楼上楼下忙活着，不少人还私下议论，年纪轻轻的腿脚不好，可怜他的老婆孩子啦，以后跟着要遭罪了！多年之后，老婆一提起来又是心疼、又是委屈，心疼的是我脚伤未愈既得忙着工作、又得忙着家里，委屈的是让被别人误解、说风凉话。每到这时，儿子也跟着他妈讨伐我，"爸爸，你以后能不能听我和妈妈的话，让我们少操点心！"小家伙的神补刀让我哭笑不得。

## 激战庭审现场，只为惩黑除恶

当年11月，儿子快半岁了。

我主办的部督涉黑专案要开庭了。从提前介入到正式受案，从集中阅卷到复核证据，从组织主要成员提起公诉到两次追加其他犯罪事实，历时将近一年，案卷也从最初的70余册，增加到近130册。庭审是检验，更是考验，法庭是辩场，更是战场。我和同事们借鉴以往经验、针对本案特点，精心设计了综合预案。那一段时间，周六周日不休息，加班加点更平常。妻子身体本就不太好，生产之后元气未复，白天岳母帮着照看，我只能下班之后搭把手。她免不了有些怨言，我只能好言安慰，"等忙这个案子开完庭的……"我心里明白，实际上她是见我办理涉黑案件有些担心了。

陈涛同志协调扫黑

"宣布开庭。"我们三名公诉人，与二十多名被告，以及来自北京、沈阳、上海、盘锦等地近三十位律师，对席而坐。双方唇枪舌剑、你来我往，为了充分保障权利，更是为了维护公平正义。面对辩方的不断质疑、言辞抗辩，经过法庭的公开质询、直接问断，我们基于对事实证据的充分把握，扎实高效的庭前准备，历时半个月鏖战，我们完满地完成了出庭公诉任务。庭审的最后一天，雪花飞舞，转而放晴，天地间一片银装素裹、清白世界！回到家，妻子看见我一脸喜气，提着的心也放下了一些，招呼着我赶紧吃饭。我点点头，还是先走到婴儿床边，儿子看见我兴奋地手舞足蹈，口中咿呀有声⋯⋯"明天我向单位请个假，让你歇歇⋯⋯""行了吧，你是忙晕头了，明天周六，你也抓紧休息休息吧。"

"爸爸，蛋糕都吃完了，你坐那想什么呢，是不是因为回来晚了，在反思呢？"儿子的呼唤把我从回忆里拽了出来，看着他稚嫩小脸上泛起的笑意，我的内心生出了一种希望的感动。在不同的时期、在不同的岗位上，许许多多的检察同仁用汗水、青春、鲜血甚至生命诠释着爱岗敬业、甘于奉献，捍卫着公平正义、法律威严。我们为了什么？就是为了让犯罪的人受到公正的追究，让无辜的人不受无端的责难，让人民群众在每一起案件中都能感受到公平正义，让法治阳光在每一寸土地上都能浇灌出公正和谐，让每一个家庭都能享受安宁快乐，让每一个人的梦、整个国家的梦、中华民族的梦能够尽早实现！当然也为了让我的儿子，还有每一个孩子，能够露出美丽的笑脸⋯⋯

儿子，工作未尽，爸爸还要再出发⋯⋯

祖国，事业未尽，我们还要再出发⋯⋯

作者为辽宁省人民检察院辽河分院刑事检察二部负责人、一级检察官

# 深渊守望者的内心感悟

杨江涛

从事检察工作近二十年，已经记不清办理过多少起案件，将多少名失足人员送进了监狱这座深渊，只是他们的样子总还时不时的在脑海中出现。我就像是一名深渊守望者，看到他们哭泣着、祈求着，带着无尽的不舍和悔恨，被深渊吞没……作为一名检察官我万分希望那些悲剧不再重演，所以试着记录了一些记忆中的片段，警示自己，也警示那些试图靠近"深渊"的人们。

## 有形的监狱VS无形的监狱

陈某是一名涉嫌挪用公款1000万元的职务犯罪嫌疑人。2010年被捕前，在公安机关备案的身份为"网上逃犯"。这一身份，他"保持"了十多年。抓捕他的检察干警换了一代又一代，有的退休了，有的转到其他工作岗位，但是抓捕工作从来没有停止过。2010年夏天，陈某在广州落网，而我正是当时追逃抓捕小组的成员之一……

我依然清楚记得陈某看到我们时的神情，有点震惊，又似乎有点释然。当时，陈某和他70多岁的母亲正在一张小饭桌前吃饭，桌上是一碟咸鱼，两人手上各端着一碗稀粥，一个比陈某小十多岁的女人正在旁边的灶台边收拾，饭桌不远的地方有一张双人床，挂着脏兮兮的蚊帐，一个还不会走路的孩子被布绳拴在枕头上，正在床上玩耍。当我们亮明身份时，陈某慢慢站了起来，喃喃地说："我知道迟早会有这一天……"陈某的母亲在旁边紧紧拽着我的手，一边哭一边问："你们是不是辽宁来的？让他跟你们回去，让他跟你们回去……"后来，从陈某那里了解到，他前几年将母亲偷偷接到了广州，一边帮忙带孩子，一边捡破烂帮他贴补家用。陈某说到这些时泣不成声："我对不起我妈，这么大年纪了还让她和我爸分开，背井离乡来帮我……"陈某住的房子位于一个环境特别脏、乱、差的城中村，房子和房子之间距离最近的不到一米，打开窗户迈脚就能进到隔壁邻居家。搜查的时候，我环视陈某一家人蜗居的那间不到30平米的小房子，无法相信那是挪用公款1000万元的人居住的地方……四面黑黢黢的墙，没有一件像样的家具电器，终年阴暗不见阳光。陈某说，在外逃窜的十多年里，他没有身份，没有固定工作，摘过棉花，卖过光盘，不敢和亲人朋友联系，不敢惹事，看到警车就害怕，每一天都过得提心吊胆。和他一起生活的女人是摘棉花的时候认识的，觉得他老实就跟了他，不知道他是逃犯，两人没有领结婚证。外逃前他曾经有过妻子，还有一个孩子，多年没有联系过，不知道过得怎么样。

陈某逃了十多年，煎熬了十多年，没有过过一天正常人的生活，逃犯的身份时时刻刻跟随着他。从陈某那里，我知道了，这个世界上，不仅仅有关押人的有形监狱，也有关押灵魂的无形监狱，背负了罪责的灵魂，会时刻被自己审判，不到领受刑罚的那一天，不会安宁……

## 公义 VS 私义

"义"是中国人独有的文化基因，刘关张桃园三结义，梁山好汉梁山聚义，总被人们津津乐道。然而，如果不能正确处理好"大义"与"小义"，"公义"与"私义"之间的关系，很有可能会走上错误的道路。

2005年某市公安局副局长张某涉嫌受贿的案件。张某收受贿赂的对象之一是其一直视为兄弟的王某。张某和王某从小一起长大，王某认张某母亲为干妈，两人因此以兄弟相称。张某在公安战线上勤奋努力，屡次立功，不断得到提拔，从派出所普通民警一步步升迁至市一级公安局副局长。王某经商，凭着脑筋灵活，生意也做得有声有色。并且，王某在张某还是一名普通民警的时候，多次在经济上帮助张某。张某随着职位不断提升，开始利用手中职权帮王某的生意牵线搭桥、保驾护航，王某的生意从开饭店逐步涉及矿山、房地产等，越做越大，王某为感谢张某，经常送给张某钱物，并承担了张某孩子出国留学的全部费用。然而，有一天，检察机关开始调查张某，将张某利用职权为王某介绍生意、保驾护航并收受王某钱物的行为定性为受贿行为。可悲的是，张某被调查时坚持认为自己和王某是兄弟关系，收受王某的钱物是兄弟之间正常的人情来往。他没有意识到，自己利用职权，"帮助"王某招揽生意，并为王某一些违法行为大开绿灯，已经严重损害了公职人员职业廉洁性，王某正是靠着他的"帮忙"，才攫取了巨额非法利益。

也许，张某认为他对王某的"帮助"，是一种"义"，是在践行"苟富贵勿相忘"的诺言。但是，"义"有"大义""小义"，有"公义""私义"，不能因"小"废"大"、因"私"废"公"，张某作为一名公安战线的高级干部，保护人民生命财产安全是其"大义"和"公义"，而他为了个人"小义""私义"，全然背弃了"大义""公义"，彻底葬送了自己的未来。

## 青春VS金钱

2010年，某采油厂20余名女职工利用职务之便窃取油田物资的案件。该案涉案的20余名女职工平均年龄不到30岁，她们有的还没成家，有的孩子刚上幼儿园，在实施犯罪时，多数人并没有认识到自己是在犯罪，有的觉得自己只是签了个字，有的觉得自己只是拿了一份"外快"，真正站在法庭上时，才如梦初醒，有的痛哭失声，有的瘫在了地上。二十多个正值青春年华的女孩，在本应该享受这多姿多彩世界的时候，锒铛入狱。说起来，案情很简单，有些人为了窃取油田油气等物资，买通了这些女职工，有些女职工刚开始的时候还犹豫过，但是看到别人有外快拿，并且很长时间也没有"出事"，就也加入了进去。案件本身不稀奇，违法犯罪接受应有的惩罚也合情合理，可是，对这些女孩每一个人而言，对他们背后的二十多个家庭而言，谁为这沉重的代价买单？一个家庭，怎么

二十余名女工审判时悔恨不已

能承受失去母亲、失去妻子、失去女儿的打击？年轻是充满梦想的，也是充满诱惑的，我们应该深思，在这二十多个年轻女孩作案的背后，有没有社会的原因，有没有帮助她们避免走向这条路的办法？我的青春我做主，看似潇洒肆意，但在金钱、欲望面前却经不起推敲。

前事不忘，后事之师。看到别人跌倒，自己就会加倍小心。衷心希望每一个人都能引以为戒，引以为鉴，不轻易尝试触碰刑法这条"高压线"，自觉远离监狱这个"深渊"，经得住诱惑，分得清是非，拥有一个健康、自由、幸福、无悔的人生。

作者为辽宁省人民检察院辽河分院法律政策研究室三级检察官

# 不忘初心 满怀激情 书写检察芳华

杨 杰

1984年，辽河油田检察机关正式筹建，设立了审查批捕处，2002年更名为侦查监督处。悠悠数载，春去秋来，一代代侦查监督人肩负法律监督的神圣使命，走过了34年。砥砺风雨终成器，勇担大任立潮头。34年来，辽河侦查监督队伍先后涌现出多位全省十佳侦查监督检察官、全省优秀办案人、优秀女检察官，多位干警荣获个人二等功等荣誉。作为辽河检察机关法律监督的最前沿，这支队伍为辽河油区经济社会发展稳定做出了不可磨灭的贡献。

## 一位女检察官32年的正义坚守

李凤秋是一名坚守在刑事检察战线32年的老检察，1965年出生的她在1985年辽河油田检察机关建立第二年就来到这里，至今已有32个年头。从书记员、助检员到检察员，从内勤、副处长到处长，她在侦查监督岗位上一干就是28年。作为"60后"检察官，李处长始终保持学习的热情，通过了国家二级心理咨询师考试。在与李处长交流从检经历和感悟时，她感慨道："是检察院带着我一路成长，我最自豪的，就是我把一辈子青春都奉献给了检察事业！"

从办理审查逮捕案件那天起，李处长就把"严查细审"四个字牢记心中，28年无一起捕后不诉、判无罪案件。20多年前的她还很年轻，在办理一起盗窃变压器案中，涉及多名犯罪嫌疑人，属于多人多起交叉作案，她在审查中发现嫌疑人之间供述的盗窃时间、地点、次数和变压器的类型不一致，当时的卷中只有口供没有其他证据来印证，而且犯罪嫌疑人先后翻供。她了解到供述是在被逼供的情况下得来的，于是以事实不清、证据不足作出了不捕的建议。承办案件的两位老公安很不高兴地说"一个黄毛丫头会审什么",尽管当时郁闷委屈,但是后来得知这起案件经由其他检察院作出逮捕决定而最终没有诉出时,她还是感谢自己当时的坚持,防止了一起错案的发生。

2006年,因办理全省"6.07"打黑专案,她将正在读高中的儿子一人扔在家里,二话不说和同事一起赴沈阳办案,十多天的时间,她每天只睡三四个小时,其余时间都是在阅卷。清扫房间的保洁大姐看她每天穿着高跟鞋一个姿势动也不动,心疼地找来一双拖鞋给她穿上,为的是让她舒服地看卷。儿子想妈妈了,她也只会在电话里简单地叮嘱儿子几句,"按时吃饭,上下学注意安全,睡前锁好门"等等。当办完案件回盘锦的路上,已经十多天没有好好休息的她坚持不住差点晕倒,此时才知道自己感冒发烧了,男同事都自愧不如对她竖起大拇指。

多年从事审查逮捕工作,也遇到过被威胁,而且不只一次。为了不影响到孩子,李凤秋从孩子上初中开始,就很少接送孩子,身为母亲的她放弃了许多陪伴孩子的宝贵机会。穿上检察制服,她忘了自己是人女亦是人母,此时,她只是一名检察官。

侦查监督部门是检察机关打击各类刑事犯罪的"前沿阵地",因此在办案中经常会遇到各种各样的说情风,乃至请客送礼。对于这些诱惑,李处长始终保持了清醒的头脑。曾在一起交通肇事案件中,肇事者被刑事拘留,当时一位老同事带着肇事者的家属来到李处长办公室,肇事者家属拿出一个里面装着钱的信封,希望对肇事者做出不予逮捕的决定,李处长婉言拒绝。依照轻缓政策,作为承办人她秉公处理做出不予逮捕决定。当肇事者被取保候审之后,肇事者家属又来到李处长办公室,说:"李处长,我女儿今年高考报考了法律专业,说毕业后也要像您一样做一名清正廉洁的检察官。"

"法律不是冰冷的,法律也

李凤秋为辽河油田公司女职工授课

是有温度的",作为一名女检察官,她在办案之余,充分发挥女检察官亲切、细致、温情的独特优势,针对辽河油田女职工,量身制作"亲情助廉"专题讲座,使广大职工从鲜活的反面案例和生动的正面人物身上接受教育,提醒油区职工家属发挥亲情监督作用,用亲情引导职工珍惜荣誉、珍惜岗位、珍爱家庭。

## 淬火锤炼、忠诚担当,铸成检察工作"多面手"

2003年,徐卫东怀着对家乡的眷恋,对法律的敬畏,放弃了去高校当教师的机会,选择到辽河油田检察院工作,被安排在侦查监督科。从检15年来,他始终坚守"强化法律监督、维护公平正义"的理念,勤勉敬业,爱岗奉献,忠诚履行检察工作职责,在多个工作岗位上都做出了不平凡的业绩,被誉为辽河两级检察院的"多面手",先后被评为辽河油田公司先进个人、辽宁省检察机关先进个人,荣立个人二等功一次,多次被上级机关予以嘉奖,在全省首届侦查监督岗位练兵大赛中被评为优秀办案人。

刚参加工作时的侦查监督科共有9人,多数是50岁以上的老同志。作为科里为数不多的年轻人,他既要承担内勤的琐碎工作,又要作为办案的骨干力量,承担起科室的主要业务工作。繁杂的工作给了他经受历练、加钢淬火的难得机会,使得他对部门业务日益精湛和熟练。在审查批捕一起抢劫案中,他觉得这起发生在厂区的抢劫案十分蹊跷,光天化日、众目睽睽之下歹徒怎么就敢明目张胆地实施抢劫?通过细致审查,他发现原来是"被害人"收受了他人贿赂,准备内外勾结盗取油田物资,由于对方太过贪心,担心事情闹大无法收场而假借"抢劫"报案。他果断启动立案监督程序,最终这对企业"蛀虫"被双双绳之以法。

由于工作上的出色表现,2011年,刚满30岁的他被党组指定为科室负责人。一年中,他带领科室人员以细化阅卷和讯问为突破口,在全省23个同类院侦查监督考评中获得第一名,带动各部门形成了比学赶超的良好氛围,辽河检察院首次被省院评为全省先进基层检察院。

白净净的皮肤,胖呼呼的小脸,徐卫东的电脑桌面上永远是这么一个可爱的小女孩,这是他心爱的女儿。说起他的女儿,徐卫东总是忍不住地笑起来,眼睛眯成一条线,对女儿盈盈满满的爱溢于言表。可同事们都知道，他心里对女儿更多的是愧疚。2012年他被安排到辽河分院政治部挂职锻炼，任职副主任，开始承担起组织人事、政工党建、教育培训、检察宣传、工会、老干部等大量工作任务。此时，他心爱的女儿刚满3岁，每天他忙完手头工作去幼儿园接孩子时，整个幼儿园只有女儿一个人在焦急地等着爸爸，为此，他经常遭到妻子和孩子的埋怨。部门同事心疼孩子，总是对他说："主任，您早点去接孩子，工作我替你……""没事，等忙完这个马上去接"，徐卫东总是淡淡地这样说。身为父亲，他多想让女儿跟其他孩子一样放了学就能看到爸爸准时出现在校门口，开心幸福地回家。可是一个人的时间精力是有限的，放在工作上的精力多了，放在其他方面自然就少了。为了坚守心中的那份责任与担当，他甘愿放弃太多家庭的责任。

2017年8月，时隔6年，徐卫东回到熟悉的工作岗位，担任辽河分院刑事检察一部负责人，并兼任政治部副主任的职务，一个人同时负责两个部门的工作。在部门干警休产假期间，他一人独立承担一部的全部工作任务，更是出色完成了政治部的大部分工作。重新办理侦查监督案件，他依旧怀揣对法律公平正义的执着之心，牢记肩负维护企业合法权益的使命感和责任感。在办理一起伪造印章案件中，犯罪嫌疑人私刻油田某二级单位印章，在外省注册分公司进行诈骗活动，导致该二级单位信誉受损，资质下调。他多次协调公安机关，提前介入引导侦查取证，使犯罪嫌疑人被依法处理，为企业恢复了名誉，挽回了损失。

## 从检八年，勤学苦练，让青春在检察事业中燃烧

张建是领导认可的业务骨干，是同事信赖的办案能手，凭着对检察事业的向往，他放弃副科级领导岗位，通过公务员招考进入检察院。8年来，他忠诚履职、勤学苦练、奋发进取，用行动创下一项项可人佳绩。工作四年，他撰写的多篇文章被检察日报、正义网、辽河石

全省十佳侦查监督检察官张建

油报等发表，侦查监督经验材料在全省侦查监督会议上作书面交流。他所办理的赵某等人盗窃案，被评为全省十佳立案监督案件。

作为一名工作在刑事检察一线的检察官，他注重点滴积累，勤学苦练，从未放松过对法律业务知识的学习。办案之余，他经常阅读《刑事审判参考》《刑事司法指南》《侦查监督指南》等业务书籍，研读法学名家著作，了解法律前沿问题，努力钻研法律业务，研究典型案例。付出的每一滴汗水终会浇灌出灿烂的花朵。2013年，就在张建从事侦查监督工作不足四年时，在全省第三届侦查监督竞赛中，他沉着冷静，不畏强手，凭借扎实的基本功和对案件准确的定性分析，从全省34名选手中脱颖而出，以初赛第一名的成绩入围。在第二轮的案件汇报和现场问答阶段，他案件汇报清楚，说理透彻，回答问题思路清晰，最终以第三名的成绩荣获"全省十佳侦查监督检察官"，并入选全省侦查监督人才库。

工作中的张建始终坚守"强化法律监督，维护公平正义"的检察使命感和责任感，在侦查监督处工作期间，他承担了处里绝大多数的办案任务，始终以事实为依据，以法律为准绳，所办理的批捕案件均做到了无错案、无超期办案、无违法违纪行为、无群众举报投诉，这些荣誉的背后他付出了巨大心血和汗水。通过在干中学、学中干，他从一名检察新兵逐步成为一个侦查监督业务能手。

不忘初心，积极援藏，用行动践行为民情怀。踏入检察院那一刻起，张建就牢牢记住全心全意为人民服务的宗旨，记住从检为民的初心，并一直在用实际行动中努力践行着。2017年9月，在女儿不满周岁，父亲查出心脏病，医生建议住院进一步治疗，家里正需要他的时候，他服从组织安排，舍小家顾大家，告别了惦念的家人，毫无怨言地踏上了高检院组织的"双百"援藏之路，远赴西藏平均海拔最高的那曲地区聂荣县检察院进行援藏交流。聂荣县检察院基础设施薄弱，至今仍靠生炉子取暖，饮用水和生活用水都靠拉运，没有室内卫生间。而且要经常面对严重的高原反应，头痛、失眠、食欲不振、呼吸困难等，这对一个在城市中长大的人来说无疑是巨大的生活挑战。面对如此恶劣的工作生活环境，他没有一丝一毫的退缩，始终不忘初心，克服困难，尽自己所能为聂荣县院的工作奉献自己的一份光和热。援藏期间，他始终坚持在聂荣检察工作的第一线，参与办理了聂荣县检察院全年的4起审查起诉案件，成功顺利完成十九大期间艰巨的安保值班任务,到条件极其艰苦的乡下去检察缓刑人员的社区矫正情况,提出问题和整改建议。援藏期满,张建整个人瘦了30多斤,但他无怨无悔,更没有跟组织提任何要求,他自己感慨:"援藏之行加深了我对西藏的感情,也使我更有情怀,更加深刻地理解了奉献的含义和意义。"

作者为辽宁省人民检察院辽河分院刑事检察一部五级检察官助理

# 点点滴滴尽显检察为民情怀

马 越

在辽宁省辽河人民检察院有这样一个人：个头不高、皮肤略黑、讲话还有点湖北乡音……自侦、公诉、预防、控申、民行，无论在哪个岗位，他都不忘初心，坚守为民情怀，在平凡的岗位上做出了不平凡的业绩。从检14年来，他多次立功受奖，曾参加全省检察机关各项竞赛（评比）获奖6次，荣立辽河分院个人三等功1次，先后7次被评为辽河分院先进个人、优秀共产党员，荣获辽河油田首届"十佳政法干警"等荣誉称号。他就是辽宁省辽河人民检察院检察委员会委员、控申执行部副部长、曙光民行检察服务室主任晏乐华。

上大学时他选择了法律专业，通过学习法律知识，他逐渐将自己的人生目标定位在用法律为人民服务上。从中南财经政法大学毕业后，他怀着对法律的信仰，对检察事业的向往，来到了辽河人民检察院，成为一名检察官。14年来，无论在什么工作岗位上，他都以满满的为民情怀和家乡情怀，从一点一滴做起，向其人生目标一步一个脚印地踏实前行。

## 一小时办妥行贿犯罪档案查询

自2011年设立预防科以来，辽河院的行贿犯罪档案查询工作收获赞誉无数。而这些和预防科负责人晏乐华那颗想企业所想、急企业所急的心分不开。

2012年3月9日11点42分，某建筑安装公司项目负责人刘先生急匆匆地来到辽河检察院，申请开具该公司近三年行贿犯罪档案查询结果告知函。通过交谈，晏乐华得知，该公司要参加沈阳某工程投标。根据招标文件要求，投标单位必须在当日17时前向招标代理机构提供行贿犯罪档案查询结果告知函。了解完情况，晏乐华发现已过12点，距最后时限不到5个小时。

按照工作流程，从收取材料、审核申请到出具发放查询结果告知函，需要3个法定工作日。刘先生得知这一情况后万分焦急，因为该公司为此次投标已经准备了很长时间，投入了大量的人力物力财力，能否参与投标对公司关系重大。

针对这一特殊情况，晏乐华决定特事特办。为赢得时间，他一边安排刘先生回单位准备申请查询所需材料，一边根据刘先生口头提供的信息进行查询，并和他约定一小时后带着申请查询材料来检察院取查询结果告知函。12点50分，查询工作全部完成。晏乐华将查询结果告知函交给刘先生，刘先生带着材料急忙驱车奔赴沈阳。16点28分，刘先生从沈阳打电话给晏乐华，高兴地说："已经递交投标材料了，谢谢您及时给我们办妥查询手续！"

"预防工作应该为企业发展服务，企业需要的就是我们必须做的！"每次面对企业的感谢，晏乐华都这样诚恳表示。在负责预防工作期间，为满足企业在法定节假日进行紧急查询这一需要，晏乐华开通了行贿犯罪档案查询"绿色通道"，公布24小时服务电话，预约查询时间。近年来，他按照"当场受理——当场查询——当场书面告知查询结果"工作机制在节假日为企业提供查询服务110余次，确保查询工作不误时、不误事。

### 慎重办理天价盗窃案

"对每一起案件负责，对每一位当事人负责，尽量让更多的人感受到法律的温度。"从检以来，晏乐华始终把对案件负责、对当事人负责作为办案信条之一，成功办理了刘某盗窃案等多起疑难复杂公诉案件，收到良好效果。

2012年4月，晏乐华对一起盗窃案进行审查起诉。侦查机关认为刘某盗窃价值17万元的采油设备，构成盗窃罪。审查中晏乐华发现，刘某除了对所盗金属管"很脏，上面都是锈，比较轻"这些外在特征有认识外，对管的用途、真实价值一无所知，认为所盗管应该能卖几十元钱。"刘某实施盗窃时可能对所盗物品价值存在重大认识错误。"职业直觉告诉他，"这个案子得慎重办理"。

晏乐华决定围绕刘某是否对所盗金属管价值存在重大认识错误进行查实。"老刘头以前一直在农村种地，前几年儿子去世才搬到这里来，60多岁的人上工地干不动了，现在就靠捡破烂养活两个孙子、自己和老伴，太不容易了！"在听取社区工作人员情况介绍后，晏乐华查看了刘某的相关档案材料，又到刘某家里了解了相关情况，而这些情况的掌握更加坚定了晏乐华要对刘某盗窃是否存在重大认识错误进行查实的决心。调查核实完刘某的个人情况及家庭情况，晏乐华又马不停蹄地赶到盗窃现场进行了查看，如刘某供述一样，一些金属管被随意堆放在无人看管的院内……在对这些情况进行查实后，晏乐华认为，刘某的个人情况、金属管的外在特点及放置环境、盗窃时只拿三根表明刘某对所盗物品价值存在"数额较小"的重大认识错误，是可以确认的。因缺乏盗窃他人数额较大以上财物的主观故意，刘某的行为不构成盗窃罪。

在查明事实的基础上，晏乐华提出"刘某的行为不构成犯罪，将该案退回侦查机关并建议撤案依法处理"的意见，得到两级公诉部门、检察机关的一致认可，且通过充分的释法说理工作，得到侦查机关、被盗单位的理解与支持。案件处理完毕后，刘某老伴特意带着小孙子找到晏乐华，小家伙向晏乐华深深地鞠了一躬，并且悄悄地告诉他："叔叔，爷爷让我告诉你，他以后只捡别人不要的破烂，再也不占小便宜了。"

### 来访热线搭建检民信任桥梁

"群众利益无小事，每一件来信来访都不能等闲视之！" 2017年8月，晏乐华调到控申执行部任副部长。一年多来，晏乐华的办公室电话被同事们称为"来访热线"，一是因为来电多，二是因为通话时间长。后来他怕漏接来访电话，索性将办公室电话转移呼叫到手机上，这样365天24小时都不会漏接来访电话了。有人不理解，告诉来访人办公室电话就行了，为啥还要转移呼叫到手机上呢？这不是自找不安生吗？晏乐华说："及时倾听来访人的声音、了解案件情况，及时开展矛盾化解工作，对涉访各方、社会都好。我们辛苦点，怕啥！"事实也是如此，尤其是在非上班时间接起来访电话后，晏乐华每次都能在交流中明显感受到对方的情绪由激动变得平和，而来访人对检察机关的信任也由此建立，有效的矛盾化解工作也由此开始。

## 辽检情怀

当然，来访热线也有"误事"的时候。晏乐华因为工作忙，孩子一直由妻子照料。今年4月份，妻子因为要出差几天，就让晏乐华接送上小学一年级的女儿上下学，临行前妻子一再叮嘱，一定要记得按时接送，他让妻子放心。可他还是食言了！那天上午9点多，晏乐华接到一个来访电话，来访人情绪激昂，声称对反映的问题要"以死抗争"，从安抚来访人情绪到了解具体案情，再到了解来访诉求，两个多小时很快就过去了。等晏乐华放下电话时才发现，已超过女儿放学时间30多分钟。当他冲出单位时，一眼就看到了他的小棉袄正吃力地背着书包站在马路对面，怯生生地看着马路上来来往往的车流不知所措。晏乐华心底一痛，飞快地跑到女儿身边。女儿发现是他后，先是一愣，随即"哇"的一声哭了，喊着"坏爸爸、坏爸爸"扑进了他怀里。他告诉女儿："等爸爸不忙的时候，天天都接送你！"可每次都食言。

晏乐华在信访工作中详细解答来访群众的提问

舍小家顾大家！晏乐华负责控申工作以来，控申部门首办终结率达到100%，赴省进京涉检信访及群体性、极端性信访事件均保持"零纪录"，为维护辽河油区社会和谐稳定做出了应有的贡献。

### 法律咨询保障优化营商环境

2017年，为保障优化企业营商环境，辽河检察机关设立了4家民事行政检察服务室，晏乐华任曙光民行服务室主任。今年3月份，曙光民行服务室接到联络员通报，采油厂一名职工在污水处理达标外排供电专线建设过程中，因砍伐专线下方的林木被公安机关以涉嫌滥伐林木罪采取强制措施。

晏乐华同志组织服务室工作人员研究讨论采油厂滥伐林木案

刑事立案，兹事体大！被以滥伐林木罪立案，意味着可能被追究刑事责任，对直接负责伐树工作的职工而言，不仅人身自由受到限制，其声誉、家庭、工作、前途将遭受重大打击；对采油厂来说，该厂的组织管理、生产经营势必受到影响；对污水处理达标外排工程而言，作为国家环保总局关注、市环保局督办的重点环保工程，如不能按期投产运行，不仅会对油田公司产生不利影响，更会产生环境污染的严重后果，保护"绿水青山"这一项目建设初衷也就无法实现。"砍树行为构不构成滥伐林木罪？以后同类工程该怎么建设？……"面对一连串问题，晏乐华和服务室工作人员应邀为该案提供法律咨询。

在听取初步的情况介绍后，晏乐华带领服务室工作人员辗转往返于采油厂、施工现场、公安机关等地，紧锣密鼓地对项目的施工过程、临时征地及砍树补偿协议内容、被砍伐树木的所有权归属等具体案情进行细致的调查了解，对案发现场进行实地查看，多次到公安机关了解案情。在充分了解全部案情后，晏乐华组织服务室工作人员对该案事实、证据、法律适用进行了深入的研究讨论，向采油厂提供了咨询意见，认为采油厂及其工作人员不具有滥伐林木罪的主观故意、其行为不符合滥伐林木罪犯罪构成的客观要件，不构成滥伐林木罪。在油田政法委、采油厂与公安机关几次协调工作会议上，服务室都详细阐明了该案不构成滥伐林木罪的事实、理由和法律依据，并建议公安机关从法律规定和营造企业良好营商环境的角度出发，依法予以妥善处理。公安机关对曙光服务室的意见表示认可，依法对该案作出撤案处理。油田政法委和采油厂对服务室的工作非常满意。相关领导在得知案件撤销后，激动地说："谢谢服务室为我们排忧解困！"

至此，困扰采油厂的伐树案终于得到圆满解决。而晏乐华在长舒一口气后，又在为福利厂集资信访案的法律咨询服务忙碌着。

### 拳拳赤子心，浓浓辽河情

因工作能力强、综合素质好，2015 年至 2016 年晏乐华被借调到高检院反贪总局办理国家行政学院原副院长何家成受贿案，中台办、国台办原副主任龚清概受贿案等 4 起省部级案件。高检院在工作鉴定中对他在借调期间的工作给予了高度评价："晏乐华同志业务娴熟，政策、法律意识强，处理问题注意策略、讲究方法，能及时发现所查办案件中存在的问题并依法、依规提出建议，优质高效地完成了领导安排的各项工作任务……不计较个人得失，全身心投入工作，表现出对检察事业的高度忠诚，受到局领导和处领导的一致肯定和好评。"借调期结束时，他婉言谢绝了反贪总局领导的挽留，毅然选择回到辽河，因为他知道外面的天地虽然广阔，但他的根在辽河，在得到锻炼、学到本领后，他要回辽河继续耕耘他的检察事业，继续抒写他的为民情怀！

作者为辽宁省辽河人民检察院办公室科员

# 后记
Postscript

为纪念改革开放40周年和检察机关恢复重建40周年，弘扬新时代辽宁精神和辽宁检察精神，传播新时代辽宁检察好声音，辽宁省人民检察院组织编辑出版了《辽检情怀——辽宁检察好故事》一书。这是一部记录辽宁检察事业40年发展历程、抒发辽宁检察人情怀、彰显辽宁检察人精神风貌的书籍，是辽宁检察人工作和生活情感的真实写照。

辽宁省人民检察院党组对出版此书高度重视，党组书记、检察长于天敏强调，我们要本着"对工作负责、对历史负责、对未来负责"的态度编写好此书，为社会和检察机关提供一部优质的检察文化产品。省院党组副书记、副检察长于昆，党组成员、政治部主任许世赢具体负责此项工作的组织领导，坚持高标准、严把关、精心谋划、一丝不苟。省院机关各内设机构和各市（分）院都积极响应，踊跃参与，投入了大量的人力物力精力，按时限、按标准、按数量完成了创作任务。省院专门组成征文评选委员会，组织精干力量对征文进行评选，坚持优中选优，确保把优秀征文挑选出来。省院机关主题教育活动办公室负责该书的编辑、统稿、审阅、校对工作，他们本着对工作高度负责的态度，对征集上来的每一篇征文都认真审阅，与作者反复沟通交流，提出修改意见，对书稿认真校对，确保每一篇故事观点正确、情节合理、真实感人。

本书的作者有离退休的老干部，有办案一线的员额检察官，也有检察辅助和司法行政人员。因此，在这些检察故事中，既有老故事的"朝花夕拾"，也有新时代的"鉴证实录"。作者们通过座谈、采访、研究，挖掘创作素材，激发创作灵感，认真准备，精心打磨，几易其稿，奉献了大量优秀作品。本书作者虽然不是专业的作家，但是凭借对检察工作的热忱和亲历检察前线的实践经验，记录了辽宁检察机关从无到有、从弱到强的艰难开拓历程，复现了辽检人的共同记忆，为辽宁检察事业留存了宝贵的历史资料。

"讲好法治故事，传播检察声音。"本书不仅成功展现了辽宁检察风采，树立了辽宁检察形象，为广大检察干警提供了有益的指导和借鉴，更通过形象生动的检察故事全方位宣传了中国特色社会主义法治成效，自觉承担起举旗帜、聚民心、育新人、兴文化、展形象的使命任务，用文化的力量增强全社会法治意识，推进法治社会建设。

本书凝聚了作者和编者们的大量心血，但由于创作时间有限，只有短短四个月的时间，作者都是在完成本职工作的前提下，利用业余时间进行创作，尤其作者都是长期从事机关应用文写作的同志，从起草公文到文学作品创作的转换有一定距离，在作品构思、语言运用、写作技巧等方面，还存在一定的不足之处，敬请广大读者谅解。